Dietz

Forschungsinstitut der Friedrich-Ebert-Stiftung
Reihe Politik- und Gesellschaftsgeschichte, Band 46

Herausgegeben von Dieter Dowe und Michael Schneider

Stefan Berger

Ungleiche Schwestern?

Die britische Labour Party
und die deutsche Sozialdemokratie
im Vergleich. 1900 – 1931

Verlag J. H. W. Dietz Nachfolger

Meinen Eltern –
Karl und Inge Berger

Die Deutsche Bibliothek – CIP-Einheitsaufnahme

Berger, Stefan:
Ungleiche Schwestern? Die britische Labour Party und die
deutsche Sozialdemokratie im Vergleich : 1900 - 1931 /
Stefan Berger. - Bonn : Dietz, 1997
(Reihe Politik- und Gesellschaftsgeschichte ; Bd. 46)
Einheitssacht.: The British Labour Party and the German social democrats <dt.>
Oxford, Univ., Diss.

ISBN 3-8012-4082-7

© Stefan Berger 1994

This translation of "The British Labour Party and the German Social Democrats"
originally published in English in 1994 is published by arrangement
with Oxford University Press.

Für die deutsche Veröffentlichung, die in Absprache mit Oxford University Press
erfolgt, wurde das Buch überarbeitet und auf den neuesten Stand gebracht.

Copyright © der deutschsprachigen Ausgabe 1997
by Verlag J.H.W. Dietz Nachf. GmbH
In der Raste 2, D-53129 Bonn
Lektorat: Dr. Dieter Dowe
Umschlaggestaltung: Manfred Waller, Reinbek
Druck und Verarbeitung: Saarbrücker Druckerei und Verlag
Alle Rechte vorbehalten
Printed in Germany 1997

Danksagung

Dieses Buch ist das Produkt meines eigenen Intellekts, und damit stehe ich selbstverständlich auch ganz allein für sämtliche verbleibende Schwächen und Fehler des Bandes ein. Dies sei hier explizit vorausgeschickt, denn wer anderen dankt für ihre Hilfe und Ermutigung, der ist zugleich immer in Gefahr, Komplizen für die eigenen Voreingenommenheiten zu benennen. Dennoch sollen hier eine Reihe von Personen und Institutionen kurz Erwähnung finden, die in den nunmehr bald zehn Jahren meines Nachdenkens und Schreibens über die Labour Party und die SPD wichtig waren. Zunächst einmal danke ich meinen beiden Oxforder Doktorvätern, Tony Nicholls und Ross McKibbin, die die Entstehung dieser vergleichenden Studie mit viel Interesse und großer Geduld begleitet haben. Ihre Bereitwilligkeit, mir völlige Freiheit bei der Wahl eines Themas zu lassen, dann aber mir zu vielstündiger Diskussion zur Verfügung zu stehen und auch zahlreiche Manuskripte verschiedener Kapitel einer gründlichen Lektüre und Kritik zu unterziehen, wird mir immer als vorbildliche Betreuungsarbeit vor Augen stehen. Tony Nicholls habe ich außerdem zu danken für sein Engagement, das letztendlich zur Aufnahme der Oxforder Dissertation in die Buchreihe Oxford Historical Monographs des Verlags Oxford University Press führte. Drei Jahre nach Erscheinen der englischen Originalausgabe kann dieses Buch nun auch dem deutschsprachigen Publikum vorgestellt werden. Dafür bin ich besonders Dieter Dowe und Michael Schneider dankbar, die diesen Band in ihre Schriftenreihe im Verlag J.H.W. Dietz Nachf. aufgenommen haben. Für die sorgfältige Durchsicht des Manuskripts, wertvolle inhaltliche Anregungen und ein scharfes Auge für verbleibende Anglizismen bin ich insbesondere Dieter Dowe sehr dankbar. In mancher Hinsicht sind drei Jahre eine lange Zeit, und so habe ich mir bei der Übersetzung des Manuskripts auch gestattet, das Buch zu überarbeiten, wo es mir sinnvoll erschien, und es somit auf den neuesten Forschungsstand zu bringen. In einzelnen Passagen weicht diese Ausgabe daher vom englischen Original ab. Originalzitate aus dem Englischen wurden hier in Absprache mit den Herausgebern nicht übersetzt.

Mein Dank für die Durchsicht und Kritik einzelner oder mehrerer Kapitel des Gesamtmanuskripts gebürt außerdem Peter Alter von der Universität Duisburg, Richard Geary von der Universität Nottingham, Eberhard Kolb von der Universität Köln, Nick Smart von der Universität Plymouth sowie allen Rezensenten der englischen Originalausgabe, von denen ich noch so manches gelernt habe. Auch meinen Kollegen/-innen und Studenten/-innen an der School of European Studies der Universität von Cardiff danke ich für ihre vielfältige Unterstützung. Besonders David Jacksons nie nachlassende Hilfsbereitschaft bei der Durchsicht dieses wie auch anderer Manuskripte wird mir dabei noch lange Verpflichtung sein.

Für meinen ursprünglichen, dreijährigen Aufenthalt als Doktorand an der Universität Oxford bin ich dem Rhodes Trust zu Dank verpflichtet, der zugleich auch mit der Bezuschussung von Konferenz- und Archivbesuchen nie knauserig war. Das Trinity College, Oxford, war mir in diesen Jahren ein intellektuell anregendes Zuhause und zugleich ein weiterer wichtiger Geldgeber. Für finanzielle Hilfe bei Studien- und Archivaufenthalten habe ich außerdem der Studienstiftung des deutschen Volkes, deren Förderung in den Jahren 1985 bis 1990 ich vor allem wertvolle persönliche Freundschaften verdanke, wie dem Deutschen Historischen Institut in London zu danken. Alle in der Bibliographie aufgelisteten Archive haben meine Studien in jeder nur denkbaren Weise unterstützt, und ich will von daher auch nicht versäumen, den vielen Archivaren/-innen und Bibliothekaren/-innen zu danken, die meine vielen Nachfragen fachkundig und mit großer Geduld beantwortet haben.

    Vor allem aber danke ich meiner Frau, Jutta Grub, die große Teile des Manuskripts gelesen und einiges zur hoffentlich leserfreundlichen Verpackung des Buches beigetragen hat, sowie meiner Tochter Kristina, deren Schabernack mich bei Verstand hält, und meinen Eltern, deren Verbundenheit mit der deutschen Sozialdemokratie auch zur Wahl dieses Themas beigetragen hat.

Cardiff, im Februar 1997   Stefan Berger

Inhaltsverzeichnis

Danksagung 5
Abkürzungen 9

1 Genossen/-innen im Vergleich: Fallstricke und Perspektiven einer komparatistischen Erforschung der Arbeiterbewegung 13

2 Die Integration der britischen und deutschen Arbeiterbewegung in ihre jeweilige Gesellschaft 33
   2.1 Arbeiterparteien und Nationalstaat 33
   2.2 Das Verhältnis beider Arbeiterparteien zum Parlamentarismus und zum politischen Gegner 53
   2.3 Arbeiterbewegung, Unternehmerverbände und antisozialistische Organisationen 67
   2.4 Arbeiterparteien und Bürgertum 78
   2.5 Schlußfolgerungen 88

3 Parteiorganisation 90
   3.1 Die nationalen Parteiorganisationen 91
   3.2 Regionalisierung der Parteiorganisationen 102
   3.3 Die lokalen Organisationen 106
   3.4 Parteifinanzen 117
   3.5 Die Presse der Arbeiterparteien 121
   3.6 Probleme innerparteilicher Demokratie 130
   3.7 Partei und Gewerkschaften 140
   3.8 Schlußfolgerungen 150

4 Labour Party und SPD als Solidargemeinschaften 153
   4.1 Organisatorische Stärke als Basis für Solidargemeinschaften 153
   4.2 Freizeit- und Kulturorganisationen der Arbeiterparteien 165

	4.2.1 Arbeiterparteien und Arbeiterbildung	168
	4.2.2 Theater-, Musik- und Sportgruppen	176
	4.2.3 Frauen- und Jugendverbände	180
	4.2.4 Klubleben und sozialistische Festkultur	186
4.3	Schlußfolgerungen	193

5 Die ideologische Ausrichtung der Arbeiterparteien 196

    5.1 Parteioffizielle Ideologie 197

    5.2 „Ideologie von unten" 205

    5.3 Religion und die Arbeiterparteien 220

6 Die Beziehungen zwischen den Arbeiterbewegungen Großbritanniens und Deutschlands, ca. 1890-1933 233

    6.1 Persönliche Beziehungen 234

    6.2 Institutionalisierte Beziehungen 245

    6.3 Beziehungen innerhalb der Internationale 261

7 Schlußfolgerungen 274

Archivalien und Literatur 283

Index 313

Der Autor 327

Abkürzungen

ACIQ	Advisory Council for International Questions
ADGB	Allgemeiner Deutscher Gewerkschaftsbund
AfS	Archiv für Sozialgeschichte
AfSWP	Archiv für Sozialwissenschaft und Sozialpolitik
AG	Aktiengesellschaft
AHR	American Historical Review
APSR	American Political Science Review
ASE	Amalgamated Society of Engineers
ASRS	Amalgamated Society of Railway Servants
ASU	Anti-Socialist Union
BA	Bundesarchiv
BGB	Bürgerliches Gesetzbuch
BWSA	British Workers' Sports Association
BZG	Beiträge zur Geschichte der Arbeiterbewegung
CEH	Central European History
CIU	Workingmen's Club and Institute Union
CLC	Central Labour College
CPGB	Communist Party of Great Britain
DA	Die Arbeit
DAS	Deutsche Arbeitersänger
DLP	Divisional Labour Party
DVP	Deutsche Volkspartei
EC	Executive Committee
EHQ	European History Quarterly
EHR	English Historical Review
ERH	European Review of History
FES	Friedrich-Ebert-Stiftung, Bonn
GG	Geschichte und Gesellschaft
GMC	General Management Committee
GWU	Geschichte in Wissenschaft und Unterricht
HWJ	History Workshop Journal
HZ	Historische Zeitschrift

IFTU	International Federation of Trade Unions
IISG	Internationales Institut für Sozialgeschichte, Amsterdam
ILP	Independent Labour Party
IRSH	International Review of Social History
ISB	Internationales Sozialistisches Büro
IWK	Internationale Wissenschaftliche Korrespondenz zur Geschichte der deutschen Arbeiterbewegung
KPD	Kommunistische Partei Deutschlands
LCC	London County Council
LLP	London Labour Party
LP	Labour Party
LRC	Labour Representation Committee
LSE	London School of Economics
LSI	Labour and Socialist International
LVZ	Leipziger Volkszeitung
MdR	Mitglied des Reichstages
MP	Member of Parliament
MSPD	Mehrheitssozialdemokratische Partei Deutschlands
NCF	No Conscription Fellowship
NCLC	National Council of Labour Colleges
NEC	National Executive Council
NL	Nachlaß
NLR	New Left Review
NPL	Neue Politische Literatur
NUR	National Union of Railwaymen
NZ	Die Neue Zeit
PLP	Parliamentary Labour Party
PP	Past and Present
PRO	Public Record Office, London
PV	Parteivorstand
RCA	Railway Clerks' Association
SAI	Sozialistische Arbeiterinternationale
SAJ	Sozialistische Arbeiterjugend
SAP	Sozialistische Arbeiterpartei
SAPMO	Stiftung Archiv der Parteien und Massenorganisationen der DDR im Bundesarchiv
SDAP	Sozialdemokratische Arbeiterpartei

SDF	Social Democratic Federation
SM	Sozialistische Monatshefte
SPD	Sozialdemokratische Partei Deutschlands
SR	Socialist Review
SSLH	Society for the Study of Labour History
SSS	Socialist Sunday Schools
SWMIU	South Wales Miners Industrial Union
TGWU	Transport and General Workers' Union
TUC	Trades Union Congress
USPD	Unabhängige Sozialdemokratische Partei Deutschlands
VZG	Vierteljahrshefte für Zeitgeschichte
WEA	Workers' Educational Association
WETUC	Workers' Educational Trade Union Committee
WTA	Workers' Travel Association
WTM	Workers' Theatre Movement
ZfG	Zeitschrift für Geschichtswissenschaft
ZfP	Zeitschrift für Politikwissenschaft
ZStA	Zentrales Staatsarchiv, Potsdam; jetzt: Bundesarchiv, Abteilungen Potsdam. Zentrales Staatsarchiv, Merseburg, jetzt Teil des Geheimen Staatsarchivs Preußischer Kulturbesitz.

„It is a weakness of much comparative history to exaggerate differences and then to spend much time in explaining these."

(John Breuilly, Labour and Liberalism in Nineteenth Century Europe: Essays in Comparative History, Manchester 1992, S. 257.)

„Gibt es nun aber überhaupt so etwas in der Einzahl wie den ‚modernen Sozialismus' [...]? Oder gibt es nur zahlreiche, untereinander nicht verträgliche Lehren [...]? Gewiß lassen sich diese Dinge unter dem Gesichtspunkt der Vielheit betrachten und werden mit Vorliebe darunter betrachtet. Es ist ja auch so viel einfacher, die einzelnen sozialistischen Systeme zu analysieren und sie in ihrer Mannigfaltigkeit darzutun. Aber etwas höheren, geistigen Ansprüchen ist damit kein Genüge geleistet. Wer tiefer in den Geist des modernen Proletarismus eingedrungen ist, hat es zunächst ins Gefühl bekommen, daß all den mannigfachen Erscheinungen eine einheitliche Substanz zugrunde liegt [...] Es gibt offenbar etwas, das das Denken der Arbeiterschaft und ihrer Führer eint, einen einheitlichen Geist, der – bei allen Befehdungen untereinander – beseelt [...], die Bebel und Jaurès, McDonald und Lenin, Bernstein und Rosa Luxemburg, Turati und Labriola, Branting und Vandervelde, Adler Vater und Sohn, und sie alle scharf gegen andere Geister abhebt [...]"

(Werner Sombart, Der proletarische Sozialismus, Bd. 1, Jena 1924, S. 21 f.)

1 Genossen/-innen im Vergleich: Fallstricke und Perspektiven einer komparatistischen Erforschung der Arbeiterbewegung

Über dreißig Jahre ist es nun her, daß Asa Briggs die Historiker ultimativ aufforderte, mit der Insularität ihrer nationalen Geschichtsschreibung zu brechen und eine vergleichende Arbeiterbewegungsgeschichte zu entwickeln.[1] Zu Beginn der 1990er Jahre stellte Richard Price fest, daß angesichts der Insularität der britischen Publikationen zur Arbeiter- und Arbeiterbewegungsgeschichte eine vergleichende Dimension immer noch Desiderat der Forschung sei.[2] Noch im Jahre 1994 konnte Jürgen Kocka betonen: „Die historische Komparatistik hat die Arbeiter- und Arbeiterbewegungsgeschichte trotz mancher Ansätze in zurückliegenden Jahren noch nicht erobert. Viel Lohnendes bleibt hier zu tun, in Form interregionaler und internationaler Vergleiche."[3] Obwohl sich seit den 1980er Jahren die Komparatistik einer steigenden Beliebtheit unter Historikern erfreut[4], ist es in den allermeisten Fällen bei der theoretischen Forderung nach dem Vergleich geblieben. So gibt es bislang nur wenige ebenso ansprechende wie detaillierte Vergleichsstudien zu den Arbeiterparteien Europas.[5] Die hier vorgelegte Studie vergleicht zwei der erfolgreichsten Arbeiterparteien Europas: die SPD, gegründet im Jahre 1863/1890 und die Labour Party, die 1900/1906 aus der Taufe gehoben wurde. Dabei beschränkt sich die Arbeit schwerpunktmäßig auf die Jahre 1900 bis 1931. Eine vergleichende Studie zweier oberflächlich betrachtet sehr verschiedener Arbeiterparteien bietet eine Vielzahl zu diskutierender methodologischer Schwierigkeiten. Daher scheint es angebracht, dem eigentlichen Ver-

---

1 Asa Briggs, Trade Union History and Labour History, in: Business History 8, 1966, S. 47.
2 Richard Price, The Future of British Labour History, in: IRSH 36, 1991, pp. 249-60.
3 Jürgen Kocka, Arbeiterbewegung in der Bürgergesellschaft. Überlegungen zum deutschen Fall, in: GG 20, 1994, S. 488.
4 Hartmut Kaelble, Vergleichende Sozialgeschichte des 19. und 20. Jahrhunderts: Forschungen europäischer Historiker, in: Jahrbuch für Wirtschaftsgeschichte, 1993, S. 173-200; Jürgen Kocka, Comparative Historical Research: German Examples, in: IRSH 38, 1993, S. 369-79.
5 Hervorzuheben sind hier u.a. besonders die Studien von Donald Sassoon, One Hundred Years of Socialism. The West European Left in the Twentieth Century, London 1996; Michael Mann, Sources of Variation in Working-Class Movements in Twentieth-Century Europe, in: NLR 212, 1995, S. 14-58; Carl Cavanagh Hodge, The Trammels of Tradition: Social Democracy in Britain, France and Germany, New York 1994; Katharina Keller, Modell SPD? Italienische Sozialisten und deutsche Sozialdemokratie bis zum ersten Weltkrieg, Bonn 1994; John N. Horne, Labour at War. France and Britain 1914-1918, Oxford 1991; Gary P. Steenson, After Marx, Before Lenin. Marxism and Socialist Working-Class Parties in Europe, 1884-1914, Pittsburgh 1991; Dick Geary, European Labour Protest 1848-1939, London 1981; Harvey Mitchell and Peter Stearns, Workers and Protests. The European Labor Movement, the Working Classes and the Origins of Social Democracy 1890-1914, Ithaca 1971.

gleich einige Überlegungen zu den Tücken vergleichender Arbeiterbewegungsgeschichte voranzustellen.⁶

Zunächst einmal sind für vergleichende Historiker/-innen die genauen Kenntnisse der jeweiligen sozialen und kulturellen Kontexte von grundlegender Bedeutung; d.h. sie müssen in der Regel mit mehr als einer Nationalgeschichte vertraut sein. Dabei wollen Mühen des Spracherwerbs ebenso bewältigt sein wie die diffizileren Probleme der eigenen, durchweg auch national geprägten ‚Mentalität'. Zweitens liegt eine grundlegende Gefahr darin, zu viel auf einmal zu wollen, also mit anderen Worten: zu viele nationale Kontexte in den Vergleich mit einzubeziehen. Nur wenige Historiker/-innen dürften die linguistischen Fähigkeiten sowie das historische Tiefenwissen aufbringen, das notwendig ist, um den Vergleich über mehr als zwei oder drei Länder auszudehnen. Außerdem gilt es zu bedenken: Je mehr Länder in den Vergleich mit einbezogen werden, um so schwieriger wird es, generelle Fragen zu formulieren, die sinnvoll auf die Geschichte aller am Vergleich teilnehmenden Länder angewendet werden können. Sollten die Historiker/-innen meinen, auf solche spezifischen Fragestellungen verzichten zu können, so wird sie die Materialfülle für jedes einzelne Land bald eines besseren belehren. Indem sich die vorliegende Studie auf den detaillierten Vergleich zweier Arbeiterparteien in zwei Ländern beschränkt, können viele der oben angeführten Probleme des transnationalen Vergleichs vermieden werden.

Das einer jeden Arbeit zugrundeliegende Erkenntnisinteresse spiegelt sich in den spezifischen Fragestellungen, die den Vergleich strukturieren. Tilly schlägt sinnvollerweise vor, zwischen vier voneinander verschiedenen Vergleichsansätzen zu unterscheiden: ein individualisierender Vergleich betrachtet jeden Fall als einzigartig und betont folgerichtig seine Einzigartigkeit gerade, indem er mit anderen Fällen verglichen wird. Was immer auch ein solcher Fall mit anderen gemeinsam hat, kommt bei diesem Vergleichstyp kaum in das Blickfeld des Historikers. Zweitens gibt es die umfassenden Vergleiche, bei denen durchaus vorhandene Unterschiede erklärt werden im Rahmen der die Vergleichsfälle verbindenden, gemeinsamen Strukturelemente. Drittens gibt es, laut Tilly, die universalen Vergleichsstudien, die es sich zum Ziel gesetzt haben, auch unterschiedliche Fälle auf ihre grundlegenden Gemeinsamkeiten hin zu ordnen. Und viertens

---

6 Zur Theorie einer vergleichenden Sozialgeschichte siehe besonders Geschichte und Vergleich: Ansätze und Ergebnisse international vergleichender Geschichtsschreibung, hrsg. v. Heinz-Gerhard Haupt und Jürgen Kocka, Frankfurt am Main 1996; Thomas Welskopp, Stolpersteine auf dem Königsweg. Methodenkritische Anmerkungen zum internationalen Vergleich in der Gesellschaftsgeschichte, in: AfS 35, 1995, S. 339-67; ders., Von der verhinderten Heldengeschichte des Proletariats zur vergleichenden Sozialgeschichte der Arbeiterschaft – Perspektiven der Arbeitergeschichtsschreibung in den 1990er Jahren, in: 1999 8, 1993, S. 34-53; Wayne Thorpe, Vergleichende Arbeitergeschichte: aus der Arbeit des Amsterdamer Internationalen Instituts für Sozialgeschichte, in: 1999 8, 1993, S. 83-98; John Breuilly, Labour and Liberalism in Nineteenth Century Europe: Essays in Comparative History, Manchester 1992, S. 1-25; Jürgen Kocka, Probleme einer europäischen Geschichtsschreibung in komparativer Absicht, in: ders., Geschichte und Aufklärung, Göttingen, 1989, S. 21-28; Helga Grebing, Arbeiterbewegung und sozialer Wandel im industriellen Kapitalismus – zu Versuchen einer europäischen Vergleichsperspektive, in: TAJB 16, 1987, S. 82-95; Charles Tilly, Big Structures, Large Processes, Huge Comparisons, New York 1985; Raymond Grew, The Case for Comparing Histories, in: AHR 85, 1980, S. 763-78; Hans Jürgen Puhle, Theorien in der Praxis des vergleichenden Historikers, in: Theorie und Erzählung in der Geschichte, hrsg. v. Jürgen Kocka und Thomas Nipperdey, München 1979.

identifiziert Tilly die Variationsvergleiche, bei denen unterschiedliche Fälle als Variationen eines und desselben Grundfalls betrachtet werden.[7] Insofern als die hier vorliegende Studie nachzuweisen sucht, daß die Gemeinsamkeiten zwischen der britischen und der deutschen Arbeiterbewegung bislang in der Forschung unterschätzt wurden – natürlich ohne ernsthaft bestreiten zu wollen, daß es nicht auch wichtige Unterschiede gegeben hat –, kann man sie als Hybrid zwischen einem universalen und einem Variationsvergleich betrachten.

Damit hebt sich die hier vorliegende Arbeit von bereits existierenden historischen Vergleichsstudien explizit ab. Ausgangspunkt vieler vergleichender Untersuchungen ist die Annahme einer kausalen Beziehung zwischen zwei Phänomenen. Diese Annahme versucht man dann mit Hilfe eines individualisierenden Vergleichs zu verifizieren. Der Vergleich dient somit meist der Überprüfung, daß die ursprüngliche Annahme über eine bestehende kausale Beziehung zwischen zwei Phänomenen korrekt ist. So der Vergleich zeigt, daß in unterschiedlichen Ländern dieselben Entwicklungen zu unterschiedlichen Resultaten geführt haben oder auch umgekehrt, daß unterschiedliche Entwicklungen dieselben Resultate gezeitigt haben, hat man die zugrundeliegende Annahme einer notwendigen kausalen Beziehung zwischen Entwicklung und Resultat entscheidend unterminiert. Sehen wir uns zwei berühmte Beispiele an, bei denen der Vergleich jeweils als prüfender Nachweis eingesetzt wurde: Max Weber suchte nach einer Erklärung für den unaufhaltsamen Aufstieg des Kapitalismus in den europäischen Gesellschaften, und dabei stieß er auf die kausale Beziehung zwischen der Entwicklung einer ‚protestantischen Ethik' und dem Resultat des kapitalistischen Wirtschaftens. Indem er die Entwicklung des Kapitalismus in ganz verschiedenen Ländern miteinander verglich, konnte er behaupten, daß es eine Affinität zwischen protestantischer Ethik und dem kapitalistischen Geist gab. Letzterer, so Weber, war in Ländern mit überwiegend katholischer Bevölkerung weitgehend schwächer ausgeprägt als in protestantischen Gebieten.[8] In seiner vergleichenden Soziologie praktizierte Weber weitgehend individualisierende Vergleiche, in denen die Einzigartigkeit eines Ortes bzw. Phänomens erhellt wurde über den Vergleich mit einem sich von diesem deutlich abhebenden Ort bzw. Phänomen. Ein anderer Praktiker individualisierender historischer Vergleiche, Marc Bloch, formulierte in Anlehnung an Weber als Hauptziel vergleichender Geschichte die genaue Bestimmung dessen, worin die Originalität eines bestimmten Phänomens bzw. einer bestimmten Gesellschaft liege.[9]

Daß die überwiegende Mehrzahl komparatistisch vorgehender Historiker/-innen einer solchen individualisierenden Vergleichsstrategie gefolgt ist, kann kaum verwundern, hat

---

7 Tilly, Big Structures, S. 81-143.
8 Max Weber, Die protestantische Ethik und der Geist des Kapitalismus, in: AfSWP 20/21, 1904-5. Kann man bestimmte Einzelfälle unter spezifischen Gesichtspunkten zu Gruppen zusammenfassen, so spricht Weber von ‚Idealtypen'. Mit Hilfe solcher Konstruktionen hoffte Weber, erfolgreich zwischen der Scylla historistischer Kontingenz und der Charybdis eines wissenschaftlichen Dogmatismus, der glaubte, quasi Naturgesetze des menschlichen Zusammenlebens entdecken zu können, hindurchzuschiffen. Webers Bedeutung für die historische Forschung beleuchtet besonders Jürgen Kocka in dem von ihm hrsg. Band: Max Weber, der Historiker, Göttingen 1986, S. 13-27.
9 Marc Bloch, Toward a Comparative History of European Societies, in: Enterprise and Secular Change: Readings in Economic History, hrsg. v. Jelle C. Riemersma and Frederic C. Lane, London 1953, S. 507.

es doch unter den Jüngern/-innen Klios eine lange Tradition, Geschichte als eine Wissenschaft zu begreifen, die sich eben mit einem einzigartigen Ort und einer ebensolchen Zeit beschäftigt. Bei der Geschichte geht es meist immer noch um das Besondere und Spezifische, nicht um Generelles oder Universales. So kann man als Leitfrage bisheriger vergleichender Arbeiterbewegungsgeschichte in Deutschland formulieren: Warum gestaltete sich die Entwicklung der Arbeiterbewegung in Deutschland so anders als die Entwicklung anderer europäischer Arbeiterbewegungen? Und umgekehrt gilt für die vergleichende Forschung in Großbritannien genauso die Leitfrage: Warum nur stellt Großbritannien im Vergleich zu kontinentaleuropäischen Arbeiterbewegungen eine solche Ausnahme dar? Indem sie versuchten, Antworten auf diese Fragen zu finden, machten Historiker/-innen in beiden Ländern eine Reihe von Annahmen, welche letztendlich darauf hinausliefen, die britische und die deutsche Arbeiterbewegung als diametrale Endpunkte im Spektrum europäischer Arbeiterbewegungen zu begreifen. Ziel der hier vorliegenden Studie ist es, Zweifel an den meisten dieser Annahmen anzumelden, die bislang unsere Typologie von Arbeiterbewegungen maßgeblich mitbestimmt haben, zumindest für den Bereich, wo der britische und der deutsche Fall im Blickpunkt des Vergleichs stehen.

Ein weiteres Problem einer jeden transnationalen vergleichenden Geschichtsschreibung, gleich ob es sich um einen individualisierenden oder einen universalen Vergleich handelt, liegt in der Tendenz zu weitgehenden Verallgemeinerungen komplexer historischer Phänomene und Strukturen. Indem man die Nation zum Bezugsrahmen des Vergleichs macht, wird allzu leichtfüßig über regionale Besonderheiten hinweggegangen. So leidet der historische Vergleich nicht selten an seiner tendenziellen Bereitschaft, die Heterogenität und Kontingenz verschiedener Erfahrungen innerhalb der jeweils miteinander zu vergleichenden Zeiträume, Orte und Strukturen zu homogenisieren. Wenn wir im folgenden etwa von den Arbeiterparteien Großbritanniens und Deutschlands reden, so gilt zugleich immer mitzudenken, daß es solche Parteien im Singular nicht gegeben hat. In den verschiedenen Regionen beider Länder entwickelten sich Labour Party und SPD zu sehr unterschiedlichen Parteien. Die Arbeiterbewegungsgeschichte beider Länder hat innerhalb der letzten zwei Jahrzehnte ihr besonderes Augenmerk auf diese regionalen Besonderheiten gerichtet, so daß vergleichende Historiker/-innen hier auf ein reiches Material an Untersuchungen zurückgreifen können.[10] John Breuilly hat in diesem Zusammenhang sogar die plausible These aufgestellt, daß die regionale oder lokale Ver-

---

10 Siehe besonders Michael Savage, The Dynamics of Working Class Politics: The Labour Movement in Preston 1880-1940, Cambridge 1987, der ein hervorragendes Modell für die regionale und lokale Analyse von Arbeiterbewegungen erarbeitet. Vgl. auch die wohl am breitesten angelegte Untersuchung zur regionalen Entwicklung der Labour Party von Duncan Tanner, Political Change and the Labour Party 1900-1918, Cambridge 1990. Für die deutsche Arbeiterbewegungsgeschichte siehe Klaus Tenfelde, Wege zur Sozialgeschichte der Arbeiterschaft und Arbeiterbewegung: Regional- und lokalgeschichtliche Forschungen (1945-1975) zur deutschen Arbeiterbewegung bis 1914, in: Die moderne deutsche Geschichte in der internationalen Forschung 1945-1975, hrsg. v. Hans-Ulrich Wehler, Göttingen 1978; Detlev Peukert, Zur Regionalgeschichtsschreibung der Arbeiterbewegung, in: Das Argument 110, 1978, S. 546-60; Heinz-Gerd Hofschen, Recent Developments in Local and Labour History Research in West-Germany, in: Llafur 5, 1990, S. 71-78. Eine exzellente vergleichende Perspektive bietet der von Rainer Schulze hrsg. Band: Industrieregionen im Umbruch: historische Voraussetzungen und Verlaufsmuster des regionalen Strukturwandels im europäischen Vergleich, Essen 1993.

gleichsebene sinnvoller ist als die nationale, da die Nation als Vergleichsrahmen in den meisten Fällen einfach zu groß ist.[11] Der zunehmende Einfluß des Poststrukturalismus und des ‚linguistic turn' auf die Sozialgeschichte dürfte in Zukunft das Bewußtsein für die Multivarianz und radikale Pluralität von Interpretationen historischer Ereignisse und Strukturen eher noch verstärken.[12] Versuche, mit Hilfe des Vergleichs zu umfassenden Generalisierungen über historische Phänomene zu gelangen, werden daher sicher zunehmend kritischer beäugt. Jedoch wird man auch einräumen müssen, daß beide Arbeiterparteien sich explizit als nationale Parteien begriffen und damit ein Vergleich beider auf der nationalen Ebene durchaus sinnvoll sein kann. Wollte man alle Vergleiche auf die lokale Ebene beschränken, würde man gerade den nationalen Aspirationen beider Arbeiterparteien nicht gerecht.

Weiterhin sollten die sprachlichen Probleme, die bei jedem transnationalen Vergleich zu meistern sind, nicht unterschätzt werden. So kommt es z. B. nicht selten vor, daß zwischen der Bedeutung von historischen Begriffen in zwei unterschiedlichen Sprachen keine Kongruenz besteht. Die vordergründig gleichen Begrifflichkeiten können durchaus unterschiedliche Sachverhalte beschreiben, während auch umgekehrt scheinbar unterschiedliche Begrifflichkeiten dieselben Sachverhalte auszudrücken vermögen. Somit ergibt sich die Gefahr, Pseudoähnlichkeiten oder auch Pseudounterschieden aufzusitzen. Die Existenz von Homonymen unterstreicht noch einmal, wie wichtig die sprachliche Kompetenz vergleichender Historiker/-innen ist. Nehmen wir zur Verdeutlichung des Sachverhalts das Wort ‚Agitation', auf englisch ‚agitation'. Zwei vordergründig gleiche Begriffe meinen durchaus nicht denselben Sachverhalt. Von den Sozialdemokraten/-innen wertneutral gebraucht, beschreibt es alle propagandistischen Bemühungen der Partei. Dem deutschen Begriff fehlt jedwede abwertende Konnotation, die man im Englischen sofort mit dem Begriff ‚agitation' in Verbindung brächte. Der englischen Arbeiterpartei wäre es daher nie in den Sinn gekommen, die eigenen Bemühungen um mehr Wähler und Mitglieder als ‚agitation' zu bezeichnen. Statt dessen findet man in der Regel das spezifischere ‚campaigning'. Ein weiteres Beispiel ist das Wort ‚Funktionär', auf englisch ‚functionary'. Erneut wird der Begriff von Sozialdemokraten weitgehend positiv zur Bestimmung von Personen mit offiziellen Ämtern und Aufgaben bezeichnet, während man bei Labour eher von ‚officials' spricht, da man den ‚functionary' eher abwertend mit dogmatischer Parteibürokratie verbindet.

Allerdings läßt sich das sprachliche Problem nicht auf vordergründig gleiche Wörter mit unterschiedlichen Bedeutungsgehalten verkürzen. Nicht nur die Wörter, sondern auch die Ereignisse und Institutionen können in verschiedenen Gesellschaften durchaus verschiedene Bedeutungen transportieren. Nehmen wir z. B. das Problem der regionalen

---

11 John Breuilly, Liberalism in Mid-Nineteenth Century Hamburg and Manchester, in: ders., Labour and Liberalism, S. 197-227. Siehe auch Werner Berg, Wirtschaft und Gesellschaft in Deutschland und Großbritannien im Übergang zum ‚Organisierten Kapitalismus': Unternehmer, Angestellte, Arbeiter und Staat im Steinkohlebergbau des Ruhrgebiets und von Südwales, 1850-1914, Bielefeld 1980.
12 Vgl. Jane Caplan, Postmodernism, Poststructuralism and Deconstruction: Notes for Historians, in: CEH 22, 1989, S. 266; Stefan Berger, The Rise and Fall of ‚Critical' Historiography? Some Reflections on the Historiographical Agenda of the Left in Britain, France and Germany at the End of the Twentieth Century, in: ERH 3, 1996, S. 213-32.

Parteiorganisationen in der Labour Party und der SPD. In der SPD entwickelten sie sich zu mächtigen Vermittlern zwischen den Ortsparteien und dem nationalen Zentrum in Berlin. Ein radikaler Ortsverein in einer reformistisch orientierten Regionalpartei bekam in der Regel ebenso Schwierigkeiten wie umgekehrt ein reformistischer Ortsverein in einer radikalen Regionalpartei. Ein institutioneller Vergleich mit der Labour Party könnte nun darauf abheben, daß die britische Partei nach ihrer grundlegenden Reorganisation im Jahre 1918 ebenfalls am Aufbau regionaler Parteien interessiert war. Jedoch zeigt der genaue Blick auf diese zwei Ebenen der regionalen Organisation, daß es sich um durchaus verschiedene Dinge handelt, die beinahe zufällig den gleichen Namen tragen. So blieben die regionalen Organisationen in der britischen Labour Party immer schwach. Im Vergleich zu ihren deutschen Pendants fehlte es ihnen besonders an der entsprechenden finanziellen Ausstattung sowie an einer effektiven Zentralisierung der Entscheidungsfindung auf der regionalen Ebene. So konnte in der britischen Partei der häufig sich auftuende Graben zwischen den lokalen Parteiorganisationen und dem fernen nationalen Zentrum von den regionalen Organisationen nicht aufgefüllt und überbrückt werden. Sie blieben ziemlich ineffiziente Wachhunde des Parteivorstands. Vergleichende Historiker/-innen sollten sich also bewußt sein, daß dieselben Bezeichnungen für Institutionen und Organisationen ganz unterschiedliche Bedeutungen in verschiedenen nationalen Kontexten annehmen können.[13]

Eine verwandte Schwierigkeit vergleichender Geschichtswissenschaft liegt darin, eine gemeinsame Terminologie für verwandte Phänomene in verschiedenen Ländern zu finden. Im Zusammenhang der hier vorliegenden Untersuchung ergab sich zunächst einmal das Problem, eine gemeinsame Bezeichnung für Labour Party und SPD festzulegen. ‚Sozialistische Parteien' wäre kaum zutreffend gewesen, war doch die Labour Party zumindest vor 1918 nicht explizit sozialistisch – und wohl auch nach diesem *annus mirabilis* der britischen Arbeiterpartei dürften Zweifel an diesem Attribut angemessen sein. Der Begriff ‚Arbeiterparteien' schien für die gemeinsame Charakterisierung von Labour Party und SPD geeigneter, da er spezifische ideologische Konnotationen vermeidet und sich auf die gemeinsame soziale Basis beider Parteien, die sich ganz überwiegend aus Arbeitern rekrutierten, beschränkt. Der Begriff ‚Arbeiterparteien' bezieht sich also im folgenden explizit auf Labour Party und SPD, wogegen sich der breitere und damit auch unpräzisere Begriff ‚Arbeiterbewegung' auf Parteien, Gewerkschaften, Kooperativen und sämtliche Kultur-, Sport- und Freizeitorganisationen bezieht. Die liberalen, katholischen und nicht-deutschen (besonders die polnischen) Arbeiterorganisationen in Deutschland sowie ihre konservativen, liberalen und irischen Pendants in Großbritannien wurden generell von dem hier vorgelegten Vergleich ausgeschlossen.

Damit sind wir dann auch bereits bei einem weiteren Problem vergleichender Geschichtsschreibung: der klaren und vernünftigen Eingrenzung des Vergleichs. In der hier vorgelegten Studie wurde, abgesehen von einzelnen Anmerkungen, ein Vergleich der kommunistischen Arbeiterbewegungen ausgeklammert. Da sowohl die CPGB als auch die KPD nach 1918 wichtigen Einfluß auf die Politik und das Organisationsverhalten von

---

13 Ein ausführlicher Vergleich der regionalen Organisationen von Labour Party und SPD findet sich in Kap. 3.

Labour Party und SPD hatten, könnte eine solche Auslassung als ernstliche Unterlassung angesehen werden. Schließlich kam es besonders in Deutschland zur Entstehung der größten kommunistischen Partei außerhalb der Sowjetunion, einer Partei, an die besonders in den ersten Jahren nach 1918 der Anspruch herangetragen wurde, dem Kommunismus europaweit zum Durchbruch zu verhelfen. Die Situation in Großbritannien scheint der in Deutschland insofern wiederum als diametral entgegengesetzt, als die CPGB in der Zwischenkriegszeit klein und scheinbar unbedeutend blieb. So findet man auch allenthalben das Argument, das Fehlen einer radikalen sozialistischen Kultur im Großbritannien der Vorkriegszeit sei verantwortlich für die fehlende Unterstützung einer kommunistischen Bewegung nach dem ersten Weltkrieg.[14] Wo Kommunisten/-innen an eine radikale und militante Tradition anknüpfen konnten, wie etwa im schottischen Fife und in den südwalisischen Kohlegruben, erstarkten sie nach 1918. So war die weiße Landkarte des bolschewistischen Großbritannien durchaus mit einigen tiefroten Flecken durchsetzt. Rhondda East, Motherwell und North Battersea sind wohl die bekanntesten Beispiele solcher „kleinen Moskaus" des britischen Inselreichs.[15] Die unterschiedliche Stärke der kommunistischen Parteien in Deutschland und Großbritannien sollte jedoch nicht zu dem naheliegenden Trugschluß verleiten, die beiden Parteien seien in ihrem Charakter verschieden gewesen. Schon gar nicht sollte man schlußfolgern, der Kommunismus sei innerhalb der britischen Arbeiterbewegung generell unbedeutend geblieben. Dem schwachen Abschneiden der CPGB bei Wahlen steht in der Zwischenkriegszeit ein nicht unerheblicher Einfluß auf einige der wichtigen Gewerkschaften, so z.B. in der Elektroindustrie und im Bergbau, gegenüber. Einflußreiche kommunistische Zellen bildeten sich auch in den lokalen Gewerkschaftskartellen heraus, etwa bei dem oft tonangebenden Londoner Kartell. Um die starke Position der Kommunisten in den Gewerkschaften entscheidend zu schwächen, bedurfte es schon einer erheblichen Anstrengung der reformistischen TUC-Führung nach 1927 sowie der törichten Attacken seitens der kommunistischen Führung, die gemäßigte, aber durchaus beliebte Gewerkschaftsführer ab 1928 als ‚Sozialfaschisten' beschimpfte. Die CPGB war auch durchaus in der Lage, Frontorganisationen wie die britische Arbeitslosenbewegung (National Unemployed Workers' Movement, NUWM) ins Leben zu rufen, die Zehn-, wenn nicht gar Hunderttausende von Menschen mobilisieren konnte.[16] Die unbedingte Unterstützung der Bergar-

---

14 Dick Geary, European Labour Politics from 1900 to the Depression, London 1991, S. 64; zur Bedeutung der Spaltung der deutschen Arbeiterbewegung siehe besonders Klaus Schönhoven, Reformismus und Radikalismus: Gespaltene Arbeiterbewegung im Weimarer Sozialstaat, München 1989; zum sehr unterschiedlichen Verhältnis zwischen SPD und KPD auf der lokalen Ebene siehe auch Klaus-Michael Mallmann, Milieu, Radikalismus und lokale Gesellschaft. Zur Sozialgeschichte des Kommunismus in der Weimarer Republik, in: GG 21, 1995, S. 5-31.
15 Stuart MacIntyre, Little Moscows, London 1981. Zu neueren Perspektiven der Kommunismusforschung in Großbritannien vgl. Opening the Books: Essays on the Social and Cultural History of British Communism, hrsg. v. Geoff Andrews, Nina Fishman und Kevin Morgan, London 1995.
16 Unter Historikern/-innen der Arbeiterbewegung gibt es immer noch weit auseinandergehende Schätzungen über die Mitgliederzahlen beim NUWM. R. Croucher, We Refuse to Starve in Silence: A History of the National Unemployed Workers' Movement, London 1987, S. 11, behauptet, die Bewegung habe in der Zwischenkriegszeit Hunderttausende Mitglieder organisiert, während Sam Davies, The Membership of the

beiter durch die Kommunisten in dem bitteren Arbeitskonflikt im Jahre 1921 brachte der Partei viele Sympathien in den Kohlefeldern des Landes, und A.J. Cook, der charismatische Führer der südwalisischen Bergarbeiter, wurde eines der prominentesten Mitglieder in der CPGB. Insgesamt muß wohl der Frage, wie verschieden die kommunistischen Parteien Großbritanniens und Deutschlands wirklich waren, erst noch vergleichend auf den Grund gegangen werden. Es bleibt Desiderat der Forschung zu ermitteln, wo ideologisch und im Hinblick auf die Strukturen der Partei Unterschiede und Gemeinsamkeiten liegen. Liegt es nicht z.B. nahe anzunehmen, daß beide Parteien in ähnlichem Ausmaß den Kontrollen durch die Komintern ausgesetzt waren und zeitweise zu bloßen Hilfsorganen sowjetischer Außenpolitik degradiert wurden? Waren nicht die Mitglieder der CPGB wesentlich jünger als die der Labour Party, ähnlich dem Verhältnis zwischen KPD und SPD? Fühlten sich nicht besonders die ungelernten Arbeiter und die Arbeitslosen zu den kommunistischen Parteien hingezogen, also Gruppen, die von Labour Party und SPD oft als ‚Lumpenproletarier' verachtet und quasi ausgeschlossen wurden? Und falls dem wirklich so wäre, warum traten die Deklassierten dann nicht in stärkerem Maße in die CPGB ein? Es bleibt zu hoffen, daß sich jemand der mühevollen Aufgabe unterzieht, die ‚kleinen Moskaus' von Maerdy und Bedlinog mit den kommunistischen Hochburgen in Neukölln, Barmbeck, Chemnitz und Dinslaken zu vergleichen. Erst dann wird man letztendlich in der Lage sein, gesicherte Aussagen zum Einfluß und Charakter des Kommunismus in der britischen und deutschen Gesellschaft zu machen.

Den institutionellen Rahmen des Vergleichs sinnvoll zu beschränken, das ist das eine. Das andere aber ist es, einen Zeitrahmen für den Vergleich festzulegen. Historische Vergleiche unterscheiden sich oft wohltuend von ihren soziologischen Pendants durch die striktere Beachtung der Tatsache, daß der Zeitpunkt von Ereignissen und Entwicklungen eine Rolle spielt. Strukturen und Organisationen entstehen zu einer bestimmten Zeit, entwickeln sich in eine bestimmte Richtung zu einer genau definierbaren Zeit und verschwinden u. U. wieder – ebenfalls zu einer spezifischen Zeit. Indem Historiker/innen nun also zeitliche Zäsuren setzen, beeinflussen sie in entscheidender Weise den Blick auf die Dinge. Ihre Lesart bestimmter Entwicklungen oder Organisationen ändert sich u. U. entscheidend, entscheiden sie sich für einen anderen Zeitrahmen.

So ist es z. B. sowohl in der britischen als auch in der deutschen Geschichtsschreibung üblich geworden, historische Untersuchungen 1914 zu beenden und 1918 wieder neu einsetzen zu lassen. Der Erste Weltkrieg, wie u.a. Arthur Marwick und Jürgen Kocka zu Recht betont haben, stellt einen ganz entscheidenden Einschnitt für beide Gesellschaften dar.[17] Der soziale, ökonomische und politische Wandel wurde als Folge der Kriegsentwicklung erheblich beschleunigt. So änderte sich während der Kriegsjahre z.B. die Zusammensetzung der Arbeiterschaft in den Betrieben maßgeblich. Obwohl Qualifikationen für die Hierarchisierung am Arbeitsplatz weiterhin bedeutsam blieben, war doch

---

National Unemployed Workers' Movement, 1923-1938, in: SSLH 57, 1992, S. 29-36, von einer wesentlich geringeren Mitgliedschaft von max. 25000 ausgeht.

17 Arthur Marwick, The Deluge: British Society and the First World War, London 1965; siehe auch J.M. Winter, The Great War and the British People, London 1986 und Bernard Waites, A Class Society at War: England 1914-1918, Leamington Spa 1987; vgl. für Deutschland Jürgen Kocka, Klassengesellschaft im Krieg: Deutsche Gesellschaftsgeschichte, 1914-1918, Göttingen 1983.

ein merklicher Trend zu immer mehr unqualifizierter Arbeit festzustellen, der soziale Unterschiede zwischen Arbeitern/-innen einebnete. In Deutschland fiel das Ende des Krieges zusammen mit einer demokratischen Revolution, die den Übergang vom Kaiserreich zur parlamentarischen Republik von Weimar brachte. In Großbritannien bewirkte der Krieg eine entscheidende Schwächung der Liberal Party, die vor 1914 über einen erheblichen Anteil an Unterstützung unter den Arbeitern verfügte.

Auch für die Arbeiterparteien bedeutete der Krieg einen wichtigen Einschnitt. Auf den Ausbruch des Krieges reagierten beide ähnlich. Die internationalistische Rhetorik der Vorkriegsjahre brach unter dem Gewicht nationaler Prägungen zusammen, und man empfand es als Pflicht, die Kriegsanstrengungen des eigenen Landes zu unterstützen. Der Burgfrieden in Deutschland bedeutete u.a., daß die alltäglichen Diskriminierungen gegen die Arbeiterbewegung ein rasches Ende fanden. Gewerkschaftsfunktionäre wurden vom Militärdienst ausgenommen. Der Staat ermunterte die sich z.T. sträubenden Unternehmer mit Nachdruck, die Gewerkschaften als Verhandlungspartner anzuerkennen. Staatsbedienstete konnten nun zum ersten Mal ungehindert und ohne Sanktionen befürchten zu müssen die SPD unterstützen und sogar Parteimitglied werden. Als die deutschen Armeen vor dem Zusammenbruch standen und die für das Fiasko verantwortlichen Militärs bereits den Weg aus der Verantwortung suchten, wurden Sozialdemokraten sogar gebeten, Mitglieder einer kaiserlichen Regierung zu werden. Artig nahmen sie dankend an. Die britische Labour Party durfte einer ‚nationalen' Allparteienregierung bereits 1915 beitreten. Arthur Henderson wurde Mitglied des Kriegskabinetts, das aus nur fünf Mitgliedern bestand. Der Zusammenbruch der Liberal Party im Krieg bedeutete, daß die Labour Party in den zwanziger Jahren praktisch automatisch und scheinbar ‚natürlich' zur offiziellen Oppositionspartei Seiner Majestät im britischen Unterhaus avancierte.

Auch setzte der Krieg beide Arbeiterparteien einer schweren innerparteilichen Zerreißprobe aus, die nur die Labour Party erfolgreich überstand. Allerdings sollte dabei nicht übersehen werden, daß es vor allem der recht rudimentären Parteiorganisation der Labour Party vor 1918 zu danken war, daß es nicht wie in Deutschland zu einer offiziellen Parteispaltung kam. Diejenigen britischen Sozialisten/-innen, die den Kriegsanstrengungen ihres Landes kritisch gegenüberstanden, hatten ja bereits ihre eigene Partei, die Independent Labour Party (ILP), die der Labour Party kollektiv angeschlossen war, aber dabei durchaus eigenständigen Charakter als sozialistische Avantgarde der Arbeiterbewegung trug. Eine Einzelmitgliedschaft in der Labour Party war vor 1918 statutenmäßig gar nicht vorgesehen und auch de facto nur in ganz wenigen lokalen Organisationen möglich. Dennoch waren die innerparteilichen Diskriminierungen gegen diejenigen, die den Krieg verurteilten, in beiden Ländern erheblich. Der quasi erzwungene Rücktritt MacDonalds aus der Parteiführung 1914 und der Vorwärts-Streit um die Haltung des offiziellen Parteiorgans der SPD zur Frage der weiteren Bewilligung von Kriegskrediten sind hier nur die offensichtlichsten Indizien. Auch im Hinblick auf das Wachstum der Gewerkschaften, auf die sich wandelnden Einstellungen der Öffentlichkeit gegenüber der Arbeiterbewegung und den rapide fortschreitenden Integrationsprozeß der Arbeiterparteien in ihre jeweiligen Gesellschaften hatte der Krieg weitreichende Auswirkungen, die in ihrer Bedeutung kaum zu überschätzen sind.

Allerdings verstärkte der Krieg in vielerlei Hinsicht eher bereits bestehende Tendenzen, als daß er eine einen wirklichen Neuanfang markierende Zäsur darstellte. Gerade im Hinblick auf die Arbeiterbewegung der Weimarer Republik haben Historiker/-innen immer wieder die starken Affinitäten zum Organisationsverhalten und zur politischen Kultur des Kaiserreichs herausgearbeitet.[18] Trotz des neuen Grundsatzprogramms, einer völlig neuen Organisationsstruktur und des ebenfalls neuen Status als offizieller Oppositionspartei überwogen auch bei der Labour Party in mancherlei Hinsicht die Kontinuitäten zur Vorkriegszeit, so z.B. in ihrem Führungspersonal, ihren organisatorischen Vorstellungen und ideologischen Eckpfeilern.[19] Auch vergleichende Studien unterstreichen häufig den langen Atem von Einstellungen und Organisationsverhalten europäischer Arbeiterparteien.[20] Auf Grund solcher Gemeinsamkeiten wird sich der hier vorgelegte Vergleich sowohl mit der Zeit vor 1914 als auch mit der nach 1918 beschäftigen in der Hoffnung, daß auch eine nicht vorrangig chronologisch angelegte Arbeit sich der Differenz der beiden Zeitperioden bewußt bleiben kann.

Einmal abgesehen von der inhärenten Schwierigkeit, in ein und derselben Studie sowohl die Vorkriegs- als auch die Zwischenkriegszeit zu behandeln, besteht das generelle Problem, welche Zeitgrenzen man dem angestrebten Vergleich sinnvoll setzt. Als Anfangspunkt wurde die Jahrhundertwende gewählt. Im Jahre 1900 wurde das Labour Representation Committee gegründet, daß sich 1906 in Labour Party umbenannte. Die deutsche Sozialdemokratie war zu diesem Zeitpunkt schon mindestens ein Vierteljahrhundert auf der politischen Bühne präsent. Bereits 1875 schlossen sich die in den 1860er Jahren gegründeten Arbeiterparteien, der Allgemeine Deutsche Arbeiterverein (ADAV) und die Sozialdemokratische Arbeiterpartei, in Gotha zur Sozialistischen Arbeiterpartei Deutschlands zusammen. Nach der Aufhebung des Sozialistengesetzes benannte diese Partei sich 1891 in Sozialdemokratische Partei Deutschland (SPD) um. Vergleiche mit der britischen Arbeiterpartei betonen häufig die relativ frühzeitige Gründung einer Arbeiterpartei in Deutschland. Bereits Gustav Mayer sprach ja von der in Deutschland früh erfolgten Trennung von bürgerlicher und proletarischer Demokratie.[21] Spätere Historiker folgten dem Pionier der Arbeiterbewegungsgeschichtsschreibung weitgehend.[22] Qualifizierend muß hier jedoch eingewandt werden, daß zum einen bereits vor Gründung der

---

18 Siehe z. B. Heinrich August Winkler, Von der Revolution zur Stabilisierung: Arbeiter und Arbeiterbewegung in der Weimarer Republik, 1918-1924, Berlin 1984, S. 245.
19 Ross McKibbin, Labour and Politics in the Great War, in: SSLH 34, 1977, S. 4. Beachtenswert ist die Bemerkung von McKibbin in seinem Aufsatzband The Ideologies of Class: Social Relations in Britain 1880-1950, Oxford 1990, S. 297 f., daß er die Bedeutsamkeit des Weltkriegs für die Entwicklung der Labour Party zu einer der beiden stärksten Parteien im britischen Parteiensystem früher unterschätzt habe. In organisatorischer und ideologischer Hinsicht allerdings bleibt doch wohl ein erhebliches Maß an Kontinuität über die Kriegsjahre hinweg bestehen.
20 Dan S. White, Reconsidering European Socialism in the 1920s', in: Journal of Contemporary History 16, 1981, S. 254 sowie Hodge, Trammels of Tradition, der in solcher Kontinuität von Einstellungen und Organisationsverhalten das entscheidende Moment des Scheiterns der europäischen Arbeiterparteien in der Zwischenkriegszeit zu erkennen meint.
21 Gustav Mayer, Die Trennung der proletarischen von der bürgerlichen Demokratie 1863-1870, Leipzig 1912.
22 Siehe stellvertretend für viele Gerhard A. Ritter, Arbeiter, Arbeiterbewegung und soziale Ideen in Deutschland, München 1996, S. 183.

Labour Party unabhängige Arbeiterparteien auch in Großbritannien existierten. Sowohl die 1883 gegründete Social Democratic Federation (SDF) als auch ihr 1893 gegründeter Rivale, die Independent Labour Party (ILP), waren nach ihrem Selbstverständnis explizit sozialistische Parteien. Zum anderen sollte man beachten, daß die Labour Party viel eher einen Ausnahmestatus als Spätzünder unter den fürderhin in Westeuropa bedeutsamen Arbeiterparteien beanspruchen kann, als daß man bei der SPD von einer verfrühten Gründung ausgehen kann.[23] Und schließlich sollte auch berücksichtigt werden, daß sich die SPD ja erst nach dem Ende des Sozialistengesetzes im Jahre 1890 zu einer Massenpartei entwickeln konnte. Die eigentlich breite Ausgestaltung ihrer Organisation erfolgte nach 1905. Zu diesem Zeitpunkt war es recht unwahrscheinlich geworden, daß der preußische Staat irgendeine Form der Ausnahmegesetzgebung gegen die SPD wiedereinführen würde. In den 1890er Jahren dagegen gab es zahlreiche ernstzunehmende Versuche in diese Richtung. Obwohl also die wichtige Vorgeschichte beider Arbeiterparteien bis tief in das neunzehnte Jahrhundert zurückreicht, soll dennoch die Jahrhundertwende als wichtiger Ausgangspunkt für beide Parteien den ungefähren Anfangspunkt des Vergleichszeitraums bestimmen.

Die Zäsur für die abschließende Begrenzung dieser Studie dagegen liegt in den frühen dreißiger Jahren. Die Machtübertragung an die Nationalsozialisten im Jahre 1933 markiert das vorläufige abrupte Ende einer unabhängigen Arbeiterbewegung in Deutschland. Exil und Wiedergründung nach 1945 sind Teil einer anderen Geschichte. Für die Labour Party ist dagegen das Jahr 1931 von überragender Bedeutung. Als das zweite Minderheitenkabinett MacDonald unter dem Druck der ökonomischen Krise zusammenbrach, versuchten der Premierminister sowie eine Handvoll seiner engen politischen Freunde den Alleingang. Ohne Rücksprache mit der Partei gingen sie eine Koalition mit den Konservativen ein. Die Mehrheit der Labour-Party-Abgeordneten entschied sich dagegen für die Opposition. Die bald darauf ausgerufenen Wahlen gerieten für die Labour Party zum Fiasko. Ihre Abgeordneten reduzierten sich von 288 auf 46. Obwohl sich die Partei bald von diesem Wahldebakel erholte und sich weiterhin als wichtigste Oppositionspartei der 1930er Jahre etablieren konnte, blieb der Rest des Jahrzehnts doch bestimmt von der Dominanz der Conservative Party. Neue Gesichter prägten nach 1931 das Führungspersonal und den Charakter der Labour Party. Ramsay MacDonald und Philip Snowden, die der ‚nationalen' Regierung treu blieben und aus der Labour Party ausgeschlossen wurden, aber auch der langjährige Kopf der Parteiapparats, Arthur Henderson, der die Partei in die Opposition geführt hatte, traten de facto von der Bühne ab. Herbert Morrison, Hugh Dalton, Ernest Bevin, Clement Attlee und Aneurin Bevan repräsentierten eine neue Generation politischer Führungspersönlichkeiten, die das Gesicht der Labour Party und Großbritanniens nach 1945 wesentlich formen sollten. Für beide Arbeiterparteien stellten die frühen 1930er Jahre also einen Endpunkt und – in der Folge – einen Neubeginn dar, der sich als Zäsur für diese Arbeit anbietet. Natürlich war der Bruch bei der SPD ungleich größer. Die Labour Party mochte ihre Führungsriege ausgetauscht und kurzfristig

---

23 Stefan Berger, The Belated Party. Influences on the British Labour Party in its Formative Years, 1900-1931, in: Mitteilungsblatt des Instituts zur Geschichte der europäischen Arbeiterbewegung, 18, 1997, S. 83-111.

eine katastrophale Wahlniederlage eingesteckt haben, aber insgesamt gab es doch, gerade auf dem Feld der Parteiorganisation, auch viele Kontinuitäten, die auf die Zeit vor 1931 verwiesen. So gehen die Pläne für eine stärkere Mitgliederwerbung sowie einen Ausbau der lokalen Parteiorganisationen bereits auf die Zeit vor 1931 zurück, sind allerdings in den meisten Fällen erst nach 1931 realisiert worden. Letztendlich bleibt natürlich das Setzen einer jeden Zäsur problematisch, hebt man damit doch bestenfalls einige Dezennien einer Parteigeschichte hervor, die sich inzwischen über mehr als hundert Jahre bis auf den heutigen Tag erstreckt. Deshalb sollte man die hier vorgeschlagenen Zäsuren von 1900 und 1931/33 auch mehr als ungefähre Markierungen denn als exakte zeitliche Begrenzungen für den Vergleich von Labour Party und SPD verstehen.

Es gibt jedoch einen weiteren wichtigen Grund, weshalb ein solcher Vergleich über relativ breite Zeiträume hin angelegt sein und eine Zäsur mit Sicherheit nicht bereits 1914 erfolgen sollte. Bei einer engen Eingrenzung der Zeiträume verfängt sich die vergleichende Geschichtsschreibung allzu leicht in chronologischen Fallstricken. Vergleichende Historiker/-innen sollten sich jederzeit die Möglichkeit vergegenwärtigen, daß in zwei oder auch mehr Ländern ähnliche Entwicklungen durchaus nicht zeitlich parallel ablaufen müssen. Bereits 1874 wies Lujo Brentano auf die Bedeutsamkeit solcher möglichen Zeitsprünge für die vergleichende Forschung hin und forderte konsequent, den synchronen Vergleich durch den diachronen Vergleich zu ergänzen. Die deutsche Arbeiterbewegung der 1870er und 1880er Jahre, so Brentano, sollte am besten verglichen werden mit der englischen Chartistenbewegung und den Anfängen der Arbeiterbewegung in Großbritannien in den ersten Jahrzehnten des neunzehnten Jahrhunderts.[24] Er begriff beide Bewegungen als Reaktionen auf die rapide Industrialisierung, die Großbritannien und Deutschland eben zu verschiedenen Zeitpunkten ergriff. Deutschlands industrieller *take-off* hinkte nach Brentano dem Großbritanniens um ca. 50 Jahre hinterher, so daß sich eine eigenständige und radikale Arbeiterbewegung in Deutschland erst später entwickelte. Diese Argumentationsstruktur paßte im übrigen vorzüglich in das Konzept des bürgerlichen Sozialreformers Brentano, konnte er mit diesem Blick doch für die Zukunft optimistisch sein. Die deutsche Arbeiterbewegung würde sich ebenso wie die britische zunehmend an das soziale, politische und ökonomische System der Gegenwart anpassen. Der Anspruch auf eine radikale Umgestaltung der bestehenden Ordnung entsprang nur der Radikalität des Industrialisierungsprozesses in seiner Frühphase.

Die hier vorgelegte Studie nimmt Brentanos Überlegungen zum diachronen Vergleich auf und geht dabei davon aus, daß sich in allen Industriestaaten dann starke unabhängige Arbeiterparteien entwickeln, wenn die bestehenden Parteien die Interessen der Arbeiterklassen nicht länger angemessen zu vertreten verstehen. Da die liberalen Parteien in Deutschland auf das heraufziehende Zeitalter der Massenpolitik organisatorisch völlig unzureichend vorbereitet waren und, was vielleicht noch schwerer wiegt, da sie, im Gegensatz zu ihrem britischen Pendant, nicht an einer konsequenten Freihandelspolitik

---

[24] Lujo Brentano, Die englische Chartistenbewegung, in: Preußische Jahrbücher 33, 1874, S. 431-47 und 531-50. Über Brentano und die vergleichende Geschichtsschreibung der Arbeiterbewegung siehe auch Christiane Eisenberg, The Comparative View in Labour History: Old and New Interpretations of the English and German Labour Movements before 1914, in: IRSH 34, 1989, S. 411 f.

festhielten, verloren die deutschen Liberalen bereits einen Großteil ihrer Unterstützung bei den Arbeitern/-innen in den 1860er Jahren, zu einem Zeitpunkt, als sich die ersten unabhängigen Arbeiterparteien etablieren konnten. Umgekehrt formuliert war es gerade die Bereitschaft der britischen Liberalen, weiterhin die Hauptfürsprecher des Freihandels zu sein sowie eine weitverzweigte Parteiorganisation aufzubauen, die es der Liberal Party ermöglichte, Wahlallianzen auch über die Klassengrenzen hinweg aufrechtzuerhalten und damit den Aufstieg einer unabhängigen Arbeiterpartei zu verzögern. Als dann allerdings diese unabhängige Partei einmal da war, so die Hauptthese dieses Buches, entwickelte sie sich zu einem Gebilde, das der SPD in vielem recht ähnlich war. Verglich man demnach konsequent die Labour Party vor 1914 mit der SPD vor 1914, so würde man zwei verschiedene Phasen bei der Entwicklung dieser Arbeiterparteien miteinander vergleichen. Nur der diachrone Vergleich der Labour Party der zwanziger Jahre mit der SPD vor 1914 bringt die Ähnlichkeiten zwischen den beiden Parteien zum Vorschein, die der synchrone Vergleich leicht zudeckt.

Will man komplexe politische Organisationen wie Arbeiterparteien über mehr als drei Jahrzehnte miteinander vergleichen, so ergeben sich auch Schwierigkeiten anderer Art. Historiker/-innen, die einen rein deskriptiven Rahmen für den Vergleich benutzen, versinken leicht in dem Riesenloch der Informationsfülle, die Sekundärliteratur und Archivmaterialien bieten. Deshalb ist ein breit abgesteckter und flexibel gehandhabter theoretischer Rahmen für jeden Vergleich unabdingbar. Präzise Fragen an das Rohmaterial wollen bereits formuliert sein, bevor man sich an die Lektüre begibt. Solch spezifische Fragen können nur gestellt werden vor dem Hintergrund einer Theorie über die Entwicklung von Arbeiterparteien in Industriegesellschaften. Im Lichte der Ergebnisse der eigenen Lektüre müssen dann sowohl die spezifischen Ausgangsfragen als auch der theoretische Bezugsrahmen als ganzer immer wieder überprüft und neu abgesteckt werden. Andernfalls besteht die Gefahr, daß man sich aus dem Material aussucht, was zum Beleg der eigenen Theorie gerade gut paßt. Dabei präjudizieren Historiker/-innen dann allzu leicht im nachhinein die historische Entwicklung und formulieren unhaltbare Annahmen über historisch angeblich notwendige Entwicklungen. Gefragt ist dagegen ein flexibles Verhältnis von Beschreibung und Theorie.

Der theoretische Rahmen dieser Studie geht von der Annahme aus, daß die Formation der Arbeiter als Klasse verbunden war mit dem Aufkommen unabhängiger Arbeiterbewegungen im 19. Jahrhundert. In allen Industrienationen begriffen sich Menschen zunehmend als zugehörig zur Arbeiterklasse und bildeten dabei ihre eigenen Interessenorganisationen aus. Wird eine solche Verbindung, wie kompliziert und widersprüchlich sie auch immer sein mag, akzeptiert, so ist die Entwicklung von Arbeiterparteien unabdingbar verknüpft mit der Geschichte der Klassenbildung. Der heuristische Wert des Klassenbegriffs und der Klassenkonzeption ist gerade in der letzten Zeit unter den Hammerschlägen einer sich postmodern gerierenden Kritik massiv in Frage gestellt worden. In Großbritannien haben insbesondere die Studien von Gareth Stedman Jones und Patrick Joyce die Debatte um den Klassenbegriff angeregt. Inspiriert von den Debatten um den französischen Strukturalismus, kritisierte Stedman Jones bereits in den 1980er Jahren eine essentialistische Verwendung des Klassenbegriffs und regte die Historiker/-innen dazu an, sich der sprachlichen Analyse der Texte zu widmen, die ja überhaupt erst die

Bedeutungen, Interessen und Ambitionen der historisch Agierenden produzierten.[25] Joyce ging dann in den 1990er Jahren so weit, die Bedeutung des Klassenbegriffs für die Analyse der Sozialgeschichte überhaupt in Frage zu stellen. An Stelle von „Klasse", so Joyce, fänden sich in den Texten der Arbeiter viel häufiger der Begriff des „Volks" (*the people*) und der Wunsch nach Teilhabe an der bürgerlichen Gesellschaft.[26] Joyces Radikalkritik der älteren Sozialgeschichte hat eine lebhafte Debatte ausgelöst, in der der Begriff der „Klasse" und seine Verwendung z.T. sehr erfolgreich verteidigt wird.[27] Diese Diskussionen um den Stellenwert des Klassenbegriffs und den sog. ‚linguistic turn' in der Geschichtswissenschaft hat in Deutschland bislang eher erschreckte Abwehrreaktionen als eine wirkliche Auseinandersetzung hervorgerufen, so daß Peter Schöttler mit berechtigter Ironie fragen konnte: ‚Wer hat Angst vor dem „linguistic turn"?[28] In der Tat kommt es darauf an, einen Klassenbegriff zu entwickeln, der nicht teleologisch einer Klassenbildung in verschiedenen Stufen mit fest vorgeschriebener Abfolge das Wort redet. Gerade alltags- und mikrohistorische Ansätze haben aus diesem Grund immer wieder betont, daß die Geschichte der Klassenbildung mehr sein muß als eine Geschichte wirtschaftlicher, gesellschaftlicher und politischer Prozesse, daß sie auch die Kultur der Menschen berücksichtigen muß, deren Interaktionen und gemeinsame Aktionen ja erst die Klasse konstituieren. Dazu gehört auch und vor allem die Sprache derjenigen, die sich als Klasse begriffen, und – wichtiger für den Untersuchungsgegenstand dieser Studie – derjenigen, die meinten, eine solche Klasse zu repräsentieren.[29] Insgesamt treten solche linguistischen, aber auch alltags- und mikrohistorischen Untersuchungen im Rahmen des hier vorgelegten Vergleichs von Labour Party und SPD deutlich zurück hinter den organisationssoziologischen und strukturgeschichtlichen Aspekten. Im Rückblick muß ich das mit Bedauern feststellen, hätte ich mir doch selbst eine stärkere Berücksichtigung der Menschen, die in der Labour Party und der SPD gelebt und gearbeitet haben, gewünscht. Eine solche zusätzliche Perspektive, die hier nur in Ansätzen berücksichtigt werden konnte, würde wohl der spezifischen Argumentation dieses Bandes weniger widersprechen, als sie bereichern.

---

25 Gareth Stedman Jones, Languages of Class. Studies in English Working Class History, 1832-1982, Cambridge 1982, S. 21 f.
26 Siehe v.a. Patrick Joyce, Visions of the People, Cambridge 1991; ders., Democratic Subjects, Cambridge 1994; ders., The End of Social History?, in: Social History 20, 1995, S. 173-91.
27 Siehe besonders Neville Kirk, In Defence of Class: A Critique of Recent Revisionist Writing Upon the Nineteenth-Century English Working Class, in: IRSH 32, 1987, sowie abwägender und kompromißbereiter Geoff Eley and Keith Nield, Starting Over: The Present, The Postmodern and the Moment of Social History, in: Social History 20, 1995, S. 355-64; James Thomson, After the Fall: Class and Political Language in Britain 1780-1900, in: Historical Journal 39, 1996, S. 785-806. Zum Einfluß des ‚linguistic turn' auf die Arbeiter- und Arbeiterbewegungsgeschichte insgesamt vgl. Rethinking Labor History: Essays on Discourse and Class Analysis, hrsg. v. Lenard R. Berlanstein, Urbana 1993.
28 Peter Schöttler, Wer hat Angst vor dem „Linguistic Turn"? Ein Diskussionsbeitrag, in: Potsdamer Bulletin für Zeithistorische Studien, Nr. 7, 1996, S. 5-21, trägt wesentlich zu einer nötigen Begriffsklärung und einer deutlichen Trennung verschiedener Diskurs-Begriffe bei.
29 Ira Katznelson, Working-Class Formation: Constructing Cases and Comparisons, in: Working-Class Formation: Nineteenth-Century Patterns in Western Europe and the United States, hrsg. v. ders. und Aristide R. Zolberg, Princeton, N.J. 1986, S. 30.

Einmal abgesehen von dem hier vorherrschenden strukturgeschichtlichen Klassenbegriff, folgt die hier vorgelegte Untersuchung weitgehend den Ergebnissen derjenigen Historiker/-innen, die der Sonderwegsthese mit kritischer Distanz gegenüberstehen. Eine ganze Generation von Deutschlandhistorikern/-innen hat die Unterschiede in der modernen Entwicklung Großbritanniens und Deutschlands massiv überbelichtet, in dem ehrenwerten Bemühen, den Ursachen für den ‚Zivilisationsbruch' (Dan Diner) des Nationalsozialismus in Deutschland nachzuspüren.[30] Die These vom angeblichen Sonderweg Deutschlands in die Moderne, die durchaus eine Vielzahl von fruchtbaren Forschungsergebnissen provoziert hat und mit Recht als wegweisende Errungenschaft bundesrepublikanischer Geschichtswissenschaft gefeiert werden sollte[31], erweist sich freilich als den historischen Blick verkürzend, wenn man sie unbefragt auf die vergleichende Arbeiterbewegungsgeschichte anwendet. Dann werden unwillkürlich die Unterschiede zwischen der deutschen und der britischen Arbeiterbewegung akzentuiert, ohne daß man auch die Gemeinsamkeiten zureichend in den Blick bekommt. So tendierte die vergleichende Arbeiterbewegungsgeschichte in der Vergangenheit eben einseitig zur Herausarbeitung einer Vielzahl von Sonderwegen jeweils unterschiedlicher nationaler Arbeiterbewegungen, die dabei eine Vielzahl von Gemeinsamkeiten und Ähnlichkeiten übergehen mußte.[32] Im europäischen Kontext erscheint weder der britische noch der deutsche Fall als eindeutiger Sonderweg. Eine Vielzahl von Ähnlichkeiten der beiden Arbeiterparteien, besonders was Organisation und Ideologie anbetrifft, ist bislang von ihren Historikern/-innen vernachlässigt worden, weil man sich ganz auf die Sonderwegsargumentation eingeschossen hatte. Dies zeigt auch ein kurzer Gang durch die bestehende Geschichtsschreibung zu den beiden Arbeiterparteien.

Es gibt eigentlich nur wenige genuin vergleichende Historiker/-innen auf dem Feld der Arbeiterbewegungsgeschichte und noch weniger, die sich explizit dem Vergleich Deutschland und Großbritannien zugewandt haben. So handelt es sich bei der hier vorgelegten Studie um den wohl bislang detailliertesten Vergleich der Entwicklung, Organisation und Ideologie von Labour Party und SPD.[33] Unter Fachleuten, die sich überhaupt

---

30 Dabei nehme ich natürlich besonders Bezug auf die Kritik der Sonderwegsthese durch David Blackbourn und Geoff Eley, The Peculiarities of German History: Bourgeois Society and Politics in Nineteenth-Century Germany, Oxford 1984. Siehe auch die bereits früher veröffentlichte, allerdings kürzere deutsche Fassung: Mythen deutscher Geschichtsschreibung: die gescheiterte bürgerliche Revolution von 1848, Frankfurt am Main 1980.
31 Vgl. Stefan Berger, Germany's Illiberal Traditions, in: History Today, 46 (7), 1996, S. 54 f.
32 Stefan Berger, European Labour Movements and the European Working Class in Comparative Perspective, in: The Force of Labour. The Western European Labour Movement and the Working Class in the Twentieth Century, hrsg. v. dems. und David Broughton, Oxford, 1995, S. 245-62; vgl. auch Aristide R. Zolberg, How many exceptionalisms?, in: Working-Class Formations, hrsg. v. Katznelson und Zolberg, S. 437-55, sowie James E. Cronin, Neither Exeptional nor Peculiar: Towards the Comparative Study of Labor in Advanced Society, in: IRSH 38, 1993, S. 59-74.
33 Es sollte allerdings erwähnt werden, daß es seit einigen Jahren das deutliche Bemühen gibt, auf dem Feld der Arbeiter- und Arbeiterbewegungsgeschichte zu einem explizit komparatistischen Vorgehen durchzustoßen. Vgl. den systematischen Versuch einer Bestandsaufnahme über die Entwicklung nationaler Arbeiterbewegungen bis 1914 in: The Formation of Labour Movements 1870-1914: An International Perspective, hrsg. v. Marcel van der Linden und Jürgen Rojahn, 2 Bde., Leiden 1990. Besonders die Bemühungen des Amsterdamer Internationaal Instituut voor Sociale Geschiedenis, aber auch des Bochumer

um den Vergleich bemüht haben, überwiegen diejenigen, die die grundlegenden Unterschiede zwischen diesen beiden Arbeiterparteien betonen. So schrieb etwa Oswald Spengler in seiner berühmt-berüchtigten Darstellung „Preußentum und Sozialismus": „Die ganze englische Arbeiterbewegung ist auf den Unterschied von wohlhabend und bettelhaft innerhalb der Arbeiterschaft selbst aufgebaut. An die eiserne Disziplin einer Millionenpartei in preußischem Stil würde hier gar nicht zu denken sein."[34] Für Spengler galt: Preußische Ideen und Ideale waren der englischen ‚Händlermentalität' fremd und dem britischen Materialismus diametral entgegengesetzt – im Sozialismus wie auch in allen übrigen Dingen. Das Englische bestand für ihn in einem zum Egoismus und Sensualismus führenden Individualismus und im parlamentarischen Liberalismus, der notwendig in die Anarchie der nackten Gruppeninteressen mündete. Diese Werte waren mit den preußischen, wie etwa „monarchischer Sozialismus", „Treue", „Disziplin", „Askese", „Solidarität" und „Idealismus", schlichtweg nicht in Einklang zu bringen.

Die für die Zeit – und darüber hinaus auch für die frühe vergleichende Forschung[35] – durchaus typische Zwangsvorstellung von ‚nationalem Charakter' und ‚volkstypischen Eigenschaften' läßt sich auch in den Schriften von Werner Sombart zur vergleichenden Arbeiterbewegungsgeschichte nachweisen. Im Ton von Spengler gar nicht so verschieden, behauptet Sombart, daß sich die Sozialismen in verschiedenen Ländern nach der jeweiligen Kollektivmentalität der Völker ausgeprägt haben. Bei dem Versuch, solche trügerischen Mentalitäten auszumachen, definiert Sombart schließlich drei Haupttypen von Arbeiterbewegungen: a) diejenigen Großbritanniens und der angelsächsischen Welt, b) die Deutschlands und des ‚germanisch' dominierten Mittel- und Nordeuropa sowie c) diejenigen Frankreichs und der romanischen Welt. Laut Sombart ist der deutsche Sozialist der archetypische Gelehrte, der sein Handeln nach einem einmal ausgearbeiteten theoretischen und philosophischen Lehrgebäude ausrichtet. Der angelsächsische Sozialist dagegen ist der archetypische Händler, dessen einzige Orientierung im Leben die Empirie darstellt. Schließlich wäre da noch der Sozialist der romanischen Länder, den Sombart als eine Mischung aus Künstler und Bohemien schildert, der allzeit bereit ist, einer charismatischen Persönlichkeit zu folgen.[36]

Sozialisten selber hielten sich in der Regel weniger mit dem ‚Nationalcharakter' auf. Ihre vergleichenden Beobachtungen kamen jedoch zu ganz ähnlichen Ergebnissen. So schrieb etwas Julius Braunthal, Sozialdemokrat und führender Funktionär der Sozialistischen Internationale nach 1918: „The labour movement on the Continent [...] developed a profusion of Socialist institutions, and the life of their individual members was intensely interwoven with the life of the movement. The British Labour movement appeared to be no part of the life of its average members. To be quite accurate, it might perhaps be

---

Instituts zur Erforschung der europäischen Arbeiterbewegung und der jährlich stattfindenden Linzer Konferenzen haben wesentlich zur Herausbildung einer solchen komparatistischen Schwerpunktbildung beigetragen.

34 Oswald Spengler, Preußentum und Sozialismus, München 1922, S. 45.
35 Peter N. Stearns, National Character and European Labor History, in: Journal of Social History 4, 1970/71, S. 95-124 hat bereits eindrucksvoll aufgezeigt, zu welchen Schieflagen in der Forschung solche Annahmen eines ‚nationalen Charakters' beigetragen haben.
36 Werner Sombart, Der proletarische Sozialismus, Jena 1924, 2, S. 358 f.

questioned whether it is to be termed a movement, in the sense of an organisation of which its cells (the individual members) compose a living whole. It is, in the first place a vast trade union organization, and only in the second place a political organization [...]"[37] In einer Reihe von Vorträgen über die britische Arbeiterbewegung behauptete auch der wohl beste Kenner britischer Verhältnisse in der deutschen SPD, Eduard Bernstein, daß „die Bewegung auf allen drei Gebieten der Arbeiterbewegung: Politik, Gewerkschaft und Genossenschaft bei uns andere Formen angenommen habe wie in England."[38] Verärgert über das seiner Meinung nach unnötige Insistieren der britischen Sozialisten/-innen auf die Entsendung einer Friedensdelegation nach Berlin, schrieb Bebel im Jahr 1908 an Hermann Molkenbuhr über die fundamentalen Unterschiede zwischen britischen und deutschen Sozialisten: „Mit den Engländern laß ich mich auf nichts mehr ein. Die sprechen nicht nur eine andere Sprache. Sie denken auch anders. [Die insuläre] Isolierung hat sie zu besonderen Menschen werden laßen."[39] Auch Historiker/-innen haben schließlich dazu tendiert, einer solchen Beurteilung, wenn auch in weniger rigoroser Form, zuzustimmen, ohne jemals eine wirklich fundierte Vergleichsstudie der beiden Arbeiterparteien vorzulegen.

Hans Mommsen etwa erstellte eine Typologie von Arbeiterbewegungen, nach der diejenigen Zentral-, Ost- und Nordeuropas vom Modell der deutschen SPD dominiert wurden, während eine westeuropäisch-kontinentale Variante sich durch die besondere Stärke des Syndikalismus in der Arbeiterbewegung auszeichnete. Den angelsächsischen Typus der Arbeiterbewegung bezeichnete er schließlich als „einen eigenständigen Typus der Vertretung der Arbeiterinteressen".[40] Die Argumentation vieler vergleichender Historiker/-innen basiert auf einer spezifischen Perzeption der Ideologien und der organisatorischen Strukturen der Arbeiterparteien. Während die Labour Party als ideologisch zuhöchst heterogen, zumindest jedweden marxistischen Dogmatismus zurückweisend betrachtet wird, gilt die deutsche Sozialdemokratie nach 1890 oft als weitgehend homogene marxistische Partei. Schließlich war der Marxismus sozusagen parteioffiziell im Erfurter Programm festgeschrieben. Organisatorisch hat man in der Labour Party oft wenig mehr als eine Interessenorganisation der Gewerkschaften im Parlament, die sich vorrangig auf lokale Wahlarbeit konzentrierte, gesehen. Ziel der Partei war danach einzig die Maximierung der Labour-Stimmen am Tag der Wahl. Im Gegensatz dazu galt die SPD lange als soziale Bewegung, die ihre Mitglieder ‚von der Wiege bis zur Bahre' betreute.

---

37 Julius Braunthal, In Search of the Millennium, London 1945, S. 319. Vgl. auch die Bemerkung in der deutschen Ausgabe: Auf der Suche nach dem Millennium, Nürnberg 1948, S. 652 f.: „Die Arbeiterpartei [Großbritanniens] ist nicht, wie etwa die Sozialdemokratische Partei Deutschlands [...], eine festgefügte Maschine, die von einem Zentrum in Bewegung gesetzt wird; sie ist eine lose Föderation autonomer Gewerkschaften und politischer Lokalorganisationen, [...], die [...] von der Direktion des Parteisekretariats völlig unabhängig sind."
38 Zitiert in einem Bericht über Bernsteins Versammlungen in: Vorwärts, Nr. 110 v. 12. Mai 1901.
39 Stiftung Archiv der Parteien und Massenorganisationen der DDR im Bundesarchiv (SAPMO), Bebel NL, 22/132, 21: Brief Bebels an Molkenbuhr vom 28. Sept. 1908. Siehe auch Kap. 6 zum Mißverständnis von SPD und Labour Party über die Friedensmission letzterer im Jahre 1908.
40 Hans Mommsen, Zum Problem der vergleichenden Behandlung nationaler Arbeiterbewegungen am Beispiel von Ost- und Südostmitteleuropa, in: IWK 15, 1979, S. 31. Vgl. auch ders., Arbeiterbewegung, in: Sowjetsystem und demokratische Gesellschaft: Eine vergleichende Enzyklopädie, Bd. 1, Freiburg 1966, S. 274-98.

So sind die essentiellen Unterschiede zwischen der deutschen und der britischen Arbeiterbewegung auch von einer Reihe weiterer bedeutender Arbeiterbewegungshistoriker, z. B. Klaus Tenfelde, Harvey Mitchell und Walter Kendall, betont worden.[41] Wo Tenfelde und Mitchell für einen deutschen Sonderweg plädieren, benutzt Kendall das Sonderwegsargument, um die britische Entwicklung von der kontinentaleuropäischen abzugrenzen: „Since labour movements arise as a human response to external social and economic conditions the labour movements of Europe in their turn come to assume forms significantly different from those of either Britain or the U.S."[42] Die Idee eines britischen Sonderwegs wurde bereits 1964/65 von Perry Anderson und Tom Nairn in einer Artikelserie über die britische Labour Party im *New Left Review* (NLR) vertreten und 1987 von Perry Anderson noch einmal bekräftigt: „The British working class down to the First World War thus remained, in a sense, the mirror opposite of the German."[43] Für Dick Geary waren es v.a. der unterschiedliche Charakter der Klassenbeziehungen in Großbritannien und Deutschland sowie die unterschiedliche Reaktion des britischen und deutschen Staates auf die Entstehung der Arbeiterbewegung, die die angenommene Unterschiedlichkeit der beiden Bewegungen zu erklären halfen: „the British case differed from developments across the channel [...] Where a national bourgeoisie is weak or tied to an existing and authoritarian state [...] as was to some extent the case in Imperial Germany [...] there the prospects of working-class liberalism appear to be weaker, whilst political radicalism on the part of labour becomes more marked."[44] Ihre Fähigkeit, frühzeitig zur Massenpartei zu werden, ihr Programm des revolutionären Marxismus und die Anzahl sowie die Größe ihrer Randorganisationen schienen die deutsche Partei vor 1914 allzu deutlich von ihrem britischen Pendant zu unterscheiden. Das vielleicht am deutlichsten ausfallende Urteil eines Historikers zur Unterschiedlichkeit von Labour Party und SPD kommt von Carl Cavanagh Hodge: „Britain and Germany produced very different social democratic parties, and much of the similarity between the SPD and British Labour is exhausted with a comparison of membership size and electoral strength."[45] Christiane Eisenberg ist zwar bereit, gleich eine ganze Reihe von Sonderwegsargumenten betreffs der deutschen und britischen Arbeiterbewegung vor 1914 zu verwerfen, bleibt aber letztendlich doch dabei, daß man von zwei unterschiedlichen Entwicklungen in den beiden Ländern auszugehen habe.[46]

---

41 Klaus Tenfelde, Geschichte der deutschen Arbeiter und Arbeiterbewegung: Ein Sonderweg, in: Der Aquädukt 1763-1988: Ein Almanach aus dem Verlag C.H. Beck im 225. Jahr seines Bestehens, München 1988, S. 469-83; Harvey Mitchell und Peter Stearns, Workers and Protest: The European Labor Movement, the Working Classes and the Origins of Social Democracy 1890-1914, Itasca 1971, S. 5.
42 Walter Kendall, The Labour Movement in Europe, London 1975, S. 3 f.
43 Perry Anderson, The Figures of Descent, in: NLR 161, 1987, S. 52. Vgl. auch Bernd Weisbrod, Der englische „Sonderweg" in der neueren Geschichte, in: GG 1990, S. 233-52, bes. S. 243 f. sowie Breuilly, Labour and Liberalism, besonders Kap. 4,6 und 7.
44 Dick Geary, Introduction, in: Labour and Socialist Movements in Europe before 1914, hrsg. von dems., Oxford 1989, S. 3.
45 Carl Cavanagh Hodge, The Trammels of Tradition: Social Democratic Parties in Britain, France and Germany 1863-1937, phil. diss., Universität London 1987, S. 49.
46 Eisenberg, The Comparative View, S. 403-32.

Dieser kurze Gang durch die bereits existierende, durchaus schmal zu nennende vergleichende Literatur zu den beiden Arbeiterparteien Großbritanniens und Deutschlands zeigt deutlich, daß Historiker/-innen in der Regel den Standpunkt zeitgenössischer Beobachter von der grundsätzlichen Unterschiedlichkeit beider Parteien nur noch bestärkt haben. Die meisten der Studien vergleichen die Labour Party synchron mit der SPD, und kommen – zumal, wenn der Vergleich sich auf die Zeit vor 1914 bezieht – zu dem Ergebnis, daß die Unterschiede überwiegen. Bei einigen anderen, wie bei Hodge, wird dieses Bild allerdings auch auf die Zwischenkriegszeit übertragen, obwohl zu diesem Zeitpunkt die Ähnlichkeiten doch bereits viel prononcierter ins Auge fallen. Auch sei im Zusammenhang der vorherrschenden synchronen Vergleiche noch einmal daran erinnert, daß sie, wie oben näher ausgeführt, für den Vergleich von Labour Party und SPD vor 1914 nur schlecht geeignet sind, da sich die beiden Arbeiterparteien zu diesem Zeitpunkt in verschiedenen Entwicklungsstadien befanden. Die hier vorgelegte Studie will deshalb versuchen, die etablierten Urteile über Labour Party und SPD im Lackmustest des detaillierten Vergleichs etwas zurechtzurücken. Ohne dabei wirklich existierende, dauerhafte und unbestreitbare Unterschiede zwischen den beiden Parteien leugnen zu wollen, verfolgt sie die These, daß diese Unterschiede im Rahmen der verschiedenen Sonderwegsthesen oft einseitig überbetont wurden. Es gab sicher nicht den tiefen Graben, der in der einschlägigen Forschungsliteratur behauptet wird und dazu geführt hat, daß man die beiden Parteien an die jeweiligen Gegenpole des Spektrums von europäischen Arbeiterparteien gesetzt hat. Starke Nebelbildung über dem Ärmelkanal führt nicht immer notwendig dazu, daß der Kontinent von insularer Herrlichkeit abgeschnitten wurde – um ein berühmtes englisches Sprichwort ein wenig abzuwandeln.

In ihrer Kritik der These vom deutschen Sonderweg kommen Blackbourn und Eley u.a. zu dem Schluß, daß in beiden Ländern die Haltung zur Arbeiterbewegung beschrieben werden kann als ein „process of attempted political containment with varying degrees of recklessness".[47] In Kapitel 2 soll dieser These nachgegangen werden. Insbesondere werden dabei untersucht: erstens die Mehrdeutigkeit, mit der der Staat auf die Entstehung und Entwicklung der organisierten Arbeiterbewegung reagierte, wobei die Versuche direkter Unterdrückung neben Bemühungen um durchaus positive Integration standen; zweitens die Möglichkeiten für parlamentarische Koalitionen mit den bürgerlichen Parteien sowie die ursprünglich durchaus zweideutige Haltung beider Arbeiterparteien zur parlamentarischen Demokratie; drittens die Reaktionen der Arbeitgeber und ihrer Verbände auf die Arbeiterbewegung; und viertens das Verhältnis beider Arbeiterparteien zu den Mittelklassen und zur bürgerlichen Kultur.

Geht es in Kapitel 2 vor allem um den sozialen Kontext, in dem beide Arbeiterparteien operierten, wendet sich der Blick in den nachfolgenden Kapiteln 3 bis 5 Fragen nach der organisatorischen Struktur und Ideologie zu. In Kapitel 3 wird ein detaillierter Vergleich der nationalen, regionalen und lokalen Parteistrukturen unternommen. Dabei stehen im Mittelpunkt die Analyse der Parteiführung, der Einfluß von Parteikonferenzen, der Charakter der Parteipresse und die Organisation der Parteifinanzen. Hier sollen Fragen nach dem Stand der innerparteilichen Demokratie, den Beziehungen zwischen Partei

---

47 Blackbourn und Eley, Peculiarities, S. 26.

und Gewerkschaften sowie nach dem Grad der Bürokratisierung, Zentralisierung und Hierarchisierung beider Parteiorganisationen gestellt werden.

In Kapitel 4 geht es dann vor allem um die Betonung, wie wichtig in beiden Parteien die Idee der Solidarität war. Für die SPD der Weimarer Zeit hat Peter Lösche den Begriff der ‚Solidargemeinschaft' geprägt. Inwieweit man eine solche Charakterisierung auch auf die Labour Party übertragen kann, soll anhand von folgenden Fragestellungen untersucht werden: Was kennzeichnet die lokalen Parteiorganisationen beider Parteien sowie ihrer subsidiären Kultur-, Freizeit- und Sportorganisationen? Was bedeutete es für den einzelnen, Mitglied der Labour Party oder der SPD zu sein? Welche Bedeutung hatte die Arbeiterbewegungskultur in beiden Ländern? Wie ausgeprägt war die innerparteiliche Demokratie? Inwiefern beteiligten sich die einfachen Parteimitglieder an der Entscheidungsfindung in den beiden Arbeiterparteien?

Für Kapitel 5 ist die Unterscheidung zwischen offizieller Ideologie und der Ideologie einfacher Parteimitglieder, einer Ideologie ‚von unten', von zentraler Bedeutung. Thesen, die sich auf die Unterschiedlichkeit der offiziellen Parteitheoreme, hier Marxismus, dort Labourismus, beziehen, sollen einer kritischen Evaluierung unterzogen werden. Zugleich aber wird behauptet, daß bei einer näheren Betrachtung der ‚Ideologie von unten' solche Argumente von der ideologischen Differenz beider Parteien ins Leere laufen. Natürlich sind mit der Rekonstruktion von Wertewelten und Glaubensvorstellungen der Parteibasis eine ganze Reihe von schwerwiegenden methodologischen Problemen verbunden. Dennoch soll hier versucht werden, zu einigen vorsichtigen Aussagen zu gelangen, indem die Schlüsselwörter und -konzepte miteinander verglichen werden, die in populären Romanen und gängiger Parteiliteratur unter den Mitgliedern Verbreitung fanden, indem die Symbolik der Festkulturen beider Parteien einer eingehenden Analyse unterzogen wird und indem auch die Resultate der Alltagsgeschichte, die in beiden Ländern seit nunmehr zwei Jahrzehnten sehr gute Ergebnisse erzielt hat, verstärkt berücksichtigt werden.

Schließlich geht es im letzten Kapitel dieses Buches um die direkten Beziehungen der beiden Arbeiterparteien. Die Untersuchung des Umfangs und der Qualität bestehender Beziehungen soll dazu führen, die Frage nach der geistigen Nähe oder Ferne beider Parteien aus einem anderen Blickwinkel näher zu beleuchten. Falls, so die These des Buchs, die britische Labour Party und die deutsche SPD konkrete Ausprägungen einer sehr ähnlichen Form von Sozialismus waren, dann wäre es an der Zeit, eine erneute Debatte über die bestehenden Typologien europäischer Arbeiterbewegungen zu führen.

2 Die Integration der britischen und deutschen Arbeiterbewegung in ihre jeweilige Gesellschaft

Zu Beginn des 20. Jahrhunderts agierten alle westeuropäischen Arbeiterparteien im Rahmen mehr oder weniger artifizieller Nationalstaaten. Sie waren vorrangig darum bemüht, ihr erklärtes Ziel der Emanzipation der Arbeiterklasse im Rahmen dieser Nationalstaaten zu erreichen. Wie letztere auf solche Ansinnen reagierten, gibt wichtige Aufschlüsse über den Grad der Integration der Arbeiterparteien in die Gesellschaft. In der Geschichtsschreibung wurde bislang vor allem darauf abgehoben, daß der britische und der deutsche Staat sehr unterschiedlich auf das Anwachsen einer organisierten Arbeiterbewegung reagiert haben. Der repressive Charakter eines illiberalen, undemokratischen und allgegenwärtigen deutschen Staates, so der Grundtenor der Argumentation, führte zu einer grundlegenden Entfremdung der deutschen Arbeiterbewegung von diesem Staat, während das liberale, demokratische Britannien die eigene Arbeiterbewegung ohne große Mühe in den Staat integrieren konnte.[1] Eine solche Gegenüberstellung der Integrationsleistungen beider Staaten soll in diesem Kapitel im Säurebad des Vergleichs überprüft werden, wobei sich die Untersuchung in konzentrischen Kreisen vom Verhältnis beider Arbeiterbewegungen zum Nationalstaat zur Stellung der Arbeiterbewegung in der Gesellschaft bewegt. Insbesondere sollen die Stellung der Arbeiterparteien zum politischen System und den bürgerlichen Parteien sowie das Verhältnis von Arbeiterbewegung und Arbeitgebern näher untersucht werden, ebenso wie die Beziehungen der Arbeiterparteien zu den Mittelklassen. Auf der Grundlage eines solch breit angelegten Vergleichs sollte es abschließend möglich sein, einige vorsichtige Schlußfolgerungen über den Grad der Integration beider Arbeiterparteien in ihre jeweilige Gesellschaft zu ziehen.

2.1 Arbeiterparteien und Nationalstaat

Nach John Schwarzmantel war die Haltung der Labour Party zum britischen Staat überwiegend positiv. Die Haltung der SPD zum Staat schätzt er dagegen für das Kaiserreich ganz und gar negativ ein. Dies habe, so Schwarzmantel, vor allem mit dem unterschiedlichen Charakter des Nationalstaats in beiden Ländern zu tun. Herrschte in Deutschland ein autoritärer, antisozialistischer und ethnischer Nationalismus vor, der den Vorstellungen der SPD von einem demokratischen Nationalismus diametral entgegenlief, so konnte

---

1 Mommsen, Arbeiterbewegung, S. 273-90; Kendall, The Labour Movement, S. 2-10; Geary, Labour and Socialist Movements, S. 2; Eisenberg, The Comparative View, S. 424; Gordon A. Philipps, Britische Gewerkschaften und der Staat, in: Konflikt und Kooperation: Strategien europäischer Gewerkschaften im 20. Jahrhundert, Essen 1988, S. 31; Gregory M. Luebbert, Liberalism, Fascism or Social Democracy: Social Classes and the Political Origins of Regimes in Interwar Europe, Oxford 1991, S. 159.

die britische Labour Party an einen demokratischen Nationalismus anknüpfen, der auf einem allgemeinen Konsens über die Grundspielregeln des politischen Systems fußte.[2] Auf einer solchen Dichotomie beruhen weitgehend die Perspektiven der Sonderwegshistoriker/-innen[3], die dazu neigen, den Grad der Entfremdung deutscher Sozialdemokraten/-innen zum Staat des Kaiserreichs zu überschätzen und gleichzeitig die sehr ernst zu nehmenden Risse in der Fassade eines sicher nicht übermäßig demokratischen und immer weniger konsensorientierten Großbritannien zu unterschätzen.

Die Arbeiterparteien konnten zu Beginn der dreißiger Jahre auf eine lange Tradition des internationalistischen Engagements zurückblicken. Die britischen Gewerkschaften waren bei der Gründung der Ersten Internationale von maßgeblicher Bedeutung, und die britische Labour Party spielte bei der erfolgreichen Wiedergründung der Zweiten Internationale nach 1918 die vielleicht wichtigste Rolle. Die deutschen Sozialisten/-innen dagegen beanspruchten eine Führungsposition, was die Programmatik und Praxis der Zweiten Internationale bis 1914 anbetraf. Ohne bestreiten zu wollen, daß der Internationalismus in vielen europäischen Arbeiterbewegungen neben dem Nationalismus blühte und gedeihte, sollte man doch darauf bestehen, daß der sozialistische Internationalismus seine Ursprünge in der Zurückweisung der nationalistischen Ideologien verschiedener Provenienz hatte. Andere Faktoren, und natürlich besonders der der Klasse, so argumentierten die Sozialisten/-innen, seien weitaus bedeutender für die Ausprägung von Identität als die Nation. So wandten sich Teile der Sozialdemokratie auch gegen den preußisch-französischen Krieg von 1870/71. Die Annexion Elsaß-Lothringens verurteilten sie scharf. Ihre Solidarität mit der Pariser Kommune diente Bismarck als Vorwand, um die Sozialdemokratie als anti-national zu brandmarken. Dabei gab es jedoch bereits zu diesem frühen Zeitpunkt durchaus regional unterschiedliche Ansichten zur Idee des deutschen Nationalstaats. Gerade die süddeutschen Sozialdemokraten/-innen vertraten oft eine nationalkritischere Haltung als ihre norddeutschen Genossen/-innen.[4] Vertreter des revisionistischen Flügels innerhalb der deutschen Sozialdemokratie, wie Wolfgang Heine, meinten frühzeitig, im Internationalismus eine Gefahr zu erkennen. Würde das Moment der Nationalität vernachlässigt, so Heine, erweise sich der Internationalismus der SPD einer weitergehenden nationalen Integration der Partei als abträglich.[5]

---

2 John Schwarzmantel, Socialism and the Idea of the Nation, London 1991, S. 88-136.
3 Schwarzmantels These basiert weitgehend auf Hans-Ulrich Wehler, Sozialdemokratie und Nationalstaat: Die deutsche Sozialdemokratie und die Nationalitätenfragen in Deutschland von Karl Marx bis zum Ausbruch des Ersten Weltkrieges, Würzburg 1962. Außerdem stützt er sich auf Günther Roth, The Social Democrats in Imperial Germany: A Study in Working-Class Isolation and National Integration, Totowa, NJ 1963, und Dieter Groh, Negative Integration und revolutionärer Attentismus: Die deutsche Sozialdemokratie am Vorabend des ersten Weltkrieges, Frankfurt am Main 1973. Diese klassischen Studien zum Verhältnis von Nationalstaat und Sozialdemokratie vor 1914 betonen allesamt die Entfremdung der SPD vom wilhelminischen Staat und räumen einzig eine ‚negative Integration' in die Gesellschaft des Kaiserreichs ein, die vor allem durch das dichte Netzwerk von Kultur-, Freizeit- und Sportvereinen der sozialdemokratischen Arbeiterbewegung bewirkt worden sei.
4 Andrew Bonnell, Between Internationalism, Nationalism and Particularism: German Social Democrats and the War of 1870/71, in: Australian Journal of Politics and History 38, 1992, S. 375-85.
5 Wolfgang Heine, Persönliche, nur für die Familie bestimmte, Erinnerungen, 1861-1927, in: BA Koblenz, Kl. Erw., Nr. 371-15, S. 341.

Zunehmend wurde der Nationalstaat als der Ort begriffen, an dem Sozialdemokraten/-innen zunächst einmal ihre Politikvorstellungen entwickeln und umsetzen mußten. So erhielten die Arbeiterbewegungen Europas alle ihre eigentümliche Form als nationale Bewegungen.[6] Vergleicht man die Haltung verschiedener europäischer Arbeiterparteien zum Nationalstaat, so kann man mit Marcel van der Linden zu dem Schluß kommen, bei der britischen und der deutschen Arbeiterpartei handele es sich um durchaus vergleichbar starke Identifikationen mit dem eigenen Nationalstaat, während die russischen Sozialisten/-innen den vielleicht größten Gegenpol dazu darstellten.[7] Solch eine Annahme wird von der Beobachtung des Gewerkschaftstheoretikers Lothar Erdmann bestätigt, für den die Arbeiterbewegung, indem sie das aktive Bemühen des Staates um eine grundlegende Sozialreform unterstützte, einer der Hauptfaktoren bei der Herausbildung eines positiveren Staatsverständnisses unter den breiten Arbeitermassen war.[8] Hans-Ulrich Wehler hat gezeigt, daß die SPD vor 1914 nicht ganz frei von nationalistischen Gefühlslagen war.[9] Karl Kautskys kleines Büchlein zum Thema ‚Patriotismus und Sozialdemokratie' unterstreicht in seinem krassen Antislawentum nur noch einmal Wehlers These.[10] Die sozialdemokratische Bewegung vermochte es letztendlich auch nicht, die Spannungen zwischen polnisch bzw. masurisch sprechenden Bergarbeitern im Ruhrgebiet und ihren deutschen Kameraden zu überwinden. Zum Teil beteiligte sich die SPD gar an der Ausgrenzung und Stereotypisierung der „ausländischen" Bergarbeiter.[11] Zudem war der offizielle Republikanismus vieler Sozialdemokraten/-innen durchsetzt mit einer weit verbreiteten, unspektakulären Akzeptanz der Monarchie im Kaiserreich.[12] Ein demokratischer Nationalismus der SPD ließ sich eben nicht so leicht von anderen, „schlechten"

---

6 In Großbritannien stellt sicherlich Irland eine wichtige Ausnahme dieser Regel dar, wo die Labour Party nie ernstlich Fuß fassen konnte.
7 Marcel van der Linden, The National Integration of European Working Classes (1871-1914), in: IRSH 33, 1988, S. 286.
8 Lothar Erdmann, Nationale und internationale Aufgaben der Gewerkschaften, in: Vierteljahrhundertfeier der internationalen Gewerkschaftsbewegung, hrsg. v. IFTU, Berlin 1926, S. 7 f. Siehe auch ders., Nation, Gewerkschaften und Sozialismus, in: DA 10, 1933, S. 129-161.
9 Wehler, Sozialdemokratie und Nationalstaat, S. 196. Der fortschreitende Nationalismus in der Vorkriegssozialdemokratie wird auch belegt von Stanley Pierson, Marxist Intellectuals and the Working-Class Mentality in Germany 1887-1912, Cambridge/Mass. 1993, S. 205-28. Dieter Groh und Peter Brandt, ‚Vaterlandslose Gesellen': Sozialdemokratie und Nation 1860-1900, München 1992, S. 17-210, betonen die wachsende Identifikation der Partei mit einem demokratischen Konzept des Nationalstaats.
10 Karl Kautsky, Patriotismus und Sozialdemokratie, Leipzig 1907, S. 12-15.
11 John J. Kulczycki, The Foreign Worker and the German Labor Movement. Xenophobia and Solidarity in the Coal Fields of the Ruhr, 1871-1914, Oxford 1994; siehe auch Christoph Klessmann, Polnische Bergarbeiter im Ruhrgebiet 1870-1945: Soziale Integration und nationale Subkultur einer Minderheit in der deutschen Industriegesellschaft, Göttingen 1978.
12 Ludwig Quessel, Sozialdemokratie und Monarchie, in: SM 16/1, 1912, S. 271-75. Siehe auch Werner K. Blessing, Der monarchische Kult, politische Loyalität und die Arbeiterbewegung im deutschen Kaiserreich, in: Arbeiterkultur, hrsg v. Gerhard A. Ritter, Königstein im Taunus 1979, S. 185-208; Peter Domann, Sozialdemokratie und Kaisertum unter Wilhelm II.: Die Auseinandersetzungen der Partei mit dem monarchischen System und seinen gesellschafts- und verfassungspolitischen Voraussetzungen, Wiesbaden 1974; Marina Cattaruzza, Das Kaiserbild in der Arbeiterschaft am Beispiel der Werftarbeiter in Hamburg und Stettin, in: Der Ort Kaiser Wilhelms II. in der deutschen Geschichte, hrsg. v. J.C.G. Röhl, München 1991, S. 131-44.

Formen des Nationalismus abgrenzen.¹³ Auch der sozialdemokratische Anti-Militarismus war durchsetzt mit kulturnationalistischen und ethnisch-nationalistischen Ideen, die ideologisch die Entscheidung im August 1914 bereits vorwegnahmen.¹⁴ Insgesamt spricht all dies für eine zumindest widersprüchliche Haltung der SPD zur Frage von Integration in den und Selbstisolation von dem deutschen Staat des Kaiserreichs.

Die britischen Sozialisten/-innen der Vorkriegszeit zeigten ein gleichfalls widerspruchsvolles Verhältnis zum Nationalstaat. Republikanische Überzeugungen standen Seite an Seite mit einer weit verbreiteten Akzeptanz der Monarchie.¹⁵ Gestandene Internationalisten wie Keir Hardie, MacDonald und Fenner Brockway fanden sich neben so rabiaten Nationalisten wie Robert Blatchford, H. M. Hyndman, Jimmy Thomas, Ben Tillett and Victor Grayson.¹⁶ Im frühen zwanzigsten Jahrhundert (und weit darüber hinaus) konnten letztere an einen tief in der Arbeiterklasse verwurzelten Nationalismus appellieren. Solch ein Nationalismus konnte dabei allerdings durchaus oppositioneller Natur sein und ein spezifisches Gefühl der Entfremdung vom bestehenden Nationalstaat einschließen. Dazu trug die tiefe Spaltung der britischen Gesellschaft in ‚zwei Nationen' (Benjamin Disraeli) bei, die während beinahe des gesamten neunzehnten und zwanzigsten Jahrhunderts hindurch Bestand hatte. Die britische Arbeiterbewegung repräsentierte dabei ausdrücklich nur eine der beiden Nationen, und ihre Anhänger wußten sich untereinander verbunden gerade durch das Gefühl der Entfremdung von der anderen Nation. In ihrem Appell an die Arbeiterklasse versuchten Arbeiterführer wie Keir Hardie genau solche Gefühle der Entfremdung anzusprechen. Typisch ist eine Ansprache Hardies vor der Barrow Labour Party vor dem ersten Weltkrieg, bei welcher er, wie die Lokalzeitung berichtete, besonders auf die einfache Arbeiterkleidung abhob, die er bei der Veranstaltung trug: „They were told that the ridiculous dress in which he appeared in the House of Commons [...] was the dress he was wearing that night. (Loud cheers) He did not feel that he need be ashamed of it. (Applause) [...] He had worked for it, and the hand of the sweater had never touched it. (Loud cheers) If every MP could give as good an account of his clothing, his conscience would be pretty clear. He refused, and he would refuse, to

---

13 Stefan Berger, Nationalism and the Left in Germany, in: NLR 206, 1994, S. 55-70. Eine vergleichende Perspektive zum Verhältnis der internationalen Arbeiterbewegung zum Nationalstaat bietet der von Stefan Berger und Angel Smith hrsg. Band: Labour, Nationalism and Ethnicity, 1870-1939, Manchester 1998 (in Vorbereitung).
14 Nicholas Stargardt, The German Idea of Militarism. Radical and Socialist Critics, 1866 - 1914, Cambridge 1994; siehe auch W. Wittwer, Streit um die Schicksalsfragen: Die deutsche Sozialdemokratie zu Krieg und Vaterlandsverteidigung, 1907-1914, Berlin 1967.
15 J.A. Thompson, Labour and the Modern British Monarchy, in: South Atlantic Quarterly 70, 1971, S. 341-49; K.O. Morgan, Keir Hardie, London 1975, S. 73.
16 Henry Pelling, British Labour and British Imperialism, in: ders., Popular Politics and Society in Late Victorian Britain, London 1968, S. 82-100; Victor Kiernan, Working-Class and Nation in Nineteenth Century Britain, in: Rebels and their Causes: Essays in Honour of A. L. Morton, hrsg. v. Maurice Cornforth, London 1978, S. 123-39. Das Vordringen kolonialistischer und imperialistischer Vorstellungen in Labour Party und SPD belegen die Beiträge in dem von Frits van Holthoun und Marcel van der Linden herausgegebenen Band: Internationalism in the Labour Movement 1830-1940, Leiden 1988, S. 42-86. Zur These eines weitverbreiteten oppositionellen wie zunehmend traditionellen Nationalismus innerhalb der Labour Party siehe auch Paul Joseph Ward, Englishness, Patriotism and the British Left, 1881-1924, phil. diss., Universität London 1994.

change his dress or his opinions to please any man or body of men."[17] Es war sicher auch kein Zufall, daß es sich bei Hardie um einen Schotten handelte, der vor 1914 einen walisischen Wahlkreis (Merthyr Tydfil) im Parlament vertrat. In den keltischen Randgebieten Britanniens, die sich schwer taten (und, so möchte man anfügen, sich immer noch schwer tun), den englisch geprägten Nationalstaat innig zu lieben, hatte die Arbeiterbewegung besonders starke Wurzeln ausgebildet. Vor der erst in der Zwischenkriegszeit erfolgenden Nationalisierung der Labour Party gab es in der Arbeiterpartei in Wales und Schottland große Sympathien für die Forderung nach mehr Autonomie und Eigenständigkeit für die keltischen Randgebiete, die ihre eigene Sprache, Geschichte und Kultur aufzuweisen hatten.[18]

Im ersten Weltkrieg bewahrheitete sich – in Britannien und Deutschland gleichermaßen – auf traurige Weise Wilhelm Schröders Vorhersage aus dem Jahre 1911: „Gar mancher Mann wird sich wundern, wie positiv die Sozialdemokratie wirken, wie sehr sie auf Sicherung des Vaterlands Bedacht nehmen wird, sobald der Zwang ihr Gebieter ist [...]"[19] Zahllose Artikel und Pamphlete sozialistischer Provenienz verteidigten zwischen 1914 und 1918 die ‚nationalen' Kriegsanstrengungen in beiden Ländern. Die Partei- und Gewerkschaftsführung akzeptierte dabei weitgehend die nationalistische Propaganda der deutschen Regierung.[20] Susanne Miller, Gerald Feldman, Detlef Lehnert u.a.m. haben minutiös beschrieben, wie die Arbeiterbewegung im ersten Weltkrieg in den Nationalstaat integriert wurde.[21] Bethmann-Hollweg, Kanzler von 1909 bis 1917, schrieb am 28. Februar 1918 an den Gewerkschaftsführer Carl Legien: „Daß [...] Sie und die von Ihnen geleiteten Gewerkschaften ein Herz für die Zukunft unseres Volkes haben, weiß ich aus der Mitarbeit, die Sie mir geleistet haben, der ich mich stets mit besonderer Freude erinnern werde, und die Ihnen das Land für immer zu danken haben wird. Aus den Erfahrungen dieser gemeinsamen Arbeit schöpfe ich das Vertrauen, daß Ihr Wille, an der Politik vom 4. August festzuhalten, sich nicht beirren lassen wird."[22] Beachtenswert ist ebenso, daß die offizielle sozialdemokratische Parteipresse im Krieg alles tat, um den Behörden keinen Anlaß zu Mißfallen zu bieten: Die Selbstzensur erreichte in dieser Zeit eine nie dagewesene Verbreitung. Diejenigen Sozialisten/-innen, die sich solchen Praktiken verweigerten und im Internationalismus der Vorkriegssozialdemokratie mehr sahen als bloßen Parteitourismus, sahen sich schließlich im Jahre 1917 gezwungen, die Partei zu

---

17 Our Struggle for Socialism in Barrow: 50 Years Anniversary of the Labour Party, Barrow 1950, S. 9.
18 David Howell, A Lost Left: Three Studies in Socialism and Nationalism, Manchester 1986 und K. O. Morgan, Rebirth of a Nation: Wales 1880-1980, Oxford 1981, S. 254.
19 Wilhelm Schröder, Sozialdemokratie und Vaterland, in: SM 15, 1911, S. 1590.
20 Kalludwig Rintelen, Arbeiterführer und Reichsleitung vor und bei Inszenierung des ersten Weltkrieges, in: BZG 33, 1991, S. 723-35.
21 Susanne Miller, Burgfrieden und Klassenkampf, Düsseldorf 1974, S. 68-74; Gerald Feldman, Army, Industry and Labor in Germany, 1914-1918, Princeton, N.J. 1966, S. 520 (deutsch u.d.T.: Armee, Industrie und Arbeiterschaft in Deutschland 1914-1918, Bonn 1985); Detlef Lehnert, Sozialdemokratie und Novemberrevolution: Die Neuordnungsdebatte 1918/19 in der politischen Publizistik von SPD und USPD, Frankfurt am Main 1983.
22 ZStA Potsdam, Legien-NL, 90 Le 6, 134, 5-6: Brief Bethmanns an Legien v. 28. Febr. 1918.

spalten, um ihren Widerstand gegen jede weitere Bewilligung von Kriegskrediten realisieren zu können.[23]

Das Häuflein aufrechter Internationalisten/-innen in der britischen Labour Party fand sich bei Kriegsausbruch in den eigenen Reihen ebenso isoliert und diskriminiert wie ihre deutschen Genossen/-innen.[24] Selbst Streikaktionen, wie die der walisischen Bergarbeiter im Juli 1915, waren nicht unbedingt Manifestationen einer Antikriegshaltung. Im Gegenteil verbanden sich nationalistische Gefühlslagen mit den Forderungen nach gerechterer Bezahlung und besseren Arbeitsbedingungen.[25] Die britischen Gewerkschaftsführer gebärdeten sich besonders national. So weigerte sich die Gewerkschaft der Seeleute unter der Führung von Havelock Wilson zum Beispiel, Arthur Henderson und William Gillies im Jahr 1917 nach Stockholm zu befördern, wo sie an der sozialistischen Friedenskonferenz teilnehmen wollten.[26] Daß die Parteispaltung in der britischen Arbeiterpartei vermieden werden konnte, dürfte nicht an dem fehlenden Konfliktpotential zwischen Nationalisten/-innen und Internationalisten/-innen gelegen haben. Eher lag es an dem spezifischen organisatorischen Charakter der Labour Party, die zu dieser Zeit nur die kollektive Mitgliedschaft von Organisationen zuließ. Einige dieser angeschlossenen Verbände, wie die ILP, waren Bastionen derer, die den ‚nationalen' Kriegsanstrengungen skeptisch gegenüberstanden. In der Labour Party insgesamt überwogen jedoch diejenigen Stimmen der Gewerkschaftler, die sich in ihrem Nationalismus von niemandem überbieten lassen wollten. So war es auch nur folgerichtig, daß einige Mitglieder des Parteivorstandes im Jahr 1915 dem Kriegskabinett beitraten, während andere als Kriegsdienstverweigerer ins Gefängnis wanderten. Ohne Frage verurteilten die ILP-Mitglieder die kriegslüsternen Stellungnahmen vieler Arbeiterführer im Krieg. Da sie jedoch die eigene Partei als Forum für ihre Friedensbemühungen nutzen konnten, gab es für sie keinen unmittelbaren Anlaß, eine andere Partei als die Labour Party zu gründen.

Auch für Deutschland gilt zweifelsohne, was John Horne in seiner vergleichenden Studie zum Reformismus der Arbeiterbewegung in Frankreich und Großbritannien so minutiös herausgearbeitet hat: Unter dem Eindruck des Augusterlebnisses 1914 und z.T. unter Berücksichtigung langfristiger strategischer Perspektiven nahmen Teile der Arbeiterbewegung für sich in Anspruch, nicht ein spezifisches Klasseninteresse, sondern das ‚nationale Interesse' zu vertreten.[27] Indem das Ziel der sozialen Emanzipation der Arbeiterklasse mit der Übernahme ‚nationaler Verantwortung' verbunden wurde, hoffte man, einerseits die sozialdemokratische Arbeiterbewegung stärker im nationalen Mainstream zu verankern und andererseits den Grundstein für die Verwirklichung eines reformi-

---

23 Zum frühen innerparteilichen Widerstand gegen eine Unterstützung der deutschen Kriegsanstrengungen durch die SPD siehe z.B. Volker Ullrich, Die frühe Opposition in der Hamburger Arbeiterbewegung 1914/15, in: IWK 28, 1992, S. 210-22.
24 Die Ablehnung jedweder kritischer Haltung zum Krieg durch die Mehrheit der Labour Party bekam auch der Parteiführer MacDonald zu spüren, der von seinen Ämtern in der Partei zurücktreten mußte und ins politische Abseits geriet. Siehe David Marquand, Ramsay MacDonald, London 1977, S. 164-237.
25 Anthony Mor-O'Brien, Patriotism on Trial: The Strike of the South Wales Miners, July 1915, in: Welsh History Review 12, 1984, S. 76-104.
26 Hildamarie Meynell, The Second International, 1914-1923, University of Oxford B.Litt. 1956, S. 179.
27 Horne, Labour at War, besonders S. 261-301.

stisch-sozialistischen Programms nach erfolgreicher Beendigung des Krieges zu legen. Solche Hoffnungen blieben allerdings auch in Deutschland weitgehend unerfüllt. Während die Dominanz konservativer Regierungen in Großbritannien und Frankreich unmittelbar nach dem ersten Weltkrieg die Realisierung der reformistisch-sozialistischen Ideen weitgehend verhinderte, so setzte sich die reformistische Richtung der deutschen Arbeiterbewegung nolens volens an die Spitze der mit der militärischen Niederlage einherschreitenden revolutionären Bewegung. Die Revolution erlaubte ihr einen weitaus größeren Spielraum zur Durchsetzung ihrer vor und während des Krieges entwickelten Vorstellungen von der sozialen Neuordnung. Die Einführung des Achtstundentags, die Errichtung der Zentralen Arbeitsgemeinschaft und vor allem die Demokratisierung des politischen Systems sollten wichtige Schritte markieren auf dem Weg zur Verwirklichung des sozialdemokratisch-reformistischen Programms. Allerdings nutzte die MSPD die ihr zufallenden Handlungsspielräume nicht, um etwa auch eine effektive Demokratisierung der Wirtschaftsordnung durchzusetzen oder gar die Sozialisierung wichtiger Industrien einzuleiten. Gerade ihre Orientierung am ‚nationalen Interesse‘, ja die letztendliche Bevorzugung des ‚nationalen Interesses‘ vor dem Klasseninteresse verleitete die Führung der MSPD dazu, sich in ihren transformatorischen Zielsetzungen zu begrenzen. Ohne die enormen Leistungen der sozialistischen Übergangsregierungen gering schätzen zu wollen – allein die Zusammenhaltung des Reichs, die halbwegs ordentlich ablaufende Demobilisierung des geschlagenen Heeres und die Einleitung der politischen Demokratisierung waren unter den gegebenen Umständen schier übermenschliche Leistungen –, bleibt doch festzuhalten: Die reformistisch eingestellte Führung der deutschen Arbeiterbewegung hatte zwar – im Gegensatz zur britischen Arbeiterpartei nach 1918 – die Spielräume für eine tiefgreifende Umgestaltung der deutschen Gesellschaft, nutzte diese aber nicht voll aus, auch und gerade, weil sie ihre Legitimität aus einer Definition des ‚nationalen Interesses‘ herleitete, die die Arbeiterbewegung in der revolutionären Umbruchsituation lähmte.

Dennoch: Nach dem ersten Weltkrieg erlebte Deutschland im Gegensatz zu Großbritannien eine Revolution. Handelt es sich hierbei nicht um den besten Gradmesser für die unterschiedliche Radikalisierung von Labour Party und SPD? Bevor man zu vorschnellen Schlußfolgerungen gelangt, sollten erst einmal die offensichtlich schwerwiegenden Auswirkungen der militärischen Niederlage in Deutschland auf die Waagschale gelegt werden. Die in Auflösung befindliche deutsche Regierung hatte im Herbst 1918 einfach nicht mehr die adäquaten Möglichkeiten, mit den revolutionären Unruhen fertig zu werden. Ihre Autorität war dahin, und das Leiden der Bevölkerung unter den Auswirkungen der alliierten Blockade verschärfte den Unmut über die Regierenden noch. Die siegreiche britische Regierung, die mit ähnlichen Problemen ökonomischer und sozialer Not wie politischen Autoritätsverlusten nicht konfrontiert war, konnte mit den Unruhen im eigenen Land nach 1918 leichter fertig werden.[28] Der „Labour Unrest" in Großbritannien nahm dabei durchaus zeitweilig bedrohliche Formen für die etablierte gesellschaftliche Ordnung an. Letztendlich aber verfehlten die Arbeiterbewegungen beider Länder es, die

---

28 James E. Cronin, Coping with Labor, 1918-1926, in: Social Conflict and the Political Order in Modern Britain, hrsg. v. James E. Cronin und Jonathan Schneer, London 1982, S. 113-45.

sozialen Unruhen der Jahre 1918 bis 1921 so zu nutzen, daß sie dauerhaft an der Ausübung politischer Macht hätten partizipieren und zumindest den Grundstein für eine andere ökonomische und gesellschaftliche Ordnung legen können.[29] Außerdem bewahrheitete sich auch nach dem ersten Weltkrieg der berühmte Spruch Kautskys, daß die SPD zwar eine revolutionäre, aber keine Revolution machende Partei sei. Ganz im Gegenteil: das im Krieg zu Tage getretene Engagement der SPD für den Nationalstaat verstärkte sich nach 1917 durch den Austritt der Parteilinken noch. In den Revolutionsjahren setzte sich die MSPD an die Spitze der revolutionären Bewegung, um ‚Schlimmeres' zu vermeiden, die Situation zu entschärfen und die radikalisierten Arbeitermassen in ruhigere Bahnen zu lenken. Auf der Parteikonferenz der MSPD im Jahre 1919 wurde Eduard Bernstein in der Debatte um Kriegsschuld und Versailler Vertrag wegen seiner angeblich ‚anti-nationalen' Haltung im Krieg und seiner Empfehlung, die Kriegsschuld der imperialen Eliten zu akzeptieren, scharf angegriffen. Scholich verunglimpfte Bernstein als „anti-nationalen Sozialisten"[30] und Kummer beschimpfte Bernstein ob dessen „Wahrheitsfimmel [...] Für solch eine einseitige Wahrheitssucherei werden die deutschen Arbeiter niemals auch nur das geringste Verständnis zeigen."[31] Auf derselben Konferenz sah Otto Wels im Nationalstolz einer jeden Nation „etwas Großartiges und Kolossales. Wir Deutschen müssen lernen, deutsch zu fühlen."[32] Sozialdemokraten/-innen und Gewerkschafter/-innen identifizierten sich voll mit der deutschen Nation, wie etwa die Haltung der SPD zum Versailler Vertrag oder zur Ruhrbesetzung besonders deutlich macht. Hilferdings Theorie des ‚organisierten Kapitalismus', die er bereits vor dem ersten Weltkrieg ausformuliert hatte, wurde in der Weimarer Republik zur offiziellen Parteidoktrin erhoben. Damit verbesserte sich die Haltung der SPD zum Staat merklich, konnten doch – nach Hilferding – Wirtschaftsdemokratie und Sozialismus nur über die Eroberung des Staates erreicht werden. Der Staat mußte nicht mehr überwunden, sondern zu einem nützlichen Mittel der Reformpolitik gemacht werden.[33]

Nichtsdestotrotz blieb auch nach 1918 die eigentümliche Spannung zwischen Isolation und Integration bestehen. Während z.B. Heinrich August Winkler und Michael Stürmer argumentieren, daß die SPD in der Weimarer Republik nicht willens war, sich rückhaltlos für die parlamentarische Demokratie einzusetzen, betont Richard Breitman die Bereitschaft der SPD, mit anderen demokratischen Parteien zu kooperieren sowie Wähler aus bürgerlichen Kreisen zu gewinnen.[34] Viele Sozialdemokraten/-innen hatten

---

29 Bernd-Jürgen Wendt, „Deutsche Revolution" – „Labour Unrest". Systembedingungen der Streikbewegungen in Deutschland und England 1918-1921, in: AfS 20, 1980, S. 1-56.
30 Protokoll des MSPD-Parteitags 1919 in Weimar, Berlin 1919, S. 268.
31 Ebd., S. 271.
32 Ebd., S. 159. Vgl. auch Winkler, Von der Revolution, S. 206-26 zur positiven Einstellung der SPD zur Nation nach 1918.
33 Hilferdings Rede auf dem Parteitag 1927 verdeutlicht eindringlich den Versuch der SPD, ein positiveres Verhältnis zum Staat zu entwickeln. Vgl. Protokoll des SPD-Parteitages in Kiel 1927, Berlin 1927, Reprint, Bonn 1974, S. 165-89.
34 Richard Breitman, German Socialism and Weimar Democracy, Chapel Hill, NC 1981, S. 8; Heinrich August Winkler, Der Schein der Normalität: Arbeiter und Arbeiterbewegung in der Weimarer Republik 1924-1930, Berlin 1985, S. 334, charakterisiert die Haltung der SPD als „Vorbehaltsrepublikanismus"; Michael Stürmer, Koalition und Opposition in der Weimarer Republik 1924-1928, Düsseldorf 1967, S.

Schwierigkeiten, die mannigfaltigen Erfahrungen von Verfolgung und Diskriminierung hinter sich zu lassen und eine eindeutig positive Haltung zum Staat zu entwickeln. Das Sozialistengesetz hinterließ jedoch nicht nur ein tiefsitzendes Gefühl der Entfremdung vom Staat, es bewirkte gleichzeitig auch, daß die SPD selbst in der Weimarer Republik nichts zu unternehmen bereit war, was auch nur den leisesten Hauch von Illegalität an sich trug.[35] Wie Winkler in einem Vergleich der Politikvorstellungen deutscher und französischer Sozialisten/-innen in der Zwischenkriegszeit überzeugend gezeigt hat, war es nicht zuletzt auch die Stärke der KPD in Deutschland, die die SPD ein ums andere Mal unter Druck setzte, ihren eigenen Klassencharakter zu stärken und ihre politische Programmatik zu radikalisieren, um nicht weite Teile der Arbeiterschaft weiter nach links driften zu lassen.[36] Viele Arbeiter/-innen fühlten sich offensichtlich nicht in die bürgerliche Gesellschaft der Weimarer Republik integriert, was sich nicht nur im Aufstieg der KPD zur Massenpartei manifestierte, sondern auch in den zeitweilig regional starken syndikalistischen und unionistischen Strömungen in Teilen der deutschen Arbeiterschaft.[37] Die Spaltung der Arbeiterbewegung erweist sich auch hier als maßgebliche Ursache für die Schwierigkeiten der Sozialdemokratie, ihre widersprüchliche Haltung zum Staat, die irgendwo zwischen revolutionärer Rhetorik und reformistischer Praxis angesiedelt blieb, zu überwinden. Gefangen im Netz sich widersprechender Konzepte von Klassenpartei und Volkspartei sowie zugleich gekettet an und isoliert von der bürgerlichen Gesellschaft und ihrem Milieu, zog sich die SPD in die eigene Solidargemeinschaft zurück, was sie gerade in den Jahren 1928 bis 1933 lähmte und keine überzeugende Antwort auf die Herausforderung des Nationalsozialismus finden ließ.[38]

Da die CPGB, zumindest im Vergleich mit ihrer deutschen Schwesterpartei, bei den Wahlen zum britischen Unterhaus erfolglos blieb (in der Zwischenkriegszeit sandte die CPGB nie mehr als zwei Abgeordnete ins britische Unterhaus und war über lange Jahre gar nicht parlamentarisch vertreten), würde man erwarten, daß es die Labour Party erheblich leichter hatte als die SPD, sich nach 1918 zu einer gut integrierten Volkspartei entwickeln zu können. Zahlreiche Historiker und Sozialwissenschaftler haben denn auch betont, wie unproblematisch das Verhältnis von Arbeiterbewegung und Staat sich gestaltete. W. Milne-Bailey z.B. schrieb bereits 1934: „trade unions have never come into conflict with the State on claims to provide an alternative government to the one in po-

---

140, spricht von der „Selbstausschaltung der Sozialdemokratie" von der politischen Macht. Susanne Miller, Die Bürde der Macht: Die deutsche Sozialdemokratie 1918-1920, Düsseldorf 1978, hebt hervor, daß die SPD nicht die volle Verantwortung für den Staat übernahm, da sie – bedingt durch ihren totalen Ausschluß von der Macht im Kaiserreich – sich weder die notwendigen Erfahrungen noch die Fähigkeiten zur Koalitionsbildung und Übernahme von Regierungsverantwortung hatte aneignen können.
35 Willi Guttsman, The German Social Democratic Party, 1875-1933: From Ghetto to Government, London 1981, S. 57-60.
36 H.A. Winkler, Klassenkampf vs. Koalition: Die französischen Sozialisten und die Politik der deutschen Sozialdemokratie, in: GG 17, 1991, S. 186.
37 Dieter Nelles, Syndikalismus und Unionismus – Neuere Ergebnisse und Perspektiven der Forschung, in: IWK 31, 1995, S. 348-56.
38 Donna Harsch, German Social Democracy and the Rise of Nazism, Chapel Hill 1993; siehe auch Wolfram Pyta, Gegen Hitler und für die Republik: Die Auseinandersetzungen der deutschen Sozialdemokratie mit der NSDAP in der Weimarer Republik, Düsseldorf 1989.

wer, but only on claims that in respect of certain questions in dispute their members must obey their unions and not the State."[39] Zwischen 1918 und 1926, als große Streikbewegungen das Land erschütterten und die radikalisierten Arbeitermassen militante Forderungen nach Sozialisierung und sozialer Gleichheit stellten, schien die weitergehende positive Integration in den britischen Staat allerdings ernstlich in Gefahr. In so mancher Arbeiterversammlung war plötzlich die Rede von einer revolutionären Umgestaltung des Landes. In vielen Reden und Ansprachen der Zeit drückte sich ein diffuses unterschwelliges Gefühl der Unzufriedenheit mit der bestehenden staatlichen Ordnung aus. So hieß es z.B. auf einer Demonstration in Hatfield im Jahr 1920: „We are out for the overthrow of the capitalist system in this country. We are not going to be dictated to by that fraternity any longer, nor accept their rotten system of piecework [...] Three Cheers for the Socialist Revolution."[40] Obwohl derartige Forderungen wohl niemals eine ernsthafte Chance besaßen, die Fraktion der Labour Party zu beeinflussen, wurde diese Form der Rhetorik innerhalb der Nachkriegspartei doch weithin akzeptiert und praktiziert. Eine besonders im Jahre 1917 auch in Großbritannien florierende Rätebewegung stärkte die Arbeiterbewegung, politisierte zahlreiche Arbeiter/-innen und schuf wichtige Voraussetzungen für den engagierten Widerstand von Gewerkschaften und Arbeiterpartei gegen eine alliierte Intervention in Rußland im Jahre 1919/20 („Hände weg von Rußland"-Kampagne).[41] Auch die in der Partei weit verbreiteten „pazifizistischen"[42] Gefühlslagen, die Sympathien für den Gedanken eines friedenstiftenden Völkerbundes und die kompromißlose Kritik an der traditionellen Geheimdiplomatie wiesen allesamt auf eine starke internationalistische Strömung in der Labour Party der unmittelbaren Nachkriegszeit hin.

Legt man die lange Tradition der Diskriminierung zugrunde, unter der die Arbeiterbewegungen beider Länder gelitten hatten, so kann die starke Identifikation von Teilen der Bewegung mit dem Nationalstaat ohnehin nur verwundern. R. J. Goldstein, der den Grad der Unterdrückung der Arbeiterbewegung in den europäischen Staaten des neunzehnten Jahrhunderts miteinander verglichen hat, kommt zu dem Schluß, daß die Verfolgungen sowohl in Großbritannien als auch in Deutschland beträchtlich waren. Besonders die Härte, Häufigkeit und Ausdauer, mit der der deutsche Staat die Arbeiterbewegung

---

39 W. Milne-Bailey, Trade Unions and the State, London 1934, S. 21. In seinem Standardwerk zur Geschichte der britischen Gewerkschaften betont auch Hugh Clegg die langsam aber stetig voranschreitende positive Integration der Arbeiterbewegung in den britischen Staat. Siehe Hugh Clegg, A History of British Trade Unionism, Bd. 2: 1911-1933, Oxford 1985, S. 558. Vgl. auch Ross M. Martin, TUC: The Growth of a Pressure Group, 1868-1976, Oxford 1980, S. 58.
40 Peter Kingsford, The Labour Movement in Hatfield, 1918-1970, Hatfield 1988, S. 10, zitiert hier aus der Ansprache eines Baugewerkschaftlers vom Sept. 1920.
41 Zur Rätebewegung des Jahres 1917 siehe John Slatter, „Learning from Russia: The History of Soviets in Britain", in: Labour History Review 61.1, 1996, S. 5-29; zum Anti-Interventionismus der britischen Arbeiterbewegung gegenüber dem Russisch-Polnischen Krieg siehe L. J. MacFarlane, Hands off Russia: British Labour and the Russo-Polish War, 1920, in: PP 38, 1967, S. 126-52.
42 Martin Ceadel, Pacifism in Britain, 1914-1945: The Defining of a Faith, Oxford 1980, S. 3, unterscheidet sinnvollerweise zwischen Pazifismus (*pacifism*) und ‚Pazifizismus' (*pacificism*). Während er unter ersterem den Glauben versteht, daß Krieg immer und unter allen Umständen falsch und zu bekämpfen ist, definiert er den letzteren Begriff als die Annahme, daß Kriege zwar unter bestimmten Umständen unvermeidbar sind, allerdings immer eine irrationale und inhumane Art der Konfliktlösung darstellen.

verfolgte, habe dabei den deutschen vom britischen Fall unterschieden.[43] Ähnlich gelagerte dichotomische Konstruktionen eines liberalen britischen Staates und eines autoritären deutschen Pendants finden sich auch in den Forschungen J.P. Nettls, Jürgen Kockas, Mary Nolans, Aristide R. Zolbergs, Dick Gearys und John Breuillys.[44] Eine solche Interpretation stimmt auch überein mit der in der britischen Historiographie der 1990er Jahre zu beobachtenden Tendenz, den liberalen Charakter des britischen Staates hervorzukehren und seine eher repressiven Merkmale zu vernachlässigen.[45]

Ist die Liberalität des britischen Staats zumindest umstritten, so scheint die Repressivität des deutschen Staates vor 1914 in überwältigender Weise belegt. Als das Sozialistengesetz im Jahre 1890 schließlich nicht mehr vom Parlament erneuert wurde, war die Arbeiterbewegung durch zwölf Jahre der gröbsten Verfolgungen gegangen, die ohne Frage zu einer starken Radikalisierung der sozialdemokratischen Haltung zum Staat führten.[46] Die staatliche Bürokratie, insbesondere die Polizei und die Gerichte, wurden als Instrumente der bürgerlichen Klassenherrschaft erfahren.[47] So unbestritten die Klassenjustiz im Kaiserreich die Sozialdemokraten/-innen behinderte, wo sie nur konnte, so deutlich wird allerdings in der ‚longue durée' auch, daß die britische Arbeiterbewegung in der ersten Hälfte des neunzehnten Jahrhunderts unter der massiven Verfolgung staatlicher Behörden gelitten hatte. Die rücksichtslose Beugung selbst traditioneller Rechtsnormen, der weitverbreitete Einsatz von Polizeispitzeln und *agents provocateurs* sowie die willkürliche Inhaftierung und Deportation von Arbeiterführern gehörte durchaus auch in das Arsenal des britischen Staates. Wie sein deutsches Pendant reagierte er prompt auf jede ernsthafte Herausforderung der bestehenden politischen und ökonomischen Ordnung.[48]

Die Jahre zwischen 1850 und 1870 gelten in der Regel als klassische Jahre des Arbeiterreformismus in Großbritannien.[49] Es gelang den Tories und vor allem der Liberal Party unter Gladstone in den Jahren 1868 bis 1874, jeglichen Radikalismus der Arbeiter durch eine ganze Serie von Gesetzen zu beruhigen. Besonders die Erweiterung des Wahlrechts 1867, das nun zum ersten Mal alle männlichen Haushaltsvorstände in den Städten einschloß, aber auch die formale staatliche Anerkennung der Gewerkschaften 1872 trugen zu dieser Entwicklung maßgeblich bei. Unter solchen Bedingungen sahen die

---

43 R.J. Goldstein, Political Repression in Nineteenth-Century Europe, London 1983, S. 333.
44 J.P. Nettl, The State as a Conceptual Variable, in: World Politics 20, 1968, S. 560-92; die Beiträge Kockas, Nolans und Zolbergs befinden sich in: Working Class Formation, hrsg. v. Katznelson und Zolberg; vgl. auch Breuilly, Labour and Liberalism, sowie Geary, European Labour Politics.
45 Siehe z.B. Alastair Reid, Social Classes and Social Relations in Britain 1850-1914, London 1992 und Currents of Radicalism: Popular Radicalism, Organized Labour and Party Politics in Britain 1850-1914, hrsg. v. E.F. Biagini und Alastair Reid, Cambridge 1991.
46 Zahlreiche Beispiele für die prinzipielle Gegnerschaft der Sozialdemokraten/-innen zum bestehenden wilhelminischen Staat finden sich in der Sammlung sozialdemokratischer Broschüren in SAPMO, Flugschriftensammlung, V DF/3/11.
47 H.G. Haupt, Staatliche Bürokratie und Arbeiterbewegung: Zum Einfluß der Polizei auf die Konstituierung von Arbeiterbewegung und Arbeiterklasse in Deutschland und Frankreich zwischen 1848 und 1880, in: Arbeiter und Bürger im 19. Jahrhundert: Varianten ihres Verhältnisses im europäischen Vergleich, hrsg. von Jürgen Kocka, München 1986, S. 221-54.
48 John Saville, 1848: The British State and the Chartist Movement, Cambridge 1987.
49 Neville Kirk, The Growth of Working Class Reformism in Mid-Victorian England, London 1985.

Gewerkschaften wenig Grund, sich für eine unabhängige politische Vertretung von Arbeiterinteressen im Parlament einzusetzen. Statt dessen verließen sie sich zunehmend auf die Liberal Party. Erst in den 1880er Jahren begann sich mit der Entwicklung des ‚New Unionism' und der Gründung zahlreicher kleinerer sozialistischer Parteien und Organisationen wie der SDF, der Beginn vom Ende dieser Allianz abzuzeichnen. Der erneute Radikalismus breiter Arbeitermassen hatte kaum sein Haupt erneut erhoben, da war auch bereits das repressive Potential des britischen Staates wieder zu erkennen. Ein gemeinsames Interesse an der Unterdrückung dessen, was man als radikale Arbeiterbewegung verstand, zeichnete sich auch in der Korrespondenz des Reichsministers des Inneren und der britischen Regierung ab. In einem Brief vom 12. Februar 1902 erklärte Lord Lansdowne seinem deutschen Kollegen die grundsätzliche Bereitschaft seiner Regierung, gemeinsam die internationale revolutionäre Bewegung zu bekämpfen.[50] In einem weiteren Memorandum vom 2. Juni 1902 versicherte er der Regierung in Berlin, daß die Londoner Polizei bereits jede Bewegung der hauptstädtischen Revolutionäre überwache. Insgesamt wird man gut daran tun, David Howells Mahnung ernstzunehmen, die autoritären Reflexe des britischen Staates nicht zu unterschätzen.[51]

Die jährlichen Berichte der preußischen Polizei an den Innenminister halten noch bis zum August 1914 am revolutionären Charakter der Sozialdemokratie fest: „Die deutsche Sozialdemokratie hat sich auch in den letzten Jahren äußerlich von revolutionären Thaten zurückgehalten, so daß es bei oberflächlicher Betrachtung den Anschein erwecken kann, als ob die Umbildung aus einer Umsturz- in eine radikale Reformpartei Fortschritte gemacht habe. In Wirklichkeit kann es aber keinem Zweifel unterliegen, daß der Charakter der Bewegung unverändert geblieben ist."[52] Gerade weil die Regierung sich standhaft weigerte, endlich anzuerkennen, daß die Sozialdemokratie einen strikt legalistischen Kurs eingeschlagen hatte, unternahm sie auch nach 1890 noch eine ganze Reihe von Versuchen, eine parlamentarische Mehrheit für diverse Formen antisozialistischer Gesetzgebung zu finden. Es ist allerdings signifikant, daß keiner dieser Pläne erfolgreich war, da die Mehrheit der Reichstagsparteien die Einschätzung der Regierung nicht teilte. Die Sozialdemokraten/-innen sahen sich nicht mehr mit einem monolithischen antisozialistischen Block im Parlament konfrontiert. Dennoch hinterließ der kompromißlose Kurs von Regierung, konservativen Parteien und Kaiser bei den Sozialdemokraten/-innen einen bitteren Nachgeschmack. Sie sollten sich noch lange erinnern an „die unausgesetzten Verfolgungen, mit denen die Regierung und die bürgerlichen Parteien nach dem Fall des Ausnahmegesetzes auf ‚gemeinrechtlichem' Wege den Forderungen der Arbeiterklasse nach Gleichberechtigung und Mitarbeit entgegentraten."[53]

---

50 ZStA Potsdam, 15.01: RMdI, 13688, 28-35 und 88-90. Lansdowne dürfte natürlich unter ‚Revolutionären' etwas anderes verstanden haben als sein deutscher Gegenüber. Dennoch zeigt der Briefwechsel, daß beide Regierungen die Organisationen der Arbeiterbewegung als potentiell gefährlich für die politische Stabilität ihrer jeweiligen Länder einstuften.
51 Howell, A Lost Left, S. 285.
52 ZStA Merseburg, Rep. 77/656 I: Bericht über den Stand der sozialdemokratischen und anarchistischen Bewegung im Allgemeinen, S. 18.
53 BA Koblenz, Kl. Erw., 371-15, Wolfgang Heine, ‚Erinnerungen', S. 372.

Einmal abgesehen von den rechtlichen Verfolgungen, litt die Arbeiterbewegung in Deutschland auch unter einer weitgehenden Einschränkung der Versammlungsfreiheit und des Koalitionsrechts: Zahlreiche sozialdemokratische Versammlungen konnten nicht abgehalten werden, weil die zuständigen Behörden die notwendige Genehmigung nicht erteilten.[54] Noch häufiger kam es vor, daß sozialdemokratische Veranstaltungen ein überstürztes Ende fanden, nachdem der obligatorisch anwesende Polizist eine Bemerkung über den Zwangscharakter des Staates und seiner Institutionen zum Anlaß genommen hatte, um die Versammlung zu schließen. Schulen, Universitäten, Armee und Kriegervereine wurden im Kaiserreich allesamt für die antisozialistische Propaganda des Staates nutzbar gemacht.[55] Der Staat schreckte auch nicht vor dem Einsatz von Polizei und Armee gegen organisierte Arbeiter/-innen zurück. Bei Großdemonstrationen wurden Truppenteile häufig in Alarmbereitschaft versetzt, so z.B. in Berlin im Jahre 1908.[56] Die Armee und in noch stärkerem Maße die Flotte unternahmen große Anstrengungen, um sicherzustellen, daß in ihren Reihen keine sozialdemokratischen Sympathisanten agitierten, wobei allerdings selbst die kaiserliche Werft in Kiel sich mit den sozialdemokratischen Aktivitäten der Werftarbeiter arrangieren mußte.[57] Sozialdemokraten/-innen konnten in der Regel den allgegenwärtigen Staat gar nicht anders denn als Repressionsorgan dunkler Mächte erfahren.[58] So nimmt es auch nicht wunder, daß die Spitzelberichte über Kneipengespräche Hamburger Arbeiter voll sind von Beschwerden über Polizeiverfolgungen, willkürliche Inhaftierungen und zweifelhafte Gerichtsprozesse.[59] Daß eine solche Behandlung der Arbeiter/-innen ihren „Eigen-Sinn" auch innerhalb der sozialistischen Organisationen eher förderte, scheint offensichtlich.[60]

Mit der Revolution von 1918 änderte sich die Situation grundlegend: Die Unterdrückung der Arbeiterbewegung von Staats wegen, die so ein bedeutendes Strukturmerkmal des Kaiserreichs war, kam zu einem abrupten Ende. Allerdings gilt es zu bedenken, daß nurmehr ein Teil der Vorkriegssozialdemokraten/-innen Mitglied der Nach-

---

54 ZStA Potsdam, 01.01, Nr. 2855-63: zur Unterdrückung sozialdemokratischer Vereine und ihrer Versammlungen 1872-1928.
55 Gerhard A. Ritter und Klaus Tenfelde, Arbeiter im deutschen Kaiserreich 1871-1914, Bonn 1992, S. 680 f., 724 f. und 737 ff. Siehe auch Thomas Rohkrämer, Der Militarismus der ‚kleinen Leute': Die Kriegervereine im Deutschen Kaiserreich 1871-1914, München 1990; M. Lamberti, Elementary School Teachers and the Struggle against Social Democracy in Wilhelmine Germany, in: History of Education Quarterly 1992, S. 73-97.
56 BA, Berlin, Abt. Reich, St. 22/68. Vgl. auch Dieter Fricke, Bismarcks Prätorianer: Die Berliner politische Polizei im Kampf gegen die deutsche Arbeiterbewegung (1871-1898), Berlin 1962.
57 Lawrence Sondhaus, The Imperial German Navy and Social Democracy 1878-1897, in: German Studies Review 18, 1995, S. 51-64.
58 Dick Geary, Identifying Militancy: The Assessment of Working Class Attitudes towards State and Society, in: The German Working Class 1888-1933: The Politics of Everyday Life, hrsg. v. Richard J. Evans, London 1982, S. 220-46.
59 Kneipengespräche im Kaiserreich. Die Stimmungsberichte der Hamburger politischen Polizei 1892-1914, hrsg. v. Richard J. Evans, Reinbek 1989.
60 Siehe dazu Alf Lüdtke, Organizational Order or Eigen-Sinn? Workers' Politics in Imperial Germany, in: Rites of Power. Symbolism, Ritual and Politics Since the Middle Ages, hrsg. v. Sean Wilentz, Philadelphia 1985, S. 320. Siehe ausführlicher zum Konzept des Eigen-Sinn: Alf Lüdtke, Eigen-Sinn. Fabrikalltag, Arbeitererfahrung und Politik vom Kaiserreich bis in den Faschismus, Hamburg 1993.

kriegspartei war. Die Spaltung der Partei im Krieg hatte ihre Ursache zwar nicht vorrangig in der ideologischen Lagerbildung, die schon lange vor 1914 zum Kennzeichen der SPD wurde, aber sie spiegelte doch die Unvereinbarkeit sozialistischer Vorstellungen derer, die nach wie vor jede Integration in den kapitalistischen Nationalstaat ablehnten, und jener, die sich auf den steinigen Weg einer solchen Eingliederung begeben wollten. Erstere sammelten sich in der Weimarer Republik erst weitgehend in der USPD und dann in der KPD, und die Kommunisten sahen sich – nicht zuletzt auf Grund der eigenen putschistischen Taktik – auch in der parlamentarischen Demokratie weiterhin Verfolgungsmaßnahmen ausgesetzt. Sowohl Kommunisten/-innen als auch Sozialdemokraten/-innen litten furchtbar unter den brutalen Verfolgungen der Nationalsozialisten, die sowohl in der deutschen als auch in der britischen Geschichte keine Parallele kennen. All das, wofür insbesondere die SPD gekämpft hatte und was sie in der Weimarer Republik z.T. hatte verwirklichen können – v.a. wichtige Bausteine eines Sozialstaats und die parlamentarische Demokratie, um nur die beiden wichtigsten Errungenschaften zu benennen –, ging in der NS-Diktatur entweder verloren oder wurde den rassistischen Zielen des deutschen Radikalfaschismus untergeordnet.

In Großbritannien hat es keinen auch nur im entferntesten verwandten Versuch gegeben, die Arbeiterbewegung total zu zerstören und ihre aktiven Mitglieder zu ermorden. Das sollte allerdings nicht zu dem Fehlschluß verleiten, es habe überhaupt keine Unterdrückung der Arbeiterbewegung auf der britischen Bühne des Geschehens gegeben. Die Beziehungen zwischen Polizei und Arbeitern waren keineswegs immer harmonisch. Im Gegenteil wurde die Polizei von weiten Teilen der Arbeiterschaft als Instrument der Klassenherrschaft verstanden: „Along the dividing line, there they stand, taking their orders, together with pay and promotion, from the one class, and executing them for the most part on the other, as any police court records will show."[61] In den Jahren zwischen 1900 und 1939 entstand „a national police force designed to counter either a local or a nation-wide threat from labour."[62] Robert Roberts bezeichnet die angebliche Liebe der Arbeiter/-innen für den britischen Bobby als Mythos.[63] Schon ein Blick auf das in der Regel harte Vorgehen der Polizei gegen streikende Gewerkschafter/-innen wirft ein anderes Licht auf das Verhältnis der Arbeiterschaft zur Polizei. Nach dem Scheitern des Generalstreiks 1926 durchsuchte die Polizei gleich reihenweise die Häuser lokaler Gewerkschaftsführer, um aufrührerische Schriften zu beschlagnahmen.[64] Versammlungen streikender Arbeiter/-innen in Leeds wurden schon gegen Ende des neunzehnten Jahrhunderts häufig durch die regen Bemühungen der lokalen Behörden untersagt.[65] Wie in

---

61 Stephen Reynolds, Bob und Tom Woolley, Seems So! A Working-Class View of Politics, London 1913, S. 85.
62 Jane Morgan, Conflict and Order: The Police and Labour Disputes in England and Wales, 1900-1939, Oxford 1987, S. 276.
63 Robert Roberts, The Classic Slum: Salford Life in the First Quarter of the Century, Manchester 1971, S. 71.
64 Siehe z. B. das Vorgehen der Polizei in Pontypridd, beschrieben in Brynmor John, Introduction to the Archive of the Pontypridd Labour Party, in: Origins and Developments of the Labour Party, hrsg. v. D. G. Clark, EP Microfilm, Wakefield 1980, S. 8.
65 E.P. Thompson, Homage to Tom Maguire, in: Essays in Labour History, hrsg. v. Asa Briggs und John Saville, London 1960, S. 307.

Deutschland wurden auch Polizei und Armee regelmäßig gegen streikende Arbeiter/-innen bemüht.[66] Lehrer/-innen, die sich offen für die Arbeiterbewegung engagierten, waren in Großbritannien nicht selten Diskriminierungen ausgesetzt.[67] Für die herrschenden Klassen Großbritanniens, so der Sozialist Dan Griffiths, waren die Schulen von ebenso vitalem Interesse für die Indoktrinierung der Arbeiter/-innen wie sie es für ihre deutschen Pendants waren: „The enemies of the workers in Germany [...] made a cult of inculcating subservience and ‚patriotism' in their schools [...] The same thing is being done [...] in this country. The celebration of Empire Day, for example, is a part of this process."[68] Auch das Arbeitsrecht und die Sozialverfassung Großbritanniens in der Zwischenkriegszeit blieben geprägt von der mangelnden Bereitschaft, ein rationalisiertes System der sozialen Konfliktaustragung zu entwickeln. Stattdessen setzten die konservativen Regierungen der Zwischenkriegszeit, im Bunde mit den Unternehmern, einen deflationistischen Wirtschaftskurs durch, der keinerlei Rücksicht auf die Arbeiterschaft des Landes nahm. In der Weimarer Republik dagegen war eine modernere Sozialverfassung auf sozialen Ausgleich und Kompromiß angelegt, wobei allerdings diese Sozialverfassung auf das Engste mit einem nur schwach verankerten politischen System verbunden war, das unter den katastrophalen Bedingungen der Weltwirtschaftskrise aus den Fugen ging.[69]

Nicht nur der Staat, sondern auch die lokalen Behörden und Institutionen suchten die Arbeiterbewegung beider Länder, wo immer es ging, zu behindern.[70] So kam es durchaus vor, daß Schulpflegschaftssitzungen in Großbritannien vom Abend auf den Vormittag verlegt wurden, um Arbeitern/-innen die Teilnahme an diesen Selbstverwaltungsgremien zu erschweren.[71] In den Stadträten Deutschlands wurden Sozialdemokraten/-innen regelmäßig von der Wahl in wichtige Ausschüsse ausgenommen.[72] Im Zeitraum vor 1914 bestand ein entscheidender Unterschied in der Situation beider Parteien darin, daß die Labour Party – oft im Verbund mit der Liberal Party – in zahlreichen Städten und Gemeinden maßgeblichen Einfluß auf die Lokalpolitik ausübte, während die SPD weitgehend von der Macht in den Städten und Gemeinden ausgeschlossen blieb. Allerdings spielte die SPD gerade in den Großstädten eine z.T. durchaus wichtige Rolle in der Lokalpolitik.[73]

---

66 John Saville, Trade Unions and Free Labour: The Background to the Taff Vale Decision, in: Essays, hrsg. von Briggs und Saville, S. 326 f.
67 The Burston School Strike, hrsg. v. der ILP, London 1915; siehe auch Labour Leader, 26. Febr. 1909: ‚Socialist Teacher Dismissed' und ebd. v. 12. März 1909: ‚Political Persecution at Burnley: Socialist Woman Teacher Dismissed'.
68 Dan Griffiths, The Real Enemy and other Socialist Essays, London 1923, S. 65.
69 Zu den Sozialverfassungen beider Länder in der Zwischenkriegszeit siehe Gerald D. Feldman und Irmgard Steinisch, Notwendigkeit und Grenzen sozialstaatlicher Intervention. Eine vergleichende Fallstudie des Ruhreisenstreits in Deutschland und des Generalstreiks in England, in: AfS 20, 1980, S. 57-117.
70 Labour Organizer, Dez. 1929, S. 244 f.; Robert Michels, Die deutsche Sozialdemokratie: Parteimitgliedschaft und soziale Zusammensetzung, in: AfSWP 23, NS 5, 1906, S. 485; Bernd Rabe, Der sozialdemokratische Charakter: Drei Generationen aktiver Parteimitglieder in einem Arbeiterviertel, Frankfurt am Main 1978, S. 32 f.
71 Report and Balance Sheet of Barrow-in-Furness LRC, 1905-06, Barrow-in-Furness 1906, S. 5.
72 Erhard Lucas, Zwei Formen von Radikalismus in der deutschen Arbeiterbewegung, Frankfurt am Main 1976, S. 131.
73 Wolfgang Hardtwig, Großstadt und Bürgerlichkeit in der politischen Ordnung des Kaiserreichs, in: HZ, Beiheft 12, 1991, S. 19-64.

Nach dem ersten Weltkrieg war es dann vor allem die Änderung des Wahlrechts im Verbund mit einer insgesamt ganz anderen politischen Situation in beiden Ländern, die ein starkes Engagement beider Parteien in den Verwaltungen vieler Gemeinden zur Folge hatte. Dabei übernahmen die deutschen Sozialdemokraten/-innen sehr bewußt Ideen aus dem britischen ‚Munizipalsozialismus' und suchten sie den anders gearteten deutschen Verhältnissen anzupassen.[74] Städte wie Berlin und Sheffield, in denen die Arbeiterparteien in den 1920er Jahren eine bequeme Mehrheit in den Stadträten erzielen konnten, verwirklichten ähnliche Programme, die darauf zielten, eine wachsende Anzahl von Dienstleistungen bei den örtlichen Verwaltungen zu monopolisieren. So wurden etwa die Versorgung mit Gas, Elektrizität und Wasser, aber auch die Bereitstellung kostengünstiger öffentlicher Transportmittel und die flächendeckende Versorgung mit Wohnraum und Schulen bis hin zur Milchauslieferung zunehmend städtisch geregelt.[75]

Bislang wurde die Reaktion sowohl des britischen als auch des deutschen Staates gegenüber ihren jeweiligen Arbeiterbewegungen beschrieben als Prozeß einer zu unterschiedlichen Zeiten verschieden intensiven Unterdrückung. Beide Staaten folgten jedoch einer Doppelstrategie, die man am besten als Politik von ‚Zuckerbrot und Peitsche' beschreiben kann. Der Verfolgung der Arbeiterbewegung, besonders durch die Gerichte, wurden zunehmend Maßnahmen einer positiven Integration der Arbeiterklasse in den Nationalstaat zur Seite gestellt, wobei besonders die Sozialpolitik als Instrument benutzt wurde, um einen Keil zwischen Arbeiter/-innen und Arbeiterbewegung zu treiben. Natürlich läßt sich Sozialpolitik nicht auf ihre antisozialistische Komponente reduzieren, aber im Rahmen der hier vorgelegten Untersuchung bleibt doch die spezifische Frage von besonderem Interesse, inwiefern die Sozialpolitik als Mittel zur Bekämpfung der Arbeiterparteien funktionalisiert werden konnte.

Bei beiden Ländern handelt es sich um Pioniere des modernen Sozialstaats.[76] Seit der Mitte des neunzehnten Jahrhunderts nahmen die Bemühungen um soziale Reformen einen zentralen Stellenwert in der öffentlichen Diskussion beider Länder ein, was zumindest zum Teil damit zusammenhing, daß eine proletarisierte Unterschicht zunehmend als revolutionäre Gefahr wahrgenommen wurde.[77] Für viele bürgerliche Sozialreformer lag die Lösung des Problems in einer Art von staatlicher Kontrolle über möglichst weite Bereiche des Arbeiterlebens.[78] Gerade die große Debatte um ‚nationale Effizienz'

---

74 Edmund Fischer, Der Gemeindesozialismus, in: SM 14, 1910, S. 181-86; Max Fechner, Municipal Socialism in Germany since the War, in: Labour Magazine 8, 1929/30, S. 364-67.
75 E.G. Rowlinson, Triumph of Municipal Enterprise: Why Sheffield is a Labour Stronghold, in: Labour Magazine 6, 1927/28, S. 353-55. Zum Berlin der Zwischenkriegszeit s. v.a. die hervorragende Studie von Detlef Lehnert, Kommunale Politik, Parteiensystem und Interessenkonflikte in Berlin und Wien 1919-1932, Berlin 1991.
76 The Emergence of the Welfare State in Britain and Germany 1850-1950, hrsg. v. Wolfgang J. Mommsen und Wolfgang Mock, London 1981; Gerhard A. Ritter, Der Sozialstaat im internationalen Vergleich, 2. Aufl., München 1991.
77 Zu Deutschland siehe James J. Sheehan, The Carreer of Lujo Brentano: A Study of Liberalism and Social Reform in Imperial Germany, Chicago 1966, S. 46-94; vgl. zu Großbritannien Pat Thane, The Foundations of the Welfare State, London 1982, S. 38, 61, 107-11, 217.
78 Jürgen Reulecke, Formen bürgerlich-sozialen Engagements in Deutschland und England im 19. Jahrhundert, in: Arbeiter und Bürger, hrsg. v. Kocka, S. 284, argumentiert, daß man solche Ideen von sozialer

(*national efficiency*) nach dem Burenkrieg spornte die Diskussionen um soziale Reformen in Großbritannien noch zusätzlich an. Der Sozialstaat sollte soziale Spannungen verringern, die Arbeitsethik aufrechterhalten und weiterentwickeln sowie zu einer Lösung der sozialen Probleme der Zeit beitragen, ohne zugleich die ökonomische und politische Ordnung der Zeit in Frage zu stellen.[79]

Interessanterweise blieben sowohl die britische als auch die deutsche Arbeiterbewegung anfänglich gegenüber den Bemühungen um eine stärker sozialstaatlich orientierte Gesetzgebung reserviert eingestellt. In Deutschland war dies vor allem verbunden mit dem offensichtlichen anti-sozialdemokratischen Impetus des Bismarckschen Gesetzeswerks, aber wichtig für die ablehnende Haltung der SPD blieb auch, daß die angestrebten Maßnahmen nur einer Minderheit von Arbeitern zu Gute kommen würden. Auch Gewerkschaftsführer in Großbritannien sahen es vor 1914 nicht gern, wenn der Staat Funktionen übernahm, die bislang die Gewerkschaften für ihre Mitglieder ausgeübt hatten – so z.B. bei der Arbeitslosenunterstützung oder auch den Rentenkassen.[80] Jedoch setzten sich, ebenfalls bereits vor 1914, innerhalb der Fabian Society, der Labour Party und der Gewerkschaftsführung der größeren Industriegewerkschaften Vorstellungen von einer Art kollektiven Staatssozialismus durch, die auch zu größerer Aufgeschlossenheit gegenüber sozialstaatlichen Ideen führten.[81]

Trotz und wegen Bismarck wandten sich SPD und sozialistische Gewerkschafter/-innen verstärkt an die Adresse des Staates, wenn es um die Verwirklichung von sozialen Mindeststandards ging. Im Reichstag vor 1914 waren die Sozialdemokraten in der Arena der Sozialpolitik besonders aktiv. Wie der Konflikt um die Arbeitsnachweise verdeutlicht, sahen die Gewerkschafter/-innen bereits vor dem Krieg den Staat als potentiellen Verbündeten gegen die allzu mächtigen Unternehmerverbände.[82] Die Arbeiterbewegung zeigte sich auch immer bereit, mit bürgerlichen Sozialreformern zu kooperieren, wenn es darum ging, konkrete sozialpolitische Forderungen durchzusetzen.[83] Im Krieg war es dann vor allem der Staat, der die zögerlichen Arbeitgeber auf allen Ebenen dazu aufforderte, die Gewerkschaften als Interessenvertreter der Arbeiter zu akzeptieren.[84] Nach dem

---

Kontrolle in Großbritannien nicht finden kann. Daß es sich bei dieser These um eine Fehleinschätzung handelt, wird belegt von John Brown, Social Control and the Modernisation of Social Policy 1890-1929, in: The Origins of British Social Policy, hrsg. von Pat Thane, London 1978, S. 126-46.

79 G.V. Rimlinger, Welfare Policy and Industrialisation in Europe, America and Russia, New York 1971, S. 9 f.
80 Henry Pelling, The British Working-Classes' Attitude to the Extension of State Powers, 1885-1914, in: SSLH 13, 1966, S. 17 f.
81 Arthur Marwick, The Labour Party and the Welfare State in Britain, 1900-1948, in: AHR 73, 1967, S. 380-403. Barry Jones und Michael Keating, Labour and the British State, Oxford 1985 verweisen darauf, daß die Forderung nach einem umfassenden Sozialstaat bereits in den 1930er Jahren zur nicht mehr hinterfragten Orthodoxie geworden war.
82 Anselm Faust, State and Unemployment in Germany, 1890-1918 (Labour Exchanges, job creation and unemployment insurance), in: The Emergence, hrsg. v. Mommsen und Mock, S. 154-56.
83 ZStA Merseburg, Rep. 77, Nr. 106, I, 126: Bericht über den internationalen Kongreß für Gesundheit und Sicherheit am Arbeitsplatz in Zürich, 1897.
84 Jürgen Reulecke, Der erste Weltkrieg und die Arbeiterbewegung im rheinisch-westfälischen Industriegebiet, in: Arbeiterbewegung an Rhein und Ruhr, hrsg. v. dems., Wuppertal 1974, S. 215-20.

Krieg versuchten die Gewerkschaften mit wechselndem Erfolg den Staat zu instrumentalisieren, um ihre eigenen ökonomischen und sozialen Ziele zu verwirklichen.[85]

Kann man die Sozialpolitik als Zuckerbrot des Kaiserreichs interpretieren, so waren Gerichte und Polizei, darüber besteht in der Forschungsliteratur allgemein Einigkeit, die Peitsche des Staates, seine machtvollsten Waffen im Kampf um die Fernhaltung der Sozialdemokratie von der Macht.[86] Der preußische Staat kontrollierte rigide den Zugang zum Justizwesen und sicherte sich somit die unbedingte Loyalität der Richter und Staatsanwälte gegenüber dem bestehenden politischen System. Umgekehrt fiel es der Arbeiterbewegung leicht, das Justizwesen als verlängerten Arm des antisozialistischen Staates zu brandmarken. Allein innerhalb eines Jahres, vom September 1897 bis zum August 1898, verurteilten die Gerichte Sozialdemokraten/-innen zu insgesamt ca. 55 Jahren Gefängnis und ca. 20.000 RM Geldstrafen.[87] Wolfgang Heine, von Beruf Anwalt und als Sozialdemokrat regelmäßig damit befaßt, seine Genossen/-innen vor Gericht zu verteidigen[88], erinnert sich in seinen Memoiren: „Zu allen diesen Schikanen sagte die Rechtsprechung sowohl der ordentlichen wie der Verwaltungsgerichte Ja und Amen, und ihre immer subtiler werdende Auslegung ermunterte die Behörden zu weiterem Vorgehen. Erreicht wurde damit gar nichts als ein maßloser, keineswegs unbegründeter Hass der Arbeiterklasse gegen die Justiz und leider auch gegen den Staat überhaupt, ein Gefühl, rechtlos zu sein und vergewaltigt zu werden".[89] Solch negative Sicht auf das Justizwesen des Kaiserreichs findet sich auch in zahlreichen sozialdemokratischen Broschüren der Zeit, von denen Karl Liebknechts „Rechtsstaat und Klassenjustiz" die bestehende Rechtsordnung am umfassendsten verdammte.[90]

Das britische Justizwesen sollte man nun keineswegs etwa als unabhängige Schlichtungsinstanz sozialer Konflikte betrachten, die der deutschen Klassenjustiz diametral entgegengesetzt war.[91] Bezeichnend für die viel kompliziertere Situation sind die häufigen Beschwerden der antisozialistischen Organisationen in Deutschland über die Nachgiebigkeit deutscher Gerichte gegenüber sozialdemokratischen Umtrieben: „[...] bekannt ist, daß die Staatsanwaltschaften in Deutschland, von ganz seltenen Ausnahmefällen abgesehen, gerade bei Beleidigungen durch die sozialdemokratische Presse die Verfol-

---

85 Ursula Hüllbüsch, Gewerkschaften und Staat: Ein Beitrag zur Geschichte der Gewerkschaften zu Anfang und zu Ende der Weimarer Republik, Phil.diss., Universität Bonn 1958, S. 240.
86 Hans-Ulrich Wehler, Das deutsche Kaiserreich, Göttingen 1973, S. 131-3.
87 ZStA Merseburg, Rep. 77, Nr. 656, I. Das durchschnittliche Jahreseinkommen eines Arbeiters in der Druckindustrie betrug, um einen Vergleichsmaßstab zu geben, 1.317 RM, während ein Arbeiter in der Textilindustrie nur durchschnittlich 594 RM verdiente. Siehe Ritter und Tenfelde, Arbeiter, S. 476.
88 FES, NL Heine, Nr. 133-76 enthält Berichte über unzählige Gerichtsprozesse gegen Sozialdemokraten/-innen.
89 Wolfgang Heine, Erinnerungen, in: BA Koblenz, Kl. Erw., Nr. 371-16, S. 480.
90 Karl Liebknecht, Rechtsstaat und Klassenjustiz: Vortrag, gehalten zu Stuttgart am 23. August 1907, Stuttgart 1907. Siehe allerdings auch noch in der Zeit der Weimarer Republik Ernst Fraenkel, Zur Soziologie der Klassenjustiz, Berlin 1927; Gotthard Jasper, Justiz und Politik in der Weimarer Republik, in: VZG 30, 1982, S. 167-205.
91 Michael John, The Peculiarities of the German State: Bourgeois Law and Society in the Imperial Era, in: PP 119, 1988, S. 105-31 betont gerade die relativ größere Unabhängigkeit der Rechtsberufe in Deutschland vom politischen Druck sozialer Eliten.

gung der Sache als nicht im öffentlichen Interesse liegend ablehnen [...]"[92] Die Urteilssprüche der Richter, besonders im Süden und Westen Deutschlands, waren nicht durch blinde Loyalität gegenüber den kaiserlichen Autoritäten gekennzeichnet, sondern durch ein erstaunliches Maß an Unabhängigkeit gegenüber politischer Gängelung von oben.[93] Obwohl die SPD in den parlamentarischen Beratungen über das Bürgerliche Gesetzbuch (BGB) den Codex ein um das andere Mal als Klassengesetz verwarf[94], arbeitete sie bezeichnenderweise dennoch hart daran, die eigenen Ideen in diesem Gesetzeswerk nach Möglichkeit unterzubringen. Die sozialdemokratische Presse kommentierte die Debatten im Reichstag 1896 ausführlich, und 1899 erklärte der „Vorwärts" im Hinblick auf die Rechtssituation im Kaiserreich kategorisch: „Der kunterbunte Zustand auf dem Rechtsgebiete befördert die Rechtsunsicherheit und Rechtsunkenntnis ungemein. Am meisten leidet darunter der Arbeiter [...] Eine Einheit des Rechts ist diesem krausen Wirrwarr gegenüber ein unleugbarer politischer Fortschritt."[95] Gerhard A. Ritter hebt in seinen Untersuchungen zur Stellung der Sozialdemokratie im Kaiserreich nachdrücklich hervor, daß die Schikanen und Unterdrückungsmaßnahmen eine wichtige Grenze in der Achtung vor dem Rechtsstaat fanden.[96]

Die deutsche Justiz war somit sicherlich kein bloßes Instrument willkürlicher staatlicher Unterdrückung. Ihr britisches Pendant war andererseits selbst außergewöhnlich voreingenommen gegen die Arbeiter/-innen im allgemeinen und ihre Interessenvertretungen im besonderen.[97] Julius Motteler, der in der Zeit um die Jahrhundertwende im Londoner Exil lebte, schrieb: „Liebknecht muß hier seiner Zeit wirklich ganz himmlisch gelebt haben, aber doch sehr wenig gesehen und erlebt haben von engl. Praxis und Zuständen, sonst könnte er nicht immer und immer wieder diese Lobhudelei auf englische Zustände halten. [...] Meiner Meinung nach ist England das niederträchtigst regierte Land. In keinem Land der Welt ist die Steuerschraube straffer wie hier, in keinem Land nur unter dem Deckmantel einer heuchlerischen Demokratie das Volk mehr vergewaltigt, beaufsichtigt und bevormundet wie hier."[98] Motteler war Zeuge der massiven Angriffe auf den Sozialismus, die zu dieser Zeit die öffentliche Diskussion in Großbritannien bestimmten. Einmal abgesehen von den antisozialistischen Hetzkampagnen der Zeitungen und den antisozialistischen Überzeugungen der meisten Unternehmer, zeugte eine

---

92 ZStA Merseburg, Rep. 77, Nr. 819, I, 117: Reichsverband gegen die Sozialdemokratie, Nr. 79 vom 15. Sept. 1906. Ähnlich gelagerte Vorwürfe gegen Gerichte, aber auch hohe Beamtenschaft und Unternehmer finden sich in ZStA Potsdam, 07.01, Nr. 1395/4, 70/71.
93 Martin Martiny, Integration oder Konfrontation? Studien zur Geschichte der sozialdemokratischen Rechts- und Verfassungspolitik, Bonn 1976, S. 197.
94 Programmatisch August Bebel, Das Bürgerliche Gesetzbuch und die Sozialdemokratie, in: NZ, Bd. 14, 1896, S. 558.
95 Vorwärts, Nr. 230 v. 1. Okt. 1899. Siehe generell zur Haltung der SPD zum BGB Michael John, Politics and the Law in Late Nineteenth Century Germany: The Origins of the Civil Code, Oxford 1989, S. 231-38.
96 Gerhard A. Ritter, Die Sozialdemokratie im deutschen Kaiserreich in sozialgeschichtlicher Perspektive, in: HZ 249, 1989, S. 300.
97 Henry Pelling, Trade Unions, Workers and the Law, in: Popular Politics, hrsg. v. dems., S. 62-81.
98 FES, Bestand Julius Motteler (Originale im IISG, Amsterdam), Nr. 1836/3: Brief Mottelers an Unbekannt vom 15. Juli 1900. Zu dieser Zeit mußte Motteler fürchten, daß britische Gerichte den Communistischen Arbeiterbildungsverein in London schließen würden.

ganze Reihe von Gerichtsurteilen, die schließlich im Taff-Vale-Urteil[99] von 1901 und im Osborne-Urteil[100] von 1909 gipfelten, von der Bereitschaft des britischen Justizwesens, das Gesetz wirkungsvoll einzusetzen, um die Macht der Gewerkschaften zu beschneiden.[101] Obwohl die Rechte der Gewerkschaften im Verlauf des neunzehnten Jahrhunderts allmählich gesetzlich verankert wurden[102], blieb der Juristenstand doch im Bann bestehender Klassenvorurteile gegenüber der organisierten Arbeiterbewegung befangen. In Weltanschauung und Selbstverständnis fühlten sie sich bedroht von dem Aufstieg einer politischen Bewegung, die scheinbar gegen die meisten derjenigen Werte rebellierte, an die die Juristen als relativ homogene soziale Gruppe glaubten. Nach 1890 wandten sich Teile der öffentlichen Meinung in Großbritannien gegen die angebliche Macht der Gewerkschaften. Da die Gerichte in der Regel dem öffentlichen Meinungswandel gegenüber den Gewerkschaften eng folgten, wurde nun vor allem das englische Gewohnheitsrecht verstärkt zur Bekämpfung der Arbeiterbewegung genutzt.[103] Entscheidungen, die auf der Rechtsauslegung einzelner Richter beruhten, hingen natürlich weitgehend davon ab, ob ein bestimmtes Individuum den Gewerkschaften feindlich oder verständnisvoll gegenüberstand. Genau diese Form der Rechtsunsicherheit wurde in Deutschland durch die Verabschiedung des BGB im Jahre 1900 beseitigt.

Insgesamt wurde die grundlegend widersprüchliche Haltung der britischen und deutschen Arbeiterbewegung gegenüber ihren jeweiligen Nationalstaaten im Untersuchungszeitraum dieser Studie nicht überwunden. Beide sahen sich vor dem Dilemma, einerseits die eigene Isolation innerhalb des Nationalstaats beenden zu wollen, ohne andererseits den Anspruch auf Transformation des kapitalistischen Nationalstaats aufgeben zu wollen. Durch sein beständiges Schwanken zwischen Zuckerbrot und Peitsche, mit anderen Worten zwischen Sozialpolitik und Unterdrückung, bestärkte der jeweilige Staat diese Widersprüche nur. Es hieße demnach die Dinge grob vereinfachen, wollte man weiterhin von einer Dichotomie zwischen positiver Integration der Arbeiterbewegung in den britischen Nationalstaat und negativer Integration selbiger in den deutschen Nationalstaat ausgehen. Der Staat blieb selbstverständlich im Alltag der britischen Arbeiterbewegung weniger präsent, aber er war doch keineswegs bedeutungslos für diesen Alltag, und seine Haltung gegenüber den Interessenorganisationen der Arbeiter/-innen war häufig so feindlich, daß von unproblematisch positiver Integration wohl kaum gesprochen werden kann. Anders gewendet, gab es selbst im deutschen Kaiserreich zahlreiche Anzeichen

---

99 Frank Bealey und Henry Pelling, Labour and Politics, 1900-1906: A History of the LRC, London 1958, S. 55-97 über die Umstände und Folgen von Taff Vale.
100 Michael J. Klarman, The Osborne Judgment: A Legal/Historical Analysis, phil.diss., Universität Oxford 1987, betont, daß die der Arbeiterbewegung gegenüber durchweg sehr feindlich eingestellten Richter weitgehend ihre eigenen Vorstellungen von solidem Arbeitsrecht in die Praxis umsetzten. Siehe auch in vergleichender Perspektive Wilhelm Rütten, Der Taff Vale Case und das deutsche Gewerkschaftsrecht, in: AfS 31, 1991, S. 103-21, der auf die vielen Ähnlichkeiten im zeitgenössischen britischen und deutschen Gewerkschaftsrecht hinweist.
101 J.A.G. Griffith, The Politics of the Judiciary, Manchester 1977, S. 200.
102 Keith D. Ewing, Trade Unions, the Labour Party and the Law: A Study of the Trade Union Act 1913, Edinburgh 1982, S. 7-68.
103 John Saville, Trade Unions and Free Labour, in: Essays, hrsg. v. Briggs und Saville, S. 341-4.

dafür, daß die SPD ernsthafte Versuche unternahm, ihr Verhältnis zum bestehenden Nationalstaat stärker positiv zu akzentuieren.

2.2 Das Verhältnis beider Arbeiterparteien zum Parlamentarismus und zum politischen Gegner

Bisher hat sich dieses Kapitel nur mit der Integration der britischen und deutschen Arbeiterbewegung in den Nationalstaat befaßt. Nun soll es auch um die enger gefaßte Frage nach der Integration in die jeweiligen politischen Systeme Deutschlands und Großbritanniens gehen. Vom Standpunkt der Sonderwegs-Argumentation aus blieb die SPD von der Teilhabe am politischen System des Kaiserreichs ausgeschlossen. Diese Isolation wurde dann angeblich auch in der parlamentarischen Demokratie von Weimar nie völlig überwunden, was sich, so der Tenor zahlreicher Studien zur SPD, in der gerade in Krisenzeiten nur lauwarmen Unterstützung der Partei für diese Republik äußerte. Im Gegenzug erscheint dann die britische Labour Party oft als gut in eine stabile und erfolgreiche Demokratie integriert und ideologisch unterfüttert mit einem unumstößlichen Glauben an die Segnungen parlamentarischer Regierungsformen.[104] Diese Sicht der Dinge soll nun im folgenden noch einmal überprüft werden.

Großbritannien kann vor 1918 nur dann als wirklich demokratisches politisches System betrachtet werden, wenn man über die Existenz weitgehender Wahlrechtsbeschränkungen hinwegsieht, die vor allem die Armen und bis 1928 die Frauen diskriminierten. Außerdem gab es auch noch ein Mehrstimmenwahlrecht. Vor 1914 blieben bis zu 40% aller erwachsenen Männer und 100% der Frauen vom Wahlrecht ausgeschlossen. Diejenigen Wahlbezirke mit einem starken Arbeiteranteil gehörten zu den am meisten von Wahlrechtsbeschränkungen betroffenen Gebieten. Das britische Vorkriegswahlrecht diskriminierte also sowohl nach Geschlecht als auch nach Klasse.[105] Auch wenn man Duncan Tanners These ernst nimmt, daß Alter, Familienstand und geographische Mobilität allesamt wichtiger waren als der Faktor der Klassenzugehörigkeit, um den weit verbreiteten Wahlrechtsentzug im Großbritannien der Vorkriegszeit zu erklären, so kann doch nach wie vor nicht der geringste Zweifel daran bestehen, daß die Wahlbezirke mit hohem Arbeiteranteil eine extrem niedrige Anzahl von Wahlberechtigten aufwiesen.[106] Das undemokratische Wahlrecht wurde auf einer Konferenz des LRC in London am 14. und 15. April 1904 besonders im Hinblick auf die Forderung ausgiebig diskutiert, eine Wahlrechtsreform nach dem Prinzip ‚ein Mann eine Stimme' durchzuführen. Vor allem die angeblich weit verbreitete Korruption sowie das wenig treffsichere System der Regi-

---
104 Ira Katznelson, Working Class Formation, in: Working Class Formation, hrsg. v. ders. und Zolberg, S. 29; Hodge, The Trammels of Tradition, S. 124-58, 191-226, 274-351; Luebbert, Liberalism, Kap. 5.
105 H.C.G. Matthew, Ross I. McKibbin und J.A. Kay, The Franchise Factor in the Rise of the Labour Party, in: EHR 91, 1976, S. 724 und 726.
106 Tanner, Political Change and the Labour Party 1900-1918, S. 99-128. Eine umfassende, kritische Würdigung von Tanners gewichtigem Werk findet sich in Stefan Berger, The Decline of Liberalism and the Rise of Labour: The Regional Approach, in: Parliamentary History 12, 1993, S. 84-92.

strierung Wahlberechtigter standen im Mittelpunkt der Kritik. Für das Frauenwahlrecht dagegen fand sich auf dieser Konferenz unter den Labour-Delegierten noch keine klare Mehrheit. Erst der Labour-Parteitag des Jahres 1912 sprach sich eindeutig für das Frauenwahlrecht aus. Im Jahre 1910 war es Keir Hardie, der in seiner Ansprache auf dem Labour-Parteitag auf das undemokratische Wahlrecht des Landes verwies: „The election has again forced upon our attention the need for a great scheme of electoral reform whereby the nation, and not merely a fraction of it, would be able to express its opinions at the ballot box."[107] Auch bei den Kommunalwahlen existierten in Großbritannien weitgehende Wahlrechtsbeschränkungen. In vielen Orten war es so, wie in Wolverhampton, wo im Jahre 1900 gerade mal ein Prozent der Einwohner wahlberechtigt waren. Diese Ziffer steigerte sich auf 18% im Jahre 1903, 19% im Jahre 1912, und selbst 1921 waren nur 38% der Einwohner zur Wahl aufgerufen.[108] Insgesamt hat Rowett darauf verwiesen, daß im Großbritannien der Zwischenkriegszeit das Kommunalwahlrecht nach wie vor weitgehend vom Eigentumserwerb abhängig blieb. Wahlrecht war eben gerade nicht Bürgerrecht.[109]

In Deutschland waren sehr viel mehr Arbeiter bei den Wahlen zum nationalen Parlament wahlberechtigt als in Großbritannien. Die Einführung des direkten, allgemeinen und gleichen Wahlrechts im Jahre 1867/71 erlaubte allen Männern, die älter als 25 Jahre waren, den Gang zur Urne. Die Einteilung der Wahlkreise, die die stärkere Besiedelungsdichte der Städte weitgehend unberücksichtigt ließ, diskriminierte damit allerdings v.a. die SPD, die in den Städten ihre Hochburgen hatte. So stellte die ländliche Bevölkerung nur etwa ein Drittel aller Wahlberechtigten im Kaiserreich, bestimmte damit aber über fast die Hälfte der Abgeordneten im Reichstag. Allerdings muß hier sofort eingeräumt werden, daß die Wahlkreiseinteilung in Großbritannien ebenfalls zum Nachteil der Labour Party erfolgte. War das Wahlrecht zum Reichstag in Deutschland demokratischer als das Wahlrecht zum House of Commons, so blieben weite Teile der Arbeiterschaft vom Wahlrecht zu den Landtagen ausgeschlossen. Das Dreiklassenwahlrecht in Preußen war dabei ebenso ungerecht wie das sächsische Wahlrecht. In Sachsen wurde das bereits existierende allgemeine Wahlrecht für Männer von einer Mehrheit nationalliberaler und konservativer Abgeordneter aus Furcht vor einer sozialdemokratischen Mehrheit im Landtag wieder abgeschafft.[110] In fast allen kommunalen Wahlrechten existierten Eigentums- und Besitzklauseln, die die Anzahl der Wahlberechtigten ebenfalls stark reduzier-

---

107 Report of the Annual Conference of the Labour Party 1910, London 1910, S. 55. Zur LRC-Konferenz im Jahre 1904 siehe Labour Party Archive, Labour Party Pamphlets and Leaflets 1894-1912, Nr. 18, S. 3.
108 G.W. Jones, Borough Politics: A Study of the Wolverhampton Town Council, London 1969, S. 30. Oxford hatte in der Zwischenkriegszeit eine vergleichbar niedrige Anzahl Wahlberechtigter. Siehe R.C. Whiting, The View from Cowley: the Impact of Industrialisation on Oxford, 1913-1939, Oxford 1983, S. 22.
109 J.S. Rowett, The Labour Party and Local Government: Theory and Practice in the Inter-War Years, phil.diss. Universität Oxford 1979, S. 5-9.
110 Über die sehr unterschiedlichen Wahlsysteme zu den verschiedenen deutschen Landtagen und speziell ihre Auswirkungen auf die SPD informiert umfassend: Der Aufstieg der deutschen Arbeiterbewegung: Sozialdemokratie und freie Gewerkschaften im Parteiensystem und Sozialmilieu des Kaiserreichs, hrsg. v. Gerhard A. Ritter, München 1990.

ten und insbesondere Arbeiter vom Wahlrecht ausschlossen.[111] Während Deutschland im Kaiserreich also weit davon entfernt blieb, ein wirklich demokratisches Wahlrecht auf allen Ebenen politischer Entscheidungsfindung einzuführen, existierte ein solches in Großbritannien auch zu einem Zeitpunkt noch nicht, zu dem die Weimarer Republik ein weitgehend demokratisches Wahlrecht bereits garantierte.

Zieht man in Betracht, daß vor dem Krieg beide Parteien unter undemokratischen Wahlrechtssystemen litten, so mag es verwundern, daß die parlamentarische Regierungsform von keiner der beiden Parteien verworfen wurde. Obwohl es in beiden starke anti-parlamentarische Minderheiten gab, forderte die Parteimehrheit doch eher die Verwirklichung eines Parlamentarismus, der seinen Namen verdienen würde. Der unterschiedliche Charakter des britischen und deutschen parlamentarischen Systems vor 1918 bedingte das stärkere Gewicht einer anti-parlamentarischen Fraktion innerhalb der SPD. Im Kaiserreich hatte das Parlament ja nur sehr eingeschränkte Machtbefugnisse, und es war schon von daher schwierig, in ihm einen effektiven Motor sozialer Reformen zu sehen. Wie Ramsay MacDonald 1911 richtig erkannte: „The German Reichstag is not a parliament [...] [It] is [...] little more than a debating society [...] Whilst the eyes of the parties in an irresponsible legislature like the Reichstag are fixed upon the horizon, those of the parties in a responsible legislature like our own House of Commons are fixed at their feet."[112]

Allerdings unterschätzte MacDonald den Pragmatismus vieler sozialdemokratischer Parlamentarier, deren Zielvorstellungen weniger auf diffusen, sich in der Ferne des Horizonts verlierenden Revolutionsideen fußten als auf konkreten Hoffnungen auf eine allmähliche Parlamentarisierung des politischen Systems im Kaiserreich. Manfred Rauhs These, daß „der Reichsaufbau seit Bismarcks Sturz in zunehmendem Maße vom Prozeß einer stillen Parlamentarisierung beherrscht" wurde, ist hier von Interesse, da sie die zunehmende parlamentarische Orientierung auch der sozialdemokratischen Reichstagsfraktion zu erklären hilft.[113] Wenn die zwei Säulen des Bismarckschen Verfassungswerks, das monarchische Prinzip und die preußische Hegemonie, tatsächlich Schritt für Schritt unterminiert wurden, und wenn der Reichstag wirklich die eigene Machtsphäre auf Kosten des Bundesrates zunehmend ausdehnen konnte, so daß am Anfang des 20. Jahrhunderts die kaiserlichen Regierungen ihre Politikvorstellungen mit den parlamentarischen Parteien koordinieren mußten, wollten sie nicht Schiffbruch erleiden, dann dürfte es andererseits auch nicht verwundern, wenn anti-parlamentarische Gefühlslagen in der sozialdemokratischen Fraktion immer seltener aufzufinden waren. Unter Hamburger Arbeitern, so Richard Evans, war die Vorstellung von einer schrittweisen Parlamentarisierung des Kaiserreichs durchaus weit verbreitet.[114] Von einer solchen Parlamentarisie-

---

111 Dieter Fricke, Handbuch zur Geschichte der deutschen Arbeiterbewegung 1869-1917, Berlin 1987, vol. 2, S. 761-80.
112 Ramsay MacDonald, The Socialist Movement, London 1911, S. 108 f.
113 Manfred Rauh, Föderalismus und Parlamentarismus im Wilhelminischen Reich, Düsseldorf 1973, S. 7. Siehe auch ders., Die Parlamentarisierung des deutschen Reiches, Düsseldorf 1977, sowie Thomas Nipperdey, War die Wilhelminische Gesellschaft eine Untertanen-Gesellschaft, in: ders., Nachdenken über deutsche Geschichte, München 1986, und Groh, Brandt, Vaterlandslose Gesellen, S. 158.
114 Evans, Proletarians, S. 162 f.

rung versprach sich ein Teil der Partei eine zunehmende Überwindung der eigenen Isolation und letztendlich eine weitergehende Integration in das politische System des Kaiserreichs.[115] Dabei war die sozialdemokratische Basis durchaus bereit, Formen des bürgerlichen Ungehorsams zu praktizieren, um den Forderungen der Partei größere Durchschlagskraft zu verleihen. Gerade in der SPD-Kampagne für eine Wahlrechtsreform in Preußen vor dem ersten Weltkrieg wurde deutlich, daß die Sozialdemokraten/-innen weder eine revolutionäre Umgestaltung des politischen Systems wünschten noch ihren Frieden mit der Wilhelminischen Gesellschaft gemacht hatten.[116] In den friedlichen Protestformen der Sozialdemokratie vor 1914 wird bereits deutlich, welch großen Beitrag die Arbeiterbewegung zur Ausbildung einer entwickelten bürgerlichen Gesellschaft in Deutschland geleistet hat.[117]

Kautsky kritisierte gegenüber Bernstein bereits 1895 die zunehmende parlamentarische Orientierung der eigenen Partei: „Ich glaube, keine sozialdemokratische Partei leidet mehr an parlamentarischem Kretinismus als die deutsche Sozialdemokratie, was ja auch begreiflich, weil sie nur auf dem Gebiete des Parlamentarismus Großes geleistet hat."[118] Einige Jahre später pries Bernstein den Parlamentarismus der britischen Labour Party als Modell für die eigenen Genossen.[119] Seit die bayerische Sozialdemokratie am 1. Juni 1894 zum ersten Mal den Staatshaushalt im bayerischen Landtag mitgetragen hatte, wiesen eine Vielzahl kleiner Schritte auf die zunehmende parlamentarische Orientierung der Partei: „Schritt auf Schritt näherte sich [...] die Parteimehrheit dem praktischreformerischen Standpunkte. Nach den erfolgreichen Februarwahlen von 1890 wurde die positive Mitarbeit zur endgültigen Grundlage der sozialdemokratischen Parlamentstätigkeit."[120] Auch die vielfältigen Aktivitäten der Partei in der Lokalpolitik vor 1914 unterstrichen die Bereitschaft der SPD, innerhalb des politischen Systems des Kaiserreichs konstruktiv mitzuarbeiten. 13.000 sozialdemokratische Stadt- und Gemeinderäte sowie ca. 100.000 der SPD angehörende Vertreter in den Verwaltungen von Versicherungen, Arbeitsnachweisen und Arbeits- und Gewerbegerichten dürften ebenfalls maßgeblich zur Integration der Partei in das politische System des Wilhelminischen Deutschland beigetragen haben. Besonders in den süddeutschen Staaten, wo die Sozialdemokraten ein liberaleres politisches Klima vorfanden, waren sie zunehmend zu einer konstruktiven

---

115 Elfi Pracht, Parlamentarismus und deutsche Sozialdemokratie 1867-1914, Pfaffenweiler 1990; Vernon Lidtke, The Outlawed Party, Princeton 1966, S. 153 f., spricht von einem „ambivalent parliamentarism" der frühen SPD.
116 Christoph Nonn, Putting Radicalism to the Test: German Social Democracy and the 1905 Suffrage Demonstrations in Dresden, in: IRSH 41, 1996, S. 183-208.
117 Kocka, Arbeiterbewegung in der Bürgergesellschaft, S. 495. Siehe auch die hochinteressanten Beiträge Workers and Citizenship in Europe and North America, in: International Labor and Working Class History 48, 1995, S. 1-93, die das Spannungsverhältnis zwischen Arbeiterschaft und Staatsbürgerrecht in Europa und Nordamerika in vergleichender Perspektive ausleuchten.
118 SAPMO, NL Bernstein, 23/8, 171: Brief Kautskys an Bernstein vom 18. Okt. 1895.
119 Eduard Bernstein, Parlamentarismus und Sozialdemokratie, Berlin 1906, S. 54-60.
120 Hermann Teistler, Der Parlamentarismus und die Arbeiterklasse, Berlin 1892, S. 3. Teistler sprach 1892 vielleicht noch nicht für eine klare Mehrheit innerhalb der Partei, doch zeigt seine Veröffentlichung im Rahmen der parteioffiziellen Propaganda, wie verbreitet bereits zwei Jahre nach Aufhebung des Sozialistengesetzes solche Gefühlslagen in der Partei waren.

Mitarbeit in den Landtagen bereit. In Hessen und Baden war dies ab 1891 und in Bayern ab 1894 der Fall.[121] Es ist auch kein Zufall, daß gerade in Süddeutschland die Zusammenarbeit zwischen den staatlichen Gewerbeaufsichtsbeamten und den Gewerkschaftsfunktionären gut klappte.[122] Im badischen Landtag erklärten die Abgeordneten der SPD sogar ihre Zufriedenheit mit der Handhabung der polizeilichen Aufsicht im Land.[123] Ähnliche Stellungnahmen findet man bei der SPD in Preußen aus guten Gründen nicht.[124]

Das Erfurter Programm der SPD aus dem Jahre 1891 spiegelte ebenfalls die ambivalente Haltung der SPD zum Parlamentarismus. Ging es im ersten, von Kautsky verfaßten Teil um die Überwindung des gegenwärtigen politischen und ökonomischen Systems, so orientierte sich der zweite, von Bernstein verfaßte Teil an der parlamentarischen Durchsetzbarkeit spezifischer politischer und sozialer Reformen. Bereits ab 1877 kämpfte die Partei im Reichstag für die Einführung einer mit weitgehenden Machtbefugnissen ausgestatteten Gewerbeaufsicht sowie für eine weitreichende Regulierung des Wohnungsmarkts. Außerdem setzte sich die Fraktion für Gesetzgebungsmaßnahmen im Bereich der Gesundheitsfürsorge und des Arbeitsschutzes ein. Sozialdemokratische Parlamentarier engagierten sich für eine Verkürzung der Wochenarbeitszeit ebenso wie für ein Verbot der Kinder- und Frauenarbeit in spezifischen Branchen. Außerdem forderte die Fraktion, die parlamentarische Immunität der Abgeordneten zu erweitern, die traditionellen Bürgerrechte zu achten und die indirekten Steuern zu senken.[125] Auch gab es innerhalb der Fraktion zunehmenden Unmut über die anhaltende Nichtbeteiligung der sozialdemokratischen Abgeordneten am Kaiserhoch, das von vielen als bloße Formalität betrachtet wurde.[126] Als Philipp Scheidemann 1912 mit Unterstützung der Liberalen als erster Sozialdemokrat ins Reichstagspräsidium gewählt wurde, war August Bebel vor allem darum besorgt, daß Scheidemann in korrekter Aufmachung, nämlich im Gehrock, seinen Vizepräsidentenplatz einnahm.[127] Daß Scheidemanns Vizepräsidentschaft des Reichstags letztendlich nur von kurzer Dauer war, dürfte der wackligen Haltung des Zentrums mindestens ebenso zuzuschreiben sein wie dem Unwillen der Sozialdemokratie, ihren Vizepräsidenten bei einer kaiserlichen Audienz zu sehen.[128]

Auch daß sich die interne Parteiorganisation der SPD – wie später die der Labour Party – an der Wahlkreiseinteilung und nicht an sozio-ökonomischen oder betrieblichen

---

121 Susanne Miller und Heinrich Potthoff, Kleine Geschichte der SPD. Darstellung und Dokumentation 1848-1983, 5., überarb. und erw. Aufl., Bonn 1983, S. 64.
122 Ritter und Tenfelde, Arbeiter im Deutschen Kaiserreich, S. 387.
123 Peter Brandt und Reinhard Rürup, Volksbewegung und demokratische Neuordnung in Baden 1918/19: Zur Vorgeschichte und Geschichte der Revolution, Sigmaringen 1991, S. 41.
124 Die regionalen Unterschiede zwischen sozialdemokratischen Organisationen waren z.T. markant, weshalb sich auch eine sozialdemokratische Regionalgeschichtsschreibung durchaus lohnt. Ein gutes Beispiel bietet Karsten Rudolph, Die sächsische Sozialdemokratie vom Kaiserreich zur Republik (1871-1923), Weimar 1995.
125 Die weitreichenden Aktivitäten der sozialdemokratischen Reichstagsfraktion vor 1914 sind dokumentiert in Gary P. Steenson, ‚Not One Man – Not One Penny': German Social Democracy 1863 - 1914, Pittsburgh 1981, S. 54-65.
126 Wolfgang Heine, Präsidentenwahl, Hofgang, Kaiserhoch, in: SM 16/1, 1912, S. 335-40.
127 Philipp Scheidemann, Memoiren eines Sozialdemokraten, Dresden 1928, Bd. 1, S. 212.
128 Beverly Heckart, From Bassermann to Bebel: The Grand Bloc's Quest for Reform in the Kaiserreich, 1900-1914, New Haven, Conn. 1974, S. 198-206.

Kriterien orientierte, zeigt deutlich das Bestreben der Partei nach Beteiligung am politischen System.[129] Zudem blieb die Presse der Arbeiterbewegung in beiden Ländern ganz stark auf die Berichterstattung zu Wahlen und parlamentarischen Debatten ausgerichtet. Da beide Parteien es versäumten, eine eigenständige Verfassungstheorie zu erarbeiten, wurde schließlich weitgehend die vorhandene liberale Verfassungstheorie übernommen[130], was wiederum die parlamentarische Orientierung beider Parteien stärkte. Im ersten Weltkrieg wurde in den „Sozialistischen Monatsheften" eine ganze Serie von Artikeln veröffentlicht, die die positive Haltung der SPD zum Parlamentarismus bekräftigen sollten.[131] Da die überwältigende Mehrzahl der antiparlamentarischen Linken ab 1916 der USPD und nach 1918 der KPD beitraten, stand die (M)SPD der Weimarer Republik wie keine andere Partei hinter der parlamentarischen Regierungsform der Weimarer Verfassung. Auch wenn man in den Blick nimmt, wie sehr sich wegen der einzugehenden Kompromisse Vorbehalte gegen den sogenannten Koalitionismus in der Partei ausbildeten, so zeigt sich doch am Ende der Weimarer Republik ein ungebrochenes Engagement für den Parlamentarismus und die Republik.[132]

Einem nicht gerade ultrademokratischen Wahlrecht in Großbritannien stand nichtsdestotrotz eine sehr stabile Form parlamentarischer Regierung zur Seite. Die britische Labour Party brauchte sich weder um die Durchsetzung des Parlamentarismus noch um seinen Erhalt jemals ernsthafte Sorgen zu machen. Das waren ganz andere Voraussetzungen als diejenigen, unter denen die SPD Politik betrieb. Gerade die Stärke des Parlamentarismus in Großbritannien bewirkte v.a. in der Fraktion der Labour Party eine unbedingte Orientierung an den Formen und Gebräuchen der parlamentarischen Regierungsform.[133] Die Verfassungstheorie der Fabier, die innerhalb der Fraktion, der ILP und der Labour Party insgesamt weithin akzeptiert wurde, sah den Staat als politisch indifferente Institution, die man für oder gegen die Emanzipation der Arbeiterklasse einsetzen konnte. Es blieb nach dieser Ansicht der Labour Party vorbehalten, auf parlamentarischem Wege soziale und politische Reformen anzustoßen. So heißt es etwa bei MacDonald: „The Master of Parliament is the nation, and if Parliament does not do its work, it is no use

---

129 Eine Partei in ihrer Region: Zur Geschichte der SPD im westlichen Westfalen, hrsg. v. Bernd Faulenbach und Günther Högl, Essen 1988, S. 73.

130 Für die deutsche SPD siehe Peter Steinbach, Sozialdemokratie und Verfassungsverständnis: Zur Ausbildung einer liberal-demokratischen Verfassungskonzeption in der Sozialdemokratie seit der Mitte des 19. Jahrhunderts, Opladen 1983, bes. S. 19 und 39, sowie Dieter Grosser, Vom monarchischen Konstitutionalismus zur parlamentarischen Demokratie, Den Haag 1970, S. 33-60.

131 Paradigmatisch sind die Artikel von Hermann Kranold, Die Pflicht zum Parlamentarismus, in: SM 23/2, 1917, S. 1215-20 und Wilhelm Kolb, Was nun?, in: SM 22/3, 1916, S. 1025-28. Siehe auch bereits vor dem Krieg Edmund Fischer, Sozialdemokratie und Regierungsgewalt, in: SM 16/1, 1912, S. 278.

132 Hans Mommsen, Die Sozialdemokratie in der Defensive: der Immobilismus der SPD und der Aufstieg des Nationalsozialismus, in: ders., Sozialdemokratie zwischen Klassenbewegung und Volkspartei, Frankfurt am Main 1974, S. 106-33. Auch Peter Lösche und Franz Walter, Auf dem Weg zur Volkspartei? Die Weimarer Sozialdemokratie, in: AfS 29, 1989, S. 75-136, sowie dies., Die SPD: Klassenpartei – Volkspartei – Quotenpartei, Darmstadt 1992, S. 1-76.

133 Ralph Miliband, Parliamentary Socialism, London 1961; Stanley Pierson, British Socialists: The Journey from Fantasy to Politics, Cambridge/Mass. 1979, S. 149-53; John Shepherd, Labour and Parliament: The Lib-Labs as the First Working-Class MPs, 1885-1906, in: Currents of Radicalism, hrsg. v. Biagini und Reid, S. 187-213.

smashing it [...] Parliament is an expression of public opinion [...] and the duty of a Socialist Party inside is to see that it does not lag behind public opinion; whilst the duty of the party outside is to see that public opinion is properly educated."[134] Auch die zweite bedeutende Führungspersönlichkeit der Labour Party in der Vorkriegszeit, Arthur Henderson, stand MacDonald in seinem festen Glauben an die Wirkungsmächtigkeit parlamentarischer Regierungsformen um nichts nach.[135]

Die Orientierung der Labour Party am Parlamentarismus ist von Historikern/-innen der Arbeiterbewegung je nach eigener politischer Überzeugung entweder begrüßt oder kritisiert worden. Die These selbst jedoch wurde selten hinterfragt. Und doch ist es bei näherer Betrachtung augenscheinlich, daß es auch bei der britischen Labour Party bis weit ins 20. Jahrhundert hinein Sozialisten/-innen gab, die das parlamentarische System ablehnten. Das antiparlamentarische Denken war besonders ausgeprägt in der frühen Arbeiterbewegung.[136] Die Anhänger des „Clarion" und des Gildensozialismus, aber auch Syndikalisten und Mitglieder der marxistischen SDF waren unter den Kräften, die direkte Demokratie ebenso einforderten wie einen grundlegenden Wandel in der gesellschaftlichen und institutionellen Struktur des Landes.[137] Der berühmte Satz Keir Hardies, daß das britische Parlament am Ausgang des neunzehnten Jahrhunderts zum bloßen Appendix der Börse geworden sei, fand unter Mitgliedern der Labour Party breiten Anklang.[138] Im Jahre 1910 waren es immerhin vier Mitglieder des Parteivorstands der ILP, die den Parlamentarismus der Labour-Fraktion im Unterhaus scharf kritisierten. Daß der parlamentarische Weg zum Sozialismus zumindest von einzelnen Teilen der Partei als Sackgasse empfunden wurde, beweisen auch die autobiographischen Schriften linker Labour-Politiker wie David Kirkwood und John Paton.[139] Selbst führende Politiker der Partei wie G.D.H. Cole, R.H. Tawney, Harold Laski und Stafford Cripps, hatten allesamt Phasen, in denen sie dem parlamentarischen Weg zum Sozialismus durchaus skeptisch gegenüberstanden.[140]

Das britische Parlament, so wird oft behauptet, ähnelte in vielem einem Club von Gentlemen, was maßgeblich dazu beigetragen haben soll, die Labour-Abgeordneten in

---

134 Ramsay MacDonald, Socialism Today: The Chairman's Address Delivered at the Synod Hall, Edinburgh 1909, S. 7.
135 Ross McKibbin, Arthur Henderson as a Labour Leader, in: IRSH 23, 1978, S. 92.
136 Nigel Young, Prometheans or Troglodytes? The English Working Class and the Dialectics of Incorporation, in: Berkeley Journal of Sociology 12, 1967, S. 8.
137 Judith A. Fincher, The Clarion Movement: A Study of a Socialist Attempt to Implement the Co-operative Commonwealth, M.A., Universität Manchester 1971, S. 241 f. Siehe auch Ian Bullock, Socialists and Democratic Form in Britain 1880-1914, Phil.diss., Universität von Sussex 1981, S. 187 und 230-51.
138 Frank Bealey, Keir Hardie and the Labour Groups I, in: Parliamentary Affairs 10, 1956/57, S. 83. Zum Antiparlamentarismus in der Labour Party vor 1914 siehe auch J.H. Steward Reid, The Origins of the British Labour Party, Minneapolis 1955, Kap. 12 und 13.
139 Let us Reform the Labour Party, London 1910; David Kirkwood, My Life of Revolt, London 1935; John Paton, Left Turn, London 1936.
140 J.M. Winter, Socialism and the Challenge of War: Ideas and Politics in Britain, 1912-1918, London 1974; A.H. Hanson, The Labour Party and the House of Commons Reform, in: Parliamentary Affairs 10, 1956/7, S. 463 f.; Harold Laski, The Crisis and the Constitution: 1931 and after, London 1932; Stafford Cripps, Can Socialism Come by Constitutional Methods?, London 1932.

die Gemeinschaft der Parlamentarier zu integrieren.[141] Dagegen steht eine Aussage David Clarks, der selbst aus langjähriger Erfahrung als Labour-Abgeordneter spricht: „In spite of the commonly-held myth there is little cross-party friendship; voluntary segregation is evident in the tea and dining-rooms for even today the class-divide throws up parties composed of MPs drawn largely from different classes and with little in common socially. Thus friendships are invariably within party ranks."[142] Ähnlich widersprüchliche Aussagen findet man auch über die SPD. Von Bebel wird berichtet, daß er in höchstem Maße verwundert war, als Bethmann ihn im Jahre 1911 in den Korridoren des Reichstages direkt ansprach: „Ich gehöre diesem Hause seit seiner Schaffung, also seit 1868 an. Dies war das erstemal, daß ein Mitglied der Regierung außerhalb der Verhandlungen ein Wort an mich richtete."[143] Philipp Scheidemann berichtete dagegen von einer eher angenehmen Club-Atmosphäre im Reichstag bereits vor 1918: „Es sei hier ausdrücklich bemerkt, daß der persönliche Verkehr der Reichtagsabgeordneten untereinander [...] ein leidlich kollegialer war. Trotz aller politischen Gegensätze und sachlich scharfen Kämpfe achtete man sich doch gegenseitig. Vielfach bestand sogar ein ganz angenehmer geselliger Verkehr, zum Beispiel an bestimmten Stammtischen."[144] Die Demokratisierung beider politischen Systeme nach 1918 trug ohne Frage wesentlich dazu bei, den Widerstand innerhalb beider Arbeiterparteien gegenüber dem Parlamentarismus zu brechen – auch wenn ein gewisses Unwohlsein gegenüber Formen der repräsentativen Demokratie zurückblieb.

Fragt man nach dem Grad der Integration von Labour Party und SPD in ihre jeweiligen politischen Systeme, so tut man gut daran zu untersuchen, ob und in welcher Form beide Parteien Wahlabkommen und Koalitionsabsprachen mit anderen politischen Parteien treffen konnten. Die konservativen Parteien standen den Arbeiterparteien feindselig gegenüber – in Deutschland noch mehr als in Großbritannien. Allerdings waren sowohl die deutschen Konservativen als auch die britischen ‚Tories' bereits vor 1914 ausgesprochen erfolgreich darin, sich durch populistische Agitation und gut organisierte Parteimaschinen eine breite Wählerbasis zu erschließen. Die breit angelegten Bemühungen Randolph Churchills um eine „Tory democracy" besaßen in Deutschland allerdings kein wirkliches Pendant.[145] Indem sich die britischen Konservativen als über dem Parteiengezänk stehend darstellten und außerdem gegen jedwede staatliche Intervention polemisierten, konnten sie eine erhebliche Anzahl von Arbeiterstimmen mobilisieren. Indem sie außerdem der Labour Party vorwarfen, bolschewistisch unterwandert und verfassungsfeindlich zu sein, schürten sie die Furcht der Wähler vor einer angeblich verantwor-

---

141 James MacGregor Burns, The PLP in Great Britain, in: APSR 44, 1950, S. 862.
142 David Clark, Labour's Lost Leader: Victor Grayson, London 1985, S. 50.
143 Zitiert nach Gustav Mayer, Erinnerungen: Vom Journalisten zum Historiker der deutschen Arbeiterbewegung, München 1949, S. 179.
144 Scheidemann, Memoiren, Bd. 1, S. 117.
145 Zum aggressiven Populismus der deutschen Rechten vor 1914 siehe Geoff Eley, Reshaping the German Right: Radical Nationalism and Political Change after Bismarck, New Haven/Conn. 1980. Zur Modernität der britischen Konservativen vgl. Martin Pugh, The Tories and the People 1880-1935, Oxford 1985, bes. S. 160-2.

tungslosen Linken.[146] Eine „Tory working-class", die in Gegenden wie Lancashire lange Zeit dominant war[147], gab es in Deutschland in dieser Form nicht. Sie ist noch am ehesten vergleichbar mit der erfolgreichen Mobilisierung von Arbeiterstimmen beim katholischen Zentrum.[148] Die deutschen Konservativen dagegen zielten in ihren Bemühungen nicht auf die städtischen Industriearbeiter, sondern auf die Landarbeiter und kleinen Bauern – eine soziale Gruppe, die auf Grund der größeren Bedeutung des landwirtschaftlichen Sektors in Deutschland ein erhebliches Wählerreservoir darstellte. Allerdings waren auch in Großbritannien selbst noch gegen Ende der 1930er Jahre ca. 750.000 Arbeiter/-innen in der Landwirtschaft beschäftigt (vergleichbar der Anzahl aller Arbeiter/-innen im britischen Bergbau!), die – ebenso wie in Deutschland – weitgehend nicht für die Arbeiterpartei stimmten.[149] Insgesamt ist die Feindschaft der britischen und deutschen Konservativen gegenüber den Arbeiterparteien in unserem Untersuchungszeitraum ganz offensichtlich. Vor 1914 und besonders in den 1890er Jahren waren es besonders die Konservativen in Deutschland, die ein ums andere Mal eine Neuauflage des Sozialistengesetzes forderten. In der Weimarer Republik lehnten die Konservativen, jetzt unter einem anderen Namen, jedwede Zusammenarbeit mit der SPD ab. Und in Großbritannien war es eine konservative Regierung, die 1927 den Trades Disputes Act verabschiedete, der darauf zielte, die lebenswichtige Verbindung zwischen Gewerkschaften und Labour Party zu zerstören. Dabei gilt es noch zu berücksichtigen, daß die Vorschläge aus dem Unternehmerlager und dem rechten Flügel der Conservative Party eine noch viel weitergehende Diskriminierung von Labour Party und Gewerkschaften forderten.[150]

Das Verhältnis der Arbeiterparteien zu den Liberalen war insgesamt nicht von einem vergleichbaren Maß an Feindseligkeit gekennzeichnet. Programmatisch und personell standen sowohl Labour Party als auch SPD in einer liberalen politischen Tradition. Viele ihrer Grundsätze und ihrer führenden Persönlichkeiten hatten eine liberale Vergangen-

---

146 Maurice Cowling, The Impact of Labour 1920-1924: The Beginning of Modern British Politics, Cambridge 1971, S. 416.
147 Savage, The Dynamics of Working Class Politics; Jon Lawrence, Popular Politics and the Limitation of Party: Wolverhampton 1867-1900, in: Currents of Radicalism, hrsg. v. Biagini und Reid, S. 65-85.
148 Das Zentrum als spezifische Partei für Katholiken fand in Großbritannien keine Entsprechung. Im Hinblick auf die Beziehungen zwischen SPD und Zentrum sollte jedoch darauf verwiesen werden, daß sich bei aller gegenseitigen ideologischen Reserviertheit die Beziehungen zwischen den beiden Parteien nicht notwendigerweise negativ entwickelten, wie besonders das Beispiel Bayerns vor 1914 zeigt. Siehe Heinrich Hirschfelder, Die bayerische Sozialdemokratie 1864-1914, Erlangen 1979, Bd. 2, S. 472-9. Die Beziehungen katholischer Arbeiter zum Staat und zu Organisationen der katholischen Kirche beleuchtet auch Dirk H. Müller, Arbeiter, Katholizismus, Staat: Der Volksverein für das katholische Deutschland und die katholischen Arbeiterorganisationen in der Weimarer Republik, Bonn 1996.
149 Gerade in der Zwischenkriegszeit hing das politische Überleben der Liberal Party z.B. in Wales, Schottland und dem Südwesten Englands ganz wesentlich von diesen Stimmen der Landarbeiter/-innen ab.
150 Zur Vorgeschichte des Trades Disputes Act siehe Patrick Renshaw, Anti-Labour Politics in Britain, 1918-1927, in: Journal of Contemporary History 12, 1977, S. 698. Besonders die symbolische Wirkung des Gesetzes, das den Ausschluß von Labour aus der Nation zu bekräftigen schien, war hoch, wie Melvin C. Shefftz, The Trades Disputes and Trades Unions Act of 1927: the Aftermath of the General Strike, in: Review of Politics 29, 1967, S. 387-406, zeigt. Das Gesetz wurde erst von der Labour-Regierung nach 1945 aufgehoben.

heit.[151] In beiden Ländern war es die Preisgabe liberaler Positionen seitens liberaler Parteien sowie die zunehmende Bedeutung der Klassenzugehörigkeit für die Wahlentscheidung breiter Bevölkerungsschichten, die den Erfolg der Arbeiterparteien zu einem großen Teil ausmachten. In Deutschland war es vor allem die Allianz der Liberalen mit den Konservativen im Preußen-Deutschland der 1860er und 1870er Jahre, die zu einer frühen Trennung von Arbeitern und liberalen Parteien führte. Von weittragender Bedeutung war in diesem Zusammenhang auch der Unwillen und/oder die Unfähigkeit der Liberalen, weiterhin konsequent für eine Freihandelspolitik und eine Demokratisierung des politischen Systems einzutreten.[152] Gustav Mayer hat in diesem Zusammenhang etwas überspitzt von der frühzeitigen Trennung von ‚bürgerlicher' und ‚proletarischer Demokratie' in Deutschland gesprochen.[153] Sozialdemokraten/-innen erinnerten die Liberalen häufig an ihren ‚Verrat': „Wollten die Nationalliberalen wirklich ehrliche liberale Politik treiben, dann hätten sie an uns ihre besten Freunde, denn wir sind allezeit für wirklich liberale Forderungen zu haben gewesen, leider nur die Herren Liberalen nicht."[154] Im Kaiserreich standen eine ganze Reihe von Faktoren einer engeren Zusammenarbeit von Liberalen und Sozialdemokraten/-innen im Weg, unter denen wohl v.a. die relative Bedeutungslosigkeit parlamentarischer Koalitionspolitik im Reichstag zu nennen ist. Dennoch kam es gerade in den Staaten des Südwestens zu einer teilweise erheblichen Mit- und Zusammenarbeit von Sozialdemokraten/-innen und Liberalen. In der Weimarer Republik bildete die sog. Weimarer Koalition aus SPD, DDP und Zentrum das Äquivalent zu vielen sog. ‚progressive alliances' in britischen Städten vor 1914.

Aber auch in Großbritannien ließ die Liberal Party vor dem ersten Weltkrieg viele ihrer Prinzipien, die noch für Gladstone maßgeblich waren, hinter sich. Die große Beliebtheit Gladstones unter britischen Arbeitern/-innen beruhte v.a. auf dessen vom Nonkonformismus geprägten religiös-moralischen Prinzipien sowie auf seinem kompromißlosen Einsatz für den Freihandel, die politischen Rechte von Arbeitern und das Idealbild einer britischen Meritokratie. Doch schon bald, nachdem der große Liberale das Parteisteuer aus der Hand gegeben hatte, spaltete sich die Partei in eine pro-imperialistische und eine sozialreformerische Fraktion. In Wahlkreisen, in denen letztere das Bild der Liberal Party prägte, fiel es Labour schwer, die Vorherrschaft der Liberalen zu brechen.[155]

---

151 Shlomo Na'aman, Die Konstituierung der deutschen Arbeiterbewegung 1862-1863: Darstellung und Dokumentation, Assen 1975, und Arthur Rosenberg, Demokratie und Sozialismus. Zur politischen Geschichte der letzten 150 Jahre, Amsterdam 1938, reprint Frankfurt am Main 1962, bes. S. 137; K.D. Brown, The Edwardian Labour Party, in: The First Labour Party, hrsg. v. dems., London 1985, S. 8-11; Michael Freeden, Liberalism Divided: A Study in British Political Thought 1914-1939, Oxford 1986, S. 294.

152 John Breuilly, Liberalism or Social Democracy: A Comparison of British and German Labour Politics c. 1850-1875, in: EHQ 15, 1985, S. 3-42.

153 Gustav Mayer, Die Trennung der proletarischen von der bürgerlichen Demokratie 1863-1870, Leipzig 1912.

154 Der nationalliberale Parteitag und die Sozialdemokratie: Rede des Reichstagsabgeordneten August Bebel in der Volksversammlung vom 16. Oktober 1907 in ‚Kellers Festsälen' in Berlin, Berlin 1907, S. 12. Vgl. auch Franz Mehring, Ein Spinnwebfaden, in: NZ 1904/5, S. 258.

155 Die ausführlichste Diskussion zum Niedergang der Liberal Party und zum Aufstieg der Labour Party, die explizit auf die regionalen Unterschiede abhebt, findet sich in Tanner, Political Change; zur Vitalität eines radikalen und populären Liberalismus vor 1914 siehe auch: Currents of Radicalism: Popular Radicalism, Organised Labour and Party Politics in Britain 1850-1914, hrsg. v. Eugenio F. Biagini und Alastair

Die Debatte über den Niedergang der Liberal Party und seine Ursachen dürfte zu den am längsten und heftigsten diskutierten Problemen der politischen Geschichte Großbritanniens zählen. Bei aller Unterschiedlichkeit der Positionen kann dennoch kaum ein Zweifel daran bestehen, daß die Krise des Gladstoneschen Liberalismusverständnisses sowie die mangelnde Bereitschaft des ‚Old Liberalism', die Interessen der Arbeiter effektiv zu vertreten, maßgeblich zu dem Aufstieg einer unabhängigen Arbeiterbewegung in Großbritannien nach der Jahrhundertwende beitrugen.[156] Ohne Frage vollzog sich die Trennung von ‚liberaler' und ‚proletarischer Demokratie' in Großbritannien später als in Deutschland, nicht zuletzt bedingt durch die Tatsache, daß die britischen Liberalen sehr viel länger am Freihandelsprinzip festhielten als ihre deutschen Parteifreunde und sich den Wählern als wahrhaft klassenübergreifende Allianz politischer Reformkräfte zu präsentieren verstanden. Mindestens ebenso wichtig war das bis ins frühe 20. Jahrhundert andauernde Mißtrauen vieler Gewerkschaften gegenüber Maßnahmen staatlicher Sozialreform, das es der Liberal Party leichter machte, die Partei sowohl nach links als auch nach rechts in einem Maße offenzuhalten, wie es den deutschen Liberalen schon in den 1860er und 1870er Jahren unmöglich geworden war.[157]

Ohne die Bedeutung des ersten Weltkriegs für den Niedergang der Liberal Party gering zu achten und auch ohne generationsspezifische Faktoren für den Aufstieg der Labour Party nach 1918 zu unterschätzen[158], strukturierte sich die britische Politik doch bereits vor 1914 zunehmend nach sozial und kulturell definierten Klassengrenzen, die ihrerseits wiederum spezifische Parteiloyalitäten festschrieben. Christiane Eisenberg hat auf das sich herausbildende Klassenbewußtsein britischer und deutscher Arbeiter/-innen seit der Mitte des neunzehnten Jahrhunderts verwiesen. In zunehmendem Maße lehnten Arbeiter/-innen die liberale bürgerliche Patronage-Politik ab und gründeten ihre eigenen Organisationen.[159] Besonders in der Lokalpolitik machte sich das zunehmende Klassenbewußtsein der Arbeiter/-innen bemerkbar. Hier funktionierten Wahlabsprachen zwischen Labour Party und Liberal Party nur selten. Statt dessen machte sich eine zunehmende Entfremdung von Liberal Party und Arbeiterorganisationen bemerkbar, wobei die Verhältnisse erheblichen lokalen Unterschieden unterlagen.[160] Obwohl wichtige Veröf-

---

Reid, Cambridge 1991. Skeptischer dazu Keith Laybourn, The Rise of Labour and the Decline of Liberalism: The State of the Debate, in: History 80, 1993, S. 207-26.

156 Henry Pelling, The Origins of the Labour Party, 1880-1900, London 1954, S. 222; Alun Howkins, Edwardian Liberalism and Industrial Unrest: A Class View of the Decline of Liberalism, in: HWJ 4, 1977, S. 143-61.

157 Gustav Schmidt, Politischer Liberalismus, „Landed Interests" und organisierte Arbeiterschaft 1850-1880. Ein deutsch-englischer Vergleich, in: Moderne deutsche Sozialgeschichte, hrsg. v. Hans-Ulrich Wehler, Berlin 1966, S. 266-88.

158 Zu letzteren vgl. besonders Michael Childs, Labour Grows Up: The Electoral System, Political Generations and British Politics 1890-1929, in: Twentieth Century British History 6, 1995, S. 123-44, der besonders auf massenkulturelle generationsspezifische Erfahrungen verweist, die der Labour Party nach dem ersten Weltkrieg zugute kamen.

159 Christiane Eisenberg, Arbeiter, Bürger und der „bürgerliche Verein" 1820-1870. Deutschland und England im Vergleich, in: Bürgertum im 19. Jahrhundert: Deutschland im europäischen Vergleich, hrsg. v. Jürgen Kocka, München 1986, Bd. 2, S. 187-219.

160 George L. Bernstein, Liberalism and the Progressive Alliance in the Constituencies 1900-1914: Three Case Studies, in: Historical Journal 26, 1983, S. 617-40; Pat Thane, Labour and Local Politics: Radica-

fentlichungen der letzten Jahre versucht haben, die Bedeutsamkeit der Kategorie ‚Klasse' für das politische Bewußtsein von Arbeitern/-innen in Frage zu stellen[161], bleiben die Belege doch Legion, daß sich die Beziehungen zwischen Labour Party und Liberal Party in vielen Wahlkreisen gerade in den Jahren vor 1914 erheblich verschlechterten. MacDonald hatte zu dieser Zeit die größten Schwierigkeiten, die radikale Parteibasis im Zaum zu halten und wilde Kandidaturen unabhängiger Labour-Kandidaten zu verhindern. Lokale Parteiorganisationen der Liberalen wurden nur allzu oft als Ableger der mächtigen Unternehmerfamilien betrachtet. Obwohl der sog. „New Liberalism" ohne Frage in der Liberal Party vor 1914 an Bedeutung gewann, blieb die Partei doch ängstlich darauf bedacht, die Industriellen und reichen Geschäftsleute nicht zu verprellen.[162] Liberale Versuche, an Gladstones politisches Vermächtnis zu appellieren und damit die Klassenzugehörigkeit aus der britischen Politik herauszuhalten, galten zunehmend vielen Arbeitern/-innen als bloße Fassade, hinter der sich das nackte Klasseninteresse der Unternehmer verbarg.[163] Die Weigerung vieler liberaler Ortsverbände, mit den unabhängigen Organisationen der Arbeiterbewegung zusammenzuarbeiten, verstärkte noch die Kluft zwischen klassenbewußten Arbeitern/-innen und Liberal Party. Noch in Ellen Wilkinsons Roman über den Generalstreik von 1926 klingt an, daß viele Arbeiter in den Klassengrenzen auch zunehmend politische Grenzen erblickten: „Was there another country in the world where the class barriers were so high as in England, and where it was so loudly proclaimed that none existed at all?"[164] In Deutschland zumindest gab es in den meisten lokalen Parteiorganisationen keinen Zweifel über den Verlauf der politischen Frontstellung. Die tiefe Kluft zwischen Liberalismus und Arbeiterbewegung in Deutschland erklärt sich wohl nicht zuletzt auch daraus, daß es ein wirkliches Pendant zum britischen „new liberalism" eben nicht gab.[165] So ist die Situation der SPD in Leipzig, die einer geschlossenen Phalanx aus liberalen und konservativen Parteien gegenüberstand, nur ein Beispiel unter vielen lokalen Parteiorganisationen.[166]

Trotz solcher Animositäten in den lokalen Wahlkreisen bemühten sich SPD und Labour Party doch auch um eine nach Möglichkeit konstruktive Zusammenarbeit mit den liberalen Parteien. Beverly Heckart hat gezeigt, wie nahe die nicht-konservativen Par-

---

lism, Democracy and Social Reform 1880-1914, in: Currents of Radicalism, hrsg. v. Biagini und Reid, S. 244-70; Tanner, Political Change.
161 Patrick Joyce, Visions of the People, Cambridge 1992; Currents of Radicalism, hrsg. v. Biagini und Reid, S. 3 f.
162 G.R. Searle, The Edwardian Liberal Party and Business, in: EHR 98, 1983, S. 28-60.
163 Zahlreiche Belege für die Bedeutsamkeit der Klassengrenzen für die Politik in Großbritannien vor 1914 finden sich in Ross McKibbin, The Evolution of the Labour Party, 1910-1924, Oxford 1974, besonders S. 71; Bill Lancaster, Radicalism, Co-operation and Socialism: Leicester Working-Class Politics 1860-1906, Leicester 1987; Keith Laybourn and J. Reynolds, Liberalism and the Rise of Labour, London 1984; Cyril Parry, The Radical Tradition in Welsh Politics: A Study of Liberal and Labour Politics in Gwynnedd, 1900-1920, Hull 1970; Howkins, Edwardian Liberalism and Industrial Unrest.
164 Ellen Wilkinson, Clash, London 1929, Neuauflage 1989, S. 303.
165 Karl Rohe, Sozialer Liberalismus in Großbritannien in komparativer Perspektive. Zur Gesellschaftstheorie des New Liberalism 1880-1914, in: Sozialer Liberalismus, hrsg. v. Karl Holl, Günter Trautmann und Hans Vorländer, Göttingen 1986, S. 121.
166 Richard Lipinski, Bericht des Bezirksvorstandes der sozialdemokratischen Partei Leipzigs im Jahre 1913/14, Leipzig 1914, S. 133.

teien im Reichstag unter Einschluß der Sozialdemokratie bereits vor 1914 einer Koalition zur Reformierung des „deutschen Konstitutionalismus" kamen.[167] Manche Sozialdemokraten und Liberale hatten z.T. ein durchaus gutes persönliches Verhältnis. So gab es im Hause Wolfgang Heines regelmäßig private Treffen von Linksliberalen und Sozialdemokraten, und sowohl Heine als auch Albert Südekum waren gut mit Theodor Barth, Eugen Diederichs und anderen führenden Linksliberalen bekannt.[168] Bebel und Bernstein korrespondierten mit Barth und Naumann[169], und der einflußreiche Lujo Brentano, der bereits lange vor 1914 mit Sozialdemokraten wie Bebel, Bernstein, Eisner und Ebert in Kontakt stand, bemühte sich explizit um ein besseres Verhältnis zwischen Liberalen und SPD.[170] Gerade im Südwesten Deutschlands funktionierte solch eine Allianz zumindest in Grundzügen bereits vor dem ersten Weltkrieg.[171]

Im Krieg wurde dann die bürgerlich-sozialdemokratische Zusammenarbeit auch im Reichstag Wirklichkeit. Der im Jahre 1917 gegründete Interfraktionelle Ausschuß, dem auch die SPD angehörte, wäre in einem parlamentarischen System nichts anderes gewesen als eine Parteienkoalition, die die Regierung gestellt hätte.[172] Daß sich die Beziehungen von Sozialdemokraten/-innen und Liberalen im Krieg wesentlich verbesserten, wird sowohl aus der Korrespondenz Heines mit Barth und Diederichs als auch aus der Lektüre eines viel beachteten Buches deutlich, in dem Sozialdemokraten und Liberale ihre Vorstellungen von einer Neuordnung der politischen Verhältnisse in einem Nachkriegsdeutschland festhielten.[173] Unmittelbar nach dem Krieg schien der Konsens von liberalen bürgerlichen Parteien und Mehrheitssozialdemokraten eine kurze Zeit lang die Grundlage für ein stabiles Parteienbündnis in der Weimarer Republik. Doch wurde nur allzu schnell deutlich, daß die alten Antagonismen zwischen Nationalliberalen, die sich nach 1918 weitgehend in der DVP formierten, und SPD auch durch Krieg und Revolution nicht überwunden waren. Im Gegenteil – die Ereignisse in den Kriegs- und unmittelbaren Nachkriegsjahren schienen den Graben zwischen bürgerlichen Parteien und SPD oft noch vertieft zu haben.[174]

In Großbritannien schien die Lage in vielerlei Hinsicht geradezu umgekehrt. Es war nicht so sehr Labours Problem, endlich ein tragfähiges Bündnis mit den Liberalen herzu-

---

167 Heckart, From Bassermann to Bebel. Zu Friedrich Naumanns Konzeption einer Allianz zwischen bürgerlichen Parteien und SPD vgl. auch Peter Theiner, Sozialer Imperialismus und deutsche Weltpolitik, Baden-Baden 1983, bes. S. 129-217. Siehe ebenfalls Ursula Ratz, Sozialreform und Arbeiterschaft: Die „Gesellschaft für soziale Reform" und die sozialdemokratische Arbeiterbewegung 1900-1914, Berlin 1980.
168 BA Koblenz, NL Albert Südekum 190, 91/31; ZStA Potsdam, NL Wolfgang Heine 90 He 1, Nr. 6, 15, 37.
169 ZStA Potsdam, NL Barth, 90 Ba 4, Nr. 7/8 und 27; IGA/ZPA, NL August Bebel, 22/132, 59.
170 James J. Sheehan, The Career of Lujo Brentano: A Study of Liberalism and Social Reform in Imperial Germany, Chicago 1966, S. 138 f.
171 Ludwig Quessel, Der Block der Linken und unsere Agitation, in: NZ 28, 1909/10, S. 827-30.
172 Miller, Burgfrieden und Klassenkampf, S. 299-308.
173 ZStA Potsdam, NL Heine, 90 He 1, Nr. 6; Die Arbeiterschaft im neuen Deutschland, hrsg. v. Friedrich Thimme und Carl Legien, Leipzig 1915, bes. S. iii f.
174 Breitman, German Socialism, S. 192. Zum Verhältnis SPD und DVP siehe Winkler, Von der Revolution, S. 458, und ders., Der Schein der Normalität, S. 305. Innerhalb der SPD gab es ebenfalls große Meinungsunterschiede zur Frage der Koalition mit bürgerlichen Parteien. Siehe z.B. die Auseinandersetzungen zwischen Stampfer und Crispien in Winkler, Von der Revolution, S. 587.

stellen als vielmehr der tödlichen Umarmung der mächtigen Liberal Party zu entgehen. Unter der Führung von Arthur Henderson und Ramsay MacDonald hatte sich die Labour Party bereits vor 1914 für einen politischen Spagat entschieden: Den Einfluß der Liberalen in den Gewerkschaften galt es rücksichtslos zurückzudrängen, während andererseits eine Zusammenarbeit mit der Liberal Party bei Wahlen unabdinglich war, wollte man nicht den Stimmenanteil des „progressiven" Lagers spalten und damit die Conservative Party stärken. Wie in Deutschland verfolgte die Arbeiterpartei auch in Großbritannien gemeinsame politische Ziele mit den Liberalen und ging Wahlbündnisse mit der Liberal Party ein, um die Zahl der Labour-Abgeordneten im Parlament zu erhöhen. So führte die Entente zwischen Herbert Gladstone und MacDonald aus dem Jahre 1903 dazu, daß in einigen Wahlkreisen mit zwei Parlamentsabgeordneten nur je ein Kandidat von Liberal Party und Labour Party aufgestellt wurden, wobei die Parteien beiden Kandidaten ihre volle Unterstützung zusagten.[175] Allerdings ist die zunehmende, innerparteiliche Kritik an MacDonald vor 1914 auch bezeichnend für den wachsenden Unmut innerhalb der Labour Party über diese Form der Wahlabsprachen. Um sich gegenüber seinen antiliberalen Kritikern in der eigenen Partei zu rechtfertigen, bemühte MacDonald sogar die Stichwahlbündnisse der deutschen SPD, die belegen sollten, daß selbst die prinzipienfesteste sozialistische Partei Europas den Kompromiß mit anderen Parteien suchte.[176] Nach 1918 jedoch wurde der Widerstand gegen solche Absprachen mit der Liberal Party eher noch stärker, und nun umfaßte er auch weitgehend die gesamte Führungsriege der Partei.[177]

Betrachtet man das Verhältnis von SPD und Labour Party zum Parlamentarismus und zur Koalitionsfrage, so vermag der Vergleich doch zahlreiche Parallelen aufzuzeigen. Die Haltung beider Parteien war gekennzeichnet von dem Widerspruch zwischen dem Willen zu konstruktiver Mitarbeit einerseits und bewußter Verweigerung andererseits. Den entscheidenden Test für den Grad der Integration unabhängiger Arbeiterparteien in ihre jeweiligen politischen Systeme stellt dabei ihre Bereitschaft dar, Regierungsverantwortung zu übernehmen. Ohne hier allzusehr ins Detail gehen zu können, stößt man doch auch in dieser Hinsicht auf dieselben Widersprüche innerhalb von SPD und Labour Party. Nachdem in den frühen zwanziger Jahren beide Parteien z.T. recht unangenehme Erfahrungen mit Koalitions- bzw. Minderheitsregierungen gemacht hatten, gab es in beiden Parteien ähnliche Debatten darüber, ob die Partei in einer Gesellschaft, die immer noch auf kapitalistischen Produktionsprinzipien beruhte, überhaupt politische Verantwortung übernehmen dürfe, wenn sie ihr nicht zugleich auch die Macht zur Überwindung dieses Wirtschaftssystems übertrug. In beiden Parteien waren es wohl in den zwanziger Jahren nur Minderheiten, die solche Positionen vertraten, aber dennoch kennzeichnet eine gewisse Haltung des Abwartens sowie die unterschwellige Überzeugung, daß Arbeiterparteien ihren Platz als prinzipielle Oppositionsparteien einzunehmen hätten, weite Teile beider Parteien. Regierungsverantwortung bzw. Koalitionsvereinbarungen wurden

---

175 Bealey und Pelling, Labour Politics, S. 125-59.
176 Ross McKibbin, James Ramsay MacDonald and the Problem of the Independence of the Labour Party, 1910-1914, in: Journal of Modern History 42, 1970, S. 231.
177 Sidney Webb, The Party Today, in: The Labour Magazine 1, 1922/23, S. 150 f.

zwar von beiden Parteien im Untersuchungszeitraum übernommen bzw. eingegangen. Beides blieb allerdings umstritten.[178] Die etablierten politischen Parteien in Großbritannien sowie ihre politischen Führungsriegen bemühten sich wohl ernsthafter und länger um die Vertretung von realen Interessen der Arbeiter/-innen als die bürgerlichen Parteien in Deutschland. Aber dieses Bemühen konnte die Labour Party vor 1931 keinesfalls vollständig in das parlamentarische System integrieren. Wie die Haltung der SPD, so blieb auch die Einstellung Labours von einer grundlegenden Widersprüchlichkeit zum Parlamentarismus und dem bestehenden politischen System gekennzeichnet.

2.3 Arbeiterbewegung, Unternehmerverbände und antisozialistische Organisationen

Nicht nur die Reaktion des Staates bestimmte den Grad der Integration unabhängiger Arbeiterbewegungen in ihre jeweilige Gesellschaft. Auch die Haltung der Arbeitgeber war oft von entscheidender Bedeutung. Anerkennung oder Nicht-Anerkennung von Gewerkschaften als Verhandlungspartner durch die zuständigen Arbeitgeberverbände konnte den Integrationsprozeß entscheidend fördern oder behindern. Die Sonderwegsthesen sind dabei sämtlich von relativ liberalen britischen Arbeitgebern ausgegangen, die die Gewerkschaften bereits während der zweiten Hälfte des neunzehnten Jahrhunderts weitgehend akzeptierten. Diese werden dann oftmals den autoritären deutschen Arbeitgebern gegenübergestellt, die noch bis weit ins 20. Jahrhundert alles taten, um unabhängige Gewerkschaften von ihren Betrieben fernzuhalten.[179] Im folgenden soll dieser Bestandteil der Sonderwegsthese einem gründlichen Vergleich unterzogen werden.

Wichtige Unterschiede in den Beziehungen zwischen Arbeitgebern und Gewerkschaften in beiden Länder erklären sich vor allem aus den unterschiedlichen Wirtschaftsstrukturen, d.h. der sehr viel höheren Konzentration und Kartellierung des Kapitals in Deutschland, das sowohl vertikal als auch horizontal stärker integriert war als in Großbritannien. Auch die größere gegenseitige Durchdringung von Finanz- und Industriekapital in Deutschland spielt hier eine Rolle. Arbeitgeberinteressen konnten im Rahmen des deutschen Wirtschaftssystems effektiver zentralisiert werden. Damit wuchs auch die Möglichkeit politischer Einflußnahme. Sowohl der Centralverband deutscher Industrieller (1876-1919), in dem die Schwerindustrie dominierte, als auch der liberalere Bund der Industriellen (1895-1912), zu dem sich die kleineren exportorientierten Industrien zusammenfanden, hatten vor 1914 auf britischer Seite kein echtes Äquivalent. Statt dessen gab es auf der Insel eine Vielzahl von vergleichsweise schwachen Arbeitgeber-

---

178 Zur SPD ist dies detailliert herausgearbeitet von Winkler, Von der Revolution; ders., Der Schein der Normalität; ders., Der Weg in die Katastrophe; zur Labour Party vgl. H.M. Drucker, Doctrine and Ethos in the Labour Party, London 1979, S. 37.
179 Geary, European Labour Politics, S. 18 f.; aber siehe auch ders., Arbeiter und Unternehmer im deutschen Kaiserreich, in: Konflikt und Kooperation, S. 177 f., wo Geary einräumt, daß sich der ‚Herr-im-Haus'-Standpunkt deutscher Unternehmer auch in Großbritannien fand.

verbänden, die sich gegenüber dem Druck von starken Gewerkschaften anfälliger zeigten, nicht zuletzt, da die Verhandlungen zwischen den Tarifparteien weitgehend auf lokaler Ebene stattfanden. Das änderte sich im Prinzip auch nicht, als sich im Jahre 1916 (Federation of British Industries, FBI) bzw. 1919 (National Confederation of Employers' Organizations, NCEO) nationale Arbeitergeberverbände gründeten. Im Kampf gegen die Anerkennung von Gewerkschaften stärkten zudem auch andere Faktoren den Rücken der deutschen Arbeitgeber, insbesondere die Einfuhr von Schutzzöllen nach 1879 sowie die stärkere technologische Orientierung der deutschen Industrie, die sich mit beträchtlichem Aufwand der Loyalität einer gelernten Arbeiteraristokratie versicherte. Insgesamt war es für die britischen Industriellen schwieriger und kostenträchtiger, Gewerkschaften von den Betrieben fernzuhalten.[180] Jedoch sollte man ihren energischen Kampf gegen ein unabhängiges Gewerkschaftswesen auch nicht unterschätzen. Selbst der anglophile Bernstein räumte im Jahre 1901 unter Anspielung auf den bekannten Saar-Industriellen ein: „[...] es gebe auch in England noch manchen kleinen Stumm, der Verhandlungen mit den Arbeitern zurückweist."[181] Obwohl die Organisationsdichte britischer Gewerkschaften vor 1914 höher war als in allen anderen europäischen Ländern, blieben die absoluten Ziffern doch bescheiden. Um die Jahrhundertwende blieben ca. 80% der männlichen Arbeitskräfte unberührt von gewerkschaftlicher Organisation.[182] Am Vorabend des ersten Weltkriegs war die Organisationsdichte in den britischen und deutschen Gewerkschaften der verarbeitenden Industrien gar nicht so unterschiedlich. 30-40% Gewerkschaftsmitgliedern in Großbritannien standen 25-30% in Deutschland gegenüber. Diese Zahlen ließen sich vorteilhaft mit denen der USA (20%) oder Frankreichs (15%) vergleichen.[183] Spezifisch für die Bauarbeiterschaft konnte Friedhelm Boll zeigen, daß im Jahre 1910 der Organisationsgrad englischer Bauarbeiter wesentlich geringer war als der ihrer deutschen Berufsgenossen.[184]

Regionale und lokale Unterschiede innerhalb beider Länder spielen eine mindestens ebenso große Rolle bei der Ausprägung von industriellen Beziehungen wie die Größe oder der Charakter von bestimmten Industriezweigen. In Deutschland waren es vor allem die Arbeitgeber an Ruhr und Saar, deren Feindschaft gegenüber unabhängigen Gewerkschaften legendär war[185], während Unternehmer an anderen Orten größere Gesprächsbe-

---

180 Dick Geary, Socialism and the German Labour Movement Before 1914, in: ders., Labour Movements, S. 122-24.
181 Eduard Bernstein, zitiert in: Vorwärts, Nr. 110, 12. Mai 1901. Vgl. auch A. E. Musson, The Growth of British Industry, London 1978, S. 255.
182 Benson, The Working Class, S. 190-3.
183 A.R. Zolberg, How Many Exceptionalisms?, in: Working-Class Formation, hrsg. v. Katznelson und Zolberg, S. 398.
184 Friedhelm Boll, Arbeitskämpfe und Gewerkschaften in Deutschland, England und Frankreich. Ihre Entwicklung vom 19. zum 20. Jahrhundert, Bonn 1992, S. 621.
185 David F. Crew, Town in the Ruhr: A Social History of Bochum, 1860-1914, New York 1979, S. 146; Bernd Weisbrod, Schwerindustrie in der Weimarer Republik: Interessenpolitik zwischen Stabilisierung und Krise, Wuppertal 1978; über die Verhältnisse im Saarland informiert Ulrich Borsdorf, Hans Böckler: Arbeit und Leben eines Gewerkschaftlers von 1875-1945, Köln 1982, S. 79 ff.

reitschaft signalisierten.[186] Verschiedene industrielle Zentren prägten z.T. sehr unterschiedliche industrielle Beziehungen aus. So vollzog sich z.B. die Industrialisierung in Chemnitz und Berlin zu ungefähr derselben Zeit und auf vergleichbare Art und Weise, aber in Chemnitz blieben die Beziehungen zwischen Arbeitgebern und Gewerkschaften antagonistisch, während sich in Berlin bereits im späten neunzehnten Jahrhundert Ansätze zu kooperativem Verhalten zeigten.[187] Auch in Deutschland standen den Krupps und Stumms eben die Abbés und Boschs gegenüber.[188] Die Gewerkschaften waren selbst im Kaiserreich durchaus nicht machtlos. So hat z.B. Wolfgang Abelshauser überzeugend nachgewiesen, daß der Anstieg der Reallöhne nach 1880 nicht zuletzt auf den anhaltenden Druck der Gewerkschaften zurückging.[189] Lange vor 1914 endeten bereits zwei von drei Tarifkonflikten in einem Kompromiß – ein weiterer Hinweis auf die wachsende Bereitschaft von Arbeitgebern, Gewerkschaften als legitime Interessenvertretung ‚ihrer' Arbeiter/-innen anzuerkennen.[190] In Wales dagegen führte z.B. die Intransingenz der Grubenbesitzer im Konflikt von 1898 zu einer vollständigen Niederlage der Bergarbeitergewerkschaft, und die Aussperrung im Penrhyn-Konflikt zwischen 1900 und 1903 wurde zum Symbol für die Weigerung der Arbeitgeber, sich überhaupt mit den Gewerkschaften an einen Tisch zu setzen. Nach dem bitteren Konflikt im Jahre 1926, der erneut mit einer Niederlage der Bergarbeitergewerkschaften endete, kam es in den südwalisischen Gruben zu einer von den Arbeitgebern unterstützten Gründung einer gelben Gewerkschaft, der South Wales Miners Industrial Union (SWMIU).[191] Zu Beginn des 20. Jahrhunderts akzeptierte fast keine der mächtigen britischen Eisenbahngesellschaften Gewerkschaften als Verhandlungspartner, und die Auseinandersetzungen um Taff Vale zeigten deutlich, daß Manager wie Ammon Beasley sich in ihren Anschauungen über Gewerkschaften durchaus mit ihren deutschen Unternehmerkollegen einig waren.[192]

Fand man regionale bzw. lokale Autokraten sowohl unter britischen als auch unter deutschen Industriellen, so wird man insgesamt doch nicht bestreiten können, daß es gerade innerhalb der britischen Schwerindustrie eine weiter verbreitete Bereitschaft gab, zu institutionalisierten Tarifverhandlungen mit den Gewerkschaften vorzustoßen. Ohne Frage gab Sir Alfred Mond, Manager des Chemiegiganten ICI und selbst das Modell

---

186 Georg Schmidt, Die Anerkennung der Gewerkschaften einst und jetzt, in: SM 14, 1910, S. 814-17, ging bereits vor 1914 davon aus, daß die Gewerkschaften von vielen Arbeitgebern als legitime Interessenvertreter der Arbeiter/-innen anerkannt wurden.
187 Jörg Roesler, Arbeiterschaft und Unternehmer in den Industrieregionen Berlin und Chemnitz im 19. und dem ersten Drittel des 20. Jahrhunderts – ein Vergleich des Verhaltens in Konfliktsituationen, in: Jahrbuch für Wirtschaftsgeschichte 1994, S. 151-69.
188 Ritter und Tenfelde, Arbeiter, S. 417-24.
189 Werner Abelshauser, Lebensstandard im Industrialisierungsprozeß: Britische Debatte und deutsche Verhältnisse, in: Scripta Mercaturae 16, 1982, S. 87.
190 Hartmut Kaelble, Nachbarn am Rhein: Entfremdung und Annäherung der französischen und deutschen Gesellschaft seit 1880, München 1991, S. 92.
191 Zur Entwicklung der Arbeiterbewegung in den südwalisischen Kohlegruben insgesamt siehe Hywel Francis and David Smith, The Fed: A History of the South Wales Miners in the Twentieth Century, London 1980.
192 Bealey und Pelling, Labour and Politics, S. 55 und 71; zum weit verbreiteten Einsatz von organisierten Streikbrecherorganisationen in Großbritannien vgl. W. Collison, The Apostle of Free Labour, London 1913, S. 139-57, bes. 145.

eines liberalen und gewerkschaftsfreundlichen Unternehmers, der Meinung zahlreicher seiner Unternehmerkollegen Ausdruck, als er im Dezember 1912 an Lujo Brentano schrieb: „dass in England kein Mensch daran denkt, die Gewerkvereine beseitigen zu wollen; dass vielmehr Arbeitgeber sich daran gewoehnt haben mit Arbeiterorganisationen zu arbeiten. Viele von den groessten Industrien, so wie die Eisenbahnen, die Stahl und Eisenindustrien, Baumwoll, Textil, Schiffbau, Zinnplatten, Hafen- und Transport-Arbeit, Kohlen und Grubenarbeit etc., haben ihre Conciliation Boards, Federationen, oder Unions, und arbeiten unter Kollectiven Arbeitsvertraegen. In solchen Industrien bekennen sich die Arbeitgebern zu der Einsicht dass es sehr schwer waere fuer sie ohne die Arbeiterorganisationen auszukommen."[193] 15 Jahre später sollte derselbe Mond die Initiative ergreifen, um in den sog. Mond-Turner-Gesprächen die Beziehungen zwischen Arbeitgebern und Gewerkschaften nach dem Fiasko des Generalstreiks und den bitteren Auseinandersetzungen in den Kohlegruben auf eine stabile Grundlage gegenseitiger Achtung und Kooperation zu stellen.[194] Jedoch sollte man sich davor hüten, Mond als repräsentativ für britische Unternehmer schlechthin zu betrachten. So wurden die Mond-Turner-Gespräche von einigen der wichtigen Arbeitgeberverbände in Großbritannien nicht unterstützt, und die Gespräche selbst zeigten vor allem die grundlegenden Meinungsunterschiede auf, die zwischen Arbeitgebern und Gewerkschaften zur Frage, wie denn nun die britische Wirtschaft in Zukunft zu organisieren sei, bestanden.[195]

Nichtsdestotrotz waren die vergleichsweise schwächeren britischen Arbeitgeber eher dazu bereit, starke Gewerkschaften zu tolerieren, besonders solange sie keine offensichtliche Bedrohung der bestehenden Eigentumsordnung darstellten[196], während ihre deutschen Pendants ihre erheblich größere Machtfülle dazu benutzten, die sozialistischen Gewerkschaften aus den Betrieben herauszuhalten und z.T. „wirtschaftsfriedliche" Gewerkschaften zu fördern. Aus diesem Grund waren die deutschen Gewerkschaften auch viel eher bereit, einer staatlichen Intervention in die Beziehungen zwischen Arbeitgeber und Gewerkschaften das Wort zu reden. Es war gerade die eigene Schwäche, die sie bereits vor 1914 auf den Staat als Vermittler setzen und nach 1918 für eine starke Rolle des Staates in den Beziehungen zwischen Arbeitgebern und Gewerkschaften plädieren ließ.[197] Auch die vergleichende Untersuchung von Friedhelm Boll zur europäischen

---

193 BA Koblenz, NL Lujo Brentano, Mappe 73, 221-3, Brief Sir Alfred Monds an Lujo Brentano vom 2. Dez. 1912, S. 1.
194 Hugh A. Clegg, A History, Bd. 2, S. 464-71.
195 John Turner, The Politics of Business, S. 8, und Michael Dintenfas, The Politics of Producers' Co-operation: the FBI-TUC-NCEO Talks 1929-33, S. 91; beide Artikel in: Businessmen and Politics: Studies of Business Activity in British Politics 1900-1945, hrsg. v. John Turner, London 1984.
196 M.C. Rowlinson, Cadbury's New Factory System 1879-1919, phil.diss. Universität Aston, S. 15 und 62 f., argumentiert überzeugend, daß britische Arbeitgeber wie Cadbury in der Lage waren, radikalere Forderungen ihrer Arbeiterschaft ein ums andere Mal abzuleiten in die institutionalisierten Gespräche mit den anerkannten Gewerkschaftsvertretern.
197 Die grundlegend unterschiedliche Haltung britischer und deutscher Gewerkschaften zu einer staatlichen Intervention in die Beziehungen zwischen Arbeitgebern und Gewerkschaften wird deutlich herausgearbeitet von Jutta Rabenschlag-Kräußlich, Parität statt Klassenkampf? Zur Organisation des Arbeitsmarktes und Domestizierung des Arbeitskampfes in Deutschland und England, 1900-1918, Frankfurt am Main 1983, S. 293-314; vgl. auch Bernd-Jürgen Wendt, Industrial Democracy: Zur Struktur der englischen So-

Streikgeschichte kommt zu dem Schluß, daß man zumindest vor 1914 durchaus von einer spezifischen Entwicklung der industriellen Arbeitsbeziehungen in Deutschland ausgehen kann, die sich von den keineswegs identischen Entwicklungen in Großbritannien und Frankreich grundlegend unterschied. Dabei hebt er u.a. auch gerade die Bedeutsamkeit der anti-gewerkschaftlichen Konfrontationsstrategie der deutschen Arbeitgeber gegenüber relativ geschlossen sozialdemokratisch ausgerichteten Verbänden hervor.[198] Die weitgehende Vermeidung industrieller Konflikte blieb dabei allerdings die grundlegende Zielperspektive von Arbeitgeberstrategien in beiden Ländern.

Obwohl die vorausgegangene Analyse den Unterschieden zwischen den Beziehungen von Gewerkschaften und Arbeitgebern in beiden Ländern einen prominenten Platz zuweist, sollten doch auch grundlegende Ähnlichkeiten nicht übersehen werden. So blieben die Reaktionen von Unternehmern auf Gewerkschaften ungemein unterschiedlich, wobei Industrielle beider Länder durchaus ähnliche Systeme rigider ökonomischer und sozialer Kontrolle über ihre Arbeiterschaft entwickelten. In Deutschland waren es vor allem die sog. Arbeitsnachweise der Arbeitgeber, die es ihnen erlaubten, bekannte Gewerkschafter/-innen auf eine schwarze Liste zu setzen, so daß letzteren oftmals nichts anderes übrig blieb, als in andere Teile des Landes umzuziehen.[199] Arbeitgeber versuchten auch, ihre eigenen, die sog. gelben Gewerkschaften, zu gründen, die sich v.a. durch eine enge Kooperation mit der Unternehmensleitung ‚auszeichneten'.[200] Sie übten Druck auf die Inhaber/-innen von Gastwirtschaften aus, ihre Räumlichkeiten nicht an Gewerkschafter/-innen oder Sozialisten/-innen zu vermieten. Außerdem entließen sie oft sofort diejenigen Arbeiter/-innen, von denen ihnen über die betriebsweiten Spitzelsysteme zu Ohren kam, daß sie in ihren Privatwohnungen Gewerkschaftstreffen organisierten.[201] Am 1. Mai beantworteten die Arbeitgeber symbolische Streikaktionen der Arbeiter/-innen mit großen Aussperrungen und Entlassungswellen, und selbst in der Weimarer Republik gab es in Unternehmerkreisen eine weit verbreitete Feindschaft gegenüber dem Tag der Arbeit.[202] Viele Arbeitgeber fanden sich nicht dazu bereit, den größeren Handlungsspielraum der Gewerkschaften in der Republik zu akzeptieren, und sperrten sich mit Händen und Füßen gegen die bescheidenen Anfänge eines Sozialstaats, gegen Betriebsräte und eine staatliche Vermittlung bei Arbeitskonflikten.[203] Das paternalistische Selbstverständ-

---

zialbeziehungen, in: aus politik und zeitgeschichte 46, 1975, S. 3-47, bes. seine vergleichenden Bemerkungen auf S. 5-13.
198 Boll, Arbeitskämpfe, S. 287-94 und 626.
199 Für Bayern vgl. Robert Kandler, The Effects of Economic and Social Conditions on the Development of Free Trade Unions in Upper Franconia, 1890-1914, phil.diss. Universität Oxford 1986, S. 241.
200 Klaus Mattheier, Die Gelben: Nationale Arbeiter zwischen Wirtschaftsfrieden und Streik, Düsseldorf 1973.
201 Lucas, Zwei Formen, S. 128.
202 Dieter Fricke, Kleine Geschichte des 1. Mai: Die Maifeiern in der deutschen und in der internationalen Arbeiterbewegung, Frankfurt am Main 1980, S. 113-15, 130-33 und 181 f. Vgl. auch Udo Achten, Illustrierte Geschichte des 1. Mai, Oberhausen 1979, S. 206 f., 246 f. und 256 f. sowie BA Berlin, Abt. Reich, St. 22/75.
203 Dick Geary, Employers, Workers and the Collapse of the Weimar Republic, in: Weimar: Why did German Democracy Fail?, hrsg. v. Ian Kershaw, London 1990, S. 100 f.

nis vieler Unternehmer zeigte sich deutlich in der Gründung von Betriebssportanlagen[204] ebenso wie in der Bereitstellung fast jeder anderen sozialen und kulturellen Einrichtung für die Arbeiter/-innen eines Betriebes.[205]

In Großbritannien war es ebenfalls gängige Praxis unter Arbeitgebern, Gewerkschaftsfunktionäre auf schwarze Listen zu setzen und anderweitig zu diskriminieren.[206] So wird etwa aus Barnsley berichtet, daß „ordinary people [...] were virtually controlled by their employers".[207] Mitglieder der Arbeiterpartei konnten sich oft nur unter Geheimhaltung treffen, „fearful of being victimised and rough handled".[208] Nach Victor Graysons überraschendem Wahlsieg von 1907 im Colne Valley wurden zahlreiche seiner Wahlhelfer von den umliegenden Textilfabriken entlassen. Selbst mit Grayson sympathisierende Geschäftsleute wurden boykottiert und erlitten geschäftliche Verluste.[209] Der langjährige Labour-Aktivist George Hodgkinson erinnerte sich in seinen Memoiren genau daran, daß vor 1914 die Gewerkschaften in den Betrieben Coventrys als Verhandlungspartner der Unternehmer weitgehend nicht anerkannt waren: „They [die Arbeiter] might have been undercover members, but if they were, they kept it very secret, since trade unions were frowned upon by the employers." Als Hodgkinson im Jahre 1919 von der Gewerkschaftsschule Ruskin College nach Coventry zurückkehrte, stand er auf der schwarzen Liste der Arbeitgeber: „I could not immediately find work. The bar was down and I was on the black list of the employers [...]"[210] Auch der Paternalismus deutscher Unternehmer fand in Großbritannien seinesgleichen. Die Bereitstellung fabrikeigener Wohnungen und Freizeiteinrichtungen ebenso wie die Organisation von Betriebsausflügen dienten allesamt dazu, die Beziehungen zwischen Arbeitern/-innen und Unternehmern zu stabilisieren. Wohlfahrtsmaßnahmen der Betriebe blieben dabei in den 1890er Jahren weitgehend gebunden an eine schriftliche Erklärung der Arbeiter/-innen, keiner Gewerkschaft beizutreten und keinem Streikaufruf zu folgen.[211] Die Abhängigkeit der Arbeiter/-innen von

---

204 Rainer Stübling, Kultur und Massen: Das Kulturkartell der modernen Arbeiterbewegung in Frankfurt am Main, 1925-1933, Offenbach 1983, S. 70.
205 Die ‚Polypenarme' betrieblicher ‚Wohlfahrtseinrichtungen': Beobachtungen eines Gewerkschaftsredakteurs in der chemischen Industrie (1911), in: Arbeiterfamilien im Kaiserreich: Materialien zur Sozialgeschichte in Deutschland 1871-1914, hrsg. v. Klaus Saul, Jens Flemming, Dirk Stegmann und Peter-Christian Witt, Königstein im Taunus 1982, S. 113-15. Vgl. auch die zahlreichen Oral-history-Belege in: Lothar Steinbach, Mannheim: Erinnerungen aus einem halben Jahrhundert: Sozialgeschichte einer Stadt in Lebensbildern, Stuttgart 1984, S. 49, 63 f., 78, 147.
206 J.D. Young, Socialism and the English Working Class: A History of English Labour, 1883-1939, Hemel Hempstead 1989, S. 110-22.
207 Judith Watts and Donald Nannestad, The First 50 Years: Half a Century of Labour Rule in Barnsley, ohne Ort, Jahr und Paginierung.
208 Socialism in West Sussex: A History of the Chichester Constitutional Labour Party, Chichester 1983, S. 2.
209 History of the Colne Valley Labour Party 1891-1941: Jubilee Souvenir, Colne Valley 1941, S. 25.
210 George Hodgkinson, Sent to Coventry, London 1970, S. 23 und 60.
211 A. Jowitt, Late Victorian and Edwardian Bradford, in: Bradford 1890-1914: The Cradle of the ILP, hrsg. v. R.K.S. Taylor und J.A. Jowitt, Bradford 1980, S. 7 f.; Patrick Joyce, Work, Society and Politics: The Culture of the Factory in Later Victorian England, London 1980, S. 219; Bob Morris und Jim Smyth, Paternalism as an Employer Strategy 1800-1960, Edinburgh 1989; Thane, The Foundations, S. 12 f.; W.R. Garside und H.F. Gospel, Employers and Managers: Their Organizational Structure and Changing Industrial Strategies, in: A History of British Industrial Relations, hrsg. v. C. Wrigley, Brighton 1982, S. 106-08; S.G. Jones, The Survival of Industrial Paternalism in the Cotton Districts: A View from the

ihrem Arbeitgeber war oft so stark „that resistance to political domination was precluded".[212] Letztendlich fanden es wohl die britischen ebenso wie die deutschen Unternehmer außergewöhnlich schwierig, mit einer unabhängigen Gewerkschaftsbewegung zu Rande zu kommen. In beiden Ländern setzte sich die Anerkennung von Gewerkschaften als legitime Interessenvertretung der Arbeiter/-innen erst dann durch, als den Unternehmern keine andere Möglichkeit mehr blieb und sie in zunehmendem Maße erkannten, daß sie u.U. von einer Zusammenarbeit profitieren konnten.

Es kann von daher auch nicht sonderlich verwundern, daß viele Unternehmer ursprünglich Organisationen unterstützten, die sich zur expliziten Bekämpfung des Sozialismus und der Arbeiterbewegung in beiden Ländern formierten. Während sich in Deutschland diese Anstrengungen v.a. im 1904 gegründeten Reichsverband zur Bekämpfung der Sozialdemokratie bündelten, konzentrierte sich die antisozialistische Agitation in Großbritannien in der 1907 gegründeten Anti-Socialist Union (ASU). Die Gründung beider Organisationen war eine unmittelbare Reaktion auf das gute Abschneiden der Arbeiterparteien bei den Wahlen von 1902 in Deutschland und 1906 in Großbritannien. Andere Organisationen in Deutschland, die einer weitergehenden Sozialdemokratisierung der Arbeiterschaft entgegentreten wollten, waren der 1907 als Gegenmodell zu den sozialistischen Freien Gewerkschaften gegründete Bund vaterländischer Arbeitervereine und der Alldeutsche Verband.[213] Daneben gab es noch eine Vielzahl kleinerer Gruppierungen, die sich v.a. auf die Herausgabe antisozialistischer Pamphlete und Broschüren beschränkten, so z.B. der Vaterlandsverein, der Wirtschaftliche Schutzverband oder die Arbeitsgemeinschaft für praktische Aufklärung und Volksgesundung.[214]

In Großbritannien gab es außer der ASU ebenfalls weitere antisozialistische Gruppen. Da war zum einen die im Juli 1882 gegründete Liberty und Property Defence League, die v.a. gegen den angeblichen Kollektivismus der Arbeiterbewegung, gegen jeden staatlichen Interventionismus und für den Erhalt der bestehenden Eigentumsordnung zu Felde zog.[215] Im Jahre 1893 gründete William Collison die Free Labour Protection Association, die in den Folgejahren mit großzügiger Unterstützung britischer Unternehmer eine recht effektive Kampagne gegen die Gewerkschaften startete.[216] Die Middle Class Defence League setzte sich ab 1906 energisch gegen jede Form staatlicher Intervention und v.a. gegen höhere Steuern zur Wehr. Außerdem gab es noch zahlreiche lokale Vereine von

---

1920s, in: Journal of Regional and Local Studies 7, 1987, S. 1-13; Robert J. Waller, The Dukeries Transformed: The Social and Political Development of a Twentieth-Century Coalfield, Oxford 1983, Kap. 4-9.

212 Alan Warde, Conditions of Dependence: Working-Class Quiescence in Lancaster in the 20th Century, in: IRSH 35, 1990, S. 71-105. Zur Intransingenz schottischer Arbeitgeber gegenüber der Arbeiterbewegung vgl. Militant Workers: Labour and Class Conflict on the Clyde 1900-1950, hrsg. v. R. Duncan und A. McIvor, Edinburgh 1992.

213 Zu letzterem siehe Roger Chickering, We Men Who Feel Most German: a Cultural Study of the Pan-German League 1886-1914, Boston 1984. Zu den nationalistischen und antisozialistischen Verbänden im Kaiserreich insgesamt vgl. auch Jürgen Kuczynski, Studien zur Geschichte des deutschen Imperialismus, Bd. 2: Propagandaorganisationen des Monopolkapitals, Berlin 1950, S. 7-160.

214 Eine ganze Anzahl dieser Veröffentlichungen finden sich in BA Koblenz, ZSg. 2/13-14.

215 N. Soldon, Laissez-Faire as Dogma: The Liberty and Property Defence League, in: Essays in Anti-Labour History, hrsg. v. K.D. Brown, London 1974, S. 208-33.

216 Collison, The Apostle, S. 92-103 sowie 139-57.

Steuerzahlern (ratepayers' associations), die ebenfalls entschieden antisozialistisch eingefärbt waren.[217] Nach dem ersten Weltkrieg wurden in vielen britischen Städten sog. Middle Class Unions gegründet. Wie in Bedford waren die meisten hauptsächlich beschäftigt mit „combating the growth of socialism and communism, and with the organization of the maintenance of essential supplies in case of an emergency, such as a general strike or worse."[218] Andere Organisationen arbeiteten eng mit der ASU zusammen, so z.B. die konservative Primrose League, die British Constitution Association, die Imperial Sunday Alliance und die Nonconformist Anti-Socialist Union.[219]

Im folgenden wollen wir uns aus Platzgründen auf den Vergleich der zwei prominentesten antisozialistischen Organisationen beschränken, der ASU und des Reichsverbandes. Wie waren sie strukturiert, welche Ziele verfolgten sie, und welche Mittel setzten sie zur Erreichung dieser Ziele ein? Der Reichsverband unternahm erhebliche Anstrengungen, um die ausgeprägte Organisationskultur der SPD nachzuahmen. Als Massenorganisation konzipiert, sollte er sich vor allem auf die lokalen Gruppen stützen, die wiederum zu regionalen Verbänden zusammengefaßt wurden. Im Jahre 1906 hatte der Reichsverband 120.000 Einzelmitglieder.[220] 1914 zählte er 800 lokale Verbände, die besonders konzentriert in Preußen auftraten.[221] Auch die ASU bemühte sich um die Gründung von lokalen Organisationen, die sie wiederum in Grafschaftsverbänden zusammenfaßte.[222] Sie verfügte im Jahre 1911 immerhin über 60 hauptamtliche, gut bezahlte Funktionäre/-innen, die die antisozialistischen Aktivitäten in der Provinz koordinierten.[223] 1909 gründete die ASU noch zusätzlich ein Intelligence and Statistical Department, um statistische und personelle Daten über die Arbeiterbewegung zu sammeln und zu speichern.[224] Besonders innerhalb der Arbeiterviertel größerer Städte wurden die Funktionäre/-innen der ASU aktiv. Eine 1911 gegründete Erziehungsabteilung des Verbandes konnte auf die weitgehend ehrenamtliche Mitarbeit von über 900 Lehrern/-innen und Pädagogen/-innen rechnen, die bereit waren, Vorträge über die Gefahr des Sozialismus zu halten.[225] Im selben Jahr finden sich in der von der ASU herausgegebenen Zeitschrift „Liberty" auch Berichte über die erfolgreichen Aktivitäten eines Liverpooler Radfahrclubs, der ‚Liberty Wheelers' – Indiz für die Bereitschaft der ASU, auch die Freizeit ihrer Mitglieder zu organisieren.[226]

---

217 Kenneth D. Brown, The Anti-Socialist Union 1908-1949, in: Essays, hrsg. v. Brown, S. 242.
218 Bedford Politics 1900-1924, hrsg. v. Bedfordshire Record Office, Bedford 1986, S. 15.
219 Zu diesen Organisationen und ihrem antisozialistischen Selbstverständnis vgl. Anti-Socialist 2, March 1909, S. 28; ebd. 3, April 1909, S. 30, und ebd. 8, Sept. 1909, S. 90; auch Pugh, The Tories, und insgesamt J.N. Peters, Anti-Socialism in British Politics c. 1900-1923: The Emergence of a Counter-Ideology, phil. diss., Universität Oxford 1992.
220 ZStA Potsdam, 07.01, Nr. 1395/4, 42, Brief des Reichsverbandes an von Loebell vom 14. Sept. 1906.
221 10 Jahre Reichsverband: Festgabe der Hauptstelle des Reichsverbandes gegen die Sozialdemokratie in Berlin zum 9. Mai 1914, Berlin 1914, S. 58. In den süddeutschen Staaten Baden, Württemberg und Bayern, wo der Antisozialismus viel geringer ausgeprägt war, konnte der Reichsverband kaum Fuß fassen.
222 Liberty 5, Aug. 1910, S. 39.
223 Brown, The Anti-Socialist Union, in: Essays, hrsg. v. Brown, S. 242.
224 Anti-Socialist 8, Sept. 1909, S. 93.
225 Liberty 1, Jan. 1911, S. 18. Vgl. auch ebd., Nov. 1911.
226 Liberty 14, 21. Juni 1911, S. 177.

Insgesamt kommt man nicht umhin festzustellen, daß die Aktivitäten beider Organisationen erhebliche Ähnlichkeiten aufwiesen. Ihre zahlreich erscheinenden Publikationen führten eine durchaus vergleichbare ideologische Kampagne gegen die Arbeiterparteien.[227] Die ASU gab ihre eigene Zeitschrift heraus, zuerst den 1909/10 publizierten „Anti-Socialist", der ab 1910 unter dem Titel „Liberty" erschien. Der Reichsverband gab sogar schon ab August 1904 einen Pressedienst heraus, die „Anti-Sozialdemokratische Korrespondenz". Im Jahre 1906 machten immerhin 1225 Zeitungen und Zeitschriften von diesem Dienst Gebrauch.[228] Außerdem unterstützte der Reichsverband noch finanziell die Zeitung „Deutsches Volksblatt".[229] Sieht man einmal von der extensiven schriftlichen Propaganda beider Organisationen ab, so fällt vor allem ihr Bestreben auf, ihre Agitatoren/-innen rhetorisch so auszubilden, daß sie eventuellen Rededuellen mit Sozialisten gewachsen wären. Wahlhelfer/-innen für die nicht-sozialistischen Parteien, die auf Massenversammlungen sprachen, wurden in eigens dafür eingerichteten Seminaren geschult. Aber auch zwischen den Wahlterminen starteten beide Organisationen diverse Kampagnen, um dem Sozialismus möglichst wirkungsvoll entgegenzutreten.

Obwohl beide Organisationen von sich behaupteten, über den parteipolitischen Tageskontroversen zu stehen, zumindest in dem Sinne, daß sie jeden Kandidaten zu unterstützen bereit waren, der nicht sozialistisch eingestellt war, scheiterten beide doch letztendlich daran, alle nicht-sozialistischen Kräfte im Kampf gegen das schlechthin ‚Böse' zu vereinen. Das wird besonders deutlich zu Zeiten, in denen die Antisozialisten ihre vorgebliche parteipolitische Neutralität aufgaben, um Politiker scharf anzugreifen, die einer Kooperation mit den Arbeiterparteien das Wort redeten. So sahen sich z.B. in Großbritannien Liberale wie Lloyd George und Cadbury und in Deutschland Kathedersozialisten wie Sombart und Brentano herber Kritik seitens der Antisozialisten ausgesetzt. Letztendlich waren es in Deutschland vor allem der rechte Flügel der Nationalliberalen und die Konservative Partei, in Großbritannien die Conservative und Liberal Unionist Parties, die auf die Dienste der antisozialistischen Organisationen zurückgriffen. Die Finanzierung der Gruppen erfolgte weitgehend durch einige Industriekapitäne und rechtsstehende politische Parteien.[230] Zusätzlich verfügte der Reichsverband über eine ansehnliche Summe Geldes aus Mitgliederbeiträgen, wohingegen sich die ASU stärker auf öffentliche Spendenaufrufe verließ, wie etwa den Million Shillings Fund, zu dem auch zahlreiche reputierliche Zeitungen wie die „Times" kräftig beisteuerten.[231]

---

227 ZStA Potsdam, NL Wolfgang Heine, 90 He 1, Nr. 28. Ein Beispiel für eine typische Reichsverbandspublikation ist das Handbuch für nichtsozialdemokratische Wähler, das zwischen 1906 und 1911 drei Auflagen erlebte. Zur Propaganda der ASU vgl. The Failures of Socialism, London 1909, sowie Socialism Exposed, London 1914.
228 Klaus Saul, Staat, Industrie und Arbeiterbewegung im Kaiserreich: Zur Innen- und Sozialpolitik des wilhelminischen Deutschland 1903-1914, Düsseldorf 1974, S. 129.
229 ZStA Potsdam, 07.01, Nr. 1395/1, 153.
230 Dieter Fricke, Der Reichsverband gegen die Sozialdemokratie von seiner Gründung bis zu den Reichstagswahlen von 1907, in: ZfG 7, 1959, S. 244 und 250, und Brown, The Anti-Socialist Union, in: Essays, hrsg. v. Brown, S. 248 f., betonen beide die starke Verbindung zwischen antisozialistischen Organisationen und Unternehmerinteressen.
231 Anti-Socialist 10, Nov. 1909, S. 118-20.

Reichsverband und ASU verfügten über informelle Kontakte zu den Regierungen beider Länder. Die Kontaktperson des Reichsverbands in der Reichskanzlei war Kanzleisekretär von Loebell, selbst ein Gründungsmitglied des Reichsverbandes. Max Lorenz, der Herausgeber der „Anti-Sozialdemokratischen Korrespondenz", war ein gern und häufig gesehener Besucher von Loebells, und letzterer war auch durchaus bereit, dem Verband Hilfestellung zu leisten, wann immer die Kooperationsbereitschaft von Behörden und staatlichen Autoritäten zu wünschen übrig ließ. Während dies einerseits den halboffiziellen Charakter des Reichsverbandes unterstreicht, so läßt es doch andererseits auch den Schluß zu, daß manche Behörden und Beamten nicht allzu begeistert auf die Aktivitäten des Reichsverbandes reagierten. Und in der Tat beschwerte sich der Verband häufig gegenüber von Loebell, daß die Behörden den eigenen Bemühungen nicht selten feindselig gegenüberstünden. Auch Bethmanns Brief an von Loebell vom 27. Oktober 1905, in dem er sich dafür bedankte, daß von Loebell den Reichsverband zu mehr Vorsicht im Umgang mit öffentlichen Behörden gemahnt hatte, kann man als Indiz für ein wachsendes Unbehagen der Regierung im Umgang mit dem Reichsverband lesen.[232] Die ASU wurde ihrerseits nicht nur finanziell maßgeblich von der Conservative Party und den Liberal Unionists unterstützt, sie verfügte auch über einigen Einfluß in den konservativen Regierungen. Gerade in den ersten drei Jahrzehnten des 20. Jahrhunderts war der Antisozialismus integraler Bestandteil des Selbstverständnisses der Conservative Party.[233] Während des Generalstreiks von 1926 z.B. fanden sich im konservativen Regierungskabinett gleich mehrere einflußreiche Mitglieder und Freunde der ASU. Selbst von Premierminister Baldwin wußte man, daß er ein aktives Interesse an den Aktionen der ASU gezeigt hatte.[234] Nicht nur konnten britische Unternehmerinteressen über die ASU unmittelbar auf die Regierungspolitik einwirken, es gab auch unter den Parlamentariern eine spezifische Industriellengruppe, die ihr Verhalten in allen Abstimmungen über das Gewerkschaftsrecht und die Arbeiterbewegung insgesamt untereinander abstimmten.[235] Folglich kann es kaum verwundern, wenn konservative Regierungen „increasingly appeared to be on the side of the employers."[236]

Ideologisch gab es zwischen den antisozialistischen Organisationen in Großbritannien und Deutschland durchaus auch erhebliche Unterschiede. So sprach sich etwa der Reichsverband explizit gegen soziale Reformen aus, die, wie in Reichsverbandspublikationen nachzulesen stand, den sozialen Frieden eher gefährdeten als sichern halfen: „selten hat wohl eine Gesetzgebung [...] ihr ideales Endziel so wenig erreicht wie das Versöhnungswerk der deutschen Sozialreform. Und schlimmer als das, es hat im Sinne des sozialen Friedens nicht nur nicht genützt, es hat geschadet. Es predigte Frieden und gewährte die Mittel zum Kampf. Es wollte Zufriedenheit wecken und zog Begehrlichkeit

---

232 ZStA Potsdam, 07.01., 1395/2, 76.
233 Siehe dazu Peters, Antisocialism in British Politics.
234 Brown, The Anti-Socialist Union, in: Essays, hrsg. v. Brown, S. 259.
235 John Turner, The Politics of Business, in: Businessmen, hrsg. v. dems., S. 15 f., hat errechnet, daß zwischen 1924 und 1939 ca. 35% aller konservativen Abgeordneten im Parlament Unternehmer waren.
236 Chris Wrigley, David Lloyd George and the British Labour Movement: Peace and War, New York 1976, S. 234, der auch besonders die z.T. ausgesprochen feindseligen Gefühlslagen in der Liberal Party gegenüber der Arbeiterpartei thematisiert.

groß. Es schien berufen, wie zur materiellen, so zur sittlichen Hebung der Massen mitzuwirken und hat ihre Moral und ihre Willenskraft schwer geschädigt. Eine Edelfrucht wurde die deutsche Sozialreform genannt. [...] Aber die Frucht ist wurmstichig geworden."[237] Im Gegensatz zum Reichsverband, aber auch zu anderen antisozialistischen Organisationen in Großbritannien wie der British Constitution Association oder der Liberty and Property Defence League befürwortete die ASU sozialstaatliche Maßnahmen: „Today in the UK the crying need – a need recognised by all parties – is Social Reform."[238] Die ASU propagierte ausdrücklich Pläne, die darauf hinausliefen, Arbeiter/-innen sowohl an den innerbetrieblichen Entscheidungsmechanismen als auch an den Profiten partizipieren zu lassen, solange diese Pläne die bestehende Eigentumsordnung nicht bedrohten. Auch die nach dem ersten Weltkrieg eingesetzten sogenannten Whitley councils wurden von der ASU als begrüßenswerte Erneuerung unterstützt. Vergleicht man die soziale Herkunft von antisozialistischen Führungspersönlichkeiten wie Collison und von Liebert, so fällt noch ein weiterer Unterschied auf. Wenn auch Collison als Vertreter einer zuhöchst individualistischen britischen Arbeitermentalität keineswegs repräsentativ für die Führungsriege der ASU war, so gelang es den antisozialistischen Organisationen in Großbritannien immerhin, auch Arbeitervertreter zu rekrutieren. Der langjährige Präsident des Reichsverbandes, von Liebert, entstammte dagegen der erzreaktionären preußischen Offizierskaste, von der keine Brücke ins Arbeitermilieu, noch nicht einmal ins nicht-sozialistische, führte. Jedoch sollte man vorsichtig sein, solche ideologischen Differenzen allzu sehr zu verallgemeinern. Es ist z.B. auffällig, daß die ASU voller Bewunderung auf Deutschland blickte, wo ihr gerade der gouvernementale Antisozialismus vorbildhaft erschien.[239] Beide antisozialistischen Bewegungen zielten zuerst einmal auf die Unterstützung der politisch rechtsstehenden Parteien gegen die angebliche sozialistische Bedrohung. Ihre Programme und Aktivitäten legen Zeugnis ab von dem Unmut und der Feindschaft, die den Arbeiterparteien beider Länder von Unternehmern, Politikern und ihren Interessengruppen entgegengebracht wurden. Hauptzielgruppe beider Organisationen blieb zunächst einmal die Mittelklasse, so daß es durchaus sinnvoll erscheint, in einem nächsten Schritt das Verhältnis zwischen Arbeiterbewegung und Mittelklasse in Großbritannien und Deutschland zu untersuchen.

---

237 Das Schuldkonto der deutschen Sozialreform, Pamphlet Nr. 1 des Reichsverbandes vom 5. Jan. 1906, in: ZStA Potsdam: Akten betreffend Socialdemokraten, Reichskanzlei Registratur 1900-1918, 1395/3.
238 Exposure of the Socialist Conspiracy: The Socialist Secret Plan of Campaign, hrsg. v. der ASU, London 1911, S. 16.
239 Liberty v. 4. Okt. 1911 druckte eine Karikatur ab, die sich preußische Verhältnisse auch für Großbritannien ersehnte, und in Liberty v. 29. Nov. 1911 findet sich eine weitere Karikatur, die sich einen britischen Bismarck wünschte.

2.4 Arbeiterparteien und Bürgertum

Während dem eigenen Selbstverständnis nach weder die Labour Party noch die SPD als ausdrückliche Klassenparteien gegründet wurden, sprachen sie doch de facto zumindest im Untersuchungszeitraum dieser Studie nahezu ausschließlich eine bestimmte soziale Klasse an. Ihr gemeinsames, gerade zu Wahlzeiten augenfälliges, Bemühen um Teile der bürgerlichen Wählerschaft war insgesamt nicht von dauerhaftem Erfolg gekrönt. Nun behaupten Sonderwegshistoriker/-innen traditionell, daß die Labour Party erfolgreich einen Teil der bürgerlichen Stimmen auf sich vereinigen konnte, während die SPD entweder nicht willens oder nicht in der Lage war, es ihrer britischen Schwesterpartei darin gleichzutun. Zur Erklärung dafür, warum die SPD weitgehend auf ihr Arbeiterghetto verwiesen blieb, bemühen Historiker/-innen häufig die rigidere Klassenstruktur und das autoritäre politische System Deutschlands. Nach dieser Sicht zeichnete sich die britische Klassenstruktur v.a. dadurch aus, daß alle Klassen auch intern mehrfach gebrochen und voneinander unterschieden waren. Deutschland dagegen hatte angeblich um die Jahrhundertwende eine homogenere Klassenstruktur. So hat etwa die intensiv vergleichende Bürgertumsforschung in Deutschland seit den 1980er Jahren betont, daß dem eingrenzbareren Begriff des Bürgertums in Deutschland kein adäquater englischer Begriff gegenübersteht.[240] Der gebräuchliche Terminus *middle class* wird in der Forschung seltener verwandt als der Bürgertumsbegriff in Deutschland, wobei natürlich auch die Unschärfen des letzteren eklatant genug sind. Aber immerhin kann man doch Wirtschafts- oder Besitzbürgertum einerseits und Bildungsbürgertum andererseits als Kernbestandteile des deutschen Bürgertums ansehen. In Großbritannien dagegen gibt es eigentlich kein dem Bildungsbürgertum so recht entsprechen wollendes Äquivalent. Der im Englischen verbreitete Begriff der *professions* betont denn auch folgerichtig nicht das Gemeinsame der Bildung, sondern das jedem Berufsstand Spezifische. Ohne Frage blieb der Einfluß der *professions* in Großbritannien während des gesamten Untersuchungszeitraums dieser Studie gerade gegenüber dem klassischen Wirtschaftsbürgertum wesentlich geringer als der Einfluß des deutschen Bildungsbürgertums. War bei letzterem der akademisch gebildete Beamte die maßgebliche Figur, so fand eine solch spezifisch deutsche „Staatslastigkeit" deutscher Bildungsbürger ebenso wie das extrem hohe soziale Ansehen von Staatsbediensteten kein rechtes Äquivalent in Großbritannien, wo es bekanntlich ja erst viel später zu einer Bürokratisierung und Professionalisierung der staatlichen Apparate kam.[241]

Einmal abgesehen von dem weithin fehlenden oder zumindest ein Schattendasein führenden Bildungsbürgertum, gab es eine ausgeprägte Binnendifferenzierung im britischen Wirtschaftsbürgertum. Die Spannungen zwischen Provinzbürgertum und hauptstädtischem Bürgertum oder auch die bewußte Abgrenzung etablierter Kaufleute von den ‚neureichen' Fabrikanten fanden in Deutschland keine wirkliche Entsprechung. Außerdem trug auch die frühzeitige Kommerzialisierung der Landwirtschaft in Großbritannien

---

240 Jürgen Kocka, Bürgertum und bürgerliche Gesellschaft im 19. Jahrhundert. Europäische Entwicklungen und deutsche Eigenarten, in: ders., Bürgertum im 19. Jahrhundert. Deutschland im europäischen Vergleich, München 1988, S. 11-78.
241 Ebd., S. 70-74.

dazu bei, die Differenzen zwischen Adel und Bürgertum weitgehender abzuschleifen als dies in Deutschland der Fall war. Die britischen *public schools* erzogen gegen Ende des 19. Jahrhunderts eine Elite, die aristokratisches Selbstbewußtsein mit bürgerlichen Wertvorstellungen vereinte. Die hier und an den traditionellen Universitäten Oxford und Cambridge erfolgende Sozialisation fußte weniger auf einem einheitlichen, weitgehend neuhumanistisch geprägten Begriff von Bildung und erst recht nicht auf der Vermittlung eines spezialisierten Wissens funktionaler Eliten, sondern auf dem britischen Gentleman-Ideal, zu dem Sportlichkeit ebenso gehörte wie die Regeln des fair play, alte Sprachen, die berühmte *stiff upper lip* und ein klares Bewußtsein von *rank*. Nach oben, gegenüber dem Adel, blieb das deutsche Bürgertum abgrenzbarer als sein britisches Pendant. Adlige Privilegien blieben in Deutschland in stärkerem Maße erhalten, und der Adel verband sich auch durch Heirat nicht so eng mit dem Bürgertum wie in Großbritannien. Andererseits entliberalisierte sich das deutsche Bürgertum frühzeitiger und grenzte sich auch nach unten hin, zur sozial und politisch sich formierenden Arbeiterklasse, rigoroser ab als sein britisches Pendant.

Gerade nach unten hin blieb andererseits die Grenze des Bürgertums in beiden Ländern immer schwer zu bestimmen: Handwerker, Kleinhändler, Gastwirte und besonders die gegen Ende des 19. Jahrhunderts schnell anwachsende Zahl von Angestellten, der sog. „neue Mittelstand", strebte nach Selbstverständnis, Einstellung und Lebensstil oft dem Bürgertum nach. Jedoch handelt es sich hier wohl doch eher um Grenz- und Zwischenkategorien, die sich besser unter dem Begriff des Kleinbürgertums zusammenfassen lassen. Bei der nachfolgenden Diskussion des Verhältnisses von Arbeiterparteien und Bürgertum wird man gut daran tun, sich der zahlreichen Differenzierungen innerhalb der gerade an den Grenzen leicht unscharfen Begriffe Bürgertum und Arbeiterklasse ebenso bewußt zu bleiben wie des anders gearteten historischen Kontextes, der auch ähnlich lautenden Begriffen oftmals eine andere Bedeutung verleiht. Trotz aller Vorbehalte gegenüber den Begrifflichkeiten führte die Spezifik der deutschen Klassenbildung viele Sonderwegshistoriker/-innen zu der These vom ganz anderen Verhältnis von Arbeiterparteien und Bürgertum in beiden Ländern. Arbeitermemoiren wie die von Ernst Dückershoff, der als deutscher Bergarbeiter bereits vor der Jahrhundertwende lange Jahre im britischen Kohlebergbau gearbeitet hatte, bestätigen diese angeblichen Unterschiede in den Beziehungen der Klassen untereinander: Waren sie in Großbritannien relativ freundlich, so trauten in Deutschland die Arbeiter/-innen, nicht zuletzt aufgrund der stärkeren staatlichen Repression, nur ihresgleichen.[242] Solche oder ähnliche Argumentationsmuster finden sich bei G.A. Ritter, Klaus Tenfelde und Dick Geary, die allesamt davon ausgehen, daß es gerade die größere Bedeutsamkeit der ‚Kragenlinie' in Deutschland war, die soziale Differenzen zwischen Arbeitern und Angestellten schärfer ausprägten als anderswo und damit die politische Formierung entlang den Klassenlinien begünstigte. Dabei führte gleichzeitig die tiefe Entfremdung der Klassen voneinander dazu, daß sich gerade beim Bürgertum die Angst vor der ‚roten Gefahr' ins Neurotische auswuchs – eine Situation, die von der politischen Rechten schamlos zu eigenen Propagandazwecken aus-

---

242 Ernst Dückershoff, How the English Workman Lives, London 1899, S. 76 und 81.

genutzt wurde.[243] Aber auch die internen Klassengrenzen schienen in Deutschland weitgehender einzementiert, als das auf der Insel der Fall war. So kommt etwa die hochinteressante vergleichende Studie Biernackis zum Arbeitsbegriff in Deutschland und Großbritannien zu dem Schluß, daß sich britische Arbeiter ihrem kulturellen Selbstverständnis nach stärker als kleine, individuelle Subunternehmer denn als Lohnarbeiter mit gleichem kollektiven Schicksal verstanden.[244]

Die SPD erscheint in so manchen historischen Analysen als nicht ganz unschuldig am Niedergang der Weimarer Republik, da sie nicht in der Lage schien, ihre Selbstisolation vor 1914 zu überwinden und zu einer verantwortlichen Regierungspolitik einer Massenpartei vorzustoßen. Statt dessen verkroch sie sich lieber in ihr gewohntes, bequemes und nicht zum Widerspruch aufgelegtes Arbeitermilieu und erschreckte ab und an besonders die bürgerlichen Schichten mit ihrem offenen Bekenntnis zum revolutionären Marxismus.[245] „Demokratie, das ist nicht viel – Sozialismus heißt das Ziel" skandierte in der Weimarer Republik ein Teil der Arbeiterjugend der staatstragenden SPD. Andere Historiker/-innen dagegen suchen die Schuld nicht bei der SPD, sondern bei den bürgerlichen Schichten und ihrer sklavischen Orientierung an den feudalen Lebenswelten der preußischen Junker. Dabei wird manchmal Heinrich Manns Satire „Der Untertan" mit der sozialen Wirklichkeit in eins gesetzt.[246] Eine solche Darstellung des Kaiserreichs als Untertanenstaat berücksichtigt die zahlreichen Ähnlichkeiten des Unternehmerethos in Deutschland und Großbritannien nicht ausreichend. Selbst dort, wo solche Ähnlichkeiten konstatiert werden, herrscht nicht unbedingt Einigkeit, worin denn nun diese Parallelen bestanden hätten. Sprechen die einen von einer weitgehenden Feudalisierung des Bürgertums in Großbritannien und Deutschland[247], so halten es die anderen mit der These, daß gerade das Industriebürgertum in beiden Ländern den feudalen Eliten mit eigenem Ethos und großem Selbstbewußtsein gegenübertrat.[248] Wie dem letztendlich auch sei, beide Thesen stehen der Sonderwegs-Argumentation kritisch gegenüber und lokalisieren sowohl Großbritannien als auch Deutschland eher zusammen im europäischen Mainstream. Betrachtet man das Spektrum dieser ganzen verschiedenartigen Thesen und der daraus abgeleiteten Schlußfolgerungen, so scheint es erneut überprüfenswert, ob denn nun wirklich weitgehend antagonistische Beziehungen zwischen Arbeiterpartei und

---

243 Geary, European Labour Politics, S. 19; Dick Geary, Sectionalism in Britain and Germany before the First World War, unpublished paper presented to the 1988 Lancaster conference on working-class culture in Britain and Germany; Ritter und Tenfelde, Arbeiter, S. 145-47; vgl. auch Heinz-Gerhard Haupt, Zur gesellschaftlichen Bedeutung des Kleinbürgertums in westeuropäischen Gesellschaften des 19. Jahrhunderts, in: GG 16, 1990, S. 304.
244 Richard Biernacki, The Fabrication of Labor. Germany and Britain, 1640-1914, Berkeley 1995.
245 Theodor Geiger, Die Mittelschichten und die Sozialdemokratie, in: DA 13, 1931, S. 619-35. Vgl. auch Michael Prinz, Wandel durch Beharrung: Sozialdemokratie und „neue Mittelschichten" in historischer Perspektive, in: AfS 29, 1989, S. 38 f.
246 Wehler, Das deutsche Kaiserreich, S. 93; R. Alter, Heinrich Manns ‚Untertan': Prüfstein für die Kaiserreich-Debatte, in: GG 17, 1991, S. 370-89.
247 Arno J. Mayer, The Persistence of the Old Regime: Europe to the Great War, London 1981, hält dies sogar für das hervorstechendste Kennzeichen aller europäischen Nationalstaaten vor 1914.
248 Vgl. Hartmut Kaelble, Wie feudal waren die deutschen Unternehmer im Kaiserreich? Ein Zwischenbericht, in: Beiträge zur quantitativen vergleichenden Unternehmensgeschichte, hrsg. v. Richard H. Tilly, Stuttgart 1985, S. 148-74.

Bürgertum in Deutschland mit weit harmonischeren Beziehungsgeflechten in Großbritannien zu kontrastieren sind oder ob eben doch auch in dieser Hinsicht die Ähnlichkeiten zwischen den beiden Ländern überwiegen.

Führende SPD-Politiker von Wilhelm Liebknecht bis Wolfgang Heine warnten regelmäßig vor einem verstärkten Zustrom von bürgerlichen Akademikern und Intellektuellen in die Partei. Liebknecht schrieb 1899: „Das Schwinden der Furcht und Abneigung vor uns in bürgerlichen Kreisen führt selbstverständlich bürgerliche Elemente in unsere Reihen. So lange das in geringem Maße der Fall ist, hat es nichts Bedenkliches, weil die bürgerlichen Elemente von den proletarischen majorisiert und allmählich aufgesogen wurden. Ein Anderes ist es, wenn die bürgerlichen Elemente in der Partei so zahl- und einflußreich werden, daß die [...] Gefahr entstehen kann, daß das proletarische Element zurückgedrängt wird [...] Alles was bürgerlich, ist aber dem sozialistischen diametral entgegengesetzt."[249] 1928 schrieb Heine unter ganz anderen Vorzeichen an Julie Braun: „Ich selbst beurteile die Tätigkeit, die gewisse Akademiker in der Partei geübt haben, keineswegs günstig. [...] Die Gefahr, die von den Akademikern droht, liegt in dem Doktrinarismus von Leuten, die keine Arbeit verstehen als politische Schriftstellerei und Agitation."[250] Auf der Parteikonferenz im Jahre 1903 war es an Bebel, den Delegierten zuzurufen, jeden bürgerlichen Akademiker zwei oder drei Mal so streng zu prüfen wie den normalen Arbeitergenossen. Vorbehalte gegen bürgerliche Intellektuelle waren in der SPD traditionell weit verbreitet. Kleinbürger wurden in der Partei dagegen viel eher akzeptiert.[251] Auf der anderen Seite war es allerdings derselbe Bebel, der oft betonte, daß die Partei mehr Geistesarbeiter/-innen brauchte: „Die einzige Enttäuschung, die ich seit dem Falle des Sozialistengesetzes erlebte, besteht gerade darin, daß aus den Reihen der Intelligenz sich weit weniger brauchbare und zuverlässige Kräfte der Partei angeschlossen haben als ich glaubte erwarten zu müssen".[252] Allerdings waren bürgerliche Genossen/-innen gerade in der SPD-Führung durchaus präsent und u.U. sogar überaus beliebt, wie besonders der Fall Paul Singer vor 1914 eindrücklich unter Beweis stellt.

Ohne bestreiten zu wollen, daß die spezifischen Interessen bürgerlicher Kreise im Kaiserreich sich oftmals von denen der Arbeiter/-innen grundsätzlich unterschieden, war es wohl auch der starre historische Determinismus der Partei, der nicht gerade dazu beitrug, breitere bürgerliche Kreise für die SPD zu gewinnen: „Darum kümmert es uns wenig, wo heute das Gros der Gebildeten steht. So sicher jede Schicht letztlich durch das ihr innewohnende Klasseninteresse geleitet wird, so sicher kommen die Schichten der Gebildeten schließlich doch zum Proletariat, wenn sich nachweisen läßt, daß die Konsequenzen unserer Wissenschaften, die treibenden Kräfte unserer Kultur auf anderem Wege nicht mehr zur Geltung zu bringen sind."[253] Eine zusätzliche Schwierigkeit bestand darin,

---

249 Wilhelm Liebknecht, Kein Kompromiß, kein Wahlbündnis, Berlin 1899, S. 7.
250 ZStA Potsdam, NL Wolfgang Heine, 90 He 1, Nr. 229, 79-84: Brief Heines an Julie Braun, 16. Juli 1928.
251 Evans, Proletarians, S. 139, 149-51; Pierson, Marxist Intellectuals, Kap. 4 und 7. Heinz-Gerhard Haupt, „Bourgeois und Volk zugleich"? Zur Geschichte des Kleinbürgertums im 19. und 20. Jahrhundert, Frankfurt am Main 1978, zeigt deutlich, daß Arbeiter/-innen und Kleinbürger/-innen auch durch zahlreiche alltägliche Erfahrungen und Lebenszusammenhänge miteinander verbunden waren.
252 SAPMO, NL August Bebel, 23/137, 149: Brief Bebels an Unbekannt vom 16. Jan. 1893.
253 Max Maurenbrecher, Die Gebildeten und die Sozialdemokratie, Leipzig 1904, S. 7.

die bürgerlichen Schichten über Agitatoren/-innen zu erreichen, die weitgehend aus der Arbeiterklasse stammten. Das gar zu unterschiedliche soziale Milieu führte weitgehend zu „unfruchtbaren Diskussionen".[254] Insgesamt wird man sagen dürfen, daß trotz einiger Bemühungen die Bereitschaft der SPD, auch bürgerliche Kreise in die Partei zu integrieren, im Kaiserreich gering ausgeprägt war. Nationales Bürgertum und sozialistische Arbeiterschaft blieben sich weitgehend fremd. Allerdings gab es auch hier starke regionale bzw. lokale Unterschiede. So konnte etwa für die Wilhelminische Sozialdemokratie Münchens festgestellt werden, daß sie in weit stärkerem Maße als anderswo kleinbürgerliche und bürgerliche Schichten an sich zu binden wußte.[255] Das änderte aber aufs ganze gesehen wenig an dem tiefen Graben, der im Kaiserreich sowohl das alte Bürgertum als auch die „neuen Mittelschichten" von der SPD trennte.[256] Nach der Revolution von 1918 war die Situation dann eine völlig andere. Gerade in den ersten Jahren der Weimarer Republik zeichnete sich ein qualitativer Wandel ab, als die Parteiführung der MSPD massiv versuchte, den Mittelstand und die Kleinbauern stärker an die Partei zu binden.[257] Dort allerdings, wo das Verhältnis zwischen Bürgertum und SPD vor 1914 besonders unversöhnlich war, führte ein solch antagonistisches Verhältnis nach 1917 u.U. zum nahezu geschlossenen Übergang des lokalen sozialdemokratischen Milieus zur USPD oder KPD.[258] Insgesamt freilich blieb die Partei doch in erheblichem Maße abhängig von ihrem traditionellen Mitglieder- und Wählerstamm unter gelernten Arbeitern/-innen, da v.a. der Antisozialismus in den bäuerlichen und bürgerlichen Schichten zu stark ausgeprägt war, um eine dauerhafte Annäherung in einer Gesellschaft, die noch tief von Klassengrenzen geprägt blieb, zu bewirken.[259]

Die Labour Party dagegen, so wird oft behauptet, profitierte von einem Strom prominenter bürgerlicher linksliberaler Politiker, die nach dem Zerfall der Liberal Party im Krieg relativ problemlos ihren Weg in die Labour Party gefunden hätten. Gerade die gemeinsame Ablehnung des Krieges, die viele Linksliberale mit den Politikern von der

---

254 Heinrich Knauf, Aus der Praxis der Agitation, in: NZ 30, 1911/12, S. 674.
255 Karl Heinrich Pohl, Die Sozialdemokratie in München. Zur Vorstellungswelt und sozialen Struktur der Sozialdemokratischen Arbeiterbewegung in der bayerischen Landeshauptstadt (1890-1914), in: IWK 28, 1992, S. 293-319.
256 Prinz, Wandel durch Beharrung, S. 35-73.
257 William Harvey Maehl, The German Socialist Party: Champion of the First Republic 1918-1933, Philadelphia 1986, S. 208 f. Bezeichnenderweise berichtete die SPD-Presse sehr positiv über die zahlreichen prominenten Übertritte von der Liberal Party zur Labour Party nach 1918. Siehe z.B. Freie Presse, 8. Jan. 1925. Zur wachsenden Anzahl von Angestellten und Beamten in der SPD der Weimarer Republik vgl. Lösche und Walter, Auf dem Weg zur Volkspartei, S. 86-90. Eine interessante Einzelstudie zu den Verhältnissen in Harburg, wo die SPD bereits vor 1914 über erhebliche Unterstützung unter den kleinbürgerlichen und bürgerlichen Schichten verfügte, bietet Peter-Christian Witt, Die Entstehung einer sozialdemokratischen Stadt: Harburg zwischen preußischer Annexion 1866/67 und erstem Weltkrieg, in: Ritter, Der Aufstieg, S. 259-316. Zur Situation vor 1914 vgl. auch R. Blank, Die soziale Zusammensetzung der sozialdemokratischen Wählerschaft Deutschlands, in: AfSWP 20, 1905, S. 513-24.
258 Ein Beispiel bietet Helge Matthiesen, Zwei Radikalisierungen – Bürgertum und Arbeiterschaft in Gotha 1918-1923, in: GG 21, 1995, S. 32-62, auch Boll, Massenbewegungen.
259 Guttsman, The German Social Democratic Party 1875-1933, S. 122-27.

ILP verband, habe die politische Annäherung erleichtert.[260] In der Tat gab es in den 1920er Jahren zahlreiche Versuche, inklusive einer prominenten Kampagne der Parteizeitung „Daily Herald", bürgerliche Kreise für die Labour Party zu gewinnen: „The labour movement has not devoted sufficient attention to the trials, troubles and grievances of that section of the community usually known as ‚the middle classes'; they are no less workers because they work with their heads rather than their hands. Politically and industrially, it is of the greatest importance that the middle classes shall be won for Labour."[261] Trotz solcher Bekundungen guten Willens muß es doch zweifelhaft bleiben, ob an der Parteibasis tatsächlich eine erhebliche Anzahl bürgerlicher Liberaler den Weg in die Labour Party fand. Abgesehen von den paar prominenten Politikern der Liberal Party, auf die in der einschlägigen Literatur immer wieder verwiesen wird, war der soziale und kulturelle Graben zwischen Bürgertum, selbst Kleinbürgertum und Angestelltenschaft, einerseits und der Arbeiterschaft andererseits doch so groß, daß oftmals die Voraussetzungen für einen wirklichen Dialog fehlten.[262]

Das Bewußtsein vom eigenen Status hinderte britische Angestellte auch nach 1918 daran, sich mit den Interessen von Arbeitern/-innen zu identifizieren.[263] In der Zwischenkriegszeit, so Gareth Stedman Jones, habe die Labour Party es nicht vermocht, eine Allianz zwischen Arbeiterschaft und Bürgertum zustande zu bringen.[264] Lokale Studien belegen weitgehend, daß die Mitgliedschaft in den Ortsvereinen der Labour Party in den 1920er und 1930er Jahren weitgehend vom Bild gelernter Arbeiter geprägt blieb.[265] Einmal abgesehen von ihrer Mitgliedschaft, blieb die Labour Party auch an der Wahlurne weitgehend – mit der prominenten Ausnahme von 1945 – auf die Stimmen der Arbeiter/-innen angewiesen, die mindestens zwei Drittel des Labour-Stimmenanteils aus-

---

260 Ramsay MacDonald, Outlook, in: SR 15, 1918, S. 10 f.; W.J. Brown, Labour and the Middle Classes, in: Labour Magazine 1, 1918, S. 330 f.; Catherine Ann Cline, Recruits to Labour: The British Labour Party 1914-1931, Syracuse, NY 1963, S. 130; Tanner, Political Change, S. 403.
261 London News, May 1925, S. 3: „Hearty Welcome to the Daily Herald Campaign". Solche Ideen fanden sich in Deutschland bei der nachrevolutionären Vereinigung der Arbeiter der Faust und der Stirn. Siehe Ulrich Linsemann, Hochschulrevolution. Zur Ideologie und Praxis sozialistischer Studenten in der deutschen Revolutionszeit 1918/19, in: AfS 14, 1974, S. 1-114.
262 Zu den erheblichen Unterschieden selbst zwischen dem Kleinbürgertum und der gelernten Arbeiteraristokratie vgl. Eric Hobsbawm, Worlds of Labour, London 1984, S. 242.
263 Peter Behringer, Soziologie und Sozialgeschichte der Privatangestellten in Großbritannien, Frankfurt am Main 1985, S. 155, 234, 236 f.
264 Gareth Stedman Jones, Why is the Labour Party in a Mess?, in: ders., Languages of Class, Cambridge 1983, S. 244. Jones' Aufsatz hatte ein aktuelles politisches Interesse. Als es in den frühen 1980er Jahren zur Gründung der Social Democratic Party kam, die sich von der Labour Party abspaltete, riet Jones der Labour Party, zu den Traditionen einer klassenübergreifenden Linkspartei zurückzukehren, wie es sie vor 1914 angeblich gegeben habe.
265 Michael Savage, The Social Bases of Working-Class Politics: The Labour Movement in Preston 1890-1948, phil.diss., Universität Lancaster 1984, S. 187, veröffentlicht unter dem Titel: The Dynamics; vgl. auch John Boughton, Working-Class Politics in Birmingham and Sheffield, 1918-1931, phil. diss., Universität Warwick 1985, S. 253. Studien zu den Ortsvereinen der SPD weisen in dieselbe Richtung: vgl. Adelheid von Saldern, Auf dem Weg zum Arbeiter-Reformismus: Parteialltag in sozialdemokratischer Provinz, Göttingen 1870-1920, Frankfurt am Main 1984, S. 141 f.; Michels, Die deutsche Sozialdemokratie I, S. 518, sowie H. Müller, Geschichte der Arbeiterbewegung in Sachsen-Altenburg, Jena 1923, S. 60.

machten.²⁶⁶ Mit Blick auf die Unterhauswahlen im Jahre 1922 schreibt Andrew Thorpe: „Labour won virtually no seats with a substantial middle-class electorate, and in rural areas their performance was lamentable: of the 150 seats in Britain which had at least 15% of their adult male population working in agriculture, Labour won only five. Labour was a party based on the votes of the urban working class in certain towns and cities, plus the miners and a handful of others."²⁶⁷ Die kontinuierliche Bindung der Partei an ein soziales Milieu, das dem der SPD so ähnlich war, hing v.a. mit den Kampagnen von Arbeitgebern und Staat gegen eine unabhängige Arbeiterbewegung in den 1890er und 1920er Jahren zusammen – in den zwei Dezennien, die für die Entwicklung der Labour Party zentrale Bedeutung haben sollten. Das Wirtschafts- und Finanzbürgertum wie auch die überwiegende Mehrzahl der adligen Großgrundbesitzer, die Ministerialbürokratie, die ‚neuen Mittelschichten' und die *professions* wählten eine der etablierten politischen Parteien, wobei sie seit der bedeutsamen Spaltung der Liberal Party im Jahre 1886 zunehmend der Conservative Party zuneigten. Allerdings gab es bis zum endgültigen Zusammenbruch der Liberalen im Jahre 1931 regional aber auch religiös motivierte, starke Bindungen gerade des provinziellen Industriebürgertums an die Liberal Party.²⁶⁸ Daß es immer wieder gerade bürgerliche Politiker sein sollten, die die Labour Party im Stich ließen, wie etwa Mosley und Strachey, stärkte außerdem noch eine bereits vorhandene Antipathie gegenüber dem Zustrom bürgerlicher Kreise. Ein ums andere Mal betonten Arbeiterführer, gerade solche, die in den Gewerkschaften ihre Sporen verdient hatten, daß ihre Erfahrungen im Betrieb jedem Universitätsstudium überlegen blieben. James Sexton von der Dock Labourer's Union gab dem weit verbreiteten Mißtrauen von Arbeitern/-innen gegenüber den bürgerlichen Kräften in der Partei Ausdruck: „It was reported that Lord Haldane was now a member of the Labour Party, and they had Outhwaites, Ponsonbys and Morels to whom he decidedly objected. It had been their experience that these men would not subscribe to the Labour Party and carry out its mandates."²⁶⁹ Auch Bruce Glasiers wenig charmante Charakterisierung Lady Warwicks, der zum Sozialismus konvertierten Aristokratin, die z.T. erhebliche finanzielle Mittel für die Partei zur Verfügung stellte, dient als weiteres Beispiel für das Mißtrauen, mit dem weite Kreise der proletarisch geprägten Arbeiterbewegung Großbritanniens Mitglieder anderer sozialer Klassen betrachteten: „we have had ‚Comrade Warwick' with us for three days [...] I was introduced to her [...] but I made it a point to leave her soon [...] She is very handsome but mostly made up – false [...] hair, and much powder and henna die."²⁷⁰ Bezeichnenderweise war George Bernhard Shaw besonders von der fehlenden

---

266 Willi L. Guttsman, The British Political Elite, London 1963, S. 242; W.L. Miller, Electoral Dynamics in Britain Since 1918, London 1977, S. 22 f., 225; John Bonham, The Middle Class Vote, London 1954, S. 162-76.
267 Andrew Thorpe, A History of the British Labour Party, London 1997, S. 55.
268 Eric Hobsbawm, Die englische *middle class* 1780-1920, in: Bürgertum, hrsg. v. Kocka, S. 102-05.
269 Report of the Annual Conference of the Labour Party 1918, London 1918, S. 28.
270 Universitätsbibliothek Liverpool, NL Bruce Glasier, 1904/15 und 1904/25, Briefe Glasiers an seine Frau vom 16. Aug. 1904 und an seine Schwester Lizzie vom 17. Aug. 1904.

Bereitschaft der Labour Party enttäuscht, bürgerliche Sozialisten in den eigenen Reihen voll zu akzeptieren.[271]

Es kann kaum ein Zweifel daran bestehen, daß im Untersuchungszeitraum beide Parteien ernsthafte Versuche unternahmen, mit den eigenen Zielen auch zu bürgerlichen Wählerschichten durchzudringen. Insgesamt war diesen Versuchen allerdings kein durchschlagender Erfolg beschieden, da es in den Klassengesellschaften der ersten Hälfte des 20. Jahrhunderts in beiden Ländern unmöglich war, die miteinander konkurrierenden Interessen und Werte verschiedener Gesellschaftsklassen zu harmonisieren.[272] Die Zeit für eine genuine Volkspartei, die die ältere Klassenpartei ersetzen konnte, war vor 1931/33 weder in Großbritannien noch in Deutschland gekommen.

Die durchaus ambivalente Haltung beider Arbeiterbewegungen zu den bürgerlichen Schichten machte sich auch in ihrer jeweiligen Haltung zur ‚bürgerlichen' Kultur bemerkbar. Die unterschiedlichen Positionen schwingen selbst noch in den Debatten der Arbeiterbewegungshistoriographie nach, so z.B. in der Kontroverse um die „Verbürgerlichung" der Arbeiterbewegungskultur. Während eine Vielzahl von Historikern/-innen die Arbeiterbewegung der weitgehenden Anpassung an bürgerliche Normen und Werte bezichtigte, behaupteten andere, daß die Arbeiterbewegung doch zumindest in Ansätzen eine durchaus originelle proletarische Gegenkultur zur herrschenden bürgerlichen Kultur geschaffen habe.[273] Diese Kontroversen hatten in Großbritannien und Deutschland einen durchaus ähnlichen Frontverlauf. Guttsman ist in seinen ausführlichen Untersuchungen zur Sozialdemokratie zu dem Schluß gelangt, daß die deutsche Arbeiterbewegungskultur keinen Kristallisationspunkt für antikapitalistische Gefühlslagen darstellte. Es gab kaum wirkliche Versuche, eine neue Kultur auf ideologischer Grundlage zu schaffen, obwohl durchaus Teile der Arbeiterbewegung den Sozialismus auch als neuen Lebensstil begriffen.[274] Roth sieht die Subkultur der SPD ebenfalls befangen in der bürgerlichen Ideen- und Gefühlswelt.[275] Und Robert Michels befand bereits: „Skatklub bleibt Skatklub, auch wenn er sich ‚Skatklub Freiheit' nennt."[276] In der Arbeiterdichtung, deren Hauptrezepienten sozialdemokratische Funktionäre waren, dominierten ebenfalls bürgerliche Wertvorstellungen.[277] Unabhängig voneinander haben Ritter und Tenfelde für das Kaiserreich und Winkler für die Weimarer Republik den Typus des sozialdemokratischen Funktionärs als einen Menschen mit bürgerlichem Weltbild beschrieben.[278] Mit wachsendem

---

271 Pierson, British Socialists, S. 323; Neil Blewett, The Peers, the Parties and the People: The General Election of 1910, London 1972, S. 230, hat hochgerechnet, daß im Jahre 1910 84% aller Labour-Kandidaten aus der Arbeiterklasse stammten.
272 Vgl. Adam Przeworksi, Capitalism and Social Democracy, Cambridge 1985, S. 129.
273 Der ganze Bereich der Arbeiterbewegungskultur wird gerade im Hinblick auf die Organisationen von Labour Party und SPD ausführlicher in Kap. 4.2 behandelt.
274 Guttsman, The German Social Democratic Party, S. 207-15, 331; ders., Workers' Culture in Weimar Germany, Oxford 1990, S. 287-313.
275 Roth, The Social Democrats in Imperial Germany.
276 Robert Michels, Zur Soziologie des Parteiwesens in der modernen Demokratie: Untersuchungen über die oligarchischen Tendenzen des Gruppenlebens, Erstveröffentlichung 1911, Wiederauflage der 2. Aufl., Stuttgart 1957, S. 278.
277 Christoph Rülcker, Ideologie der Arbeiterdichtung 1914-1933, Stuttgart 1970, S. 11 und 39-41.
278 Ritter und Tenfelde, Arbeiter, S. 542, 667; Winkler, Der Schein der Normalität, S. 648.

Lebensstandard, so Peter Stearns, entwickelten deutsche Handwerker bürgerliches Konsumverhalten.[279] Damit sei nur auf einige wenige Beispiele dafür verwiesen, daß die SPD nicht zu eigenen kulturellen Formen vorstoßen konnte und statt dessen sich zunehmend einem bürgerlichen Kulturverständnis annäherte.[280]

In der historischen Literatur zur britischen Arbeiterbewegung erscheint diese weitgehend mindestens ebenso abhängig von einem bürgerlichen Kulturbegriff wie ihr deutsches Pendant. Raphael Samuel und Ralph Miliband haben u.a. versucht, die vielen bürgerlichen Verhaltensweisen und Wertvorstellungen, die Eingang in das Selbstverständnis der Labour Party gefunden hatten, nachzuweisen.[281] So lehnte die Labour Party unter Führung MacDonalds vor 1914 die Einführung eines vom Staat zu zahlenden Kindergeldes mit der Begründung ab, daß eine solche Maßnahme die familiäre Verantwortung für die Kindeserziehung unterminiere. Die Familie als soziale Basiseinheit der Gesellschaft stand innerhalb der Labour Party ebensowenig zur Disposition wie viele traditionelle Anschauungen zur geschlechtsspezifischen Rollenverteilung.[282] In ihrem Kunstverständnis blieb die Labour Party völlig abhängig von bürgerlichen Vorbildern.[283] In ihrer wohl energischsten Variante läuft die These von der Verbürgerlichung der Arbeiterbewegung darauf hinaus, daß es gerade die Labour Party gewesen sei, die der britischen Arbeiterklasse nach 1900 das Bewußtsein einer separaten Identität geraubt habe, nicht zuletzt durch ihre Entwicklung zu einer rein verfassungskonformen Wahlmaschine.[284]

Das Schlüsselwort für die Dominanz bürgerlicher Wertvorstellungen innerhalb der Arbeiterbewegung ist dabei das der ‚Respektabilität' (,*respectability*'). So verführerisch es auch sein mag, in vielem von einem bürgerlichen Modell auszugehen, daß die Arbeiterbewegung nur übernahm, so falsch wäre es doch, die zahlreichen Hinweise auf ein eigenständiges kulturelles Selbstverständnis zu ignorieren. Ohne Frage war die ‚Respektabilität' von Arbeitern/-innen in beiden Ländern eine grundlegend andere als die von Bürgern/-innen. Respektable Arbeiter/-innen grenzten sich in ihrem Selbstverständnis oft nicht nur nach unten zum sog. „Lumpenproletariat" hin ab, sondern auch nach oben hin zu den „feineren Kreisen" des Bürgertums. Zwischen hegemonialer Bürgerkultur und proletarischer Gegenkultur versuchten die meisten Arbeiter/-innen in beiden Ländern ihr Leben einzurichten, und man sollte in diesem Zusammenhang die allzu groben Entweder-Oder-Schemata am besten meiden. Allerdings scheint mir die Respektabilität des Arbeiterbewegungsmilieus in Großbritannien und Deutschland wiederum zahlreiche Ähnlichkeiten aufzuweisen. In diesem Zusammenhang hat bereits Robert

---

279 Peter N. Stearns, Adaptation to Industrialisation: German Workers as a Test Case, in: CEH 3, 1970, S. 322.
280 Siehe v.a. auch Brigitte Emig, Die Veredelung des Arbeiters: Sozialdemokratie als Kulturbewegung, Frankfurt am Main 1980.
281 Raphael Samuel, The Middle Class Between the Wars, in: New Socialist, März/April 1983, S. 28-32; Miliband, Parliamentary Socialism, S. 95 f.
282 John Stewart, Ramsay MacDonald, the Labour Party, and Child Welfare, 1900-1914, in: Twentieth Century British History 4, 1993, S. 105-25.
283 Boughton, Working-Class Politics in Birmingham and Sheffield, S. 298; vgl auch Ian Britain, Fabianism and Culture: A Study in British Socialism and the Arts, c. 1884-1918, Cambridge 1982.
284 Nigel Young, Prometheans or Troglodytes?, S. 2, 8 und 24 f.

Michels auf die Parallelen zwischen der ‚persönlichen Ehrenhaftigkeit' der sozialdemokratischen deutschen Arbeiter/-innen und der ‚respectability' ihrer britischen Genossen/-innen hingewiesen.[285] Die scharfe Trennlinie, die Vertreter/-innen beider Parteien zwischen dem ‚Lumpenproletariat' und der eigenen Gesinnung zogen, verweist ebenfalls auf den kleinbürgerlichen Lebensstil im Arbeiterparteienmilieu beider Länder. Der Auslandskorrespondent der „Sozialistischen Monatshefte" berichtete im Jahre 1931 eine kleine Szene, die sich anläßlich der Birminghamer Maifaierlichkeiten desselben Jahres im Labour Club der Stadt zugetragen hatte. Auf einer abendlichen Festveranstaltung erschien die adlige Gattin des zu diesem Zeitpunkt noch als Labour-Party-Jungstar gefeierten Oswald Mosley in feuerroter Abendgarderobe – sozusagen die Gesinnung demonstrativ auf der Haut tragend. Enttäuscht mußte sie allerdings feststellen, daß die proletarischen Genossen/-innen in ihrer üblichen Sonntagskleidung erschienen waren und nirgends sonst auch nur ein rotes Abzeichen zu sehen war. Der bierseligen Geselligkeit der Parteimitglieder war solch demonstrative Zurschaustellung ideologischer Gesinnung offenbar fremd, und dem deutschen Beobachter schien das Ganze archetypisch für den in Labour Party wie SPD vorherrschenden Geist.[286]

Aber auch die kleinere Gruppe von Historikern/-innen, die in den Arbeiterbewegungen beider Länder doch zumindest Ansätze zu einem eigenständigen Kulturverständnis zu erkennen meinen, haben wertvolle Analysen und Beiträge geliefert. In einer Untersuchung zu den vielfältigen Kulturorganisationen der SPD befand Horst Groschopp, daß es durchaus ernsthafte Versuche zum Aufbau einer genuin proletarischen Gegenkultur zur herrschenden bürgerlichen Kultur gegeben habe.[287] Vernon Lidtke betont in seinen Untersuchungen zur Arbeiterbewegungskultur im Kaiserreich, daß sich letztere von bürgerlichen Kulturformen v.a. dadurch abgrenzte, daß sie ihre unterschiedlichen ideologischen Prämissen auch symbolisch in ihrer „alternativen Kultur" sichtbar werden ließ.[288] So gab es etwa Schillerfeiern und Wagnerbegeisterung in bürgerlichen wie sozialdemokratischen Vereinen gleichermaßen, wobei allerdings die unterschiedlichen Vereinskulturen ganz andere Lesarten der Texte des berühmten Dichters und des Opernkomponisten verehrten. Für Burns und van der Will stellen z.B. die Sprechchöre der Weimarer Republik einen eigenständigen sozialistischen Beitrag zur Kultur dar. Beide betonen weiterhin, daß selbst diejenigen kulturellen Aktivitäten der Sozialdemokratie, die bürgerlichen Kulturformen oberflächlich ähnelten, letztendlich doch auch etwas ganz anderes repräsentierten, waren sie doch inspiriert von „einer historischen Hoffnung auf Befreiung von unterdrückender Herrschaft".[289]

Für die britische Arbeiterbewegung haben Eileen und Stephen Yeo mehrfach auf die sich über Jahrhunderte erstreckenden starken Widerstandstraditionen gegenüber bürgerli-

---

285 Robert Michels, Die deutsche Sozialdemokratie I, S. 512. Zur ‚Respektabilität' in der britischen Arbeiterbewegung vgl. auch Brian Harrison, Peacable Kingdom, Oxford 1982, S. 200-7.
286 Rundschau, in: SM 37, 1931, S. 284.
287 Horst Groschopp, Zwischen Bierabend und Bildungsverein: Zur Kulturarbeit in der deutschen Arbeiterbewegung vor 1914, 2. Aufl., Berlin 1987, S. 23.
288 Vernon L. Lidtke, The Alternative Culture: Socialist Labor in Imperial Germany, New York 1985, S. 24.
289 Rob Burns und Wilfried van der Will, Arbeiterkulturbewegung in der Weimarer Republik, Frankfurt am Main 1982, S. 248 und 167-232.

chen Kultur- und Gesellschaftsformen hingewiesen. Gerade innerhalb der frühen Arbeiterbewegung gab es diverse Formen genuiner Arbeiterbewegungskultur, die meist auf lokaler Ebene von Arbeitern/-innen selbst organisiert wurden.[290] Der Reichtum der britischen Arbeiterbewegung an eigenständigen Symbolen, Metaphern, Abzeichen und Flaggen weist ebenfalls in dieselbe Richtung.[291] Im Jahre 1924 warnte Hamilton Fyfe, der Herausgeber des „Daily Herald", Parlamentsabgeordnete der Labour Party davor, sich von den sozialen Konventionen der im Parlament vertretenen Mittel- und Oberschichten einfangen zu lassen. Würde man erst einmal Hofkleidung, Gesellschaftspartys und den im Parlament vorherrschenden sozialen Komment akzeptieren, so Fyfe, dann würden auch auf lange Sicht die auf Überwindung des bestehenden kapitalistischen Systems beruhenden Ziele der Partei korrumpiert.[292] Insgesamt scheint also im Verhältnis der Arbeiterbewegung zur bürgerlichen Kultur dieselbe Widersprüchlichkeit zwischen dem Willen nach Integration und dem Bemühen um Abgrenzung ersichtlich, die wir ebenso in den anderen Einstellungen zu Nationalstaat, Parlamentarismus, politischen Parteien und Arbeitgebern beobachtet haben. Dabei war die mangelnde Anerkennung und Unterprivilegierung durch die bürgerliche Gesellschaft sicher für die Ausprägung einer klassenbewußten Gegen-Kultur ebenso wie einer adeptenhaften Ausweich-Kultur von entscheidender Bedeutung. Zunehmend war die Integration beider Arbeiterbewegungen allerdings mit der Übernahme bürgerlicher Normen und Werte verbunden, aber zugleich blieb im Untersuchungszeitraum auch das Bemühen stark, einem durchaus eigenständigen proletarischen Selbstbewußtsein Ausdruck zu verleihen.

2.5 Schlußfolgerungen

Insgesamt hält die Sonderwegs-These, die besagt, daß die britische Arbeiterbewegung problemlos in ihre Gesellschaft integriert wurde, wogegen ihr deutsches Pendant unter einer Mischung aus Isolation und Selbstisolation litt, einer kritischen Untersuchung nicht stand. Die Abgrenzungen beider Arbeiterbewegungen zum Rest ihrer jeweiligen Gesellschaften verwischten sich, blieben umstritten und verschoben sich laufend, was den Eindruck einer fundamentalen Widersprüchlichkeit hervorruft. Auf der einen Seite war da durchaus viel positive Identifizierung mit dem Nationalstaat und seinen Institutionen, v.a. mit dem Parlament. Es gab auch in zunehmendem Maße eine generelle Bereitschaft, innerhalb dieser Institutionen das erklärte Ziel einer Emanzipation der Arbeiterklasse zu erreichen. So wurden durchaus Bündnisse mit anderen Parteien gesucht, und es gab konstruktive Versuche, sowohl die Mitglieder- als auch die Wählerschichten der Partei ins bürgerliche Lager auszudehnen. Allerdings scheiterten diese Versuche doch weitge-

---

290 Siehe besonders Eileen Yeo, Culture and Constraint in Working-Class Movements, 1830-1855, in: Popular Culture and Class Conflict, hrsg. v. Eileen und Stephen Yeo, Brighton 1981, S. 155.
291 Hobsbawm, Worlds of Labour, bes. S. 68-79 über Rituale in der Arbeiterbewegung. Vgl. auch John Gorman, Images of Labour, Manchester 1985, und ders., Banners Bright, Erstveröff. 1973, Neuaufl. Manchester 1986.
292 Hamilton Fyfe, The House of Rimmon, SR 24, 1924, S. 109-116.

hend an der Feindseligkeit bürgerlicher Schichten gegenüber der Arbeiterbewegung und dies, obwohl die entstehende Arbeiterbewegungskultur maßgeblich auf bürgerliche Modelle und Vorstellungen zurückgriff. Auf der anderen Seite blieben beide Arbeiterbewegungen stark internationalistisch ausgerichtet und mißtrauisch gegenüber dem Staat und seinen Institutionen. Antiparlamentarische Gefühlslagen waren in beiden Parteimilieus zwar minoritär, aber durchaus nicht unbekannt. Auch die anhaltenden Diskriminierungen durch das Wahlrecht in beiden Ländern, die Aktivitäten antisozialistischer Organisationen sowie die feindselige Haltung eines Großteils der Richter und Unternehmer, ganz zu schweigen von den erheblichen staatlichen Unterdrückungsmaßnahmen, entfremdeten beide Arbeiterbewegungen vom Nationalstaat und waren der Nährboden für eine selbstbewußte Arbeiterbewegungskultur, die sich in vielerlei Hinsicht als Alternative zum bestehenden bürgerlichen Gesellschaftsmodell und seinen Werten betrachtete.

3 Parteiorganisation

Sonderwegs-Thesen enthalten oftmals Hinweise auf die sehr unterschiedlichen Organisationsstrukturen von Labour Party und SPD. Nach dieser Sicht der Dinge wurde die Labour Party als parlamentarischer Ableger der Gewerkschaften gegründet. Als solcher vernachlässigte sie den systematischen Aufbau einer starken Parteiorganisation. Statt dessen verließ sie sich auf die Gelder der Gewerkschaften und den Enthusiasmus ihrer Anhänger in den Wahlkreisen. Ganz im Gegensatz dazu steht dann der ‚organisatorische Patriotismus' der SPD, der zum Aufbau einer immensen Parteimaschine führte, die nicht nur Mittel zur effektiven Mobilisierung von Wählern war, sondern für ihre Mitglieder auch weitgehend eine alternative Lebensform darstellte. Eine hochgradig bürokratisierte und zentralisierte SPD wird einer Labour Party gegenübergestellt, deren halbherzige Organisationsarbeit eine Angelegenheit von Amateuren blieb.[1] Dieser Teil der Sonderwegs-These soll im vorliegenden Kapitel einer eingehenden Prüfung unterzogen werden. Zunächst einmal sollen die nationalen, regionalen und lokalen Ebenen der Parteiorganisation untersucht werden, ehe dann spezifischere Organisationsfragen, wie z.B. die nach der Finanzierung beider Parteien, der Organisation des Pressewesens, dem Führungsstil und der innerparteilichen Demokratie sowie dem Einfluß der Gewerkschaftsbewegung auf Entscheidungen beider Parteien, analysiert werden.

Zu Beginn des Organisationsvergleichs scheint es sinnvoll, einen leicht vereinfachten schematischen Überblick über die Organisation von Labour Party und SPD von ca. 1890 bis 1931/33 zu geben[2]:

SPD	Labour Party
Organisation nach den Statuten von 1890	*Organisation vor 1918*
Parteitag	Parteitag
Parteivorstand und Kontrollkommission	Parteivorstand (National Executive Council)
Lokale Vertrauensmänner (seit den 1890er Jahren zunehmend durch Ortsvereine ersetzt)	Wahlkreisorganisationen (die nur aus der Partei affiliierten Organisationen und deren Vorständen bestanden; Einzelmitgliedschaft weitgehend unbekannt)
Parteimitglieder (vielfältig eingebunden in Ortsvereine, Wahlkreisorganisationen und sozialdemokratische Kultur-, Sport- und Milieuvereine)	

---

1 Tenfelde, Sonderweg, S. 476-80; Mommsen, Arbeiterbewegung, S. 279; Luebbert, Liberalism, S. 159.
2 Zur SPD nach 1918 vgl. auch den detaillierteren Überblick bei Guttsman, The German Social Democratic Party, S. 151.

SPD	Labour Party
Organisation nach den Statuten von 1905	
Parteitag	
Parteivorstand und Kontrollkommission (seit 1900 getrennte Organisationen; nach 1912 Parteiausschuß)	
Regionale Parteiorganisationen in den Einzelstaaten; Landesorganisationen/Bezirksverbände (schrittweiser Aufbau nach 1890)	
Agitationsbezirke (Aufbau nach 1893 durch Zusammenlegung zahlreicher Wahlkreisorganisationen)	
Wahlkreisorganisationen (397)	
Ortsparteien mit Stadtteilorganisationen	
Parteimitglieder	
Organisation nach den Statuten von 1919 und 1924	*Organisation nach 1918*
Parteitag	Parteitag
Parteivorstand, Kontrollkommission und Parteiausschuß	Parteivorstand (National Executive Council)
Bezirksverbände (nicht unbedingt nach Einzelstaaten)	Neun regionale Organisationen
Unterbezirksorganisationen	Wahlkreisorganisationen
Ortsverbände und Stadtteilorganisationen	Ortsverbände und Stadtteilorganisationen
Parteimitglieder	Parteimitglieder

3.1 Die nationalen Parteiorganisationen

Die nationalen Zentren der Entscheidungsfindung in der Labour Party und der SPD waren die Parteivorstände. Beide Institutionen wurden langsam, aber stetig vergrößert, und beide zeichneten sich durch eine außergewöhnliche Stabilität und Kontinuität ihrer Mitglieder aus. Der National Executive Council (NEC) bestand im Jahre 1900 aus 12 Mitgliedern, im Jahre 1918 waren es 23 und 1929 gar 25 Mitglieder. Wichtige Führungspersönlichkeiten der Partei waren aus diesem Gremium praktisch nicht wegzudenken. J.R. Clynes, Arthur Henderson, Ramsay MacDonald, Hugh Dalton und Herbert Morrison waren allesamt 25 Jahre oder länger im NEC vertreten, der auch den Parteisekretär wählte. Letzterer war wiederum dem NEC in allen Fragen der Parteiorganisation verantwortlich. Ramsay MacDonald hatte diesen wichtigen Posten von 1900 bis 1912 inne, und in dieser Zeit konzentrierte er sich weitgehend darauf, die Gewerkschaften für eine unabhängige Arbeiterpartei zu gewinnen. Nachdem dies erfolgreich geschehen war, widmete sich sein Nachfolger Arthur Henderson in den Jahren von 1912 bis 1934 besonders dem organisatorischen Aufbau der Partei.

Auch der Parteivorstand der SPD wurde über die Jahre vergrößert. Ursprünglich bestand er nur aus fünf Mitgliedern: zwei Vorsitzenden, zwei Sekretären und einem Schatzmeister. Im Jahre 1900 wurde (nach älterem Vorbild) ein zweites Organ als unabhängiges Gremium begründet, die Kontrollkommission.[3] Sie hatte sieben Mitglieder, deren Aufgabe v.a. in der Kontrolle des Parteivorstandes bestand. Zugleich funktionierte die Kontrollkommission auch als innerparteiliche Beschwerdeinstanz gegen Parteibeschlüsse. In allen wichtigen Angelegenheiten zog der Parteivorstand die Kontrollkommission zu Rate.[4] In den Parteistatuten von Jena aus dem Jahre 1905 wurde die Zahl der in jedem Jahr in den Vorstand zu wählenden bezahlten Parteisekretäre offen gelassen, um die Ernennung zusätzlicher Sekretäre zu ermöglichen, sollte die administrative Belastung des Parteivorstands dies erforderlich machen. Friedrich Ebert wurde im Jahre 1906 als Parteisekretär in den Vorstand gewählt, und im Jahre 1911 folgten zwei weitere Sekretäre. Nach 1918 stieg die Anzahl der Parteivorstandsmitglieder von 12 im Jahr der Revolution auf 20 im Jahr der Machtübertragung an Hitler.[5]

Bereits zeitgenössischen Beobachtern wie Alexander Schifrin fiel auf, daß die SPD eine noch beachtenswertere Kontinuität in ihrem Führungspersonal aufwies als die Labour Party. Während von den 23 Mitgliedern des NEC aus dem Jahre 1924 nur ganze 10 ihren Vorstandssitz im Jahre 1928 noch immer inne hatten, gab es während des gesamten Zeitraumes der Weimarer Republik nur 31 Genossen/-innen, die sich auf die 20 Parteivorstandssitze verteilten.[6] Von den elf Personen, die den Parteivorstand in dieser Zeit verließen, waren acht in ihrer Amtsperiode verstorben, zwei traten zurück, da sie auf Ministersesseln Platz nahmen, und nur ein einziges Mitglied wurde abgewählt. Im Parteivorstand der SPD vertreten zu sein, bedeutete fast immer eine Lebensaufgabe. Daß der Vorstand im Kaiserreich nicht einen, sondern zwei Vorsitzende wählte, ging auf die Vereinigung von ADAV und SDAP 1875 in Gotha zurück, wo aus jeder der beiden nun vereinigten Parteien eine Person zum Vorsitzenden gewählt wurden. Diese Amtsteilung stellte auch einen Kontrollmechanismus dar, der verhindern sollte, daß ein einzelner seine Macht über den Apparat mißbrauchen konnte. Allerdings war die Position der Vorsitzenden ähnlich unerschütterlich wie die Position des Sekretärs der Labour Party. Langjährige Vorsitzende der Partei waren Paul Singer und August Bebel, und nach ihrem Tod nahmen Friedrich Ebert und Hugo Haase ihre Plätze ein. Die Autorität der Vorsitzenden im Vorstand beruhte einzig auf ihrer Persönlichkeit und ihren Verdiensten als Parteiführer. In der Weimarer Republik teilten sich drei Vorsitzende die unterschiedlichen organisatorischen Aufgaben: Otto Wels war für die innere Organisation der Partei, Hermann Müller für die Agitation und als Fraktionsvorsitzender auch für die Partei im Reichstag verantwortlich, während Arthur Crispien, der nach der Wiedervereinigung der

---

3 Nach 1890 waren Parteivorstand und Kontrollkommission nominell ein Gremium, was mit der restriktiven Vereinsgesetzgebung im Kaiserreich zu tun hatte. Allerdings übten beide Institutionen bereits zu diesem frühen Zeitpunkt unterschiedliche Funktionen aus.
4 Thomas Nipperdey, Die Organisation der deutschen Parteien vor 1918, Düsseldorf 1961, S. 368.
5 Richard N. Hunt, German Social Democracy 1919-1933, New Haven, Conn. 1964, S. 76.
6 Alexander Schifrin, Parteiapparat und Parteidemokratie, in: Die Gesellschaft 7, 1930, S. 526.

MSPD mit der Rest-USPD im Jahre 1922 in den Vorstand gewählt wurde, für die internationalen Kontakte der SPD zuständig war.[7] Kein Vorsitzender der SPD konnte jemals wieder die Popularität und Autorität August Bebels erreichen, der – darin Arthur Henderson vergleichbar – gewohnt war, in allen Angelegenheiten der Partei das letzte Wort zu sprechen.

Der NEC entwickelte bereits vor 1914 einen administrativen Apparat, die sog. Zentrale (*head office*), um mit den unterschiedlichen organisatorischen Aspekten der Partei im Alltag zurecht zu kommen. Im Jahre 1910 war die Zentrale der Labour Party in zwei Räumen der Victoria Street untergebracht. Sie beschäftigte zu diesem Zeitpunkt sieben Personen. Die hauptsächliche Routinearbeit lastete auf dem stellvertretenden Sekretär, James Middleton. Am Vorabend des Ersten Weltkrieges bestand die Zentrale bereits aus elf Mitgliedern, und im Jahre 1930 waren es gar 30 Angestellte in London und weitere 17 Mitarbeiter in den regionalen Parteiorganisationen. Zu diesem Zeitpunkt gab es auch bereits eine detaillierte Aufteilung der Zentrale in Abteilungen, die mit unterschiedlichen Politik- und Organisationsbereichen befaßt waren. Die wichtigsten waren das Büro des Sekretärs (*Secretary's Office*), das Büro des stellvertretenden Sekretärs (*Assistant Secretary's Office*), das Büro des für die landesweite Organisation zuständigen Sekretärs (*National Agent's Department*), der zum ersten Mal im Jahre 1908 ernannt wurde, das Büro der für die Frauenorganisation zuständigen Sekretärin (*Chief Woman Officer's Department*), die Presseabteilung (*Press and Publicity Department*), ein Informationsbüro (*Information Bureau*) und eine Auskunftsstelle (*Enquiry Office*).[8] Bei der Reorganisation der Partei im Jahre 1918 wurden außerdem noch vier ständige Ausschüsse mit Sitz bei der Zentrale geschaffen, die zuständig waren für a) Organisation und Wahlen, b) programmatische Grundsatzfragen, c) Literatur, Forschung und Agitation, d) Finanzen und Allgemeines. Ein Großteil der administrativen Routinearbeit wurde durch die Zentrale erledigt, die durchweg unbedingte Loyalität gegenüber dem Parteisekretär an den Tag legte.

Trotz solcher Verdienste ist auch immer wieder gerade von Insidern auf die organisatorischen Mängel dieser Zentrale hingewiesen worden. So betonte etwa der frühere ‚Einpeitscher' (*Chief Whip*) der Labour Party im Parlament, John Silkin: „the staffing structure of the Labour Party headquarters has never been thought through. There is little effort to direct resources intelligently. Failing any clear direction from the Executive, staff often wander off in what ever direction suits them, developing some aspects of policy at the expense of others [...] The staffing structure has just grown over the years in response to various pressures. Departmental heads fight tooth and nail to maintain their empires [...]"[9] Eine Hauptschwierigkeit der Zentrale vor 1918 lag in der Tatsache, daß die Partei nur über bereits bestehende, in sich unabhängige Gruppierungen existierte, meist Gewerkschaften und sozialistische Organisationen, die sich der Labour Party kollektiv angeschlossen hatten. Das machte es der Zentrale sehr schwer, ihre Autorität gegenüber

---
7 Winkler, Der Schein der Normalität, S. 647.
8 R.T. McKenzie, British Political Parties: The Distribution of Power within the Conservative and the Labour Parties, 2. Aufl., London 1963, S. 563.
9 John Silkin, Changing Battlefields: The Challenge to the Labour Party, 1923-1987, London 1987, S. 18.

diesen Organisationen durchzusetzen. Eine effektive Zentralisierung der Entscheidungsfindung bei der Parteiführung und ihren administrativen Organen unterblieb. Selbst die Parteiführung, der NEC, bestand ja aus gewählten Vertretern/-innen dieser Einzelorganisationen, die sich im Jahre 1900 zu einer Labour-Allianz zusammengefunden hatten. Nur unabhängige lokale Organisationen hätten der Parteiführung eine Machtbasis gegeben, die sie gegenüber den Eigeninteressen der angeschlossenen Verbände unabhängiger gemacht hätte. Weil sie diesen Zusammenhang genau durchschauten, brachten MacDonald und Henderson auf dem Parteitag des Jahres 1912 einen Antrag ein, der auch eine Einzelmitgliedschaft in der Labour Party erlaubt hätte. Damit unternahmen die beiden Parteiführer einen bewußten Versuch, sich eine eigene Machtbasis zu schaffen. Allerdings lehnten die vereinigten Stimmen von Gewerkschaften und sozialistischen Organisationen den Vorschlag ab.[10] Den systematischen Ausbau lokaler Parteiorganisationen mit dem Ziel, im ganzen Land eine homogene Arbeiterpartei aufzubauen, konnte die Zentrale erst nach den Statutenänderungen von 1918 in Angriff nehmen.[11]

Fiel es der Labour Party schwer, auf nationaler Ebene einen schlagkräftigen Apparat aufzubauen, so sollte man doch zugleich die Effizienz der zentralen Parteiorganisation der SPD nicht überbewerten. Selbst Mitte der 1920er Jahre verfügte sie über nur 64 Mitarbeiter, von denen einige noch für die Verwaltung der Kultur-, Sport- und Freizeitorganisationen der Partei verantwortlich zeichneten.[12] Die meisten hauptamtlichen Sekretäre wurden von den Bezirksverbänden angestellt – im Jahre 1920/21 beschäftigten diese 401 Angestellte.[13] Vor dem Ersten Weltkrieg hielt der Parteivorstand zwei Sitzungen in der Woche ab, bei denen es v.a. um die Korrespondenz mit den lokalen Organisationen ging. Abgesehen von einer Schreibmaschinenkraft (die im Jahre 1905 eingestellt wurde), hatte der Vorstand keine administrativen Bürohilfen, so daß dessen Mitglieder selbst einfachste Arbeiten in der Regel selbst erledigten. Das war eigentlich nur möglich, weil die Parteiorganisation in Bezirke unterteilt war, deren Vorstände den Hauptanteil an der Organisations- und Verwaltungsarbeit der lokalen Parteien trugen.[14]

Die Vorstände beider Parteien hatten die Aufgabe, die außerparlamentarische Arbeit zu überwachen und zu koordinieren. Beide Institutionen mußten ihr Personal und ihre Organisationsstrukturen ausdehnen, um den Bedürfnissen einer wachsenden Partei gerecht zu werden. Die nationalen Bürokratien von Labour Party und SPD unternahmen unterschiedliche Versuche, mit den lokalen Organisationen in dauerhafter Verbindung zu bleiben und die Entwicklung sowie das Wachstum der lokalen Organisationen zu kontrollieren. Zunächst einmal gaben beide Vorstände zahlreiche organisatorische Handbücher und spezifische Zeitschriften für lokale Parteifunktionäre heraus, die Parteiarbeitern mit Rat zur Seite stehen sollten, wenn es etwa darum ging, wie ein Ortsverband zu verwalten war, wie man die lokale Agitation organisierte und effektiv Wahlkampf führte. Die Veröffentlichungen beider Parteien betonten besonders die Bedeutsamkeit einer gut

---

10 McKibbin, Evolution, S. 95.
11 Labour Organizer, Okt. 1923, S. 15.
12 Guttsman, The German Social Democratic Party, S. 246.
13 Ritter, Arbeiter, S. 269.
14 Siehe Kap. 3.2.

organisierten Parteibürokratie. So hieß es im Handbuch der SPD: „Die Verwaltung ist der Kopf und die Seele der Organisation [...] Wo keine Ordnung im Inneren herrscht, da wird auch die Schlagfertigkeit nach außen fehlen."[15] Das Vertrauen der Labour Party in die Wunderwaffe guter Organisationsarbeit findet sich in Aussagen wie der folgenden bestätigt: „there is no constituency in the country but where with sufficient propaganda and tactful organization one may not be able to establish a powerful party."[16]

War es notwendig, so erinnerte der Parteivorstand die Abgeordneten der SPD daran, daß sie auch gegenüber ihren Wahlkreisorganisationen Verpflichtungen hatten, besonders dann, wenn Wahlen anstanden und die Funktionäre vor Ort ein besonderes Interesse daran hatten, landesweit bekannte und beliebte Parlamentarier auf ihren Versammlungen auftreten zu lassen.[17] Selbstverständlich hatte das unterschiedliche Wahlsystem in Großbritannien und Deutschland einen wichtigen Einfluß auf die Beziehungen zwischen Abgeordnetem und seiner lokalen Partei. Während das Verhältniswahlrecht in Deutschland nach 1918 die Verbindung entscheidend schwächte, sicherte der Fortbestand des Systems einzelner Wahlkreise in Großbritannien das starke Band zwischen gewählten Vertretern und ihren lokalen Parteiorganisationen.[18] Trotz solcher institutionellen Unterschiede wird man doch von Abgeordneten der Labour Party als auch der SPD sagen können, daß sie sich sehr um gute Beziehungen mit ihren Wahlkreisorganisationen bemühten und dabei einen nicht unerheblichen Teil ihrer Zeit für Parteiarbeit bereitstellten. Obwohl z.B. Peter Grassmann stellvertretender Vorsitzender des ADGB war, fand er nicht nur die Zeit für eine rege Korrespondenz mit seinem Hamburger Wahlkreis, sondern er reiste auch häufig nach Hamburg, um an Veranstaltungen aller Art teilzunehmen. Als er im Jahre 1925 einmal nicht persönlich kommen konnte, war dies für ihn Anlaß genug, um einen drei Seiten langen Brief aufzusetzen, in dem er sich für seine Abwesenheit entschuldigte und auch nicht vergaß darauf hinzuweisen: „Das ist das erste Mal, daß ich bitten muß, mir eine Referatübernahme zu erlassen. Ich hoffe, daß Sie die tatsächlichen Verhältnisse berücksichtigen."[19] Friedrich Ebert war ein wichtiger Parteifunktionär, dem trotz aller Belastungen die „enge und verantwortungsvolle Bindung an den Wahlkreis" überaus wichtig war.[20] Er war oft persönlich in Elberfeld-Barmen anwesend und gab jedes Jahr einen ausführlichen Rechenschaftsbericht zu seiner Tätigkeit als Reichstagsabgeordneter. Nach seinem Selbstverständnis war dieses Abgeordnetenmandat nicht zuletzt dazu da, spezifische Interessen seines Wahlkreises im Reichstag zu vertreten.

---

15 Handbuch für die Ortsvereine: eine Anweisung für die Erledigung der Aufgaben der Ortsvereine, Berlin 1930, S. 61 und 75.
16 Labour Organizer, Juni 1922, S. 12.
17 FES, Archiv der sozialen Demokratie, früher: Historische Kommission zu Berlin, NB 471, Nr. 172: Brief des Vorstands an die SPD-Reichstagsfraktion vom 13. April 1931. Auch SAPMO, NL Paul Löbe, 110/97, Nr. 4: Rundbrief von Wels an alle Reichstags- und Landtagsabgeordneten vom 8. Juni 1921.
18 Maurice Duverger, Political Parties: Their Organisation and Activity in the Modern State, 2. Auflage, London 1959, S. 193; Winkler, Von der Revolution, S. 245 f.
19 FES, Archiv der sozialen Demokratie, früher: Historische Kommission zu Berlin, NB 466, Nr. 51: Brief Grassmanns an die Hamburger SPD vom 15. Aug. 1925.
20 Parteiagitation und Wahlkreisvertretung: eine Dokumentation über Friedrich Ebert und seinen Reichstagswahlkreis Elberfeld-Barmen 1910-18, hrsg. v. Dieter K. Buse, Bonn 1975, S. xiii.

Eine der Aufgaben der Society of Labour Candidates in Großbritannien bestand darin, Strategien zu entwickeln, mit denen eine möglichst reibungslose Beziehung zwischen Abgeordnetem und Wahlkreisorganisation zu gewährleisten war. Immer wieder ging es bei ihren Treffen um die Intensivierung der Kontakte. So beschloß der Verein z.B. im Juni 1929, daß „an endeavour should be made during the summer months to provide propaganda assistance to Divisional Labour Parties [...] candidates or MPs should spend their holidays or week-ends in places where they were needed [...]"[21] Philipp Noel-Baker verbrachte als Labour-Abgeordneter viel Zeit in seinem Wahlkreis Coventry und redete häufig zu diversen Themen, wie Abrüstung, Schulreform und Arbeitslosigkeit. Er engagierte sich kräftig in Kommunalwahlkämpfen, korrespondierte regelmäßig über die Verhältnisse vor Ort mit dem lokalen Parteisekretär, George Hodgkinson, und legte eine Zeitungsausschnittsammlung zu Ereignissen in Coventry an.[22] Der National Labour Club in London, in dem sich Abgeordnete der Partei regelmäßig trafen, organisierte Empfänge für Vertreter der London Borough and Divisional Labour Parties, um die Verbindungen zwischen den lokalen Parteiorganisationen und der Fraktion zu stärken.[23]

Die in der Regel guten Beziehungen zwischen Wahlkreisorganisationen und Abgeordneten gaben den Parteivorständen beider Parteien wenig Gelegenheit, auf die Auswahl von Kandidaten/-innen für Parlamentswahlen Einfluß zu nehmen. Dabei räumten die Statuten potentiell dem NEC ein beträchtliches Mitspracherecht ein, konnte er doch jeden Kandidaten/-in, der in den Wahlkreisen aufgestellt worden war, ablehnen. Daß der NEC jedoch bereits vor 1914 alle Hände voll zu tun hatte, um wilde Kandidaturen in den Wahlkreisen zu stoppen, die dem Gladstone-MacDonald-Abkommen von 1903 widersprochen hätten, zeigt bereits an, welches Maß an Autonomie von den Weisungen des NEC sich viele lokale Parteiorganisationen zusprachen. Dieses Selbstvertrauen ruhte vor allem darin, daß jede Kandidatur vor Ort durch die sozialistischen Organisationen oder die Gewerkschaften finanziert werden mußte. Da es niemals zu einer effektiven Zentralisierung der Finanzmacht bei der Zentrale in London kam, verfügte diese auch nur über sehr eingeschränkte Mittel, um unbotmäßige und unabhängige Aktionen der lokalen Organisationen zu verhindern. So beschränkten sich direkte Interventionen der Zentrale in die Angelegenheiten der lokalen Parteien in der Regel darauf, Unstimmigkeiten innerhalb der lokalen Parteiorganisationen zu schlichten, was besonders der Fall war, wenn es zur Nominierung von Kommunisten/-innen als Parlamentskandidaten/-innen kam.[24] Innerhalb der SPD war die Nominierung von Reichstagskandidaten/-innen vor 1918 eine Angelegenheit der relativ überschaubaren Wahlkreisorganisationen. In der Weimarer Republik wurden die Kandidaten/-innen von den Unterbezirkskonferenzen vorgeschlagen und formell von der Landesparteikonferenz bestätigt, wobei den Bezirksverbänden

---

21 Churchill College, Noel-Baker collection, NBKR 2/2: Minutes of the Committee Meeting of the Society of Labour Candidates vom 10. Juni 1929.
22 Churchill College, Noel-Baker Collection, NBKR 2/13.
23 Beatrice Webb, The Parliamentary Labour Club: Its Origins and Use, in: Labour Magazine 3, 1924/25, S. 12-14.
24 Zum Nominierungsverfahren von Parlamentskandidaten innerhalb der Labour Party siehe v.a. McKibbin, Evolution, S. 134 und J.S. Rowett, Labour Party and Local Government, S. 52 f.

und v.a. der Bezirksleitung eine zunehmend wichtige Rolle zukam.[25] Der Parteivorstand intervenierte selten, obwohl er sich nach 1905 in allen Fällen, in denen sich lokale Parteien nicht auf einen Kandidaten einigen konnten, das letzte Wort bei der Nominierung vorbehielt.[26]

Wenden wir nun unsere Aufmerksamkeit von den Vorständen zu den Fraktionen beider Parteien, so fallen wiederum verschiedene organisatorische Ähnlichkeiten auf. Beide entschieden sich für eine Art von Fraktionsvorstand. In der SPD wurde dies bereits zur Zeit des Sozialistengesetzes das entscheidende Gremium politischer Führung. Die Macht des Fraktionsvorsitzenden über die Fraktion beruhte allerdings weitgehend auf seiner persönlichen Autorität innerhalb der Partei. So beschwerte sich etwa Molkenbuhr im Jahre 1906 gegenüber seinem Tagebuch, daß der Titel ‚Fraktionsvorsitzender' ihm wenig nütze, „weil es ihm an Rechtsmitteln fehlt, die Kollegen als Untergebene zu behandeln."[27] Um mit der stetig anwachsenden administrativen Arbeitsbelastung fertig zu werden, stellte die Fraktion im Jahre 1904 einen bezahlten Sekretär an. Abgesehen davon, baute die Fraktion keine eigene Administration auf. Nach 1899 formierten sich ad hoc Kommissionen innerhalb der Fraktion, die sich mit speziellen Gebieten der parlamentarischen Arbeit befaßten. Diese Kommissionen wurden im Jahre 1907 zu dauerhaften Einrichtungen gemacht, und doch war vor 1914 die einzig funktionierende diejenige, die sich mit Sozialpolitik beschäftigte.[28]

Im Fall der PLP lag die politische Führung bei einem sog. Parliamentary Committee, das sich Montags bis Donnerstags täglich traf, um die anstehenden Parlamentsdebatten vorzubesprechen und parteipolitische Grundlinien abzustecken.[29] Seine Mitgliedschaft bestand aus dem Vorsitzenden der PLP, dem stellvertretenden Vorsitzenden, dem ‚Haupteinpeitscher' (*Chief Whip*), dem Vorsitzenden der Labour Abgeordneten im House of Lords, (seit 1925) dem ‚Haupteinpeitscher' der Labour Peers, die allesamt ex officio Mitglieder waren, sowie zwölf gewählten Vertretern/-innen des Unterhauses und einem/-r (ab 1925 zwei) gewählten Vertreter/-in des Oberhauses.[30] Das Parliamentary Committee der Labour Party war ein wichtigeres Gremium als der Fraktionsvorstand der SPD. Es bildete einen geschlosseneren Zirkel, der es anderen Abgeordneten/-innen der Partei sehr schwer machte, auf die Entscheidungsfindung in der PLP Einfluß zu nehmen. Immerhin traf sich die gesamte SPD-Fraktion wöchentlich, um die anstehenden parlamentarischen Debatten vorzubesprechen und zu einer gemeinsamen Haltung der Partei zu finden. Diese zeitaufwendigen Treffen zogen sich dabei nicht selten über Tage hin. Allerdings entschieden sich beide Fraktionen, die Führung nicht in die Hände einzelner zu legen, sondern sie einem kollegialen Gremium anzuvertrauen. De facto konnte allerdings zu Zeiten die persönliche Dominanz von einzelnen über dieses Gremium, wie die von Bebel in Deutschland oder von MacDonald in Großbritannien, die Kontrollfunktion dieser

---

25 Guttsman, The Social Democratic Party, S. 228.
26 Nipperdey, Die Organisation, S. 373 f.
27 FES, Archiv der sozialen Demokratie, NL Molkenbuhr, Tagebuchkladde 1, Eintrag vom 5. Sept. 1913.
28 Erich Matthias und Eberhardt Pikart, Die Reichstagsfraktion der deutschen Sozialdemokratie 1898-1918, Düsseldorf 1966, S. cxi-cxxiv.
29 Report of the Annual Conference of the Labour Party in 1925, London 1925, S. 90.
30 McKenzie, British Political Parties, S. 413.

Gremien auf ein Minimum beschränken. Analog zur SPD-Fraktion setzte auch die PLP nach 1918 ständige Kommissionen ein, um mit der alltäglichen Routine des parlamentarischen Betriebs fertig zu werden.[31]

In beiden Fraktionen waren Funktionäre der Arbeiterbewegung überrepräsentiert. Im deutschen Fall dominierten die Partei- und Gewerkschaftsfunktionäre die Fraktion, so daß man am Ende der Weimarer Republik feststellen konnte: „Die Fraktion der SPD ist eine ausgesprochene Funktionärsfraktion. Wir können mit etwa 80% Berufspolitikern rechnen. Davon stehen etwa 66% als Funktionäre oder Redakteure in einem direkten Angestelltenverhältnis zur Partei oder Gewerkschaft."[32] Innerhalb der Labour Party waren in der ersten Hälfte der 1920er Jahre über 50% aller Abgeordneten Gewerkschaftsfunktionäre, während nur ein relativ geringer Anteil an Abgeordneten in einem direkten Angestelltenverhältnis zur Partei standen.[33] Die meisten Parteiangestellten hatten entweder keine parlamentarischen Ambitionen, oder ihnen wurde keine Chance gegeben.

Beiden Fraktionen gelang es, einen Großteil des politischen Entscheidungsprozesses innerhalb der Gesamtparteien an sich zu ziehen. In der SPD war ihre Macht während des Bismarckschen Sozialistengesetzes am größten, als es die einzig funktionierende Institution der Partei war und schon von daher praktisch die Parteiführung übernahm. Auch nach dem Fall des Sozialistengesetzes sollten alle wichtigen Parteiführer sowohl in der Fraktion als auch in hohen Parteiämtern vertreten sein. Dabei stellte die Fraktion das einzige Gremium der Partei dar, dessen Funktion und Beziehung zu anderen Institutionen nicht klar durch die Parteistatuten geregelt wurden, sondern mehr eine Sache der Tradition und Gewohnheit war, was wiederum den Handlungsspielraum der Fraktion gegenüber anderen Parteigremien vergrößerte. Auch die PLP war von den Entscheidungen anderer Parteigremien relativ unabhängig. Nach Absatz 4c der Parteistatuten von 1918 war die PLP an Entscheidungen der Parteitage gebunden: „It shall be the duty of every Parliamentary representative of the Party to be guided by the decision of the meetings of such parliamentary representatives, with a view to giving effect to the decisions of the party conference as to the general programme of the party."[34] Schon im ersten Jahr seines Bestehens wurde der LRC von einem schweren Konflikt zwischen der Partei und vielen früheren Lib-Lab-Abgeordneten erschüttert, die sich nicht gänzlich von ihren z.T. engen Beziehungen zur Liberal Party lösen konnten und wollten. Der Beschluß des Labour-Parteitages in Newcastle 1903, nach dem die Parteidisziplin innerhalb der PLP verstärkt werden müsse, war eine direkte Konsequenz aus diesem Konflikt. Auch die auf demselben Parteitag getroffene Entscheidung, einen sog. Parliamentary Fund zu begründen, diente letztlich dazu, die Loyalität der Abgeordneten gegenüber der Partei zu stärken.[35] Als allerdings die PLP erst einmal eine Art von interner Homogenität entwickelt hatte, verlor die Partei zunehmend Einfluß auf die Entscheidungen der Fraktion. Bereits sehr früh betonte MacDonald, wie wichtig es sei, den einzelnen Abgeordneten so viel Ent-

---

31 McKibbin, Evolution, S. 216 f.
32 Viktor Engelhardt, Die Zusammensetzung des Reichstages nach Alter, Beruf und Religionsbekenntnis, in: DA 8, 1931, S. 35.
33 McKibbin, Evolution, S. 136; Clegg, A History of British Trade Unions, Bd. 2, S. 354 f., 364, 379, 478.
34 The Labour Party Constitution, London 1918, S. 5.
35 Frank Bealey, Keir Hardie and the Labour Groups, in: Parliamentary Affairs 10, 1956/57, S. 92.

scheidungsfreiheit wie möglich zu überlassen.[36] Es sollte sich in den ersten drei Jahrzehnten ihres Bestehens zeigen, daß eine effektive Bindung der PLP an Parteitagsbeschlüsse undurchführbar war.[37]

Die Beziehungen zwischen Fraktionen und Parteivorständen waren in beiden Fällen sehr eng. Doppelmitgliedschaften traten häufig auf. So waren z.B. Hardie, Snowden, Henderson, MacDonald, Bebel, Ebert, Scheidemann, Auer, Singer, Molkenbuhr, Müller und Wels allesamt führende Mitglieder in Fraktion und Parteivorstand. In der SPD waren zwischen 1900 und 1912 acht von vierzehn Fraktionsmitgliedern zugleich im sechzehn Mitglieder starken Parteivorstand vertreten.[38] Zwischen 1929 und 1931 waren 16 von insgesamt 24 NEC-Mitgliedern zugleich bedeutende Abgeordnete im Parlament, und de facto fungierte der NEC als Wachhund der Labour Regierung, der evtl. Widerspruch innerhalb der Partei auszuschalten hatte. In beiden Parteien waren ernsthafte Konflikte zwischen Vorstand und Fraktion äußerst selten. In der Labour Party trat ein solcher Fall nach dem Zusammenbruch der zweiten Labour-Regierung im Jahre 1931 ein. Von 1931 bis 1935 waren nur drei Parlamentarier im NEC vertreten, und insgesamt bemühte sich die Partei nach dem MacDonaldschen Fiasko wieder verstärkt die Zügel in die Hand zu nehmen und ihre Autorität gegenüber der PLP unter Beweis zu stellen. Innerhalb der SPD führte die Furcht vor einer zu starken Abhängigkeit der Partei von ihrer Fraktion dazu, daß auf dem Parteitag von 1920 eine Resolution verabschiedet wurde, nach der SPD-Minister ihren Parteivorstandssitz aufgeben mußten.[39] Letztendlich konnte jedoch auch diese Maßnahme die zunehmende Eigenständigkeit der Fraktion gegenüber Parteitagsbeschlüssen nicht verhindern.[40]

Ein anderes Indiz für die zunehmende Verschiebung der Machtbalance innerhalb beider Parteien zu Gunsten der Parteiführung war die mangelnde Fähigkeit der als Gremien der Parteibasis fungierenden Parteitage, die Parteiführung zu kontrollieren. Zunächst einmal muß festgestellt werden, daß die Basis auf den jährlich stattfindenden Parteitagen nicht adäquat repräsentiert war. Viele Ortsvereine konnten keinen Delegierten zu den Parteitagen schicken, weil sie nicht über die finanziellen Mittel verfügten, Reisekosten und Unterhalt zu erstatten. Die Idee, ein und denselben Delegierten für mehrere Organisationen zu benennen, scheiterte an den Bestimmungen der Partei, daß ein Delegierter immer nur einen Ortsverein vertreten könne.[41] Nun bestanden Labour-Parteitage vor 1918 ohnehin nur aus Vertretern der der Partei kollektiv angeschlossenen Organisationen, und selbst danach blieb die Mehrzahl der Mitglieder nicht durch die in Ortsvereinen organisierten Einzelmitglieder vertreten, brachten doch die Gewerkschaften auch in den 1920er Jahren noch immer über 90% der Mitglieder in die Partei ein. Auch

---

36 Ramsay MacDonald, Socialism and Government, London 1909, Bd. 1, S. 83 und 93 f.
37 Morgan, Keir Hardie, S. 169.
38 Matthias und Pikart, Die Reichstagsfraktion, S. cvi f., cxi ff. und cxxvii.
39 Protokoll des SPD Parteitags 1920, S. 258.
40 Hunt, German Social Democracy, S. 84.
41 Organizational Points from the London Labour Party, Nr. 22 vom 7. April 1922, in: Labour Party Archives, Local Labour Party Files. Daß viele lokale Organisationen keine Delegierten entsandten, wird bestätigt durch einen Bericht im „Labour Organizer" vom Okt./Nov. 1925, S. 8: Von 550 der Partei angeschlossenen Divisional Labour Parties entsandten 357 keinen Delegierten!

waren Mitglieder des NEC und der PLP sowie die parlamentarischen Kandidaten/-innen der Partei allesamt ex officio Mitglieder des Parteitages, was dessen Charakter als Basisinstitution weiter verwässerte.

Auf den SPD-Parteitagen vor 1914 fanden sich v.a. die größeren Wahlkreisorganisationen, wie die in Berlin und Hamburg, zunehmend marginalisiert, da das Repräsentationsverfahren die kleineren Ortsvereine deutlich übervorteilte. Mit ihrer erheblichen Macht über die Parteifinanzen sicherten die regionalen Organisationen, daß jeder SPD-Verein, wie klein auch immer, einen Delegierten auf den jährlichen Parteitag entsenden konnte. Analog zur Labour Party waren auch in der SPD Mitglieder der Fraktion und des Vorstandes ex officio Vertreter auf den Parteitagen, die sogar an Abstimmungen teilnehmen durften. Auch kamen viele Delegierte nicht aus den Wahlkreisen selbst, sondern wurden als landesweit bekannte Sozialdemokraten/-innen von lokalen Organisationen nominiert, die ansonsten kaum etwas mit ‚ihren' Delegierten zu schaffen hatten.

Nach den Statuten stellte der Parteitag das wichtigste Gremium in beiden Parteien dar. Für die SPD blieb für den gesamten Untersuchungszeitraum das Hallenser Statut aus dem Jahre 1890 maßgebend. In der Labour Party begründete erst das Statut von 1918 offiziell die Stellung des Parteitags als oberster Parteiinstanz. Beide Statuten verankerten das Recht dieser Parteitage, alljährlich über die Zusammensetzung des Parteivorstandes zu entscheiden, der wiederum dem Parteitag verantwortlich war. Insgesamt waren die Aufgaben von Labour- und SPD-Parteitagen durchaus ähnlich: Sie fungierten als letztinstanzliche innerparteiliche Schiedsgerichte, formulierten Grundlinien der Politik, drohten mit Ausschluß bei schweren Verstößen gegen politische Grundsätze oder die Parteidisziplin und instruierten die Fraktion und den Parteivorstand, bestimmte politische Ziele und Maßgaben zu verfolgen bzw. umzusetzen. Die Parteitage erfüllten diese Funktionen, indem sie über eine Vielzahl von Anträgen zu entscheiden hatten, die ihnen jedes Jahr vorlagen. Bis zum Jahre 1912 konnten auch einzelne Mitglieder der SPD solche Anträge auf Parteitagen einbringen. Danach hatten nurmehr die lokalen Parteien und die Delegierten das Recht, Anträge zu formulieren. Auf den Labour-Parteitagen vor 1918 waren es dagegen notwendigerweise immer die der Partei kollektiv angeschlossenen Organisationen, die Anträge formulierten. In beiden Parteien waren es auch zunehmend die Vorstände, die Anträge einbrachten und in der Lage waren, diese notfalls durchzupeitschen. Aber selbst wenn die Parteitage nicht in zunehmendem Maße von den Parteiführungen dominiert und gemanagt worden wären, so hätten doch ihre Beschlüsse auch nicht mehr Einfluß auf die Abgeordneten der Partei in den Parlamenten gehabt. Wie Philip Snowden in seiner Autobiographie anmerkt: „My experience of conferences has taught me to attach very little importance to their resolutions. Of the hundreds of resolutions I have seen passed by Labour Conferences outlining a drastic programme of reform, I can hardly call to mind one which has had any practical result. Conferences will talk; let them talk."[42] Albert Südekum, einer der führenden Revisionisten innerhalb der Vorkriegs-SPD, gab denselben Gefühlen Ausdruck, nachdem der Parteitag von 1903 den Revisionismus

---

42 Philip Snowden, An Autobiography, Bd. 1, London 1934, S. 87.

ausdrücklich verworfen hatte: „nachdem die Partei nunmehr definitiv gerettet worden ist, geht alles im alten Trott weiter."[43]

Snowdens und Südekums Mißachtung von Parteitagsbeschlüssen war in zunehmendem Maße überflüssig, da die Diskussionen auf den Parteitagen immer mehr von einer intelligenten und rigiden Regie der Parteiführung geleitet wurden. Das machte die Parteitage nicht nur weitgehend zu Akklamationsorganen der Parteiführung, es belebte auch nicht gerade die Debatten. Immer seltener erschienen die Parteitage als Organe der innerparteilichen Demokratie, die verschiedene Positionen diskutierten und über die offene Auseinandersetzung zu einem Kompromiß fanden, der dann für die Gesamtpartei verbindlich wurde. Im Fall der SPD wurden nicht nur mehr und mehr Anträge durch den Vorstand eingebracht, es wurden außerdem immer mehr Sprecher/-innen handverlesen, und denjenigen, die einen offiziellen Antrag begründeten, wurde sehr viel mehr Zeit zugemessen als denen, die seine Annahme zu verhindern suchten. Vor dem Krieg war es noch üblich, bei umstrittenen Anträgen zwei Sprecher/-innen gegenteiliger Meinung zu benennen. In der Weimarer Republik kam dies nicht mehr vor.[44] Der Vorstand der SPD konnte die Parteitage v.a. deshalb so gründlich dominieren, weil er zwischen den Parteitagen das Recht hatte, Exekutiventscheidungen zu treffen, die dann nur noch schwer rückgängig zu machen waren. Außerdem kontrollierte der Vorstand den Parteitagsverlauf, und er hatte das Recht, sog. Berichterstatter/-innen für alle Debatten zu ernennen, denen das wichtige Privileg eines Schlußwortes zustand.[45] Langsam aber sicher wurden die Parteitage von lebendigen Foren innerparteilicher Diskussion zu Ritualen, bei denen die Einheit der Partei zelebriert wurde.[46]

Im britischen Fall war es MacDonald, der sich noch 1909 grundsätzlich von der Bedeutsamkeit demokratischer Parteitage überzeugt zeigte.[47] In der Tat befand Lewis Minkin, daß die Parteitage der Labour Party bis 1922 durchaus als Diskussionsforen und Kontrollinstitutionen der Basis über die politische Führung der Partei, vor allem den NEC und die PLP, fungierten.[48] Nachdem etwa die PLP auf den Parteitagen von 1911 und 1912 scharf kritisiert worden war, sah sie sich gezwungen, ab dem Parteitag von 1913 jedes Jahr einen ausführlichen Rechenschaftsbericht über die eigene Tätigkeit vorzulegen. Nach 1922 wurden sowohl Parteitagsvorbereitung als auch -verlauf einer radikalen Revision unterzogen, die die Parteitage de facto entmachten sollte. Zunächst einmal wurde die Zahl der Delegierten erheblich erhöht. So waren Zahlen von über tausend Delegierten auf den Labour-Parteitagen in den 1920er Jahren durchaus nicht unüblich. Die schiere Anzahl der Anwesenden favorisierte dabei die Akklamation über die Diskussion. Die Fähigkeit der Parteitage, unabhängig parteipolitische Grundlinien zu formulieren, wurde auch durch die weithin vorherrschende, ganz und gar unkritische

---

43 Zit. nach Nipperdey, Die Organisation, S. 367.
44 Hunt, German Social Democracy, S. 76-78.
45 Carl E. Schorske, German Social Democracy 1905-1917: The Development of the Great Schism, Cambridge/Mass. 1955, S. 136.
46 Peter Nettl, The German Social Democratic Party 1890-1914 as a Political Model, in: PP 30, 1965, S. 80.
47 MacDonald, Socialism and Government, S. 24-27.
48 Lewis Minkin, The Labour Party Conference: A Study in the Politics of Intra-Party Democracy, London 1978, S. 7.

Unterstützung der großen Gewerkschaften für die Parteiführung verhindert. Außerdem wurde nun der Parteitagsverlauf durch ein sog. Conference Arrangements Committee de facto vom NEC vorgeplant und -bestimmt. Auch wurde es zum alleinigen Vorrecht des Vorstands, Sprecher/-innen zu ernennen, die keinem zeitlichen Limit unterlagen, während sich alle anderen an die Redezeit von fünf Minuten zu halten hatten. Legt man das Bemühen des NEC um Zähmung der Parteitage zugrunde, so kann es kaum verwundern, daß die Parteitage in den 1920er Jahren nur selten einmal nicht dem Rat der Parteiführung folgen wollten.[49] Auch die Parteitage der Labour Party wurden in immer stärkerem Maße von der Parteiführung inszeniert, und die Parteibasis wurde mehr vorgeführt als angehalten, sich mit der Politik der Partei kritisch auseinanderzusetzen.

3.2 Regionalisierung der Parteiorganisationen

Nachdem wir auf eine Reihe von Ähnlichkeiten bei den nationalen Parteiorganisationen von Labour Party und SPD hingewiesen haben, soll im vorliegenden Unterkapitel der Frage nachgegangen werden, inwiefern man von einer effektiven Regionalisierung der Parteiorganisation in beiden Parteien sprechen kann. In der SPD tauchten Landes- und Bezirksorganisationen bereits in den 1890er Jahren auf, auch wenn diese Strukturen erst in den Statuten von 1905 offiziell anerkannt wurden.[50] Regionale Agitationsbezirke hatten sich sogar noch unter dem Sozialistengesetz gebildet. Sie wurden für die gesamte Organisation der Partei während des hier gewählten Untersuchungszeitraumes immer bedeutender. Die Bezirks- und Landesorganisationen entwickelten sich zu einem wichtigen Bindeglied zwischen den lokalen Wahlkreisorganisationen und den nationalen Institutionen der Partei, wobei sie weitgehend die starken föderalen Strukturen und Traditionen im deutschen Kaiserreich repräsentierten. Die Föderalisierung der Parteistruktur bedeutete de facto ein Eingeständnis, daß es nicht möglich sein würde, die Macht in einem so föderalen Gebilde wie dem Kaiserreich effektiv zu zentralisieren. Regionale Parteien, so hoffte man, würden die rechtlichen und politischen Besonderheiten der verschiedenen Länder und Regionen besser widerspiegeln. So kam es zu einer Zentralisierung der Macht bei den regionalen Parteien – die SPD sollte nicht ein, sondern viele Machtzentren besitzen.[51] Das Organisationsstatut von 1919 erklärte die Landesorganisationen de facto für redundant und gab den Bezirksverbänden klare Priorität. Zwar durften in Ländern mit mehreren Bezirksverbänden diese „zur Erledigung landespolitischer Fragen zusammenarbeiten", doch die wirkliche Macht lag von nun an bei den Bezirksverbänden.[52] Der Berichterstatter des Parteivorstands, der die neuen Parteistatuten auf dem Parteitag 1924 erläuterte, betonte bei allem Bemühen um eine weitergehende Zentralisierung eben doch auch weiterhin die föderalen Aspekte des organisatorischen Auf-

---

49 McKenzie, British Political Parties, S. 515.
50 Fricke, Handbuch, Bd. 1, S. 274-83.
51 Nipperdey, Die Organisation, S. 390.
52 Protokoll des MSPD-Parteitags 1919, S. 517 ff.

baus der Partei: „Durch die Reichsverfassung [der Weimarer Republik] ist kein einheitliches Reich geschaffen, den Ländern ist ein gewisses Eigenleben verblieben. Dasselbe muß den Parteiorganisationen in den Ländern zugestanden werden, sie müssen die Möglichkeit haben, dieses Eigenleben auszuschöpfen. Diese Zentralisation der Partei bedingt keine Uniformierung."[53] Auch die Wahlkämpfe der Partei wurden seit 1893 weitgehend dezentralisiert unter Führung der regionalen Parteien geführt, deren wachsende Bedeutung sich kundtat in der Gründung eines Parteiausschusses im Jahre 1912, der aus Vertretern der regionalen Parteien bestand.

Regionale SPD-Parteiorganisationen setzten sich entweder wie in Baden oder Hessen aus einem oder wie in Bayern, Sachsen und Preußen aus mehreren Agitationsbezirken zusammen. In den Regionalparteien wuchs die Anzahl der bezahlten Parteisekretäre von 16 im Jahre 1905/06 auf 51 im Jahre 1913/14.[54] Die regionalen Parteibürokratien erfüllten eine Anzahl wichtiger Aufgaben: Sie kontrollierten die Agitation und organisierten die Wahlkreisorganisationen. Sie beeinflußten die Nominierung von Parteitagsdelegierten und stellten sicher, daß auch die finanzschwächeren Organisationen auf den alljährlich stattfindenden Parteitagen vertreten waren. Sie hatten ein Mitspracherecht bei der Nominierung von Kandidaten für den Reichstag, und sie waren dort, wo es zu einem zweiten Wahlgang kam, auch direkt für die Organisation des Wahlkampfes verantwortlich. Schließlich kontrollierten sie auch noch die Parteipresse durch sog. Preß- und Zeitungskommissionen, die v.a. für die Anstellung von Journalisten/-innen bei den Bezirksparteiblättern zuständig waren.[55] Wollte ein Ortsverband eine Zeitung oder irgend ein anderes Parteiunternehmen gründen, wie z.B. eine Druckerei oder ein Klubhaus, so mußte er vorab die Einwilligung der regionalen Partei oder des nationalen Vorstands einholen.[56] Stand hinter der ursprünglichen Gründung der regionalen Parteiorganisationen noch der Plan der Parteiführung, einen effektiven Transmissionsriemen für die Kommunikation zwischen lokalen Parteiorganisationen und dem nationalen Zentrum zur Verfügung zu haben, so stellte sich schon bald heraus, daß die regionalen Organisationen durchaus in der Lage waren, sich von dieser rein funktionalen Aufgabe zu emanzipieren und einen durchaus eigenständigen wichtigen Einfluß auf die Gesamtpartei auszuüben. Die regionalen Parteibürokratien ähnelten dabei durchaus ihren nationalen Pendants: Es gab einen Vorstand sowie einen Ausschuß, der den Vorstand kontrollieren sollte, und beide wurden von den regelmäßig stattfindenden regionalen Parteitagen gewählt.

Der effektiven Regionalisierung der SPD hatte die Labour Party wenig entgegenzusetzen. Im Gegenteil bemühte sich die Partei von Anbeginn redlich, jeden Ansatz einer regionalen Organisation zu unterdrücken. Als sieben Wochen vor Gründung des LRC im Jahre 1900 ein sog. Scottish Workers' Parliamentary Elections Committee ins Leben gerufen wurde, verwandte MacDonald in den folgenden Jahren viel Zeit und Energie darauf, den unliebsamen Konkurrenten in Schottland wieder loszuwerden und alle Entscheidungsbefugnisse in allen Teilen des Landes bei der Londoner Parteizentrale zu

---

53 Protokoll des SPD Parteitags 1924, S. 142.
54 Fricke, Handbuch, Bd. 1, S. 284.
55 Nipperdey, Die Organisation, S. 351.
56 Schorske, German Social Democracy, S. 253-6.

konzentrieren. Als sich das Committee im Jahre 1909 selbst auflöste, schien das Ziel endlich erreicht. Allerdings mußte die Parteizentrale bereits 1912 schottische Autonomiebestrebungen anerkennen und einen Scottish Advisory Council gründen, der sie in allen Schottland direkt betreffenden Fragen beraten sollte.[57] Trotzdem konnte sich die Partei 1919 nur zu einer nominellen Autonomie für die schottischen Verbände durchringen, während etwa der walisischen oder der Londoner Partei überhaupt keine Eigenständigkeit zuerkannt wurde. Von 1917 bis 1920 stießen die Ansichten des Zentralisten Henderson und des Regionalisten Morrison zum Grad der Dezentralisierung von Macht innerhalb der Partei scharf aufeinander.[58] Spiegelte die deutsche Partei den föderalen Aufbau des Reiches, so repräsentierte die Labour Party in ihrer Organisation das zentralisierte, auf London ausgerichtete Regierungssystem, das den Charakter Großbritanniens als mehrere Nationen umfassender Staat nach Möglichkeit zu verdrängen suchte.

Nun erfuhren allerdings sowohl der Sekretär als auch der National Agent der Partei bereits vor 1914 am eigenen Leibe, wie schwierig sich die Kommunikation zwischen lokalen Organisationen und dem nationalen Zentrum gestaltete.[59] Nach 1911 verbrachte Henderson einen Großteil seiner Zeit damit, durch das Land zu reisen, um den Ortsverbänden beim Auf- und Ausbau ihrer Organisation zu helfen.[60] Da sich diese oft spontan und ohne Richtlinien ‚von oben' entwickelten, waren sie oft in Struktur und Programmatik sehr unterschiedlich, wobei sich Henderson redlich um homogenere Strukturen bemühte. Die dann im Parteistatut von 1918 festgeschriebene Effektivierung der Parteiorganisation war also bereits vor 1914 erklärtes Ziel Hendersons. Für die wenigen durch die Provinzen ziehenden Parteisekretäre war es jedoch vor 1914 eine schier unlösbare Aufgabe, das Kommunikationsnetz mit Hunderten von lokalen Vereinen zu stabilisieren, und auch nach 1918 stellte dies eines der Hauptprobleme der nun erweiterten Zentrale dar.

So kann es letztendlich nicht verwundern, daß Hendersons im Jahre 1920 angenommenes ‚General Scheme of Organization' v.a. darauf abzielte, einen effektiven Transmissionsriemen zwischen dem Head Office in London und den lokalen Organisationen im Land zu schaffen. Von nun an sollte das Land in neun regionale Parteidistrikte unterteilt werden. Organisatorisch wurden diese neuen Distrikte allerdings nur spärlich ausgestattet. Es gab keine regionalen Vorstände, keine regelmäßig stattfindenden Konferenzen und überhaupt keine permanenten Institutionen.[61] Die neu eingestellten regionalen Parteisekretäre/-innen (nebst den ab 1922 zum Einsatz kommenden regionalen Agitationssekretären/-innen) arbeiteten weitgehend vor Ort von ihren Wohnzimmern aus und berichteten dem Head Office regelmäßig über die regionalen Parteientwicklungen.[62] Ihr hauptsächliches Betätigungsfeld lag darin, den lokalen Vereinen bei der Organisationsarbeit,

---

57 W.H. Fraser, The Labour Party in Scotland, in: The First Labour Party, hrsg. v. Brown, S. 38-63.
58 Zum Widerstand gegen überzogene innerparteiliche Zentralisierungsbemühungen in Schottland, Wales und London siehe McKibbin, Evolution, S. 163-74.
59 G.R. Shepherd, The National Agent on Present Problems, in: Labour Organizer, Okt. 1929, S. 188 f.
60 McKibbin, Evolution, S. 22.
61 Diese wurden erst 1938 gegründet, und selbst dann blieben ihre Machtbefugnisse ausgesprochen eingeschränkt. Vgl. McKenzie, British Political Parties, S. 532-39.
62 Nur die Sekretäre für London und die südlichen Grafschaften hatten ihre Büros im Londoner Head Office.

wie z.B. der effektiven Vorbereitung von Wahlkämpfen, der Nominierung örtlicher Parteisekretäre/-innen oder auch der erstmaligen Gründung eines Ortsvereins unter die Arme zu greifen. Ohne Frage führte der Einsatz von regionalen Parteisekretären/-innen zu einer schnelleren und effizienteren Organisation der Wahlkreise nach 1918. Im Zusammenhang mit den alljährlichen Parteitagen organisierten zahlreiche Regionen regionale Zusammenkünfte, und nach 1922 fanden in jeder der neun Regionen regelmäßige Delegiertenkonferenzen statt, die ein wichtiges Bindeglied zwischen den Wahlkreisen und dem Londoner Head Office darstellten. Dennoch war Hendersons Reorganisation aus dem Jahre 1920 weit davon entfernt, auch nur im Ansatz zu einer Föderalisierung der Partei beizutragen. Insgesamt blieb die Führung der Labour Party weitgehend der Idee verpflichtet, so viel Entscheidungsbefugnisse wie möglich bei den nationalen Gremien zu zentralisieren.[63] Zaghafte Versuche, die Regionalisierung der Labour Party in den 1920er Jahren voranzutreiben, sollten daher scheitern. Dennoch zeugen selbst die ängstlichsten Versuche noch von der in Teilen der Partei verbreiteten Ansicht, daß eine weiterführende Regionalisierung zugleich auch einige der schwerwiegenden organisatorischen Probleme der Partei lösen könne. So wurde etwa im Jahre 1925 die Derbyshire Federation of Labour Parties gegründet „with the object of promoting unity and harmonious action throughout the area".[64] Ihre Aufgaben schlossen regelmäßige Besuche der Ortsvereine durch den regionalen Parteisekretär ebenso ein wie die Vorbereitung regionaler Parteikonferenzen und Hilfestellung bzw. Rat bei der Aufstellung von Parlamentskandidaten/-innen und lokalen Parteisekretären/-innen.

Insgesamt blieben die regionalen Organisationen der Labour Party aber gerade im Vergleich mit der SPD weitgehend unterentwickelt. Deshalb fand auch die für die SPD so typische Schicht von regionalen Parteifunktionären/-innen (v.a. die das Antlitz der Partei prägenden Bezirkssekretäre/-innen) keine wirkliche Entsprechung in der Labour Party. Deren Versuche, nach 1918 die Parteiorganisation effektiver zu gestalten, blieben nicht zuletzt durch das sture Festhalten an einer Zentralisierung aller Entscheidungsbefugnisse bei der Londoner Zentrale und das gleichzeitige Zurückweisen einer effektiven Regionalisierung der Partei stecken. Eine stärker regionalisierte SPD konnte gerade den lokalen Organisationen mehr Hilfe leisten, aber im Gegenzug diese auch effektiver kontrollieren. War London für die Ortsverbände der Labour Party oft weit, blieben die regionalen Parteizentren gut informiert über die geographisch überschaubaren territorialen Einheiten unter ihrer Verwaltungskompetenz. Für die Ortsvereine der Labour Party dagegen war es einerseits einfacher, der Kontrolle durch die Partei zu entkommen und ein gewisses Mindestmaß an Autonomie zu erreichen. Andererseits jedoch konnten die lokalen Organisationen auch keine wirkliche Hilfe von ihren regionalen Verbänden erwarten. Im nächsten Unterkapitel soll es nun um einen Vergleich eben dieser lokalen Organisationen von Labour Party und SPD gehen.

---

63 McKibbin, Evolution, S. 176-78, 241.
64 Labour Organizer 6, 1926, S. 148 f.

3.3 Die lokalen Organisationen

Schlagkräftige lokale Organisationen aufzubauen war eines der organisatorischen Hauptziele von Labour Party und SPD. Sie galten als unbedingte Voraussetzung für den Erfolg an der Wahlurne. Vor 1899 waren die Vertrauensmänner der wichtigste Verbindungsstrang zwischen SPD-Vorstand und den Parteiorganisationen im Lande. Obwohl sie von der Parteimitgliedschaft jährlich bestätigt wurden, waren sie in ihren Aktionen unabhängig von jeder Parteiinstanz. Sie allein waren verantwortlich für den gesamten Bereich der Agitation.[65] Im Dezember 1899 wurde das Verbindungsverbot aufgehoben, und die SPD konnte ganz legal lokale Parteiverbände aufbauen. An vielen Orten wurde der geheime Vertrauensmann nun zum öffentlich gewählten Vorsitzenden bzw. Parteisekretär. Damit nicht die ganze Arbeit auf dessen Schultern ruhte, wurden neue Parteiämter geschaffen. So wurden in den Ortsverbänden normalerweise zumindest ein Sekretär, ein Schatzmeister und zudem ein Vorstand gewählt. Nur in den großen Städten, wo die Sozialdemokratie oft am stärksten vertreten war, waren einige dieser Stellen bezahlte Parteiämter. In der überwiegenden Mehrzahl der Fälle wurden sie ehrenamtlich ausgeübt. Bestand der Vorstand bei großen Ortsverbänden aus zahlreichen Mitgliedern, so wurde häufig noch einmal aus seiner Mitte ein kleinerer Vorstand gewählt. Insgesamt war die lokale Parteiorganisation der SPD nach 1899 durchaus nicht einheitlich, und erst nach 1905 begann die Partei auf die systematische Angleichung lokaler Parteiorganisationen hinzuarbeiten. In dem Jahrzehnt vor Ausbruch des Ersten Weltkrieges entwickelten sich die lokalen Verbände der SPD prächtig. In Chemnitz z.B. war die Mitgliedschaft im Jahre 1912 zwölfmal so groß wie im Jahre 1900, und das Einkommen der Partei war um das Sechsfache gestiegen.[66] Gab es im Jahre 1907 bereits 2704 lokale Verbände, so stieg diese Zahl im Jahre 1914 auf 5122. 1907 waren in den 397 Wahlkreisen des Reiches 284 SPD-Wahlkreisorganisationen vertreten. Bereits fünf Jahre später gab es keinen Wahlkreis, in dem die SPD nicht organisatorisch präsent war. Als die relativ kleinen 397 Reichstagswahlkreise aufgrund der Wahlrechtsänderung 1919 aufgelöst wurden, kam es gleichzeitig zur Schaffung von 36 bzw. ab 1920 35 großen Wahlkreisen, die territorial weitgehend mit den SPD-Bezirksverbänden übereinstimmten. Letztere wurden weiter untergliedert in Unterbezirksverbände, auf denen ein Gutteil der organisatorischen Alltagsarbeit lastete. Die Unterbezirksverbände gliederten sich dann weiter in Ortsverbände, die oftmals weiter in Bezirke und Unterbezirke unterteilt wurden. So war die Partei bis in die Stadtteile und z.T. in die Straßenzüge und Mietskasernen hinein im proletarischen Milieu präsent. Sog. Bezirksführer, Reviermänner oder Blockführer (die genauen Bezeichnungen waren lokal und regional verschieden) hielten dort die Fühlung zur Parteibasis aufrecht und bürgten für die effiziente Organisation der Parteimaschine.[67] Solche Parteivertreter/-innen wurden in den Hauptversammlungen der Ortsverbände ernannt. Sie

---

65 Guttsman, The German Social Democratic Party, S. 149.
66 Ernst Heilmann, Geschichte der Arbeiterbewegung in Chemnitz und dem Erzgebirge, Chemnitz 1912, S. 278-80.
67 Ein eindrucksvolles Beispiel einer florierenden Organisationskultur der SPD in Düsseldorf gibt Mary Nolan, Social Democracy and Society: Working-Class Radicalism in Düsseldorf 1890-1920, Cambridge 1981, S. 128 f.

sorgten für den Nachrichtenfluß innerhalb der Parteiorganisation, kassierten regelmäßig die Parteibeiträge und waren insgesamt für den Zusammenhalt der Parteimitgliedschaft von großer Bedeutung. Die ausgeprägte lokale Organisationskultur verankerte die Partei tief in den Arbeitervierteln der Städte. Eine Nachbarschaftspartei wurde für die alltäglichen Probleme und Mühen der Arbeiterfamilien relevant und konnte somit Teil der Arbeiterkultur in den Stadtteilen werden. Recht einfache organisatorische Neuerungen wie z.B. die Einführung von einheitlichen Mitgliedsbüchern nach 1907 oder die rituellen wöchentlichen (manchmal auch monatlichen) Zahlungen der Beiträge verstärkten den Zusammenhalt unter den Genossen/-innen und den Kontakt zwischen lokaler Parteiführung und einfacher Mitgliedschaft.[68]

Das erstaunliche Wachstum der lokalen Organisationen vor 1914 und ihr atemberaubender Erfolg bei der Mobilisierung ganzer Arbeiterviertel kann allerdings leicht überbetont und verallgemeinert werden. Zunächst einmal wuchs mit den lokalen Verbänden auch der Einfluß der Funktionäre/-innen.[69] Die SPD-Führung Hamburgs rekrutierte sich in den ersten Jahren der Weimarer Republik weitgehend (64%) aus der Gewerkschafts-, Partei- und Genossenschaftsbewegung oder aus anderen Arbeiterverbänden.[70] Zahlenmäßige Angaben zur Anzahl von Parteifunktionären/-innen in der SPD gehen weit auseinander. Am Ende der Weimarer Republik waren es laut Alexander Schifrin 70.000 bis 80.000, während Carlo Mierendorff nur von 10.000 Funktionären/-innen ausging.[71] John Breuilly hat einleuchtend dargelegt, daß man die Anzahl der Funktionäre/-innen leicht überschätzen kann, indem z.B. die vielen Drucker und andere Angestellte der Parteipresse und -unternehmen mitgezählt werden, was natürlich ihre Positionen innerhalb der Partei kaum angemessen widerspiegelt.[72] Klaus Tenfelde zählte für das Jahr 1914 nur 157 vollbezahlte Parteisekretäre in den Bezirken der SPD.[73] Für das Jahr 1925 kam Willy Guttsman auch nur auf 417, weitgehend auf den regionalen und nationalen Ebenen angestellte und bezahlte Funktionäre/-innen der Partei.[74] Nichtsdestotrotz kann kein Zweifel daran bestehen, daß sich der Funktionärsapparat der SPD ebenso wie die Kosten für die Parteibürokratie innerhalb des Untersuchungszeitraums erheblich vergrößerten. 1929 gab die Partei 3,2 Millionen Mark dafür aus. Das war mehr, als sie auf den Wahlkampf des Jahres 1928 verwandte.[75]

---

68 Zu den kulturellen und ideologischen Faktoren, die zu diesem Gemeinschaftsgefühl wesentlich beitrugen, vgl. Kap. 4 und 5.
69 Für das Beispiel Frankfurt am Main siehe James Wickham, The Working-Class Movement in Frankfurt am Main during the Weimar Republic, phil.diss., Universität von Sussex 1979, S. 27 f.
70 Richard Comfort, Revolutionary Hamburg: Labor Politics in the Early Weimar Republic, Stanford, Calif. 1966, S. 135.
71 Diese Unterschiede spiegeln sich auch in der Sekundärliteratur. Während Hunt, German Social Democracy, S. 56 f. Schifrin folgt, dürfte William H. Maehl, The Triumph of Nationalism in the German Socialist Party on the Eve of the First World War, in: Journal of Modern History 24, 1952, S. 25, sich wohl eher auf Mierendorff berufen.
72 Breuilly, Labour and Liberalism, S. 61.
73 Klaus Tenfelde, Germany, in: The Formation of Labour Movements, hrsg. v. van der Linden und Rojahn, S. 263.
74 Guttsman, The Social Democratic Party, S. 246.
75 Hunt, German Social Democracy, S. 56 f.

Die Parteibasis wurde etwa einmal im Monat zu Hauptversammlungen einberufen, obwohl dies nirgends geschrieben stand. Der Vorstand mußte sie allerdings in allen wichtigen Angelegenheiten, die die Partei als ganze betraf, anhören. In kleinstädtischen SPD-Verbänden, wie z.B. in Biberach, fanden regelmäßige Mitgliederversammlungen erst nach 1918 statt.[76] Selbst dort, wo solche Versammlungen bereits vor dem Ersten Weltkrieg regelmäßig stattfanden, häufen sich Berichte über mangelndes Interesse unter den Mitgliedern, deren bloße Teilnahme zu wünschen übrig ließ.[77] Für Kiel kommt Rainer Paetau zu dem Schluß, daß nur 5-10% der Parteimitglieder regelmäßig Versammlungen besuchten.[78] Weitgehendes Desinteresse unter den einfachen Parteimitgliedern spielte auch eine wichtige Rolle bei dem Bemühen der Partei, bezahlte Funktionäre/-innen für die Organisationsarbeit einzusetzen.[79] Vor diesem Hintergrund scheinen Wertheimers Schätzungen einer hohen Anteilnahme von Genossen/-innen am lokalen Parteigeschehen – seiner Meinung nach waren 75% aller Parteimitglieder der SPD aktiv – eher unrealistisch.[80]

Gleichgültigkeit an der Parteibasis zeigte sich auch darin, daß die Partei immer wieder Schwierigkeiten hatte, alle Positionen innerhalb der Verbände mit willigen und begabten Genossen/-innen zu besetzen. Lipinski beschwerte sich auf dem Parteitag von 1924: „Leider gibt es an manchen Orten so wenig freudige Mitarbeiter in der Organisation, daß sich die Arbeit auf wenige Personen häuft. Hier gilt es, durch Erziehungsarbeit mehr Mitarbeiter zu finden, um die Ueberhäufung mit Arbeit zu vermeiden."[81] Weiterhin rief Lipinski die Genossen/-innen dazu auf, sich für die Übernahme von Mandaten in den Kommunal- und Landtagsparlamenten sowie im Reichstag verstärkt zur Verfügung zu stellen. Nach Möglichkeit galt es, Doppelmandate zu vermeiden. Jedoch war dies in der Praxis nicht möglich. So erinnert sich Scheidemann an seine Parteiarbeit in einer kleinen hessischen Stadt im Jahre 1895: „Ich war Redakteur, Expedient, Arbeiter- und Parteise-

---

76 Geschichte der Biberacher Arbeiterbewegung und Sozialdemokratie, hrsg. v. Hartwig Abraham, Biberach 1983, S. 80.
77 Adelheid von Saldern, Vom Einwohner zum Bürger, Berlin 1973, S. 126; Alfred Zeitz, Zur Geschichte der Arbeiterbewegung der Stadt Brandenburg vor dem ersten Weltkrieg, Potsdam 1965, S. 15; Andreas Müller, Die groß-hannoversche Sozialdemokratie vom Vorabend des ersten Weltkrieges bis zur Novemberrevolution, in: Hannoversche Geschichtsblätter, NS 33, 1979, S. 155 f.; vgl. auch ZStA Merseburg, Rep. 77, Nr. 656 I: Polizeibericht über die sozialdemokratische Bewegung von 1897, S. 3 zu den Schwierigkeiten sozialdemokratischer Stadtteilorganisationen, ihre Mitgliedschaft zu mobilisieren; ebenso BA Berlin, Abt. Reich, Polizeipräsidium Berlin, St. 22/12: Polizeiberichte über Mitgliederversammlungen in der vierten sozialdemokratischen Wahlkreisorganisation vom 11. April bis zum 12. Dezember 1906; Beschwerden über apathische Mitglieder finden sich auch in Jahresbericht des Sozialdemokratischen Vereins Bremen, 1908/09, S. 7.
78 Rainer Paetau, Konfrontation oder Kooperation: Arbeiterbewegung und bürgerliche Gesellschaft im ländlichen Schleswig-Holstein und in der Industriestadt Kiel 1900-1925, Berlin 1985, S. 67.
79 Dieter Fricke, Die deutsche Arbeiterbewegung 1869-1914: Ein Handbuch über ihre Organisation und Tätigkeit im Klassenkampf, Berlin 1976, S. 234 f.
80 Egon Wertheimer, Portrait of the Labour Party, 2. Aufl., London 1930, S. 230 ff. Realistisch wären diese Zahlen allenfalls, wenn man die Vorfeldorganisationen der SPD mit dazu zählte. Gerade letztere wurden allerdings von vielen Parteifunktionären/-innen skeptisch beäugt, da sie die Mitglieder angeblich von der politischen Arbeit ablenkten.
81 Protokoll des SPD-Parteitags 1924, S. 143.

kretär, Inseratensammler und Einkassierer."[82] Des weiteren war er für die gesamte Wahl- und Propagandaarbeit verantwortlich, hielt Hunderte von öffentlichen Versammlungen ab und war Kandidat der Partei für den Stadtrat, den hessischen Landtag und den Reichstag. Bezahlte Parteifunktionäre/-innen standen oft an der Spitze des Ortsverbandes und des Stadtrates, und sie dominierten in der Regel auch die lokalen Parteiversammlungen.[83] Durch das neue Wahlgesetz und die insgesamt besseren Möglichkeiten der SPD nach 1918, die Kommunalpolitik zu beeinflussen, vergrößerte sich die lokale Parteibürokratie in der Weimarer Republik eher noch, und Doppelmandate wurden noch mehr zur Regel.[84]

Ähnliche Schwierigkeiten zeigten sich auch bei der Organisationsarbeit der Labour Party Ortsverbände. Es gab in vielen Verbänden ebenfalls zu wenig aktive Mitglieder, so daß die Warnungen der Zentrale, Doppelmandate nach Möglichkeit zu vermeiden, ungehört verhallten.[85] Im Jahre 1924 schrieb der „Labour Organizer" über den Einfluß von Labour-Stadträten in den lokalen Parteivorständen: „What was an excellent policy in the early stages of development now threatens to become an evil and in some places the elected persons do actually possess an improper preponderance on the Executive."[86] George Lansbury erinnerte sich, daß er im Jahre 1911, als er sich an der Gründung des „Daily Herald" maßgeblich beteiligte, zugleich Herausgeber der Zeitschrift, Parlamentsabgeordneter, Poor Law Guardian, Stadtrat und Mitglied des London County Council war.[87]

Vor 1918 tendierten die lokalen Parteien dazu, die Struktur der nationalen Partei einfach zu übernehmen. Nur einige wenige Parteien, wie die in Woolwich, Barnard Castle und Clitheroe erlaubten auch Einzelmitgliedschaften, was ja in den Statuten der Partei offiziell nicht vorgesehen war. Die meisten Verbände gaben sich mit der kollektiven Mitgliedschaft der lokalen Gewerkschaftsverbände und sozialistischen Organisationen zufrieden, obwohl diese Allianz an vielen Orten lange nicht so reibungslos funktionierte wie im nationalen Rahmen.[88] Die Entscheidung MacDonalds und Hendersons, nach den Wahlen von 1910 verstärkt bezahlte Parteisekretäre/-innen zu ernennen, die von der Zentrale angestellt wurden und primär für die Gründung und den Aufbau von lokalen Parteiorganisationen im ganzen Land zuständig sein sollten, war ein wichtiger Schritt auf dem Weg zum Aufbau eines das ganze Land umfassenden Netzwerks von lokalen Organisationen.[89] Das sog. ‚grants-in-aid scheme' vom Mai 1912 vergab außerdem noch

---

82 Scheidemann, Memoiren, Bd. 1, S. 61.
83 R.G. Huber, Sozialer Wandel und politische Konflikte in einer südhessischen Industriestadt: Kommunalpolitik der SPD in Offenbach 1898 bis 1914, Darmstadt 1985, S. 244 f. Zur weit verbreiteten Anhäufung von Partei- und öffentlichen Ämtern durch Parteifunktionäre vgl. auch Dietrich Bronder, Organisation und Führung der sozialdemokratischen Arbeiterbewegung im Deutschen Reich, 1890-1914, phil.diss., Universität Göttingen 1952, S. 209.
84 Gerhard A. Ritter, Kontinuität und Umformung des deutschen Parteiensystems, in: ders., Arbeiterbewegung, Parteien und Parlamentarismus: Aufsätze zur deutschen Sozial- und Verfassungsgeschichte des 19. und 20. Jahrhunderts, Göttingen 1976, S. 139-41.
85 Labour Organizer, Juni 1922, S. 18.
86 Labour Organizer, März 1924, S. 5.
87 George Lansbury, Miracle of Fleet Street, London 1925, S. 8.
88 Blewett, The Peers, S. 285. Spannungen gab es natürlich auch auf der nationalen Ebene.
89 McKibbin, James Ramsay MacDonald, S. 225 f.; Bealey und Pelling, Labour and Politics, S. 238.

Gelder zum Organisationsaufbau an solche Wahlkreise, die bei den Wahlen besonders gut abgeschnitten hatten und in denen man sich berechtigte Hoffnungen auf zukünftige Wahlerfolge machen durfte.[90] An vielen Orten wie z.B. Leicester erwiesen sich solche Hilfen als überaus wichtig, da die Arbeiterpartei aus eigener Kraft nicht in der Lage war, die finanziellen Mittel und das notwendige organisatorische Fachwissen für eine effiziente Organisation aufzubringen.[91]

Bereits im Krieg und verstärkt nach 1918 wurden noch mehr bezahlte Sekretäre/-innen für die Organisationsarbeit angestellt.[92] Zwar mußten die ehrenamtlichen Funktionäre/-innen auch weiterhin einen Großteil der organisatorischen Routinearbeit erledigen[93], aber wo immer es finanziell möglich war, wurden bezahlte Parteisekretäre/-innen angestellt. Nach 1918 setzte sich die Partei das Ziel, „a skeleton party in every constituency" zu bilden und diese Wahlkreisorganisationen wiederum in „intelligent units" zu unterteilen.[94] Arthur Henderson unterstrich die Bedeutsamkeit dieser organisatorischen Neuerung: „One important feature of the constitution is that it makes the local groups the units of organization rather than the national societies and thus establishes a more direct relationship with the individual electors in every constituency."[95] Daß man sich nach 1918 verstärkt um den Aufbau lokaler Parteien bemühte, machte sich bemerkbar. So stellte der National Agent der Partei im Mai 1922 mit Zufriedenheit fest: „Its network of local organization has spread with terrific rapidity from one end of the country to the other since the launching of the new constitution in 1918. No longer does the Party fight in its few strongholds, but the battle-line is country-wide [...]"[96] Im Jahre 1924 besaßen nur drei Wahlkreise noch keine lokalen Parteiverbände, und G.D.H. Cole zählte bereits 3000 Ortsverbände im ganzen Land.[97] Doch hingen viele dieser Parteien nach wie vor vom Wohlwollen der kollektiv angeschlossenen Gewerkschaften und sozialistischen Organisationen ab. Es wurde oftmals versäumt, die individuelle Mitgliedschaft in der Partei voranzutreiben. Eine Ausnahme bildeten die ausgesprochen starken innerparteilichen Frauenverbände, die vielerorts das Rückgrat der Organisation ausmachten.[98] Es lag wohl nicht zuletzt an dem fehlenden Willen der lokalen Führungsriegen der Partei, die neue Organisationsstruktur in die Tat umzusetzen, was wiederum Herbert Drinkwater, den Herausgeber des „Labour Organizer", zu bitteren Anklagen gegen die alte Garde der Partei und ihren autoritären und konservativen Führungsstil veranlaßte. Ihr „hanging-on and dog in the manger attitude" machte er vor allem für die weit verbreitete Apathie unter den Parteimitgliedern in den lokalen Organisationen verantwortlich.[99]

---

90 McKibbin, Evolution, S. 31-33.
91 Lancaster, Radicalism, S. 155.
92 Silkin, Changing Battlefields, S. 6. Silkin betont, daß die bezahlten lokalen Parteisekretäre/-innen das Rückgrat der Parteiorganisation ausmachten. Sie waren der „key to party organisation". (S. 5)
93 Herbert Drinkwater, The Principles of Party Organization, in: Labour Organizer, Dez. 1921, S. 10.
94 Labour Organizer, Juni 1930, S. 97.
95 Arthur Henderson, Labour Looks Ahead, in: Daily Herald, 12. Jan. 1918, S. 5.
96 Egerton Wake, The Principles of Party Organization, in: Labour Organizer, Mai 1922, S. 5.
97 G.D.H. Cole, A History of the Labour Party from 1914, London 1948, S. 140.
98 Labour Organizer, Dez. 1927, S. 1.
99 Labour Organizer, März 1928, S. 52.

Auch die Tatsache, daß es kaum Informationen zu Orts- oder gar Stadtteilorganisationen der Labour Party in den 1920er Jahren gibt, läßt darauf schließen, daß viele Wahlkreisorganisationen sich mit der Propagierung individueller Parteimitgliedschaft schwer taten.[100] In Liverpool wurden zwar vor 1939 Parteisekretäre/-innen für verschiedene Stadtteile ernannt, aber diesen entsprach nicht notwendigerweise eine Stadtteilorganisation, da es einfach nicht genug aktive Mitglieder in den Stadtteilen gab.[101] Sieht man sich die Protokolle lokaler Parteiversammlungen in den frühen 1920er Jahren an, so hielt der Parteisekretär häufig Vorträge „in which he dwelt upon the great need of more active supporters".[102] Viele eingeschriebene Parteimitglieder tauchten auf den Mitgliederversammlungen nicht auf und beteiligten sich auch anderweitig nicht an den Aktivitäten der Partei. Selbst Vorstandssitzungen wurden oft nur von wenigen Delegierten besucht.[103] Muß man aufgrund dieser Informationen nicht der Ansicht Christopher Howards zustimmen, daß die Labour Party es nach 1918 nicht zu einer effizienten Organisation der Wahlkreise brachte?[104]

Nun fällt das Gesamtbild der lokalen Parteiorganisationen aber vielleicht doch etwas komplexer aus, gab es doch bereits vor 1914 gut organisierte lokale Verbände mit bezahlten Funktionären/-innen und Stadtteilorganisationen, die sich zu einer ernsten Herausforderung für die traditionell das Terrain dominierenden konservativen und liberalen Organisationen mauserten. Nach 1918 und ganz besonders in der zweiten Hälfte der 1920er Jahre wuchs die Anzahl solch gut organisierter Ortsverbände beträchtlich.[105] Auffällig ist dabei vor allem, daß dort, wo die lokalen Parteien sich um den Aufbau von Stadtteilorganisationen bemühten, auch Funktionäre/-innen ernannt und Versammlungen abgehalten werden konnten.[106] Ein weiteres Anzeichen für das Bemühen der Partei, die lokalen Organisationen weiterzuentwickeln, waren die in den 1920er Jahren vielerorts alljährlich stattfindenden Treffen aller lokalen Verbände einer Grafschaft.[107] Rowett hat für Sheffield gezeigt, wie erfolgreich eine gut organisierte Labour Party auch angesichts einer massiven anti-sozialistischen Propaganda der bürgerlichen Parteien mitsamt ihrer lokalen Presse sein konnte.[108] Woolwich und Bermondsey waren Stadtteile Londons, in

---

100 Labour Organizer, April/Mai 1923, S. 5.
101 Robert Baxter, The Liverpool Labour Party 1918 - 1963, phil. diss., Universität Oxford 1969, S. 223.
102 Labour Party Archive, Local Labour Party Files: Minutes of Annual Meeting of North-East Kent Divisional Labour Parties vom 9. April 1921.
103 Keith Teanby, „Not Equal to the Demand": Major Concerns of the Doncaster Divisional Labour Party 1918-1939, M.phil., Universität Sheffield 1983, S. 24-34; zu den oft spärlich besuchten Vorstandssitzungen in den lokalen Parteiorganisationen vgl. die Sammlung von Jahresberichten lokaler Parteiverbände in: Labour Party Archive, Local Labour Party files; siehe auch Labour Organizer, Okt. 1930, S. 178.
104 Christopher Howard, Expectations Born to Death: Local Labour Party Expansion in the 1920s, in: The Working Class in Modern British History, hrsg. v. Jay Winter, Cambridge 1983, S. 65-81.
105 Beispiele gut organisierter Verbände wurden regelmäßig vom „Labour Organizer" veröffentlicht.
106 Labour Organizer, Jan. 1923, S. 8 f. Zur Existenz effektiver Stadtteilorganisation z.B. in der Westminster Labour Party siehe Annual Report Presented by the GMC to the Individual Members of the Westminster Labour Party 1925, Westminster 1925; vgl. auch zum Aufbau effektiver Stadtteilorganisationen innerhalb der ILP Glasgows bereits vor 1914 Joan Smith, Labour Traditions in Glasgow and Liverpool, in: HWJ 17, 1984, S. 35 f.
107 Labour Organizer, Febr. 1924, S. 18.
108 John S. Rowett, Sheffield under Labour Control, in: SSLH 39, 1979, S. 12.

denen die Arbeiterpartei zu einem ähnlich alltäglichen Bestandteil der Arbeiterkultur wurde, wie dies für die SPD z.B. im Hamburger Hammerbrook zutraf.[109] Zweifelsohne konnte nur eine kleine Anzahl von Labour Party Ortsverbänden nach 1918 das aufbauen, was lange nicht alle lokalen Verbände der SPD bereits vor 1914 erreicht hatten: eine lokale Organisation, die die Partei mit dem alltäglichen Leben der Arbeiter/-innen in einer bestimmten Stadt oder Region innigst verband.[110]

Wie in der SPD so ging auch in der Labour Party der Aufbau einer effektiven Parteimaschine Hand in Hand mit einem Übergewicht bürokratischer Apparate und der für sie charakteristischen Denkstrukturen. Die genaue Anzahl der festangestellten Parteifunktionäre/-innen der Labour Party ist nicht bekannt, da keine genauen Statistiken geführt wurden. Jedoch läßt sich mit einiger Wahrscheinlichkeit sagen, daß die Anzahl der Parteisekretäre/-innen in den Wahlkreisen, der Angestellten in der Londoner Zentrale und der Journalisten/-innen der Parteipresse sich auf einige hundert Amtsinhaber beschränkt haben dürfte. Der Vorstand eines Ortsverbandes bestand normalerweise aus den (häufig unbezahlten) Funktionsträgern der Partei: dem/-r Präsidenten/-in (oder Vorsitzenden/-e), zwei Vizepräsidenten/-innen, Schatzmeister/-in, Finanzsekretär/-in und Sekretär/-in. Er traf sich in der Regel einmal im Monat und gründete meist eine Anzahl von Ausschüssen, deren Mitglieder sich sowohl mit dem Innenleben der Partei als auch mit unterschiedlichen kommunalen Politikfeldern befaßten. Besondere Bedeutung kam den in größeren Organisationen tätigen Stadtteilsekretären/-innen zu, die vor allem die Wahlleitung übernahmen, öffentliche Demonstrationen organisierten, aber auch die Basis für gezielte Kampagnen mobilisierten, den sozialen Zusammenhalt in der Partei garantierten und die Parteibeiträge einkassierten.[111]

Noch wichtiger für die lokalen Parteiorganisationen waren nur die (bezahlten) Parteisekretäre/-innen, die häufig den Aktivitäten der freiwilligen Helfer Richtung und Ziel wiesen und vor allem eine gewisse Kontinuität der Organisationsversuche garantierten.[112] In den 1920er Jahren veröffentlichte der „Labour Organizer" eine Reihe von Profilen erfolgreicher Parteisekretäre/-innen, aus denen sich eine Art Idealbild herausschälen läßt: Es handelte sich um einen Mann (!), der über „ein System verfügte", der seine Effizienz beim Aufbau einer „Parteimaschine" unter Beweis stellte, der wußte, wie man ein sauberes und gut organisiertes Büro führte, der die Parteiliteratur erfolgreich an den Mann brachte und nicht zuletzt die Partei vor Schulden bewahrte. War er wirklich gut, dann gelang es ihm sogar, aus den diversen Aktivitäten der Partei Profit zu schlagen. Wie die Oral-history-Studie Dan Weinbrens belegt, hielten die Parteisekretäre/-innen die Bedeut-

---

109 Zu Hamburg-Hammerbrook vgl. Johannes Schult, Geschichte der Hamburger Arbeiter 1890-1918, Hamburg 1967, S. 23-35; zu Bermondsey siehe Fenner Brockway, Bermondsey Story, London 1949, S. 36 und zu Woolwich vgl. Paul Thompson, London Working Class Politics and the Formation of the London Labour Party, 1885-1914, phil. diss., Universität Oxford 1963, S. 437-58.
110 Savage, The Dynamics; G.C. Rose, Locality, Politics and Culture: Poplar in the 1920s, phil. diss., Universität London 1989, bes. Kap. 4; J.A. Gillespie, Economic and Political Change in the East End of London During the 1920s, phil. diss., Universität Cambridge 1984.
111 Labour Organizer, Dez. 1929, S. 240 f. Vgl. ebd., März 1921, S. 7 f.
112 McKenzie, British Political Parties, S. 542. Vgl. auch den Bericht über den Alltag eines solchen Parteisekretärs in A.C. Powell, The Life of a Labour Agent, in: Labour Organizer, Juni 1930, S. 110 f.

samkeit systematischer Organisation, neben der gründlichen Kenntnis des Wahlkreises und Ortsverbandes, für das wichtigste Kriterium des Erfolgs.[113] Ein großes Problem der Partei blieb allerdings die Ernennung solcher bezahlter Wundersekretäre/-innen. Selbst in ihren Hochburgen, wie London, fand die Labour Party nicht das Geld, um die Anzahl der fest angestellten Parteisekretäre/-innen in der Zwischenkriegszeit erheblich zu erhöhen. Von den 77 Londoner Ortsverbänden hatten bestenfalls 27 solche Sekretäre/-innen, und das, obwohl die Londoner Partei ihren Bezirksorganisationen ständig einbleute, daß „the maintenance of a constituency party organization at a high state of efficiency requires the full-time services of at least one competent organizer."[114]

Viele lokale Parteien versuchten nach dem Ersten Weltkrieg dennoch einen Weg zu gehen, wie er auch aus den Protokollen der Darlington Labour Party ersichtlich wird. Der Vorstand strebte Aktionen zur Mitgliederwerbung an und organisierte zu diesem Zweck allmonatliche öffentliche Kampagnen. Er bemühte sich um den Erwerb eines geeigneten Parteihauses, und auch die Gründung einer Jugendorganisation (*Labour League of Youth*) wurde beständig diskutiert, ohne daß man anscheinend zu einer definitiven Entscheidung kam.[115] Erst nachdem sich die Partei 1928 einen bezahlten Parteisekretär leisten konnte, kam es zu einem Plan für einen systematischen Aufbau der Organisation: „Central Office as pivot of co-ordinator, ward secretaries with definite duties to regulate the duties of three following district secretaries for each ward [...] These to be in touch with street captains, who in turn would be in weekly contact with individual members. The object of the organization was to obtain a street captain for each street, carrying on collecting, reporting registration changes [...], removals and new voters, distributing notices and election canvassing [...]"[116] In einer Hauptversammlung aller Mitglieder der Darlington Labour Party vom 3. Februar 1928 gab es zahlreiche Mitglieder, die sich für das Amt eines „street captain" zur Verfügung stellten. Ambitionierte Pläne eines Sekretärs mußten also durchaus nicht an der Teilnahmslosigkeit der Mitgliedschaft scheitern. Neben der Verbesserung der internen Organisation ging es dem Darlingtoner Parteisekretär vor allem um eine größere öffentliche Präsenz der Partei vor Ort. Zu diesem Zweck versuchte er, mehr öffentliche Parteiversammlungen zu organisieren. So berichtete er dem Darlingtoner Parteivorstand am 10. Dezember 1928, daß er bis zum April 1929 vier sonntägliche Abendveranstaltungen im Theatre Royal plane. An den übrigen Sonntagen sollten regelmäßige Abendversammlungen im Parteihaus sowie gemeinsame Veranstaltungen mit der No More War Movement und der lokalen ILP stattfinden.

In Edinburgh, so John Holford, wurde der Aufbau einer effizienten Organisationsmaschine zum Hauptziel der Partei- und Gewerkschaftsverbände der Stadt.[117] Michael Savages Untersuchungen zu den Verhältnissen in Preston in den 1920er Jahren kommen zu dem Schluß, daß „the character of Labour politics at the local level changed considerably

---

113 Daniel Weinbren, Generating Socialism. Recollections of Life in the Labour Party, Stroud 1997, S. 180-82.
114 Annual Report of the EC of the LLP, 1930/31, S. 5.
115 Darlington Labour Party Minutes, 10. Nov. und 13. Dez. 1926, in: Labour Party Archive.
116 Darlington Labour Party Minutes, 30. März 1928, in: Labour Party Archive.
117 John Holford, Reshaping Labour: Organization, Work and Politics – Edinburgh in the Great War and After, London 1988, S. 179.

[...] it changed from a party based on certain trade unions to one based on neighbourhood organizations".[118] Die Partei in Bristol war „more than an election machine. Research into the records of the Bristol East Labour Party for the 1930s reveals an astonishing variety of activities in which its members were engaged [...]"[119] Im Nordosten des Landes berichteten viele lokale Organisationen nach 1919 von „feverish growth" ihrer Mitgliedszahlen.[120] Zunehmend fand sich Kritik an einer Organisationskultur, die ihre Mitglieder nur zu Wahlkämpfen mobilisierte.[121] Regelmäßige Mitgliedertreffen, die Ernennung von street captains und die Belebung der Freizeitaktivitäten lokaler Parteien seien die beste Methode, um auch den Erfolg der Partei bei Wahlen zu garantieren.[122] Die katastrophale Niederlage der Partei bei den Parlamentswahlen von 1931 bestärkte letztendlich nur das Bemühen der Partei um den Aufbau einer effizienten lokalen Organisationskultur.[123]

Es war von daher nur konsequent, daß die Partei durch die gesamten 1920er Jahre hindurch aktive Mitgliederwerbung betrieb. Sog. „Labour Weeks", in denen die Partei „simultaneous meetings in all parts of the division, some of which would be visited by central speakers, the remainder to be addressed by local speakers and by exchanges from speakers from other localities" organisierte, fanden in zahlreichen Divisional Labour Parties Anklang.[124] Im Jahre 1925 suchte Herbert Morrison die Mitgliederwerbung der Londoner Partei weiter voranzutreiben und kam auf die Idee „to issue to local Labour Parties certificates of merit for each 25 new members secured; and to present a perpetual trophy to the party showing the best results each year in increasing membership."[125] Wie in der SPD wurden auch in der Labour Party Mitgliederausweise eingeführt. Das Einsammeln der Mitgliederbeiträge wenigstens einmal im Monat wurde zu den zentralen Aufgaben der Stadtteilsekretäre. Ebenfalls wie in der SPD stand hinter dieser Tätigkeit das Bemühen der Partei, mit ihrer Basis in regelmäßigem Kontakt zu bleiben.[126] Im Jahre 1932 entschied sich das Organizational Subcommittee des NEC, auf nationaler Ebene eine sog. „Campaign for the Million Members" zu organisieren, die auf die aktive Mitarbeit der lokalen Parteien und besonders deren Frauenorganisationen angewiesen war.[127] Zu dieser Zeit waren die lokalen Organisationen der Labour Party bereits ihre wichtigste Stütze im Wahlkampf.[128] Daß die Labour Party im Jahre 1952 mit über einer Million Einzelmitglieder zur stärksten Arbeiterpartei in Westeuropa wurde, hatte auch eine Ursa-

---

118 Savage, The Dynamics, S. 194.
119 A Brief History of Bristol South East Constituency Labour Party, Bristol 1979, S. 7.
120 Margaret H. Gibb und Maureen Callcott, The Labour Party in the North East Between the Wars, in: North East Group for the Study of Labour History Bulletin 8, Okt. 1974, S. 13.
121 Twenty-five Years History of the Woolwich Labour Party 1903-1928, Woolwich 1928, S. 10.
122 Labour Organizer, Jan. 1923, S. 8 f.
123 Labour Organizer, Dez. 1931, S. 231; vgl. auch Emanuel Shinwell, Ain't it Grand to be Temporarily Dead?, in: Labour Magazine 11, 1932/33, S. 172 f.
124 Labour Organizer, Sept. 1923, S. 2.
125 Annual Report of the EC of the LLP, 1930/31, S. 15. Vgl. auch Herbert Morrison, London's Big Push, in: London News, Juni 1925, S. 1. Zu ähnlichen Aktionen in Coventry im Jahre 1924 siehe Hodgkinson, Sent to Coventry, S. 83.
126 Drucker, Doctrine and Ethos, S. 16.
127 Labour Party Archive, Organization Sub-Committee Minutes, 27. Jan. 1932.
128 Stuart Macintyre, Socialism, the Unions and the Labour Party after 1918, in: SSLH 31, autumn 1975, S. 111.

che in der organisatorischen Grundlagenarbeit, die die lokalen Parteien in der Zwischenkriegszeit leisteten.

Eine der beispielhaftesten Organisationen zu dieser Zeit war Herbert Morrisons London Labour Party. Paul Thompson hat die Schwierigkeiten der Partei eindrucksvoll beschrieben, im London der Vorkriegszeit überhaupt so weit zu kommen, eine Gründungsversammlung abhalten zu können.[129] Nach 1918 propagierte die Partei unter Morrisons Führung dann den systematischen Aufbau einer schlagkräftigen Organisation nach dem Modell einiger Bezirksparteien aus der Vorkriegszeit, wie z.B. der Woolwich Labour Party. Am 18. Januar 1918 schrieb Morrison an alle Sekretäre der Bezirksorganisationen, daß die wichtigste Aufgabe der Partei im Aufbau einer effektiven lokalen Organisationskultur bestehe.[130] Morrison selbst reiste zu dieser Zeit unermüdlich von Bezirksverband zu Bezirksverband, um deren Organisation zu verbessern. Einmal in der Woche schickte er an alle lokalen Organisationen ein Kommuniqué der LLP mit spezifischen Hinweisen, wie diese ihre Organisation und kommunalpolitischen Strategien verbessern könnten. Vierteljährliche Delegiertentreffen der Londoner Parteien dienten v.a. dem Austausch von Informationen zu Mitgliederwerbung und Agitation.[131] Die regelmäßigen Rundschreiben aus Morrisons Büro betonten, daß in der Regel fehlende Koordination und übermäßige Dezentralisation selbst gut gemeinte organisatorische Versuche scheitern ließen und außerdem noch wichige finanzielle Mittel verschwendeten.[132] Schließlich forderten sie die lokalen Parteifunktionäre/-innen dazu auf, sich wie in anderen Regionen regelmäßig zu treffen, um sich über Erfolg und Mißerfolg diverser Organisationstechniken auszutauschen.[133] Morrison hatte Erfolg. Im Jahre 1914 gab es 20 Ortsverbände in London, 1924 waren es 73. Vor dem Ersten Weltkrieg existierten keine Frauensektionen, 1924 wurden 48 gezählt. 1914 saßen für die Londoner Wahlkreise zwei Labour-Abgeordnete im Parlament, 1924 war die Zahl auf 22 gestiegen. Ende der 1920er Jahre sprach Morrison darüber, woher er die Inspiration und das Modell für die eindrucksvolle Londoner Parteimaschine bezogen habe: „I have never forgotten what Stephen Sanders, MP, told us before the war with regard to Berlin: ‚That the Social Democratic Party Executive could sit on the top floor of the *Vorwärts* building, pass a manifesto paragraph by paragraph, have it put into type and circulated to every tenement in the city of Berlin by the next morning.' We cannot quite do this yet in London, but we ought to be able to do it. And some day we will do it."[134] Bereits Mitte der 1920er Jahre war Morrison mit einer Delegation der LLP zu Besuch bei der deutschen SPD im Rheinland, und man wird nicht fehl gehen, wenn man annimmt, daß auch organisatorische Fragen auf der Tagesordnung der Gespräche standen.[135]

---

129 Paul Thompson, Socialists, Liberals and Labour: The Struggle for London 1885-1914, London 1967.
130 Labour Party Archive, Local Labour Party Files on the LLP, leaflet, 18. Jan. 1918, von Herbert Morrison unterzeichnet.
131 B. Donoughue und G.W. Jones, Herbert Morrison, London 1973, S. 75 f.
132 Labour Party Archive, Local Labour Party files on the LLP: circular of the LLP, Mai 1933.
133 Zu solchen Treffen in London, Cheshire und den West Midlands siehe Labour Organizer, März 1921, S. 17 f. Zu Lancashire siehe Labour Organizer, Jan. 1921, S. 8.
134 Herbert Morrison, London's Labour Majority, Labour Magazine 8, 1929/30, S. 68.
135 Annual Report of the EC of the LLP, 1926/27, S. 24.

Insgesamt waren die lokalen Parteiorganisationen beider Arbeiterparteien also durchaus auf einen ähnlichen ‚Organisationspatriotismus' ausgerichtet. Während die SPD allerdings an vielen Orten bereits vor 1914 eine eindrucksvolle Organisationskultur aufbauen konnte, zog die Labour Party erst ab der zweiten Hälfte der 1920er Jahre nach. Wo man auf der einen Seite die Aktivitäten lokaler SPD-Verbände und besonders die Beteiligung einfacher Parteimitglieder nicht überschätzen und an den modellhaften Organisationen einiger Großstädte messen sollte, scheint es andererseits geraten anzuerkennen, daß zahlreiche lokale Organisationen der Labour Party zeitversetzt ebenfalls Eindrucksvolles leisteten, besonders, wenn man das Fehlen einer effektiven Föderung lokaler Organisationen durch die Zentrale oder regionale Verbände berücksichtigt. Wenn letztendlich dennoch der Eindruck entsteht, daß die SPD beim Aufbau einer kohärenten Organisationsstruktur erfolgreicher war als die Labour Party, dann hatte dies weniger mit einem angeblich britischen Mißtrauen gegenüber systematischer Organisation zu tun als vielmehr mit der Existenz einer Rahmenorganisation für die deutsche Arbeiterpartei, die gerade schwächeren Gliederungen den organisatorischen Aufbau erleichterte. Indem die SPD sowohl einen Großteil ihrer Finanzen als auch ihrer Entscheidungsbefugnisse bei den regionalen Parteiverbänden zentralisierte, gelang es ihr, die strukturellen Ungleichheiten lokaler Parteiverbände weitgehend auszugleichen. Somit war die starke regionale Organisation eine zentrale Vorbedingung für den erheblichen nationalen Erfolg der SPD. Er ermöglichte es der Partei, auch solche Regionen und Arbeiter anzusprechen, die auf Grund der lokalen Traditionen und der etablierten politischen Lager andernfalls nur schwer zu organisieren waren. Die stärkeren regionalen Parteibürokratien wurden innerhalb der SPD dazu benutzt, die schwächeren lokalen Parteiverbände zu unterstützen. Die effektive Zentralisierung der Entscheidungen auf der regionalen Ebene erlaubte auch den Aufbau einer weitgehend homogenen Organisationskultur nach 1905. Die Führungen von Labour Party und SPD unterschieden sich kaum in ihrem gemeinsamen Wunsch nach Zentralisierung, Bürokratisierung, Effizienz und dem Aufbau von gut geölten Parteimaschinen. Aber der andere Aufbau der Labour Party und besonders die fehlende oder zumindest mangelhafte Regionalisierung der Partei behinderte ein ums andere Mal die Organisationskultur der britischen Arbeiterpartei. Auch die begrenzteren finanziellen Ressourcen zwangen die Londoner Zentrale häufig dazu, die Bitten der lokalen Verbände um Hilfe bei der Koordinierung ihre Organisationsbemühungen abschlägig zu beantworten. Solch eine Koordination hätte eine der Hauptaufgaben der regionalen Parteisekretariate sein müssen, die allerdings gerade diesem Bereich kaum die notwendige Beachtung schenkten.[136] So bekamen die lokalen Parteien oft nicht die Unterstützung, die nötig gewesen wäre, um eine effizientere Organisationskultur und stärker bürokratisierte Parteiapparate zu schaffen. Die mangelhafte Zentralisierung der Parteifinanzen und die andauernde Abhängigkeit der Partei von den Geldern der Gewerkschaften auf jeder Stufe ihrer Organisation war ein weiterer wichtiger Grund für die im Vergleich zur SPD relativ geringer entwickelte Organisationskultur. In der Labour Party blieben letztendlich die Unterschiede zwischen armen und reichen Wahlkreisen entscheidend für deren organisatorischen Erfolg. Bestenfalls blieb es den erfolgreichen Ortsverbänden überlassen, sich

---

136 Rowett, The Labour Party and Local Government, S. 38 f.

um ihre arme Verwandtschaft zu kümmern. Organisationen wie die in Bermondsey taten dies, indem sie eine organisatorisch schwach entwickelte Labour Party „adoptierten" und ihr finanziell und personell behilflich waren.[137] Die große Bedeutung, die gerade der Finanzierung beider Parteien zukam, macht es notwendig, den Parteifinanzen in einem eigenen Unterkapitel die nötige Aufmerksamkeit zu schenken.

3.4 Parteifinanzen

Nach dem Zusammenschluß der rivalisierenden sozialdemokratischen Parteien in Gotha im Jahre 1875 brauchte die deutsche Arbeiterpartei noch circa drei Jahrzehnte, um ihre finanzielle Situation zu stabilisieren.[138] Um die Jahrhundertwende basierte die gesunde finanzielle Situation der SPD vorwiegend auf den Profiten, die die von den nationalen und regionalen Vorständen kontrollierten parteieigenen Unternehmen erwirtschafteten, und auf den Zinsen der auf ausländischen Konten untergebrachten Parteiguthaben.[139] Auch in der Weimarer Republik ruhte der Reichtum der Partei vor allem auf den schwarzen Zahlen, die die Parteiunternehmen schrieben. Im Jahre 1928 erwirtschafteten sie z.B. einen Profit von 1,8 Millionen RM.[140] Mitgliederbeiträge wurden pro forma erst im Jahre 1900 eingeführt, da die restriktive Vereinsgesetzgebung im Kaiserreich die Zahlung von regelmäßigen, an eine zentrale Parteiinstanz abzuführenden Beiträgen nicht erlaubte. Allerdings hatten die meisten lokalen Parteiorganisationen schon lange vorher ‚freiwillige' Mitgliederbeiträge einkassiert. Als die Beiträge im Jahre 1909 auf eine monatliche Mindestrate von 30 Pfennigen für Männer und 15 Pfennigen für Frauen festgelegt wurden, war dies ebenfalls ein erheblicher Beitrag zu stabilen Parteifinanzen[141] – besonders nachdem die Mitgliedschaft von 384.000 im Jahre 1906 auf 530.000 im Jahre 1907 angestiegen war und schließlich kurz vor dem Weltkrieg sogar die Millionengrenze überschritten hatte.

Bei Mitgliederzahlen, die in der Weimarer Republik niemals unter 750.000 lagen und Beiträgen von ca. 38 RM jährlich plus 1.85 RM für die Internationale (Stand von 1926), blieben die Mitgliederbeiträge ein wichtiges Finanzierungsmittel der SPD im gesamten Untersuchungszeitraum dieser Studie. Sie wurden lokal eingesammelt, und das Geld wurde dann an die regionalen Gliederungen überwiesen. Deren Einkommen betrug im Jahre 1927 7,4 Millionen Reichsmark. Der Anteil einfacher Mitgliederbeiträge an dieser

---

137 Brockway, Bermondsey Story, S. 139. Vgl. auch den Aufruf Egerton Wakes, ärmere Labour Parties besonders in ländlichen Gegenden zu „adoptieren", den er anläßlich des Parteitages im Jahre 1924 formulierte, in: Report of the Annual Conference of the Labour Party 1924, London 1924, S. 181 f.
138 Roth, The Social Democrats, S. 266.
139 ZStA Merseburg, Rep. 77, Nr. 656, I: Polizeibericht über die sozialdemokratische Bewegung an den preußischen Innenminister vom 15. Jan. 1898, S. 10.
140 Hunt, German Social Democracy, S. 52.
141 Zur Bereitschaft von Sozialdemokraten/-innen, einen erheblichen Anteil ihres wöchentlichen Einkommens für die Partei zu ‚opfern', siehe auch BA Berlin, Abt. Reich, St. 22/38: Polizeibericht über den Agitationsbezirk Niederrhein 1911-13, und ebenso ZStA Merseburg, Rep. 77, CBS, Nr. 35, vol. ii: Finanzen der Sozialdemokratie.

Summe betrug 4,7 Millionen RM.[142] Nach 1912 mußten 20% aller Beiträge an den Parteivorstand abgeführt werden.[143] Die Ortsvereine waren angewiesen, jährliche Finanzberichte vorzulegen, die über Einkommen und Ausgaben Rechenschaft ablegten. In dem Statut der SPD von 1919 wurde der Anteil des Vorstands von 20 auf 25% erhöht. Da jedoch die Mitgliederzahlen in der Weimarer Republik nach anfänglichem Wachstum wieder hinter den Vorkriegsstand zurückfielen (1925: 806.268), bedeutete dies de facto keinen großen Anstieg des Einkommens. Während der Inflationsjahre hatte der Parteivorstand Notstandsvollmachten, um seine Einnahmen ad hoc zu erhöhen, da die Währungsschwankungen unberechenbar wurden. In dem Statut von 1924 wurden diese Vollmachten dann allerdings zu einem dauerhaften Recht des Vorstands. Von diesem Zeitpunkt an entschied dieser in Abstimmung mit der Kontrollkommission selbst über seine Einnahmen. Obwohl damit die finanziellen Vollmachten des Vorstands erheblich erweitert worden waren, verblieb doch die effektivste Kontrolle über die Parteifinanzen bei den regionalen Gliederungen. Sie verfügten auch weiterhin über die Mittel, um Gelder von mitgliederstarken und gut organisierten auf schwächere Ortsvereine umzuverteilen. Außerdem vermochten sie einzelnen Parteimitgliedern, die auf Grund ihrer Parteiarbeit von Unternehmern oder vom Staat verfolgt und diskriminiert wurden, finanziell unter die Arme zu greifen.[144]

Die Labour Party war finanziell nicht so unabhängig wie die SPD. Die Gewerkschaften steuerten national und lokal über eine politische Sonderabgabe ihrer Mitglieder (*political levy*) den Löwenanteil zu den Parteifinanzen bei. Bei den Wahlen zum Unterhaus finanzierten die Gewerkschaften Kandidaten/-innen der Labour Party direkt. Daran änderte im Prinzip auch die großzügige finanzielle Ausstattung der Parteien im Zuge der Wahlrechtsreform von 1918 nichts, die es zwar der Labour Party erlaubte, Kandidaten/-innen auch in für die Partei hoffnungslosen Wahlkreisen aufzustellen, aber den Gewerkschaftseinfluß nicht maßgeblich verringerte.[145] Letzterer hatte u.U. erhebliche Auswirkungen auf die Kandidatenauswahl, da die Gewerkschaften lieber eine/-n der ihren im Parlament sahen als einen reinen Parteimenschen, selbst wenn letztere/-r besser für die Tätigkeit im Parlament qualifiziert schien.[146] Viele lokale Parteiorganisationen gaben in den frühen 1920er Jahren ihrem Unmut über diese Situation Ausdruck, wie z.B. der Manchester und Salford LRC: „So long as constituency organizations are abjectly dependent on wealthy trade unions to finance their national and local candidates, the party will never command the best brains of the movement to represent them."[147] Die Unfähigkeit der Zentrale, schwächeren Wahlkreisorganisationen im Wahlkampf effektiv bei der Kandidatenaufstellung und -finanzierung zu helfen, schädigte die Organisation der Partei auch in anderer Hinsicht. Die beliebtesten Persönlichkeiten der Partei, die in der Lage

---

142 Winkler, Der Schein der Normalität, S. 350.
143 Nipperdey, Die Organisation, S. 369 f.
144 ZStA Merseburg, Rep. 77, Nr. 508.
145 Michael Dawson, Money and the Real Impact of the Fourth Reform Act, in: Historical Journal 35, 1992, S. 369-81.
146 David Howell, Introduction to the Stockport Labour Party Archive, in: Origins, hrsg. v. Clark, S. 21.
147 Manchester und Salford LRC, Annual Report and Balance Sheet for 1920, in: Labour Party Archive, Local Labour Party Files.

gewesen wären, auch organisatorisch schwächere Wahlkreise für die Partei zu gewinnen, fanden sich nur selten zu einer Kandidatur dort bereit, da sie persönlich hohe finanzielle Eigenkosten fürchteten. Statt dessen wählten sie lieber die ‚sicheren' Wahlkreise, in denen entweder die Gewerkschaften oder die sozialistischen Organisationen bereit waren, die Zeche zu zahlen. So entschied sich z.B. MacDonald im Jahre 1928 dazu, seinen alten Wahlkreis Aberavon aufzugeben und im finanziell besser ausgestatteten Wahlkreis Seaham Harbour für die Partei zu kandidieren.[148] Alle Wahlkampfausgaben der SPD kamen dagegen aus dem zentralen Parteifonds. Auch wenn die sozialistischen Gewerkschaften in der Regel zu diesem zentralen Wahlfonds Mittel beisteuerten, so konnten sie doch keinen Einfluß auf die Kandidatenauswahl nehmen. Die SPD verfügte also vor allem auf Grund ihrer größeren individuellen Mitgliedschaft und ihrer profitablen Unternehmen[149] über einen Grad an finanzieller Autonomie, den die Labour Party im Untersuchungszeitraum vergeblich zu erreichen suchte.

Die Zentrale der Labour Party propagierte in den 1920er Jahren die individuelle Mitgliedschaft als Lösung ihrer prekären Finanzlage. Die Mitgliederbeiträge würden die Partei endlich aus der finanziellen Abhängigkeit von den Gewerkschaften befreien: „Individual membership should be a real source of income to local parties, and should produce for the party nationally, at least enough to pay for the outside organisational staff."[150] Besonders nachdem der Trade Union Act von 1927 die finanziellen Verbindungen der Labour Party zu den Gewerkschaften bedrohte, entschied sich die Partei verstärkt, Mitgliederwerbung zu betreiben. Zunehmend wurden auch bezahlte Werber/-innen eingesetzt, da man in der Zentrale mit der freiwilligen Arbeit einfacher Parteimitglieder unzufrieden war.[151] Den Funktionären/-innen, die für die Einsammlung der Parteibeiträge verantwortlich waren, wurde an manchen Orten als Anreiz ein bestimmter prozentualer Anteil an den Beiträgen zugesprochen, da man sich davon insgesamt eine befriedigendere Eintreibung der Mitgliederbeiträge versprach.[152] Die Labour Party in Southampton stellte sogar einen Fünfjahresplan auf mit dem Ziel, innerhalb dieses Zeitraumes in allen Stadtteilen mindestens 30% der nominellen Mitglieder zu aktivieren.[153] Das Resultat all dieser Bemühungen um Mitglieder ließ sich durchaus sehen, stieg doch die individuelle Mitgliedschaft in der Labour Party von null im Jahre 1918 auf 447.000

---

148 PRO, MacDonald Papers, 30/69, 1710-1713.
149 Zu den Zeitungsverlagen siehe Unterkapitel 3.5.
150 Labour Organizer, März 1921, S. 14.
151 Siehe bereits Labour Organizer, Jan. 1921, S. 2.
152 Siehe z.B. Minutes of the Special EC meeting of the Stockport Labour Party vom 4. Aug. 1927, in: Origins, hrsg. v. Clark; Sheerness Labour Party, Balance Sheet 1932, in: Labour Party Archive, Local Labour Party Files. Welches Interesse die Führung der Labour Party an einer effektiven Eintreibung der Mitgliederbeiträge hatte, läßt sich deutlich ablesen an einem Bericht, den Honley Atkinson eigens zu diesem Problem für den Parteivorstand anfertigte. Siehe Honley Atkinson, The Collection of Individual Members' Contributions, in: Labour Party Archive, NEC Minutes, 26. Okt. 1932. In diesem Bericht argumentiert Atkinson gegen den Einsatz bezahlter ‚Eintreiber/-innen', betont andererseits jedoch, daß „the factor of organization" für die effektive Einsammlung der Beiträge von entscheidender Bedeutung sei.
153 Report on Membership Organization, hrsg. v. der Southampton Labour Party, Southampton 1936, S. 1.

im Jahre 1937.[154] Ob die Labour Party dabei ein spezifisch deutsches Organisationsmodell zum Vorbild erhob, ist schwer zu beantworten. Allerdings waren die Bemühungen der britischen Arbeiterpartei denen der SPD vor dem Ersten Weltkrieg z.T. frappierend ähnlich, so z.B. bei einheitlichen Mitgliedsbüchern, beim System der Einsammlung von Mitgliederbeiträgen und bei den regelmäßigen Kampagnen zur Mitgliederwerbung.[155] Andererseits unterschied sich die Labour Party erheblich von der SPD, was die Höhe der Mitgliederbeiträge anbetraf. Bis zum Jahre 1945 war der Mindestbeitrag für Männer auf 1 s. pro Jahr und für Frauen auf 6 d. pro Jahr festgelegt. Selbst der „Labour Organizer" rief die lokalen Verbände dazu auf, mehr als diesen läppischen Betrag einzusammeln.[156] Die Bereitschaft vieler Parteimitglieder, auch eine erheblich größere Summe aufzubringen, äußerte sich v.a. darin, daß Spendenaufrufe der Partei, wie z.B. der aus dem Jahre 1927 für einen £ 100.000 Kampffond, in der Regel sehr positiv beantwortet wurden.[157]

Trotzdem wird man behaupten können, daß die Labour Party die finanziellen Möglichkeiten einer großen individuellen Mitgliedschaft nicht voll ausgeschöpft hat. Damit blieb die Finanzierung der lokalen Parteien durch die gesamten 1920er Jahre hindurch stark von den Aufwendungen der Gewerkschaften abhängig. Die Labour Party in Stockport z.B. war finanziell weitgehend auf Zahlungen der Eisenbahnergewerkschaften (Amalgamated Society of Railway Servants, der National Union of Railwaymen und der Railway Clerks' Association) angewiesen, da sie es versäumte, eine verläßliche Mitgliederbasis unter den Arbeitern der Stadt zu rekrutieren.[158] Und diejenigen lokalen Parteien, die überhaupt über Gewerkschaftsmittel verfügten, konnten sich noch zu den glücklichen rechnen, da ein Mangel an finanziellen Ressourcen in den 1920er Jahren erhebliche Konsequenzen für die Parteiorganisation hatte. Vorträge konnten nicht abgehalten, Maifeiern nicht organisiert, Delegierte nicht zu den jährlichen Parteitagen entsandt, Parteisekretäre nicht ernannt und angemessene Räumlichkeiten für die lokale Partei nicht erworben oder angemietet werden. Was die London Labour Party im Jahre 1927 berichtete, galt ohne Frage für viele Organisationen im Land: „Inevitably things we would like to have done have been left undone owing to the limitation of our financial resources."[159] Letztendlich scheiterten auch alle Bemühungen, die gewerkschaftlichen Zuwendungen gleichmäßiger auf die lokalen Parteiorganisationen zu verteilen.[160]

---

154 Henry Pelling, A Short History of the Labour Party, 8. Aufl., London 1986, S. 194. Daß offizielle Mitgliederangaben häufig nicht sehr verläßlich waren, ist ein Argument, das für Labour Party und SPD gleichermaßen gilt. Vgl. David G. Green, Power and Party in an English City, London 1981, S. 19 und Michels, Die deutsche Sozialdemokratie I, S. 477-79.
155 Siehe spezifisch zum Aspekt der Einsammlung von Mitgliederbeiträgen in Deutschland Wilhelm Pieck, Die Erhebung der Parteibeiträge, in: NZ 30, 1911/2, S. 778-81.
156 H. Eastwood, Towards that 100 per cent, in: Labour Organizer, Febr. 1925, S. 10.
157 Arthur Henderson, Labour's £ 100.000 Fighting Fund. Why it is wanted and how it is being raised, in: Labour Magazine 7, 1928/29, S. 5-8.
158 David Howell, Introduction to the Files of the Stockport Labour Party, in: Origins, hrsg. v. Clark, S. 4.
159 Annual Report of the EC of the LLP, 1927/28, S. 24.
160 Diesbezügliche Pläne wurden zwar im Labour Party Organization Subcommittee diskutiert, aber nicht in die Tat umgesetzt. Siehe Labour Party Archive: Organization Subcommittee Minutes vom 17. Febr. 1932, S. 7.

Alle Versuche der Labour Party in der Zwischenkriegszeit, ihre prekäre Finanzlage auf eine stabile Grundlage zu stellen, scheiterten im Vergleich mit der effektiven Zentralisierung aller Finanzen bei den regionalen (und zunehmend nationalen) Parteiinstanzen der SPD. Das Unvermögen der Labour Party, finanziell von den Gewerkschaften unabhängig zu werden, hatte erhebliche negative Auswirkungen auf die Fähigkeit der Partei, ihre lokalen Verbände zu steuern und zu kontrollieren. Weitreichende organisatorische Pläne nationaler und lokaler Parteiführer scheiterten nur allzu häufig an der vergleichsweise schwachen finanziellen Ausstattung der Partei. So sah sich die Labour Party z.B. im Jahre 1932 trotz einer Empfehlung ihres nationalen Organisationskomitees, die Anzahl ihrer mit Organisation befaßten Parteisekretäre/-innen nicht zu verringern, dazu gezwungen, Stellen in der Londoner Zentrale zu streichen.[161] Kurz gesagt, beschied die vergleichsweise gute finanzielle Ausstattung der SPD ihren Versuchen, eine effektive Parteimaschine aufzubauen, mehr Erfolg als denen der von ständigen Geldsorgen geplagten Labour Party.

3.5 Die Presse der Arbeiterparteien

Labour Party und SPD sahen in ihren publizistischen Bemühungen und besonders in ihren Versuchen, eine möglichst weit verzweigte Parteipresse aufzubauen, wesentliche Instrumente, um die sozialistischen Ideen unter der Wählerschaft und insbesondere unter den Arbeitern/-innen zu verbreiten. In diesem Unterkapitel sollen die Erfolge und Mißerfolge beider Parteien bei diesem Unterfangen miteinander verglichen werden. In der zweiten Hälfte des neunzehnten Jahrhunderts hatte die Parteipresse der SPD durchaus Schwierigkeiten, sich zu etablieren.[162] Allerdings expandierte sie nach der Jahrhundertwende beständig und wurde sowohl zu einem nützlichen Instrument allgemein der Integration und für spezifische Parteikampagnen als auch zu einer wichtigen finanziellen Stütze der Partei.[163] Im Jahre 1900 erwähnten die Polizeiberichte an den preußischen Innenminister zum ersten Mal keine Zahlungen mehr an sozialdemokratische Presseunternehmungen aus der Parteikasse.[164] Selbst vor dem Ersten Weltkrieg wurden die meisten SPD-Zeitungen in parteieigenen Druckereien hergestellt. Im Jahre 1904 besaß die Partei 47 Druckereien, Tendenz steigend – 1927 waren es bereits 179. Für jede Sektion der Bewegung gab es eigene Zeitungen und Zeitschriften: Theoretische Organe wurden ebenso produziert wie Familienjournale. Frauen-, Jugend-, satirische Zeitschriften fanden sich neben spezifischen Zeitschriften für Minderheiten (so gab es z.B. eine eigene Zeitung für blinde Sozialdemokraten/-innen). Zeitschriften der Freizeit- und Kulturbewe-

---

161 Labour Party Archive: Organization Subcommittee Minutes vom 23. März 1932, S. 2.
162 Jochen Loreck, Wie man früher Sozialdemokrat wurde: Das Kommunikationsverhalten und die Konzeption der sozialistischen Parteipublizistik durch August Bebel, Bonn 1977, S. 13-15. Auch Werner Saerbeck, Die Presse der deutschen Sozialdemokratie unter dem Sozialistengesetz, Pfaffenweiler 1985.
163 Fricke, Handbuch, Bd. 1, S. 495-646; siehe auch zur älteren Literatur über die SPD-Presse Kurt Koszyk, Die Presse der deutschen Sozialdemokratie. Eine Bibliographie, Hannover 1966.
164 ZStA Merseburg, Rep. 77, Nr. 656, I, 41.

gung wurden ebenso angeboten wie die separate Gewerkschaftspresse, und natürlich gab es eine Vielzahl an regionalen und lokalen Parteizeitungen. Im Jahre 1924 gab es 169 SPD-Tageszeitungen mit einer Auflage von insgesamt 1,09 Millionen Exemplaren. 1919 war die Anzahl der Abonnenten/-innen gar auf 1,7 Millionen hochgeschnellt, aber viele dieser neuen Leser/-innen konnten in den folgenden Jahren nicht gehalten werden. Im Gegenteil erlebte eine ganze Reihe von SPD-Zeitungen in der Weimarer Republik recht heftige finanzielle Krisen.[165] Die starke Regionalisierung der Parteipresse hatte zur Folge, daß keine der SPD-Zeitungen den Charakter eines wirklich national verbreiteten Zentralorgans besaß. Selbst die offizielle Parteizeitung, der „Vorwärts", blieb immer vorrangig eine Zeitung, die in und um Berlin verkauft wurde. Die regionale Presse der SPD war von unterschiedlicher Stärke und Originalität. Die wichtigsten Blätter gab es in der Regel in den Hochburgen der SPD. Im Vergleich zur Anzahl sozialdemokratischer Wähler/-innen blieb allerdings die Anzahl der Leser/-innen sozialdemokratischer Zeitungen im gesamten Untersuchungszeitraum gering. Im Jahre 1912 waren nur 2,2% aller deutschen Zeitungen sozialdemokratisch, während die SPD 34,8% aller abgegebenen Stimmen zu den Reichstagswahlen desselben Jahres auf sich vereinigen konnte.[166] Die sozialdemokratische Presse predigte also vorrangig den bereits Gläubigen. Sie wurde vor allem von Parteimitgliedern gekauft.

Eines der auffälligsten Charakteristika der SPD-Tageszeitungen bestand in ihrer Einheitlichkeit. Parteieigene Nachrichtenagenturen, die die regionalen Zeitungen mit einem Großteil ihrer nationalen und internationalen Nachrichten versorgten, spielten hier eine wichtige Rolle. Von 1906 bis 1922 und dann wieder von 1929 bis 1933 veröffentlichte der Vorstand der SPD die „Sozialdemokratische Parteikorrespondenz". 1921 wurde noch zusätzlich ein „Sozialdemokratischer Parlamentsdienst" ins Leben gerufen, der insbesondere über die Tätigkeit der Fraktion im Reichstag ausführlich berichtete. Einige der einflußreichsten Agenturen wurden jedoch auch von einzelnen prominenten Mitgliedern der SPD, z.B. Friedrich Stampfer, betreut. Gegenüber Paul Löbe, der die uniformierende Wirkung der Agenturen auf das Aussehen der Parteipresse beklagte, betonte Stampfer, daß die Verantwortung zu einem großen Teil bei den Parteijournalisten/-innen und Herausgebern/-innen liege, die lieber jedes Wort nachdruckten, als selektiv nur einige der Nachrichten auszuwählen.[167] In der Tat muß über der Qualität vieler Redakteure/-innen lokaler sozialdemokratischer Zeitungen ein großes Fragezeichen stehen, wurden sie doch in der Regel nicht nach ihren Fähigkeiten ausgewählt, sondern danach, wer aus politischen Gründen auf diese Weise versorgt werden sollte.[168]

Das uniforme Aussehen vieler SPD-Zeitungen hing auch damit zusammen, daß sie von den regionalen Pressekommissionen in der Regel auf die regional dominierende Parteilinie ausgerichtet wurden. Zwar gab es ideologisch große Unterschiede zwischen einer Regionalzeitung, die von ‚linken' Chefredakteuren herausgegeben wurde, vor 1914

---

165 Guttsman, Workers' Culture, S. 275 f.
166 Zu den regionalen und strukturellen Problemen der SPD-Presse siehe besonders Ludwig Radlof, Die Agitation für die Parteipresse, in: NZ 23/2, 1904/05, S. 295 f.
167 SAPMO, NL Paul Löbe, 110/93, Nr. 1-2: Brief Stampfers an Löbe vom 24. März 1908.
168 Schorske, German Social Democracy, S. 271.

z.B. Bremen, und einer Zeitung, die in reformistischen Händen war, ebenfalls vor 1914 z.B. Hannover, aber Widerspruch zur regional/lokal herrschenden Linie war in jedem Fall selten erwünscht. 1929 versuchte der zentrale Parteivorstand, die regionalen Parteizeitungen verstärkt unter seine Kontrolle zu bringen und damit die noch bestehende innerparteiliche Meinungsvielfalt weiterhin zu verringern. Eine nationale Werbeabteilung wurde eingesetzt, die die „Parteikorrespondenz" herausgab, eine Zeitungsausschnittsammlung zu allen wichtigen Politikbereichen anzulegen und v. a. auf die homogene Ausrichtung der Parteipresse auf die Vorstandslinie zu sorgen hatte.[169] Allerdings waren bereits Mitte der 1920er Jahre alle Presseunternehmen unter das Dach der Konzentrations-AG subsumiert worden. Solch eine Zentralisierung der Finanzierung ging einher mit der Gründung einer sog. Inseraten-Union GmbH, deren Auftrag einzig darin bestand, Werbeträger für sozialdemokratische Zeitungen und Zeitschriften zu finden. Ein Teil dieser Zentralisierungen konnte sicher mit dem Hinweis gerechtfertigt werden, daß durch stärkere organisatorische Rationalisierung die auflagen- und finanzstarken Blätter die schwächeren Zeitungsprodukte der Partei effektiv unterstützen konnten. Andererseits war jedoch ein gewünschter Nebeneffekt der Zentralisierungsmaßnahmen auch die bessere Kontrolle der regionalen Presse durch den Vorstand.

Bebels Überzeugung, daß die Parteipresse vor allem den offiziellen Standpunkt der Partei zu repräsentieren habe und nicht vorrangig als innerparteiliches Diskussionsforum diente, wurde wohl von den meisten führenden Funktionären/-innen der Partei geteilt.[170] Kautsky sprach sich dahingehend aus, daß eine einheitliche Meinung in der Parteipresse wünschenswert sei. Fraktionsbildungen sollte es in der Sozialdemokratie nicht geben.[171] Journalisten/-innen, die von der Parteilinie abwichen, drohte die Entlassung.[172] Stellenbesetzungen bei sozialdemokratischen Zeitungen ähnelten ideologischen Eiertänzen, bei denen die Aspiranten auf Herz und Nieren geprüft wurden, ob sie auch ja die richtige Linie vertraten. Otto Antrick z.B. fragte bei dem befreundeten Konrad Haenisch nach, ob er nicht einen geeigneten Genossen für seine Zeitung benennen könne und gab auch gleich die ideologische Richtung vor: „Wir sind leider durch das völlig unparteigenossische Verhalten R. Wagners gezwungen worden, ihn zu entlassen [...] Wir haben zunächst *nicht* die Absicht, die Stelle auszuschreiben. Vielmehr habe ich die Vollmacht erhalten, im Kreise der wirklich links stehenden Genossen nach einer tüchtigen charactervollen Kraft zu suchen. Wenn Sie mir daher einen Genossen empfehlen könnten, wäre ich Ihnen sehr dankbar [...] Einen Revisionisten oder, was noch schlimmer ist, einen politisch Schwankenden, können wir nicht gebrauchen!"[173] Auch daß sich die SPD dazu entschloß, ihren Journalisten/-innen aufzuerlegen, unter keinen Umständen in der bürgerlichen Presse zu veröffentlichen, zeigt deutlich, wie eng die Parteiführung die Grenzen der

---

169 Jahrbuch der SPD, 1929, S. 233.
170 Loreck, Wie man früher Sozialdemokrat wurde, S. 66-73.
171 Karl Kautsky, Der Journalismus in der Sozialdemokratie, in: NZ, 1905/06, S. 218.
172 Karl Kautsky, Die Freiheit der Meinungsäußerung, in: NZ, 1905/06, S. 154.
173 ZStA Potsdam, NL Konrad Haenisch, 90 Ha 4, Nr. 5: Brief von Otto Antrick an Konrad Haenisch v. 6. Nov. 1914, S. 2.

Meinungsfreiheit auszulegen bereit war.[174] Daß die Parteilinke während des Ersten Weltkrieges kaum mehr Gelegenheit fand, ihre abweichenden Meinungen zum Krieg in der Parteipresse unterzubringen, trug wesentlich zur Spaltung der SPD bei.[175] Und auch in den frühen 1930er Jahren war es das oft zu ehrgeizige Streben der Partei, im politischen Tageskampf geschlossen aufzutreten, das die innerparteiliche Meinungsvielfalt gering achtete und letztendlich die Rosenfeld-Seydewitz-Gruppe in der SPD darin bestärkte, ihre Zuflucht in der Neugründung einer sozialistischen Partei, der SAP, zu nehmen.[176]

Wann immer die Frage der Gründung einer parteieigenen Zeitung auf Labour Parteitagen debattiert wurde, erwähnte jemand nahezu zwangsläufig das Beispiel der deutschen Genossen/-innen. Im Jahre 1922 war es ausgerechnet der rassistische Deutschenhasser Ben Tillett, der auf der TUC-Konferenz seiner Bewunderung für das sozialdemokratische Pressewesen Ausdruck gab: „The German Movement runs something like 75 if not something like 78 daily newspapers, and they are run exactly on the lines now proposed by the council. There is only this difference, that they are paying more in a week than we are asking you to pay in six."[177] Im Jahre 1925 fragte die Sozialistische Arbeiter-Internationale bei allen ihren Mitgliedsparteien an, wie in ihren Ländern das Pressewesen der Bewegung organisiert sei. In seiner Antwort an das internationale Büro unterstrich Hamilton Fyfe, der Herausgeber des „Daily Herald": „We should particularly like to have in writing information from our German colleagues regarding the co-ordinated efforts of the Social Democratic Party [...]"[178]

Durch den gesamten Untersuchungszeitraum dieser Studie hindurch fiel es der Labour Party schwer, auch nur eine einzige nationale Zeitung herauszugeben. Bis zum Jahre 1915 erfüllte der erst 1912 gegründete, an chronischem Kapitalmangel leidende „Daily Citizen" diese Funktion. Schrieb diese Zeitung bereits vor dem Krieg eifrig rote Zahlen, so mußte sie schließlich im Jahre 1915 den Betrieb ganz einstellen.[179] Nach dem Ersten Weltkrieg war es dann der finanziell eher noch hoffnungsloser ausgestattete „Daily

---

174 Friedrich Stampfer, Gewissensfragen, in: NZ 21, 1902/03, S. 825-27 und Konrad Haenisch, ZStA Potsdam, NL Konrad Haenisch, 90 Ha 4, Nr. 412: Briefwechsel Haenisch mit Otto Wels zu einer Artikelserie, die Haenisch für eine bürgerliche Zeitung in Berlin verfaßt hatte. Auch hier gilt es allerdings, erneut hervorzuheben, in welch engem Zusammenhang solche Abgrenzungsversuche mit der praktizierten Ausgrenzung von Sozialdemokraten/-innen aus der bürgerlichen Gesellschaft standen.

175 Siehe z.B. zum Konflikt über die Kontrolle in der „Schwäbischen Tagwacht" in Stuttgart und im Berliner „Vorwärts" Miller, Burgfrieden und Klassenkampf, S. 82-87 und 143-47.

176 Hans Ulrich Ludewig, Die „Sozialistische Politik und Wirtschaft": Ein Beitrag zur Linksopposition in der SPD, 1923-1928, in: IWK 17, 1981, S. 14-41. Andererseits muß auch gesagt werden, daß die Geschlossenheit der SPD im politischen Kampf eine tragende Säule ihres Erfolgs war. Wieviel innerparteiliche Meinungsvielfalt eine Partei verträgt, ohne daß ihr dies bei Wahlen negativ zu Buche schlägt, dürfte (auch heute noch) genau so schwierig zu beantworten sein wie die Frage, wieviel innerparteiliche Homogenität eine Partei auszeichnen darf, ohne daß man von autoritären Potentialen der Diskussionskultur und Entscheidungsfindung sprechen kann.

177 Report of the Annual Conference of the TUC in 1922, S. 95.

178 IISG, Amsterdam, SAI files 950/1, S. 5.

179 Tomoko Ichikawa, The Daily Citizen, 1912-1915: A Study of the First Labour Daily Newspaper in Britain, M.A., Universität von Wales 1985 führt das Scheitern der Zeitung vor allem auf ihre finanzielle Schwäche, das mangelnde Interesse innerhalb der Bewegung an einer eigenen Tageszeitung und auf die Folgen des Ersten Weltkrieges zurück.

Herald", der – als unabhängige linke Tageszeitung von George Lansbury bereits im Jahre 1912 gegründet – zum offiziellen Organ der britischen Arbeiterbewegung wurde. Nachdem die Finanzierung dieser Zeitung über Jahre ungesichert gewesen war, gelang es Lansbury 1922 endlich, Gewerkschaften und Partei gemeinsam zur Übernahme der Zeitung zu bewegen. Sie wurde damit Eigentum der TUC- und Labour-Party-Vorstände sowie seiner Aktionäre (meist Gewerkschafter/-innen).[180]

Die vorläufige finanzielle Sanierung des „Herald" führte jedoch nicht dazu, daß die Zeitung in den folgenden Jahren schwarze Zahlen schrieb. Die Arbeiterbewegung aber war nicht bereit, ihre Zeitung dauerhaft zu subventionieren. Bereits 1928/29 überschrieb die Labour Party ihre Anteile an der Zeitung dem TUC, und 1930 entschied sich die Gewerkschaftsführung, die finanzielle Verantwortlichkeit für den „Herald" einer privaten Firma, Odhams, zu übergeben. Sie behielt allerdings die politische Kontrolle über die Zeitung und durfte auch weiterhin den Herausgeber ernennen. Erst in den 1930er Jahren gelang es der Zeitung, Profite zu erwirtschaften. Sicher auch als Folge der aktiven Werbung der Labour Party um neue Abonnenten/-innen für den „Herald" stieg die Auflage der Zeitung auf 1,5 Millionen Exemplare täglich, und schließlich erschien sogar eine separate Ausgabe für den Norden des Landes, die in Manchester verlegt wurde.[181] Räsonniert man über die Schwierigkeiten der Labour Party, eine nationale Parteizeitung am Leben zu erhalten, so sollte man auch mitbedenken, daß die SPD, wie oben gesagt, eigentlich nie über eine wirklich national verbreitete Zeitung verfügte. Und zählt man die Auflagenstärke aller regionalen Parteizeitungen zusammen, so kommt man auch nur auf ungefähr die Zahlen, die der „Herald" in den 1930er Jahren erreichte. Außerdem gilt es zu beachten, daß es in der britischen Arbeiterbewegung nicht nur den „Herald" gab. Da war etwa der von der ILP herausgegebene „Labour Leader", der sich 1925 in „New Leader" umbenannte. 1925 gründete auch George Lansbury eine neue linke Zeitschrift, „Lansbury's Labour Weekly", die zwei Jahre später mit dem „New Leader" fusionierte. Eines der ältesten und beständigsten Blätter der Arbeiterbewegung war der „Clarion", 1891 von dem charismatischen Robert Blatchford gegründet. Zu seinen besten Zeiten druckte er eine Auflage von 70.000 Exemplaren pro Woche. Auf eine noch längere Tradition konnte die unter britischen Linken beliebte Sonntagszeitung „Reynolds' News" verweisen, die bereits 1850 von dem Chartisten G.W.M. Reynolds gegründet worden und in späterer Zeit eng mit der britischen Co-op-Bewegung verbunden war. Bereits in den 1860er Jahren erreichte er eine Massenauflage von 300.000 Exemplaren, und 1937 verkaufte sie wöchentlich über 400.000 Exemplare. Auch die intellektuell anspruchsvollen Schlachtrosse der Linken, wie der 1913 durch die Fabier gegründete „New Statesman" oder die 1937 gegründete „Tribune", erlangten in kurzer Zeit selbst außerhalb der engen

---

180 Zur Entwicklung des „Herald" bis 1924 siehe McKibbin, Evolution, S. 221-34. Einen interessanten Vergleich zwischen „Herald" und „Citizen" bietet Deian Hopkin, The Socialist Press, in: SSLH 44, 1982, S. 8 f. Ausführlicher Huw Richards, The Ragged Man of Fleet Street: The Daily Herald in the 1920s, in: Contemporary Record 8, 1994, S. 242-57. Bis zum Jahre 1960 blieb der „Herald" die offizielle Tageszeitung der britischen Arbeiterbewegung. Erst im Jahre 1964, als der TUC seine Anteile an der Zeitung endgültig verkaufte, wurde aus dem linken „Herald" das notorisch politisch weit rechts stehende Revolverblatt „The Sun".
181 Labour Organizer, Jan. 1930, S. 2-8.

Grenzen der Arbeiterbewegung einen hervorragenden Ruf.[182] Gerade für die ideologische Entwicklung der Labour Party in den 1920er Jahren war der „New Statesman" von großer Bedeutung.[183] Wie in Deutschland wurde die Arbeiterpresse in Großbritannien vor allem von Parteimitgliedern und denen, die der organisierten Arbeiterbewegung nahestanden, gelesen. So erinnert sich der Genosse John Crawford aus Chester an die Lesegewohnheiten seiner Eltern, die ebenfalls Parteimitglieder waren: „My parents read the „Daily Herald" and „Reynolds' News", which were the two socialist papers of the day, and later I myself took the „Clarion", the „Leader" and the „New Statesman". It was a reading family. My father was very bookish. I used to go to the library to change his books."[184]

Neben diesen nationalen Zeitungen und Zeitschriften gab es auch noch eine erstaunliche Vielzahl an lokalen Blättern.[185] Die meisten existierten zwar nur für einen begrenzten Zeitraum, aber sie zeugten doch von den unablässigen Versuchen lokaler Parteien, die Mitglieder und Wähler der Partei mit parteieigenen Presseerzeugnissen zu versorgen. Bereits für die 1870er Jahre, also lange Zeit vor Gründung der Labour Party, kann man von einem erfolgreichen Netzwerk lokaler Arbeiterzeitungen sprechen.[186] Um die Jahrhundertwende gab es 40 Blätter, die den LRC unterstützten. 1915 waren 113 neue Zeitungen und Zeitschriften hinzugekommen. Die Zentrale betrachtete in den 1920er Jahren die lokalen Parteiblätter oftmals als nützlicheres Vehikel für die Parteipropaganda als den „Herald". Sie versuchte, solche lokalen Bemühungen zu unterstützen, indem sie ein Memorandum veröffentlichte, das Hinweise und Tips zur Gründung und Finanzierung lokaler Zeitungen gab.[187] Will Henderson, der Pressesekretär der Partei, erklärte im Jahre 1922: „The local weekly papers wield a far greater political influence than the dailies, especially in rural areas [...]"[188]

Eines der besten Beispiele einer florierenden lokalen Labour-Zeitschrift vor 1914 ist der „Woolwich Pioneer".[189] 1899 als „Woolwich Labour Notes" gegründet, ab 1901 unter dem Titel „Woolwich Labour Journal" monatlich publiziert und dann ab 1904 unter dem Titel „Woolwich Pioneer" in eine Wochenzeitschrift überführt, erschien sie in dem Londoner Vorort Woolwich kontinuierlich bis zum Jahre 1922. Der „Pioneer" wurde in der parteieigenen Druckerei hergestellt, die auch anderen lokalen Labour-Parteien zur Verfügung stand. Am Beispiel der Woolwicher Zeitschrift lassen sich die Schwierigkeiten der Arbeiterbewegungspresse in Großbritannien verdeutlichen, besonders die Unwilligkeit lokaler Geschäftsleute, in der Labour-Presse zu inserieren und die wechselhaften Parteiloyalitäten in den Wahlkreisen. In der Labour Party gab es kein nationales Inseratenbüro, das die Zeitungen hätte versorgen können, und selbst von Parteimitgliedern wurde im Gegensatz zu den Verhältnissen in Deutschland eigentlich nicht erwartet, daß sie die

---

182 Pat Francis, The Labour Publishing Company 1920-29, in: HWJ 18, 1984, S. 120.
183 Adrian Smith, The New Statesman. Portrait of a Political Weekly 1913-1931, London 1995.
184 Cited in Weinbren, Generating Socialism, S. 58.
185 Der „Labour Organizer" vom April 1922, S. 7 enthält eine Liste lokaler Labour-Party-Zeitungen.
186 Vgl. Aled Jones, Local Labour Newspapers, in: SSLH 44, 1982, S. 7 f.
187 Labour Organizer, März 1924, S. 11.
188 W.W. Henderson, The Press and Labour, in: Labour Organizer, April 1922, S. 7.
189 Thompson, London Working-Class Politics, S. 441 f. und 456 f.

lokale Parteizeitung abonnierten. In Ermangelung solcher Grundvoraussetzungen konnte selbst in Woolwich die Parteizeitung nur auf Grund von regelmäßigen Zuwendungen reicher Sympathisanten, wie Joseph Fels, überleben.

Der Parteizentrale waren solche finanziellen Schwierigkeiten ihrer lokalen Parteizeitungen natürlich nicht entgangen. So bemühte sich Will Henderson um eine verstärkte Kooperation unter Labour-Redakteuren und organisierte zu diesem Zweck auch mehrere regionale Konferenzen. Er propagierte besonders die Schaffung regionaler Zentren, von denen aus eine ganze Reihe lokaler Blätter betreut werden konnte. Dies, so Henderson, würde die Labour-Presse v.a. finanziell stark entlasten.[190] Im Jahre 1920 wurde auch, analog zur „Sozialdemokratischen Parteikorrespondenz", eine parteieigene Nachrichtenagentur in Form der „Labour News" gegründet. Die lokalen Parteien sollten vor allem über die Aktivitäten und Debatten in Vorstand und Fraktion der Partei umfassend informiert werden. Da allerdings im Jahre 1924 erst 13 lokale Blätter die „Labour News" abonnierten, wurde der Dienst 1926 wieder eingestellt. Auch andere Versuche, eine Zentralisierung der lokalen Parteipresse zu bewirken, kennzeichnen die 1920er Jahre. Will Chamberlain, der Herausgeber des Birminghamer „Town Crier" redete einer strafferen Regionalisierung der Parteipresse das Wort: „With up-to-date Labour printing establishments in London, Manchester, the Midlands and South Wales, the possibilities of the extension of the Midland scheme over the whole of the country are enormous."[191] Solch vielversprechende Ansätze wurden allerdings oft nicht weiter verfolgt. Die meisten Bemühungen um Koordinierung und Zentralisierung der lokalen Parteipresse scheiterten an dem provinziellen und einseitig auf lokale Parteiinterna ausgerichteten Interesse vieler lokaler Parteien. Das Fehlen mächtiger regionaler Parteiinstanzen machte sich also auch hier negativ bemerkbar. Eine Massenleserschaft erreichte die lokale Parteipresse der Labour Party im Gegensatz zum „Herald" sicher nicht.[192] Viele lokale Parteien blieben darauf angewiesen, ihre Versammlungen in der bürgerlichen Presse anzukündigen und dort nach Möglichkeit einer breiteren Leserschaft ihre politischen Ansichten vorzustellen.[193]

Das Scheitern einer effektiven Nachrichtenagentur und die fruchtlosen Bemühungen um eine Zentralisierung der lokalen Parteipresse bedeuteten andererseits auch eine viel größere Heterogenität und Diversifizierung der britischen Arbeiterbewegungspresse in den lokalen Organisationen. Je zentralisierter und homogener die Parteipresse in Deutschland tendenziell wurde, um so größer war die Gefahr, daß die Parteiführung versucht sein würde, die Partei über ihre Presse in autokratischer Manier zu beherrschen und innerparteiliche Kritik zu unterdrücken.[194] Einige der britischen Arbeiterzeitungen, wie der „Clarion", zeigten in dieser Hinsicht eine erstaunliche Ähnlichkeit mit den sozi-

---

190 Labour Organizer, Jan. 1921, S. 1 und 6; ebd., Juni 1921, S. 17 f.
191 W.J. Chamberlain, The Provincial Labour Press Problem: How it May be Solved, in: Labour Organizer, Juni 1921, S. 24.
192 Deian Hopkin, The Labour Party Press, in: The First Labour Party, hrsg. v. Brown, S. 106 und 124.
193 Labour Organizer, März 1921, S. 2.
194 Ein früher Kritiker dieser Nebenwirkung einer Zentralisierung war Michels, Zur Soziologie, S. 125-31; vgl. auch Kurt Laumann, Organisation und Apparat, in: Die Organisation im Klassenkampf, hrsg. v. Franz Bieligk, Erstauflage 1931, Neudruck: Frankfurt am Main 1967, S. 147 f.; Nipperdey, Die Organisation, S. 321 f.; Maehl, The German Socialist Party, S. 222; Schorske, German Social Democracy, S. 201.

aldemokratischen Tageszeitungen in Deutschland. Die Abwesenheit kontroverser Debatten war beinahe ihr herausragendstes Kennzeichen. Nachdem z.B. der „Labour Leader" aufgehört hatte, in persönlichem Besitz und persönliches Sprachrohr von Keir Hardie zu sein, wurde er im ersten Dezennium des 20. Jahrhunderts zum offiziellen Organ des ILP-Vorstands und repräsentierte in der Regel getreulich deren jeweilige politische Position.[195] Lokale Parteizeitungen in Großbritannien dagegen blieben weitgehend verschont von Versuchen nationaler Vorstände oder Führungspersönlichkeiten, Einfluß auf die ideologische Richtung der Blätter zu nehmen. Es erwies sich unter britischen Verhältnissen als schwerer, die Heterogenität innerparteilicher Meinungsbildung in einem Maße geradezubiegen und zurechtzustutzen wie dies den regionalen Pressekommissionen der SPD für ihren Bereich in der Regel gelang.

Einmal abgesehen von der Parteipresse, bemühten sich beide Parteien auch um die Gründung von Verlagshäusern. In Deutschland war es vor allem der in Berlin angesiedelte Verlag J.H.W. Dietz, der Bücher, Broschüren und Flugblätter der Partei veröffentlichte. Allein im Jahre 1929 wurden mehr als 60 Millionen Exemplare von parteilich abgesegneten Texten unter die Massen gebracht.[196] In Großbritannien existierte im Untersuchungszeitraum nichts, was sich in seinen Ausmaßen mit dem Dietz-Verlag hätte vergleichen können. Die Gründung der Labour Publishing Company im Jahre 1920 stellt den vielleicht ambitioniertesten Versuch dar, etwas Vergleichbares für Großbritannien aufzubauen. Finanzielle und organisatorische Probleme machten dem Unternehmen jedoch bereits 1929 ein Ende.[197] In den 1930er Jahren gab es dann allerdings einen erneuten Versuch, einen parteinahen Verlag zu gründen, wobei als Initiator diesmal nicht die Arbeiterbewegung, sondern ein mit den Zielen der Labour Party sympathisierender Verleger auf den Plan trat. Der Sozialist Victor Gollancz begründete den Left Book Club (LBC) im Jahre 1932. Mitglieder in diesem Buchklub verpflichteten sich, jeden Monat ein in der Regel politisches Buch aus dem Klubprogramm für 2s 6d zu kaufen. Bereits ein Jahr nach Gründung des Klubs zählte er 40.000 Mitglieder. Der LBC konnte prominente Autoren zur Mitarbeit verpflichten. So erschienen z.B. George Orwells „Road to Wigan Pier" oder auch Arthur Leslie Mortons „A People's History of England" erstmals im Rahmen des LBC-Programms. In Städten wie Manchester entwickelte sich der lokale LBC zu einem Zentrum der Arbeiterbewegungskultur. Ein Riesenerfolg in verlegerischer und kultureller Hinsicht, blieb auch dieses Unternehmen ein finanzielles Desaster und wurde nur dadurch über Wasser gehalten, daß Gollancz mit anderen Büchern das Geld machte, mit dem er dann den Left Book Club am Leben erhielt.[198]

---

195 T.G. Ashplant, The Working Men's Club and Institute Union and the ILP, phil. diss., Universität von Sussex 1983, S. 186.
196 Hunt, German Social Democracy, S. 51. Siehe auch Brigitte Emig, Max Schwarz, Rüdiger Zimmermann, Literatur für eine neue Wirklichkeit. Bibliographie und Geschichte des Verlags J.H.W. Dietz Nachf. 1881 bis 1981 und der Verlage Buchhandlung Vorwärts, Volksbuchhandlung Hottingen/Zürich, German Cooperative Print & Publ. Co., London, Berliner Arbeiterbibliothek, Arbeiterjugendverlag, Verlagsgemeinschaft „Freiheit", Der Bücherkreis, Berlin, Bonn 1981.
197 Francis, The Labour Publishing Company, S. 115-23.
198 Sheila Hodges, Gollancz: The Story of a Publishing House 1928-1978, London 1978, S. 117-43; siehe auch Jon Heddon, The Left Book Club in Manchester and Salford, in: North-West Labour History 21,

Beide Arbeiterparteien wollten gleichermaßen eine auflagenstarke und lebendige Parteipresse, mit deren Hilfe sie hofften, Mitglieder und Wähler zu gewinnen und zu beeinflussen. Trotz erheblichen Aufwands blieben jedoch die Erfolge beider Parteien begrenzt. Die SPD-Zeitungen wurden für die Parteimitglieder gemacht und im wesentlich von ihnen abonniert. Ob sie dagegen die Mehrheit der SPD-Wähler erreichten, dürfte trotz der diffizilen Probleme der Rezeptionsgeschichte sozialdemokratischer Zeitungen bezweifelt werden. Die Labour Party kämpfte auf nationaler und lokaler Ebene fast permanent darum, ihre Presse überhaupt auf dem Markt zu halten. Sonderwegs-Argumentationen rekurrieren manchmal darauf, daß die größeren Schwierigkeiten der Labour-Party-Presse mit dem relativ geringeren Grad der Politisierung britischer Arbeiter/-innen zusammenhingen. Zugespitzt formuliert, interessierten sich demgemäß britische Arbeiter/-innen halt für Sport und Unterhaltung, während deutsche Arbeiter/-innen noch in der Mittagspause die Reichstagsdebatten in der regionalen SPD-Parteizeitung verfolgten. So schreibt McKibbin z.B., daß „the Labour leaders [...] seriously overestimated the part that politics normally played in the lives of the British working classes. Britain was not Germany: the British working class was enmeshed in its national culture in a way the German working class was not."[199] Arbeiterkultur und Arbeiterbewegungskultur sollten jedoch nicht in dieser Weise verglichen werden. Tut man es doch, so vergleicht man Äpfel mit Birnen. Innerhalb des Arbeiterbewegungsmilieus in beiden Ländern bestand ein intensives Interesse an Politik, während außerhalb die Arbeiter/-innen eher desinteressiert blieben. Zumindest gibt es keinen Grund anzunehmen, daß die überwiegende Mehrzahl deutscher oder britischer Arbeiter/-innen die Presse der Arbeiterparteien lasen.

Schon eher sinnvoll sind Versuche, die Schwäche der britischen Labour-Presse auf die mangelhafte Zentralisierung der Partei und die schlechte Finanzierung durch die Partei zurückzuführen. Die meisten Zeitungen wurden veröffentlicht, bevor sich irgend jemand auch nur Gedanken über Produktion, Distribution und Kosten gemacht hatte. Amateurhafter Enthusiasmus blieb immer ein bestimmendes Element bei den Machern der britischen Labour-Presse. Die Bedingungen, unter denen die Zeitungen lokal und national produziert wurden, waren dementsprechend erstaunlich miserabel.[200] Außerdem gilt es, den stärker fragmentierten Charakter der britischen Bewegung in Rechnung zu stellen. Es gab eben keine einheitliche Labour Party, sondern lange Zeit nur einen Dachverband aus sozialistischen Organisationen und Gewerkschaften, die allesamt nicht bereit waren, die Kontrolle über ihre eigenen unabhängigen Presseorgane zu verlieren. So war es nur logisch, daß Hamilton Fyfe im Jahre 1923/24 vor allem die mangelnde Zentralisierung und Koordination innerhalb der Labour-Presse kritisierte.[201] Der vielleicht wichtigste Grund für deren Schwierigkeiten blieb allerdings der Grad der Konzentration, den das

---

1996/97, S. 58-66. Offensichtliche Parallelen im deutschen Kontext sind „Der Bücherkreis" sowie die gewerkschaftsnahe „Büchergilde Gutenberg".
199 Ross McKibbin, Why was there no Marxism in Britain?, in: EHR 99, 1984, S. 234.
200 W.J. Chamberlain, The Provincial Press Problem, in: Labour Organizer, Juni 1921, S. 21-24 und Juli 1921, S. 12-14; H.M. Richardson, The Press Problem: How Labour Should Tackle it, in: Labour Magazine 1, 1922/23, S. 102 f.
201 Deian Hopkin, The Labour Party Press, in: The First Labour Party, hrsg. v. Brown, S. 105.

Pressewesen in Großbritannien erreicht hatte. Der nationalen Massenpresse Großbritanniens stand ein eher regionalisierter Zeitungsmarkt in Deutschland gegenüber.[202] Ob „Daily Mail" oder „Times" – die Deutschen hatten keine wirklich nationalen Zeitungen zu bieten. Statt dessen lasen sie lieber regionale Blätter, die allerdings ebenfalls ausführlich nationale und internationale Nachrichten vermittelten.[203] Die nationale Boulevardpresse des Landes, die sich ab der Mitte des neunzehnten Jahrhunderts entwickelte, zielte erfolgreich auf massenhaften Absatz unter den Arbeitern/-innen. Zwischen 1850 und 1880 explodierten die Auflagenzahlen der *yellow press*: Einer Erhöhung um 33% zwischen 1816 und 1838 folgten eine Steigerung um 70% zwischen 1836 und 1856 und eine weitere Erhöhung um phänomenale 600% zwischen 1856 und 1882. Dies bedeutete, daß es bereits gegen Ende des neunzehnten Jahrhunderts praktisch keine Möglichkeit mehr gab, mit einer Labour-Zeitung auf den Markt zu drängen, die nicht mit einer Massenauflage und sehr hohem Startkapital ausgestattet war.[204] Zeitungen der Arbeiterpartei konnten nur dann hoffen, erfolgreich zu sein, wenn sie entweder die für die Boulevardpresse charakteristische Berichterstattung übernahmen[205] oder aber es verstanden, sich eine recht spezielle Leserschaft zu sichern. Letzteres galt etwa für den „New Statesman", wobei auch dieses intellektuelle Linksblatt die schwierigen ersten Jahre nur dank der großzügigen Unterstützung von seiten ihrer Finanziers überlebte.[206] Von solchen Sonderschwierigkeiten der britischen Labour-Presse einmal abgesehen, muß man zugestehen, daß sie zwar kleiner und heterogener war als ihr deutsches Pendant, aber auf keinen Fall unwichtig oder vernachlässigenswert. Obwohl die SPD-Presse von vielen führenden Persönlichkeiten der Labour Party als Modell betrachtet wurde, litt sie, wie oben dargelegt, durchaus an eigenen Problemen, die vor allem mit dem Unvermögen zusammenhingen, ihre Distribution über die Parteimitgliedschaft hinaus zu vergrößern.

3.6 Probleme innerparteilicher Demokratie

Die bisher beschriebenen Prozesse des organisatorischen Aufbaus beider Arbeiterparteien gingen einher mit einem Maß an Zentralisierung und Bürokratisierung, das viele Kritiker, allen voran Lenin und Michels, dazu veranlaßte, von einem zunehmend tiefen

---

202 Es gab zwar eine ganze Reihe überregionaler Zeitungen, die allerdings allesamt keine Massenblätter waren.
203 Modris Eksteins, The German Democratic Press and the Collapse of Weimar Democracy, phil. diss., Universität Oxford 1970, S. 26-42 (veröffentlicht unter dem Titel: The Limits of Reason: The German Democratic Press and the Collapse of Weimar Democracy, Oxford 1975). Zu Großbritannien vgl. Lucy Brown, The Growth of a National Press, in: Investigating Victorian Journalism, hrsg. v. Laurel Brake, Aled Jones und Lionel Madden, London 1990, S. 133: „There can be no doubt, on any definition, that by the 1890s the British press operated on a national scale."
204 Hugh Cunningham, Leisure in the Industrial Revolution, c. 1780-1880, London 1980, S. 176.
205 Deian Hopkin, The Left-Wing Press and the New Journalism, in: Papers for the Millions: The New Journalism in Britain, 1850s to 1914, hrsg. v. Joel H. Wiener, New York 1988, S. 225-42.
206 Edward Hyams, The New Statesman: The History of the First Fifty Years, 1913-1963, London 1963, S. 75 f.

Graben zwischen Parteiführung und Basis zu sprechen. Die Parteiführer wurden angeblich zu einer Art von politischer Arbeiteraristokratie, die in ihrem Alltag meilenweit von den Erfahrungen einfacher Arbeiter/-innen und Parteimitglieder entfernt war. In diesem Unterkapitel wollen wir uns dieser in der Parteienforschung sehr einflußreichen These vergleichend zuwenden.

In Labour Party und SPD war der soziale Hintergrund der meisten nationalen, regionalen und lokalen Parteiführer identisch mit dem der überwiegenden Mehrheit der Parteibasis. Für die SPD hat Susanne Miller statistische Angaben über die soziale Herkunft von Reichstagsabgeordneten sowie sächsischen, bayerischen und preußischen Landtagsabgeordneten zu Beginn der Weimarer Republik vorgelegt. Die meisten der Abgeordneten waren gelernte Arbeiter. Metallarbeiter, Bauarbeiter und Holzarbeiter waren besonders stark vertreten. Akademiker und Angestellte blieben dagegen deutlich unterrepräsentiert. Da gelernte Arbeiter auch unter der einfachen Parteimitgliedschaft der SPD deutlich überwogen, konnte sie von einer relativen sozialen Homogenität von Führung und Basis ausgehen.[207] Ihre Ergebnisse werden durch Eberhard Kolbs Studie zu den SPD-Mitgliedern im Zentralrat 1918/19 bestätigt. Sie, die m.E. als repräsentativ v.a. für die mittlere Funktionärsebene der SPD gelten können, kamen fast vollständig (84%) aus der Arbeiterklasse und rekrutierten sich vor allem aus den Kreisen gelernter Arbeiter mit relativ geringer formaler Schulbildung.[208] Und sollte es noch irgendwelche Zweifel an der sozialen Identität von SPD-Führung und Basis gegeben haben, so wurden diese endgültig mit Veröffentlichung der Kollektivbiographie deutscher Reichstags- und Landtagsabgeordneter der SPD beiseite geräumt. Der Datensatz belegt eindrucksvoll, daß der „typische Parlamentarier" „ähnlich wie der Vater – einen Handwerksberuf bzw. einen industriellen Facharbeiterberuf" ausübte, bevor er eine besoldete Arbeiterbeamtenposition übernahm.[209] Im Fall der Labour Party kamen ihre prominentesten Führer, mit wenigen Ausnahmen, die meist im oder nach dem ersten Weltkrieg konvertierte Liberale waren, ebenfalls aus der Arbeiterklasse (man denke an MacDonald, Henderson, Glasier und Hardie) oder bestenfalls aus der unteren Mittelklasse (wie z.B. Alfred Salter oder Herbert Morrison).[210] Es war nicht zuletzt diese soziale Herkunft, die sie mißtrauisch machte gegenüber jeder Form von Bevormundung durch die bürgerlichen Liberalen und sie andererseits auch skeptisch sein ließ gegenüber dem Marxismus bürgerlicher sozialistischer Intellektueller.[211] Die Autobiographien von Parteifunktionären/-innen enthalten fast immer die

---

207 Miller, Bürde der Macht, S. 459-66 weist damit vor allem die Behauptungen Bronders zurück, die SPD-Führung habe sich in der Weimarer Republik vorwiegend aus den Mittelschichten rekrutiert. Vgl. Bronder, Organisation, S. 5. Bronders statistisches Material läßt sehr zu wünschen übrig, so daß er insgesamt wohl zu einer falschen Einschätzung der sozialen Herkunft der meisten führenden SPD-Funktionäre gelangte.
208 Eberhard Kolb, Zur Sozialbiographie einer Führungsgruppe der SPD am Anfang der Weimarer Republik: Die Mitglieder des Zentralrats 1918/9, in: Herkunft und Mandat: Beiträge zur Führungsproblematik in der Arbeiterbewegung, Frankfurt am Main 1976, S. 102.
209 Wilhelm Heinz Schröder, Sozialdemokratische Parlamentarier in den deutschen Reichs- und Landtagen 1867-1933, Düsseldorf 1995, S. 83 f.
210 Hobsbawm, Worlds of Labour, S. 69 f.; Stephen Yeo, A New Life: The Religion of Socialism in Britain 1883-1896, in: HWJ 4, 1977, S. 26; Pierson, British Socialism, S. 20 f.
211 McKibbin, Why was there no Marxism, S. 324-26.

ebenso stolzen wie gebetsmühlenartigen Formeln von der sozialen Herkunft aus der Arbeiterklasse. George Hodgkinson beginnt seine Memoiren genretypisch mit folgendem Satz: „My family and social roots are in the working class, with no other desire or ambition than to rise with it."[212]

Nun ist es sicher eine Sache nachzuweisen, daß Parteiführung und Basis die soziale Herkunft teilten, aber eine ganz andere zu behaupten, daß solche Gemeinsamkeiten wichtiger waren als sehr unterschiedliche Erfahrungen und Lebensstile in späteren Lebensabschnitten. In ihrem Streikroman „Clash" hat die Labour-Abgeordnete und spätere Ministerin Ellen Wilkinson den Prozeß der Bürokratisierung innerhalb der Arbeiterbewegung als zunehmende Entfremdung von der eigenen Klasse beschrieben: „if [a working-class leader] is too rebellious to be collared as a foreman by the boss, the men make him an official and he steps right out of their class."[213] Ohne Frage verminderten Zentralisierungs- und Bürokratisierungsprozesse zunehmend Kontakte zwischen Parteiführung und Basis. Sie konnten wohl auch in einigen Fällen zu einer inneren Abhebung bzw. Entfremdung führen, wohl besonders was Lebensstil und Wertvorstellungen anbetraf. Das wiederum ist allerdings noch kein Indiz dafür, daß die Basis ideologisch von der Führung abweichende Positionen vertreten habe. Außerdem gibt es immer wieder Hinweise darauf, daß auch die Basis letztendlich die stärkere Bürokratisierung und Zentralisierung der Partei befürwortete, da hier das wichtigste Mittel zur Optimierung der Kampfkraft der Partei verortet wurde. Im Gegenteil betont die leninistische Idee einer politischen Arbeiteraristokratie aus verständlichem politischem Eigeninteresse heraus einseitig die Entfremdung zwischen Parteiführung und Basis innerhalb der sozialdemokratischen Parteien der Vorkriegszeit.[214] Detaillierte Studien zur SPD im Untersuchungszeitraum kommen zu dem Schluß, daß es wenig Anzeichen für fundamentale Konflikte zwischen Führung und Gefolgschaft gegeben hat.[215] Die ideologischen Unterschiede innerhalb der Vorkriegspartei waren zwar beträchtlich, aber hier verlief die Trennlinie, genau wie bei der Labour Party, nicht so sehr horizontal zwischen Führung und Basis, sondern vertikal zwischen Gruppierungen, die z.T. wichtige Repräsentanten in der Parteiführung hatten und in unterschiedlichem Maße Rückhalt bei der Basis fanden. Insgesamt kann vielleicht Alan Bullocks Charakterisierung Ernest Bevins stellvertretend für die überwältigende Mehrzahl der Arbeiterführer Großbritanniens und Deutschlands gelten: „From beginning to the end of his carreer he saw himself as the representative of the class from which he sprang [...] ordinary working men and women [...] were ‚my people' and he understood and felt their problems as his own."[216]

Das in beiden Parteien vorherrschende Mißtrauen gegenüber dem bezahlten Funktionärstum bestätigte ein ums andere Mal, wie wenig sich die Parteiführer selbst als

---

212 Hodgkinson, Sent to Coventry, S. 1.
213 Wilkinson, Clash, S. 272.
214 John Breuilly, The Labour Aristocracy in Britain and Germany: A Comparison, in: SSLH 48, 1984, S. 58-71, besonders S. 67. Vgl. auch die ausführlichere Fassung dieses Artikels in ders., Labour and Liberalism, S. 26-75, besonders S. 58-62.
215 Breitman, German Socialism, S. 7; Roth, The Social Democrats, S. 261.
216 Alan Bullock, The Life and Times of Ernest Bevin, Bd. 1: Trade Union Leader, 1881-1940, London 1960, S. 367.

,Arbeiteraristokraten' verstanden. So erklärte sich MacDonald im Jahre 1900 bereit, das Amt des Parteisekretärs des LRC zu übernehmen, obwohl mit dieser arbeitsintensiven Funktion bis 1902 keinerlei Gehalt verbunden war. Und es schien ganz und gar typisch, daß in einer hitzigen Debatte um seine Fähigkeiten als Herausgeber des „Labour Leader" Bruce Glasier auf dem ILP-Parteitag von 1909 herausplatzte: „He did not want anyone to suggest that the paper was not well edited because the editor was not well paid [...] He was not in the movement to earn money – (applause) [...]"[217] Auch Herbert Morrison hebt in den Ausführungen über die eigene frühe Parteiarbeit ausdrücklich diesen Aspekt des immateriellen Enthusiasmus hervor: „ [...] I enjoyed working for nothing, and I would have done the whole job without payment, if I could have afforded it. After all, the Movement depended on the coppers of ordinary people."[218] Einem bezahlten Funktionärstum stand man innerhalb der Labour Party äußerst skeptisch gegenüber. So erinnert sich z.B. George Lansbury, daß es gerade das Streben nach Unabhängigkeit von der Parteiführung war, die ihn dazu veranlaßte, den „Herald" vor dem ersten Weltkrieg ins Leben zu rufen: „We believed, and I still believe, that all such movements as ours need the stimulus which independent thought and expression alone can give. Officialism always dries up initiative and expression."[219] Obwohl die organisatorischen Handbücher der SPD betonten, daß eine Bezahlung der Funktionäre/-innen notwendig sein könnte, um eine gewisse Kontinuität von Amtsbesetzung und Parteiarbeit zu garantieren, ist es doch bezeichnend für eine in der Partei weit verbreitete Einstellung, daß Bebel im Jahre 1911 sein Veto einlegte, um zu verhindern, daß Otto Braun Vorsitzender des Parteivorstands wurde. Sein Grund: da Braun über kein eigenes Einkommen verfügte, hätte er bezahlt werden müssen.[220] In beiden Arbeiterparteien wurde somit betont, daß es v.a. die freiwillige Parteiarbeit und persönliche Opferbereitschaft waren, die den wahren Geist der Partei ausmachten.

Wenn man also nach dem oben Gesagten nicht eigentlich von der Herausbildung einer politischen Arbeiteraristokratie in der Labour Party und der SPD ausgehen kann, so scheinen zwei andere Trends das Verhältnis zwischen Parteiführung und Basis eher zu charakterisieren. Die Basis mochte zeitweilig Unzufriedenheit äußern, aber sie blieb doch gegenüber ihrer Führung weitgehend loyal. Umgekehrt jedoch folgte aus dem tieferen Mißtrauen der Führung gegenüber der Basis die Bereitschaft, alle Mechanismen der Entscheidungsfindung in den eigenen Händen zu konzentrieren. In Deutschland und Großbritannien war es v.a. die Parteilinke, die – frustriert von der eigenen, dauerhaft minoritären Stellung innerhalb der eigenen Partei – betonte, daß mehr Mißtrauen der Basis gegenüber der Parteiführung angebracht wäre. So schrieb etwa Fritz Bieligk in einem einflußreichen Artikel, in dem er die Nachteile der SPD-Organisation untersuchte: „Grundlage einer demokratischen Organisation ist nun einmal nicht das Vertrauen, son-

---

217 Report of the Annual Conference of the ILP in 1909, S. 58.
218 Herbert Morrison, An Autobiography, London 1960, S. 73.
219 Lansbury, Miracle of Fleet Street, S. 1. Weitere Belege für eine weit verbreitete kritische Haltung vieler Mitglieder der Labour Party gegenüber einer bezahlten Parteibürokratie finden sich in Duncan Tanner, Ideological Debate in Edwardian Labour Politics: Radicalism, Revisionism and Socialism, in: Currents of Radicalism, hrsg. v. Biagini und Reid, S. 283 f.
220 Georg Kotowski, Friedrich Ebert: Eine politische Biographie, Wiesbaden 1963, S. 171.

dern das Mißtrauen."[221] Und in Großbritannien gab James Maxton durchaus ähnlichen Gefühlen Ausdruck, die sich gegen irgendwelche Theorien von den „großen Männern" richteten. Statt dessen betonte Maxton: „our movement knows and needs no giants."[222] Auch Robert Blatchfords Haltung gegenüber der Parteibürokratie der ILP war von Mißtrauen gekennzeichnet. So versuchte er innerhalb der Partei vergeblich, eine dauerhafte Mitgliedschaft im Parteivorstand statutenmäßig zu verbieten. Auch rief er die Basis häufig dazu auf, sich am Parteileben vor Ort aktiver zu beteiligen.[223] Ähnliche Ideen direkter Demokratie standen auch im Zentrum dessen, was Stephen Yeo als „primitive democracy" an den Wurzeln der britischen Arbeiterpartei bezeichnet hat.[224]

Die leitenden Gremien von Labour Party und SPD gaben dagegen häufig ihrer Meinung Ausdruck, daß die Parteibasis ihrer gewählten Führung Loyalität und Vertrauen schulde. Auf dem SPD-Parteitag 1924 wurde ein Antrag eingebracht, der darauf zielte, bezahlten Parteifunktionären/-innen das Stimmrecht auf Parteitagen zu entziehen. Im Namen des Vorstands protestierte Richard Lipinski energisch gegen solche Zeichen des Mißtrauens: „[...] das Mißtrauen innerhalb der Partei muß ausgeräumt werden. Durch die zur Abänderung des veröffentlichten Entwurfs vorgelegten Anträge geht ein Zug des Mißtrauens, der stark an die Parolenpolitik der Kommunisten erinnert, das Vertrauen zu den Führern zu erschüttern."[225] Der Antrag wurde abgelehnt, aber Lipinski unterschätzte höchstwahrscheinlich den Grad an Loyalität, den die meisten Parteimitglieder gegenüber ihrer Führung empfanden. In den Protokollen zu lokalen und regionalen Vorstandswahlen finden sich häufig Sätze wie die folgenden: „Der gesamte Vorstand wurde in einem Wahlgang durch Zuruf wiedergewählt. Dies ist ein erfreuliches Zeichen für die gute Zusammenarbeit zwischen Vorstand und Funktionären und für das Vertrauen, das der Kreisvorstand genießt."[226] Für die SPD-Organisationen in Dortmund und Remscheid ist detailliert nachgewiesen worden, wie besonders nach 1905 die Entscheidungen verstärkt durch die aktiven Funktionäre/-innen gefällt wurden, während die Basis an der Entscheidungsfindung in immer geringerem Maße beteiligt war. Ihr wurde es zunehmend schwer, die Aktionen der Parteiführung effektiv zu kontrollieren. Andererseits entwickelten die Funktionäre/-innen in ihrem Bemühen um möglichst perfektes Parteimanagement ein immer stärkeres Mißtrauen in basisdemokratische Aktivitäten.[227]

Trotz solcher Konflikte blieben Ausschlüsse aus der SPD selten.[228] Im Vergleich schien die Führung der Labour Party weniger tolerant, gab es doch bei ihr regelrechte schwarze Listen von politischen Organisationen, deren kollektiver Anschluß an die Partei nicht genehm war.[229] Nach 1918 hatte der Parteivorstand das Recht, sowohl individuelle

---

221 Bieligk, Die Entwicklung der sozialdemokratischen Organisation, in: Die Organisation, hrsg. v. dems., S. 78.
222 Zitiert nach Fenner Brockway, Inside the Left, London 1942, S. 186 f.
223 Fincher, The Clarion Movement, S. 198.
224 Yeo, A New Life, S. 36.
225 Protokoll des SPD Parteitags 1924, S. 142.
226 Bericht über den Kreisvertretertag des 12. Kreises in Lichterfelde, in: Vorwärts, 10. Juli 1925.
227 Ralf Lützenkirchen, Der sozialdemokratische Verein für den Reichstagswahlkreis Dortmund-Hörde, Dortmund 1970, S. 148; Lucas, Zwei Formen, S. 230.
228 Fricke, Handbuch, Bd. 1, S. 292.
229 Cole, A History, S. 214.

Parteimitglieder auszuschließen, als auch kollektiv angeschlossene Organisationen wieder auszugliedern. Wann immer es ihm notwendig erschien, machte er von diesem Recht Gebrauch.[230] Der Parteitag mußte die Entscheidung des Vorstands bestätigen, aber es gab im Untersuchungszeitraum nicht einen einzigen Fall, wo der Parteitag gegen eine einmal getroffene Entscheidung des Vorstands entschied und der Ausschluß rückgängig gemacht wurde.[231] So wurden etwa im Sommer 1925 23 lokale Parteien kollektiv ausgeschlossen. Als Begründung wurde v.a. kommunistische Infiltration angegeben.[232] Auch die LLP zeigte sich nach 1925 nicht gerade zimperlich, die Anordnungen des Vorstands auf Ausschluß zahlreicher Organisationen und lokaler Parteien im Londoner Raum durchzuführen.[233]

Insgesamt gibt es zahlreiche Anzeichen, daß bei der Basis beider Parteien Gefühle der Loyalität gegenüber der eigenen Parteiführung bei weitem solche des Mißtrauens überwogen. Öffentliche Veranstaltungen, auf denen prominente SPD-Führer sprachen, zogen Tausende von SPD-Mitgliedern an.[234] Gab es im privaten Kreise unzweifelbar auch Kritik an den Führern der Partei, so war doch den meisten Parteimitgliedern die nach außen demonstrierte Einheit der Partei heilig. Ihre beißendste Kritik richtete sich auf diejenigen, die, wie Bernstein vor 1914, es wagten, die offizielle Parteilinie öffentlich zu kritisieren.[235] In den lokalen Parteiversammlungen Badens gab es einen generellen Trend, die regionale Parteiführung in allen wichtigen Fragen zu unterstützen.[236] Bereits Michels bemerkte das überaus starke Vertrauen der SPD-Basis in ihre Führung und führte es v.a. auf die Treue der führenden SPD-Politiker/-innen zur eigenen Partei zurück. Es gab, nicht zuletzt auf Grund der Isolation der Partei im Kaiserreich, einfach keine Fälle, in denen führende Genossen/-innen der eigenen Partei den Rücken gekehrt hätten, um etwa in einer anderen Partei schneller Karriere zu machen.[237] Auch die autoritäre politische Kultur des Kaiserreichs bewirkte sicher das ihre, um bei den meisten Parteimitgliedern der SPD gefühlsmäßige Bindungen an und tiefes Vertrauen in die eigene Führung zu bestärken. Schließlich wirkten sich auch die Verfolgungen der Partei dahingehend aus, daß sich der innere Zusammenhalt der verschworenen Parteigemeinschaft erheblich festigte. Und natürlich spielten die Charaktere individueller Arbeiterführer eine Rolle, die sich ein ums andere Mal in Autoritätspositionen behaupteten und bewährten. Wie Otto Buchwitz in seinen Memoiren schreibt: „Die Massen der Arbeiter fühlten sich entweder aus traditionellen Gründen an die SPD gebunden, oder es war persönliche Bindung zu örtlichen oder bezirklichen Führern, von deren persönlicher Ehrlichkeit sie überzeugt waren."[238] August Bebel und Keir Hardie wurden von vielen ihrer innerparteilichen

---

230 McKenzie, British Political Parties, S. 521.
231 Miliband, Parliamentary Socialism, S. 59 ff.
232 Pelling, A Short History, S. 54.
233 Vgl. die jährlichen Berichte des Vorstands der LLP nach 1925, in denen regelmäßig von Parteiausschlüssen berichtet wird.
234 Guttsman, The German Social Democratic Party, S. 170.
235 Evans, Proletarians, S. 136, 138, 140, 149.
236 Brandt und Rürup, Volksbewegung, S. 55.
237 Michels, Zur Soziologie, S. 101-25.
238 Otto Buchwitz, 50 Jahre Funktionär der deutschen Arbeiterbewegung, Düsseldorf 1949, S. 107.

Bewunderer gleichermaßen als Erlöser begrüßt, die sie aus ihrer gegenwärtigen Knechtschaft in ein neues gelobtes Land führen würden. Waren die offiziellen Parlamentskandidaten/-innen in den Wahlkreisorganisationen der Labour Party erst einmal ausgewählt und bestätigt, dann hätte kein einziges Mitglied der Partei auch nur im Traum daran gedacht, diese Kandidaten/-innen zu kritisieren.[239] Das starke Vertrauen, daß die Parteibasis ihrer Führung entgegenbrachte, zeigte sich auch darin, daß in den ersten drei Jahrzehnten der Parteigeschichte der Labour Party niemals auch nur die Forderung laut geworden ist, der Parteiführer müsse von den Mitgliedern gewählt werden anstatt von dem kleinen Zirkel von Parlamentsabgeordneten/-innen der Partei.[240]

Nun handelte es sich bei zahlreichen Arbeiterführern von Labour Party und SPD, denen solches Vertrauen entgegengebracht wurde, durchaus um starke Führungspersönlichkeiten mit einem ausgeprägten Hang zu autoritären Verhaltensweisen. Die Beziehung des Vorsitzenden der Labour Party in South Shields, Chuter Ede, zu seiner Partei „was almost akin to that of a paternalistic master to trusty retainers."[241] Selbst MacDonald, dessen politische Rhetorik von Demokratietheorie nur so strotzte, „saw the Labour leader as a pacemaker and a disciplinarian at the same time [...]"[242] Henderson wurde recht treffend als „Labour's Bismarck" bezeichnet.[243] Und Hardie „believed, with Carlyle, that history is made by great men, who can provide leadership for others."[244] Der charismatische Victor Grayson schließlich war „the spark which set the fire alight. He inspired and infected the local supporters [...] Even now, after all those years, he is still a legend in the Colne Valley."[245] In der SPD galt Otto Wels als „a perfect stereotype of a party boss"[246], dessen autoritärer Führungsstil großen Einfluß auch auf die jüngere Generation von Parteifunktionären hatte.[247] Philipp Scheidemann schrieb über Friedrich Ebert: „Er herrschte, im besten Sinne ist das gemeint, sozusagen diktatorisch in dieser demokratischen Körperschaft [Vorstandssitzungen]. Was er wollte, setzte er fast immer durch, wenn auch manchmal erst nach zornigem Augenrollen."[248] Im Preußen der 1920er Jahre führte Ernst Heilmann die Landtagsfraktion in einem Stil, den man nur als autoritär bezeichnen kann.[249] Was die Parteiführung anbetrifft, so gab es einen roten Faden von ‚Kaiser' Bebel zum ‚König' Ebert und weiter zum ‚roten Zaren' von Preußen, Otto Braun.

---

239 Boughton, Working-Class Politics in Birmingham and Sheffield, S. 275.
240 McKenzie, British Political Parties, S. 355.
241 David Clark, South Shields Labour Party, in: Working-Class Politics in North-East England, hrsg. v. M. Callcott und R. Challinor, Newcastle upon Tyne 1983, S. 101.
242 Guttsman, The British Political Elite, S. 254. Nach Guttsman entwickelte die Labour Party bereits in den ersten Dezennien des 20. Jahrhunderts die traditionellen Führer-Gefolgschafts-Beziehungen aus, die der Parteiführung ein deutliches Übergewicht bei der innerparteilichen Entscheidungsfindung zuwiesen.
243 Kenneth O. Morgan, Labour People. Leaders and Lieutenants: Hardie to Kinnock, Oxford 1987, S. 82.
244 Pelling, The Origins, S. 220.
245 David Clark, Colne Valley: Radicalism to Socialism 1890-1910, London 1981, S. 162.
246 Hunt, German Social Democracy, S. 72 f.
247 Brigitte Seebacher-Brandt, Erich Ollenhauer: Biedermann und Patriot, Berlin 1984, S. 52 f.
248 Scheidemann, Memoiren, Bd. 1, S. 103.
249 Peter Lösche, Ernst Heilmann: Ein Widerstandskämpfer aus Charlottenburg, Berlin 1981.

Die Bedeutung, die in beiden Parteien einer starken Führung eingeräumt wurde, ließ die Parteidisziplin zu einer der Haupttugenden werden. In der SPD galten von einer innerparteilichen Minderheit organisierte Konferenzen, auf denen alternative Politikvorstellungen diskutiert wurden, als Häresie.[250] Nach Friedrich Stampfer, vor dem Krieg selbst noch zur Minderheit der Reformisten gehörig, gab es in der Weimarer Republik keinen Platz für Fraktionsbildungen innerhalb der SPD: „Was es aber in der Partei nicht geben kann und nicht geben darf, das ist ein extrarevisionistisches Programm und eine revisionistische Richtung als Partei in der Partei. Und was es in der Partei ebenso wenig geben darf, das ist ein extraradikales Programm und eine radikale Richtung als Partei in der Partei. Es kann nur eine einzige Gemeinschaft geben unter Sozialdemokraten."[251] Kautsky bezeichnete die Parteidisziplin als Rezept für den Sieg: „In der Politik dagegen gilt heute noch die Taktik der Kriege des 17. und 18. Jahrhunderts, da siegt die geschlossene Kolonne, die planmäßig und einheitlich wirkt."[252] Charakteristischerweise wurden vor 1914 fast alle Entscheidungen der SPD-Institutionen auf allen Ebenen fast einstimmig getroffen.[253] Im ersten Weltkrieg wurden sowohl Parteilinke als auch -rechte dort, wo sie sich in der Minderheit befanden, besonders giftig angegangen, da sie angeblich die Parteidisziplin verletzten. So argumentierten z.B. die Funktionäre/-innen eines Berliner Wahlkreises im Jahre 1916: „Die Konferenz hält den Bestand, sowie die solidarische – d.h. allein Erfolg versprechende Betätigung jeder Organisation für unmöglich, wenn es jedem Mitgliede oder Funktionär der Partei gestattet würde, nach eigenem Willen den Beschlüssen der Mehrheit entgegen zu handeln."[254] Eine weitgehende Abwesenheit einer lebendigen Diskussionskultur kennzeichnete bereits lange vor 1914 viele sozialdemokratische Versammlungen. So schrieb z.B. Adolf Braun im Jahre 1915: „Die Versammlung ohne Diskussion, das ist für viele Versammlungsleiter das Ideal."[255]

Der ‚Fall' Bernstein verdeutlicht eindringlich, was selbst prominenten Einzelnen passieren konnte, hatten sie sich einmal entschieden, gegen die offizielle Parteilinie zu argumentieren. Er wurde zur Zielscheibe zahlreicher, z.T. bösartiger persönlicher Attacken, vor denen auch frühere Parteifreunde nicht zurückschreckten. So schrieb etwa Bebel an Plechanow im Jahre 1898: „Kautsky und ich haben Bernstein nicht im Zweifel gelassen, was wir von ihm halten, daß wir ihn nicht mehr als Parteigenossen betrach-

---

250 H. Ströbel, Sonderkonferenzen, in: NZ 30, 1911/12, S. 925-28.
251 Friedrich Stampfer, Richtung und Partei, in: NZ 1905/06, S. 294.
252 Karl Kautsky, Wahlkreis und Partei, NZ 22, 1903/04, S. 46.
253 Dieter K. Buse, Party Leadership and the Mechanism of Unity: The Crisis of German Social Democracy Reconsidered 1910-14, in: Journal of Modern History 62, 1990, S. 485 ff.
254 SAPMO, SPD, PV II, 145/6: Protokoll der Funktionärskonferenz des Wahlkreises Teltow-Beeskow-Charlottenburg v. 30. Jan. 1916, Nr. 50.
255 Adolf Braun, Gewerkschaftliche Betrachtungen und Überlegungen während des Weltkrieges, Leipzig 1915, S. 132 f. Zur generellen Tendenz in sozialdemokratischen Versammlungen, Diskussionen nach Vorträgen und Versammlungen abzuwürgen vgl. auch Roth, The Social Democrats, S. 271. Sie galten weithin „as being just a nuisance". Es finden sich jedoch auch diametral entgegengesetzte Stellungnahmen. So betont Paul Göhre z.B., daß Arbeiter/-innen in sozialdemokratischen Versammlungen geradezu nachdrücklich dazu aufgefordert würden, ihre Ansichten darzulegen und zu verteidigen. Siehe Paul Göhre, Drei Monate Fabrikarbeiter und Handwerksbursche, Leipzig 1891, S. 89-92.

ten."[256] Bernstein erkannte klar, wie bedeutsam solche innerparteiliche Intoleranz für die nur mühsam entstehende Diskussion um seine revisionistischen Ideen war: „[...] das ist eben das Traurige, daß so vielen braven, sonst tapferen Genossen das Herz in die Hose fällt, wenn es sich um Parteisachen handelt. Der Revisionismus würde viel sein, wenn nicht immer einer den anderen sitzen lassen würde." Und er sprach von der Angst vor „den Lügen [...], die jeden zu Boden strecken, der es wagt wider die Autorität der Parteigrößen zu sprechen."[257] Klenke hat eindringlich gezeigt, in wie geringem Maß demokratietheoretische Gedanken in der SPD verankert waren und wie hoch dagegen das autokratische Potential in der Partei war. Die Entschlossenheit der SPD, innerparteiliche Konflikte zu vermeiden, die oft unbewußten Annahmen einer essentiellen Interessenidentität von Parteiführung und Gefolgschaft sowie die nicht endenwollenden Versuche, innerparteiliche Interessengegensätze nicht auszutragen, sondern artifiziell zu homogenisieren, waren allesamt Anzeichen eines stark antipluralistischen Konsenses innerhalb der SPD.[258]

Auch die Fraktion der SPD hing durchaus rigorosen Vorstellungen von Parteidisziplin an. Von der offiziellen Linie abweichende Reden vor dem Plenum oder gar abweichendes Abstimmungsverhalten wurde nicht erlaubt und kam vor dem ersten Weltkrieg auch nicht vor. Natürlich gab es erheblichen Meinungsstreit innerhalb der Fraktion, besonders zu Fragen der Agrar- und Außenpolitik, aber solche Gegensätze manifestierten sich niemals in einem unterschiedlichen Abstimmungsverhalten. Der einzelne Abgeordnete war in der SPD weniger seinem Gewissen als der Parteidisziplin verantwortlich. Er war Teil eines hochdisziplinierten Gremiums, der Fraktion, die vor allem die programmatischen Beschlüsse der Partei, wie sie auf dem alljährlichen Parteitag festgelegt wurden, in die Praxis umzusetzen hatte. Was die Bindung an Parteitagsbeschlüsse anbetraf, gab es allerdings immer einen erheblichen Spielraum für die Fraktion, der es ihr erlaubte, Parteitagsentscheidungen wo nicht zu ignorieren, so doch in einem jeweils genehmen Maß umzuinterpretieren.[259]

Im Vergleich zur SPD war die Fraktionsdisziplin der PLP gering.[260] Die Statuten der Labour Party enthielten sogar eine sogenannte Gewissensklausel, die es den Abgeordneten der Partei erlaubte, auch gegen eine Mehrheit der Fraktion zu stimmen. Dies behaupteten zumindest diejenigen, die sich auf diese Klausel beriefen.[261] Bereits 1907 strich der Parteitag eine Bestimmung aus den Statuten, die den Abgeordneten zum Rücktritt zwang, sollte er sich im Widerspruch zur Fraktionsmehrheit befinden.[262] Gleichzeitig blieb jedoch die Ansicht innerhalb der Partei weit verbreitet, daß die Fraktion dem Parteitag

---

256 SAPMO, NL August Bebel, 22/132, Nr. 95-6: Brief von Bebel an Plekhanow vom 30. Okt. 1898.
257 BA Berlin, Abt. Reich, St. 22/28, Nr. 4: Polizeibericht über ein vertrauliches Gespräch Berliner Parteifunktionäre mit Eduard Bernstein in Berlin-Charlottenburg im Jahre 1909.
258 Dietmar Klenke, Die SPD-Linke in der Weimarer Republik: eine Untersuchung zu den regionalen organisatorischen Grundlagen und zur politischen Praxis und Theoriebildung des linken Flügels der SPD in den Jahren 1922 bis 1932, 2 Bde., Münster 1983, S. 510-88.
259 Hunt, German Social Democracy, S. 85.
260 Guttsman, The British Political Elite, S. 229.
261 Pelling, A Short History, S. 21.
262 McKenzie, British Political Parties, S. 392 f.

Rechenschaft schuldig sei und in der Regel auch die Beschlüsse des Parteitags auszuführen habe. Die Spannungen zwischen der Gewissensfreiheit der einzelnen Parlamentarier/-innen einerseits und der Forderung nach Parteidisziplin und der Einhaltung der Parteistatuten, die dem Parteitag immer noch das Recht gaben, der Fraktion Weisungen zu erteilen, andererseits blieben im gesamten Untersuchungszeitraum im Prinzip ungelöst.

In Anbetracht der fehlenden ideologischen Einheit der Gewerkschaften und verschiedenen sozialistischen Gruppen, die zusammen die Labour Party ausmachten, bedurfte die Partei unbedingt einer hohen Toleranzschwelle. Über die Parteidisziplin wurde daher in mancher Hinsicht weniger rigoros gewacht, als dies bei ihrer deutschen Schwesterpartei der Fall war. So befand MacDonald etwa, daß „the ordinary friction between a left and a right wing [was] a healthy and progressive malady which [...] was no sign of weakness but of growth."[263] Solche Aussagen wird man bei führenden Sozialdemokraten wie Stampfer oder Kautsky vergeblich suchen. Die Tugenden des innerparteilichen Pluralismus besang nicht nur MacDonald. In den Spalten des „Labour Organizer" finden sich regelmäßige Aufrufe an die lokalen Parteien, autokratische Praktiken zu vermeiden und dadurch die innerparteiliche Diskussion und Demokratie aufrechtzuerhalten.[264] Auch wichtige Theoretiker der Partei wie G.D.H. Cole und Harold Laski schlugen in dieselbe Kerbe.[265] Allerdings schien die Realität in den Parteiorganisationen der Theorie oft nicht ganz zu entsprechen. Die häufig erfolgenden Parteiausschlüsse wurden oben bereits genannt. Parteidisziplin wurde auch in der Labour Party großgeschrieben: „It was always a guiding principle that the Party is bigger than any individual in it, and loyalties held firm. [...] To go ‚agin the Group' is one of the deadly sins [...] a voluntary discipline [is established] the absence of which can endanger the very existence of the group and the party."[266] Führungspersönlichkeiten wie George Lansbury betrachteten die Bewegung als die entscheidende Richtschnur ihres Handelns: „[He] believed that the identity of the socialist candidate was secondary, that whoever was selected to stand was merely a representative of a movement which was greater than any individual."[267] Andere dagegen dachten bei dem Wort Disziplin nicht so sehr an die Verantwortung gegenüber der Partei oder Bewegung, sondern gegenüber der eigenen Autorität. So betrachteten viele innerhalb seiner Gewerkschaft und seiner Partei Ernest Bevin als einen Mann, der keinerlei Widerspruch vertrug: „[he] could not face opposition without losing his temper [...] a dictator who shouted down his opponents."[268] Sowohl MacDonald als auch Cole waren berühmt für ihre Launenhaftigkeit, die sich immer dann besonders verstärkte, wenn sie in die Schußlinie der innerparteilichen Kritik gerieten.[269] Ihrem Tagebuch vertraute Beatrice

---

263 Ramsay MacDonald, The ILP and the Labour Party, in: SR 15, 1918, S. 185 f.
264 Ein Beispiel unter vielen in Labour Organizer, Sept. 1927, S. 99.
265 Adolf M. Birke, Pluralismus und Gewerkschaftsautonomie in England: Entstehungsgeschichte einer politischen Theorie, Stuttgart 1978, S. 191-215.
266 Hodgkinson, Sent to Coventry, S. 104 und 127. Siehe auch G.W. Jones, Borough Politics: A Study of the Wolverhampton Town Council, 1888-1964, London 1969, S. 163-70.
267 Jonathan Schneer, George Lansbury, Manchester 1990, S. 37.
268 Alan Bullock, Ernest Bevin, Bd. 1, S. 364.
269 Zu MacDonald vgl. Hamilton Fyfe, Sixty Years of Fleet Street, London 1949, S. 195; zu Cole siehe A.J.P. Taylor, Bolshevik Soul in a Fabian Muzzle, in: idem, Politicians, Socialism and Historians, New York 1982, S. 170.

Webb das folgende Urteil über Coles Persönlichkeit an: „he has an absurd habit of ruling out everybody and everything that he does not happen to like or find convenient [...] Cole indulges in a long list of personal hatreds. The weak point of his outlook is that there is no one that he does not like except as a temporary tool; he resents anyone who is not a follower and has a contempt for all leaders other than himself [...]"[270]

Insgesamt können also auch hinsichtlich des Verhältnisses zwischen Führung und Basis von SPD und Labour Party zahlreiche Ähnlichkeiten festgestellt werden. In beiden Parteien gab es, was die soziale Herkunft anbetraf, keinen nennenswerten Graben zwischen Führung und Basis. In beiden verlangte die Parteiführung gegenüber der Parteibasis einerseits ein hohes Maß an Loyalität und Disziplin, Werte, die in der Regel von der großen Mehrheit der Basis ebenfalls als positiv angesehen wurden. Andererseits blieb die Führung mißtrauisch gegenüber allzu unabhängigen Basisaktivitäten, was wiederum nur das ausgeprägte autoritäre Potential in beiden Parteien widerspiegelt.

3.7 Partei und Gewerkschaften

Ein organisationssoziologischer Vergleich von Labour Party und SPD wäre wohl kaum vollständig, wollte man die Rolle der Gewerkschaften im Leben der Arbeiterparteien ausklammern. In beiden Ländern waren die Gewerkschaften ja auf das Engste mit den Arbeiterparteien verbunden. Ging die Gründungsphase der britischen Gewerkschaften der Existenz einer unabhängigen Arbeiterpartei um Jahrzehnte voraus, so entwickelten sich Partei und Gewerkschaft in Deutschland parallel. Seitdem die SDAP in den 1860er Jahren dazu beitrug, Gewerkschaften zu gründen, sprachen Parteivertreter/-innen von den Gewerkschaften gerne als Vorschulen des Sozialismus. Dieser berühmte Marxsche Ausspruch wurde 1898 auch von Kautsky bestätigt, als er der SPD die führende Rolle im Klassenkampf zusprach, während den Gewerkschaften nur eine unterstützende Rolle zukam. Und selbst sein ideologischer Rivale Eduard Bernstein sprach 1901 von der SPD als der höchsten Institution in der Arbeiterbewegung.[271] Gerade solchen Einschätzungen steuerten die sozialistischen Gewerkschaften unter der Führung Carl Legiens seit den 1890er Jahren erfolgreich entgegen. Ihr Streben nach größerer Unabhängigkeit wurde im Mannheimer Abkommen von 1906 Wirklichkeit, in dem die Gewerkschaften als gleichberechtigter Partner der SPD anerkannt wurden. In zunehmendem Maße zeigte sich

---

270 The Diaries of Beatrice Webb, hrsg. v. Norman und Jeanne MacKenzie, London 1984, Bd. 3, S. 222 f.
271 Rolf Thieringer, Das Verhältnis der Gewerkschaften zu Staat und Parteien in der Weimarer Republik: Die ideologischen Verschiedenheiten und taktischen Gemeinsamkeiten der Richtungsgewerkschaften. Der Weg zur Einheitsgewerkschaft, phil. diss., Universität Tübingen 1954, S. 30. Es sollte hier angemerkt werden, daß Ulrich Engelhardt, „Nur vereinigt sind wir stark": Die Anfänge der deutschen Gewerkschaftsbewegung 1862/63-1869/70, Stuttgart 1977 gegenüber der älteren Forschung betont hat, daß sich die deutschen Gewerkschaften weitgehend unabhängig von politischen Gruppen aus lokalen Initiativen heraus entwickelten. Allerdings teile ich Christiane Eisenbergs Urteil, daß er bei seiner z.T. berechtigten Kritik der älteren Forschung zu weit gegangen ist und insgesamt den Einfluß der politischen Gruppen unterschätzt. Vgl. Christiane Eisenberg, Deutsche und englische Gewerkschaften: Entstehung und Entwicklung bis 1878 im Vergleich, Göttingen 1986, S. 138-91.

bereits vor 1914, z.B. in den Debatten um den politischen Generalstreik oder auch die Maifaiern, der wachsende Einfluß der Gewerkschaften auf die Politik der Partei.[272]

Zu Beginn des ersten Weltkrieges waren es auch die Freien Gewerkschaften, die der SPD die Richtung vorgaben, als sie den Burgfrieden mit Unternehmern und Staat bereits verkündeten, bevor die Partei noch überhaupt eine Entscheidung getroffen hatte. Die Partei hatte danach kaum eine andere Wahl mehr, als in dasselbe Horn zu blasen.[273] Auch im Krieg selbst machte sich sowohl bei der ideologischen Ausrichtung als auch den politischen Entscheidungen der SPD zunehmend der Einfluß der Gewerkschaften bemerkbar.[274] Inmitten der innerparteilichen Auseinandersetzungen über die weitere Bewilligung von Kriegskrediten schrieb der Herausgeber der Gewerkschaftszeitung „Correspondenzblatt", Paul Umbreit, im Jahre 1915, daß die Gewerkschaften letztendlich die Partei seien, und daß schon von daher die Mehrheit der deutschen Arbeiter/-innen der gewerkschaftlichen Führung folgen werde.[275] Carl Legien rief die Gewerkschaftsfunktionäre/-innen im selben Jahr dazu auf, sich intensiver an den innerparteilichen Debatten der SPD zu beteiligen, um eine stärkere Vergewerkschaftung der Partei zu erreichen.[276]

Angesichts der Spaltung der deutschen Arbeiterpartei im Krieg entschloß sich die Gewerkschaftsführung auf ihrem Nürnberger Kongreß 1919 formell ihre parteipolitische Neutralität zu erklären, um wenigstens in den sozialistischen Gewerkschaften die Einheit zu erhalten. Die Gräben zwischen USPD- und MSPD-Anhängern/-innen waren ohnehin auch im ADGB merklich vorhanden. Nicht zuletzt in ihrem eigenen Interesse halfen die Gewerkschaften im Jahre 1922 tatkräftig mit bei der Wiedervereinigung von MSPD mit der Rumpf-USPD, die nach dem kollektiven Übertritt des linken Flügels der Unabhängigen zur KPD 1920 noch übrig geblieben war.[277] Insgesamt betonten allerdings die sozialistischen Gewerkschaften in der Weimarer Republik ihre Unabhängigkeit von der SPD mehr als jemals zuvor. Das hinderte sie aber nicht daran, ihren innerparteilichen Einfluß noch zu vergrößern.[278] Von 1923 bis zum Einsetzen der Weltwirtschaftskrise 1929 arbeiteten ADGB und SPD denn auch eng und relativ harmonisch zusammen. Bei den Reichstagswahlen 1924 rief der ADGB erstmals wieder nach dem Krieg seine Mitglieder dazu auf, die wiedervereinigte SPD zu wählen.[279] Nach 1929 verschlechterten sich allerdings die Beziehungen, nicht zuletzt auf Grund der unterschiedlichen Wirtschaftsprogramme, mit denen Partei einerseits und sozialistische Gewerkschaften andererseits der Weltwirtschaftskrise Herr werden wollten. Gab der ADGB quasi-Kenynesianischen Ideen den Vorzug, so versteifte sich die SPD-Führung auf eine traditionelle Deflationspolitik. Teile der Gewerkschaften waren unter den Bedingungen einer autoritären

---

272 Vgl. die ebenso programmatische wie symptomatische Ablehnung jedweder Autorität der Partei über die Gewerkschaften in: Ludwig Rexhäuser, Gewerkschaftliche Neutralität, Leipzig 1908.
273 Miller, Burgfrieden und Klassenkampf, S. 48 f.
274 S. Neumann, Die Parteien der Weimarer Republik, Stuttgart 1965, S. 32 f.
275 Paul Umbreit, Die Gewerkschaften in der Arbeiterbewegung, in: SM 21, 1915, S. 1231.
276 ZStA Potsdam, NL Carl Legien, 90 Le 6, 35: Redemanuskript Legiens vom 27. Jan. 1915.
277 Winkler, Von der Revolution, S. 486-89.
278 Heinrich Potthoff, Freie Gewerkschaften 1918-1933: Der ADGB in der Weimarer Republik, Düsseldorf 1987, S. 217-37.
279 Winkler, Der Schein der Normalität, S. 216.

Umstrukturierung der Weimarer Republik in den frühen 1930er Jahren sogar dazu bereit, ihre traditionellen Bindungen an die Sozialdemokratie zu lösen, um zu einer Verständigung mit der politischen Rechten, v.a. mit von Schleicher, aber auch mit den Nationalsozialisten zu kommen.[280]

In Großbritannien mußten sich die Sozialisten/-innen gegen Ende des neunzehnten Jahrhunderts eingestehen, daß sie es aus eigener Kraft wohl nicht schaffen würden, eine unabhängige Arbeiterpartei zu gründen, die sich im stabilen Zweiparteiensystem Großbritanniens würde behaupten können. Keir Hardie und die meisten seiner Genossen/-innen in der ILP-Führung sahen deshalb ihre Hauptaufgabe darin, die einflußreichen Gewerkschaften von der seit Mitte des Jahrhunderts bestehenden Allianz mit der Liberalen Partei abzubringen. Der ebenso frühen wie starken Ausrichtung deutscher „Agitationsgewerkschaften" auf die Sozialdemokratie standen in Großbritannien *new model unions* gegenüber, die weitgehend als „Versicherungsgewerkschaften" funktionierten. Letztere waren in wesentlich geringerem Maße politisiert und, wenigstens im 19. Jahrhundert, erst recht nicht sozialistisch eingestellt.[281] Im Jahre 1900 wurden die Bemühungen britischer Sozialisten/-innen mit der Gründung des LRC belohnt. In den Vorkriegsjahren konzentrierte sich die Partei darauf, die großen Gewerkschaften des Landes für die Sache der unabhängigen Arbeiterpartei zu gewinnen.[282] Ihre Bedeutung spiegelte sich auch in den Statuten der Labour Party, nach denen die Gewerkschaften einen erheblichen Einfluß auf die Partei besaßen. Durch ihren kollektiven Eintritt in die Partei erwarben sie sich Abstimmungsrechte auf den Parteitagen. Die Zahl ihrer Stimmen hing von der Zahl ihrer Mitglieder ab, die den politischen Beitrag (*political levy*) zahlten. Dieses Verfahren sicherte den Gewerkschaften eine absolute Mehrheit der Stimmen auf allen Parteitagen im Untersuchungszeitraum, da die überwältigende Mehrheit der Mitglieder der Labour Party über die Gewerkschaften affiliiert blieben. Die sogenannten Blockstimmen sicherten den auf den Parteitagen vertretenen Gewerkschaftsfunktionären/-innen das Recht, für die Gesamtheit der in ihrer jeweiligen Gewerkschaft organisierten Mitglieder zu stimmen, soweit selbige den politischen Obolus entrichtet hatten. Hoben die wichtigen Gewerkschaftsführer auf den Parteitagen der Labour Party also die Hand, so konnte der Rest der Delegierten nur hilflos zusehen, wie Anträge entweder abgelehnt oder angenommen wurden. Seit 1902 stellten die Gewerkschaften auch eine Mehrheit der Mitglieder im Vorstand der Partei. Außerdem kam ein Großteil des Parteivermögens aus den Kassen der Gewerkschaften, die natürlich auch viele der aktivsten Funktionäre/-innen der Partei stellten. Schließlich finanzierten sie auch noch ca. vier Fünftel aller Labour-Abgeordneten/-innen im Unterhaus des britischen Parlaments direkt.[283] Die Abhängigkeit vieler Ortsvereine der Labour Party vom Geld der Gewerk-

---

280 Siehe z.B. den sich der nationalen Rechten anbiedernden Artikel von Lothar Erdmann, Nation, Gewerkschaften und Sozialismus, in: DA 10, 1933, S. 129-61.
281 Boll, Arbeitskämpfe, S. 307 zur sinnvollen Unterscheidung von deutschen „Agitationsgewerkschaften" und britischen „Versicherungsgewerkschaften".
282 Chris Wrigley, Labour and the Trade Unions, in: The First Labour Party, hrsg. v. Brown, S. 129-57.
283 Clegg, A History of British Trade Unions, Bd. 2, S. 354. Die Zahlen gehen allerdings weit auseinander. Nach Miller, Electoral Dynamics, S. 10 wurden nur 10-24% aller Labour-Abgeordneten über die Gewerkschaften finanziert. Allerdings zeigt die hohe Erfolgsrate derjenigen Kandidaten/-innen, die finan-

schaften führte dazu, daß sie häufig de facto vor dem Bankrott standen, entzogen die Gewerkschaftsbosse ihnen aus welchem Grund auch immer plötzlich ihr Wohlwollen.[284]

An so manchen Orten bestand die Partei vor 1914 aus dem lokalen Gewerkschaftskartell. Besonders dort, wo diese politisch aktiv waren, versuchten sie oft, ihre Repräsentanten in die Stadträte bzw. auch ins Unterhaus zu schicken.[285] Auch die Gründung lokaler Parteien nach 1918 wurden oft von den Gewerkschaftskartellen „gemanagt".[286] Bedford, Wolverhampton, Doncaster, Wansbeck und das Rhonddatal waren allesamt Beispiele von Parteiorganisationen, die von den Gewerkschaftskartellen dominiert wurden.[287] Bei ihren Funktionären/-innen handelte es sich um „quiet men dedicated to organization [...] They [...] never faltered in their work for independent working class representation."[288] Selbst gut organisierte lokale Parteien, wie die in Woolwich oder Barrow, betonten dennoch, wie wichtig ihnen die enge Zusammenarbeit mit den Gewerkschaften blieb.[289] Für die LLP blieben die Finanzspritzen durch die Londoner Transportarbeiter und andere Gewerkschaften von zentraler Bedeutung, trotz Morrisons intensiven Bemühungen um eine verstärkte Mitgliederwerbung und organisatorische Verbesserungen der Kommunikationsstrukturen zu den Einzelmitgliedern der Partei.[290] Erst nachdem sich die Führung von Labour Party und TUC von den sich in der Zwischenkriegszeit zunehmend radikalisierenden Gewerkschaftskartellen distanziert hatten, verloren letztere besonders nach dem Trade Union Act von 1927 innerparteilich an Gewicht. Erst jetzt kam es zu einer stärkeren Trennung von politischer und gewerkschaftlicher Organisation auf der lokalen Ebene.[291]

---

ziellen Rückenwind durch die Gelder der Gewerkschaften besaßen, wie wichtig diese als Sponsoren waren. In den meisten Wahlkreisen waren sie überhaupt die einzigen Organisationen, die finanziell potent genug waren, um unabhängige Labour-Kandidaten/-innen ins Rennen schicken zu können.
284 Labour Organizer, Jan. 1921, S. 19 und ebd., Dez. 1921, S. 6.
285 David Unger, The Roots of Red Clydeside: Economic and Social Relations and Working-Class Politics in the West of Scotland, 1900-1919, phil.diss., Universität von Texas, Austin 1979, S. 271-75.
286 McKibbin, Evolution, S. 240.
287 Bedford Politics 1900-1924, hrsg. v. dem Bedfordshire Record Office, Bedford 1986, S. 4; Jones, Borough Politics, S. 123 f.; Teanby, „Not Equal to the Demand", S. 62; Celia Minoughan, The Rise of Labour in Northumberland: Wansbeck Labour Party 1918-1950, in: Working-Class Politics in North-East England, hrsg. v. Callcott und Challinor, S. 80; Chris Williams, Democratic Rhondda: Politics and Society, 1885-1951, phil.diss., Universität von Wales 1991, S. 251-71, veröffentlicht unter dem gleichlautenden Titel, Cardiff 1996.
288 Bernard Barker, The Anatomy of Reformism: The Social and Political Ideas of the Labour Leadership in Yorkshire, in: IRSH 18, 1973, S. 7. Beispiele für enge persönliche Bindungen zwischen Gewerkschaftskartellen und lokalen Parteien finden sich auch in Robert Baxter, The Liverpool Labour Party, S. 41; Edmund und Ruth Frow, „To Make That Future Now": A History of the Manchester and Salford Trades Council, Manchester 1976, S. 70; Boughton, Working-Class Politics in Birmingham and Sheffield, S. 155.
289 Twenty-five Years History of the Woolwich Labour Party, S. 27; Report and Balance Sheet of Barrow-in-Furness LRC, 1905/6, in: Labour Party Archive, Local Labour Party Files.
290 Herbert Morrison, Labour Party Organization in London, London 1930, S. 11-13.
291 Alan Clinton, The Trade Union Rank and File: Trades Councils in Britain 1900-1940, Manchester 1977, S. 170 f., schätzt, daß im Jahre 1939 drei Viertel aller von der Gewerkschaftsführung anerkannten Kartelle rein gewerkschaftliche Aufgaben wahrnahmen.

Wie in Deutschland so gaben auch die Gewerkschaften in Großbritannien für die Entscheidungen der Partei zu Beginn des Krieges und danach den Ton an. Obwohl die Statuten der Labour Party von 1918 die Macht der Gewerkschaften über die Partei sogar noch vergrößerten, kann man doch nach dem Krieg einen stetig abnehmenden Einfluß der Gewerkschaften beobachten, was sich bis zum Jahre 1931 fortsetzte. Besonders unter der Führung Ramsay MacDonalds erreichte die Partei eine weitgehende Autonomie über wichtige parteipolitische Entscheidungen. MacDonald hatte bereits 1918 darauf verwiesen, daß eine Allianz von sozialistischen Organisationen und Gewerkschaften niemals auf der Dominanz letzterer beruhen dürfe: „The ILP wishes the Party to be controlled by its active political elements rather than by its cash-paying sections."[292] Für die Stimmung innerhalb der ILP am Ende des Krieges (wie übrigens auch im Kriege selbst) waren MacDonalds Ansichten durchaus repräsentativ.[293] Allerdings blieben solche Meinungen nach 1918 nicht auf MacDonald beschränkt. Morrison war jederzeit bereit, die Bedeutsamkeit starker unabhängiger lokaler Organisationen, die sich weitgehend auf Einzelmitglieder stützten, für das Gedeihen der Partei insgesamt zu unterstreichen. Er warnte 1921: „it is highly desirable that the Labour Party should become more and more a political party and beware of the danger of being a mere aggregation of economic interests."[294] Selbst ein alter Gewerkschaftler wie Arthur Henderson bemühte sich nach 1918 darum, die prekäre Balance zwischen Gewerkschaften und sozialistischen Organisationen innerhalb der Labour Party zu finden: „The big unions have their share of power in the Labour Party, but no more than their share [...] it must not be forgotten that their support is absolutely necessary to the party's existence. They are the bankers of the movement [...] But we also recognize that the party derives much of its influence from the men and women with energy, enthusiasm and ideas who compose the political side of the movement."[295]

Die meisten führenden Gewerkschafter/-innen sahen dies ebenso und beschränkten sich bis 1931 weitgehend auf ihre Gewerkschaftsarbeit. Selbst auf den frühen Parteitagen der Labour Party gab es Versuche, explizit zu unterscheiden zwischen den Aufgaben der Partei und denen der Gewerkschaften. So empfahl das für die Parteistatuten zuständige Komitee für den Parteitag von 1907 dem Vorstand, alle Anträge zu streichen, die rein gewerkschaftlichen Charakter trügen. Im Jahre 1913 wurde ein Antrag angenommen, nach dem sich die Labour Party verstärkt um dringende direkt politische Fragen kümmern sollte.[296] Als im Jahre 1926 die gemeinsamen Abteilungen von TUC und Labour Party für wissenschaftliche Forschung, Propaganda, Information und diverse andere Dienste aufgelöst wurden, zeigte dies eine weitergehende Trennung zwischen der politischen und gewerkschaftlichen Sphäre der Arbeiterbewegung an.[297] Nach 1918 wurde es

---

292 Ramsay MacDonald, Outlook, in: SR 15, 1918, S. 8.
293 Report of the Annual Conference of the ILP 1916, S. 95 f.; Report of the Annual Conference of the ILP 1917, S. 27.
294 Herbert Morrison, in: Labour Organizer, Juni 1921, S. 1 f.
295 Arthur Henderson, Labour Looks Ahead, in: Daily Herald, 12. Jan. 1918, S. 5.
296 R.T. Spooner, The Evolution of the Official Programme of the Labour Party 1918-1939, M.A., Universität Birmingham 1949, S. 17 f.
297 Cole, A History, S. 217.

für fest angestellte Gewerkschaftsfunktionäre/-innen erschwert, zugleich Labour-Abgeordnete zu werden. Selbst was die immer noch zahlreich vorhandenen, von den Gewerkschaften finanzierten und rekrutierten Abgeordneten anbetraf, so bezweifelten sie die führende Rolle der Partei in politischen Fragen fast nie und betrachteten sich selbst nicht zuerst als Gewerkschaftsvertreter/-innen, sondern als Vertreter/-innen ihrer jeweiligen Wahlkreise.[298] Obgleich MacDonald sieben Gewerkschafter/-innen in sein erstes Kabinett berief[299], blieb eine Doppelmitgliedschaft in NEC und Parlamentarischem Komitee des TUC ausgeschlossen. Folglich waren im Vorstand der Partei oft nur Gewerkschafter/-innen aus der zweiten und dritten Führungsriege ihrer Organisationen vertreten. Sie erwiesen sich häufig als nur allzu willig, der Parteiführung in allen wichtigen Fragen zu folgen.[300] Die großen und mächtigen Gewerkschaften vertrauten der Parteiführung bis 1931 und mischten sich in die Parteiangelegenheiten in der Regel nicht ein. Erst die Enttäuschung über MacDonalds ‚Verrat' und das Verhalten einiger seiner wichtigsten Minister in der Regierungskrise von 1931 führte kurzfristig zu einer verstärkten, auch real ausgeübten Kontrolle und Dominanz der Gewerkschaften über die Partei.[301] Auf einem gemeinsamen Treffen der Vorstände von TUC und Labour Party machten die Gewerkschaftler/-innen deutlich, daß sie letztendlich die Partei als untergeordneten Arm der Gewerkschaften betrachteten: „the primary purpose of the creation of the party should not be forgotten. It was created by the trade union movement to do those things in Parliament which the trade union movement found ineffectively performed by the two-party system."[302] Da die Gewerkschaften ihre potentielle Macht, die Entscheidungen der Partei über ihre Mehrheit im Parteivorstand massiv zu beeinflußen, niemals aufgab, konnten sie der Partei in solchen Situation, in denen es ihnen notwendig schien, ihre Linie aufzwingen. Insgesamt aber waren die Beziehungen zwischen Gewerkschaften und Partei zu unterschiedlichen Zeiten im 20. Jahrhundert sehr verschieden. Je nach spezifisch historischen Umständen hatten die Gewerkschaften mehr oder weniger Einfluß, aber meist hatte die Einmischung in die Angelegenheiten der Partei doch erhebliche informelle Grenzen.[303]

Außerdem erwiesen sich gerade solche Institutionen, die als Kontrollinstrumente der Gewerkschaften über die Labour Party fungieren sollten, immer wieder als nur begrenzt fähig, die ihnen gestellte Aufgabe zu bewältigen. Dies ist besonders augenfällig beim National Joint Council, der im Jahre 1921 gegründet wurde. In ihm war eine gleiche Anzahl von Mitgliedern des Parteivorstands, der Fraktion und des TUC-Vorstands vertreten. Jede wichtige Entscheidung der Partei hätte theoretisch über ihn abgesegnet werden müssen. De facto blieb seine Bedeutung in den 1920er Jahren allerdings recht gering. Die Parteilinie, die vor dem Krieg zu einem großen Teil von der ILP bestimmt worden war, wurde nach dem Krieg zunehmend von der Fraktion diktiert. Wie in Deutschland

---

298 Andrew Taylor, The Politics of the Yorkshire Miners, London 1984, S. 103.
299 Clegg, A History, Bd. 2, S. 364.
300 McKenzie, British Political Parties, S. 519.
301 Vgl. Martin, TUC, S. 132-243.
302 Churchill College, Bevin-Sammlung, Bevin 1/5: Protokoll eines gemeinsamen Treffens der Vorstände von TUC und Labour Party im Transport House v. 10. Nov. 1931.
303 Lewis Minkin, The Contentious Alliance: Trade Unions and the Labour Party, Edinburgh 1991, besonders Kap. 2-4, 9-11 und 16 sowie S. 619-27.

fungierten die Gewerkschaften in der Regel als eine Art Filter, bei dem nur solche Entscheidungen nicht ‚durchrutschten', die sich direkt gegen vitale Interessen der Gewerkschaftsbewegung richteten, so z.B. die geplante Kürzung des Arbeitslosengeldes 1930 bzw. 1931. Nach dem Fiasko von 1931 sah es eine Zeitlang so aus, als sollte der National Joint Council zu neuen Ehren kommen. Immerhin wurden nun die Hälfte seiner Mitglieder direkt von den Gewerkschaften bestimmt, und insgesamt besaßen die Gewerkschaftsvertreter/-innen nun ein Übergewicht über Vertreter/-innen des NEC und der PLP. Es sollten regelmäßige wöchentliche Treffen stattfinden, und der Council sollte auch in jeder akuten Parteikrise einberufen werden. Seine politischen Richtlinien sollten für alle Parteigremien verbindlich sein. In die Praxis wurden solche rigorosen Vorsätze allerdings oft nur unzureichend umgesetzt. Der National Joint Council als Instrument der gewerkschaftlichen Kontrolle über die Politik der Labour Party ließ aus der Sicht der Gewerkschaften bei aller tatsächlichen Machtfülle auch weiterhin einiges zu wünschen übrig. Dennoch konnte der 1934 in National Council of Labour umbenannte National Joint Council in den 1930er Jahren zum „leading arbiter within the party" werden: „leading trade unionists, in alliance with leading party figures, were able to steer the party generally in directions they liked and away from those they did not."[304]

Die sozialistischen Gewerkschaften in Deutschland dagegen akzeptierten die weitgehende Arbeitsteilung zwischen Partei und Gewerkschaften nicht in demselben Maße wie ihre britischen Pendants. Im Gegenteil, nachdem sie sich endgültig im ersten Jahrzehnt des 20. Jahrhunderts von der Bevormundung durch die Partei befreit hatten, kamen sie schnell dahin zu versuchen, ihre eigenen Ideen und Programme einer manchmal widerwilligen SPD aufzudrücken. Bebel versuchte in dieser Hinsicht vergeblich, eine funktionale Aufgabenteilung zwischen den beiden Säulen der Arbeiterbewegung einzuführen. Nach seiner Meinung kam der Partei die Bewältigung der politischen Aufgaben zu, während die Gewerkschaften sich um das Industrielle und Ökonomische zu kümmern hatten.[305] Zeitgenössische deutsche sozialistische Auslandskorrespondenten empfahlen der SPD sogar, sich in dieser Hinsicht vermehrt auf das britische Beispiel hin auszurichten, wo ihnen solch eine Trennung etabliert schien.[306] Statt daß sich allerdings die Gewerkschaften solche Aufrufe zu Herzen nahmen, war es eher umgekehrt so, daß die Partei auch nicht davor halt machte, am Arbeitsplatz organisatorisch präsent zu sein. Obwohl dies sicher nie zum Hauptbetätigungsfeld der SPD wurde, das eindeutig immer schon auf die Ausbildung einer effektiven Wahlmaschine ausgerichtet war[307], ging die Partei bereits vor dem ersten Weltkrieg und verstärkt danach aktiv in die Betriebe, um dort gleichermaßen Wahlkampf und Rekrutierungskampagnen durchzuführen. Auch wenn dies im Gegensatz zur KPD ephemer blieb und der zentrale Organisationsansatz auf den Wohnbereich ausgerichtet blieb, so gab doch auch die SPD Betriebszeitungen wie den „AEG Sender" heraus und (nach der Statutenänderung von 1918) gründete Betriebszellen, in denen sich die Genossen/-innen am Arbeitsplatz formierten, nicht

---

304 Thorpe, Labour Party, S. 82.
305 August Bebel, Gewerkschaftsbewegung und politische Parteien, Stuttgart 1900.
306 Balthasar Weingartz, Auf dem Weg zum britischen Imperium, in: SM 36, 1930, S. 878.
307 Fricke, Die deutsche Arbeiterbewegung, S. 232.

zuletzt um neue Parteimitglieder zu gewinnen.[308] Hätte die Labour Party ähnliches versucht, so dürfte man nicht fehl gehen in der Annahme, daß die Gewerkschaften es verstanden hätten, dies erfolgreich zu unterbinden.

War die sozusagen gewohnheitsmäßige Trennung der Aufgabenbereiche von Gewerkschaften hie und Arbeiterpartei da in Deutschland weniger stark ausgeprägt als in Großbritannien, so hatten die sozialistischen Gewerkschaften in Deutschland doch wesentlich geringere formelle, in den Statuten festgehaltene Machtbefugnisse über die Partei als ihre britischen Schwesterorganisationen. Ein wichtiger Unterschied bestand darin, daß die Gewerkschaften in Deutschland sich nicht kollektiv der Partei anschließen konnten. Es gab daher kein Übergewicht von Gewerkschaftsdelegierten auf SPD-Parteitagen und kein Blockvotum. Kein offizieller Gewerkschaftsvertreter saß qua seines Amtes im Vorstand der Partei oder irgend einer anderen führenden Institution der SPD. Jedoch hatte wie in der Labour Party eine hohe Zahl von Reichstagsabgeordneten eine gewerkschaftliche Vergangenheit oder Gewerkschaftsfunktionen. Im Jahre 1912 waren ca. ein Drittel aller Abgeordneten der Partei vormalige Gewerkschaftsfunktionäre.[309] In der Weimarer Republik waren es konstant etwa 20% aller Reichstagsabgeordneten.[310] Anders als die Gewerkschaftsabgeordneten in der Labour Party vertraten ihre Kollegen/-innen in der SPD oftmals eine einheitliche Position innerhalb der Fraktion und setzten sich für spezifische politische Ziele der Gewerkschaften ein.[311] Bereits vor 1914 koordinierten die reformistischen Gewerkschaften und der rechte Flügel der SPD häufig ihre Aktionen. In den 1920er Jahren traf sich die Gewerkschaftsführung alle vierzehn Tage mit der Parteiführung, um evt. politische Aktionen oder Entscheidungen miteinander abzustimmen.[312] In diesem Sinne einer Allianz des reformistischen Flügels innerhalb der SPD mit der Gewerkschaftsführung ist auch dem Urteil Carl Schorskes zuzustimmen, der bereits von einem Trend zur Vergewerkschaftung der Partei ausgegangen war. Wichtige Entscheidungen wurden zunehmend bereits auf Gewerkschaftskongressen gefällt und brauchten anschließend der Partei nurmehr als fait accompli präsentiert zu werden.[313] Viele Parteiführer der SPD, z. B. Bauer, Braun, Severing und Ebert hatten aktive Erfahrungen in der Gewerkschaftsbewegung gesammelt, was auch informelle Kontakte zu den

---

308 BA Berlin, Abt. Reich, St. 22/16, Nr. 2 und 3: Polizeibericht über eine Delegiertenversammlung der SPD Potsdam-Spandau-Osthavelland v. 9. Dez. 1906, auf der über die Frage der Organisation und Agitation in den Betrieben mehrere Stunden lang diskutiert wurde. Zu den Betriebszeitungen der SPD siehe auch SAPMO, Flugblattsammlung, V, DF VII, 471; BA Berlin, Abt. Reich, St. 12/103, 59: anonymer Bericht an die Bremer Polizei v. 19. März 1925 über die Gründung von Betriebszellen durch die SPD. Vgl. auch die parteieigenen Berichte über die Gründung von Betriebszellen z.B. in Volksbote (Stettin), Nr. 166 v. 18. Juli 1918 und Vorwärts, Nr. 196 v. 19. Juli 1918 und Volksstimme (Frankfurt am Main), Nr. 169 v. 22. Juli 1918.
309 A. Herzig, Das Verhältnis zwischen Sozialdemokraten und freien Gewerkschaften (1868-1914), in: Auf dem Weg zum modernen Parteienstaat: Zur Entstehung, Organisation und Struktur politischer Parteien in Deutschland und den Niederlanden, hrsg. v. H.W. von der Dunk und Horst Lademacher, Melsungen 1986, S. 161.
310 Gerard Braunthal, Socialist Labor and Politics in Weimar Germany: The General Federation of German Trade Unions, Hamden, Conn. 1978, S. 137.
311 Ders., S. 139.
312 SAPMO, NL Paul Löbe, 110/110, 60.
313 Schorske, German Social Democracy, S. 108 f.

Gewerkschaften begünstigte. Bereits 1908 galt die zentralisierte und homogenisierte Organisationsstruktur vieler Industriegewerkschaften der SPD innerparteilich als nachahmenswertes Vorbild.[314] In der Weimarer Republik waren Wels und Leipart oft und gern gesehene Gäste auf den jeweiligen Konferenzen von ADGB und SPD. Daß der enge Kontakt zwischen beiden Organisationen letztendlich für die gesamte Arbeiterbewegung von ungeheurer Bedeutung war, war allen Beteiligten selbstverständlich. Die Arbeiterpresse fungierte hier auch als wichtiges Medium der Kommunikation.[315] Lange vor 1914 berieten Partei- und Gewerkschaftsvorstand zusammen über alle wichtigen politischen Fragen, um eine gemeinsame Basis ihrer Politik herzustellen. In der Weimarer Republik korrespondierten beide Gremien ausführlich zu allen politischen Fragen der Zeit. In den letzten Jahren der Republik gab es sogar einen regelmäßigen Austausch von Delegierten, die jeweils im Bundesausschuß des ADGB und im Parteiausschuß der SPD mitsprachen. Von diesem Zeitpunkt an nahmen Wels für die SPD und Graßmann als stellvertretender Vorsitzender für den ADGB an den Treffen der jeweils anderen Führungsorgane teil, um Mißverständnisse zu vermeiden und eine bessere Verständigung zu erzielen.[316]

Die sozialistischen Gewerkschaften halfen der SPD vor allem dadurch, daß sie ihr finanzielle ebenso wie Wahlkampfhilfe zukommen ließen und ihr die eigene Presse und Werbemaschine zur Verfügung stellten.[317] Nach der Jahrhundertwende wurden vor allem die gewerkschaftlich organisierten Arbeiter zu einem Reservoir, aus dem die SPD eigene Mitglieder und Wähler schöpfen konnte.[318] Daneben kooperierten beide Organisationen auch eng in ihrem Bemühen, Bildungs- und Erziehungsaufgaben wahrzunehmen. Die vielen lokalen Arbeiterkulturkartelle legten beredtes Zeugnis ab von der Bereitschaft, die institutionalisierte Bildungsarbeit von Gewerkschaften und Partei zusammenzuführen.[319] Natürlich gab es auf manchen Gebieten wie z.B. bei der Jugendarbeit vor 1914 auch intensive Rivalitäten und Auseinandersetzungen[320], aber insgesamt verlief die Zusammenarbeit doch an vielen Orten relativ harmonisch. Zwei Drittel aller SPD-Mitglieder waren auch Gewerkschaftler/-innen, und Gewerkschaftsfunktionäre/-innen hatten oftmals noch einen Posten innerhalb der Partei. Ca. 65 % aller Gewerkschaftsmitglieder wählten die SPD, und bis zu 95% aller lokalen Gewerkschaftsfunktionäre/-innen waren auch zugleich aktive Parteimitglieder.[321] Auch bei den Führungspersönlichkeiten von SPD und Gewerkschaften auf Ortsebene gab es oft erhebliche Übereinstimmungen.[322]

---

314 Wilhelm Dittmann, Zur Neugestaltung unserer Parteiorganisation, in: NZ 17, 1908/09, S. 430 f.
315 Braunthal, Socialist Labor and Politics, S. 120 f.
316 Potthoff, Freie Gewerkschaften, S. 224.
317 Braunthal, Socialist Labor and Politics, S. 127.
318 Guttsman, The Social Democratic Party, S. 154.
319 Fritz Fricke, Zehn Jahre gewerkschaftlicher Bildungsarbeit in Berlin: Die Berliner Gewerkschaftsschule, Berlin 1932, S. 15.
320 Wilhelm Sollmann, Jugendausschüsse und Jugendabteilung der Gewerkschaften, in: NZ 28, 1909/10, S. 933-35.
321 Hunt, German Social Democracy, S. 170.
322 Eine Partei in ihrer Region, hrsg. von Faulenbach und Högl, S. 163 ff., 170 ff. und 198 ff.

An so manchen Orten kam die lokale politische Initiative nach 1905 stärker von den Gewerkschaften als von der SPD.[323] Paul Umbreit betonte besonders die politische Initiativrolle der lokalen Gewerkschaftskartelle: Sie sollten eine Macht in der Kommunalpolitik werden und zugleich in den Beziehungen zum SPD-Ortsverein nach Möglichkeit den Ton angeben.[324] Wie bei den nationalen Organisationen, so waren auch im lokalen Rahmen die Ortskartelle nicht direkt in den Gremien der Partei vertreten, aber es gab doch zahlreiche wichtige informelle Beziehungen zwischen beiden Institutionen. Viele bezahlte wie unbezahlte Funktionäre arbeiteten gleichzeitig für Partei und Gewerkschaft. Selbst wenn das Engagement der Gewerkschaftskartelle in Deutschland für die SPD selten von vergleichbar existenzieller Bedeutung war, wie dies für viele Ortsvereine der Labour Party gesagt werden kann, so lohnt es sich doch, darauf hinzuweisen, daß sie auch innerhalb der Ortsvereine der SPD eine z.T. erhebliche Rolle spielten.[325]

Im Gegensatz zu Ländern wie den USA oder auch Frankreich, wo die Beziehungen zwischen Gewerkschaften und Arbeiterparteien relativ schwach ausgeprägt waren, existierten in Großbritannien und Deutschland enge Bindungen zwischen diesen beiden wichtigsten Säulen der Arbeiterbewegung. Innerhalb der bestehenden Geschichtsschreibung gibt es aber dennoch eine merkliche Tendenz, die Abhängigkeit der Labour Party von den britischen Gewerkschaften zu betonen, während andererseits die formelle Unabhängigkeit der SPD von den sozialistischen Gewerkschaften in Deutschland in den Vordergrund geschoben wird.[326] Solch ein Blickwinkel scheint besonders dann gerechtfertigt, wenn man sich die in den Statuten der Arbeiterparteien festgelegten Machtbefugnisse der Gewerkschaften über die Partei ansieht. Berücksichtigt man allerdings den Graben, der zwischen der in den Statuten festgeschriebenen Rolle und der de facto ausgeübten Kontrolle bestand, so scheint ein solcher Blick zumindest simplifizierend, wenn nicht gar in die Irre führend. Es verdient festgehalten zu werden, daß die deutschen Gewerkschaften – ohne auf großartige Rechte innerhalb der Partei zurückgreifen zu können – die politischen Entscheidungen der SPD bereits vor 1914 in wachsendem Ausmaß beeinflußen konnten. Die Haltung der SPD zu der Gestaltung der Maifeiern, zum politischen Generalstreik und zu ihrer eigenen Jugendbewegung legte davon beredtes Zeugnis ab.[327] Die formale Macht der britischen Gewerkschaften über die Labour Party war dagegen im-

---

323 Kandler, The Effects, S. 265; Müller, Die groß-hannoversche Sozialdemokratie, S. 156 f.; Zeitz, Zur Geschichte, S. 17.
324 Paul Umbreit, Die Bedeutung und Aufgaben der Gewerkschaftskartelle, Berlin 1903.
325 Maja Christ-Gmelin, Die württembergische Sozialdemokratie 1890-1914, in: Die SPD in Baden-Württemberg und ihre Geschichte: Von den Anfängen der Arbeiterbewegung bis heute, hrsg. v. Jörg Schadt und Wolfgang Schmierer, Stuttgart 1979, S. 110; vgl. auch Adelheid von Saldern, Sozialdemokratische Kommunalpolitik bis 1914, in: Kommunalpolitik und Sozialdemokratie: Der Beitrag des demokratischen Sozialismus zur kommunalen Selbstverwaltung, Bonn 1977, S. 36. Die Bedeutsamkeit starker lokaler Gewerkschaften für den Erfolg der SPD findet sich auch bestätigt in ZStA Merseburg, Rep. 77, S Nr. 656, I, 4: Polizeibericht an den preußischen Innenminister über die anarchistische und sozialdemokratische Bewegung v. 15. Jan. 1898, S. 9; Michels, Die deutsche Sozialdemokratie I, S. 489-92.
326 Drei Beispiele unter vielen sind Günther Lottes, Der industrielle Aufbruch und die gesellschaftliche Integration der Arbeiterschaft in Deutschland und England im viktorianischen Zeitalter, in: Viktorianisches England in deutscher Perspektive, hrsg. v. Adolf Birke und Kurt Kluxen, München 1983, S. 77; Luebbert, Liberalism, S. 164; Hodge, The Trammels of Tradition, S. 50-68, 132, 149, 202.
327 Schorske, German Social Democracy, S. 88-115.

mens, aber sie – weit davon entfernt, die Politik der Labour Party zu dirigieren – akzeptierten in der Regel ein hohes Maß an Autonomie der Partei in allen politischen Fragen.

3.8 Schlußfolgerungen

Vergleicht man en detail die Organisationen von Labour Party und SPD, so fallen vor allem erhebliche Ähnlichkeiten ins Auge. So konzentrierten sich beide während der ersten drei Dezennien des 20. Jahrhunderts auf den Aufbau einer schlagkräftigen Organisation. Der eindrucksvolle bürokratische Apparat der SPD entstand nach 1905. Obwohl er in der Weimarer Republik erheblich ausgebaut werden konnte, gab es doch nach 1918 keine wichtigen Änderungen mehr, die den Charakter der Partei verändert hätten. Eine ständig wachsende Zentralisierung der Machtbefugnisse, besonders auf der regionalen Organisationsebene, kennzeichnete den organisatorischen Aufbau der SPD. Nach ihrer Reorganisation am Ende des ersten Weltkrieges kam es auch bei der Labour Party zu verstärkten Bürokratisierungs- und Zentralisierungserscheinungen. Wie die SPD versuchte sie nach 1918 ihre Organisation in eine gut geölte Maschine zu verwandeln, die vor allem den Erfolg an der Wahlurne beschleunigen sollte. Gerade in den 1920er Jahren entwickelten beide durchaus vergleichbare Institutionen auf allen Ebenen der Organisation, die ähnliche Aufgaben auf die gleiche Art und Weise zu bewältigen suchten. Im Verlauf dieser Entwicklung bekam die Parteiführung beider Parteien die Organisation zunehmend in den Griff, während die Parteitage ihre frühere Kontrollfunktion, die weiterhin in den Statuten festgeschrieben wurde, weniger als zuvor ausübten.

Die Formierung von rigiden Führungseliten wurde gerade auf der lokalen Ebene der Organisation erleichtert durch eine z.T. recht weit verbreitete Lethargie auf Seiten der Parteimitgliedschaft. Die wenigen Enthusiasten/-innen, die die vielfältigen Aufgaben in der Partei oft über lange Jahre erfolgreich bewältigten, sollte man nicht leichten Herzens beschuldigen, aus bloßem Eigeninteresse oder gar Karrierestreben heraus gehandelt zu haben. Gerade auf der lokalen Organisationsebene konnte gezeigt werden, wie ähnlich sich z.T. die Labour Party und die SPD waren. Beide suchten beständig, neue Mitglieder zu rekrutieren, da man in einer breiten Mitgliedschaft sowohl das finanzielle als auch das organisatorische Rückgrat der Partei verankert sah. Die lokale Organisation verästelte sich in beiden Parteien in Suborganisationen, die z.T. bis weit in die einzelnen Stadtteile hineinreichten. Durch gute Organisationsarbeit sollten die einzelnen Mitglieder in ständigem Kontakt mit der Partei bleiben, die Beiträge sollten systematischer und effektiver eingesammelt und ein System nationaler und lokaler Zeitungen und Zeitschriften aufgebaut werden. Die Mitglieder wurden zunehmend in eine Art von Subkultur der Arbeiterpartei eingebunden. Schließlich gab es wichtige Verbindungslinien zu den Gewerkschaften, die die Arbeiterparteien stärkten. Das Verhältnis von Parteiführung und Mitgliedschaft war in beiden Parteien bestimmt von der weitgehenden Verehrung der Führung durch die Mitgliedschaft und von Formen des autoritären Verhaltens auf Seiten der Führung. Der Grad innerparteilicher Demokratie war wohl in beiden Parteien während des Untersuchungszeitraumes rückläufig, wofür v.a. der Machtzuwachs der Vorstände auf allen Ebenen der Organisation und die zunehmende Verschiebung der Entscheidungsfindung von den lokalen zu den regionalen bzw. nationalen Organisationen der Partei verantwortlich war. Allerdings spielte wohl auch eine Rolle, daß die innerparteilichen Diskussionen sowohl auf sozialdemokratischen Versammlungen als auch in der Parteipresse streng kontrolliert und notfalls zensiert wurden. Auch vor Disziplinierungsmaßnahmen wurde nicht zurückgeschreckt, wenn es darum ging, die Einheit der Partei nach außen zu bewahren. Aber trotz alledem blieben beide Parteien demokratisch strukturiert nach dem Prinzip, daß alle innerparteilichen Ämter und Funktionen von unten nach oben gewählt wurden und die gewählte Führung auch der Basis Rechenschaft zu geben hatte. Insgesamt scheinen die auffälligen Ähnlichkeiten der Parteiorganisation von Labour Party und SPD Sonderwegs-Argumente in Frage zu stellen, die traditionell beide Parteien unterschiedlichen Organisationstypen zuordnen.

Vorsicht ist allerdings bei dem Versuch angeraten, die weiterhin fortbestehenden Unterschiede unter den Tisch zu kehren. So war etwa das Ausmaß an Bürokratisierung und Zentralisierung der SPD gerade auf der regionalen Ebene erheblich größer und ermöglichte es der Partei erst eigentlich, nach 1905 auf eine so eindrucksvolle Art und Weise zu expandieren. Es half, die Kampagnen der Partei effektiver zu gestalten, und es stärkte auch die kommunikativen Kanäle zur Basis erheblich. Andererseits bedeutete die z.T. recht einseitige Ausrichtung auf eine Stärkung der Organisationskultur innerhalb der SPD, daß an genuin politischen Debatten über spezifische Ziele der Partei immer weniger Interesse bestand. Statt dessen wurde die relative Isolation der Partei im Kaiserreich durch eine zunehmende Selbstisolation beantwortet. Die SPD zog sich auf ihr organisatorisches Netzwerk zurück, erhöhte beständig die Mitgliedschaft, gründete neue Zeitungen, entwickelte ihre Wahlmaschinerie und archivierte die wohl verläßlichsten Statistiken, die Historiker/-innen über eine nationale Arbeiterbewegung zu dieser Zeit besitzen. Die offizielle Parteitheorie des Marxismus war dagegen den Funktionären/-innen – ganz zu schweigen von der Parteibasis – nur oberflächlich vertraut, was allerdings nicht unbedingt bedeutete, daß sie sich, abgesehen von Wirtschaft und Sozialem, zunehmend für eine Mitarbeit an gesetzgeberischen Maßnahmen auf kommunaler oder nationaler Ebene eingesetzt hätten. Aus der Vernachlässigung des parteioffiziellen Marxismus im Kaiserreich resultierte zwar eine Stärkung des Reformismus, aber mehr noch eine starke Ausrichtung am Organisationspatriotismus. In der Weimarer Republik verstanden sich dann zwar weite Teile der SPD als staatstragende Partei und wirkten z.T. initiativ mit an verschiedenen wichtigen Gesetzgebungswerken, aber die Welt vieler Parteifunktionäre/-innen blieb dennoch weitgehend auf das Leben der Partei und ihrer zahlreichen Nebenorganisationen fokussiert. Erst gegen Ende der Weimarer Republik fanden sich zunehmend jüngere innerparteiliche Kritiker/-innen einer solchen Praxis, die die Organisationsarbeit in der Partei über alles andere stellte. Alexander Schifrin und Carlo Mierendorff weisen z.B. unmißverständlich auf die Gefahren einer zunehmenden Depolitisierung der Partei hin.[328]

---

328 Henryk Skrzypczak, Führungsprobleme der sozialistischen Arbeiterbewegung in der Endphase der Weimarer Republik, in: Herkunft und Mandat, S. 128-47.

Die Labour Party, deren eigene Bürokratisierung und Zentralisierung sich zwar entlang einer vergleichbaren Achse, aber auf geringerem Niveau vollzog, war von den negativen Auswirkungen des Organisationspatriotismus in geringerem Maße betroffen. Von einer effektiven Depolitisierung wird man bei ihr nicht sprechen können, blieben doch ihre Aktivitäten in größerem Maße geknüpft an die praktische Realisierung spezifischer politischer Ziele und Ideen. Ihre lokalen Organisationen und Zeitungen blieben gegenüber der nationalen Zentrale der Labour Party unabhängiger und genossen ein größeres Maß an Freiheit als die deutschen Parteiorganisationen. Allerdings hatten auch viele der fortbestehenden organisatorischen Schwächen der Labour Party ihren tieferen Grund in dem Unwillen der Zentrale, die Parteistrukturen zu regionalisieren und zugleich in dem Scheitern der Partei, die eigenen Finanzen aus der Abhängigkeit von den Gewerkschaftskassen zu befreien. Die Mängel der Organisation wurden von den führenden Möchtegern-Maschinisten der Partei, wie z.B. Herbert Morrison oder Arthur Henderson, nur z.T. klar analysiert und benannt. So drängten sie zwar auf eine stärkere Bürokratisierung und Professionalisierung der Parteiorganisationen auf allen Ebenen: „Throughout the party machine, he [Henderson] introduced a new generation of young organizers, including Jim Middleton, Arthur Greenwood, William Gillies and his son Willie Henderson."[329] Aber die erheblichen Nachteile, die mit einer Zentralisierung der Parteiorganisation auf der nationalen Ebene verbunden waren, wurden von den meisten Parteiführern nicht erkannt. In ihren Versuchen, eine starke Parteipresse aufzubauen, einen Ausbau der individuellen Mitgliedschaft der Partei zu fördern und generell den Aufbau einer machtvollen Parteimaschine zu fördern, betrachteten viele Labour-Funktionäre/-innen die SPD als ihr ‚Modell'. Den entscheidenden Grund, warum die Labour Party nicht den sozialen Fortschritt im eigenen Land eindrucksvoller hatte unterstützen können, sah Tom Fox in seiner Ansprache als Präsident des Parteitags im Jahre 1914 in „the deplorable inefficiency of our methods of organization [...] Our German brethren have learned their lesson better and are using their experience to better purpose in spite of the greater political handicap they have to bear."[330] Was sie oft nicht erkannten, waren die Grenzen dieses organisatorischen Erfolgs ihrer deutschen Schwesterpartei, deren Aussehen man nicht allein auf der Grundlage ihrer Organisation in den Hochburgen der Partei beurteilen sollte. Insgesamt wird man nicht zu weit gehen, wenn man die These aufstellt, daß für SPD und Labour Party in gleicher Weise ein starker Organisationspatriotismus (für die Labour Party besonders nach 1918) zu einem beherrschenden Charakteristikum wurde und auch erheblich zum Erfolg beider Parteien beitrug, einen wachsenden Prozentsatz der Arbeiterstimmen auf sich zu vereinigen. Im nächsten Kapitel soll nun untersucht werden, ob und in welchem Ausmaß beide Parteien sich nicht nur um den Ausbau effizienter Wahlmaschinen kümmerten, sondern auch viel Zeit und Energie auf die Stärkung eines Parteimilieus verwandten, das auf emotionalen Grundwerten wie Gemeinschaft und Solidarität aufbaute.

---

329 Morgan, Labour People, S. 82.
330 Report of the Annual Conference of the Labour Party in 1914, S. 91.

4 Labour Party und SPD als Solidargemeinschaften

In ihrer Studie zur Düsseldorfer SPD schreibt Mary Nolan: „Only by exploring the interaction between work, community and culture can we explain the character of social democracy."[1] Solche alltäglichen Kontexte sind am sinnvollsten im Rahmen von Lokalstudien rekonstruierbar. Deshalb sollen im ersten Unterkapitel auch vor allem die lokalen Bedingungen für die Entstehung starker Arbeiterparteien und ihrer Milieus in Großbritannien und Deutschland verglichen werden. Die Idee, das sozialdemokratische Milieu in Deutschland als Solidargemeinschaft zu beschreiben, ist am ausgeprägtesten von Peter Lösche und Franz Walter vorgetragen worden, findet sich jedoch auch in einer ganzen Reihe anderer Veröffentlichungen.[2] Die vorherrschende Meinung zur Labour Party besteht häufig immer noch darin, daß ein solches Milieu gerade nicht existierte und statt dessen eine strikte Ausrichtung auf das erfolgreiche Abschneiden bei Wahlen im Vordergrund aller organisatorischen Bemühungen stand.[3] Eine solche dichotomische Gegenüberstellung beider Arbeiterparteien gilt es in diesem Kapitel zu hinterfragen. Zu diesem Zweck sollen im zweiten Unterkapitel auch einige derjenigen Organisationen verglichen werden, die ein Gemeinschaftsgefühl unter den Parteimitgliedern verstärkten: Welchen Aktivitäten widmeten sie sich? Welche Freizeit- und Kulturorganisationen bedienten welche Wünsche und Sehnsüchte der organisierten Arbeiter/-innen? Wie verschieden waren Labour Party und SPD in dieser Hinsicht?

4.1 Organisatorische Stärke als Basis für Solidargemeinschaften

David Crew hat die Verwendung des Begriffs ‚Gemeinschaft' zur Beschreibung des Arbeiterbewegungsmilieus in Deutschland scharf angegriffen. Der Versuch, die ausgefeilten Organisationsbemühungen der Bewegung als Gemeinschaft zu verstehen, schien ihm wegen der hohen geographischen Mobilität der Arbeiter/-innen, den unpersönlichen

---

1 Nolan, Social Democracy and Society, S. 4 f.
2 Peter Lösche und Franz Walter, Zur Organisationskultur der sozialdemokratischen Arbeiterbewegung in der Weimarer Republik: Niedergang der Klassenkultur oder solidargemeinschaftlicher Höhepunkt, in: GG 15, 1989, S. 511-36; vgl. auch Solidargemeinschaft und Milieu: Sozialistische Kultur- und Freizeitorganisationen in der Weimarer Republik, hrsg. v. Peter Lösche, 4 Bde., Bonn 1990-4; Solidargemeinschaft und Klassenkampf: Politische Konzeptionen der Sozialdemokratie zwischen den Weltkriegen, hrsg. v. Richard Saage, Frankfurt am Main 1986; für das Kaiserreich vgl. Roth, The Social Democrats, S. 204 f.; Stearns, Adaptation, S. 223 f.; Steenson, „Not One Man", S. 141 f.; skeptischer gegenüber dem Konzept Hartmut Wunderer, Noch einmal: Niedergang der Klassenkultur oder solidargemeinschaftlicher Höhepunkt, in: GG 18, 1992, S. 88-93.
3 Siehe exemplarisch Stephen Yeo, Towards „Making Form of More Moment than Spirit": Further Thoughts on Labour, Socialism and the New Life from the 1890s to the Present, in: Bradford 1890-1914, hrsg. von Taylor und Jowitt, S. 73-88.

Mechanismen des Marktes, dem Arbeiter/-innen qua ihres Daseins unterworfen waren, sowie der keineswegs notwendigen Verknüpfung von Gemeinschaftsgefühlen mit der Erkenntnis kollektiver Handlungsmöglichkeiten besonders verfehlt. Gerade umgekehrt, so Crew, müsse man Parteien und Gewerkschaften als Teile einer hoch formalisierten Vereinskultur betrachten, die geradezu ein Substitut für den Verlust an Gemeinschaft in der bürgerlichen Gesellschaft darstellte.[4] Zweifelsohne gab es in vielen lokalen SPD-Ortsverbänden schon auf Grund der hohen geografischen Mobilität der Arbeiter/-innen einen rapiden Wechsel der Mitgliedschaft (für die Labour Party gibt es leider keine entsprechenden Statistiken). Und doch blieb an vielen Orten ein Kern aktiver Parteigenossen/-innen oft über Jahre bestehen und garantierte die Kontinuität der Parteiarbeit.[5] Sicher funktionierten die Marktmechanismen auf unpersönlichen, eben auf ihren reinen Marktwert reduzierten menschlichen Beziehungen, aber ist das nicht gerade meist der Anlaß, warum Arbeiter/-innen ihre Organisationen eher auf nachbarschaftlicher als auf betrieblicher Ebene aufbauten?[6] Keine Frage auch, daß kollektive Aktionen der Arbeiter/-innen nicht notwendig aus Gemeinschaftsgefühlen heraus entsprangen, aber konnten Solidargemeinschaften nicht auch die Voraussetzung für erfolgreiches kollektives Handeln bedeuten? So hat Eric Hobsbawm z.B. für die europäische Arbeiterbewegung betont, daß gerade in vielen Kleinstädten, wo ein starker Gemeinschaftsgeist herrschte, die Arbeiterbewegung im neunzehnten Jahrhundert schnell erstarken konnte.[7] Crews Ausführungen bleiben sicherlich dauerhaft ein wichtiges Warnzeichen gegen die Versuchung, eine sentimentale Sicht auf das Arbeiterbewegungsmilieu der Vergangenheit zu entwickeln. Gerade die Idee der Gemeinschaft in ihrer idealisierten Tönniesschen Variante bleibt durch ihre vagen emotionalen Konnotationen ein unbrauchbares Konzept in der Sozialgeschichte. Dennoch gab es natürlich unter britischen wie deutschen Arbeitern starke Gefühle der Solidarität, mit anderen Worten – Überzeugungen von gemeinsamen Zielen und Interessen, die auch in alltäglichen Lebensformen Ausdruck fanden. Solche Gefühls- und Lebenslagen sollen hier im folgenden unter dem Begriff Solidargemeinschaft verstanden werden.

    G.A. Ritter hat zurecht die Schwierigkeiten betont, die Historiker/-innen damit haben, irgend welche konkreten Bedingungen zu benennen, die die Entwicklung einer starken Arbeiterpartei an einem Ort behinderten oder auch umgekehrt förderten.[8] Die Behauptung, daß politische, ökonomische und soziale Faktoren allesamt eine wichtige Rolle bei

---

4 David F. Crew, Kommunen, Klassen und Kultur. Class and Community: Local Research on Working-Class History in Four Countries, in: Arbeiter und Arbeiterbewegung im Vergleich: Berichte zur internationalen historischen Forschung, München 1986, S. 279-84.
5 Klaus Tenfelde, Großstadt und Industrieregion: Die Ausbreitung der deutschen Arbeiterbewegung in Grundzügen, in: Historische Blickpunkte: Festschrift für Johann Rainer, hrsg. v. Sabine Weiss, Innsbruck 1988, S. 700 spricht von einer ‚regional-lokalen Elite' innerhalb der SPD.
6 Für Oberfranken vgl. Kandler, The Effects, S. 173-5. Für Preston siehe Savage, The Dynamics. Interessant sind allerdings in diesem Zusammenhang die Versuche der KPD, ihre Organisation auf betrieblicher Ebene aufzubauen.
7 Eric Hobsbawm, Labour in the Great City, in: NLR 166, Nov./Dez. 1987, S. 40. Für Deutschland wäre allerdings einschränkend hinzuzufügen, daß sich besonders in den Kleinstädten auch starke antisozialistische Milieus fanden.
8 Ritter, Die Sozialdemokratie, S. 320.

der Formierung von starken Arbeiterparteien spielten, gehört zu den Allgemeinplätzen der Forschung. Selten wird dagegen der Versuch unternommen, genau zu bestimmen, welche Faktoren welche Auswirkungen auf die Entstehung und den Charakter von Arbeiterparteien hatten.[9] Die sehr unterschiedlichen lokalen Bedingungen bieten dem historischen Blick eine verwirrende Vielzahl an Faktoren, die allesamt in jeweils unterschiedlichem Maße zur Herausbildung starker Arbeiterparteien beitrugen. Generalisierungen über Merkmale der paradigmatischen Labour Party oder SPD auf Ortsebene sind daher äußerst schwierig, zumal insgesamt der Forschungsstand zu den Arbeiterparteien in diesem Bereich in beiden Ländern noch durchaus lückenhaft ist. Somit soll im folgenden auch nur versucht werden, einige Anhaltspunkte zu geben für Faktoren, die tendentiell den Aufbau einer starken Arbeiterpartei begünstigten. Dabei gilt es besonders der Gefahr entgegenzuwirken, das Aussehen von Arbeiterparteien auf Ortsebene im Hinblick auf angebliche nationale Charakteristika zu homogenisieren.

Starke Arbeiterparteien entwickelten sich in beiden Ländern parallel zum Prozeß der Industrialisierung und Urbanisierung. Industrialisierungsprozesse bedeuteten v.a. für selbständige Handwerker oft Verlust an Einkommen, Unabhängigkeit und Status. Sich kollektiv zu Parteien oder Gewerkschaften zusammenzuschließen, um die eigenen Interessen effektiver vertreten zu können, stellte eine Möglichkeit dar, auf diesen Prozeß zu reagieren.[10] Allerdings waren es nicht nur Handwerker, sondern auch die Industriearbeiter, deren totale Abhängigkeit von den Arbeitsmärkten dem einzelnen ein Gefühl der Unterlegenheit gab, dem viele durch den kollektiven Zusammenschluß zu begegnen suchten. Die industrielle Revolution brachte auf längere Sicht allen westlichen Gesellschaften größeren Wohlstand, und besonders in Zeiten des schnellen industriellen Wachstums konnten die organisierten Arbeiter ihren Lebensstandard oftmals erheblich verbessern. In dieser Hinsicht markierten die Zeiten ökonomischen Booms auch günstige Möglichkeiten für die Ausdehnung der Arbeiterbewegung.

Die Industrialisierung führte in beiden Ländern immer mehr Menschen in die expandierenden Städte, in denen sich viele der neuen Industrien angesiedelt hatten. Die intensive Binnenwanderung während der Industrialisierung führte viele Menschen aus ihren traditionellen, ländlichen Arbeits- und Lebenszusammenhängen heraus und entwurzelte sie. Aus verschiedenen Gründen waren die in der Landwirtschaft tätigen Arbeiter/-innen der Botschaft der Arbeiterparteien nicht sehr zugänglich.[11] Dabei bemühten sich beide in durchaus vergleichbarer Weise um eine stärkere Präsenz der Partei in den ländlichen Wahlkreisen. In beiden Parteien wurden alle Agitationsbemühungen von spezifisch für diesen Zweck eingesetzten Ausschüssen koordiniert, die von der nächstgelegenen städti-

---

9 Einen ausgezeichneten Überblick über die lokalen Forschungen zu dieser Problematik bietet Hartmut Zwahr, Die deutsche Arbeiterbewegung im Länder- und Territorialvergleich, in: GG 13, 1987, S. 448-507.
10 Breuilly, Labour and Liberalism, S. 80.
11 Zu den Schwierigkeiten der SPD vgl. Brandt und Rürup, Volksbewegung, S. 35 f.; Tenfelde, Großstadt, S. 689; Ritter, Die Sozialdemokratie, S. 344 f.; zur Labour Party siehe Labour Organizer, September 1925, S. 20: „At the present time it is utterly impossible to get an avowed adherent to Socialism in many villages [...]"

schen Hochburg der Parteien aus operierten.[12] Von dort aus versuchten sie ein Netzwerk aus Korrespondenten und Sympathisanten in den umliegenden Dörfern aufzubauen, die dann mit Propagandamaterial und oft auch der lokalen Parteizeitung versorgt wurden. Sonntags organisierte besonders die städtische Arbeiterjugend oft Ausflüge mit dem Fahrrad auf das Land, bei denen ebenfalls Propagandamaterialien der Partei verteilt wurden. In manchen Gegenden entschied sich die SPD sogar dazu, ländliche Wochenzeitungen zu finanzieren, die sich als hochgradig zuschußbedürftig erwiesen und für die die Labour Party in der Regel keine Mittel zur Verfügung hatte. Wo immer man auch eine Parteigruppe gründen konnte, wurde versucht, regelmäßige öffentliche und Parteiversammlungen abzuhalten. Insgesamt blieben Erfolge der ländlichen Agitation allerdings in beiden Parteien von nur kurzer Dauer.[13] Selbst wenn Landarbeiter/-innen in die städtischen Zentren zogen, fanden die Arbeiterparteien es oft schwierig, ihnen die eigenen Überzeugungen näher zu bringen.[14] Erst die zweite oder gar dritte Generation städtisch geprägter Industriearbeiter/-innen wurde zum Rückgrat der Arbeiterparteien in beiden Ländern.[15] Ihre Hochburgen fanden sich oftmals in den mittelgroßen Industriestädten oder bestimmten Stadtteilen innerhalb einer Großstadt, die eine stabile Bevölkerungsstruktur und einen entwickelten Sinn für Nachbarschaft aufwiesen. Dabei blieb die sozialdemokratische Stadtteilkultur in der Regel männlich geprägt und klammerte weibliche Lebenszusammenhänge zunehmend aus dem Bereich des Politischen aus. Stadtteile, in denen katholische Arbeiter/-innen dominierten, oder auch Berufsgruppen, die einen geringen Politisierungsgrad aufwiesen, wie z.B. die Eisenbahner/-innen oder die städtischen Arbeiter/-innen, entwickelten sich ebenfalls nicht zu sozialdemokratischen Hochburgen. Trotz solcher Schranken und Ausgrenzungen hat Adelheid von Saldern festgestellt: „Für die breiten Arbeiterschichten kann die Bedeutung des Quartiermilieus als politischer Sozialisationsraum gar nicht überschätzt werden."[16] Hatte sich die sozialdemokratische Führung bereits im Kaiserreich von wilden, undisziplinierten Massenaktionen in den Arbeitervierteln distanziert, so verlor sie in der Weimarer Republik die kultu-

---

12 Karl-Ernst Moring, Reformismus und Radikalismus in der Sozialdemokratischen Partei Bremens von 1890 bis 1914, Hamburg 1968, S. 50 f.; BA Berlin, Abt. Reich, St. 12/101, Bd. 2, Nrs. 119-23: Berichte über die systematische Agitation unter der ländlichen Bevölkerung in Franken; Labour Organizer, Dez. 1925, S. 4-6; George Dallas, The Labour Party and the Rural Areas, in: Labour Magazine 6, 1927/28, S. 172-74.

13 Geary, European Labour Politics, S. 23. Zu den Problemen der SPD in der Provinz vgl. auch die gute Lokalstudie von Dietmar Simon, Arbeiterbewegung in der Provinz: Soziale Konflikte und sozialistische Politik in Lüdenscheid im 19. und 20. Jahrhundert, Essen 1995.

14 Zu den Schwierigkeiten der SPD, gerade die erste Generation der ehem. Landarbeiter/-innen in den Städten zu mobilisieren, siehe Tenfelde, Großstadt, S. 689; Ritter, Die Sozialdemokratie, S. 321; Werner Berg, Wirtschaft und Gesellschaft in Deutschland und Großbritannien im Übergang zum „Organisierten Kapitalismus": Unternehmer, Angestellte, Arbeiter und Staat im Steinkohlebergbau des Ruhrgebiets und von Süd-Wales 1850-1914, Bielefeld 1980, S. 810.

15 Zur SPD vgl. Eine Partei in ihrer Region, hrsg. v. Faulenbach und Högl, S. 78; Tenfelde, Großstadt, S. 698. Zur Labour Party siehe Hobsbawm, Labour in the Great City; David Howell, British Workers and the ILP 1888-1906, Manchester 1983, S. 278; David James, Class and Politics in a Northern Industrial Town: Keighley 1880-1914, Halifax 1994.

16 Adelheid von Saldern, Häuserleben. Zur Geschichte städtischen Arbeiterwohnens vom Kaiserreich bis heute, Bonn 1995, S. 108.

relle Dominanz in vielen der ärmeren Arbeiterviertel ganz, die nun zu Hochburgen der KPD avancierten. Dabei konnte es allerdings zur Bildung von oft kleinräumigen Submilieus kommen, d.h. SPD- und KPD-Milieu existierten u.U. in ein und demselben Viertel nebeneinander. Als gegen Ende der Weimarer Republik die Nationalsozialisten versuchten, die Arbeiterviertel zu erobern, ähnelte der Alltag in zahlreichen Arbeiterwohnquartieren bürgerkriegsähnlichen Zuständen.[17]

Nicht nur das Stadt-Land-Gefälle und die innerstädtischen Wohnstrukturen erwiesen sich als wichtig für die Herausbildung starker Arbeiterparteien, auch die beruflichen Strukturen innerhalb der Betriebe und die Frage nach den unterschiedlichen Sektoren der Industrie waren wichtige Indikatoren. Industrielle Zentren mit einer dynamischen, expandierenden Wirtschaft entwickelten sich oftmals auch zu Hochburgen starker Arbeiterparteien. Sheffield, Glasgow, Barrow-in-Furness, Düsseldorf, Hamburg, Frankfurt am Main und eine Vielzahl kleinerer Städte, z.B. in Sachsen, dem Rheinland oder Südwales, in denen Textil-, metallverarbeitende Industrien oder der Bergbau dominierten, sind Beispiele für eine solche Korrelation.[18] Bestimmte Berufe wie Drucker, Bergarbeiter, Bauarbeiter und Metallarbeiter in Deutschland wiesen einen besonders hohen Organisationsgrad auf. Städte wie Leipzig, in denen die Drucker eine besonders prominente Berufsgruppe darstellten, entwickelten sich zu Hochburgen der SPD.[19] Für die Hamburger Hafenarbeiter konnte gezeigt werden, daß der Grad der Identifikation mit dem Arbeitsplatz, die Art der ausgeübten Tätigkeit und die Hierarchien am Arbeitsplatz allesamt wichtige Faktoren waren, die das Organisationspotential der Hamburger Hafenarbeiter wesentlich mitbestimmten.[20] Monoindustrielle Städte, in denen die Arbeitgeber großen Einfluß auf die Lebenszusammenhänge ‚ihrer' Arbeiter/-innen ausübten, blieben dagegen meist unzugängliches Terrain für die Arbeiterbewegung. Ebenso waren große Betriebe ohne festen Arbeiterstamm, in denen die Fluktuation der Arbeiter/-innen sehr hoch war, der Verankerung einer starken Arbeiterbewegung abträglich.[21] In Städten wie Augsburg, Krefeld und Chemnitz wuchs die Stärke der lokalen Arbeiterbewegung jeweils mit der Ansiedlung diverser Industriebetriebe.[22] Umgekehrt konnte allerdings auch eine Industrielandschaft, die zu diversifiziert war, negative Auswirkungen auf die Mobilisierung der Arbeiter/-innen durch Gewerkschaften und Partei haben, führte eine solche Situation

---

17 Ebd., S. 165-77. Siehe auch Eve Rosenhaft, Beating the Fascists? The German Communists and Political Violence 1929-1933, London 1983.
18 Unger, The Roots of Red Clydeside, S. iv; Boughton, Working-Class Politics; Hobsbawm, Labour in the Great City; Williams, Democratic Rhondda, Wickham, The Working-Class Movement in Frankfurt, S. 27; Nolan, Social Democracy and Society, S. 5; Tenfelde, Großstadt, S. 692; Helga Kutz-Bauer, Arbeiterschaft, Arbeiterbewegung und bürgerlicher Staat in der Zeit der Großen Depression. Eine regionalgeschichtliche Studie zur Arbeiterbewegung im Großraum Hamburg 1873 bis 1890, Bonn 1988.
19 Hartmut Zwahr, Zur Konstituierung des Proletariats als Klasse: Strukturuntersuchung über das Leipziger Proletariat während der Industriellen Revolution, Berlin 1978. Das unterschiedliche Organisationspotential verschiedener Berufsgruppen in Deutschland wird von Ritter und Tenfelde, Arbeiter, S. 304 f. diskutiert.
20 Klaus Weinhauer, Zwischen Betrieb und Straße: Arbeit, Konflikt und Organisation der Hamburger Hafenarbeiter 1918-1933, in: IWK 31, 1995, S. 6-24.
21 Ritter und Tenfelde, Arbeiter, S. 407 f.
22 Tenfelde, Großstadt, S. 697.

doch oft zu starker sozialer Fragmentierung der Arbeiterklasse, an derem oberen Ende sich gelernte Arbeiter/-innen eher mit den Mittelschichten identifizierten denn mit den ungelernten Arbeitern/-innen im selben Betrieb.[23]

Ein Trend zur zunehmenden Entqualifizierung der Industriearbeit, der sich in britischen wie deutschen Unternehmen beobachten läßt, hatte dagegen oft positive Auswirkungen auf die Stärke der Arbeiterbewegung, da dadurch die innerhalb der Arbeiterklasse bestehenden Unterschiede eingeebnet wurden. Eine fortbestehende starke Differenzierung der Betriebsbelegschaften hatte den gegenteiligen Effekt. In der Geschichtsschreibung zur deutschen wie zur britischen Arbeiterbewegung gibt es erhebliche Meinungsunterschiede, was den Grad der Entqualifizierung der Industriearbeit im Untersuchungszeitraum anbetrifft.[24] Etwas mehr Übereinstimmung scheint es dagegen bei der Frage zu geben, inwieweit der Erste Weltkrieg zu einer Homogenisierung der Arbeiterklasse und zu einer verstärkten Selbstwahrnehmung als Klasse geführt hat. In beiden Ländern hat man während der Kriegsjahre z.T. erhebliche Dequalifizierungsprozesse ausfindig gemacht, die insgesamt zu einer Homogenisierung der Klassenlage beitrugen und auch die gewerkschaftliche und politische Organisation der Arbeiter/-innen erleichterte.[25]

Die Erfahrungen der Arbeiter/-innen am Arbeitsplatz waren überhaupt von zentraler Bedeutung für die Entwicklung und den Charakter der Arbeiterbewegung. Am Vorabend der industriellen Revolution, so Christiane Eisenberg, gab es im Gegensatz zu Großbritannien in Deutschland nur wenige Berufsgemeinschaften mit ausgeprägt solidarischem Verhalten.[26] Während sich in Deutschland innerhalb eines solchen Vakuums eine Arbeiterpartei leicht etablieren konnte, tat sich die Labour Party in Großbritannien schwer, sich neben den bestehenden beruflichen Solidargemeinschaften zu behaupten. Industrielle Konflikte und ein hoher Vergewerkschaftungsgrad waren andererseits ein wichtiger Stimulans für die Herausbildung starker Arbeiterparteien. In Woolwich z.B. waren die industriellen Konflikte in den 1890er Jahren, bei denen es v.a. um die Einführung des Achtstundentages ging, ein wesentlicher Faktor für die Etablierung einer starken Arbei-

---

23 Karl Ditt, Industrialisierung, Arbeiterschaft und Arbeiterbewegung in Bielefeld 1850-1914, Dortmund 1982, S. 277. Boughton, Working-Class Politics, belegt, daß die Kleinindustrien Birminghams eine in sich vielfach gespaltene Arbeiterklasse produzierten, deren Angehörige gerade auf Grund der guten Beziehungen zu Mitgliedern anderer Klassen kein eigenständiges Klassenbewußtsein ausprägen konnten.

24 Zu Deutschland vgl. Hartmut Zwahr, Zur Konstituierung; Ritter und Tenfelde, Arbeiter, S. 323 die ein auf zunehmenden Einsatz von Technologien zurückgehendes, erhebliches Ausmaß an Entqualifizierung bereits vor 1914 ausmachen, das angeblich eine homogenisierende Wirkung auf die deutsche Arbeiterklasse hatte. Dagegen behaupten H. Schomerus, Die Arbeiter der Maschinenfabrik Esslingen: Forschungen zur Lage der Arbeiterschaft im 19. Jahrhundert, Stuttgart 1977 und Breuilly, Labour and Liberalism, S. 46, daß vor dem ersten Weltkrieg die Unterscheidung zwischen gelernten und ungelernten Arbeitern/-innen in den Betrieben äußerst wichtig blieb. Zur Debatte in Großbritannien vgl. Alasteir Reid, The Division of Labour and Politics in Britain 1880-1920, in: The Development of Trade Unionism in Great Britain and Germany, 1880-1914, London 1985, S. 150-65.

25 Kocka, Klassengesellschaft im Krieg; Müller, Die groß-hannoversche Sozialdemokratie, S. 117-53; Waites, A Class Society at War.

26 Christiane Eisenberg, Artisans' Socialization at Work: Workshop Life in Early Nineteenth-Century England and Germany, in: Journal of Social History 24, 1991, S. 507-20.

terpartei.[27] In Deutschland kam es im Jahre 1875 zu der Vereinigung der beiden miteinander rivalisierenden sozialistischen Parteien im Zuge einer Streikbewegung, der nicht zuletzt die politische Uneinigkeit der Arbeiter zum Verhängnis geriet.[28] In der thüringischen Stadt Schmölln wurde die lokale SPD erst 1895 nach einem mehrere Monate dauernden bitteren Streik gegründet.[29] In einer überaus aufschlußreichen Vergleichsstudie zur europäischen Streikwelle 1885-1895 betont Friedhelm Boll die solidaritätsstiftende und mobilisierende Wirkung des Streiks. Das Gefühl, eine Schicksalsgemeinschaft zu bilden, verband sich häufig mit Wut und Verzweiflung der Arbeiter/-innen und entlud sich gegebenfalls in Streikbewegungen. Dort, wo diese erfolgreich waren, konnten sie bei den an ihnen teilhabenden Arbeitern/-innen wiederum Gefühle von Macht und kollektiver Handlungsfähigkeit erzeugen, die zur Stabilisierung der Organisationen der Arbeiterbewegung wesentlich beitrugen. Der Streik machte für einen Moment das Endziel einer kollektiven sozialen Emanzipation der Klasse auch im Alltag der Arbeiter/-innen konkret faßbar. Gerade in den Feiern zum 1. Mai wurden solche Hoffnungen und Erfahrungen dann symbolisch überhöht und oft zu einer Art von Religionsersatz stilisiert.[30]

Natürlich waren es nicht allein ökonomische, sondern auch politische und soziale Umstände, die zur Stärke oder Schwäche von Arbeiterparteien auf lokaler Ebene in Deutschland und Großbritannien beitrugen. Überwogen die autoritären, paternalistischen Züge in der Lokalpolitik und wurden diese begleitet von massiven Diskriminierungen gegen die Arbeiterparteien, so stärkte dies in der Regel die Solidarität unter den organisierten Arbeitern/-innen und trug maßgeblich zur Entstehung eines Arbeiterparteimilieus bei. Wie in Kapitel 2.1 untersucht wurde, litten sowohl Labour Party als auch SPD zu unterschiedlichen Zeiten und in unterschiedlichem Ausmaß an Diskriminierungen und Ausschlußmechanismen. Besonders die zutiefst undemokratischen kommunalen Wahlsysteme in beiden Ländern schlossen einen Großteil der Arbeiter/-innen vom Konzept der Staatsbürgerschaft aus. Der tiefe Graben zur Mittelklasse bewirkte, daß viele Arbeiter/-innen sich in der bürgerlichen Vereinskultur nicht zuhause fühlten und von daher in den Organisationen der Arbeiterpartei eine echte Alternative sahen.[31] In beiden Ländern kam es zu einer relativ scharfen Trennung von bürgerlicher und proletarischer Vereinskultur.[32]

---

27 Twenty-five Years History of the Woolwich Labour Party 1903-1928, S. 9. Weitere Beispiele für diesen Zusammenhang bieten K. Laybourn, The Trade Unions and the ILP: The Manningham Experience, in: Bradford 1890-1914, hrsg. v. Taylor und Jowitt, S. 31 f.; Kenneth O. Fox, The Emergence of the Political Labour Movement in the Eastern Section of the South Wales Coalfield 1894-1910, M.A., Universität von Wales 1965, bes. S. 29-33, 69, 98-105, 119-25; Jon Parry, Labour Leaders and Local Politics, 1888-1902: The Example of Aberdare, in: Welsh History Review 14, 1989, S. 399-416. Zu Deutschland vgl. Wilhelm Heinz Schröder, Arbeitergeschichte und Arbeiterbewegung: Industriearbeit und Organisationsverhalten im 19. und frühen 20. Jahrhundert, Frankfurt am Main 1978, S. 221.
28 Friedhelm Boll, Changing Forms of Labour Conflict: Secular Development or Strike Waves, in: Strikes, Wars and Revolutions in an International Perspective: Strike Waves in the Late Nineteenth and Early Twentieth Centuries, hrsg. v. L. Haimson und C. Tilly, Cambridge 1989, S. 71.
29 Franz Walter, Tobias Dürr und Klaus Schmidtke, Die SPD in Sachsen und Thüringen zwischen Hochburg und Diaspora: Untersuchungen auf lokaler Ebene vom Kaiserreich bis zur Gegenwart, Bonn 1993, S. 296.
30 Boll, Arbeitskämpfe, S. 21, 429-88 und 629 f.
31 Rabe, Der sozialdemokratische Charakter, S. 3.
32 Christiane Eisenberg, Arbeiter, Bürger und der „bürgerliche" Verein, 1820-1870, in: Bürgertum im 19. Jahrhundert, hrsg. v. Kocka, Bd. 2, S. 187-219.

Da jedoch in beiden Ländern bereits vor 1914 die Fähigkeit der liberalen Parteien, wichtige Teile der Arbeiterschaft weiterhin an sich zu binden, merklich nachließ (in Deutschland bereits in den 1860er und 1870er Jahren; in Großbritannien erst im Jahrzehnt vor Ausbruch des ersten Weltkrieges), konnten sich die Arbeiterparteien auch auf lokaler Ebene etablieren. Ob und in welchem Ausmaße dies geschah, war allerdings häufig abhängig von einer vor Ort vorhandenen Tradition radikaler Arbeiterpolitik. Dort, wo im neunzehnten Jahrhundert der Chartismus, der radikale Liberalismus oder die sozialistischen Organisationen stark waren, wie in Sheffield, Merthyr, Manchester, London oder Glasgow, entwickelte sich im 20. Jahrhundert auch die Labour Party zu einer beachtlichen Macht in der Kommunalpolitik.[33] So wurde z.B. eine Demonstration zur Wahlreform in Glasgow im Jahre 1884 von einer Gruppe Veteranen aus der Chartistenbewegung angeführt, die eine fünfzig Jahre alte Chartistenfahne mit sich führten, die eindrucksvoll die Kontinuität der Ziele von Chartisten und Sozialisten demonstrieren sollte.[34] Auch in Deutschland waren die Solidargemeinschaften der SPD dort am stärksten, wo sie auf eine lange Tradition des Arbeiterradikalismus zurückblicken konnten.[35]

Arbeiter/-innen besaßen allerdings in beiden Ländern immer die Wahl, auch in anderen, nicht der Arbeiterbewegung angeschlossenen Organisationen ihre Freizeit zu verbringen. Die kommerzielle Freizeitindustrie bot ihnen ein wachsendes Angebot an Unterhaltung und Vergnügen, das nicht an ein parteipolitisches Engagement gebunden war. Gerade der frühe Siegeszug einer lebendigen Massenkultur in Großbritannien im ersten Viertel des neunzehnten Jahrhunderts dürfte die Aussichten für eine starke Arbeiterbewegungskultur erheblich vermindert haben.[36] Eine breitenwirksame Massenkultur, die auch in zunehmendem Maße die Freizeit der Arbeiter zu organisieren trachtete, läßt sich in Deutschland erst zu Beginn des 20. Jahrhunderts ausmachen – zu einem Zeitpunkt also, zu dem die SPD längst den Grundstein zu einer starken Arbeiterbewegungskultur gelegt hatte.[37] Erfolgte die Gründung der Labour Party zu einem Zeitpunkt, zu dem die meisten Arbeiter/-innen Großbritanniens in den städtischen Zentren bereits andere Formen der Freizeit- und Lebensgestaltung kennengelernt und übernommen hatten, entwickelte die SPD in Deutschland ihre eigene Vereinskultur bereits vor oder zumindest in direktem Wettbewerb mit der kommerzialisierten Freizeitkultur. Wie im nächsten Unterkapitel gezeigt wird, hatte dies erhebliche Auswirkungen auf das Ausmaß der Arbeiterbewegungskultur in beiden Ländern.

Einmal abgesehen von Partei und Kommerz, gab es auch andere Gemeinschaften, die Arbeitern offenstanden – z.B. die der Bergarbeiter in spezifischen Bergarbeiterregionen.

---

33 J. Mendelson, W. Owen, S. Pollard und V.M. Thornes, The Sheffield Trades and Labour Council, 1858-1958, Sheffield 1958, S. 9-13; Merthyr Politics: The Making of a Working-Class Tradition, hrsg. v. Glanmor Williams, Cardiff 1966; Alan J. Kidd, The Social Democratic Federation and Popular Agitation amongst the Unemployed in Edwardian Manchester, in: IRSH 29, 1984, S. 336-58; Thompson, Socialists, Liberals and Labour; Unger, The Roots of Red Clydeside, S. 278-315 und 357-72.
34 Smith, Labour Tradition, S. 44.
35 Nolan, Social Democracy and Society, S. 146-57.
36 Cunningham, Leisure in the Industrial Revolution.
37 Lynn Abrams, From Control to Commercialisation: The Triumph of Mass Entertainment in Germany, in: German History 8, 1990, S. 278-93; vgl. auch die Beiträge in: Kirmes – Kneipe – Kino. Arbeiterkultur im Ruhrgebiet zwischen Kommerz und Kontrolle (1850-1914), hrsg. v. Dagmar Kift, Paderborn 1992.

Studien zu den Bergarbeitern der Ruhr und Oberschlesiens haben deutlich gezeigt, wie der starke soziale Zusammenhang unter Bergarbeitern die Solidargemeinschaft der Partei lange Zeit überflüssig machte. Zentrum aller sozialer und kultureller Identität blieben hier der Arbeitsplatz und der Beruf. Die spezifische Art der Arbeit, der gemeinsame soziale Hintergrund und die gemeinsamen Erziehungserfahrungen schweißten die Bergarbeiter zusammen. Weitgehend informelle Netzwerke sorgten für Selbsthilfe in Notsituationen und für alltägliche Solidarität.[38]

In britischen Bergarbeiterstädten und -dörfern war das sog. Bergarbeiterhaus (*Miners' Hall*) oft das organisatorische Zentrum der ganzen Bevölkerung.[39] In Gegenden wie Yorkshire, Durham oder South Wales bildete die Bergarbeitergewerkschaft oft eine organische Beziehung zur nonkonformistischen Religion wie zur traditionell stark verankerten Gemeinschaftsideologie aus.[40] Die lokale Gewerkschaftsloge (*miners' lodge*) wurde vieler Orts zum wichtigsten Bezugsrahmen für die Ausbildung sozialer Beziehungen unter den Bergarbeitern, die ihrerseits wiederum häufig Formen ‚privater Sozialversicherung' annahm.[41] Die Existenz solcher alternativer Arbeitergemeinschaften erschwerte der Arbeiterpartei den Aufbau einer eigenen Subkultur. Gleiches gilt von Orten, an denen die Arbeiter/-innen religiösen oder ethnischen Spaltungen und Spannungen unterlagen. In Lancashire und an der Ruhr blieben der Katholizismus (für die irischen und polnischen Bevölkerungsanteile) und der Nationalismus (für die *Tory working class* ebenso wie für die katholischen und nicht deutsch sprechenden Arbeiter/-innen in Deutschland) von größerer Bedeutung für die Vereinskultur als die Sozialdemokratie.[42]

Neben beruflichen, religiösen und nationalen Alternativen zu sozialdemokratischen Solidargemeinschaften sind auch noch die Kollektive der Konsumvereine zu nennen, deren Verhältnis zu den Arbeiterparteien in beiden Ländern keineswegs spannungsfrei war. Gab es in Großbritannien bereits lange vor 1914 von seiten der Labour Party Bemühungen um eine auch stärker institutionalisierte Zusammenarbeit von Konsumvereinen und organisierter Arbeiterbewegung, so blieben die Konsumvereine gegenüber allen solchen Angeboten ausgesprochen zurückhaltend. Der Neutralitätsgrundsatz britischer Konsumvereine konnte sich bis in die Zeit nach dem ersten Weltkrieg auf die sozial wie politisch sehr heterogene Zusammensetzung ihrer Mitgliedschaft berufen. Wie Michael

---

38 Franz Josef Brüggemeier, Leben vor Ort: Ruhrbergleute und Ruhrbergbau 1889-1919, München 1983; Stephen Hickey, Workers in Imperial Germany: The Miners of the Ruhr, Oxford 1985; Lawrence Schofer, Die Bergarbeiter in Oberschlesien, in: Glück auf, Kameraden, hrsg. von Hans Mommsen und Ulrich Borsdorf, Köln 1976, S. 132-49.
39 Siehe das eindrucksvolle Beispiel: The Onward March 1924-1974, hrsg. v. Tyldesley Trades Council and Labour Party, in: Labour Party Archive, Local Party files.
40 Robert Colls, The Collier's Rant: Song and Culture in the Industrial Village, London 1977, S. 163.
41 Siehe z.B. die minutiöse Beschreibung der Bergarbeitergemeinde von Ashton in N. Dennis, F. Henriques und C. Slaughter, Coal is Our Life, London 1969.
42 Zum Ruhrgebiet vgl. Karl Rohe, Political Alignments and Re-alignments in the Ruhr, 1867-1987: Continuity and Change of Political Traditions in an Industrial Region, in: Elections, Parties and Political Tradition: Social Foundations of German Parties and Party Systems, hrsg. v. Karl Rohe, New York 1990, S. 107-44; zu Liverpool vgl. Baxter, The Liverpool Labour Party 1918-1963 sowie zum Problem der irischen Arbeiter siehe: The Irish in British Labour History, hrsg. v. Patrick Buckland und John Belchem, Liverpool 1993. Die Beziehungen der Arbeiterparteien zur organisierten Religion werden ausführlicher in Kap. 5.3 behandelt.

Prinz in seiner vergleichenden Studie zu den Konsumvereinen Englands und Deutschlands zeigen konnte, spielten allerdings auch die ganz andersgearteten Erfahrungen der britischen Konsumvereine mit den etablierten politischen Parteien und vor allem mit dem Staat eine wichtige Rolle für den unterschiedlichen Politisierungsgrad und die weniger markante ideologische Ausrichtung auf die organisierte Arbeiterbewegung.[43] Entzündete sich an der deutschen Schutzzollpolitik im Kaiserreich und der Erhöhung indirekter Steuern politischer Protest der Konsumenten, so konnte gerade die Freihandelspolitik der britischen Liberalen und Konservativen, sowie ihr Bemühen um die Senkung indirekter Steuern eine allzu scharfe und frühzeitige Politisierung der englischen Konsumvereine verhindern. Letztere behielten ihrerseits im Unterhaus durchaus parteiübergreifenden politischen Einfluß. Erst im und unmittelbar nach dem Ersten Weltkrieg führte eine stärkere Politisierung der britischen Konsumvereine zur Gründung einer eigenen Co-operative Party, die an vielen Orten eine Allianz mit der Labour Party einging. Solche wahltaktischen Allianzen blieben allerdings innerhalb vieler Konsumvereine immer umstritten. In Deutschland zeichnete sich in den 1890er Jahren eine Annäherung von Konsumvereinen und organisierter Arbeiterbewegung ab, die dann allerdings noch vor 1914 rasch zu einer „Sozialdemokratisierung" (Michael Prinz) weiter Teile der Konsumgenossenschaftsbewegung führte. Die stärker weltanschauliche Orientierung der deutschen Konsumvereine führte zum Verlust organisatorischer Einheit, wobei die sozialdemokratischen Konsumvereine ebenso wie das gesamte übrige sozialdemokratische Milieu sich zunehmend aus der bürgerlichen Gesellschaft ausgegrenzt sah. Nicht zufällig organisierten die um die Jahrhundertwende gegründeten, meist sozialdemokratisch orientierten Konsumvereine vorwiegend die industrielle Lohnarbeiterschaft und erfaßten kaum noch Angestellte. Beamten war ja im Kaiserreich ohnehin die Mitgliedschaft in sozialdemokratisch orientierten Organisationen untersagt. Gab es also in Deutschland seit den 1890er Jahren und in Großbritannien verstärkt nach 1918 enge und z.T. gute Beziehungen zwischen Konsumvereinen und Arbeiterparteien, so entwickelten viele Konsumvereine in beiden Ländern doch eine stark eigenständige Vereinskultur, die auch das soziale Leben ihre Mitglieder zu organisieren trachtete. Obwohl es also zahlreiche Überschneidungen zwischen solch alternativen Solidargemeinschaften – seien sie nun konsumgenossenschaftlich oder beruflich definiert – und dem sozialdemokratisch geprägten Milieu gab (solche Schnittmengen gab es allerdings kaum im Hinblick auf die katholischen oder die nationalen Solidargemeinschaften), läßt sich doch insgesamt die These aufstellen, daß dort, wo alternative Solidargemeinschaften eher schwach ausgeprägt waren, die der Arbeiterparteien um so besser gedeihen konnten.

Die Memoiren von Sozialdemokraten wie Moritz Bromme zeigen deutlich, wie bedeutsam die alltägliche Solidarität der Genossen/-innen untereinander war.[44] Selbst im ersten Weltkrieg bemühten sich sozialdemokratische Funktionäre/-innen darum, diesen solidarischen Geist innerhalb der Organisation zu bewahren. So heißt es in einem Brief an die Genossen an der Front: „Unsere Organisation ist ein starkes politisches Gebilde

---

43 Michael Prinz, Brot und Dividende: Konsumvereine in Deutschland und England vor 1914, Göttingen 1996, S. 97-99, 236 f., 241, 288-90.
44 Moritz Bromme, Lebensgeschichte eines modernen Fabrikarbeiters, Jena 1905.

geblieben, dem der Krieg die Existenz nicht zu untergraben vermochte, und wir hegen die Hoffnung, daß wir nach Kriegsschluß uns wieder zur alten Höhe entwickeln und sie gar noch übersteigen, [...] Alle Briefe, die uns von den Freunden da draußen geschrieben worden sind, tragen den Stempel glühendster Hingebung und Liebe für die Organisation. Aus hunderten von Briefen und Karten lächelte mich die Versicherung an, dass, wenn der Krieg vorüber ist, die alte Stelle wieder eingenommen und noch entschiedener als früher gearbeitet wird."[45] Nicht nur die Verfolgung durch den Staat oder das Engagement einzelner formten also die Basis für die Solidargemeinschaft der Partei, auch der Organisationspatriotismus der SPD sorgte für den Zusammenhalt innerhalb der Organisation. Selbst das Einsammeln von Parteibeiträgen war kein rein finanzieller Akt, sondern sollte auch die Genossen/-innen dazu anhalten, weiterhin um die sozialdemokratische Sonne zu kreisen, d.h. die Parteizeitung zu abonnieren, die Kinder zu den sozialdemokratischen „Kinderfreunden" zu schicken, in der Gewerkschaft aktiv zu sein u.a.m. Um Mitgliederkampagnen effektiver aufzuziehen und bei Wahlen die eigenen Wähler systematischer mobilisieren zu können, erstellten gut organisierte Ortsvereine für ganze Stadtteile Hauslisten, auf denen alle Bewohner/-innen als Mitglieder, Sympathisanten/-innen oder Gegner/-innen der Partei verzeichnet waren.[46] Innerparteiliche Empfehlungen an die Funktionäre/-innen betonten wiederholt, daß der allwöchentliche Zahlabend der Partei nicht nur zum Einsammeln der Beiträge genutzt werden sollte, sondern auch der politischen Erziehung der Genossen/-innen und ihrer engeren Anbindung an die sozialdemokratischen Organisationen dienen sollte.[47] Für viele proletarische Familien wurde es somit fast zu einer Familientradition, der SPD anzugehören oder die Partei zumindest zu wählen.[48] Daß besonders in den Hochburgen der Partei erstaunlich ausgebaute SPD-Gemeinschaften bestanden, sollte niemanden zu der Annahme verleiten, solche Solidargemeinschaften hätten überall in Deutschland bestanden. Lokalstudien wie die von Lucas verdeutlichen, daß es innerhalb der lokalen Parteiorganisationen der SPD in Remscheid und in Hamborn riesige Unterschiede gab. Nur in Remscheid konnte die Partei eine ausgeprägte Solidargemeinschaft aufbauen.[49] Selbst im sog. ‚roten Wien' Sachsens, dem Städtchen Freital bei Chemnitz, waren in den 1920er Jahren „nur" 10% der Arbeiter/-innen Mitglieder in sozialdemokratischen Organisation.[50] Auch in den Hochburgen der SPD blieb also das Leben ihrer Mitglieder, ganz zu schweigen von den Arbeitern/-innen im allgemeinen, nicht so einseitig von der Parteigemeinschaft bestimmt, wie dies der

---

45 BA Berlin, Abt. Reich, St. 10/228, Nrs. 67-70: Brief von Hermann Kahmann an Sozialdemokraten an der Front vom 8. Jan. 1915.
46 Paul Sonnemann, Von der Kleinarbeit in der Partei, in: Der Weg 2, 1928, S. 70 f. Siehe auch G. Unger, Zur Agitation, in: NZ 25/2, 1907, S. 175 f.; Heinrich Schulz, An die Arbeit, in: NZ 25/2, 1907, S. 744-50; Otto Rühle, Was ist zu tun, in: NZ 25/2, 1907, S. 750-53.
47 SAPMO, Flugblattsammlung, V/DF V/111, Nr. 77 f. Daß die Parteiversammlungen eine wichtige Bedeutung für die Aufrechterhaltung von Kontakten unter Parteimitgliedern hatten, betont auch James Wickham, Working-Class Movement and Working-Class Life, in: Social History 8, 1983, S. 330 f.
48 Stefan Bajohr, Vom bitteren Los der kleinen Leute: Protokolle über den Alltag Braunschweiger Arbeiterinnen und Arbeiter 1900-1933, Köln 1984, S. 76 f.
49 Lucas, Zwei Formen.
50 Walter, Dürr und Schmidtke, Die SPD in Sachsen und Thüringen, S. 55 f.

sentimental-romantische Blick auf die Heroenzeit der deutschen Arbeiterbewegung gern beschwört.

Natürlich finden sich starke Unterschiede innerhalb der lokalen Organisationen auch bei der Labour Party. National und lokal gab es um 1900 eine lebhafte Debatte darüber, ob der Sozialismus seinen wahren Ausdruck in einer sozialen Bewegung oder in einer Partei finde.[51] Nachbarschaftliche Institutionen wie die Arbeitervereine, Arbeiterkirchen und Kooperativen blühten in den 1890er Jahren zu einer Art sozialistischer Alternativkultur auf, die den Arbeitern/-innen ein breites Angebot für die Freizeitgestaltung machte.[52] Die Geschichte der Labour Party wird in der Regel so geschrieben, als wäre sie gleichbedeutend mit dem Scheitern einer solchen Alternativkultur, als wäre sie die Umsetzung des Parteikonzepts zum Nachteil des Bewegungskonzepts. So hat David Cox für Leicester zu zeigen vermocht, wie die ILP dort vor 1914 eine eindrucksvolle sozialistische Organisationskultur hatte aufbauen können, die die Labour Party nach 1918 nicht aufrecht erhalten konnte und wollte.[53] In seiner Studie zur CIU und ILP argumentiert Ashplant, daß die sozialen, pädagogischen und kulturellen Aktivitäten vieler Ortsvereine der Labour Party mit der Zeit immer mehr an Bedeutung verloren, und zwar im gleichen Maße, in dem sich die Parteien auf das Gewinnen von Wahlen konzentrierten.[54] Und Christopher Howards eindrucksvoller Essay zu den Bemühungen der Labour Party in der Zwischenkriegszeit, politische Mobilisierung mit stärkerer gemeinschaftlicher Orientierung zu verbinden, kommt zu dem Schluß, daß alle Versuche in dieser Richtung letztendlich scheiterten.[55]

Der Befund aus Kapitel 2.3 sollte einen hier zumindest mißtrauisch stimmen. Viele Ortsvereine der Labour Party waren nach 1918 zumindest teilweise erfolgreich, schlagkräftige Organisationen aufzubauen, die sicherlich in ihrer Absicht, aber auch in ihrem tatsächlichen Aussehen denen der SPD recht ähnlich waren. Es scheint daher nicht sinnvoll, eine britische Partei als bloße Wahlmaschine von einer deutschen Partei als bloßer Solidargemeinschaft rigide zu unterscheiden. In der SPD kam die Gemeinschaftsarbeit nicht vor der Wahlarbeit. Der Organisationspatriotismus der Partei verband gerade die Solidargemeinschaft mit dem Erfolg der Partei an der Wahlurne: „In den Städten und in allen Gebieten mit dichter Industriearbeiterbevölkerung wurden die Arbeitsräume der Fabriken zu Agitationsfeldern. Die Vertrauensmänner und Organisationsleiter, denen ganze Scharen jüngerer Sozialdemokraten als Hilfskräfte zur Verfügung standen, waren unermüdlich tätig und auch die sozialdemokratisch organisierten Frauen lagen der Agitationsarbeit mit Feuereifer ob. In der letzten Zeit vor dem entscheidenden 16. Juni jagten die Wahlversammlungen einander [...]"[56]

So betrachtete z.B. die Londoner Labour Party die Stadtteilversammlungen als ein wichtiges Instrument zur Schulung ihrer Parteimitglieder und letztendlich zum Aufbau

---

51 Bullock, Socialists and Democratic Form, S. 178.
52 Yeo, The Religion of Socialism, S. 5-56.
53 David Cox, The Labour Party in Leicester, in: IRSH 6, 1961, S. 210.
54 Ashplant, The CIU and the ILP, S. 505 f.
55 Howard, Expectations Born to Death, s. 65-81.
56 ZStA Potsdam, 15.01, Nr. 13689, Bd. 4, 7: Polizeibericht an den preußischen Innenminister über die sozialdemokratische und anarchistische Bewegung 1903/04, S. 1 f.

einer effektiven Wahlmaschine.[57] Kulturorganisationen wie die beliebten Gesangsvereine der Partei (*London Labour Choral Union*) traten auf Wahlversammlungen und Siegesfeiern auf und demonstrierten damit gerade die angestrebte Verbindung von Solidargemeinschaft und Wahlmaschine.[58] Herbert Rogers, Labour Parteisekretär für Bristol in den frühen 1930er Jahren, erstellte einen detaillierten Stadtplan, in dem die Sympathisanten und Gegner der Partei straßenweise verzeichnet waren. Solche Listen wurden im Wahlkampf ebenso benutzt wie in den Mitgliederkampagnen der Partei, und sie waren auch das Fundament, auf dem eine lebendige und starke Solidargemeinschaft entstehen konnte.[59] Es ist nicht nur bloße Feiertagsrhetorik, wenn die Festschriften lokaler Parteiorganisationen betonen: „it is gratifying to the older members to know that the same fraternity of spirit which was one of the chief characteristics of the earlier days, is still the mainspring of our party."[60] Insgesamt wird man sagen dürfen, daß sowohl für die Labour Party als auch für die SPD der Organisationspatriotismus ebenso die Grundlage für Wahlerfolge war wie für den Aufbau von ausgedehnten Solidargemeinschaften. Gerade das soziale Leben innerhalb der Partei und ihrer Freizeit- und Kulturorganisationen (inklusive derjenigen Vereine, die innerhalb der Arbeiterbewegung eng mit den Arbeiterparteien verbunden waren), das im nächsten Unterkapitel verglichen werden soll, bietet zahlreiche Beispiele für solche Solidargemeinschaften in beiden Parteiorganisationen.

4.2 Freizeit- und Kulturorganisationen der Arbeiterparteien

Im folgenden soll v.a. ein vergleichender Überblick über die pädagogischen, sozialen und kulturellen Aktivitäten der Arbeiterparteien und ihrer Nebenorganisationen gegeben werden. Über die britische Arbeiterbewegungskultur ist bislang in wesentlich geringerem Umfang geforscht worden als über ihr deutsches Pendant. Umgekehrt proportional dürfte sich die Forschungslage im Bereich der Arbeiterkultur präsentieren, klammerte die Forschung in Deutschland doch lange Jahre die Arbeiter/-innen weitgehend aus und konzentrierte sich stattdessen auf die Arbeiterbewegung und die Ideologiegeschichte.[61] Zwischen dem Freizeitverhalten vieler deutscher Arbeiter/-innen und den Angeboten der Arbeiterbewegung bestand durchaus keine Kongruenz.[62] Für die überwiegende Mehrheit der

---

57 Annual Report of the EC of the LLP, 1924/25, London 1925, S. 8.
58 Siehe z.B. Programme of the Great Victory Demonstration to Celebrate Labour's Municipal Election and By-Election Victories, London 1934.
59 Interview mit Herbert Rogers, 30. März 1990.
60 Twenty-Five Years of the Woolwich Labour Party, S. 40.
61 Zur sinnvollen Unterscheidung zwischen Arbeiterkultur und Arbeiterbewegungskultur vgl. Ritter, Arbeiterkultur, S. 19. Daß man die Arbeitergeschichte inzwischen allerdings kaum noch als Stiefkind der Forschung wird bezeichnen dürfen, demonstriert u.a. der Band: Arbeiter im 20. Jahrhundert, hrsg. v. Klaus Tenfelde, Stuttgart 1991.
62 Lynn Abrams, Workers' Culture in Imperial Germany: Leisure and Recreation in the Rhineland and Westphalia, London 1992, S. 192 f.; Evans, Proletarians, S. 79; Lidtke, The Alternative Culture, S. 19 f. Vgl. auch den hervorragenden Überblick über die britischen Arbeiterkulturen in: Joanna Bourke, Working Class Cultures in Britain 1890-1960, London 1994, sowie die aufschlußreiche Lokalstudie von Stefan

Arbeiter/-innen blieb die Arbeiterbewegungskultur uninteressant. Die SPD führte - in manchmal paradoxer Allianz mit konservativen Kulturkritikern – Kampagnen gegen die zunehmende Konsumentenhaltung, gegen die neuen Formen der billigen Massenunterhaltung, wie Kino, Rummelplatz, Biergarten oder Massensportveranstaltungen. Noch in der Weimarer Republik fand die Massenfreizeitkultur nur dann die Zustimmung der SPD, wenn sie einen pädagogischen oder kulturellen Sinn erfüllte. Allerdings bekamen der kulturelle Liberalismus und der Widerstand gegen staatliche Zensur in den Linksparteien der Weimarer Republik noch am ehesten Unterstützung.[63] Insgesamt jedoch überwiegt der Eindruck einer feindseligen Haltung der SPD gegenüber Freizeitformen, die sich gerade unter jüngeren Arbeitern/-innen zunehmender Beliebtheit erfreuten. Erinnerungen lokaler SPD-Funktionäre, wie die von Otto Markert aus Mannheim, zeigen, welch tiefer Graben zwischen der Arbeiter- und Arbeiterbewegungskultur liegen konnte. Die Arbeiter/-innen seiner Heimatstadt beschreibt er als „primitive" Wilde, die nur unter dem Einfluß der sozialdemokratischen Partei und Gewerkschaft zu zivilisierten Menschen wurden.[64]

In Großbritannien haben u.a. Gareth Stedman Jones, Ross McKibbin, Standish Meacham und Richard Hoggart eine ebenso deutliche Unterscheidung zwischen Arbeiterkultur und Arbeiterbewegungskultur vorgenommen.[65] In ihren Arbeiten wird deutlich, in welchem Maße die Werte der Arbeiterbewegung unvereinbar blieben mit dem unter britischen Arbeitern/-innen weit verbreiteten Individualismus, der Idee der Selbsthilfe und dem krassen Nationalismus, mit anderen Worten, dem, was oft unter dem Begriff „defensives Klassenbewußtsein" gefaßt wird. Andrew Davies erwähnt in einem Aufsatz zu den Freizeitaktivitäten der Arbeiter/-innen in den Armenvierteln Salfords die Arbeiterbewegung mit keinem Wort.[66] In seinem berühmten Roman „Ragged Trousered Philanthropists" beschreibt Robert Tressel den Graben zwischen Labour-Party-Kultur und Arbeiterkultur. Von Frank Owen, dem sozialistischen Helden des Romans, wird gesagt: „He was generally regarded as a bit of a crank: for it was felt that there must be something wrong about a man who took no interest in racing or football and was always talking a lot of rot about religion and politics."[67]

Allerdings waren die Beziehungen zwischen Arbeiterkultur und Arbeiterbewegungskultur an verschiedenen Orten sehr unterschiedlich, und sie änderten sich auch über

---

Goch, Sozialdemokratische Arbeiterbewegung und Arbeiterkultur im Ruhrgebiet: Eine Untersuchung am Beispiel Gelsenkirchen 1848-1975, Düsseldorf 1990.

63 Adelheid von Saldern, Massenfreizeitkultur im Visier: Ein Beitrag zu den Beugungs- und Einwirkungsversuchen während der Weimarer Republik, in: AfS 33, 1993, S. 21-58.
64 Erzählte Lebensgeschichte eines Arbeiters und Sozialdemokraten: Otto Markert, Jg. 1891, in: Mannheim – Erinnerungen aus einem halben Jahrhundert: Sozialgeschichte einer Stadt in Lebensbildern, Stuttgart 1984, S. 129-54, bes. S. 132.
65 Jones, Languages of Class, S. 235-38; McKibbin, The Ideologies of Class, Kap. 2, 3 und S. 294 f.; Standish Meacham, A Life Apart: The English Working Class 1890-1914, Cambridge/Mass. 1977, S. 200 f.; Richard Hoggart, The Uses of Literacy, London 1957, S. 279 f.
66 Andrew Davies, Leisure and Poverty in Salford, Konferenzvortrag, Lancaster 1988. Vgl. auch die Beiträge in: Workers' Worlds. Cultures and Communities in Manchester and Salford 1880-1939, hrsg. v. Andrew Davies und Steven Fielding, Manchester 1992.
67 Robert Tressell, The Ragged Trousered Philanthropists (1914), London 1965, S. 18.

längere Zeitperioden stark. Sicher sollte man einen weit verbreiteten Antagonismus nicht als ein für alle mal festgeschrieben betrachten. Es gab durchaus Orte, wie Burnley oder Leicester, wo die Arbeiterbewegung eine zentrale Rolle innerhalb der lokalen Arbeiterkultur spielte.[68] Eric Hobsbawm, die qualitativen Unterschiede zwischen Arbeiter- und Arbeiterbewegungskultur nicht grundsätzlich leugnend, konnte im Hinblick auf Großbritannien immerhin schreiben: „the world and culture of the working classes is incomprehensible without the labour movement, which for long periods was its core."[69] Für Willi Guttsman existierte eine ähnliche Beziehung zwischen Arbeiter- und Arbeiterbewegungskultur in Deutschland. Keineswegs durch Welten voneinander getrennt, brachten die Arbeiter/-innen ihre alltäglichen Kulturformen von dem Moment an in die Arbeiterbewegung ein, von dem sie der Partei und der Gewerkschaft beitraten, während umgekehrt die Arbeiterbewegungskultur wiederum wichtige Einflüsse auf diese alltäglichen Kulturformen hatte.[70] Auch sollte die Funktion der Arbeitervereine als „Zugangsschleusen in die Arbeiterbewegung" nicht unterschätzt werden.[71] Fühlten sich viele Arbeiter/-innen von der eher altfränkischen Bildungskultur abgestoßen, gab es doch auch manche, für die die öffentlichen Veranstaltungen und Feste der sozialdemokratischen Vereine den ersten Anknüpfungspunkt an das sozialdemokratische Milieu darstellten. Haben also Autoren wie Kirk, Hobsbawm und Guttsman sicher recht, auf die vielfältigen Verbindungslinien zwischen Arbeiterkultur und Arbeiterbewegungskultur hinzuweisen, so scheint es dennoch ratsam, gerade innerhalb von vergleichenden Studien die beiden Konzepte strikt auseinanderzuhalten. Sonst kann es leicht passieren, daß die viel besser erforschte Arbeiterkultur Großbritanniens mit der in Deutschland weit größere Aufmerksamkeit erheischenden Arbeiterbewegungskultur verglichen wird. Falls nun aber in keinem der beiden Länder diese beiden Konzepte identisch waren, so muß jeder darauf aufbauende transnationale Vergleich v.a. erst einmal die Unterschiede zwischen beiden Ländern betonen.[72] Die folgenden vergleichenden Betrachtungen werden sich genau aus diesem Grunde nur auf die Arbeiterbewegungskultur in Großbritannien und Deutschland beschränken.

Wird das soziale Leben innerhalb der britischen und deutschen Arbeiterparteien miteinander verglichen, so sollte nicht unterschlagen werden, daß es in beiden Ländern andere Organisationen und Parteien gab, die ebenfalls versuchten, die Freizeit ihrer Mitglieder in zunehmendem Maße zu gestalten. In Deutschland entwickelten sich die meisten Freizeit- und Kulturorganisationen der SPD unter bewußter oder unbewußter Bezugnahme auf das ältere bürgerliche Vereinswesen. Der Verein war eine spezifisch

---

68 Neville Kirk, „Traditional" Working-Class Culture and the „Rise of Labour": Some Preliminary Questions and Observations, in: Social History 16, 1991, S. 203-16.
69 Hobsbawm, Worlds of Labour, S. 178. Siehe auch ebd., S. 209.
70 Guttsman, Workers' Culture in Weimar Germany, S. 1-19, bes. S. 11.
71 Wolfgang Kaschuba, 1900: Kaiserreich, Arbeiterkultur und die Moderne, in: Von der Arbeiterbewegung zum modernen Sozialstaat. Festschrift für G.A. Ritter, hrsg. v. Jürgen Kocka, Hans-Jürgen Puhle und Klaus Tenfelde, München 1994, S. 84.
72 Ein Beispiel für eine solch schiefliegende Vergleichsebene bietet Dick Geary, Arbeiterkultur in Deutschland und Großbritannien im Vergleich, in: Fahnen, Fäuste, Körper: Symbolik und Kultur der Arbeiterbewegung, hrsg. v. Dietmar Petzina, Essen 1986, S. 91-99.

bürgerliche Assoziationsform[73], die die Sozialdemokratie übernahm. Obwohl keine andere politische Partei in Deutschland, sieht man einmal vom katholischen Zentrum ab[74], eine vergleichbare Organisationskultur ausprägte, dienten die bürgerlichen Vereine doch oft als soziale Treffpunkte für Mitglieder bürgerlicher Parteien, auch wenn in den seltensten Fällen die Vereine direkte parteipolitische Affiliationen hatten. In den meisten Ortschaften waren sie mit Sicherheit sehr viel zahlreicher vertreten als die sozialdemokratischen Vereine. In der Kleinstadt Lahr z.B. standen den 12 sozialdemokratischen Vereinen neunzig bürgerliche gegenüber.[75]

In Großbritannien gab es ebenfalls eine entwickelte Vereinskultur, z.B. im Bereich der Musikvereine und Chöre, die nicht parteipolitisch strukturiert war. Sie diente ebenso als Gegengewicht zur sich entwickelnden Arbeiterbewegungskultur wie die Versuche der etablierten Conservative und Liberal Parties, in zunehmendem Maße auch die Freizeit ihrer Mitglieder zu organisieren. Arbeiterklubs und die Primrose League der Konservativen – die den Großteil ihrer Symbolik von den Freimaurern übernahm – verfolgten gezielt die Intention, gerade Arbeiter/-innen auch sozial in das Netzwerk der etablierten Parteien einzubinden. Viele lokale Parteien gründeten Klubs und organisierten regelmäßige Freizeit- und Sportveranstaltungen, die insbesondere Frauen und junge Menschen ansprechen sollten.[76] Nicht zuletzt stellte auch die viel stärker entwickelte kommerzielle Freizeitindustrie in Großbritannien einen frühen und bedeutsamen Rivalen für die Arbeiterbewegungskultur dar.[77] Seit der zweiten Hälfte des neunzehnten Jahrhunderts bemühten sich auch kommunale Einrichtungen zunehmend um die Freizeitgestaltung ihrer Bürger/-innen. Die Errichtung öffentlicher Parks, Denkmäler, Museen und Bibliotheken demokratisierte das Freizeitverhalten insofern, als diese Einrichtungen auch Arbeitern/-innen offenstanden. Gerade antisozialistische Politiker befürworteten häufig ein solches Engagement der Kommunen, da sie hofften, damit die Organisationskultur der unabhängigen Arbeiterbewegung zu schwächen. In beiden Ländern zeitigten solche Ambitionen jedoch nur begrenzt Resultate, wie im folgenden gezeigt wird.

4.2.1 Arbeiterparteien und Arbeiterbildung

In den großen Industriestädten Leipzig, Berlin und Hamburg, die zugleich Hochburgen der Arbeiterbewegung waren, leistete die Arbeiterbildung der SPD und sozialistischen Gewerkschaften ohne Frage Eindrucksvolles.[78] In Städten wie Hamburg verstand sich die

---

73 Thomas Nipperdey, Verein als soziale Struktur in Deutschland im späten 18. und frühen 19. Jahrhundert: eine Fallstudie zur Modernisierung, in: ders., Gesellschaft, Kultur, Theorie: Gesammelte Aufsätze zur neueren Geschichte, Göttingen 1976, S. 175-205.
74 Claus Haffert, Die katholischen Arbeitervereine Westdeutschlands in der Weimarer Republik, Essen 1994.
75 Walter Caroli und Robert Stimpel, Geschichte der Lahrer SPD, Lahr 1979, S. 93.
76 Pugh, The Tories and the People, S. 21-58; zur Organisation von Freizeitaktivitäten durch die Vereinskultur der Liberalen siehe Roy Douglas, The History of the Liberal Party, 1895-1970, London 1971, S. 17.
77 Siehe Kap. 4.1, S. 160.
78 Gerhard Beier, Arbeiterbildung als Bildungsarbeit, in: Beiträge zur Kulturgeschichte der deutschen Arbeiterbewegung 1848-1918, hrsg. v. Peter von Rüden, Frankfurt am Main 1979, S. 43-61; Dieter Langewiesche, Arbeiterbildung in Deutschland und Österreich, Konzeption, Praxis, Funktionen, in: Arbeiter

Arbeiterbewegung als breite Kulturbewegung, die v.a. das Ziel einer umfassenden Bildung der Arbeiterklasse verfolgte.[79] Allerdings wäre es falsch, ein solches Selbstverständnis als SPD-spezifisch zu bezeichnen. Wie dies die meisten Funktionäre/-innen der sozialdemokratischen Arbeiterbildung in Deutschland taten, so gab auch der Leiter der britischen Gewerkschaftsschule Ruskin College, H. Sanderson Furniss, seiner tiefen Überzeugung Ausdruck „that working-class education must be under working-class control [...] [and] that working-class education must help to fit the workers for service in the working-class movement."[80]

Seit den 1860er Jahren erweiterten sowohl die SPD als auch die sozialistischen Gewerkschaften systematisch ihre institutionellen Netzwerke der Arbeiterbildung. In Großbritannien bauten bereits im frühen neunzehnten Jahrhundert die Chartistenbewegung und die Gewerkschaften Institutionen der Arbeiterbildung auf.[81] Später sahen sich dann die ILP, SDF und die Clarion-Bewegung allesamt auch als Kulturbewegungen, und sie waren es auch, die diesen Glauben von Beginn an auf die Labour Party übertrugen, innerhalb derer gerade die Arbeiterbildung immer einen hohen Stellenwert besaß.[82] Lokale Parteien bemühten sich um die Organisation öffentlicher Vorlesungen und privater Studienzirkel. Traf man sich im Sommer draußen, um über verschiedene Aspekte sozialistischer Politik, Ökonomie und Kultur zu diskutieren, so verlegte man diese Treffen im Winter in die Klubhäuser der Arbeiterbewegung oder traf sich privat.[83] Die LLP stellte im Jahre 1928 eine Liste von 47 Freiwilligen auf, die sich bereit erklärt hatten, Bildungsveranstaltungen in London durchzuführen.[84] Die Londoner Partei erwarb auch zwei Propagandawagen der Clarion-Bewegung, um damit die Bemühungen lokaler Parteien zu unterstützen, die Botschaft der Labour Party in die Bevölkerung zu tragen.[85] An einigen Orten, wie Coventry, wurden eigens Arbeiterbildungsfunktionäre/-innen ernannt, deren

---

im Industrialisierungsprozeß: Herkunft, Lage und Verhalten, Stuttgart 1979, S. 439-67; Die Bildungsarbeit des Deutschen Metallarbeiter-Verbandes 1891-1933 – eine Dokumentation, hrsg. v. Lothar Wentzel, Köln 1995.

79 Johannes Schult, Die Hamburger Arbeiterbewegung als Kulturfaktor, Hamburg 1955, S. 30-118. Zu Leipzig als Hochburg der Arbeiterbildung vgl. Fritz Borinski, Arbeiterbildung im Leipzig der 20er Jahre, in: Arbeiterbildung, Erwachsenenbildung, Presse: Festschrift für Walter Fabian zum 75. Geburtstag, Köln 1977, S. 11-25.

80 H. Sanderson Furniss, A New Renaissance, in: Labour Magazine 3, 1924/25, S. 208.

81 Elizabeth Yeo, Robert Owen and Radical Culture, in: Robert Owen. Prophet of the Poor, hrsg. v. S. Pollard und J. Salt, London 1971, S. 84-114; J. Epstein, Some Organizational and Cultural Aspects of the Chartist Movement in Nottingham, in: The Chartist Experience: Studies in Working-Class Radicalism and Culture 1830-1860, hrsg. v. J. Epstein und D. Thompson, London 1982, S. 221-68.

82 Zur SDF siehe Pierson, British Socialists, S. 82; zur ILP siehe Frank Hodges, My Adventures as a Labour Leader, London 1925, S. 24; zur Clarion-Bewegung siehe Fincher, The Clarion Movement. Daß viele einfache Labour-Party Mitglieder die Partei nicht zuletzt als Bildungsbewegung wahrnahmen, unterstreicht eindrucksvoll die Oral-history Studie Daniel Weinbrens, Generating Socialism, S. 11-13.

83 Sowohl der „Labour Organizer" als auch der „Labour Leader" berichteten regelmäßig über Veranstaltungen der Arbeiterbildung. Deren Bedeutung für die Entwicklung und den Erfolg der Partei betont auch Herbert Morrison, Labour Party Propaganda and Education in London: A Memorandum for the Consideration of Local Labour Parties, London 1932.

84 Annual Report of the EC of the LLP 1928/29, S. 7.

85 Zur Aktivität der LLP-Propagandawagen siehe Annual Report of the EC of the LLP 1924/25, S. 6 sowie Labour Organizer, Juli 1924, S. 2.

Aufgabe in der Planung und Koordinierung verschiedener Bildungs- und Kulturveranstaltungen lag.[86]

Neben den allgemeinen Bildungsbemühungen für die Masse der Parteimitglieder lag ein spezifisches Anliegen beider Arbeiterparteien in der Ausbildung von Funktionären/-innen. In Leipzig bot ihnen die SPD sogar Rhetorikunterricht an, um, wie Lipinski im Leipziger „Arbeiterführer" schrieb, den Begabtesten unter ihnen die Chance zu geben, sich zu professionellen Rednern fortzubilden.[87] Ähnliche Veranstaltungen wurden auch von vielen Ortsvereinen der Labour Party angeboten: „[...] and it is hoped that by this means an appreciable number of capable party propagandists may be produced."[88] Die wachsende Nachfrage gerade lokaler Parteien nach Parteisekretären in den 1920er Jahren machte eine solche Schulung im ABC der Organisations- und Propagandaarbeit unbedingt notwendig. Auch innerhalb der SPD-Ortsvereine erlangte mit zunehmender Bürokratisierung der Organisation die Schulung der Funktionäre/-innen größere Priorität.

Die Bildungsarbeit der SPD-Ortsvereine wurde meist über die lokalen Agitationskommissionen betrieben. Sie organisierten Vorlesungen, Kurse, Massendemonstrationen, Pressekampagnen und alle übrigen Aktivitäten, die im weitesten Sinne bildungspolitischer Art waren. Der Zentralbildungsausschuß der Partei, im Jahre 1906 gegründet, stand den lokalen Gliederungen bei ihren Bemühungen um eine effektive Förderung der Arbeiterbildung mit Rat und Tat zur Seite. Außerdem veranstaltete er spezielle Konferenzen, um Funktionäre/-innen aus- und weiterzubilden, und veröffentlichte Richtlinien für bildungs- und kulturpolitische Aktivitäten der Partei ebenso wie Führer, die den Parteimitgliedern als Einführung in Musik, Theater und Literatur dienlich sein sollten. Im Jahre 1911 koordinierten 244 lokale Bildungsausschüsse die Bildungsarbeit der Partei bis in die entferntesten Winkel Deutschlands.[89] Sozialdemokratische Lehrervereinigungen organisierten oft zusätzlich Vorlesungen, proletarische Feierstunden und Theatergruppen.[90] Auch in der Labour Party gab es eine National Association of Labour Teachers, die 1932 gegründet wurde, aber über das Ausmaß ihrer Aktivitäten ist wenig bekannt.[91] Sozialdemokratische Wanderlehrer durchreisten das Land, um das Licht des Sozialismus noch in die dunkelsten Ecken des Reiches zu bringen. Ihre Zahl wuchs von zwei im Jahre 1907 auf 13 im Jahre 1914. Auch innerhalb der Labour Party war der Einsatz von Wanderlehrern ein beliebtes Mittel, um die Botschaft des Sozialismus unter die Massen zu bringen. Bruce und Katherine Glasier verbrachten einen Großteil ihres Lebens damit, das Land von Norden nach Süden und Osten nach Westen zu bereisen, um den Sozialismus zu predigen. In den späten 1920er und frühen 1930er Jahren beschäftigte die Labour

---

86 Labour Organizer, Sept. 1925, S. 9 f.
87 Arbeiterführer für Leipzig und Umgebung: Nachschlagewerk, Bd. 11, hrsg. v. Richard Lipinski, Leipzig 1909, S. 70.
88 Annual Report of the EC of the LLP, 1931/32, S. 12; Vgl. auch William Howard, How to Run a Speakers' Class, in: Labour Organizer, April 1925, S. 10 f.
89 Lidtke, The Alternative Culture, S. 176, 225 f.; Guttsman, Workers' Culture, S. 64-67. Ein lokales Beispiel für das reichhaltige Bildungs- und Kulturangebot innerhalb der Sozialdemokratie Frankfurts am Main bietet Stübling, Kultur und Massen.
90 Eine Partei in ihrer Region, hrsg. v. Faulenbach und Högl, S. 106.
91 Sie wird erwähnt in Labour Party Archive, Organization Subcommittee Minutes v. 27. Jan. 1932, S. 1.

Party sogar zwei nationale Parteisekretäre für den Bereich der Propaganda. Tom Myers und W.F. Toynbe unternahmen zahlreiche fünf- bis zehntägige Reisen durch das Land, um den lokalen Parteien bei ihren Bildungs- und Rekrutierungsbemühungen hilfreich zur Seite zu stehen.[92]

Beide Parteien verließen sich zunehmend auf die lokale Arbeiterpresse, um unter den Parteimitgliedern für die verschiedenen Bildungs- und Kulturaktivitäten zu werben. Zugleich wurde die Arbeiterpresse selbst zu dem wichtigsten Mittel der Arbeiterbildung.[93] Ihre Berichterstattung über die politischen und kulturellen Aktivitäten der Partei auf allen Ebenen der Organisation stärkte die Solidargemeinschaft innerhalb der Arbeiterparteien beträchtlich. Neben der Förderung der Parteipresse betrachteten viele Funktionäre/-innen besonders die Einrichtung von Bibliotheken und Buchläden als zusätzliches wichtiges Instrument der Arbeiterbildung. So schrieb z.B. Heinrich Peus im Jahre 1925 für die SPD: „Neben die Zeitung muß die Buchhandlung als mächtiger Agitator für unsere Welt- und Lebensanschauung treten."[94] Seit den 1880er Jahren publizierten sowohl der Dietz-Verlag als auch der Vorwärts-Verlag zahlreiche Serien sehr günstiger Broschürenliteratur, die v.a. der lokalen Agitation zugute kommen sollten.[95] Die ILP publizierte nach 1905 nach den gleichen Prinzipien und mit denselben Intentionen ebenfalls eine sog. „Socialist Library" und gründete auch ihre eigenen Buchläden.[96] Mit Unterstützung des nationalen Vorstandes der Partei ernannten zahlreiche Ortsvereine der Labour Party sog. Literatursekretäre, die speziell für die Verteilung von Propagandabroschüren und sozialistischer Literatur unter den Parteimitgliedern und der Wählerschaft verantwortlich waren.[97]

1929 existierten ca. 2500 Arbeiterbibliotheken in Deutschland mit einem Gesamtbestand von ca. anderthalb Millionen Büchern.[98] Besonders vorbildlich war das System der Arbeiterbibliotheken in Leipzig organisiert: Hier konnten die 16.874 Benutzer/-innen bereits im Jahre 1911 unter 53.000 Büchern in 59 Bibliotheken, von denen 17 ein eigenes Gebäude zur Verfügung hatten, auswählen.[99] Die Funktionäre/-innen der Arbeiterbildung betonten dabei besonders, wie wichtig die sorgfältige Beratung der lesenden Arbeiter/

---

92 Zu den Glasiers siehe L.V. Thompson, The Enthusiasts: A Biography of J. and K.B. Glasier, London 1971, S. 91-94; zu Myers und Toynbe siehe Report of the Annual Conference of the Labour Party 1930, London 1930, S. 6 f.
93 Vgl. Kap. 2.5 sowie Loreck, Wie man früher Sozialdemokrat wurde, S. 36 und 77; Herbert Drinkwater, The Organization of Propaganda, in: Labour Organizer, Juli 1924, S. 11.
94 Heinrich Peus, Die Parteibuchhandlung, in: SM 31, 1925, S. 89.
95 Fricke, Handbuch, Bd. 1, S. 665 f.; ausführlicher Emig, Schwarz und Zimmermann, Literatur für eine neue Wirklichkeit.
96 The Socialist Library: Prospectus, in Nr. 7 der Socialist Library, Eduard Bernstein, Evolutionary Socialism, London 1909; vgl. auch G.B. Woolven, Publications of the ILP, Warwick 1977, S. vii-x.
97 Labour Party Archive: Organization Sub-Committee Minutes v. 23. März 1932: „Some parties have literature secretaries [...] they should be urged to appoint such an official." Vgl. auch Annual Report of the EC of the LLP, 1925/26, S. 11 sowie Report of the Literature Secretary to the Annual General Meeting of the Faversham Divisional Labour Party, Dez. 1939, in: Labour Party Archive, Local Labour Party Files.
98 Jahrbuch der SPD, 1929, S. 208 f. Generell zu den Arbeiterbibliotheken in Deutschland siehe Dieter Langewiesche und Klaus Schönhoven, Arbeiterbibliotheken und Arbeiterlektüre im Wilhelminischen Deutschland, in: AfS 16, 1976, S. 135-204.
99 Bericht über die Tätigkeit des Bezirksvorstands der SPD Leipzig für das Jahr 1911/12, S. 78 f.

-innen durch die angestellten Bibliothekare/-innen war. Dem Bibliothekswesen wurde von ihnen eine eindeutig pädagogische Funktion zugewiesen.[100] Nichts mit Leipzig Vergleichbares existierte innerhalb der britischen Arbeiterbewegung. Nun war Leipzig einerseits selbst innerhalb Deutschlands außergewöhnlich, und andererseits war der Gedanke, Arbeiterbibliotheken einzurichten, Vertretern der britischen Arbeiterbewegung durchaus nicht fremd. So betonte z.B. Margaret Bondfield in einer Ansprache vor der American Federation of Labour am 29. Juli 1919, wie wichtig die Bibliotheken der Fabier für die geistige Entwicklung vieler führender ILP-Politiker/-innen gewesen waren.[101] Zahlreiche lokale Gewerkschaftskartelle und Klubhäuser der Arbeiterbewegung beherbergten Bibliotheken, die dem Freizeitvergnügen und der Bildung ihrer Mitglieder dienen sollten. Einige der herausragendsten Arbeiterbibliotheken Großbritanniens wurden von der Bergarbeitergewerkschaft aufgebaut.[102] Lokale Parteien, wie die Sheerness Labour Party, berichteten in den 1920er Jahren einen wachsenden Zulauf ihrer Mitglieder zu den Arbeiterbibliotheken.[103] Die Zentrale der Labour Party gründete 1924 eine Leihbibliothek für den Gebrauch lokaler Parteisekretäre/-innen.[104] Lese- und Studienzirkel konnte man in der Labour Party genauso wie in der SPD finden.[105] Parteien wie die Lewisham Labour Party gründeten einen Broschürenklub, durch den jedes Parteimitglied die von der Partei publizierten Broschüren und Flugblätter subskribieren konnte – ein Projekt, das vom „Labour Organizer" als vorbildlich weiterempfohlen wurde.[106]

Die Arbeiterbildung im Rahmen der lokalen Organisationen wurde ergänzt durch eine Anzahl Bildungseinrichtungen, die hauptsächlich für die Ausbildung zukünftiger Parteifunktionäre/-innen gedacht war. Die Arbeiterbildungsschule wurde 1891 in Berlin gegründet und vermittelte eine breite Palette an Wissen, wobei das Schwergewicht auf Politik, politischer Ökonomie und Geschichte lag. 1930 wurden hier 64 Klassen mit insgesamt 1.492 Studenten/-innen unterrichtet. Die ebenfalls in Berlin gelegene Parteischule wurde 1906 gegründet. Mitte der 1920er Jahre wurden in ihr jährlich 20 bis 30 Klassen mit ca. 15 bis 52 Teilnehmern/-innen unterrichtet. Die wichtigsten Unterrichtsfächer waren Geschichte, Soziologie und Ökonomie, wobei es das erklärte Ziel der Schule war, ihren Studenten/-innen ein vertieftes Verständnis des Kapitalismus zu ermöglichen. Zusätzlich veranstaltete die Parteischule einwöchige Sommerkurse.[107] Die Hochschule der sozialistischen Arbeiterschaft in Hamburg, die Arbeiterakademie in Frankfurt am Main und Schloß Tinz waren ebenfalls wichtige Zentren der sozialdemokratischen Ar-

---

100 Rudolf Waclawiak, Das Bibliothekswesen der Gewerkschaften und der Parteien, in: NZ 17, 1908/09, S. 478 f.
101 Marius Hansome, World Workers' Educational Movement, New York 1931, S. 30.
102 Hywel Francis, The South Wales Miners' Library, in: HWJ 2, 1976, S. 183-205.
103 Annual Report of the Sheerness Trades Council and Labour Party 1926.
104 Labour Organizer, Juli 1924, S. 3.
105 Marga Beyer, Die Berliner Sozialdemokratie um die Wende vom 19. zum 20. Jahrhundert, in: Geschichtsunterricht und Staatsbürgerkunde 29, 1987, S. 438; Labour Party Archive, Local Labour Party Files: files of the LLP: Labour Party Propaganda and Education in London: a Memorandum for the Consideration of Local Labour Parties, London 1932.
106 Labour Organizer, Juni 1924, S. 1.
107 Lidtke, The Alternative Culture, S. 162-79.

beiterbildung.[108] Der 1925 gegründete Sozialistische Kulturbund suchte als Dachverband alle Organisationen der Arbeiterbildung innerhalb der Arbeiterbewegung zu einer großen Kulturbewegung zu sammeln und ihre Aktivitäten zu koordinieren. Die sozialdemokratischen Lehrerverbände, Bildungsausschüsse, Kinderfreunde, Arbeiterwohlfahrt, Arbeiterchöre, Arbeitersportvereine und die Volksbühnen fanden sich ebenso im Kulturbund vereinigt wie alle gewerkschaftlichen Kultur- und Bildungsvereine, die ihre Aktivitäten gerade in den 1920er Jahren z.T. erheblich ausdehnten.[109]

Auch die Labour Party entwickelte eigens ein Studienprogramm für ihre Parteifunktionäre/-innen, das Labour Party Scheme of Study and Examination for Party Agents. Im Jahre 1930 schrieben sich 300 Funktionäre/-innen ein, darunter 105 Parteisekretäre/-innen. Die Seminare und Veranstaltungen der Workers' Educational Association erreichten dagegen ein Massenpublikum. Die WEA, 1903 von Albert Mansbridge als parteipolitisch neutraler Arbeiterbildungsverein gegründet, konnte in den 1920er Jahren mit Recht von sich behaupten: „The WEA regards itself as an educational expression of the working-class movement."[110] Viele aktive Labour Party Mitglieder, wie R.H. Tawney, der mit zu den ersten Tutoren des Vereins gehörte, unterrichteten für die WEA. Der Schwerpunkt ihrer Aktivitäten lag in der Abhaltung einjähriger Abendkurse. An vielen Orten organisierten aktive WEAs allerdings auch Ausflüge, Geselligkeitsabende, Theatergruppen und Musikvereine.[111] Erklärtes Ziel der WEA war es, denjenigen, die in ihrer Kindheit und Jugend nicht die Chance zu einer formellen Erziehung bekommen hatten, wenigstens in ihrem späteren Leben die Möglichkeit zu geben, an einer guten Aus- und Allgemeinbildung zu partizipieren.[112] Im Jahre 1919 gründeten die Gewerkschaften das Workers' Educational Trade Union Committee (WETUC), das eng mit der WEA zusammenarbeitete und oft durch die WEA Kurse zur Weiterbildung ihrer eigenen Funktionäre/-innen abhalten ließ.[113] Solche Programme konnten ganz unterschiedliche Formen annehmen. So gab es Tageskonferenzen zu spezifischen Fragestellungen oder auch mehrwöchige Abendkurse für Mitglieder der Arbeiterbewegung. Manchmal wurden letzteren auch nur durch die WETUC die anstehenden Kursgebühren ersetzt. Auch gab es regelrechte Stipendien für den Erwerb zusätzlicher Qualifikationen, für Bücher und für Fernkurse, die gerade von Funktionären/-innen der Arbeiterbewegung gern belegt wurden.[114]

Einmal abgesehen von der WEA, gab es das bedeutsame Oxforder Ruskin College, an dem Arbeiter, die von den Gewerkschaften oder seltener von der Partei dorthin delegiert

---

108 Schult, Geschichte der Hamburger Arbeiter, S. 208-21; Hans Marckwald, Eine Frankfurter Arbeiterakademie, in: NZ 1919/20, S. 352-56.
109 Guttsman, Workers' Culture, S. 67-71. Vgl. auch Frank Heidenreich, Arbeiterkulturbewegung und Sozialdemokratie in Sachsen vor 1933, Weimar 1995.
110 J.M. MacTavish, The WEA, in: Labour Magazine 1, 1922/23, S. 220. Zum auf der Margater Parteikonferenz von 1926 angenommenen Arbeiterbildungsprogramm für Funktionäre/-innen siehe Report of the Annual Conference of the Labour Party 1930, London 1930, S. 7.
111 Michael Turner, A History of the Workers' Educational Association: Western District, 1911-1986, Bristol 1986, S. 17 und 40 f.
112 Bei Margaret Cole, Growing up into Revolution, London 1949, S. 114, heißt es zu den Zielen der WEA: „[to bring] cultural education of high standard to those who had never had a chance of it in their youth."
113 J.P.M. Millar, The Labour College Movement, London 1979, S. 25.
114 Turner, A History of the WEA, S. 26.

wurden, seit seiner Gründung 1899 studieren konnten. (Arbeiterinnen wurden erstmals 1918/19 zugelassen.) Von Anfang an organisierte es auch Fernkurse, die sich gerade in den Hochburgen der Arbeiterbewegung wachsender Beliebtheit erfreuten. Im Jahre 1902 gab es in verschiedenen Teilen des Landes insgesamt 96 Klassen, die diese Fernkurse belegten.[115] Das Hauptbetätigungsfeld von Ruskin College blieb allerdings die ein- bis zweijährige Ausbildung von Gewerkschaftlern in den Sozialwissenschaften. Viele derer, die am Ruskin College studierten, übten später Ämter in Gewerkschaft oder Partei aus. Im Jahre 1909 gründete eine Gruppe von Ruskin-Studenten ein alternatives College in London. Ihr Unmut hatte sich v.a. daran entzündet, daß auf dem Unterrichtsplan der Gewerkschaftsschule weder Kapitalismuskritik noch Sozialismus einen festen Platz hatten. Das sog. Central Labour College (CLC) wollte das ändern.[116] Im Vergleich zu Ruskin blieb es allerdings eine kleine Eliteinstitution, die, von ständigen Finanzsorgen geplagt, z.B. im Jahre 1914 nur 14 Studenten zählte. Allerdings befanden sich unter seinen Zöglingen zahlreiche Arbeiterführer, die in späteren Jahren in wichtige Positionen aufrückten, so z.B. Aneurin Bevan und James Griffiths. Der Einfluß der Schule auf die britische Arbeiterbewegung sollte daher nicht nur an der Anzahl seiner Schüler gemessen werden. Nach 1909 gründete das CLC unter dem Namen Plebs League auch zahlreiche Ableger in anderen Städten des Landes. Besonders stark vertreten waren sie in Südwales, Schottland, Lancashire, dem Nordosten Englands und dem West Riding.[117] In Schottland z.B. organisierte die Plebs League im Jahre 1920 51 Kurse mit 2854 Teilnehmern/-innen. Im folgenden Jahr mußte das CLC in London anerkennen, daß es nicht mehr in der Lage war, alle regionalen Aktivitäten selber zu dirigieren, und gründete das National Council of Labour Colleges (NCLC). Fürderhin war das NCLC für die Koordination aller regionalen und lokalen Veranstaltungen, Fernkurse, Tages- und Wochenendkonferenzen sowie Sommerschulen verantwortlich. Außerdem publizierte es noch die vereinseigene Zeitschrift „Plebs". Der Schwerpunkt des Unterrichts lag auch hier auf den Sozialwissenschaften, und die Ausrichtung der Kurse war ausgesprochen marxistisch. Ortsvereine der Labour Party, Gewerkschaften und Genossenschaften konnten sich kollektiv den lokalen NCLCs anschließen, und in einem solchen Fall durften ihre Mitglieder gebührenfrei die Kurse und Veranstaltungen der League besuchen. Der Liverpooler Labour-Aktivist Jack Jones hat einen eindrucksvollen Bericht davon gegeben, wie eng an manchen Orten die Arbeiterbildung mit dem Alltagsleben der Arbeiter/-innen verbunden war.[118]

Im Jahre 1925 stand die Errichtung eines Arbeiterbildungszentrums auf dem Landsitz der Gräfin von Warwick, Easton Lodge, zur Debatte. Die adlige Förderin der sozialistischen Bewegung in Großbritannien wollte ihren Besitz zu diesem Zweck zur Verfügung stellen, und der sozialistische Theoretiker G.D.H. Cole war als Leiter der Schule im Gespräch. Sie sollte analog zu Ruskin, dem CLC oder auch den Arbeiterbildungseinrichtungen der Genossenschaften Funktionären/-innen der Arbeiterbewegung eine solide

---

115 Harold Pollins, The History of Ruskin College, Oxford 1984, S. 14.
116 Richard Lewis, The Central Labour College: Its Decline and Fall, 1919-1929, in: Welsh History Review 12, 1984, S. 225-45.
117 Millar, The Labour College Movement, S. 21.
118 Jack Jones, A Liverpool Socialist Education, in: HWJ 18, 1983, S. 93-101.

Weiterbildung ermöglichen. Um den Plan in die Tat umzusetzen, mußten £50.000 aufgebracht werden, und das TUC Education Committee, Ruskin College und das WEA legten dem Gewerkschaftskongreß im Jahre 1926 detaillierte Pläne vor, wie man das Geld zusammenbringen wollte. Zu diesem Zeitpunkt waren seit dem Generalstreik erst vier Monate vergangen, die Gewerkschaftskassen waren leer, und die Bergarbeiter streikten noch immer. Der TUC konnte sich unter solchen Umständen nicht dazu durchringen, der geplanten Arbeiterbildungseinrichtung Easton Lodge die notwendige beträchtliche Finanzspritze zukommen zu lassen.[119]

Sozialistische Sonntagsschulen (*Socialist Sunday Schools, SSS*) arbeiteten ebenfalls eng mit der Labour Party zusammen. In den 1930er Jahren propagierte die Labour Party die Errichtung von SSS und empfahl allen ihren Mitgliedern, diese zu unterstützen. Lokale Zeitungen der Labour Party kündigten regelmäßig die Veranstaltungen der SSS an und berichteten über ihre Aktivitäten. Der stellvertretende Sekretär der Labour Party, James Middleton, versprach dem nationalen Sekretär der SSS, Jim Simmons, die volle Unterstützung der Partei. In einem Memorandum vom 12. Juni 1934 an alle Jugendorganisationen der Partei betonte er, wie wichtig es für die Labour Party sei, mit den SSS engstens zusammenzuarbeiten.[120] Die erste SSS war in Manchester im Jahre 1892 gegründet worden. In den Jahren vor Ausbruch des ersten Weltkriegs vollzog sich eine bemerkenswerte Ausdehnung der Bewegung in den Hochburgen der Arbeiterbewegung. Die lokalen SSS schlossen sich zu regionalen Verbänden zusammen, und im Jahre 1909 wurde der National Council of British Socialist Sunday School Unions gegründet. Obwohl die SSS auch durchaus Kurse für Erwachsene organisierten, lag der Schwerpunkt ihrer Aktivitäten doch immer auf der Kinderbetreuung. Mitte der 1920er Jahre gab es 110 SSS in Großbritannien, die für ca. 6000 Kinder sorgten.[121] In ihrem Selbstverständnis versuchten sie, der Schulerziehung innerhalb des kapitalistischen Systems entgegenzuwirken, indem sie die Kinder mit sozialistischen Werten bekannt machten. Sozialistische Gebote ersetzten die biblischen, und in der Glasgower SSS lernten die Kinder u.a.: „Thou shalt not be a patriot for a patriot is an international blackleg."[122] Hauptziel blieb die Erziehung der Kinder zu solidarischen Menschen und Arbeitern/-innen. Ihre alltäglichen Aktivitäten erschöpften sich nicht nur im Unterricht in der Sonntagsschule. Die SSS gründeten auch Theater-, Gesangs- und Tanzgruppen, organisierten internationale Brieffreundschaften (bevorzugt wurde auf Esperanto korrespondiert), wanderten, unternahmen Ausflüge in die umliegende Natur und gaben eine vereinseigene Monatszeitschrift heraus, den „Young Socialist".[123] Innerhalb der Glasgower SSS gab es sogar eine sozialistische Komödiantentruppe.[124] Eine weitere Jugendorganisation mit engen Beziehungen zur

---

119 Zum geplanten Arbeiterbildungsinstitut vgl. G.D.H. Cole, Easton Lodge: The Plea of an Enthusiast, in: Labour Magazine 5, 1926/27, S. 207-09.
120 Labour Party Archive, Middleton Nachlaß, JSM/SU, 3 and 19.
121 Labour Party Archive, Middleton Nachlaß, JSM/SU, 8.
122 Zitiert nach Raphael Samuel, British Marxist Historians I, in: New Left Review, Nr. 120, März/April 1980, S. 48.
123 Labour Organizer, Jan. 1927, S. 12; F. Reid, Socialist Sunday Schools in Britain 1892-1939, in: IRSH 14, 1966, S. 18-47.
124 Labour Leader, 23 Febr. 1906.

Arbeiterbewegung war der im Jahre 1925 gegründete sog. Woodcraft Folk.[125] Es handelte sich um eine ko-edukative, anti-religiöse und anti-militaristische Organisation, die eine manchmal mystisch anmutende Naturliebe mit den Lehren des Sozialismus verband. Mitte der 1930er Jahre hatte der Woodcraft Folk 3000 Mitglieder und sah sich als bewußte Alternative zur Scout-Bewegung, deren militaristische und imperialistische Sympathien ihm zuwider waren.

4.2.2 Theater-, Musik- und Sportgruppen

Linksbürgerlich-liberale Schriftsteller gründeten im Jahre 1890 die Freie Volksbühne in Berlin mit dem erklärten Ziel, die sozialdemokratischen Arbeiter/-innen für das Theater zu gewinnen. Innerhalb der zu diesem Zweck gegründeten Gesellschaft gewann die SPD bald einen dominierenden Einfluß. In Hamburg, Berlin und anderen Großstädten des Deutschen Reiches wurden ebenfalls bald Volksbühnen errichtet.[126] In den 1920er Jahren hatte die Volksbühnenbewegung 600.000 Mitglieder.[127] Zusätzlich gab es in vielen Ortsvereinen der SPD Theatergruppen, deren Laienschauspieler/-innen den organisierten Arbeitern/-innen die verschiedensten Theaterstücke darboten. Im Jahre 1909 gründete sich aus diesen Laientruppen der Bund der Arbeiter-Theater-Vereine Deutschlands, dem sich 5 Jahre später 66 lokale Theatergruppen mit insgesamt 985 Laienschauspielern/-innen angeschlossen hatten. Im Jahre 1913 in Deutscher Arbeiter-Theater-Bund (ATB) umbenannt, wurde er in der Weimarer Republik zum Zentrum für die nach sowjetischem Vorbild aufgeführten Agitprop-Stücke. Letzteres galt allerdings nur für die kommunistischen Theatergruppen. Im sozialdemokratischen Milieu spielte man ganz andere Stücke und pflegte ganz unterschiedliche Traditionsstränge. Nach 1928 bis zu seiner Auflösung 1933 vereinigte der ATB alle Theatergruppen innerhalb der KPD.[128] Außerdem organisierten viele SPD-Ortsverbände Besuche zu den professionellen Theatern der näheren Umgebung und gaben an ihre Mitglieder oft Theaterkarten zu ermäßigten Preisen ab. In den 1920er Jahren bemühte sich die Sozialdemokratie auch verstärkt darum, die neuen Massenmedien Film und Rundfunk für die eigene Propagandaarbeit einzusetzen. Im Vergleich zum Einfluß kommerzieller Filmgesellschaften, denen die SPD äußerst kritisch

---

125 Zu den linken Jugendgruppen der 1920er Jahre, dem Order of Woodcraft Chivalry, dem Kibbo Kift und dem Woodcraft Folk siehe John Springhall, Youth, Empire and Society, London 1977, S. 110-20; siehe auch die breit angelegte Studie von D.L. Prynn, The Socialist Sunday Schools, the Woodcraft Folk and Allied Movements, M.A., Universität Sheffield 1972.
126 Hyun-Back Chung, Die Kunst dem Volke oder dem Proletariat? Die Geschichte der Freien Volksbühnenbewegung in Berlin 1890-1914, Frankfurt am Main 1989. Zur Hamburger Volksbühne vgl. Schult, Geschichte der Hamburger Arbeiter, S. 94 f.; zur Volksbühnenbewegung in der Weimarer Republik siehe Dietmar Klenke, Peter Lilje und Franz Walter, Arbeitersänger und Volksbühnen in der Weimarer Republik, Bonn 1992.
127 Guttsman, Workers' Culture, S. 212.
128 Peter von Rüden, Das Arbeitertheater zwischen politischer Aufklärung und Anpassung an den bürgerlichen Kulturbetrieb, in: Beiträge zur Kulturgeschichte der deutschen Arbeiterbewegung 1848-1918, hrsg. v. Peter von Rüden, Frankfurt am Main 1981, S. 260.

gegenüberstand, blieben diese Anstrengungen allerdings nur von begrenztem Erfolg gekrönt.[129]

Sozialistisches Theater gab es auch in Großbritannien. Als die Labour Party die Idee in den 1920er Jahren aufgriff, konnte sie bereits auf eine lange Tradition des Arbeitertheaters zurückblicken und mit einer Anzahl bereits existierender Gruppen kooperieren.[130] In der LLP gab es Mitte der 1920er Jahre 17 Parteien, die ihre eigenen Theatergruppen hatten. Sie schlossen sich 1924/25 zur LLP Dramatic Federation zusammen.[131] Nach dem ersten Weltkrieg arbeitete die Wandertruppe der Arts League of Service eng mit den Ortsgruppen der Labour Party zusammen und brachte sozialistisches Theater in die Provinz. Auch Herbert Morrison empfahl die Arts League wärmstens in einem seiner Memoranden vom 4. August 1921. In Leeds wurde nach 1918 das Industrial Theatre gegründet, daß sich in seinem Selbstverständnis ganz bewußt auf die Volksbühnenbewegung der SPD bezog.[132] In Birmingham unterhielt die Partei in mehreren Stadtteilen Theatergruppen. 1921 wurde eine Workers' Poetry and Art Union und 1924 eine People's Theatre Movement ins Leben gerufen.[133] In Newcastle upon Tyne existierte ein People's Theatre bereits seit 1911. Unter der aktiven Förderung des Fabiers und Dramatikers George Bernhard Shaw hatte es sich bereits vor dem Krieg zu einem höchst erfolgreichen kommunalen Theater gemausert. Zahlreiche kleinere sozialistische Organisationen, wie z.B. die Gateshead ILP, hatten ihre eigenen Theatergruppen, die sich auch gerade um ein spezifisches Arbeitertheater verdient machten. So wurde in Gateshead z.B. das 1826 von einem Bergarbeiter geschriebene Stück „The Pitman's Pay" aufgeführt, in dem die Solidargemeinschaft der Bergarbeiter/-innen gefeiert wird.[134] Im Jahre 1927 schrieb der Labour-Party Aktivist Tom Thomas „The Ragged Trousered Philantropists" für das Theater um, und mit Hilfe von sich in der Partei formierenden Theatergruppen wurde das Stück in London und Stockport aufgeführt.[135] Trotz zahlreicher Veranstaltungen dieser Art im ganzen Land wurde das sozialistische Theater weithin in der Öffentlichkeit ignoriert und blieb von finanziellen Engpässen geplagt. So schrieb einer der Propagandisten einer sozialistischen Theaterkultur in Großbritannien in den 1920er Jahren „that the artistic expression [of the Labour and Socialist movement] exists, but

---

129 Dieter Langewiesche, Das neue Massenmedium Film und die deutsche Arbeiterbewegung in der Weimarer Republik, in: Von der Arbeiterbewegung, hrsg. v. Kocka, Puhle und Tenfelde, S. 114-30; vgl. auch zur Thematik Arbeiterbewegung und Film in Großbritannien Bert Hogenkamp, Miners' Cinemas in South Wales in the 1920s and 1930s, in: Llafur 4, 1985, S. 64-76.
130 Zum Workers' Theatre Movement, dem Left Theatre, Unity Theatre Club und Left Book Club Theatre Guild siehe Reiner Lehberger, Internationale Verbindungen und Beeinflussungen des sozialistischen Theaters im England der dreißiger Jahre, in: Das Argument, Sonderband 29, 1978, S. 67-79. Vgl. auch Tom Thomas, The WTM: Memoirs and Documents, with an Editorial Introduction by Raphael Samuel, in: HWJ 4, 1977, S. 102-42.
131 Annual Report of the EC of the LLP, 1924/25, S. 14; ebd., 1925/26, S. 18; ebd., 1926/27, S. 21 f.; vgl. auch London News, Mai 1925, S. 4 und Juli 1925, S. 3.
132 John Amott, Factories and Footlights. Leeds Industrial Theatre, in: Labour Magazine 1, 1922/23, S. 489-91.
133 Boughton, Working-Class Politics, S. 300-03.
134 Spezifisch zur Bergarbeiterliteratur des neunzehnten Jahrhunderts siehe H.G. Klaus, The Literature of Labour: Two Hundred Years of Working-Class Writing, Brighton 1985, S. 62-88.
135 Weinbren, Generating Socialism, S. 62.

that it is not widely recognized [...] In Newcastle the professional theatre has its regular two paragraphs a week [...] but the People's Theatre gets no more than one a year [...] Yet, without money, without press notices or advertisement, the work goes on."[136]

Innerhalb des SPD-Milieus wurden nach 1890 auch zahlreiche Chöre und musikalische Vereine gegründet, die bis 1918 weitgehend nach Männer- und Frauenchören getrennt blieben.[137] Nicht alle Mitglieder waren zugleich Sänger/-innen. Bei einem erheblichen Anteil handelte es sich um passive Mitglieder, die die Musikveranstaltungen und Vereinsfeste besuchten. So waren im Gau Mitteldeutschland nur 3.712 von 5.091 Mitgliedern aktive Sänger/-innen.[138] Die Arbeiterchöre entwickelten ihre eigene Sangeskultur und veröffentlichten ihre eigenen Gesangbücher. Sie waren ein integraler Bestandteil der sozialdemokratischen Festkultur und traten regelmäßig auf, so z.B. bei Maifeiern, dem Revolutionstag und den Feierlichkeiten zum Tag der Republik.[139] Die Chöre der SPD erfüllten v.a. vier Funktionen: Sie sorgten innerhalb der Solidargemeinschaft für Unterhaltung, waren den Agitationsbemühungen der Partei nützlich, veranstalteten professionelle Konzerte und nahmen auch an musikalischen Wettbewerben teil. Gerade der letzte Aspekt bestärkte die Arbeitersänger in ihrer Vorliebe für bürgerliche klassische Musik. So wurden zahlreiche Chöre zunehmend ungehalten, wollte man sie auf ihre politische Funktion beschränken.[140]

Als die Führung der deutschen Arbeitersänger/-innen im Jahre 1927 behauptete, in Großbritannien sei „die Arbeiter Sängerbewegung leider völlig bedeutungslos", irrte sie gewaltig.[141] Zwar blieb die Mitgliedschaft in der britischen Arbeitersängerbewegung beträchtlich hinter der ihrer deutschen Genossen/-innen zurück, aber ansonsten waren sich beide durchaus ähnlich. Seit dem ersten Jahrzehnt des 20. Jahrhunderts waren die Arbeitersänger ein wichtiger Bestandteil der Arbeiterbewegungskultur Großbritanniens. Die meisten Initiativen entwickelten sich auf lokaler Ebene aus den Aktivitäten der ILP, SDF und des Clarion, die seit den 1880er Jahren Arbeiterchöre gründeten und somit zu der Blüte einer Arbeitersängerkultur in den 1920er Jahren beitrugen.[142] 15 Chöre mit insgesamt 500 Mitgliedern waren 1925 in der LLP Choral Union vereinigt. Durch die ganzen 1920er Jahre hindurch organisierte die Partei Musikfeste und Chorwettbewerbe. 1925/26 hielt sie sogar Wochenendkurse zur Weiterbildung von Chören ab. Im Jahre

---

136 M.H. Dodds, Socialists and the Drama, in: Labour Magazine 2, 1923/24, S. 109 f. Einen guten Überblick über die linke Theaterkultur Großbritanniens im Untersuchungszeitraum dieser Studie bieten Raphael Samuel, E. MacColl und S. Cosgrove, Theatres of the Left 1880-1935, London 1985.
137 Dieter Dowe, Die Arbeitersängerbewegung in Deutschland vor dem Ersten Weltkrieg – eine Kulturbewegung im Vorfeld der Sozialdemokratie, in: Arbeiterkultur, hrsg. v. Gerhard A. Ritter, Königstein im Taunus 1979, S. 122-44; zu den Arbeitersängern in der Weimarer Republik vgl. Klenke, Lilje und Walter, Arbeitersänger.
138 Siegfried Flügel, Die Entwicklung des Arbeitergesangs im Raum Halle, Weißenfels und Zeitz zwischen 1890 und 1933, phil.diss., Universität Halle 1965, S. 151.
139 Vorwärts und nicht vergessen: Arbeiterkultur in Hamburg um 1930, Hamburg 1982, S. 207-20.
140 Burns und van der Will, Arbeiterkulturbewegung, S. 107 f.
141 ZStA Potsdam, 15.01, Nr. 25830, 13: Brief von Dr. Alfred Guttmann (DAS) an das deutsche Außenministerium vom 1. Juni 1927.
142 Stephen G. Jones, The British Labour Movement and Working-Class Leisure 1918-1939, phil.diss., Universität Manchester 1983, S. 276 f. Siehe auch Ian Watson, Alan Bush and Left Music in the Thirties, in: Das Argument, Sonderband 29, 1978, S. 80-89.

1930 trat die London Labour Choral Union der sozialistischen Sänger-Internationale bei.[143] In einigen Londoner Parteien gründeten sich sogar ganze Symphonieorchester.[144] Wie ihre deutschen Genossen/-innen, tendierten die britischen Arbeitersänger/-innen dazu, ihre parteipolitische Funktion herunterzuspielen, um dagegen ihre musikalische Aufgabe zu betonen: „In the first place, the music we attempt is of the best. While always prepared to lead the audiences at meetings with the well-known Labour songs we are keeping abreast of the times by studying the unrivalled music of the Elizabethan period."[145] Einmal abgesehen von den Arbeiterchören gab es natürlich auch die berühmten Blaskapellen der Bergarbeiter. Die alljährlich zelebrierten Galaveranstaltungen der Bergarbeitergewerkschaften mit ihren aufwendigen Umzügen beschreibt Eric Hobsbawm als „highly elaborate, with each lodge gathering at an allotted billet – generally a pub – from where they formed up – four abreast, as the rules insisted – to take their place in the procession [...] At their peak each lodge [...] probably had three to four large banners and Niagara of brass bands demonstrated the power of labour to all."[146] Die Beliebtheit des sozialistischen Liedguts führte außerdem auch in Großbritannien zur Herausgabe von Liederbüchern, die viele Genossen/-innen in- und auswendig kannten.[147]

Unter den zahlreichen Freizeitorganisationen der SPD waren die Arbeitersportvereine die beliebtesten und zahlenmäßig stärksten. In ihnen wurden fast sämtliche Sportarten betrieben, wobei Radfahren, Gymnastik, Turnen, Leichtathletik und Fußball sich besonderer Beliebtheit erfreuten. Am Ende der 1920er Jahre gehörten der Arbeitersportbewegung 249 Turnhallen, 1265 weitere Sportanlagen, 100 Schwimmbäder, 48 Bootshäuser, 2 Skispringanlagen, 4 regionale Trainingszentren mit angeschlossenen Unterbringungsmöglichkeiten sowie eine eigene Fahrradfabrik.[148] Der zweifellos größte Unterschied zu den bürgerlichen Sportvereinen bestand darin, daß die Arbeitervereine den Wettbewerbscharakter des bürgerlichen Sports mit seiner Ausrichtung auf Leistung und Sieg ideologisch ablehnten.[149]

Die verschiedenen Sportvereine innerhalb der britischen Arbeiterbewegung taten sich im Jahre 1930 zur British Workers' Sports Association (BWSA) zusammen. In der ersten seiner monatlichen Kolumnen über die BWSA im „Labour Organizer" schrieb der Generalsekretär der britischen Arbeitersportvereine George H. Elvin: „there is no reason at all why this country should not organise as successful and enthusiastic a Workers' Sports Movement as our Continental comrades have done."[150] Daß am internationalen sozialistischen Arbeitersport in Großbritannien großes Interesse bestand, läßt sich auch an der verläßlichen Teilnahme britischer Vertreter/-innen an allen Treffen ablesen, bei denen

---

143 Annual Report of the EC of the LLP, 1930/31, S. 7.
144 Annual Report of the EC of the LLP, 1925/6, S. 18 sowie ebd., 1926/27, S. 22.
145 Sidney A. Court, Music and the People: a Message to the Labour Movement, in: Labour Magazine 2, 1923/24, S. 445.
146 Hobsbawm, Worlds of Labour, S. 73.
147 Ein berühmtes Beispiel unter vielen waren die beliebten Chants of Labour: A Song Book for the People, hrsg. v. Edward Carpenter, London 1888.
148 Diese eindrucksvolle Liste findet sich in Guttsman, Workers' Culture, S. 137.
149 Horst Überhorst, Frisch, Frei, Stark und Treu: Die Arbeitersportbewegung in Deutschland, 1893-1933, Düsseldorf 1973.
150 Labour Organizer, Okt. 1930, S. 189.

über eine Arbeitersport-Internationale beraten wurde.[151] Erklärtes Ziel der BWSA war es, nationale Wettbewerbe in so vielen Sportarten wie möglich auszutragen. Am 30. Juni 1931 fand der erste nationale Arbeitersporttag in London (Crystal Palace) statt.[152] Bereits im Juli 1928 hatte die Londoner Partei eine Sports Association begründet, die eine eigene Fußballiga einrichtete und zahlreiche Sportveranstaltungen organisierte. Neben dem Fußball gehörten Cricket, Tennis, Darts, Billard und Schwimmen zu den beliebtesten Sportarten der Arbeitersportvereine Londons.[153] Die Fußballmannschaft der Londoner Partei kam auch in direkten Ballkontakt mit ihren deutschen Genossen: „An invitation to the Leipzig *Arbeiter Sportsbund* to send a workers' football team resulted in a visit to London at Easter of a team which turned out to be a German National Representative team. [...] the London team were rather badly beaten in each of the two games played. A return visit by a splendid workers' team [...] was made in July to Hamburg, Magdeburg, Leipzig and other towns, and our team more than held their own, and in addition were given a right royal reception by their German comrades."[154] Besonders starke Abteilungen besaß die BWSA in London, Birmingham, Reading, Bath, Swindon und Bristol. Sie organisierte nie die Hunterttausende, die sich in den deutschen Vereinen tummelten. Die Radfahrer/-innen des Clarion hatten im Jahre 1914 8.000 Mitglieder, und allein in Manchester gab es 32 Clarion-Gruppen.[155] In der ersten Hälfte der 1930er Jahre waren wohl in allen Arbeitersportvereinen Großbritanniens nicht mehr als 15.000 Arbeiter/-innen organisiert, und diese Schätzung schließt bereits die kommunistischen Vereine mit ein.[156] Bestenfalls bemühten sich Sportfunktionäre in Großbritannien wie z.B. Elvin darum, eine zahlenmäßig kleinere Variante der sozialdemokratischen Arbeitersportvereine in Deutschland aufzubauen.[157] Nach dem zweiten Weltkrieg allerdings wurde die BWSA zum Motor einer kurzlebigen Renaissance der Arbeitersportbewegung in Westeuropa.[158]

4.2.3 Frauen- und Jugendverbände

Da die preußische Vereinsgesetzgebung die Einbindung von Frauen in Parteistrukturen bis 1908 untersagte, organisierten sich die Frauen der SPD zunächst einmal in separaten Verbänden. 1908 errichtete die SPD ein zentrales Frauenbüro, das bis 1911 die lokalen Bemühungen um eine zunehmende Rekrutierung von Frauen unterstützen sollte. Als es schließlich aufgelöst wurde, übernahm eine Frauensekretärin mit Sitz im Parteivorstand

---

151 Überhorst, Frisch, Frei, Stark, S. 162 f.; vgl. auch F.O. Roberts, Impressions of the Workers' Olympiad, in: Labour Magazine 6, 1927/28, S. 152 f. Zu den zahlreichen Kontakten zwischen der britischen und anderen europäischen Arbeitersportvereinen siehe v.a. Stephen G. Jones, The European Workers' Sport Movement and Organized Labour in Britain between the Wars, in: EHQ 18, 1988, S. 3-32.
152 Labour Organizer, Nov. 1930, S. 212.
153 Alljährlich berichtete der Vorstand der Londoner Partei seit 1927/28 von den Fortschritten ihrer Arbeitersportbewegung.
154 Annual Report of the EC of the LLP, 1928/29, S. 10.
155 Denis Pye, Fellowship is Life. The National Clarion Cycling Club 1895-1995, Bolton 1995.
156 Jones, The European Workers' Sport Movement, S. 7 f.
157 Labour Organizer, Okt. 1930, S. 191.
158 Stephen Bird, History of the BWSA, in: SSLH 50, 1985, S. 9.

seine Aufgaben.[159] Spezifische Agitationskomitees von und für Frauen sowie Lesezirkel und Debattierklubs wurden nach 1908 innerhalb der SPD gegründet. Die Berliner sozialdemokratischen Frauen organisierten einen regen Veranstaltungsreigen. Die Zahl der abgehaltenen Frauenabende stieg seit Mitte der 1920er Jahre rapide an – von 65 im Jahre 1925 auf 999 im Jahre 1931. Spezifische Abendkurse für Frauen wurden abgehalten und Ausflüge in die Natur unternommen. Es gab regelmäßige Vorlesungsreihen, jährliche Regionalkonferenzen und zahlreiche spezielle Tagungen, meist zur Frauen- und Familienpolitik. Alljährlich stattfindende Agitationswochen sollten der Partei einen zunehmend größeren Mitgliederanteil von Frauen zuführen. Vor dem Krieg organisierten die SPD-Frauen Frauenwahlrechtstage, auf denen sie energisch auf die staatsbürgerliche Entrechtung der Hälfte der Bevölkerung hinwiesen und das Wahlrecht für alle Frauen forderten. Mit der „Frauenstimme" und der „Frauenwelt" gaben die Genossinnen in Berlin zwei wöchentlich erscheinende Zeitschriften heraus. Außerdem veranstalteten sie Besichtigungen durch die Berliner Museen ebenso wie durch die Berliner Betriebe. Ende der 1920er Jahre hatte Berlin den mit 19.062 Mitgliedern stärksten sozialdemokratischen Frauenverein, für den im Jahre 1930 428 Funktionärinnen tätig waren.[160]

Im Großbritannien der 1890er Jahre schlossen sich die Frauen der ILP wie der Genossenschaften zu eigenen Vereinen zusammen. Obwohl es im männlich dominierten Vorstand der Labour Party erhebliche Bedenken gegenüber einem organisatorischen Separatismus der Labour-Frauen gab, hoben diese im Jahre 1906 die Women's Labour League aus der Taufe.[161] In vielen lokalen Parteien gehörten die Frauenligen zu den aktivsten Teilen der Partei. Sie entsandten ihre eigenen Delegierten zu anstehenden Parteikonferenzen, organisierten öffentliche Veranstaltungen und waren gerade im Wahlkampf für die Partei unersetzlich. Ihre Entscheidungen trafen sie weitgehend unabhängig von den bestehenden innerparteilichen Hierarchien, was sich erst änderte, als die Frauenligen im Jahre 1918 strikter in die Gesamtpartei eingebunden wurden. Das neue Organisationsstatut der Partei sah das Amt einer Frauensekretärin vor (National Women's Organizer), das von der gebürtigen Australierin Marion Philipps ausgeübt wurde. Neun regionale Funktionärinnen sollten überdies das Wachstum der lokalen Frauensektionen fördern. Wie die SPD-Frauen ihre eigenen Zeitung, „Die Gleichheit" hatten, so produzierten die Labour-Frauen die Zeitung „Labour Woman".

Durch die gesamten 1920er Jahre hindurch verzeichneten die Frauensektionen einen starken Zuwachs. Im Jahre 1931 gab es insgesamt 1.705 den lokalen Parteien zugeord-

---

159 Siehe generell zur Entwicklung der sozialdemokratischen Frauenbewegung Fricke, Handbuch, Bd. 1, S. 409-53; Jean Helen Quataert, Reluctant Feminists in German Social Democracy 1845-1917, Princeton, N.J. 1979; Sabine Richebächer, Uns fehlt nur eine Kleinigkeit: Deutsche proletarische Frauenbewegung 1890-1914, Frankfurt am Main 1982; Renate E. Pore, The German Social Democratic Women's Movement 1919-1933, phil.diss., Universität Morgantown 1977; eine vergleichende Perspektive bietet Richard J. Evans, Comrades and Sisters: Feminism, Socialism and Pacifism in Europe, 1870-1945, Sussex 1987.
160 Jahresbericht des Bezirksverbandes der SPD Berlin, 1930, S. 102. Der zweitstärkste Frauenverein der SPD zu diesem Zeitpunkt war der Hamburgs mit 17.909 organisierten Frauen.
161 Christine Collette, For Labour and for Women: The Women's Labour League 1906-1918, Manchester 1989, S. 38.

nete Frauensektionen.[162] Bereits 1926 stellten sie 250.000 aller individuellen Mitglieder der Partei.[163] Im Vergleich dazu hatte die SPD im selben Jahr nur 165.492 weibliche Mitglieder zu verzeichnen.[164] Marion Philipps legte besonderen Wert auf die Aus- und Weiterbildung von Funktionärinnen für die Agitation und Organisation.[165] Ein parteiinternes Positionspapier zur Organisation der Frauen beschreibt die Funktion der lokalen Sektionen wie folgt: „a) meetings held partly for business and partly for education, b) a limited number of public gatherings, c) social activities, d) money raising efforts for the section or for the party to which they are attached."[166] Die LLP setzte nach dem ersten Weltkrieg ein eigenes Women's Advisory Committee ein, das die Rekrutierung von weiblichen Mitgliedern ankurbeln sollte. Herbert Morrison betonte im Jahre 1921 eigens, wie wichtig es für die Partei sei, die Stimmen der Frauen für die eigene Partei zu gewinnen.[167] Frauenkonferenzen, Massendemonstrationen, Wochenend- und Sommerschulungen wurden durchgeführt mit dem Resultat, daß es bereits 1927/28 innerhalb der LLP siebzig Frauensektionen gab. Ihre wachsende Stärke und Bedeutung demonstrierten sie auch dadurch, daß die Partei immer mehr Kandidatinnen für die Wahlen zum LCC aufstellte, wo zu diesem Zeitpunkt bereits elf Frauen als Abgeordnete saßen. Unter den fünf hauptamtlichen Funktionären/-innen der LLP waren zwei Frauen.[168] In Stockport, einer weiteren lokalen Partei, in der die Frauensektionen sehr rege waren, wurden im Jahre 1925 eigene Stadtteilsekretärinnen ernannt. In der parteieigenen Zeitung gestalteten sie eine regelmäßige Frauenkolumne und Kinderecke. Sie veranstalteten alljährliche Winterprogramme, die aus einer Reihe von Vorlesungen bestanden, und bemühten sich auch um rege Kontakte zu den Frauensektionen der umliegenden Ortsvereine der Labour Party. Obwohl die Stockporter Labour-Frauen auch Kartenspiele und andere soziale Festlichkeiten organisierten, erschöpfte sich ihre Tätigkeit durchaus nicht darin. So stellten sie ihre eigenen Kandidatinnen zu den Schulpflegschaftsgremien auf, unterstützten den Bergarbeiterstreik im Jahre 1926 und trieben aktiv Kommunalpolitik, wobei sie besonders auf Entscheidungen des männlich dominierten Vorstands der Stockporter Labour Party Einfluß zu nehmen suchten.[169]

Die Frauenvereine beider Parteien hatten es oft schwer, mit der ablehnenden Haltung ihrer männlichen Genossen umzugehen. Unzweifelhaft fanden sich auch in ihren Reihen zahllose, die für die Rechte der Frauen eintraten – man denke nur an die beiden langjährigen Parteiführer August Bebel und Keir Hardie. Und es gibt sogar Hinweise darauf, daß

---

162 Labour Party Archive, Organization Subcommittee Minutes 1932: Positionspapier zu den lokalen Frauensektion, S. 3.
163 Labour Magazine 5, 1926/27, S. 266.
164 Winkler, Der Schein der Normalität, S. 350.
165 Marion Philipps, Organizing the Women Electors, in: Labour Organizer, Mai 1922, S. 12 und Oktober 1922, S. 22.
166 Labour Party Archive, Organizational Subcommittee Minutes, Positionspapier zur Frauenorganisation, S. 3.
167 Labour Party Archive, Local Labour Party Files, files of the LLP: Organization Points, Nr. 17 v. 11. Juli 1921.
168 Annual Report of the EC of the LLP, 1926/27, S. 6. Zur regen Aktivität der Londoner Labour-Frauen vgl. etwa auch die Berichte in London News, Juni 1925, S. 2 und Juli 1925, S. 2.
169 Minutes of the Meeting of the Women's Section of the Stockport Labour Party v. 13. Jan. 1925 bis zum 3. Mai 1927, in: Stockport Labour Party Files, in: Origins, hrsg. v. Clark.

die offizielle Parteipolitik der SPD Auswirkungen auf die Einstellungen der Parteibasis hatte.[170] Aber Frauen blieben doch in allen Führungspositionen der SPD auf allen Ebenen stark unterrepräsentiert. Männliche Sozialdemokraten – einmal ganz zu schweigen von männlichen Gewerkschaftlern[171] – vernachlässigten die Agitation gegenüber den Arbeiterinnen. Kinder ihrer Zeit, blieben sie überhaupt mißtrauisch gegenüber der Organisation von Frauen, und es widerstrebte ihnen zutiefst, den Frauensektionen ein höheres Maß an Autonomie zuzuerkennen.[172] In den von Männern beherrschten Kulturorganisationen der SPD waren Vorurteile gegen Frauen weit verbreitet.[173] So konnte die Polizei auch dem preußischen Innenminister mit innerer Genugtuung berichten, daß „die sozialdemokratische Frauenbewegung auch im verflossenen Jahr nennenswerte Erfolge nicht erzielt hat [...]."[174] Zwar, so der Bericht weiter, seien die Agitatoren und Vertrauenspersonen mit Eifer bei der Sache, doch die meisten Männer in der SPD stünden der Forderung nach Gleichberechtigung ablehnend gegenüber. Der SPD-Vorstand versuchte die Frauenorganisationen im Jahre 1913 dazu zu bewegen, die Feiern zum internationalen Frauentag abzusagen, da sich die Mehrzahl seiner männlichen Mitglieder mit dem Gedanken an öffentlich durch die Straßen der Städte ziehende und demonstrierende Frauen nicht so recht anfreunden konnte. Bei den Verhandlungen der Weimarer verfassungsgebenden Versammlung signalisierten die Sozialdemokraten gegenüber den Liberalen sogar eine gewisse Bereitschaft, ihre Forderung nach vollem Frauenwahlrecht noch einmal zu überdenken.[175] In eklatantem Gegensatz zu allen programmatischen Aussagen der Partei in den 1920er Jahren blieb die Position der Frau in der SPD eine untergeordnete. Auf beinahe allen Ebenen der Partei waren die Führungspositionen von Männern besetzt.[176]

Die Erfahrungen von Frauen mit der Labour Party waren nicht viel anders. Zwar galt die ILP lange vor 1914 als Vorkämpferin für die volle Gleichberechtigung der Frauen, und die „Frauenfrage" wurde auf allen Ebenen der Partei intensiv diskutiert, aber von diesen Debatten gingen doch z.T. sehr widersprüchliche Signale aus.[177] Das Bild der Frauen schwankte zwischen traditionellen Rollenklischees und deren Infragestellung. Dabei dürften wohl nur die wenigsten männlichen Genossen die vorherrschende rigide Trennung zwischen privater weiblicher und öffentlicher männlicher Sphäre in Frage gestellt haben. Es bleibt schwierig einzuschätzen, welchen Einfluß die theoretisch an-

---

170 Evans, Proletarians, S. 163-67.
171 Zu der frauenfeindlichen Haltung vieler Gewerkschaften in Deutschland siehe Gisela Losseff-Tillmanns, Frauenemanzipation und Gewerkschaften, Wuppertal 1978, S. 107 f. Daß die Frauen, z.B. in der Textilindustrie, dabei durchaus eigene Formen kollektiven Widerstands entwickelten, zeigt die auch methodologisch außergewöhnlich innovative Studie von Kathleen Canning, Languages of Labour and Gender: Female Factory Work in Germany, 1850-1914, Cornell 1996.
172 Friedhelm Boll, Massenbewegungen in Niedersachsen 1906-1920, Bonn 1981, S. 106 f.
173 Lidtke, The Alternative Culture, S. 37.
174 ZStA Merseburg, Rep. 77, Nr. 656, I, 4: Polizeibericht an den preußischen Innenminister über die sozialdemokratische und anarchistische Bewegung v. 15. Jan. 1898, S. 9.
175 Evans, Comrades and Sisters, S. 70-73 und 85 f.
176 Karen Hagemann, Frauenalltag und Männerpolitik: Alltagsleben und gesellschaftliches Handeln von Arbeiterfrauen in der Weimarer Republik, Bonn 1990, S. 630-38.
177 June Hannam, Women and the ILP, 1890-1914, in: The Centennial History of the ILP, hrsg. v. David James, Tony Jowitt und Keith Laybourn, Halifax 1992, S. 205-28.

spruchsvollen Versuche von Genossinnen wie Isabel Ford hatten, Forderungen nach einer Emanzipation der Arbeiterklasse zu verbinden mit Forderungen nach voller Gleichberechtigung für Frauen.[178] Selbst der verehrte Keir Hardie wurde von der Fraktion wegen seines angeblich obsessiven Feminismus kritisiert.[179] Immerhin sprach sich erst 1912 eine Mehrheit der Delegierten auf dem Parteitag der Labour Party für das volle Frauenstimmrecht aus. Innerhalb der Labour Party überwogen insgesamt eindeutig die traditionellen, männlich-strukturierten Ansichten zur Rolle der Frau in der Gesellschaft.[180] Besonders der Gewerkschaftsflügel der Bewegung war frauenfeindlich. Gerade in der Zwischenkriegszeit blieben die Erwartungen vieler Genossinnen daher hinter der Realität weit zurück. Entscheidenden Einfluß auf die Politikgestaltung erreichten Frauen kaum jemals, wie sie auch nur selten in wichtige Führungspositionen der Partei aufrückten. Spezifische Frauenfragen wurden von der Labour Party häufig vernachlässigt, und auch innerorganisatorisch wurde die Repräsentanz von Frauenorganisationen auf den Parteitagen bereits nach 1929 wieder zurückgeschraubt.[181] In Orten wie Preston versuchte die lokale Partei nach 1918 sogar, den Aufbau von Frauensektionen zu verhindern. Durch die gesamten 1920er Jahre hindurch war die lokale Partei an frauenpolitischen Fragen herzlich desinteressiert.[182] Die Funktionärin Barbara Ayrton Gould, die zu diesem Zeitpunkt das Amt des Acting Chief Women's Officer innehatte, sprach im Jahre 1932 von einer oft schwierigen Beziehung der Frauensektionen zu ihren lokalen Parteien: „In a good many areas there is trouble in various women's sections because the local Labour Party will not allow the members to retain any of their 1 d. per week and the women have to pay the rent of a room for their meetings [...]"[183]

Nicht allein die Frauengruppen bereicherten und stärkten die Solidargemeinschaften der Arbeiterparteien in Großbritannien und Deutschland. Dasselbe kann auch von den Jugendorganisationen behauptet werden. In Deutschland wurde innerhalb der Partei bereits seit den 1870er Jahren versucht, die Jugendlichen zu organisieren. Aber wiederum stieß die Partei besonders in Preußen auf vereinsrechtliche Barrieren. Erst mit der Novellierung des Vereinsrechts im Jahre 1908 fielen die letzten Hindernisse für eine erfolgreiche Organisation der Parteijugend. Lokale Jugendausschüsse wurden gegründet und unterstützt durch eine Zentralstelle für die arbeitende Jugend Deutschlands. Im Jahre 1914 gab es 837 den Ortsvereinen angegliederte Jugendgruppen. Sie veranstalteten alljährliche Pfingsttreffen, auf denen die sozialistischen Jugendlichen ganz Deutschlands zusammenkamen. Die Aktivitäten der lokalen Gruppen waren extrem breit gefächert. In größeren Städten hatten sie ihre eigenen Jugendheime, die zu Zentren aller kulturellen

---

178 Isabel Ford, Women and Socialism, London 1904.
179 Morgan, Keir Hardie, S. 166 f.
180 Vgl. auch Brian Harrison, Class and Gender in Modern British Labour History, in: PP 124, 1989, S. 139.
181 Pamela M. Graves, Labour Women. Women in British Working-Class Politics 1918-1939, Cambridge 1994.
182 Savage, The Dynamics, S. 167-69.
183 Labour Party Archive, Organization Subcommittee Minutes, 1932: Brief Barbara Ayrton Goulds an Miss Tavener v. 8. März 1932.

und sozialen Unternehmungen wurden.[184] Museumsbesuche, Lese- und Debattierabende, Ausflüge in die Natur, Handarbeit und Weihnachtsfeiern gehörten zum Standardrepertoire vieler Jugendgruppen.[185] Die Kinderfreundebewegung bildete den institutionellen Rahmen für die Sechs- bis Vierzehnjährigen. Sie veranstaltete Sommercamps für Arbeiterkinder, die sog. Kinderrepubliken, und ihre lokalen Gruppierungen versuchten bereits den ganz Kleinen auf spielerische Weise den Zugang zu sozialistischen Werten und sozialistischer Lebensweise zu ermöglichen.[186]

Lange vor Gründung der Labour Party organisierten ILP und Clarion-Bewegung bereits ihre eigenen Jugendgruppen. Innerhalb der Labour Party gab es allerdings nicht nur enthusiastische Reaktionen auf Versuche, eine spezifische Organisation für Jugendliche zu gründen. Innerhalb des Apparates gab es – wie bei den Frauen – Mißtrauen gegenüber jedweder organisatorischen Separierung. So betonte der internationale Sekretär der Labour Party, William Gillies, gegenüber dem Vorsitzenden der Sozialistischen Jugendinternationale, Erich Ollenhauer, im Jahre 1922: „I may say that, in general, our ideas about the organization of Youth in the labour movement are of a tendency quite opposite to those of continental socialists. We do not believe in the separate organization of sympathizers below or above a certain age limit."[187] Und doch gründete die Barrow Labour Party bereits im Jahre 1905 die erste sog. Junior Labour League.[188] Im Jahre 1920 gründete Arthur Peacock in Clapham dann die Young Labour League, die ihre eigene Vereinszeitung, Young Labour, herausgab. Enthusiasten wie Peacock versuchten in den 1920er Jahren die Organisation der Jugendlichen in sog. Young People's Sections der Parteien vor Ort voranzutreiben. 1925 gab es bereits 185 solcher Young People's Sections. Solche Gruppen, argumentierte Peacock, seien die „training centres for the movement of tomorrow."[189] Dabei dienten ihm und seinen Weggefährten/-innen die Jugendorganisationen der SPD oft als Vorbild.[190] 1926 gründete die Labour Party dann die League of Youth für alle Parteimitglieder unter 25 Jahren. Der „Labour Organizer" propagierte in den 1920er Jahren den Aufbau lokaler Jugendgruppen, von denen es im Jahre 1929 bereits 300 gab.[191] Die vereinseigene Zeitschrift der League, „New Nation", wurde 1932 von 2.000 Vereinsmitgliedern abonniert, wobei es 1936 ca. 12.000 aktive Mitglieder in

---

184 Rudolf Waclawiak, Jugendbildungsstätten, in: SM 14, 1910, S. 378-81. Zur Struktur und Organisation der sozialistischen Jugend Deutschlands siehe auch Fricke, Handbuch, Bd. 1, S. 454-94.
185 Siehe z.B. Müller, Zur Geschichte der Arbeiterbewegung in Sachsen-Altenburg, S. 79; Arbeiterjugendbewegung in Frankfurt 1904-1945: Material zu einer verschütteten Kulturgeschichte, Lahn 1978.
186 Kurt Löwenstein, Die Aufgaben der Kinderfreundebewegung, in: SM 35, 1929, S. 1.116-20.
187 IISG, Sozialistische Jugendinternationale: Korrespondenz Gillies-Ollenhauer, 1922/23, Nr. 24 g.
188 Our Struggle for Socialism in Barrow: Fifty Years Anniversary, hrsg. v. der Barrow Labour Party, Barrow 1950, S. 16.
189 W.A. Peacock, Labour and the Coming Nation, in: Labour Magazine 5, 1926/27, S. 307.
190 Vgl. die Korrespondenz zwischen Peacock und anderen Enthusiasten der Labour Party League of Youth mit Ollenhauer, in: IISG, Amsterdam, Sozialistische Jugendinternationale sowie Egerton Wakes explizite Bezugnahme auf die ‚kontinentale' Arbeiterjugendbewegung in seinem Plädoyer für einen systematischen Aufbau von Jugendorganisationen in der Labour Party, das er auf dem Parteitag von 1924 hielt. Siehe Report of the Annual Conference of the Labour Party 1924, London 1924, S. 118. Daneben waren aber auch sicherlich die ILP Guild of Youth und die Young Communist League wichtige hausgemachte Vorbilder.
191 Labour Organizer, Dez. 1929, S. 235 f.

den Jugendverbänden der Partei gab. Ihnen ging es, wie den deutschen Organisationen, v.a. darum, die Töchter und Söhne von Parteimitgliedern zu erfassen. Der pädagogische Impetus war dabei ebenso unverkennbar wie das Bemühen um eine soziale Einbindung der Jugendlichen und jungen Erwachsenen.[192] Ausflüge in die Natur, Camping, Radfahren waren dabei ebenso beliebt wie Museumsbesuche, Fabrikbesichtigungen, Debattier- und Lesezirkel. Manche Gruppen gaben sogar ihre eigenen Jugendzeitschriften heraus.[193] Im Jahre 1933 konnte sogar eine vereinseigene Jugendherberge in Hoddesdon, Hertfordshire eröffnet werden, die Unterkunftmöglichkeiten für 400 Personen bot sowie eine Bibliothek, Sportanlagen und Konferenzräume ihr eigen nannte. Wie in Deutschland ging es den Jugendlichen nicht primär um die Gestaltung ihrer Freizeit, und auch die politische Tätigkeit stand nicht so sehr im Vordergrund. Statt dessen ging es um die Formung der sozialistischen Menschen und ihrer Moral: „Socialism has more than a political expression, and therefore there should undoubtedly be more than purely political activities."[194] Die Genossin Olive Rainbird aus Tottenham erinnert sich an ihre Zeit im Jugendverband der Labour Party: „We used to run these social evenings and rambles [...] there'd be anything from ten to twenty of us and we all got a cup of tea out of one little teapot and a primus stove. We had a great deal of fun in those days as well as serious politicking [...]"[195]

4.2.4 Klubleben und sozialistische Festkultur

Labour Clubs und Gewerkschafts-/Parteihäuser waren jeweils zentrale Orte für die Solidargemeinschaften beider Parteien. Hier gab es meist eine Kneipe und einen großen Saal für die öffentlichen Versammlungen der Partei. Hier hatte in der Regel auch die Zentrale der lokalen Parteibürokratie ihren Sitz. Oft gab es außerdem noch eine Bibliothek sowie Unterbringungsmöglichkeiten für Besucher und Gäste. Die Gewerkschafts- und Parteihäuser fungierten als pädagogische und kulturelle Zentren der Arbeiterparteien am Ort.[196] Ein Besuch deutscher Gewerkschaftshäuser regte Arthur Henderson dazu an, in London einen Labour Club zu gründen „after the style of these in Germany."[197] Was Henderson bei seinem Besuch wahrscheinlich nicht sah, war die Tatsache, daß die meisten Gewerkschafts- und Parteihäuser finanzielle Probleme hatten, weshalb J. Sassenbach auch die lokalen Organisationen der Arbeiterbewegung dazu anhielt, solche Häuser nur dann zu bauen oder anzumieten, wenn sie keine anderen Versammlungsorte finden konnten.[198]

---

192 Zu den Zielen der Arbeiterjugendbewegung in Großbritannien vgl. Labour Organizer, Aug. 1923, S. 11.
193 Zu den vielfältigen Aktivitäten vgl. besonders die Berichte in den „League of Youth Bulletins", die der „Labour Organizer" ab Mai 1930 veröffentlichte.
194 Paul Williams, Give Young Britain its Chance, in: Labour Magazine 10, 1931/32, S. 509. Auch hier gelten die kontinentalen Arbeiterjugendgruppen als Vorbilder für das, was auch in Großbritannien erstrebenswert sei.
195 Weinbren, Generating Socialism, S. 42.
196 Ein Beispiel unter vielen bietet Werner Piechocki, Der Volkspark als Kultur- und Bildungsstätte der halleschen Arbeiter 1907-1914, Halle 1968.
197 Zitiert nach Chris Wrigley, Arthur Henderson, Swansea 1990, S. 64 und 74.
198 FES, Archiv der sozialen Demokratie, vormals: Historische Kommission, ADGB Akten, NB 453: Gewerkschaftshäuser, Nr. 3 und NB 461: SPD Ortsverbände, Nr. 10.

Genau diese Schwierigkeiten bei der Anmietung geeigneter Treffpunkte und Versammlungsplätze spielten auch eine herausragende Bedeutung bei der Gründung vieler Labour Clubs in Großbritannien.[199] In Städten ohne eigenen Versammlungsort trafen sich die britischen wie die deutschen Genossen/-innen meist in Arbeiterkneipen.[200]

Labour Clubs breiteten sich nach 1918 schnell über das ganze Land aus, was von offizieller Seite mit sehr gemischten Gefühlen wahrgenommen wurde. Einerseits wurden sie als Zeichen des Wachstums lokaler Parteien begrüßt.[201] Aber recht bald machten sich auch kritischere Stimmen bemerkbar. So warnte der „Labour Organizer" bereits im Jahre 1925: „in a great number of cases the facilities [bars] become the attraction and Labour activity takes second place or even fifth place."[202] Nun waren zweifelsohne nicht alle Labour Clubs primär Trinkhallen.[203] So verweist Paul Thompson etwa zu Recht auf die zentrale politische Rolle des Labour Clubs für die Gründung der Woolwich Labour Party in London.[204] Im Rhondda Valley in Südwales waren die Labour Clubs v.a. Orte der Erwachsenenbildung. Sie beherbergten ihre eigenen Bibliotheken, Debattierklubs und organisierten eine Vielzahl an Kursen für die Arbeiterbildung.[205] Das im Jahre 1908 gegründete Clarion Café in Manchester diente als Treffpunkt für Sozialisten/-innen unterschiedlicher Couleur und war – wie die Clarion Clubs in Derby und Liverpool – ein zentraler Ort der Arbeiterbildung, des Arbeitertheaters und der Arbeiterkulturbewegung insgesamt.[206] Die Colne Valley Labour Clubs wurden von ihrem Historiker beschrieben als „oases of socialism where a counterculture to the materialism of the Victorian capitalism evolved. Reading rooms and discussion groups flourished [...]"[207]

Auch die sozialistische Festkultur beider Arbeiterparteien festigte ihren Charakter als Solidargemeinschaften. Die Maifeiern waren das vielleicht bedeutsamste Ereignis im sozialistischen Festkalender.[208] Robert Schmidts Feststellung auf dem Kölner Kongreß der Freien Gewerkschaften im Jahre 1905, daß es in Großbritannien keine Maifeiern gebe[209], war zumindest eine derbe Übertreibung. Die Labour Party gab selbstverständlich

---

199 History of the Colne Valley Labour Party, S. 8; Ashplant, The CIU and the ILP, S. 87.
200 Evans, Proletarians, S. 124-91; McKibbin, Evolution, S. 215 und Cunningham, Leisure, S. 84.
201 Labour Organizer, April 1921, S. 4.
202 Labour Organizer, Aug. 1925, S. 3.
203 Dies ist der äußerst zweifelhafte Befund in Elisabeth Domansky, Repräsentationsbauten der Arbeiterbewegung. Gewerkschaftshäuser in Westeuropa vor dem ersten Weltkrieg, in: Gewerkschaftsbewegung im 20. Jahrhundert im Vergleich: Forschungskolloquium Wintersemester 1984/85, hrsg. v. dem Institut zur Erforschung der Geschichte der europäischen Arbeiterbewegung an der Ruhr-Universität Bochum, Bochum 1985, S. 18: „Arbeiterklubs in England, die in erster Linie eine Freizeitaufgabe erfüllten – sie ermöglichten Arbeitern gesellige Zusammenkünfte, wobei der Alkoholgenuß eine bedeutende Rolle spielte."
204 Thompson, London Working-Class Politics, S. 438.
205 Williams, Democratic Rhondda, S. 277 f.
206 Denis Pye, Socialism, Fellowship and Food: Manchester's Clarion Café 1908-1936, in: North-West Labour History 21, 1996/97, S.30-38.
207 Clark, Labour's Lost Leader, S. 15.
208 Vgl. Janos Jemnitz, A Comparative Historical Sketch of the Early European May 1 Celebrations, in: May Day Celebrations, hrsg. v. Andrea Panaccione, Venedig 1988, S. 191-206; Mein Vaterland ist international: Internationale Geschichte des 1. Mai, hrsg. v. Udo Achten, Oberhausen 1986. Siehe auch die interessanten vergleichenden Betrachtungen in Boll, Arbeitskämpfe, S. 429-66.
209 Zit. nach Illustrierte Geschichte des Ersten Mai, hrsg. v. Udo Achten, Oberhausen 1979, S. 110.

zu, daß viele der Maifeiern auf dem Kontinent großartigere Veranstaltungen waren als die in Großbritannien. Aber in ihrem Streben zumindest bezog sie sich wieder einmal auf das Vorbild des Kontinents.[210] Zunächst einmal ist außerdem festzuhalten, daß in beiden Ländern die Maifeiern an verschiedenen Orten ein sehr unterschiedliches Aussehen hatten. Oft gab es Festzeitschriften mit Kunstdrucken bekannter sozialistischer Künstler wie Walter Crane und Max Slevogt und Wortbeiträgen, die den zentralen Forderungen der Arbeiterbewegung Ausdruck verliehen. Die Teilnehmer/-innen an Maiumzügen trugen rote Blumen oder rote Handtücher, sangen die bekannten Arbeiterlieder und proklamierten sozialistische Gedichte. Einige Maifeiern trugen mehr den Charakter von Gartenparties, andere dagegen ähnelten einem Familienausflug am Sonntagnachmittag, während wieder andere begleitet waren von militanten Kampfformen wie Streiks. Allesamt waren sie machtvolle Demonstrationen der öffentlichen Präsenz der Arbeiterpartei und ihres Anspruchs, die Emanzipation der Arbeiterklasse zu verwirklichen.

Als Friedrich Engels im Jahre 1890 den Maifeiern in London beiwohnte und einen Demonstrationszug von 300.000 Arbeitern/-innen durch die Hauptstadt Großbritanniens ziehen sah, da schrieb er, daß der erste Platz in der Maibewegung des Jahres 1890 dem britischen Proletariat gehöre.[211] Obwohl diese Zahlen nie wieder erreicht wurden, zählte Julius Motteler im Jahre 1898 immerhin noch 20.000 Demonstranten/-innen auf der zentralen Londoner Maiveranstaltung, an der außerdem 35 Musikkapellen teilnahmen und auf der 53 geschmückte Wagen und 186 Fahnen mitgeführt wurden.[212] Zehntausende von Arbeitern/-innen marschierten regelmäßig auf den Maiveranstaltungen der Arbeiterbewegung in Glasgow vor 1914 und Birmingham in den 1920er Jahren.[213] Selbst wenn viele der lokalen Veranstaltungen in Großbritannien mit den großen Maiumzügen in allen deutschen Großstädten nicht mithalten konnten, so waren doch die in den Marschierenden geweckten Gefühle der Solidarität und Gemeinschaft in beiden Ländern durchaus vergleichbar. So schreibt etwa Edwin Muir über seine Erfahrungen mit Maiumzügen: „I can remember the banners floating heavily in the windless air, their folds sometimes touching like a caress the heads and faces of the people marching behind them [...] what I am most conscious of is the feeling that all distinction had fallen away like a burden carried in some other place, and that all substance had been transmuted."[214] Die Genossin Owen Heather erinnert sich an die Maiumzüge in Manchester: „There was a strong tradition in Manchester of a procession on May Day. The route varied, you needed somewhere large enough as the destination, large enough for an open-air meeting. In those days there were a considerable number of horse and carts around that you could hire fairly cheaply, so that each branch more or less would get a horse and cart and arrange for some form of construction on it. On one occasion we got into trouble with people living close by where we were assembling because we had a coffin on the lorry, labelled ‚The

---

210 Vgl. The Meaning of May Day, hrsg. v. Labour Research Department, Labour White Papers, Nr. 42, London 1929, S. 4-7.
211 Fricke, Kleine Geschichte, S. 27 f.
212 FES, Archiv der sozialen Demokratie, NL Motteler, 1823/10.
213 Smith, Labour Tradition, S. 38; Boughton, Working Class Politics, S. 177 f.
214 Edwin Muir, An Autobiography, London 1964, S. 114.

Funeral of Capitalism'."[215] Auch wenn man die deutschen Standards anlegt, so waren doch Maifeiern, wie sie in Nottingham in den 1920er Jahren regelmäßig durchgeführt wurden, eindrucksvoll: „The demonstration was imagined as a whole and deliberately planned in detail to preserve wholeness. Form and rhythm were secured by due alternation of cars and walking contingents. A colour scheme was settled from one end to the other by the use of specially designed cars; to secure ‚largeness‘, interest was excited in the ward organizations and trade union branches [...] A single idea was attempted to be impressed on the onlooker [...] that the wage labour of today is [...] a passing phase of history [...] This was suggested in a series of tableaux [...] The debasement of colour in social and industrial life was suggested by the declension from the rich hues of the Middle Ages to the drabs of today, both in the costumes and designs of the car [...] the five acres of the Great Market presented a great spectacle as the procession assembled and marshalled [...] Red flowers and programmes sold and collections during the two hours of the pageant brought in between £50 and £60, despite the widespread distress in Nottingham."[216] Anläßlich solch bemerkenswerter Maiumzüge veranstaltete die Nottinghamer Partei außerdem noch Wettbewerbe, bei denen der am schönsten dekorierte Wagen und das herrlichste Kostüm mit einem Preis ausgestattet wurden oder auch eine ‚Maikönigin‘ gekrönt wurde. Der Umzug wurde zu einem Familienfreizeitspaß, an dem sich die gesamte Labour-Gemeinschaft beteiligte.[217]

Die SPD und ihre Nebenorganisationen boten den Parteimitgliedern eine komplette alternative Lebensgestaltung von der Wiege bis zur Bahre. Sozialdemokraten/-innen pflegten Umgang weitgehend untereinander: Sie lachten zusammen, trieben zusammen Sport, machten Musik und diskutierten über Politik – vorzugsweise in von sozialdemokratischen Kneipiers betriebenen Gaststätten.[218] Das Selbstverständnis der SPD als Solidargemeinschaft findet in der Weimarer Republik nirgends deutlicher Ausdruck als auf den Seiten der „Sozialistischen Lebensgestaltung", einer Zeitschrift, die von 1921 bis 1923 von Karl Mennicke herausgegeben wurde. Hier berichteten sozialdemokratische Vereine regelmäßig über ihre Aktivitäten zur Formung des ‚neuen Menschen‘. Spezielle Vereinigungen für Sozialistische Lebensgestaltung wurden gegründet, in denen Sozialdemokraten/-innen versuchten, bereits unter kapitalistischen Bedingungen eine sozialistische Moral zu leben. In einem programmatischen Aufsatz verglich Mennicke diese Vereinigungen als Glaubens- und Lebensgemeinschaften mit den alten Kirchen.[219] Für Georg Braun, selbst Mitglied der Berliner Vereinigung, war die Idee der autonomen Gemeinschaft, die alle Dinge des täglichen Bedarfs selber produziert und verbraucht, die Basis sozialdemokratischen Selbstverständnisses.[220] Die sozialdemokratischen Vereinigungen waren integraler Bestandteil einer breiteren Lebensreformbewegung innerhalb der SPD,

---

215 Weinbren, Generating Socialism, S. 73 f.
216 Labour Organizer, Mai 1921, S. 12 f.
217 Labour Organizer, April 1925, S. 16 f.
218 Spezifisch zur Festkultur der SPD siehe Guttsman, Workers' Culture, S. 233-53.
219 Sozialistische Lebensgestaltung, Bd. 2, Febr. 1921, S. 5.
220 Georg Braun, Lebensgemeinschaft, in: Sozialistische Lebensgestaltung, Bd. 1, Jan. 1921, S. 2.

die v.a. nach 1918 sich wachsender Beliebtheit unter den Jüngeren erfreute.[221] Im breiten Spektrum der Gesamtpartei stellten die Vereinigungen sicher den extremen Pol der Gemeinschaftsorientierung dar, aber sie verdeutlichen auch, daß es wohl in beinahe jedem Ortsverein ein solches Bedürfnis nach Gemeinschaft gab. Die meisten sozialdemokratischen Vereine trafen sich wöchentlich. Jeder entwickelte eine spezifische Klubsprache, Symbole und Fahnen. In der Regel veranstalteten sie ein- oder zweimal im Jahr ein großes Vereinsfest, an dem auch Nicht-Mitglieder teilnahmen. Zusätzlich hatte jede lokale Parteiorganisation mindestens vier zentrale Festveranstaltungen zu begehen: Die März-, Mai-, Lasalle- und Gründungsfeiern gehörten zum Standardrepertoire der sozialdemokratischen Festkultur. In den 1920er Jahren veröffentlichte die SPD kleine Handbücher, die den Mitgliedern eine Auswahl an passenden Liedern, Gedichten und Texten für die diversen, im Jahreskalender anstehenden ‚Feste der Arbeiter' zur Verfügung stellten.[222] Viele der Feste ähnelten Familienausflügen an einem Sonntagnachmittag, an dem sich die sozialdemokratische Vereins- und Organisationskultur in ihrer ganzen Breite präsentierte. So veranstaltete z.B. der sechste Berliner Wahlkreis der SPD im Jahre 1911 ein Gründungsfest, auf dem auf dem Programm standen: Konzert, Gesang, Gedichte und kurze Texte, Turnen. Zum Abschluß gab es noch einen Vortrag von Karl Liebknecht und anschließend Tanz bis in die frühen Morgenstunden.[223]

An vielen Orten in Großbritannien gab es ähnliche Versuche, die politische Arbeit mit Formen der Geselligkeit zu verbinden, um den Gemeinschaftsgedanken unter den Parteigenossen/-innen zu stärken. Bereits in den 1880er und 1890er Jahren hatte es solche Bestrebungen unter den sozialistischen Parteien und Organisationen (SDF, ILP, Clarion) gegeben. So stellten die Clarion Fellowships typische Freizeitorganisationen dar, deren hauptsächliches Betätigungsfeld in der Organisation von Partys und gemeinsamen Abendessen lag.[224] Die Seiten des „Labour Leader" waren angefüllt mit Berichten über kulturelle und Freizeitveranstaltungen lokaler Parteigruppen, die in den meisten Fällen auch ein großes Parteifest im Jahr ausrichteten.[225] Der ganze Reichtum der britischen Labour-Ikonographie konnte zu solchen Anlässen ausgebreitet werden, wobei diese Festlichkeiten selbst wiederum Bestandteil der Ikonographie wurden.[226] Die Genossin Patricia Meitlis erinnert sich denn auch an die Partei in der Zwischenkriegszeit als „a

---

[221] Guttsman, Workers' Culture, S. 288-90. Viele sozialdemokratische Vereine, die sich als Teil dieser Lebensreformbewegung sahen, sind näher untersucht worden in dem von Peter Lösche geleiteten Projekt: ‚Sozialistische Kultur- und Freizeitorganisationen in der Weimarer Republik, 4 Bde., Bonn 1990-1993. Siehe besonders Bd. 2: Franz Walter, Viola Denecke und Cornelia Regin, Sozialistische Gesundheits- und Lebensreformverbände, Bonn 1991.

[222] Siehe z.B. Arbeiters Weihnachten: Ein Haus- und Handbuch für freie Menschen, hrsg. v. Erich Altenberger, Waldenburg im Schlern 1927; Herbst- und Jahreswende, hrsg. v. dems., Waldenburg im Schlern 1929; Revolution und Nie Wieder Krieg, hrsg. v. dems., Waldenburg im Schlern 1929.

[223] BA Berlin, Abt. Reich, St. 22/37: Polizeibericht über das Gründungsfest der SPD im sechsten Berliner Wahlkreis v. 11. März 1911.

[224] Lawrence Thompson, Robert Blatchford: Portrait of an Englishman, London 1951, S. 158-60.

[225] Ein Beispiel unter vielen ist der Bericht über das Jahresfest der Blackburn Labour Party in Labour Organizer, Jan. 1921, S. 17.

[226] Hobsbawm, Worlds of Labour, S. 72. Zur Labour-Ikonographie und ihrem Stellenwert für die Solidargemeinschaft der Partei vgl. auch John Gorman, Images of Labour: Selected Memorabilia from the National Museum of Labour History, London 1985.

very caring party [...] they had jumble sales and fêtes, summer fêtes and Christmas fêtes, and socials on Saturday evenings [...] Everybody, the whole family, went and we all had a lot of fun."[227]

Seit 1921 gab es in London ein jährliches Parteifest, das von allen Stadtteilparteien gemeinsam ausgetragen wurde.[228] Daneben gab es noch eine alle drei Jahre stattfindende sog. London Labour Fair, deren zahlreiche Verkaufsstände, Konzerte, Shows, Sport- und Theaterveranstaltungen in den 1920er Jahren Tausende von Besuchern anlockte. Die Veranstalter dieses Spektakels betonten, daß es einen belebenden Effekt besonders auf die lokalen Parteiorganisationen und ihre individuellen Mitglieder hatte: „everyone is drawn into the net of activities of one or more of the subcommittees [...] the ‚Labour Fair' is on everybody's lips [...] Everywhere activity both of group and individual; everywhere recruitment of new workers, and a more widespread publicity of tongue and pen."[229] Einmal abgesehen von den jährlichen Parteifesten, organisierten viele Ortsvereine der Labour Party gelegentlich Blumenshows, Bazare und Trödelmärkte, die v.a. der Aufbesserung der Parteifinanzen dienen sollten. So veranstaltete z.B. die Coventry Labour Party fünfzehn Jahre lang von 1923 bis 1938 einen jährlichen Bazar[230], und viele Parteien bemühten sich, spezielle Komitees zu gründen bzw. spezifische Parteisekretäre/-innen zu ernennen, die für die Organisation und Koordination der Freizeitaktivitäten der Partei zuständig waren. So gab es etwa in Darlington regelmäßig Tanzveranstaltungen sowie Ausflüge in das Arbeiterseebad Blackpool.[231] Die Exkursionen der Stourbridge Divisional Labour Party Ende der 1920er Jahre erfreuten sich großer Beliebtheit. So mußte die Partei im Jahre 1930 zwei Züge anmieten, um ca. 1.000 Leute nach London zu transportieren.[232] Die Glasgower Labour Party kündigte während der Sommermonate jede Woche im parteieigenen „Forward" Wanderungen in der näheren Umgebung der schottischen Metropole an.[233] Die Bemühungen, die Auflagenzahlen des „Daily Herald" zu erhöhen, führten u.a. zur Gründung sog. Herald Leagues in zahlreichen Städten.[234] Ihre Unternehmungen waren sowohl direkt politischer Art als auch freizeitorientiert. Besonders in Labour-Hochburgen wurden sie zu Zentren einer lebendigen Arbeiterbewegungskultur.[235]

Beide Arbeiterbewegungen unterhielten außerdem enge Verbindungen zu Reise- und Wandervereinen, die sich explizit mit ihren Zielen identifizierten. Der Touristenverein ‚Die Naturfreunde' wurde im Jahre 1893 in Österreich gegründet. Der erste deutsche Verein unter gleichem Namen entstand in München im Jahre 1905. Vor dem ersten Weltkrieg hatten die lokalen Gruppen typischerweise 50 bis 100 Mitglieder. Die Gesamtmitgliedschaft der Naturfreunde erreichte mit 116.124 im Jahre 1923 ihren absoluten

---

227 Weinbren, Generating Socialism, S. 63.
228 Annual Report of the EC of the LLP, 1929/30, S. 20.
229 Mary B. Colebrook (Assistant Secretary of the London Labour Fair), London's Labour Fair, in: Labour Organizer, Okt./Nov. 1924, S. 8; vgl auch dies., Great Success of London's Labour Fair, in: London News, Jan. 1925, S. 3.
230 Hodgkinson, Sent to Coventry, S. 83.
231 Labour Party Archive, Darlington Labour Party Minutes.
232 Labour Organizer, Nov. 1930, S. 202 f.
233 Ian McLean, The Legend of Red Clydeside, New York 1983, S. 233.
234 R.J. Holton, Daily Herald vs. Daily Citizen, in: IRSH 19, 1974, S. 368-70.
235 Daily Herald, 5. Jan. 1918, S. 11.

Höhepunkt. Neben der Organisation von Wanderurlauben kümmerte sich der Verein v.a. um den Ausbau eines Netzwerks von Hütten und Ferienheimen, von denen es im Jahre 1933 230 gab. Auch veröffentliche der Verein zahlreiche Zeitschriften, und die lokalen Ableger hielten regelmäßig Diavorträge ab und organisierten Wander- und Bergsteigerkurse.[236] Die Partei selbst unterhielt neben den Naturfreunden auch noch einen separaten Reisedienst, der meist Studienreisen innerhalb und außerhalb der Grenzen Deutschlands kostengünstig organisierte. Im Jahre 1927/28 nutzten 717 Genossen/-innen diesen Service zu Reisen nach London, Wien, Kopenhagen, Brüssel, Paris, Tirol, Hamburg sowie an den Rhein, die spanische Riviera und in die Schweiz.[237]

In Großbritannien wurde die British Workers' Travel Association (WTA) im Jahre 1921 gegründet. Zu ihren Zielen gehörte es ausdrücklich, den in der Arbeiterbewegung organisierten Genossen/-innen ebenso wie einfachen Arbeitern/-innen Reisen ins Ausland zu ermöglichen. In der Zwischenkriegszeit wurde die WTA zu einem der wichtigsten Anbieter von Urlaubsreisen in Großbritannien.[238] Der Kontakt zwischen den lokalen Gruppen und der Zentrale wurde vor allem über die Zeitschrift „Travel Log" aufrecht erhalten, die als Rundbrief des Vereins seit 1926 vierteljährlich publiziert wurde. Die WTA bemühte sich auch darum, Arbeiter/-innen, die an ihren Reisen teilgenommen hatten, zu Erinnerungs- und Wiedersehensfeiern einzuladen, um den Kontakt zwischen ihnen aufrecht zu erhalten. Zahlreiche Ortsvereine der Labour Party nahmen auch gern ihr Angebot von Diavorträgen an, um das eigene Programm an Vorträgen und Seminaren etwas aufzulockern. Der Labour-Abgeordnete Harry Gosling sah in der WTA ein wichtiges Instrument, um den Internationalismus der britischen Arbeiterbewegung zu stärken: „The WTA, the latest great venture of the Labour Movement, has wonderful possibilities in it. It gives the rank and file of the working class movements, Trade Unions, Cooperative, political Labour alike, the opportunity of making very real the Internationals of their respective bodies [...] Conferences between leaders of organizations in different countries are of small avail if the excellent resolutions they adopt are turned down by the rank and file in the day of their proposed application."[239] Die WTA war zweifelsohne der erfolgreichste Anbieter von Reisen und Exkursionen innerhalb der britischen Arbeiterbewegung, aber sie war keineswegs der einzige: Wandervereine wie die Sheffield Clarion Ramblers und Reiseanbieter wie die Holiday Fellowship waren ebenfalls wichtige Freizeitorganisationen der Arbeiterbewegung. Wiederum findet man unter ihren Funktionären/-innen einige, wie Arthur Leonhard von der Holiday Fellowship, die unmittelbar vom deutschen Vorbild der SPD und ihrer Nebenorganisationen inspiriert waren.[240]

---

236 Hartmut Wunderer, Arbeitervereine und Arbeiterparteien: Kultur- und Massenorganisationen in der Arbeiterbewegung 1890-1933, Frankfurt am Main 1987, S. 67-74. Detaillierter Cornelia Regin, Der Touristenverein „Die Naturfreunde", in: Walter, Denecke und Regin, Sozialistische Gesundheits- und Lebensreformverbände, S. 241-92.
237 Hansome, World Workers' Educational Movements, S. 251 f.
238 Helen Walker, The Workers' Travel Association 1921-1939, in: SSLH 50, 1985, S. 9.
239 Harry Gosling, Foreign Travel for Workers, in: Labour Magazine 2, 1923/24, S. 124.
240 H.J. Walker, The Outdoor Movement in England and Wales 1900-1939, phil. diss., Universität Sussex 1987, S. 117-224.

Unter den Funktionären/-innen beider Parteien war der Wert dieser Solidargemeinschaft versprechenden Nebenorganisationen und ihrer Aktivitäten durchaus umstritten. So argumentierten die deutschen Genossen/-innen z.T., daß die ins Kraut schießende Vereinskultur die Aufmerksamkeit der Genossen/-innen von den anstehenden politischen Problemen ablenkten und außerdem noch umstrittene spezifische Einzelinteressen, wie die Feuerbestattung oder die Abstinenz, in die Partei trugen: „Es zeigen sich in der Arbeiterbewegung Bestrebungen, die recht weit ab von dem Ziel führen, das sich die Arbeiterschaft gestellt hat [...] Darunter leidet die politische Aufklärung [...] Würden die Genossen ihre Aufmerksamkeit mehr auf die politische Aufklärung richten, würden sie der Partei viel mehr nützen, als wenn sie sich als Arbeiter mit Esperanto, Stenographie und ähnlichen Dingen beschäftigen [...] Ich möchte darum die Genossen dringend bitten, sich nicht nur auf ihren Spezialgebieten zu betätigen, sondern sich auch um die Partei zu kümmern."[241] In dem gleichen Sinne warnte Keir Hardie vor einer allzu einseitigen Konzentration auf die geselligen Seiten des Parteilebens. Andernfalls würde man Gefahr laufen, die Partei zu einer „lounge for loafers" werden zu lassen.[242] Der „Labour Organizer" unterstrich die Befürchtungen Hardies im Jahre 1930 noch einmal: „Members of clubs are in danger of stressing the social side too much."[243]

4.3 Schlußfolgerungen

Die deutschen Vereine der Arbeiterbewegungskultur erfaßten zahlenmäßig wesentlich mehr Arbeiter/-innen als die entsprechenden britischen Organisationen und scheinen sich von letzteren bereits durch ihre Größe und das Ausmaß ihrer Aktivitäten grundlegend zu unterscheiden. So hatte der Arbeitersängerbund im Jahre 1907 bereits 90.000 Mitglieder. Die Arbeiterradfahrvereine zählten drei Jahre später 130.000 Mitglieder, und der Freie Arbeiterturnbund war im gleichen Jahr, 1910, mit 140.000 eingeschriebenen Mitgliedern der Bedeutendste der sozialdemokratischen Vereine. Selbst die Mitgliedschaft in kleineren Vereinen wie den sozialdemokratischen Wander-, Segel- oder Schachvereinen ging leicht in die Tausende. Im Jahre 1928 erreichte die Vereinskultur der SPD zahlenmäßig ihren Höhepunkt. Zu diesem Zeitpunkt gab es z.B. 770.000 Arbeiterturner/-innen und 220.000 Arbeiterradfahrer/-innen.[244] Im gleichen Jahr brach die Einheit der Arbeitervereine auseinander, da die KPD auf Weisung der Komintern eigene Vereine gründete, um die ‚sozialfaschistische' SPD besser bekämpfen zu können.

Zahlreiche Besucher von der Insel wie z.B. John Paton gaben ihrer Bewunderung für die Leistungen der Vereinskultur in der Sozialdemokratie beredten Ausdruck.[245] Allein

---

241 Richard Lipinski, Bericht über die Tätigkeit des Bezirksvorstands der sozialdemokratischen Partei Leipzigs, 1913/14, S. 137. Vgl. auch Wilhelm Dittmann, Zum Ausbau unserer Organisation, in: NZ 21, 1902/03, S. 262; F. Unger, Zur Agitation, in: NZ 25, 1907, S. 176.
242 Labour Leader, 2. Juni 1894.
243 Labour Organizer, Okt. 1930, S. 184 f.
244 Wunderer, Arbeitervereine und Arbeiterparteien, S. 29-76.
245 John Paton, Left Turn, London 1936, S. 350.

die unterschiedlichen Ausmaße der Unternehmungen in den SPD-Hochburgen Leipzig, Berlin oder Hamburg, die die Besucher ja häufig zu sehen bekamen, hinterließen bei vielen den Eindruck, als befinde sich die SPD in organisatorischer Hinsicht auf einem anderen Planeten als ihre Genossen/-innen von der Labour Party. Unter einem stärker qualitativen Blickwinkel und unter Berücksichtigung der Tatsache, daß es sich bei der Arbeiterbewegungskultur der SPD weitgehend um ein Phänomen der Großstädte und Hochburgen der Partei handelte[246], erscheinen die Versuche beider Parteien, den eigenen Genossen/-innen und der Arbeiterklasse Freizeit- und Kulturangebote zu machen, von durchaus ähnlichen Motiven und Überlegungen geleitet. Die numerischen Unterschiede sind allerdings nicht zu leugnen. Ein paar tausend Mitgliedern in den Vereinen der britischen Arbeiterbewegung stehen Hunderttausende in den deutschen Vereinen gegenüber. Aber nimmt man die verlockende statistische Brille einmal ab, so findet man darunter ein Paar Augen, die ihre Umwelt und das eigene Tun durchaus ähnlich wahrnahmen. Auf jedem Gebiet der Arbeiterbewegungskultur, Erziehung, Theater, Musik, Sport, Festkultur, Touristenvereine und Frauen- wie Jugendorganisation waren die Ähnlichkeiten in Aussehen und Mentalität frappierend. So scheint es sinnvoll, die Arbeiterbewegungskultur Großbritanniens als kleinere Version derselben Arbeiterbewegungskultur zu interpretieren, die auch in Deutschland im hier vorliegenden Untersuchungszeitraum vorherrschte. Solidargemeinschaften, die den Zusammenhalt und die Solidarität unter Parteigenossen/-innen stärkten, gab es auch in der Labour Party.[247] Archetypisch scheinen Aussagen wie die von Harry und Kitty Grey, Labour-Aktivisten aus Nuneaton, die in den 1920er Jahren Mitglieder der Nuneaton League of Youth waren: „we have always mixed with socialists, all our life."[248] Die Genossen/-innen fühlten sich lebenslang verbunden, zusammengeschweißt zu einer Gemeinschaft Gleichgesinnter. Aussagen wie die der Greys finden sich in der Memoirenliteratur häufig: „[Labour] was something that informed your whole life [...] We lived for the party. We used to give to it, our time, our money, our love and faith [...] The Labour Party was our social life [...]"[249] Auch für die Genossin Vi Willis aus Ilford war die Labour Party „not simply a machine for gathering votes in order to acquire power, it is a way of life which has sustained activists, just as they have sustained it."[250] Auf der Grundlage solcher Bekenntnisse schließt Daniel Weinbren: „To campaign for Labour was an expression of loyalty to a community [...]"[251] Es war eine potentiell immer von Armut und sozialem Abstieg und de facto immer von sozialer Ungerechtigkeit betroffene Schicksals- und Solidargemeinschaft der Arbeiter/-innen, die den alltäglichen Erfahrungshorizont und das soziale Verhalten der britischen Genossen/-innen maßgeblich mitbestimmte.

---

246 Siehe hierzu besonders Lidtke, The Alternative Culture, S. 168.
247 Siehe die zahlreichen Belege in Stephen G. Jones, Workers at Play: A Social and Economic History of Leisure 1918-1939, London 1986, S. 133-63 sowie Chris Waters, British Socialists and the Politics of Popular Culture 1884-1914, Manchester 1990.
248 Interview mit Harry und Kitty Grey, Nuneaton v. 30. April 1990.
249 Jeremy Seabrook, What Went Wrong? Working People and the Ideals of the Labour Movement, London 1978, S. 89 f.
250 Weinbren, Generating Socialism, S. 223.
251 Ebd., S. 29.

In Städten wie in Bermondsey in den 1920er Jahren oder Coventry in den 1930er Jahren, die von der Labour Party regiert wurden, kam es zu einer großzügigen Ausdehnung kommunaler Freizeit- und Kultureinrichtungen. Die Partei baute nicht die eigene Organisationskultur aus, sondern bemühte sich, die städtischen Einrichtungen zu verbessern und einer größeren Anzahl von Leuten zugänglich zu machen. Der Kampf der Labour Party um bezahlten Urlaub und freizeitorientierte Lösungen des Problems der Arbeitslosigkeit zeugten von denselben Prioritäten: Aus einer Position der Stärke heraus ging Inkorporation der Arbeiter/-innen vor Abschottung in der eigenen Vereinskultur.[252] Eine solche Haltung verhinderte, daß sich die Labour Party in einem selbstgemachten Kokon einspann, ohne jemals wieder als bunter Schmetterling in die weite Welt hinauszufliegen. Allerdings sollte man dieses Bild auch nicht allzu leichtfertig auf die Verhältnisse in der SPD anwenden. Immerhin bewies die SPD gerade nach 1918, daß sie durchaus bereit war, der städtischen oder auch staatlichen Ausdehnung von Einrichtungen den Vorzug vor der eigenen Arbeiterbewegungskultur zu geben. Das beste Beispiel hierfür bieten die Volkshochschulen in der Weimarer Republik, die von der SPD weithin akzeptiert wurden und mit denen die Partei am Ort oft eng zusammenarbeitete. Die Erziehung der Arbeitermassen wurde im Gegensatz zum Kaiserreich nun weitgehend auf die öffentlich finanzierten Volkshochschulen übertragen. Die Partei selbst konzentrierte sich weitgehend auf die Ausbildung der eigenen Funktionäre/-innen.[253] Ein anderes gutes Beispiel waren die Arbeiterbibliotheken, die in der Weimarer Republik oft aufgelöst wurden. Ihre Bestände wurden in die städtischen Bibliotheken überführt.[254] Im Kaiserreich war dort die Literatur der SPD noch weitgehend unerwünscht. Auch hier markierte die Revolution von 1918 einen wichtigen Einschnitt im Verhältnis der SPD zum Staat. Unter den liberaleren Rahmenbedingungen der Weimarer Republik entwickelte die SPD sehr bald Vorstellungen einer den Arbeitern/-innen zugute kommenden kommunalen Ausdehnung der Freizeit- und Kultureinrichtungen, die denen der Labour Party durchaus ähnelten. Das zeigt, daß es beiden Parteien letztendlich wohl vor allem um die Aufhebung von Unterprivilegierung und Isolation ging. Als Fazit aus diesem Kapitel bleibt festzuhalten, daß der janusgesichtige Erfolg der deutschen Sozialdemokratie beim Aufbau einer solidargemeinschaftlichen Vereins- und Lebenskultur größer war als ähnliche Versuche der Labour Party, aber dieser Unterschied war eben in erster Linie ein zahlenmäßiger und kein substantieller. Qualitativ war die Arbeiterbewegungskultur in beiden Ländern sehr ähnlich.

---

252 Jones, The British Labour Movement, S. 137-202 und 382-435.
253 Dieter Langewiesche, Freizeit und Massenbildung: Zur Ideologie und Praxis der Volksbildung in der Weimarer Republik, in: Sozialgeschichte der Freizeit, hrsg. v. Gerhard Huck, Wuppertal 1980, S. 223-48. Zur positiven Wahrnehmung der Volkshochschulen durch die SPD nach 1918 siehe auch Konrad Haenisch, Neue Bahnen der Kulturpolitik: Aus der Regierungspraxis der deutschen Republik, Berlin 1921, S. 108-18.
254 Adelheid von Saldern, Arbeiterkulturbewegung in Deutschland in der Zwischenkriegszeit, in: Arbeiterkulturen zwischen Alltag und Politik, hrsg. v. Friedhelm Boll, München 1986, S. 46.

5 Die ideologische Ausrichtung der Arbeiterparteien

Das Schwergewicht dieser Studie lag bislang auf der Analyse der Organisationsstrukturen von Labour Party und SPD. Es wurde behauptet, daß sich die beiden Arbeiterparteien in ihrem strukturellen Aufbau und organisatorischen Selbstverständnis oft ähnlicher waren, als dies heute gängige Sonderwegs-Thesen bislang herausgearbeitet haben. In diesem Kapitel soll es nun um die ideologischen Positionen von Labour Party und SPD gehen. Die sozialistische Theorie der SPD gehört zu den am besten untersuchten Gegenständen der Geschichtsschreibung zur deutschen Arbeiterpartei, wogegen es kaum Bücher zur Ideologie oder Theorie der Labour Party gibt. Daraus wird häufig abgeleitet, daß es in der deutschen Partei eben ein Übermaß an Theoriedebatten gab, während sich die praktischeren Briten um die allein glücklich machende Lehre nicht so sehr kümmerten. Die SPD gilt vielen als marxistische Partei, die sich in schier endlosen Debatten und Exegesen ihrer Großmeister erging, um denn nun endlich die revolutionären Grundlinien der eigenen Politik abzustecken. Der sog. Labourism der Labour Party dagegen gilt als ideologischer Minimalkonsens der Allianz aus sehr unterschiedlichen sozialistischen Gruppierungen mit den Gewerkschaften, der kaum diskutiert wurde und auch nur geringe Auswirkungen auf die Politik der Partei hatte. So schreibt Geoffrey Foote: „British socialism had an ethic and political outlook of its own, stamped with peculiarly British characteristics and separate from the socialist parties elsewhere in Europe. In other countries, a dogmatic form of Marxism prevailed, as in Germany [...]"[1] Für G.D.H. Cole galt: „Socialism [in Britain was] essentially different from the ‚scientific' Marxism of the continental Social Democrats."[2] In Anlehnung an Sombarts berühmte Frage zum amerikanischen Sozialismus schrieb Ross McKibbin einen einflußreichen Artikel zur Abwesenheit des Marxismus im Mutterland des Kapitalismus.[3] Und Kirk Willis hat behauptet, daß es gerade das unbedingte Festhalten der Labour Party an den bestehenden politischen Institutionen des Landes gewesen sei, das, zusammen mit einem spezifisch britischen Pragmatismus, für die einzigartige ideologische Position der Partei innerhalb des europäischen Spektrums von Arbeiterparteien verantwortlich sei.[4] Ohne bestreiten zu wollen, daß die so unterschiedliche Forschungslage zur Ideologie der beiden Arbeiterparteien den Vergleich zumindest nicht erleichtert, und ohne auf die feinen Unterschiede innerhalb der sozialistischen Theoriegebäude *en detail* einzugehen, soll hier doch im ersten Unterkapitel eine Relativierung der gängigen Unterscheidung zwischen marxistisch-revolutionärer SPD hie und evolutionär-reformistischer Labour Party da versucht werden. Indem sich die Analyse im zweiten Unterkapitel von der offiziellen Parteiideologie wegbewegt,

---
1 Geoffrey Foote, The Labour Party's Political Thought: A History, 2. Aufl., Beckenham 1986, S. 17.
2 G.D.H. Cole, A History of Socialist Thought 1789-1939, Bd. iii/1, London 1968, S. 143.
3 McKibbin, Why was there no Marxism in Great Britain?
4 Kirk Willis, The Introduction and Critical Reception of Marxist Thought in Britain 1850-1900, in: Historical Journal 20, 1977, S. 417-59.

sollen die Hoffnungen, Wünsche und Ideen der Parteibasis stärker im Vordergrund der Untersuchung stehen. Vergleicht man eine solche ‚Ideologie von unten' beider Arbeiterparteien, so kommt man wiederum zu dem Ergebnis großer Ähnlichkeiten. Am erstaunlichsten aber dürfte die These des dritten Unterkapitels anmuten, in dem es um die Beziehung zwischen Arbeiterpartei und organisierten Religionsgemeinschaften geht. Auch hier, so der Befund des Vergleichs, trägt die Sonderwegs-These von der kirchenfeindlichen SPD und dem großen Einfluß des religiösen Sozialismus in der Labour Party nicht sehr weit.

5.1 Parteioffizielle Ideologie

Auf der Ebene der parteioffiziellen Ideologien scheinen die Unterschiede zwischen Labour Party und SPD unabweisbar – zumindest oberflächlich betrachtet. Nicht nur verwandte die SPD mehr Zeit auf Theoriedebatten, sie hatte in ihren Reihen auch einige der bekanntesten sozialistischen Theoretiker/-innen der europäischen Arbeiterbewegung. Da war zunächst einmal die überragende Persönlichkeit Friedrich Engels, der mit den Entwicklungen in Deutschland eng verbunden blieb und dessen Rat die Parteiführer in allen wichtigen Fragen einholten. Aber auch August Bebel, Wilhelm Liebknecht, Karl Kautsky, Eduard Bernstein, Karl Liebknecht, Rosa Luxemburg und Rudolf Hilferding hatten eine durchaus internationale Reputation. Man tut sich schwer, britische Pendants zu diesen Parteiintellektuellen zu benennen.[5] Da gab es die Webbs, aber sie, Empiriker bis auf die Knochen, zeigten an sozialistischen Theoriedebatten nie sonderliches Interesse. Der Philosoph Bertrand Russell war nicht allzu eng mit der Partei verbunden. MacDonald popularisierte sozialistische Ideen mehr, als daß er die Debatte vorantrieb, wobei er darin sicher einem Bebel oder auch einem Kautsky ähnlich war. Wichtige Theoretiker tauchen z.B. mit G.D.H. Cole und Harold Laski erst in den 1920er und 1930er Jahren auf, zu einer Zeit also, zu der die Labour Party den Kinderschuhen entwachsen war.[6] So ist es auch nicht verwunderlich, daß Friedrich Naumann im Jahre 1908 die „geistige Armut" der britischen Arbeiterbewegung mit der „wissenschaftlichen Qualität" ihres deutschen Pendants verglich.[7] Um die Jahrhundertwende unterschied auch Max Beer zwischen einem „wissenschaftlichen Sozialismus" in Deutschland und einem „empiri-

---

5 Zur Frage der Bedeutung der Intellektuellen in der deutschen Arbeiterbewegung siehe auch den anregenden Aufsatz von Geoff Eley, Intellectuals and the German Labor Movement, in: Intellectuals and Public Life. Between Radicalism and Reform, hrsg. v. Leon Fink, Stephen T. Leonard and Donald M. Reid, Ithaca 1996, S. 74-96. Unter Berufung auf Gramscis „organische Intellektuelle" verwendet Eley einen sehr umfassenden Intellektuellenbegriff, der ihn zugleich mißtrauisch macht gegenüber einer allzu vorschnellen Aburteilung ideologischer Debatten als für die praktische Politik der Sozialdemokratie irrelevant.
6 Kingsley Martin, Harold Laski: A Biographical Memoir, London 1953; L.P. Carpenter, G.D.H. Cole: An Intellectual Biography, Cambridge 1973; A.W. Wright, G.D.H. Cole and Socialist Democracy, Oxford 1979; Neil Riddell, „The Age of Cole"? G.D.H. Cole and the British Labour Movement 1929-1933, in: Historical Journal 38, 1995, S. 933-57.
7 Neue Rundschau, Okt. 1908; zitiert nach: Die Sozialdemokratie im Urteile ihrer Gegner, Berlin 1911, S. 12.

schen Sozialismus" in Großbritannien. Den Sozialismus Keir Hardies charakterisierte Beer: „Keir Hardie [...] hat keine Theorien."[8]

Theoretische Debatten über den Charakter und den wahren Weg zum Sozialismus spielten zumindestens innerhalb der Zirkel von Parteiintellektuellen der SPD eine wichtigere Rolle als dies in der Labour Party der Fall war, wo viele Arbeiterführer die sozialistischen Klassiker nicht kannten. In einer Umfrage zu den Lesegewohnheiten von britischen Arbeiterführern fand W.T. Stead im Jahre 1906 heraus, daß die meisten wenig sozialistische Literatur gelesen hatten. Die Schriften von Marx waren den allerwenigsten vertraut. Dagegen erfreute sich gerade die religiöse Literatur einer relativ großen Beliebtheit.[9] Häufig allerdings war die alltägliche Erfahrung in den Organisationen der Arbeiterbewegung wichtiger für die weltanschauliche Orientierung der Arbeiterführer als die Lektüre von Büchern. Insgesamt kann es nicht verwundern, daß der „Labourismus" am häufigsten als ein wirres Konglomerat aus ethischen und religiösen Ideen und Glaubenssätzen beschrieben wird.[10] Ideologischer Pluralismus wurde in der Labour Party leichter akzeptiert als in der SPD. So schrieb Bruce Glasier im Jahre 1919: „There is, and can be, no authoritative statement of Socialism."[11] Grundlegende Komponenten des Labourismus lassen sich identifizieren als erstens ein Streben danach, den Reichtum der Nation gerechter zu verteilen, zweitens den Glauben daran, daß der Kapitalist den von den Arbeitern/-innen produzierten Mehrwert ungerechterweise selber einsteckt, und drittens die Überzeugung, daß solche Ungerechtigkeiten nur durch eine starke, unabhängige Arbeiterbewegung langsam aus der Welt geschafft werden konnten. Innerhalb dieses breiten Rahmens war durchaus Platz für rivalisierende ideologische Konstrukte, etwa den Marxismus der SDF, den Fabianismus der Webbs oder auch den ethisch-religiösen Sozialismus der ILP, um nur die drei Hauptstränge des britischen Sozialismus zu benennen.

Beruhen bestehende Sonderwegsargumente also durchaus auf einer Reihe wichtiger ideologischer Unterschiede zwischen den Arbeiterparteien Großbritanniens und Deutschlands, so soll im folgenden doch auch in diesem Bereich von den oft vernachlässigten Ähnlichkeiten die Rede sein. So gab es etwa in der deutschen Partei durchaus andere als marxistische Traditionsstränge, die erhebliche Auswirkungen auf Selbstverständnis und Traditionsbildung der SPD hatten. Schließlich adoptierten die deutschen Sozialisten/-innen den Marxismus erst in der Zeit ihrer aktiven Verfolgung unter dem Sozialistengesetz. Erst das Erfurter Parteiprogramm von 1891 machte den Marxismus zur parteioffiziellen Philosophie, und trotzdem blieben die Schriften von Karl Marx für viele Sozialdemokraten/-innen von relativ geringer Bedeutung.[12] Wo der Marxismus überhaupt einflußreich unter der Parteibasis wurde, da war dies wohl vor allem auf die populären

---

8 Max Beer, Parteipolitische Projekte in England, in: NZ 3, 1900/01, S. 434.
9 W.T. Stead, The Labour Party and the Books that Helped to Make it, in: Review of Reviews 33, 1906, S. 565-79.
10 Zum „Labourismus" und seinen verschiedenen Spielarten vgl. Foote, The Labour Party's Political Thought; Adam B. Ulam, Philosophical Foundations of English Socialism, Cambridge/Mass. 1951.
11 J. Bruce Glasier, The Meaning of Socialism, Manchester 1919, S. vii.
12 Hans Josef Steinberg, Sozialismus und deutsche Sozialdemokratie: Zur Ideologie der Partei vor dem 1. Weltkrieg, 5. Aufl., Berlin und Bonn 1979, S. 1-24 und 43 f. Vgl. auch Roger Fletcher, Revisionism and Empire: Socialist Imperialism in Germany 1897-1914, London 1984, S. 26 f.

Broschüren Karl Kautskys zurückzuführen.[13] Wichtige Führungspersönlichkeiten der SPD wie z.B. Hermann Müller, Friedrich Ebert, Otto Wels, Otto Braun und viele mittlere Parteifunktionäre/-innen waren sicherlich wesentlich stärker von der alltäglichen organisatorischen Routine des Parteiapparats geprägt als von irgendeiner Parteiphilosophie.[14] Erlebte der parteioffizielle Marxismus in den 1890er Jahren den Höhepunkt seiner Beliebtheit, so war es bereits am Ende des Dezenniums wieder vorbei mit seinem unumstrittenen Geltungsanspruch. Bernsteins Revisionismus, der sicherlich vom britischen Fabianismus inspiriert, wenn auch nicht dominiert wurde[15], erfreute sich gerade bei denjenigen in der Partei zunehmend großer Beliebtheit, die die Partei aus der Isolation herausführen wollten und eine aktive Mitgestaltung politischer Entscheidungen auf allen Ebenen des politischen Systems anstrebten. Dabei war Bernsteins Revisionismus, wie er ihn in seinen „Voraussetzungen" zum ersten Mal in voller Breite dargelegt hatte, nur eine von zahlreichen Spielarten des Reformismus innerhalb der Vorkriegssozialdemokratie, die allesamt sich bemühten, die SPD vom „revolutionären Attentismus" Kautskyscher Provenienz zu befreien und sie statt dessen zu einer demokratischen Reformpartei zu machen.[16] Bereits nach der Jahrhundertwende gab es ausgesprochene Anti-Marxisten, wie z.B. Leo Arons, Albert Südekum, Josef Bloch und Wilhelm Kolb, die allesamt einflußreiche Positionen innerhalb der Arbeiterbewegung innehatten.[17]

Diese heterodox-amorphe Koalition aus Marx-Kritikern wies die in der Partei gängige Phraseologie radikaler Umgestaltung der gesellschaftlichen Verhältnisse energisch zurück. Im Februar 1912 z.B. schrieb Ludwig Frank an Paul Löbe: „Die Emanzipation der Arbeiterklasse muß beginnen mit der Emanzipation von der Phrase [...]"[18] Im selben Jahr schrieb Paul Kampffmeyer, daß die Partei sich lieber auf den Wahlkampf konzentrieren solle als ihre Energien in sinnlosen Theoriedebatten zu verschwenden. Eine verstärkte Orientierung an der Realpolitik müsse die Leidenschaft für sozialistische Utopien ersetzen.[19] Eduard Bernsteins Festlegung der Partei auf gewaltlose Methoden der Reformpolitik innerhalb eines demokratisierten Parlamentarismus entsprach der Gefühlslage weiter Teile der SPD lange vor 1914.[20] Demokratische Überzeugungen und nicht-revolutionäre

---

13 Evans, Proletarians, S. 144 f.; zum Einfluß des Kautskyanismus auf die sozialdemokratischen Arbeiter siehe auch Adolf Levenstein, Die Arbeiterfrage: mit besonderer Berücksichtigung der sozialpsychologischen Seite des modernen Großbetriebs und der psycho-physischen Einwirkungen auf die Arbeiter, München 1912, sowie: Wie wir den Weg zum Sozialismus fanden, hrsg. v. Jörg Schadt, Köln 1981.
14 Zu Brauns Desinteresse an politischer Theorie vgl. Hagen Schulze, Otto Braun oder Preußens demokratische Sendung: eine Biographie, Frankfurt am Main 1977, S. 145 f.
15 Vgl. Herbert Frei, Fabianismus und Bernstein'scher Revisionismus 1884-1900: eine ideologie-komparatistische Studie über wissenschaftstheoretische, philosophische, ökonomische, staatstheoretische und revolutionstheoretische Aspekte der Marx'schen, fabischen und Bernstein'schen Theorie, Berlin 1979.
16 Zum Begriff des „revolutionären Attentismus" siehe Groh, Negative Integration; vgl. auch Brandt und Rürup, Volksbewegung, S. 57, sowie für ein einprägsames Beispiel reformistischer Aufbruchstimmung in der SPD vor 1914 Emil Lederer, Die wirtschaftlichen Organisationen und die Reichstagswahl, Tübingen 1912.
17 Fricke, Die deutsche Arbeiterbewegung, S. 228 f.
18 SAPMO, NL Paul Löbe, 110/48, 3: Brief Franks an Löbe v. 20. Febr. 1912.
19 Paul Kampffmeyer, Ziele und Mittel der sozialdemokratischen Agitation, in: SM 16, 1912, S. 234-39.
20 Vgl. Eduard Bernstein, Die Voraussetzungen des Sozialismus und die Aufgaben der Sozialdemokratie, Neuauflage der Ausgabe von 1921, Bonn 1977, S. 170-98.

Haltungen fand man aber durchaus nicht nur unter Reformisten. Selbst den marxistischen Gralshüter Kautsky kann man berechtigterweise als Vertreter eines „demokratischen Marxismus" bezeichnen.[21] Kautsky war zutiefst davon überzeugt, daß der Sozialismus in Deutschland ohne eine gewaltsame Überwindung des bestehenden politischen Systems zu erreichen sei. Im Gegensatz zu Lenin befürwortete er den parlamentarischen Weg zur proletarischen Macht und wurde insbesondere nicht müde, die Bedeutsamkeit von Meinungsfreiheit und -vielfalt zu betonen.[22]

In der Weimarer Republik demokratisierte sich die offizielle Parteitheorie zunehmend, obwohl der Marxismus als Parteidoktrin beibehalten wurde und ein lautstarker linker, marxistischer Flügel in der Partei verblieb, der die Sozialisierung aller Produktionsmittel ebenso einforderte wie eine Rückkehr zur Rhetorik und Praxis des Klassenkampfs. Das janusgesichtige Aussehen der SPD verstärkte sich noch nach der Wiedervereinigung mit der Rest-USPD im Jahre 1922. Hatte das Görlitzer Programm aus dem Jahre 1921 eine Überwindung des Marxismus angestrebt, so kehrte die SPD mit dem Heidelberger Programm von 1925 wieder zu ihren marxistischen Traditionen zurück. Allerdings betonte Hilferdings marxistisch inspirierte Theorie des organisierten Kapitalismus, die in den 1920er Jahren zur parteioffiziellen Doktrin erhoben wurde, gerade den evolutionären Charakter der letztendlichen Überwindung des Kapitalismus durch den Sozialismus, der als Zielperspektive der Partei beibehalten wurde. Die marxistische Idee vom Staat als Instrument der Klassenherrschaft wurde nach 1918 durch Hermann Hellers Staatstheorie konterkariert, die ihre Ableitung aus der liberalen englischen politischen Theorie des siebzehnten und achtzehnten Jahrhunderts kaum verbergen konnte. Die Parteitage der SPD von 1919 bis 1931 spiegelten das Bild einer Partei, die sich rückhaltlos für Republik und Demokratie einsetzte.[23] Zahlreiche Autoren haben zu Recht betont, daß die erste deutsche Republik keine stärkere Stütze besaß als die Sozialdemokratie.[24] In der Wirtschaftskrise am Ende der 1920er Jahre zeigte sich die SPD unfähig, neue Ideen einer defizitären Haushaltspolitik zur Krisenüberwindung im Keynesianischen Sinne zu übernehmen. Statt dessen legte sie sich auf einen finanzpolitischen Traditionalismus fest, der das angeblich eiserne Gesetz von der Selbstregulierung der Märkte einfach akzeptierte. In einem Versuch, die wichtigsten sozialdemokratischen Werte zu definieren, nennt Susanne Miller erstens die Anerkennung der demokratischen Grundrechte, zwei-

---

21 Dick Geary, Karl Kautsky, Manchester 1987, S. 126.
22 Massimo L. Salvadori, Karl Kautsky and the Socialist Revolution 1880-1938, London 1979, S. 153 und Gary P. Steenson, Karl Kautsky 1854-1938: Marxism in the Classical Years, Pittsburgh 1978, S. 6 f. Zu Unterschieden wie Ähnlichkeiten zwischen Kautsky und Lenin siehe besonders Moira Donald, Marxism and Revolution. Karl Kautsky and the Russian Marxists 1900-1924, New Haven 1993.
23 Siehe z.B. Protokoll des MSPD Parteitags 1919, S. 238 f. und Protokoll des SPD Parteitags 1931, S. 234. Vgl. insgesamt zur Ideologie der SPD in der Weimarer Republik Franz Ritter, Theorie und Praxis des demokratischen Sozialismus in der Weimarer Republik, Frankfurt am Main 1981. Zur Entwicklung einer liberal-demokratischen Verfassungstheorie innerhalb der SPD siehe auch Steinbach, Sozialdemokratie und Verfassungsverständnis.
24 Breitman, German Socialism and Weimar Democracy, bes. Kap. 1: „Parliamentarism and Progress", S. 9-21; vgl. auch Maehl, The German Socialist Party.

tens Forderungen nach sozialer Gerechtigkeit und drittens die Idee der Solidarität.[25] Keiner dieser Werte war notwendigerweise mit dem Marxismus verbunden, obwohl sie ebenfalls allesamt einem undogmatischen Marxismusverständnis nicht diametral entgegenstanden.

Die ideologischen Unterschiede zwischen Labour Party und SPD sollten insgesamt nicht überbetont werden. Zwar stellten gerade die Fabier ein wichtiges Verbindungsglied zwischen dem älteren liberalen Radikalismus und der Labour Party dar[26], aber insgesamt hat Duncan Tanner zu Recht darauf hingewiesen, daß die ideologischen Debatten innerhalb der Edwardian Labour Party eine z.T. erhebliche Ähnlichkeit zu den Debatten aufwiesen, wie sie in den sozialistischen Parteien des europäischen Festlandes vor 1914 geführt wurden.[27] Einmal abgesehen von dem, was Ludwig Frank als die „Phraseologie" der Partei bezeichnete, waren die grundsätzlichen Glaubenssätze beider Parteien, wie sie etwa in Millers Definition und den labouristischen Prinzipien zum Vorschein kommen, durchaus nicht Welten voneinander entfernt. Gilt es einerseits, die Bedeutung des Marxismus für die SPD nicht zu überschätzen, so sollte andererseits nicht über marxistische Einflüsse innerhalb der Labour Party leichtfertig hingweggegangen werden. In einer mittlerweile berühmten Auseinandersetzung mit Tom Nairn und Perry Anderson vor über dreißig Jahren warnte E.P. Thompson bereits davor, von einer allzu simplen Annahme eines Sonderwegs des britischen Sozialismus auszugehen. Es hieße, so Thompson damals, die Geschichte der Arbeiterbewegung gefährlich zu verkürzen, wollte man die Existenz erheblicher Minderheiten innerhalb der Partei leugnen, die nicht labouristisch ausgerichtet waren.[28] Der wohl populärste Romancier innerhalb der britischen Arbeiterbewegung, der Fabier H.G. Wells, gab einer Bewunderung für Karl Marx Ausdruck, die auch von vielen einfachen Parteimitgliedern geteilt werden konnte: „He opened out socialism [...] One may quibble about the greatness of Marx as one may quibble about the greatness of Darwin; he remains great and cardinal."[29] Unter den Bergarbeitern von Südwales wurden die Schriften von Marx wie die von Joseph Dietzgen, der viele Marxsche Ideen in populärer Form aufbereitete, eifrig gelesen. An manchen Orten, wie in Tonypandy, kam es im Jahre 1918 gar zur Veranstaltung von Gedenkfeiern zu Marxens hundertjährigem Geburtstag.[30]

---

25 Susanne Miller, Grundwerte in der Geschichte der deutschen Sozialdemokratie, in: aus politik und zeitgeschichte 11, 1976, S. 16-31.
26 Mark Bevir, Fabianism, Permeation and Independent Labour, in: Historical Journal 39, 1996, S. 179-96.
27 Duncan Tanner, Ideological Debate in Edwardian Labour Politics: Radicalism, Revisionism and Socialism, in: Currents of Radicalism, hrsg. v. Biagini und Reid, S. 271-93.
28 Edward P. Thompson, The Peculiarities of the English, in: Socialist Register 1965, S. 337 f. Zum Einfluß des Marxismus auf die britische Arbeiterbewegung vor 1900 vgl. Stanley Pierson, Marxism and the Origins of British Socialism: The Struggle for a New Consciousness, New York 1973; Martin Crick, The History of the the Social Democratic Federation, Halifax 1994. Zum starken Einfluß des Marxismus in den Jahren 1917 bis 1921 siehe Stuart Macintyre, A Proletarian Science: Marxism in Britain 1917-1933, Cambridge 1980, bes. S. 33-35. Dagegen betont Keith Laybourn, The Rise of Socialism in Britain, c. 1881-1951, Stroud 1997, eher die durchgängige Marginalisierung nichtreformistischer Strömungen in der Labour Party.
29 H.G. Wells, New Worlds for Old, London 1908, S. 240.
30 Francis and Smith, The Fed, S. 54; Williams, Democratic Rhondda, S. 273.

Sowohl die Labour Party als auch die SPD waren ideologisch also ziemlich heterogen und sicher nie ganz einseitig marxistisch bzw. labouristisch ausgerichtet. Die allerdings dennoch bestehenden gravierenden ideologischen Unterschiede sollten zudem nicht überbewertet werden. Ein Beispiel: In der Literatur zur SPD findet man häufig den Hinweis, die Partei habe in der Weimarer Republik gerade auf Grund ihres radikalen Marxismus kein positives Verhältnis zur Ausübung politischer Macht gefunden.[31] Solch eine ideologische Erklärung erscheint dagegen viel weniger plausibel, vergleicht man das Verhältnis der SPD zur politischen Macht mit dem der Labour Party. Gerade als es 1924 und 1929 um die Übernahme von Regierungsverantwortung ging, blieb die Parteiführung zögerlich. Es gab gewichtige Stimmen, die davor warnten, eine Minderheitsregierung zu bilden, deren Rücksichten auf die Liberal Party eine wirklich sozialistische Politik unmöglich machte. Obwohl solche Warnungen letztendlich die Regierungsübernahme nicht verhinderten, zeigten sie doch, wie zutiefst gespalten auch die Labour Party angesichts eines mit der ‚Koalitionsfrage' der SPD vergleichbaren Dilemmas war. Es scheint, als hätte es in beiden Parteien starke Minderheiten gegeben, die – ob sie nun marxistisch inspiriert waren oder nicht – gegen die Übernahme von Regierungsverantwortung innerhalb einer Gesellschaft waren, die zu überwinden ihr letztendliches Ziel blieb. Und was vielleicht noch bedeutsamer war – selbst diejenigen Kräfte innerhalb beider Parteien, die solch fundamentale Opposition nicht bejahten, blieben zutiefst mißtrauisch gegenüber dem, was sie unter der „Amoralität des Kapitalismus" verstanden. So schreibt Robert Skidelsky über die Labour Party der Zwischenkriegszeit: „[it] suffered from a split personality [...] It was a parliamentary party with a Utopian ethic [...]"[32] Und auch John Horne resümiert zum Abschluß seiner vergleichenden Studie über den Reformismus der Arbeiterbewegungen Großbritanniens und Frankreichs während des ersten Weltkriegs den fundamentalen Widerspruch ihrer ideologischen Orientierung wie folgt: „The tension between reforming and transforming capitalism, the ambiguity over reforms as the goal of the former or the instrument of the latter, defined the principal dilemmas and internal divisions of the labour and socialist movements in both countries."[33] Selbiges gilt mit Sicherheit auch für die deutsche Sozialdemokratie. Schließlich erschwerte auch die Arbeiterbewegungskultur beider Länder die vollständige gesellschaftliche und politische Integration der Arbeiterparteien, da sie in der Regel eine dichotomische Sichtweise der Dinge (Kapitalismus vs. Sozialismus; Bürger vs. Proletarier etc.) eher beförderte. Ob diese Kultur marxistisch oder ethisch-sozialistisch ausgerichtet war, scheint dagegen weniger wichtig gewesen zu sein.

Zu Beginn der 1930er Jahre brach in beiden Ländern eine Minderheit von Genossen/ -innen mit der Partei. Ideologische Gründe waren sowohl für den Abfall der ILP von der Labour Party als auch der SAP von der SPD maßgeblich.[34] Beide Gruppen vermochten den Glauben der Mehrheit an eine Reformierbarkeit des kapitalistischen Systems nicht zu

---

31 Winkler, Von der Revolution, S. 12 f.; ders., Der Schein der Normalität, S. 263 f., 636-39, 821.
32 Robert Skidelsky, Politicians and the Slump, London 1967, S. xii.
33 Horne, Labour at War, S. 393.
34 Robert E. Dowse, Left in the Centre: The ILP 1893-1940, London 1966, S. 173-200; Heinz Niemann, Entstehung und Rolle der SAP in der Endphase der Weimarer Republik, in: BZG 29, 1987, S. 745-52.

teilen. Ein Marsch durch die Institutionen schien ihnen bestenfalls unfruchtbar und schlimmstenfalls korrupt. In seiner Autobiographie erinnert Fenner Brockway an die Mahnung seines Mit-Abgeordneten im Unterhaus, John Wheatley, daß die Labour Party scheitern würde, sollte sie versuchen, den Kapitalismus nur besser zu verwalten statt ihn zu überwinden.[35] John Paton sah im nachhinein das Scheitern der Labour Party im Jahre 1931 und der SPD im Jahre 1933 in einem Mangel an revolutionärer Gesinnung und Entscheidungsfreudigkeit.[36]

Der Marxismus muß für der Sozialdemokratie nahestehende Historiker/-innen wie Heinrich August Winkler oder Susanne Miller allerdings nicht nur als Erklärung für die Machtvergessenheit der Partei in der Weimarer Republik herhalten, er dient ihnen zugleich als Begründung der in vielen Politikbereichen fehlenden spezifischen Neuordnungsvorstellungen der SPD im Jahre 1918. Die Partei, die den „großen Kladderadatsch" (August Bebel) so lange vorhergesagt hatte, stand im deutschen Revolutionsjahr ohne detaillierte Pläne für die demokratische Neuordnung verwirrt da und zeigte sich nur allzu bereit, die Macht wieder aus den Händen zu geben.[37] Erneut erscheint eine solche Hypothese unter der vergleichenden Brille wenig plausibel. Fragt man, warum die Mehrheitssozialdemokratie im Jahre 1918 die Chancen der Revolution nicht ausreichend nutzte, so braucht es kaum des Marxismus als Erklärung. Es reicht aus, auf den akuten Patriotismus der MSPD-Führung hinzuweisen, auf ihren unbeugsamen Willen, „dem Vaterland in der Stunde der Not beizustehen", und auch nicht zuletzt auf ihre demokratischen Überzeugungen, die sie zögern ließen, eine tiefgehende soziale, politische und ökonomische Umstrukturierung Deutschlands vorzunehmen, ohne dafür ein demokratisches Mandat zu besitzen. Was den Mangel an konkreten Politikvorstellungen anbetrifft, so stand der angeblich nicht-marxistische Sozialismusbegriff der Labour Party demjenigen der SPD in nichts nach. Gerade die Labour-Minderheitsregierungen der 1920er Jahre erwiesen den beinahe vollständigen Mangel an konkreten Ideen, wie man denn nun vom Parlamentarismus zur Utopie vorzustoßen gedachte. Die orthodoxe Finanzpolitik von Labour Party und SPD in der Wirtschaftskrise Ende der 1920er Jahre zeigte, wie sehr die Experten beider Parteien, etwa Rudolf Hilferding und Philip Snowden, eigenständiger sozialistischer Ideen entbehrten und deshalb auf den Kanon gängiger Wirtschaftstheorien zurückgeworfen wurden. Nach dem Debakel von 1931 war es R.H. Tawney, der das Scheitern der Partei in dem Fehlen jeglicher ideologischer Homogenität lokalisierte. Damit fehlte seiner Meinung nach die Grundlage für die Erarbeitung einer sozialistischen Politik. Fehle das Endziel, so Tawney, könne man auch Mittel und Wege dahin nicht finden.[38] Im Prinzip dreht der britische Sozialist damit die Argumentation Winklers und Millers zum Verhältnis zwischen Ideologie und konkreten Politikvorstellungen nur um 180 Grad um. Alle drei laufen damit Gefahr, Fragen der offiziellen Ideologie überzubewerten. Labour Party wie SPD ermangelte es an konkreten politischen Reformplänen, da beide Arbeiterparteien letztendlich ihren Ursprung in Protestbewegungen gegen grundsätzliche soziale

---

35 Brockway, Inside the Left, S. 197.
36 Paton, Left Turn, S. 395.
37 Winkler, Von der Revolution, S. 48, 83, 146-49; Miller, Die Bürde, S. 446 f.
38 R.H. Tawney, The Choice before the Labour Party, in: Political Quarterly 3, 1932, S. 327.

Ungerechtigkeiten hatten. Ihre Politik war schon von daher oft eher als moralischer Kreuzzug konzipiert denn als Politik des Möglichen. Natürlich sollte bei alldem auch nicht vergessen werden, daß keine der beiden Parteien in den 1920er Jahren Gelegenheit hatte, ihre Politikvorstellungen in vollem Umfang durchzusetzen. Erst 1945 formte die Labour Party eine Mehrheitsregierung, von der dann allerdings wohl nur wenige Historiker/-innen behaupten würden, sie hätte die Nachkriegsgeschichte Großbritanniens nicht nachhaltig geprägt. In Deutschland dagegen war die SPD sowohl vor 1933 als auch nach 1949 systembedingt national immer nur Koalitionspartner, dessen Kompromißfähigkeit gerade in der Weimarer Republik immer wieder erhebliche Härtetests zu bestehen hatte.

Insgesamt verdient festgehalten zu werden: bei aller Unterschiedlichkeit der parteioffiziellen Ideologie von Labour Party und SPD gab es doch auch hier erstaunliche Gemeinsamkeiten. Weiterhin spielten sich die oftmals mit harten Bandagen ausgetragenen Kämpfe um die ideologische Reinheit der Partei in Höhen der Parteiphilosophie ab, in denen den meisten Parteimitgliedern die Luft wohl zu dünn wurde. Lokale Studien zu den Arbeiterparteien beider Länder verweisen ein ums andere Mal darauf, daß sich die aktiven Parteimitglieder vor allem für Kommunal- und Sozialpolitik interessierten. Dagegen sucht man in der Regel vergeblich nach Hinweisen, daß die ideologischen Debatten auf größeres Interesse bei der Parteibasis stießen.[39] Die Benutzer der parteieigenen Bibliotheken in Deutschland liehen sich selten Werke der Parteiphilosophie aus[40], und ein Polizeibericht aus dem Jahre 1901 betonte bereits, daß die innere Stabilität der Sozialdemokratie bei anhaltender Kontroverse über die allein glückselig machende ideologische Ausrichtung der Partei nur zu erklären sei, wenn man davon ausgehe, daß sich die Parteibasis für solche ideologischen Gefechte kaum interessiere: „In den von hier aus erstatteten Übersichten über die sozialdemokratische Bewegung ist seit Jahren von heftigen Streitigkeiten unter den Anhängern der sozialdemokratischen Partei die Rede gewesen. [...] Während aber jede andere Organisation mit gleichartigen chronischen Verhältnissen zerfällt und politisch einflußlos ist, lehrt die tägliche Erfahrung, daß die die sozialdemokratische Bewegung leitende Partei das festeste Parteigebilde Deutschlands darstellt [...] Damit dieser scheinbare Widerspruch nicht etwa Bedenken bezüglich der Richtigkeit der diesseitigen Darstellungen veranlaßt, mag zunächst hervorgehoben werden, daß die hier eingehend behandelten politischen Streitfragen, welche seit Jahren die leitenden Köpfe der Partei erhitzen, der großen Menge der Parteiangehörigen vollständig gleichgültig sind."[41] Nicht zuletzt daher scheint es angebracht, in einem zweiten Schritt auch die Glaubenssätze, Ideale und Hoffnungen miteinander zu vergleichen, die viele einfache Parteimitglieder tatsächlich berührten.

---

39 von Saldern, Vom Einwohner, S. 132, 139 f., 145, 222-6; Georg Fülberth, Zur Genese des Revisionismus in der deutschen Sozialdemokratie vor 1914, in: Das Argument 63, 1971, S. 1-21; D. James, The Keighley ILP, 1892-1900, in: Bradford 1890-1914, hrsg. v. Taylor and Jowitt, S. 64 f.; Barker, The Anatomy of Reformism, S. 1-27.
40 Josef Klicke, Arbeiterlektüre, in: NZ 15, 1911, S. 317-19.
41 ZStA Potsdam, 15.01: Reichsministerium des Inneren, Nr. 13688/1, Bd. iii, 47, S. 1.

5.2 „Ideologie von unten"

Für die Sozialisten/-innen Großbritanniens und Deutschlands war die Vision der zukünftigen sozialistischen Gesellschaft von gleichermaßen großer Bedeutung. Die Popularität utopischer Literatur nahm mit der Zeit etwas ab und war vor 1914 sicher größer als in der Zwischenkriegszeit.[42] In den 1920er Jahren lösten die „Technokraten" Wels, Ollenhauer, Henderson und Morrison die „Propheten" Bebel und Hardie endgültig ab, und wie die Biographin Ollenhauers etwas vereinfachend schreibt: „Ein Prinzip Zukunft kannte Ollenhauer nicht; es hätte in seiner täglichen Arbeit – ‚Kleinarbeit', wie er selbst sagte – keinen Platz gehabt."[43] Und doch gab es keinen klaren Bruch zwischen einem weit verbreiteten Utopismus der Vorkriegszeit und einer pragmatischen Orientierung auf die Politikgestaltung in der Zwischenkriegszeit.[44] Beide Haltungen bestanden nebeneinander, wie auch eine Vielzahl von Utopien zum neuen sozialistischen Menschen recht unvermittelt neben den traditionellen, oft kleinbürgerlich geprägten Werten standen, die sich innerhalb der organisierten Arbeiterschaft großer Beliebtheit erfreuten.[45]

Im folgenden sollen einige der Versuche populär-sozialistischer Schriftsteller in Großbritannien und Deutschland, die zukünftige sozialistische Gesellschaft zu beschreiben, miteinander verglichen werden. Es wird dabei davon ausgegangen, daß ein solcher Vergleich es erlaubt, einige vorsichtige Annahmen zu den grundlegenden Werten und Idealen der Parteibasis zu formulieren, für die solche populäre Literatur oftmals sehr viel einflußreicher war als die Schriften der parteioffiziellen Ideologie. Selbst zahlreiche Führungspersönlichkeiten beider Arbeiterparteien begegneten der sozialistischen Idee erstmals in Form von utopischer Erbauungsliteratur. So wurden u.a. Walter Citrine und Ellen Wilkinson nachhaltig geprägt durch ihre Lektüre von Robert Blatchfords „Merrie England" (1893) und „Britain for the British" (1902).[46] „Merrie England", von dem bereits 1895 700.000 Exemplare verkauft waren, wurde innerhalb der britischen Arbeiterbewegung so beliebt, daß viele Parteien vor Ort, Arbeiterkirchen und andere sozialistische Gruppierungen „Merrie England"-Studienzirkel einrichteten und „Merrie England"-Festlichkeiten ausrichteten, die manchmal gar mit großem Kostümaufwand in eigens dafür hergerichteten „Modelldörfern" abgehalten wurden.[47] Herbert Morrisons Bekehrung zum Sozialismus vollzog sich durch die Lektüre billiger historischer und politischer Pamphletliteratur, die die Gedanken der sozialistischen Theoretiker popularisierten.[48]

---

42 Pierson, British Socialists, S. 192; Helga Grebing, Der „deutsche Sonderweg" in Europa 1806-1945: Eine Kritik, Stuttgart 1986, S. 132.
43 Seebacher-Brandt, Erich Ollenhauer, S. 38.
44 Vgl. Susanne Miller, Das Problem der Freiheit im Sozialismus: Freiheit, Staat und Revolution in der Programmatik der Sozialdemokratie von Lasalle bis zum Revisionismusstreit, Frankfurt am Main 1964, S. 291, zur Gleichzeitigkeit utopischer Entwürfe und konstruktiver Mitarbeit innerhalb des bestehenden politischen Systems; siehe auch White, Reconsidering European Socialism, S. 256.
45 Loreck, Wie man früher Sozialdemokrat wurde, S. 100 f.
46 Walter Citrine, Men at Work: an Autobiography, London 1964, S. 62; Betty Vernon, Ellen Wilkinson, London 1982, S. 9.
47 Fincher, The Clarion Movement, S. 95.
48 Morrison, An Autobiography, S. 24.

G.D.H. Cole wandte sich nach der Lektüre von William Morris dem Sozialismus zu.[49] Friedrich Stampfer beichtet in seinen Memoiren, daß es nicht etwa Marxens „Kapital", sondern Edward Bellamys „Looking Backward – 2000" war, das ihn von der Überlegenheit der sozialistischen Lehre überzeugte.[50]

Am Ende des neunzehnten Jahrhunderts stand Bellamys Buch auf den sozialistischen Bestsellerlisten Großbritanniens und Deutschlands ganz oben. Es war gleichsam eine technokratische Vision einer geordneten und verplanten Zukunftsgesellschaft, in der es weder Verschwendung noch Armut gab und alle Probleme einer rationalen Lösung zugeführt wurden. In zahlreichen sozialistischen Zeitschriften beider Länder erschien das Buch als Fortsetzungsroman, wobei insgesamt die Gattung utopischer Roman sich bei den Zeitungen und Zeitschriften der Arbeiterbewegung sehr großer Beliebtheit erfreute. Dabei rezipierten zahlreiche britische und deutsche Sozialisten/-innen Bellamys simplistische Gleichsetzung von technokratischem Fortschritt mit allgemeiner Glückseligkeit durchaus kritisch. So schrieb etwa William Morris sein Buch „News from Nowhere" als direkte Antwort auf Bellamys Utopie, wobei Morris allerdings nicht den wissenschaftlich-technologischen Fortschritt in den Vordergrund stellte, sondern die Werte menschlicher Gemeinschaft, Solidarität und Brüderlichkeit. Im Vorwort zur neunten Auflage von Bebels „Die Frau und der Sozialismus" befindet sich ebenfalls eine Kritik Bellamys, in der dem amerikanischen Sozialisten vorgeworfen wird, das Zukunftsbild eines bürgerlichen Sozialreformers zu entwickeln, der noch nie vom Klassenkampf gehört und keine Ahnung davon habe, daß aller menschlicher Fortschritt sich letztendlich gründe auf das antagonistische Verhältnis der Klassen zueinander.[51] Clara Zetkin, die 1890 Bellamys Buch ins Deutsche übersetzte, stimmte Bebel zu, was die Unwissenschaftlichkeit von Bellamys Sozialismus anbetraf. Dennoch brachte sie im Jahre 1914 eine zweite Auflage mit dem Argument heraus, daß das Buch einige der Fragen hinsichtlich der sozialistischen Zukunftsgesellschaft pointiert beantworte.[52]

Es gab zahlreiche weitere utopische Romane, wie z.B. Karl Ballods „Der Zukunftsstaat" (1898), Michael Flürscheims „Deutschland in hundert Jahren oder: Die Galoschen des Glücks. Ein soziales Märchen" (1890), William Thompsons „A Prospectus of Socialism, or, a Glimpse of the Millenium", Philipp Frankfords „The Coming Day: Some Scenes from Life under Socialism" oder Jane Hume Claypertons „A Vision of the Future" (1904).[53] Die sozialistischen Utopien provozierten auch antisozialistische Gegenent-

---

49 Foote, The Labour Party's Political Thought, S. 107.
50 Friedrich Stampfer, Erfahrungen und Erkenntnisse: Aufzeichnungen aus meinem Leben, Köln 1957, S. 12.
51 August Bebel, Die Frau und der Sozialismus, 10. Aufl., Stuttgart 1891, S. v-vii. Die erste Auflage dieses Buches erschien 1879 und wurde mithin zu einem der ersten Opfer der Sozialistengesetze. Die zweite Auflage mußte im Jahre 1883 illegal in Umlauf gebracht werden. Nichtsdestotrotz entwickelte sich das Buch zu einem der populärsten Fibeln des deutschen Sozialismus der Vorkriegszeit.
52 Edward Bellamy, Ein Rückblick aus dem Jahre 2000 auf das Jahr 1887, übersetzt und hrsg. v. Clara Zetkin, 2. Aufl., Stuttgart 1914, S. 3 f.
53 Eine Bibliographie utopisch-sozialistischer Romane in Deutschland liefert Lucian Hölscher, Weltgericht oder Revolution: Protestantische und sozialistische Zukunftsvorstellungen im deutschen Kaiserreich, Stuttgart 1989, S. 446 f.; zum utopisch-sozialistischen Roman in der sozialistischen Presse Großbritanniens vgl. Jack Mitchell, Tendencies in Narrative Fiction in the London-Based Socialist Press of the 1880s and 1890s, in: The Rise of Socialist Fiction 1880-1914, hrsg. v. H. Gustav Klaus, New York 1987, S. 49-72.

würfe, so z.B. Edward Herberts „New Era: A Socialist Romance", Ernest Bramahs „The Secret of the League" und Eugen Richters „Sozialdemokratische Zukunftsbilder". Sie konzentrierten sich in der Regel auf Themen wie den Verlust individueller Freiheit oder die negativen Auswirkungen eines allgegenwärtigen Staates unter dem Sozialismus.

Frank Bealeys Behauptung, daß auf allen Ebenen der Labour Party bereits vor 1914 die sozialistische Zukunftsgesellschaft kein Thema mehr war, scheint zumindest voreilig, betrachtet man die enorme Popularität utopischer Romane unter Parteimitgliedern.[54] In ihren Bemühungen, die der Liberal Party verbundenen Gewerkschaften auf ihre Seite zu ziehen, mochte die Führung der Labour Party vielleicht nicht gerade sozialistische Zukunftsvorstellungen besonders betonen. Allerdings finden sich in den Schriften nahezu aller prominenten Sozialisten/-innen der Labour Party zahlreiche Bezüge zu eben dieser sozialistischen Zukunftsgesellschaft.[55] So beschrieb Ramsay MacDonald in seinem Buch „The Socialist Movement" von 1911 auch die sozialistische Zukunftsgesellschaft, wobei er zu diesem Zeitpunkt auch seinen früheren träumerischen Utopismus bereits weitgehend abgelegt hatte, der seine Schriften durchzog, als er in den späten 1880er und frühen 1890er Jahren Mitglied im sog. Fellowship of New Life war.[56] Obwohl er 1911 einerseits zugab, daß bestimmte Fragen der sozialistischen Zukunftsgesellschaft „cannot be discussed profitably except as a speculative exercise"[57], hielt er doch andererseits dagegen, daß die gegenwärtige Gesellschaft so zu studieren sei, wie der Techniker eine Maschine studiere. Eine solche Analyse erlaube dann auch den Ausblick auf Kommendes: „the Socialist rises with a clear conception of the social will [...] he carries on in idea the tendency which he sees beginning to operate now; from the walls of the temple so far built, he can anticipate the architect's idea, continue the lines, and form some conception of the completed fabric."[58] Hier ähnelt der Sozialist dem Naturwissenschaftler, der durch seine Forschungen allgemeine Naturgesetze entdeckt, deren Anwendung dann auch zur Identifizierung derjenigen Kräfte und Strömungen führt, die die zukünftige Gesellschaft bestimmen werden. Der vielen sozialistischen Utopien zugrundeliegende Glaube an einen unaufhaltsamen, durch die Wissenschaft fundierten Fortschritt in Richtung Sozialismus findet sich in Reinform auch in MacDonalds Gedankenführung: „[The socialist] can map the drift of progress; [he] [...] can trace the course of history through some part of the misty future; by discovering the dream cities which men have built in their hearts as abiding places for their souls, can tell what social fabrics they are to raise [...]"[59]

Arthur Hendersons „The Aims of Labour" aus dem Jahre 1918 versucht ebenfalls, dem Leser einen Ausblick auf den sozialistischen Zukunftsstaat zu geben, nachdem alle Produktionsmittel in Gemeinbesitz überführt worden sind. „The coming era of revolutionary change"[60] werde nach Henderson überall in der Welt den demokratischen politi-

---

54 Frank Bealey, The Social and Political Thought of the Labour Party, London 1970, S. 11 f.
55 Waters, British Socialists and the Politics of Popular Culture, S. 45, notiert ebenfalls die Bedeutsamkeit utopischen Denkens für die Labour Party vor 1914.
56 Morgan, Labour People, S. 42 f.
57 MacDonald, The Socialist Movement, S. 113.
58 Ebd., S. 118.
59 MacDonald, The Socialist Movement, S. 121.
60 Arthur Henderson, The Aims of Labour, London 1912, S. 12.

schen Systemen zum Durchbruch verhelfen und die gesamte Menschheit zur Einhaltung höchster moralischer Standards verpflichten. Seiner Broschüre vorangestellt ist ein Gedicht von John Addington Symonds, das den eschatologischen Charakter dieser Literaturgattung eindrucksvoll unterstreicht:

> „These things shall be! a loftier race
> Than ere the world hath known shall rise,
> With flame of freedom in their souls,
> And light of knowledge in their eyes. [...]
> New arts shall bloom of loftier mould
> And mightier music fill the skies,
> And every life shall be a song,
> When all the earth is paradise."

Niemand verkörperte den utopischen, etwas nebulösen Charakter des britischen Sozialismus besser als Bruce Glasier, dessen Vorträge sich vorzugsweise Themen widmeten wie „Der Sozialismus, das Licht und die Welt" oder auch „Das Versprechen und die Prophetie des Sozialismus": „he saw himself [...] as a wandering wise man, pilgrim's wallet slung from his shoulders, pilgrim's staff in hand."[61] Eine eindrucksvolle Vision vom Sieg des Sozialismus bietet auch sein Buch aus dem Jahre 1919 „The Meaning of Socialism": „The millionaire rolls his monster coils about the nation and fouls our cities with his wealth, but the young Perseus is preparing his spear, and soon will flash as from the sun the annihilating stroke [...] Not one but ten thousand dragons devouring and fouling the earth there maybe, but Socialism, lo!, its light is in the world and its triumph is heralded in every wind. It is the advent of peace, the epoch of man released from the brute, the reign of equality."[62] Wie MacDonald, so zeigte sich auch Glasier davon überzeugt, daß die Geschichte auf Seiten des Sozialismus kämpfe: „I believe Socialism is inevitable not simply because of the economic and material factors of modern civilisation, but because also of the spiritual factors of social evolution."[63] George Bernard Shaw erkannte bereits 1897, daß es genau diese Kreuzzugsmentalität des Sozialismus war, die eine der stärksten Waffen im Propagandaarsenal der Bewegung war: „[Socialism] wins its disciples by presenting civilisation as popular melodrama, or as a Pilgrim's Progress through the suffering trial and combat against the powers of evil to the bar of poetic justice with paradise beyond."[64] Auch nach 1918 blieben führende Parteimitglieder wie MacDonald oder Sidney Webb davon überzeugt, daß Großbritannien unaufhaltsam auf ein Gesellschaftsmodell zulaufe, in dem es keinen Privatbesitz an Produktionsmitteln mehr geben werde, in dem soziale und ökonomische Gleichheit ebenso Wirklichkeit geworden sei wie die Demokratisierung nicht nur der Politik, sondern auch weiter Gesellschaftsbereiche.[65] Besonders die Metapher der organisierten Arbeiter/-innen auf Pil-

---

61 Thompson, The Enthusiasts, S. 92.
62 Glasier, The Meaning of Socialism, S. 18 f.
63 Glasier, The Meaning of Socialism, in: Socialist Review 16, 1919, S. 333.
64 G.B. Shaw, The Illusions of Socialism, in: Forecasts of the Coming Century, hrsg. v. Edward Carpenter, London 1897, S. 171.
65 Richard Price, Labour, State and Society in Britain before 1914, Vortrag auf dem Internationalen Kolloquium Graz vom 5. bis 9. Juni 1989, S. 13; Pierson, British Socialism, S. 342.

gerfahrt hin zum Land der Erlösung blieb in der Parteiliteratur ausgesprochen verbreitet. Nachdem im Jahre 1929 die zweite Labour-Regierung vereidigt worden war, schrieb Frank Smith: „It was a pilgrimmage of forty years which the children of Israel endured before they got within reach of the promised land. They did not have exactly a joy march all the way [...] May 30, 1929 did not bring in the Socialist millenium, but it has brought us to Westminster as a preliminary."[66]

In Deutschland verfielen Revisionisten/-innen und Marxisten/-innen gleichermaßen der Versuchung, sozialistische Zukunftsmodelle in prophetischen Visionen zu beschreiben. Einer der wenigen, der den weit verbreiteten eschatologischen Erwartungen selbstbewußt entgegentrat, war Eduard Bernstein: „[...] es ist nicht meine Absicht, Zukunftsbilder zu entwickeln. Nicht was in der weiteren Zukunft geschehen wird, liegt mir am Herzen, sondern was in der Gegenwart für diese selbst und die nächste Zukunft geschehen kann und soll."[67] Andere Revisionisten waren weniger zögerlich, wenn es darum ging, das anbrechende Millenium möglichst farbenprächtig auszumalen. So hieß es z.B. in einer Rede Albert Südekums, die er auf einer seiner zahlreichen Vortragsreisen durch Großbritannien auf Veranstaltungen der ILP hielt: „We are going on. Our movement is towards a better, fairer organisation of society; and our faith is strong and high that the time will surely come [...] when the dull, grey clouds under which millions of our workmen are monotonously toiling will break and melt, and vanish forever in the sunshine of a new and noble age."[68] Im Jahre 1903 lobte Heine ausdrücklich all die Versuche, die sozialistische Zukunftsgesellschaft zu beschreiben, da sie nicht nur ästhetisch anspruchsvoll gestaltet seien, sondern vor allem maßgeblich zur Politisierung der Arbeiterschaft beitrügen. Solche Utopien hinterließen bei vielen Arbeitern/-innen den unwiderruflichen Eindruck, daß der Sozialismus historisch und ökonomisch notwendig und psychologisch wünschenswert sei.[69] Heine selbst hatte in jungen Jahren sozialistische Utopieentwürfe verfaßt und dabei William Morris als großes Vorbild verehrt.[70] Im selben Sinne erinnert sich Ludwig Radlof: „In meiner Jugend war nichts interessanter als eine Debatte über das ‚Endziel'. [...] Wir träumten alle mehr oder weniger von einem Zusammenbruch der kapitalistischen Gesellschaftsordnung."[71] Karl Kautsky schrieb im Jahre 1909 ein ganzes Büchlein zur Frage, wie denn die Überwindung des Kapitalismus durch den Sozialismus aussehen werde bzw. welche Konsequenzen für das Aussehen der Gesellschaft sich aus diesem Prozeß ergeben würden. Kautsky bestätigte hier ausdrücklich die Bedeutung sozialistischen Prophetentums: „Ohne Prophezeiungen geht es in der Politik einmal nicht."[72] Nachdem er die Qualitäten der Übervater Marx und Engels als Propheten ausreichend gewürdigt hatte, fuhr er selbst fort, „ein neues Zeitalter der Revolutionen" anzukündigen: „Glücklich jeder, der berufen ist, an diesem erhabenen Kampfe und herrlichen

---

66 Frank Smith, Forty Years of Pilgrimmage: Has Labour Arrived?', in: Labour Magazine 7, 1928/29, S. 99.
67 Bernstein, Die Voraussetzungen, S. 196.
68 BA Koblenz, NL Albert Südekum, 190, 91/41.
69 Wolfgang Heine, Utopien, in: SM 7, 1903, S. 649 f. und 654.
70 Wolfgang Heine, Erinnerungen, in: BA Koblenz, NL Wolfgang Heine, Kl. Erw., Nr. 371-15, S. 384-8.
71 Ludwig Radlof, Vaterland und Sozialdemokratie, München 1915, S. 70.
72 Karl Kautsky, Der Weg zur Macht: Politische Betrachtungen über das Hineinwachsen in die Revolution, Berlin 1909, S. 23.

Siege teilzunehmen."[73] In der sozialdemokratischen Parteiliteratur wird das „neue Zeitalter des Sozialismus" ein ums andere Mal nicht nur beschworen, sondern auch sehr konkret beschrieben.[74] Die Metaphorik sozialdemokratischer Zeitschriftentitel deutet ebenfalls darauf hin, wie sehr die Genossen/-innen die bessere Zukunft herbeiwünschten bzw. auf diese Zukunft hin ihr eigenes Leben ausrichteten: „Vorbote" (1866), „Vorwärts" (1876), „Neue Welt" (1876), „Zukunft" (1877), „Neue Zeit" (1883), „Morgenrot" (1897), „Neue Gesellschaft" (1903), „Leuchtturm" (1916), „Aufwärts" (1919).[75]

Rhetorik und Vokabular der sozialistischen Utopieentwürfe waren in beiden Ländern auffallend ähnlich. Immer wieder wurde betont, daß die Nationalisierung oder Sozialisierung aller Produktionsmittel und allen Grundbesitzes unbedingte Voraussetzung für den Aufbau einer sozialistischen Gesellschaft und die Abschaffung von Ausbeutung seien. In den britischen Utopien spielte der Munizipalsozialismus eine größere Rolle als der Staatssozialismus, der die Zukunftsvorstellungen deutscher Sozialisten/-innen dominierte. Die häufig verwendeten Schlüsselbegriffe der utopischen Literatur beider Länder waren die der ‚Gemeinschaft', ‚Genossenschaft' und ‚Brüderlichkeit'. Die physischen wie die geistigen Bedürfnisse der ganzen Bevölkerung wurden in den meisten Zukunftsentwürfen durch ein neuartiges Wirtschaftssystem ebenso garantiert wie durch eine grundlegende andere Moral der Menschen. Bildung war Menschenrecht, und alle konnten ihre Potentiale in vollstem Umfang verwirklichen. Gemeinschaftliche Restaurants und Freizeiteinrichtungen wurden von allen genutzt. Das Verbrechen verschwand von selbst, da seine Grundursache, eine verbrecherische Gesellschaft, abgeschafft war. In einem auf Wettbewerb beruhenden ökonomischen System lebten die Menschen in einem dauernden Kriegszustand, während in einem sozialistischen Wirtschaftsmodell alle Menschen unter dem Leitwert der Solidarität gemeinsam Großes vollbrachten, wobei sich auch ihre natürliche Güte schnell aus dem Panzer der individualistischen Leistungsorientierung herausschälte. An die Stelle einer raffgierigen und eigensüchtigen Erwerbsmentalität trat der dienende Geist der Selbstlosigkeit. Das Zeitalter des Individualismus ging zu Ende und wurde durch ein neues Zeitalter der Solidarität abgelöst. Die Wochenarbeitszeit verkürzte sich und der Einsatz neuer Technologien erleichterte alle schwere manuelle Arbeit. Arbeit war nicht mehr Ausdruck der Lohnsklaverei, sondern diente endlich wahrer Selbstverwirklichung. Unter der Freiheit einer sozialistischen Sonne erblühten auch die Wissenschaften und die Künste zu neuem Leben, und alle Menschen genossen ihre Früchte. Parteien oder Politiker/-innen tauchten in den Utopien kaum auf, da das Zeitalter des Sozialismus nicht als Zeitalter sich widersprechender Interessen gedacht wurde. In einem die Interessen aller Menschen harmonisch ausbalancierenden und wahrenden System waren Foren der Konfliktaustragung überflüssig.

---

73 Ebd., S. 104.
74 Siehe z.B. J. Stern, Der Zukunftsstaat, 5. Auflage, Berlin 1906; vgl. auch Kenneth R. Calkins, The Uses of Utopianism: The Millenarian Dream in Central European Social Democracy Before 1914, in: CEH 15, 1982, S. 128-33.
75 Rainer Paetau, Culture and Mentalities, Metaphors and Symbols. Approaches to the History of the Nineteenth-Century German Labour Movement, in: Language and the Construction of Class Identities. The Struggle for Discursive Power in Social Organisation: Scandinavia and Germany after 1800, hrsg. v. Bo Stråth, Götheborg 1990, S. 448.

Im folgenden sollen einige der Schlüsselwörter und -konzepte britischer und deutscher ‚Ideologie von unten' näher untersucht werden: erstens die Auffassung vom Staat, zweitens die Idee eines ‚neuen Menschens', drittens der historische Determinismus, viertens die Betonung des wissenschaftlichen Charakters des Sozialismus, fünftens die Haltung zur Revolution und schließlich sechstens die spezifisch rückwärts gewandten Utopien des britischen Sozialismus.

Die Aufgaben des Staates, so Bruce Glasier, würden in der sozialistischen Zukunftsgesellschaft notwendig wachsen, was insgesamt positive Auswirkungen auf die rationale Organisation der Gesellschaft haben werde. In dieser Hinsicht stimmte er mit dem deutschen Theoretiker Rudolf Hilferding vollkommen überein. Glasiers Staatsverständnis war durchaus positiv: „the state always is for the time being very largely the instrument of the self-interest of the dominant person, faction or class in the community, whosoever they may be."[76] Hilferdings Theorie des organisierten Kapitalismus sah den Staat ebenfalls als neutrales Instrument, das jeweils den Interessen und Politikvorstellungen derjenigen Klasse diente, die im Besitz der politischen Macht war.[77] Dabei teilte nicht nur Glasier die Staatsorientierung der deutschen Sozialisten/-innen. John Ruskin, dessen Buch „Unto This Last" zu den einflußreichsten innerhalb der britischen Arbeiterbewegung gehörte, legte großen Wert darauf, daß eine gerechter organisierte Gesellschaft mehr Staat brauche, besonders auf den Gebieten des Erziehungswesens, der Arbeitslosenversorgung, der Renten- und Krankenversicherung. Staatliche Betriebe sollten auf allen Ebenen der Produktion mit den privaten Betrieben in Wettbewerb treten.[78] Hardie befand: „the state [...] is what its people make it."[79] Bereits vor 1914 entwickelte die Labour Party eine Theorie des Kollektivismus, in der eine dezentralisierte staatliche Versorgung in Form des Munizipalsozialismus das soziale Elend im Land beseitigen werde.[80] Unter fabischem Einfluß blickte die Partei nach 1918 verstärkt auf den Staat, der zum einen die sozialen Leistungen eines modernen Sozialstaats zu erbringen hatte und zum anderen allen Bürgern zunehmend Möglichkeiten zu ‚rationaler' Freizeitgestaltung bieten werde. Gerade der Arbeiterklasse sollte durch staatliche Maßnahmen das kulturelle Erbe der Nation nähergebracht werden.[81] Wie die deutschen Marxisten/-innen sahen also die britischen Labouristen/-innen im Staat zunehmend ihr wichtigstes Instrument, um die Emanzipation der Arbeiterklasse voranzutreiben.

Innerhalb beider Arbeiterparteien gab es zudem Vertreter/-innen des ethischen bzw. kulturellen Sozialismus, denen eine andere Utopie am Herzen lag: an die Stelle des staatlichen Apparats trat die Vorstellung von den ‚neuen Menschen', die den Sozialismus bereits unter kapitalistischen Bedingungen leben und damit erst eigentlich erschaffen

---

76 Glasier, The Meaning of Socialism, S. 183.
77 Rudolf Hilferding, Die Aufgaben der Sozialdemokratie in der Republik, in: Protokoll des SPD-Parteitags 1927, S. 165-84.
78 John Ruskin, Unto This Last: Four Essays on the First Principles of Political Economy, 7. Aufl., London 1890, S. xvi.
79 Keir Hardie, From Serfdom to Socialism, London 1907, S. 23.
80 Pat Thane, Labour and Local Politics: Radicalism, Democracy and Social Reform 1880-1914, in: Currents of Radicalism, hrsg. v. Biagini und Reid, S. 244-70.
81 Waters, British Socialism, S. 192 f.

würden. Der vielleicht breitenwirksamste Exponent eines solchen ethischen Sozialismus in Großbritannien war R.H. Tawney. In seinem Buch aus dem Jahre 1921, „The Acquisitive Society", beschreibt er den Kapitalismus als eine Gesellschaft, „[which] makes the individual the centre of his own universe, and dissolves moral principles into a choice of expediencies."[82] Einer solchen amoralisch-individualistischen Gesellschaft setzte Tawney den Gedanken einer „funktionalen Gesellschaft" entgegen, deren soziale Organisation sich auf dem Boden moralischer Prinzipien vollziehe. Sinn des Wirtschaftssystems innerhalb einer „funktionalen Gesellschaft" sei es, die Grundlagen für ein würdiges Leben aller zu schaffen, anstatt nur die wenigen mit unsinnigen Reichtümern zu überhäufen. Innerhalb einer solchen Gesellschaft würden höchste Anforderungen an das Pflichtbewußtsein jedes Einzelnen gestellt. Die Entwicklung neuer Moralvorstellungen müsse der Bildung einer sozialistischen Gesellschaft vorausgehen. In dem Labour Party Programm aus dem Jahre 1928, „Labour and the Nation", das von Tawney selbst verfaßt wurde, definierte die Partei Sozialismus als „the practical recognition of the familiar commonplace that ‚morality is in the nature of things', and that men are all, in very truth, members of one another."[83] Für Keir Hardie war und blieb der Sozialismus vor allem eine Frage der Ethik[84], und auch lokale Studien zur Labour Party unterstützen die These, daß es gerade der ethische Charakter des britischen Sozialismus war, der ihm Wähler/-innen und Anhänger/-innen zutrug. Es gab eine weit verbreitete Sehnsucht nach einer neuen moralischen Ordnung, die auf eine drastische Umstrukturierung des gesamten wirtschaftlichen Systems ebenso hinauslief, wie sie auf ihr beruhte.[85]

In seinem Buch aus dem Jahre 1929, „Der Sozialismus als Kulturbewegung", argumentiert Hendrik de Man ähnlich wie Tawney, daß die bürgerliche Kultur dominiert werde von der Macht des Geldes, vom Egoismus und dem Fehlen jeder Wahrhaftigkeit.[86] Er griff zudem orthodox-marxistische Positionen innerhalb der SPD an, die sich zu sehr darauf verließen, daß ökonomischer Wandel automatisch auch einen veränderten Menschen mit sich bringt.[87] De Man hielt dagegen: „die neuen Verhältnisse können nur das Werk von neuen Menschen sein."[88] Dieser ‚neue Mensch' aber könne sich nur dann entwickeln, wenn er bereit sei, einen neuen Lebensstil anzunehmen, der an das eigene Verhalten die höchsten moralischen Standards anlege. de Man sah deutlich den Widerspruch zwischen der Sehnsucht vieler Parteimitglieder nach Überwindung der kapitalistischen Gesellschaft einerseits und dem Fortbestehen bürgerlicher Wertorientierungen bei denselben Parteimitgliedern andererseits. So stellt er fest, „daß man sehr wohl ein organisierter Klassenkämpfer sein kann und dabei im Herzen ein Spießer, der nur dem Kleinbürger ähnlich werden möchte, und in dem Maße geistig konservativ und reaktionär wird, wie ihm dies gelingt."[89] Besonders in der Jugendbewegung der SPD waren die

---

82 R.H. Tawney, The Acquisitive Society, London 1921, S. 33.
83 Labour and the Nation, London 1928, S. 6.
84 Hardie, Serfdom, S. 35.
85 Clark, Colne Valley, S. 145 und 186.
86 Hendrik de Man, Der Sozialismus als Kulturbewegung, Berlin 1929, S. 17.
87 Ebd., S. 6.
88 Ebd., S. 19.
89 Ebd., S. 26.

Ideen de Mans ausgesprochen beliebt, schienen sie doch einen möglichen Weg aus dem unproduktiven Attentismus der Partei zu weisen.[90] So erinnert sich Willy Brandt: „Der Sozialismus, mit dem ein junger Deutscher meiner Zeit aufwuchs, war [...] weniger ‚wissenschaftlich' begründet als moralisch motiviert. Für uns war Sozialismus gleichbedeutend mit Kampf gegen Unrecht und Ausbeutung, Unterdrückung und Krieg: links, wo das Herz schlägt [...]"[91] Formen des ethischen Sozialismus erfreuten sich in der SPD nicht erst zu Zeiten der Weimarer Republik großer Beliebtheit. Von Anfang an fanden sie sich in der Partei. Besonders vom Neokantianismus beeinflußte Sozialisten wie Staudinger, Vorländer, David, Eisner oder Stammler vor dem ersten Weltkrieg bzw. Willi Eichler nach 1918 rechtfertigten ihren Sozialismus aus ethischen Positionen heraus, nicht etwa aus einem Glauben an die angebliche Naturgesetzlichkeit der ökonomischen Entwicklung.[92] Nach 1945, auf ihrem Weg nach Bad Godesberg, erinnerte sich die SPD verstärkt an diese ethischen Fundamente ihres Sozialismusverständnisses und setzte sie an die Stelle des marxistischen ‚wissenschaftlichen' Sozialismus, der in der Parteigeschichte lange Zeit eine größere Rolle gespielt hatte.[93]

Wie bereits oben erwähnt, spielte der Glaube an die historische Notwendigkeit des Sozialismus eine wichtige Rolle im Denken MacDonalds und Glasiers. Auch der populärste sozialistische Autor Großbritanniens, H.G. Wells, vertrat diese Ansicht. Nach G.D.H. Cole war H.G. Wells „New Worlds for Old" (1908) „the most influential piece of Socialist propaganda in Britain since ‚Merrie England'."[94] Es stellt eine Hyme an den wissenschaftlichen Fortschritt dar, in der sich der Darwinismus von Wells mit dem Glauben an die historisch notwendige Mission des Sozialismus verbindet. Sein ‚wissenschaftliches' Sozialismusverständnis zeigt sich auch in seinem Buch „The Outline of History" (überarbeitete Neuauflage 1923), mit welchem er die „allgemeinen Gesetze" der Weltgeschichte und ihres Fortschreitens zu entdecken suchte. Eine spezifisch sozialistische Futurologie begründete er mit seiner Schrift „The Discovery of the Future" aus dem Jahre 1913 (Neuauflage 1924), der der Glaube zugrunde lag „that along certain lines and with certain qualifications and limitations a working knowledge of things in the future is a possible and practicable thing."[95] Das Buch endet dann auch mit einer Prophetie *par excellence*: „We are in the beginning of the greatest change that humanity has ever undergone [...] all the past is but the beginning of a beginning, and [...] all that is and has been is but the twilight of dawn."[96]

In den populären Schriften deutscher Sozialisten/-innen findet sich ebenfalls ein unverbrüchlicher Glaube an den historisch notwendigen Sieg des Sozialismus. Eine ökonomische und politische Glücksverheißung miteinander verbindende Fortschritts-

---

90 Victor Engelhardt, An der Wende des Zeitalters, Berlin 1924, S. 108, 123-26.
91 Willy Brandt, Links und Frei: Mein Weg, 1930-1950, Hamburg 1982, S. 58.
92 Steinberg, Sozialisms, S. 96-106.
93 Kurt Klotzbach, Der Weg zur Staatspartei: Programmatik, praktische Politik und Organisation der deutschen Sozialdemokratie 1945-1965, Berlin 1982 (Neuauflage 1996), S. 181-87.
94 Cole, A History of Socialist Thought, Bd. 3/1, S. 204 f.
95 H.G. Wells, The Discovery of the Future, London 1913, Neuauflage 1924, S. 24.
96 Ebd., S. 58 f.

gläubigkeit kennzeichnete die meisten der populären sozialdemokratischen Texte.[97] In der Debatte über den sozialdemokratischen Zukunftsstaat im deutschen Reichstag aus dem Jahre 1893 beendete Bebel seine Ausführungen mit den Worten: „[...] die Zukunft gehört uns und nur uns."[98] Solch historischer Determinismus bildet auch die Grundlage seines Buches „Die Frau und der Sozialismus", in dem Bebel die Verwirklichung des Sozialismus als „naturgesetzliches Werden" beschreibt: „Von dem Wachsthum und der Ausbreitung der Ideen, die wir vertreten, liefert jeder Tag neue Beispiele; auf allen Gebieten regt sich's und drängt nach vorwärts, die Morgendämmerung eines schönen Tages ist im Anzuge. Kämpfen und streben wir also immer voran [...] Sinken wir im Laufe dieses großen, Menschheit befreienden Kampfes, so treten die uns Nachstrebenden für uns ein. Wir sinken in [...] der Überzeugung, daß das Ziel erreicht wird, wie immer die dem Fortschritt der Menschheit feindlichen Mächte sich dagegen wehren und sträuben mögen."[99] Ein populäres Flugblatt der SPD erklärte im Jahre 1919, daß es der Gang der Geschichte selbst sei, der auf den Sozialismus zusteuere. Es sei „[...] die Entwicklung, die die Menscheit zwingt, dieses Ziel [den Sozialismus] zu wollen."[100]

Beide Arbeiterparteien waren zudem gleichsam besessen von dem Gedanken, daß der Sozialismus, den sie anstrebten, ein wissenschaftlicher sei. Dabei erschien dann die sozialistische Umgestaltung der Gesellschaft regelmäßig als die vernünftigste Lösung der andauernden Krise und der fortlaufenden Verschwendung an Ressourcen, die den Kapitalismus kennzeichneten. In den Schriften von Wells und MacDonald sind wir bereits diesem Glauben an die Wissenschaftlichkeit des eigenen Denkgebäudes begegnet. Blatchford und seine Anhänger/-innen „assumed that society was evolving towards a higher state and that a new society organized more rationally and humanely would appear in time."[101] „Labour and the New Social Order", das offizielle Parteiprogramm aus dem Jahre 1918, definiert die Ziele der Labour Party wie folgt: „The Labour Party stands for increased study, for the scientific investigation of each succeeding problem, for the deliberate organization of research and for a much more rapid dissemination among the whole people of all the science that exists."[102] Sidney Webb, der Autor des Programms, zählte zu den lautstärksten Vertretern eines aus dem neunzehnten Jahrhundert überkommenen wissenschaftlichen Optimismus in der britischen Arbeiterpartei.[103]

---

97 Dieter Langewiesche, Fortschritt als sozialistische Hoffnung, in: Sozialismus und Kommunismus im Wandel, hrsg. v. Klaus Schönhoven und Dietrich Staritz, Köln 1993, S. 42.
98 Der sozialdemokratische Zukunftsstaat: Verhandlungen des deutschen Reichstags am 31. Januar, 3.,4., 6. und 7. Februar 1893, Berlin 1893, S. 21. Zu dieser Debatte und den darin zum Ausdruck kommenden sozialdemokratischen Vostellungen vom kommenden Millenium siehe auch Hölscher, Weltgericht, S. 378-435. Daß die meisten Sozialdemokraten/-innen die Geschichte auf ihrer Seite wähnten, betont auch Thomas Nipperdey, Sozialdemokratie und Geschichte, in: Sozialismus in Theorie und Praxis: Festschrift für Richard Löwenthal, hrsg. v. H. Horn, A. Schwan und I. Weingartner, Berlin 1978, S. 493-517.
99 Bebel, Die Frau und der Sozialismus, S. 373, 381 f.
100 Was ist, was will der Sozialismus?, hrsg. v. Vorstand der SPD, Berlin 1919, in: Preußisches Geheimes Staatsarchiv, Zeitgeschichtliche Sammlungen xii/iii, Nr. 24.
101 Fincher, The Clarion Movement, S. 87.
102 Labour and the New Social Order, London 1918, S. 21.
103 Leonard Woolf, Political Thought and the Webbs, in: The Webbs and their Work, hrsg. v. Margaret Cole, London 1949, S. 255 f.

In Deutschland war es üblich, das Wort ‚wissenschaftlich' in schöner Regelmäßigkeit dem Wort ‚Sozialismus' beizufügen, um damit die allein seligmachende Form des Sozialismus abzugrenzen von all den ‚utopischen' Sozialismen vormarxscher Denker. Bücher, die den zukünftigen sozialistischen Staat in Deutschland beschrieben, beschworen immer wieder den Geist der Wissenschaft. So heißt es bei Bebel: „Für die neue Gesellschaft existieren keine Rücksichten. Der menschliche Fortschritt und die echte, unverfälschte Wissenschaft sind ihr Panier [...]"[104] Einige betonten, daß im sozialistischen Zukunftsstaat die Wissenschaft in der Lage sei, den Verbrauch der Konsumenten/-innen genau vorherzusagen, so daß sich die Produktion darauf werde einstellen können.[105] Andere behaupteten, daß bereits ihre eigenen literarischen Phantasien auf der Grundlage echter wissenschaflicher Forschungen beruhten.[106]

Das beliebteste Motiv innerhalb der sozialdemokratischen Vorkriegsprophetien war das der Revolution.[107] Allerdings paßten solche dramatischen Zukunftsvorstellungen nur schlecht mit der seit der Jahrhundertwende zunehmenden Integration der Sozialdemokratischen Partei in die Parlamente des Kaiserreichs und dessen politisches System überein. Immerhin hatte selbst der Gralshüter des Marxismus in der SPD, Karl Kautsky, die SPD als revolutionäre, aber nicht Revolution machende Partei bezeichnet.[108] Es gibt zumindest Hinweise darauf, daß die Parteibasis mit Kautsky übereinstimmte und ihre Hoffnungen zunehmend nicht auf die Gewalt, sondern auf einen friedlichen, geordneten Übergang vom Kapitalismus zum Sozialismus richtete.[109] In der Parteiliteratur der Labour Party tauchten die Begriffe ‚Revolution' und ‚revolutionär' ebenfalls geradezu inflationär auf. Allerdings meinten sie auch hier nur selten die gewaltsame und plötzliche Überwindung der bestehenden Gesellschaftsform. Die sozialistische Zukunftsgesellschaft bedeutete eine Revolutionierung der bestehenden Gesellschaft, aber ihre Durchsetzung sollte auf verfassungsmäßigem Wege erfolgen. Als die Labour Party im Jahre 1918 ihr Ziel kämpferisch mit den Worten umschrieb „to do our utmost to see that the individualist system of capitalist production is buried with the millions whom it has done to death"[110], so ließ die Parteiführung in den folgenden Jahren doch keinen Zweifel daran, daß der Todesstoß auf dem parlamentarischen Wege zu erfolgen habe. Die Wahlurne galt als schärfster Dolch der Revolution.[111] Dennoch beschrieb einer der populärsten sozialistischen Romane, William Morris' „News from Nowhere", den Übergang vom Kapitalismus zum Sozialismus als Resultat eines langen und blutigen Bürgerkriegs. Kapitel 17 seines Buches, betitelt „How the Change Came", beschreibt die blutigen Auseinandersetzungen *en detail*.[112]

---

104 Bebel, Die Frau und der Sozialismus, S. 315.
105 Karl Ballod, Der Zukunftsstaat: Produktion und Konsumtion im Sozialstaat, 2. Aufl., Stuttgart 1919, S. 1,6, 44 f.
106 Theodor Hertzka, Freiland: Ein soziales Zukunftsbild, 10. Aufl., Dresden 1896, S. xiv f.
107 Hölscher, Weltgericht, S. 199-281. Siehe auch Rudolf Walther, ‚Aber nach der Sintflut kommen wir und nur wir', Frankfurt am Main 1979.
108 Geary, Karl Kautsky, S. 73-85.
109 Evans, Proletarians, S. 131-35.
110 Labour and the New Social Order, S. 4.
111 Zu Keir Hardies klarer Ablehnung revolutionärer Gewalt siehe Morgan, Keir Hardie, S. 203.
112 William Morris, News from Nowhere and Selected Writings and Designs, Harmondsworth 1962, S. 272-96.

Paradoxerweise malte die utopische sozialistische Literatur beider Länder revolutionäre Genrebilder zu einer Zeit, zu der die beiden Arbeiterparteien sich längst auf den steinigen Weg parlamentarischer Veränderungen begeben hatten.

Insgesamt blieb das Millenium der britischen Sozialisten/-innen stärker rückwärts orientiert als das ihrer deutschen Genossen/-innen. Der Mythos eines goldenen, vorkapitalistischen Zeitalters, komplett mit Schäferphantasien, ländlicher Idylle und den angelsächsischen Freiheiten, die dem normannischen Joch angeblich vorausgingen, spielten innerhalb der sozialistischen Literatur Großbritanniens eine wichtige Rolle. William Morris zum Beispiel schrieb: „More akin to our way of looking at life was the spirit of the Middle Ages, to whom heaven and the life of the next world was such a reality, that it became to them a part of the life upon earth; which accordingly they loved and adorned, in spite of the ascetic doctrines of their formal creed, which bade them condemn it."[113] Nicht nur Morris wünschte sich die guten alten Zeiten zurück. Bruce Glasier lieferte eine detaillierte Beschreibung der Renaissance des Dorflebens in der sozialistischen Zukunftsgesellschaft in dem ‚Socialism in Existing Society' überschriebenen dritten Teil seines Buches „The Meaning of Socialism".[114] Keir Hardie teilte die Sympathien seiner Genossen für das Mittelalter: „the golden age for the English workman was the fifteenth century [...] there were neither millionaires nor paupers in those days, but a rude abundance for all [...]; a strong element of Communism [...] characterized town and village life."[115] Tawney und die Gildensozialisten/-innen um A.J. Penty schauten ebenso wie Morris auf die voraufklärerische Christenheit des Mittelalters, in der sie das Modell einer menschlicheren und liebevolleren Gemeinschaft zu erblicken meinten.[116] Man sollte allerdings die These vom rückwärts gewandten Charakter des britischen Sozialismus nicht allzu sehr überstrapazieren. Schließlich blieb das letztendliche Ziel der Labour Party, wie sie es in der berühmten „Clause 4" des Parteiprogramms formulierte, vorwärts gerichtet, nämlich die Modernisierung der britischen Gesellschaft mittels der Sozialisierung aller Produktionsmittel zu erreichen. Rückwärts gewandte Utopievorstellungen tauchten zudem in allen Arbeiterbewegungen auf, die einen beträchtlichen Anteil von der Industrialisierung in ihrer Existenz bedrohter unabhängiger Handwerker und Facharbeiter mobilisierten.[117]

Sieht man einmal vom geschriebenen Wort ab, dann geben vor allem die Festkulturen der Arbeiterbewegungen Aufschluß über Hoffnungen, Ziele und Ambitionen, die organisierte Arbeiter/-innen mit der Zukunft verbanden.[118] An keinem anderen Festtag wurde die sozialistische Zukunftsgesellschaft so gefeiert und ausgemalt wie am Ersten Mai. Gerade die Maizeitungen feierten symbolisch in Wort und Bild die bessere Zukunft, über der die aufgehende Sonne des Sozialismus schien oder die Allegorie der Freiheit wachte. Der Schmied des neuen Zeitalters arbeitete auf Hochtouren, und die Natur erwachte

---

113 Ebd., S. 298.
114 Glasier, The Meaning of Socialism, S. 133-92.
115 Hardie, Serfdom, S. 45-48.
116 Foote, The Labour Party's Political Thought, S. 74 f., 104.
117 Breuilly, Labour and Liberalism, S. 97, 101.
118 Zu Deutschland vgl. Gerhard Schneider, Politische Feste in Hannover (1866-1918), Bd. 1: Politische Feste der Arbeiter, Hannover 1995.

überall zu neuem Leben.[119] Der eschatologische Grundton vieler beliebter Mailieder in Großbritannien und Deutschland zeugt weiterhin davon, wie sehr die Zukunftsgesellschaft im Mittelpunkt der Festlichkeiten stand.[120] Theaterstücke wie diejenigen, die in den 1920er Jahren zum Ersten Mai vom Kulturkartell der Frankfurter Arbeiterbewegung aufgeführt wurden, spiegelten die vage Sehnsucht nach Überwindung der bestehenden kapitalistischen Gesellschaft. Die ‚neue Gesellschaft' und der ‚neue Mensch' sollten in ihnen anschaulich werden. Die Stücke von Ernst Toller gehörten dabei zu den beliebtesten der sozialistischen Theatergruppen in Großbritannien wie Deutschland.[121] Der Erste Mai war ein Tag der Hoffnung, in der Kommendes in der Vorwegnahme geschaut und versinnbildlicht wurde. So hieß es etwa in Keir Hardies Maigrüßen aus dem Jahr 1909: „The springtime is the season which best symbolizes our Socialist hope. The land is then filled with beauty, and everywhere there is the promise of a coming fullness of life [...] all the world seems young and filled with a newness of life and joy. And that typifies our Socialist hope. It is a wonderful testimony to the power of altruism as a factor in life that in every corner of the earth comrades holding a common faith with ourselves are at work building a City Beautiful which they cannot hope to inhabit [...]"[122] In ihrer Sehnsucht nach dem kommenden Millenium gingen einige Genossen/-innen in Großbritannien sogar so weit, daß sie spiritualistischen Gesellschaften beitraten, um mit den Geistern von „Summerland" in Kontakt zu treten und somit die sozialistische Zukunftsgesellschaft zu antizipieren.[123] Theodor Hertzkas Roman „Freiland", der auch in der britischen Arbeiterpresse, z.B. im „Huddersfield Worker" und der „Halifax and District Labour News", abgedruckt wurde, inspirierte zahlreiche Versuche, die sozialistische Gesellschaft auf dem afrikanischen Kontinent aufzubauen. In britischen und deutschen Städten gründeten sich Freiland-Gesellschaften mit dem Ziel, Expeditionen nach Afrika zu unternehmen, um dort – abseits von den Zwängen der kapitalistischen Gesellschaft – den Sozialismus vorzuleben.[124]

Die utopisch-eschatologische Ausrichtung beider Arbeiterparteien diente den Mitgliedern der Solidargemeinschaften als notwendige Quelle von Hoffnung, Ermunterung und Glücksverheißung. Zudem erwies sich die Ausmalung des sozialistischen Milleniums auch als nützlich zur Gewinnung neuer Wähler/-innen und Anhänger/-innen, beflügelte sie doch gerade die Vorstellungskraft derer, die bislang keine Alternative zur gegenwärtigen Gesellschaftsform sahen. In Zeiten der Verfolgung stärkte der Glauben an die historische Notwendigkeit des Sozialismus zudem das Rückgrat der Arbeiterparteien.

---

119 Wolfgang Ruppert, Heute soll Sonne sein: Heute soll ruhn die Hand, in: Die Arbeiter: Lebensformen, Alltag und Kultur von der Frühindustrialisierung bis zum Wirtschaftswunder, hrsg. v. Wolfgang Ruppert, München 1986, S. 238-50.
120 Lidtke, The Alternative Culture, S. 119; Waters, British Socialism and the Politics of Popular Culture, S. 111.
121 Stübling, Kultur und Massen, S. 35-42; Thomas, The WTM, S. 105.
122 Labour Leader, 30. April 1909, S. 281.
123 Logie Barrow, Socialism in Eternity: The Ideology of Plebeian Spiritualists, 1853-1913, in: HWJ 9, 1980, S. 37-69.
124 1893/94 wurde eine solche Expedition von Deutschland aus gestartet. Siehe dazu Hertzka, Freiland, 10. Aufl., S. xxiii. Zu den britischen Freiland-Gesellschaften vgl. Cole, A History of Socialist Thought, iii/2, S. 565.

Neben solch positiven Auswirkungen einer utopischen Ausrichtung der ‚Ideologie von unten' stehen allerdings auch markante Nachteile. Der feste Glaube an die sozialistische Zukunftsgesellschaft stärkte nicht gerade die Kompromißbereitschaft gegenüber anderen politischen Parteien oder gesellschaftlichen Interessen.[125] War der Sozialismus historisch notwendig, warum sollte man die kompromittierende Zusammenarbeit mit bürgerlichen Parteien, z.B. in Koalitions- oder Minderheitsregierungen, suchen? Hin- und hergerissen zwischen dem Wunsch, pragmatisch Politik mitzugestalten und dem Glauben an die unaufhaltsam näherrückende sozialistische Zukunftsgesellschaft, versuchten beide Arbeiterparteien in den 1920er Jahren einen für sie selbst äußerst unbequemen Spagat: die Inkorporation in den kapitalistischen Staat fürchtend, zögerten sie, mit Vertretern/-innen bürgerlicher Parteien allzu eng zusammenzuarbeiten, während sie andererseits allerdings auch nicht bereit waren, kompromißlos für eine sozialistische Alternative einzutreten. Zudem, darauf hat Lucian Hölscher im Zusammenhang mit einigen der frühen sozialistischen Utopien in Deutschland verwiesen, zog die visionäre Ausrichtung dieser ‚Ideologie von unten' nicht in Betracht, daß in jeder historischen Situation die Handlungen von Menschen durch eine Vielzahl von Sachzwängen mitbestimmt werden, die ihre Entscheidungsmöglichkeiten eingrenzen. Allzu häufig wurde einfach vorausgesetzt, daß die Planungen der sozialistischen Zukunftsgesellschaft auf der Basis freier Entscheidungen vorgenommen würden.[126] Innerhalb einer solchen utopischen Ethik des Maximalismus konnten sich konkrete Politikvorstellungen für spezifische Politikfelder nur schwer entwickeln – ein Defizit, daß sich nur allzu deutlich zeigte, als im Jahre 1918 und 1924 SPD und Labour Party aufgerufen waren, zum ersten Mal Regierungsverantwortung zu tragen. Stanley Pierson hat versucht, die Anziehungskraft der Ideen von einem neuen Leben und einem neuen utopischen Staat zu erklären aus dem „gespaltenen Bewußtsein" im Europa des neunzehnten und zwanzigsten Jahrhunderts.[127] Die persönlichen Ideale der Sozialisten/-innen stimmten mit der Art und Weise, wie die politischen, wirtschaftlichen und sozialen Institutionen ihrer Länder funktionierten, nicht überein. Aus einer solchen Divergenz entwickelte sich die Sehnsucht nach Ganzheit, Regeneration, Kultur und einer einheitlichen Existenz. Wurde der Glaube an die perfekte Zukunftsgesellschaft zu dominant, so fiel es den Anhängern/-innen der Arbeiterparteien schwer, sich überhaupt auf die mangelhafte Realität bestehender Gesellschaftsmodelle mitsamt ihren politischen Systemen einzulassen. Wie wir bereits weiter oben gesehen haben, führten solche Probleme bei starken Minderheiten innerhalb beider Arbeiterparteien letztlich dazu, daß sie eine Partei verließen, die immer stärker den geradlinigen Pfad nach Utopia aufzugeben schien.

Marxismus und Labourismus beschreiben in der Regel die ideologisch unvereinbaren Ideologeme von Labour Party und SPD. Allerdings übersieht eine solche Sicht der Dinge allzu leicht, daß beide Arbeiterparteien keineswegs ideologisch homogen ausgerichtet waren. Zu allen Zeiten gab es in Labour Party und SPD eine Pluralität von Begründungen

---

125 Lösche und Walter, Auf dem Weg zur Volkspartei, S. 75-136, argumentieren überzeugend, daß die SPD in der Weimarer Republik letztendlich den Widerspruch zwischen konstruktiver Mitarbeit im parlamentarischen System und utopischer Parteiethik, die eine solche Kooperation erschwerte, nicht überwinden konnte.
126 Hölscher, Weltgericht, S. 294.
127 Pierson, British Socialism, S. 17.

für das sozialistische Engagement. Zudem, so wurde hier argumentiert, hatte das komplexe Theoriegebäude des Marxismus, dessen korrekte Auslegung innerhalb der SPD viel Energie und Tinte verschlang, nur einen geringen Einfluß auf die unmittelbare politische Praxis und die spezifischen Politikvorstellungen der SPD. In der Labour Party waren ideologische Debatten und Kontroversen nicht so ausgeprägt wie in der SPD, aber gerade in der politischen Praxis erwies sich, daß die Haltung der britischen Arbeiterpartei gegenüber einer positiven Mitgestaltung am bestehenden ökonomischen, sozialen und politischen System mindestens ebenso widersprüchlich war wie die ihrer deutschen Schwesterpartei. Die Spitzfindigkeiten politischer Philosophie dürfte die wenigsten organisierten Arbeiter/-innen in Großbritannien und Deutschland interessiert haben. Statt dessen zogen sie wohl die Ausmalung der sozialistischen Zukunftsgesellschaft in den farbenprächtigen Beschreibungen utopischer Romane und dem dichotomischen Symbolismus der Arbeiterfestkultur vor.

So nahmen die Diskussionen über das Aussehen des zukünftigen Sozialismus auch breiten Raum in der fiktionalen und nicht-fiktionalen Literatur ein, die entweder von den den Arbeiterparteien nahestehenden Verlagshäusern oder der Arbeiterpresse veröffentlicht wurde. In ihr trat die Staatsorientierung beider Arbeiterparteien ebenso zu Tage wie die Tatsache, daß das Endziel einer Überwindung der kapitalistischen Gesellschaft am häufigsten moralisch gerechtfertigt wurde: die Amoralität des Kapitalismus wurde scharf mit der höherstehenden Moralität der sozialistischen Zukunftsgesellschaft kontrastiert. War die Vorstellung von einer Revolution in den deutschen Utopieentwürfen verbreiteter, so war die Annahme eines gewaltsamen und plötzlichen Umsturzes der bestehenden Verhältnisse in den britischen sozialistischen Utopien durchaus nicht abwesend. Beide Parteien nahmen sich selbst als historische Agenten des Fortschritts war, und beide zeigten sich von der wissenschaftlichen Fundierung ihres Glaubens überzeugt. Die Zukunft, so der gleichmäßige Tenor der Utopien, gehöre dem Sozialismus. Diese Überzeugung dürfte wesentlich zur Abschottung beider Arbeiterparteien in Solidargemeinschaften geführt haben, in denen sich die Mitglieder gegenseitig versicherten, den Schlüssel zu einer besseren Zukunft zu besitzen. In seinen Auswirkungen war ein solcher Glaube also durchaus ambivalent. Einerseits unterminierte er die Bereitschaft beider Arbeiterparteien, sich voll und ganz in ihre jeweiligen politischen Systeme integrieren zu lassen. Andererseits politisierte er viele Arbeiter/-innen, denen die sozialistischen Utopien einen konkreten, anschaulichen Ausweg aus dem Elend der Gegenwart wiesen. In Robert Tressells „The Ragged Trousered Philanthropists" wird der sozialistische Held Owen von deprimierenden Gedanken über die Zukunft seiner eigenen Familie heimgesucht: „The story of the past would continue to repeat itself for a few years longer. He would continue to work and they would all three continue to do without most of the necessaries of life. When there was no work they would starve."[128] Für Menschen wie Owen hatten die sozialistischen Utopien die größte Bedeutung.[129] Sie unterschrieben damit in einem ganz

---

128 Tressell, The Ragged Trousered Philantropists, S. 87.
129 Siehe generell zur Bedeutung von Utopieentwürfen in der europäischen Arbeiterbewegung Zygmunt Baumann, Socialism: the Active Utopia, London 1976, S. 13-17.

offensichtlichen Sinne Ernst Blochs Satz: „Die Sucht nach dem Besseren bleibt, auch wenn das Bessere noch so lange verhindert wird."[130]

5.3 Religion und die Arbeiterparteien

Die starke utopisch-eschatologische Ausrichtung beider Arbeiterparteien führt fast automatisch zu der Frage, wie sie denn ihr Verhältnis zu den Kirchen sahen, die ja ihren Gläubigen ebenfalls eine konkrete Vorstellung von einem Millenium, das allerdings nicht von dieser Welt ist, boten. Die Haltung beider Arbeiterparteien zur organisierten Religiosität war äußerst ambivalent. Einerseits gab es eine scharfe Konfrontation beider Glaubensrichtungen. Andererseits imitierten und adaptierten die Arbeiterparteien religiöse Motive und Symbole, während einige Sozialisten/-innen sogar versuchten, den sich auftuenden Graben zwischen Sozialismus und christlicher Religion zu überbrücken. Im folgenden sollen die Beziehungen zwischen Arbeiterparteien und Kirchen näher untersucht werden, wobei insbesondere die Verwendung religiösen Vokabulars und religiöser Symbolik durch die Arbeiterparteien sowie ihr Selbstverständnis als ‚neue Religion' im Mittelpunkt stehen werden. Hugh McLeod hat die These aufgestellt, daß die Sozialisten/-innen in Deutschland weithin areligiös waren, während die britische Arbeiterbewegung in seinen Augen eine eigenartige Mischung aus säkularen, christlichen und agnostischen Elementen darstellte. Nach seiner Sicht der Dinge nahm die deutsche Arbeiterbewegung nach 1848 die aufgeklärte bürgerliche Religionskritik auf und identifizierte sich weitgehend mit einem linken säkularen Jakobinertum. In Großbritannien dagegen bildete nach McLeod die starke Tradition politisch-religiösen Dissidententums, die bis in die Elisabethanische Zeit zurückreichte, die Grundlage für die Verbindung von Religion und Sozialismus. Zudem war der Liberalismus – von dem ja letztendlich beide Arbeiterparteien „abstammten" – in Großbritannien viel enger mit der organisierten Gläubigkeit der Dissidentenkirchen verbunden, als dies in Deutschland der Fall war, wo Protestantismus und Liberalismus keine vergleichbar enge Allianz eingingen. Folglich, so McLeod, war der Einfluß der christlichen Religion auf zahlreiche Persönlichkeiten der Arbeiterbewegung in Großbritannien sehr viel größer als in Deutschland.[131]

Der Feindseligkeit der deutschen Arbeiterpartei gegenüber den christlichen Kirchen verlieh Bebel bereits 1874 in seiner anonym veröffentlichten Polemik „Christentum und Sozialismus" nachhaltig Ausdruck. Hier wurde auch der berühmte Satz geprägt, daß Christentum und Sozialismus wie Feuer und Wasser zueinander stünden. Das Christentum sei der Feind der Kultur wie der Freiheit, die Bibel das konfuseste Buch, das jemals geschrieben worden sei und die Kirchen die servilsten Helfershelfer der Klassenherrschaft.[132]

---
130 Ernst Bloch, Prinzip Hoffnung, Frankfurt 1977, S. 45.
131 Hugh McLeod, Religion in the British and German Labour Movements, c. 1890-1914: A Comparison, in: SSLH 55, 1986, S. 25-35.
132 Christentum und Sozialismus: Eine religiöse Polemik zwischen Herrn Kaplan Hohoff in Hüsse und dem Verfasser der Schrift ‚Die parlamentarische Tätigkeit des deutschen Reichstages', Leipzig 1874.

Bebels Polemik folgten zahllose anti-religiöse und anti-kirchliche Bücher und Pamphlete, die von der SPD verlegt wurden.[133] 1907 hieß es bei Hermann Wendel nicht ohne triumphierenden Unterton: „Zum erstenmal in aller Geschichte tritt mit der Arbeiterklasse die Religionslosigkeit als Massenerscheinung auf. Denn bei ihr fehlen alle Grundlagen, auf denen religiöse Ideologien emporwuchern können. Die Arbeiterklasse verzichtet auf den Glauben, weil sie das Wissen hat."[134] Nicht ohne Grund war Corvins anti-klerikaler und anti-christlicher „Pfaffenspiegel" vor 1914 eines der meist ausgeliehenen Bücher in den deutschen Arbeiterbibliotheken.[135]

Sicher trug auch der stark ausgeprägte Antisozialismus der eher staatsfernen katholischen wie der staatstreuen protestantischen Kirchen maßgeblich zur Entfremdung der sozialdemokratischen Arbeiter/-innen von den Formen organisierter Religiosität bei. Vor 1914 traten gerade einmal drei protestantische Pfarrer der SPD bei. Die Kirche reagierte sofort, indem sie die drei von ihren pastoralen Pflichten enthob. Kein katholischer Geistlicher fand im Kaiserreich den Weg zur Sozialdemokratie. Beide Kirchen ließen die Arbeiterbewegung nicht darüber im Zweifel, daß in den Kirchen kein Platz sei für sie. Ein scharfer Bruch war also nahezu unausweichlich.

In Großbritannien reagierten die Kirchen insgesamt mit größerer Sensibilität auf die sozialen Probleme der Arbeiter/-innen und ihre Bemühungen um eine effektive Vertretung ihrer Interessen. Einige Kirchen gingen sogar so weit, daß sie auf lokaler Ebene die Organisationsversuche der Sozialisten/-innen unterstützten. Die Christian Socialist League, innerhalb der Anglikanischen Kirche in den 1890er Jahren gegründet, trug zur Verbreitung der sozialistischen Ideen ebenso bei wie die nonkonformistische League of Progressive Religious and Social Thought, die im Jahre 1908 von dem Revd. R.J. Campbell ins Leben gerufen wurde.[136] 1906 unterstützte ein Geistlicher, Father Adderley, die Kandidatur von Bruce Glasier bei den Parlamentswahlen und beschrieb Glasier als „a true shepherd who acts from love of his flock – not from deference to the wolves and foxes."[137] Keir Hardie konnte sich bei den Wahlen zum Unterhaus des Jahres 1910 ebenfalls auf die Unterstützung zahlreicher, meist jüngerer nonkonformistischer Geistlicher in Merthyr Tydfil berufen.[138] 400 ordinierte Mitglieder der Church of England und der Episcopal Church of Scotland unterschrieben im Jahre 1923 eine Erklärung, die sie verpflichtete, aktiv für die Labour Party und deren Ziele zu werben. Sie glaubten wohl alle, wie der Revd. Gordon Lang, „that the ideals of the modern Labour Movement are ideals which are inherent in the religion professed by all churches". Die Unterschriftensammlung war für ihn sichtbares Zeichen einer Erneuerung der christlichen Religion in

---

133 Siehe z.B. Kurt Falk, Die christliche Kirche und der Sozialismus: Eine sozialdemokratische Antwort auf die Enzyklika Leos des XIII, Nürnberg 1891; Thron, Altar und Geldsack, in: Vorwärts, Nr. 127, 2. Juni 1895; Die Kirche als Bollwerk des Staates, in: Vorwärts, Nr. 138, 17. Juni 1906.
134 Hermann Wendel, Sozialdemokratie und anti-kirchliche Propaganda, Leipzig 1907, S. 24.
135 Hans-Josef Steinberg, Workers' Libraries in Germany Before 1914, HWJ 1, 1976, S. 175.
136 R.J. Campbell, Socialism, London 1909; Pierson, British Socialists, S. 138-47.
137 Father Adderley, A True Shepherd, Labour Leader, 12. Jan. 1906, S. 491.
138 Kenneth O. Morgan, The Merthyr of Keir Hardie, in: Merthyr Politics: The Making of a Working Class Tradition, hrsg. v. Glanmor Williams, Cardiff 1966, S. 77.

der Gegenwart und „one of the most important events in post-war history."[139] Zahlreiche Arbeiterführer Großbritanniens auf nationaler wie lokaler Ebene waren in ihrem Sozialismus von christlichem Gedankengut zweifelsohne stark beeinflußt.[140]

Die sozialistische Symbolik der Labour Party wurzelte tief in den chiliastischen Utopievorstellungen protestantischer Kirchen. R.F. Wearmouth betonte bereits frühzeitig die Bedeutung des Methodismus für die britische Arbeiterbewegung.[141] Allerdings waren gerade in Lancashire und im West Riding auch die Kirchen des sog. „Old Dissent" – Kongregationalisten, Unitarier, Baptisten u.a.m. – bedeutsam für das Arbeiterbewegungsmilieu. Sie waren allesamt proletarischer, demokratischer und stärker orientiert am Ideal sozialer Gerechtigkeit als der doch recht etablierte und konservative Methodismus.[142] Zahlreiche spätere Arbeiterführer bezeichneten im Rückblick die Erfahrung protestantischer Erweckungsbewegungen als zentrales Jugenderlebnis. Die Auswirkungen der walisischen Erweckungsbewegung zu Beginn des 20. Jahrhunderts beschreibt z.B. Frank Hodges wie folgt: „I was shot straight out of agnosticism into the waiting arms of religion."[143] Arthur Henderson schrieb im Jahre 1929: „The political Labour Movement, which developed out of the Trade Union Movement, and drew the majority of its early Parliamentary leaders from it, received much of its driving force and inspiration from radical non-conformity. It is a demonstrable fact that the bulk of the members of the Parliamentary Labour Party at any given time during the last twenty-five years had graduated into their wider sphere of activity via the Sunday School, the Bible Class, the temperance society or the pulpit."[144] Viele Arbeiterführer begannen ihre öffentliche Karriere in der Tat als Prediger in nonkonformistischen Kirchen. Fred Jowett, der im Jahre 1906 gewählte erste Labour-Abgeordnete Bradfords im britischen Unterhaus, war in den 1890er Jahren ein Mitglied der Horton Lane Congregational Church. Ben Tillett, der 1892 und 1895 als Kandidat der Arbeiterbewegung in Bradford West aufgestellt wurde, hatte gleichfalls eine enge Verbindung zur Congregationalist Church. Sowohl der „Daily Citizen" als auch der „Daily Herald" zeigten in zahlreichen Artikelserien zum Thema Christentum reges Interesse an religiösen Fragen, wobei die Autoren der meisten Artikel der christlichen Botschaft ausgesprochen positiv gegenüberstanden. Sie erwarteten von den Kirchen meist eine aktive Unterstützung der Labour Party bei ihrem großen Ziel, eine gerechtere und glücklichere Gesellschaft aufzubauen.[145] Dabei blieben selbst in der Zwischenkriegszeit die meisten kirchlichen Institutionen gegenüber der Labour Party indifferent bis feindselig eingestellt. Allerdings gab es innerhalb der Partei zahlreiche führende Persönlichkeiten, die nachhaltig von nonkonformistischem Gedankengut beein-

---

139 Revd. Gordon Lang, Labour's Challenge to the Churches, Labour Magazine 1, 1922/23, S. 539 f.
140 Tanner, Ideological Debate, in: Currents of Radicalism, hrsg. v. Biagini und Reid, S. 289 f.; Rose, Locality, S. 295.
141 R.F. Wearmouth, Methodism and the Working-Class Movements of England, 1800-1850, London 1937.
142 Siehe hierzu besonders Leonard Smith, Religion and the Rise of Labour. Nonconformity and the Independent Labour Movement in Lancashire and the West Riding 1880-1914, Keele 1993, S. 12 f.
143 Hodges, My Adventures as a Labour Leader, S. 18.
144 Arthur Henderson, British Labour and Religion, in: Labor Speaks for Itself on Religion, hrsg. v. Jerome Davis, New York 1929, S. 144 f.
145 Ichikawa, The Daily Citizen, S. 68-71.

flußt waren und dieses auch in die Arbeiterpartei hineintrugen.[146] Besonders deutlich wurde dieses religiöse Selbstverständnis in der Metaphorik vom „moralischen Kreuzzug", den die Partei innerhalb der britischen Gesellschaft zu führen habe. Es verwundert daher auch nicht, daß so manche Historiker/-innen der Arbeiterbewegung in Großbritannien deren christliche Wurzeln ebenso betonen wie ihre mancherorts beinahe symbiotische Existenz mit der Kultur der Anglikanischen wie nonkonformistischen Kirchen.[147] So schreibt etwa W.W. Knox über die Beziehungen zwischen Kirchen und Arbeiterbewegung in Schottland: „religion continued to give the Labour movement in Scotland its distinctive style."[148]

Allerdings sollte bei all dem auch nicht übersehen werden, daß es Spannungen zwischen Kirchen und Arbeiterbewegung nicht nur in Deutschland sondern ebenso in Großbritannien gab. Bei Ankunft der Labour Party auf der politischen Bühne besaßen beinahe alle existierenden Kirchen bereits enge Verbindungen zu bestehenden politischen Parteien. So identifizierten sich die nonkonformistischen Kirchen in der Regel mit der Liberal Party, wohingegen die Anglikanische Kirche oftmals korrekt als „Tory Party at prayer" beschrieben werden konnte. Der in den Kohlegruben von Südwales stark ausgeprägte Nonkonformismus lehnte z.B. in den 1890er Jahren die ILP als darwinistisch und areligiös rundheraus ab.[149] Selbst wenn man konzediert, daß zwischen 1906 und 1914 christliches Gedankengut verstärkt in die ILP eindrang, wird man doch insgesamt anerkennen müssen, daß für zahlreiche Arbeiterführer eine religiöse Phase nach kurzer Dauer überwunden wurde und sie sich in späteren Jahren wieder weitgehend den organisierten Kirchen entfremdeten.[150] Die überwiegende Mehrzahl der nonkonformistischen Geistlichen Bradfords entschied sich, die soziale Frage zu ignorieren, und blieb insgesamt der Liberal Party treu verbunden.[151] Obschon eine ganze Anzahl prominenter Labour Politiker praktizierende Christen waren, griffen Liberale und Konservative den angeblichen Atheismus der Labour Party heftigst an. So findet man in den Berichten der lokalen Arbeiterparteien immer wieder Beschwerden wie die aus Stockport aus dem Jahre 1908, in der die lügnerische Propaganda der politischen Gegner moniert wurde, die sich auf den angeblichen Atheismus der Labour Party konzentrierte.[152] Die in manchen englischen Städten beträchtliche Wählerschar der Iren wandte sich in der Regel von der Labour Party ab, falls die katholischen Priester sich von der Kanzel herab gegen die Arbeiterpartei aussprachen. So litt die Partei in Städten wie Liverpool daran, daß sie vor 1914 über keinerlei Basis unter den Konfessionen der Stadt verfügte, über die vor allem sich

---

146 Peter Catterall, Morality and Politics: The Free Churches and the Labour Party between the Wars, in: Historical Journal 36, 1993, S. 667-85.
147 Stephen Mayor, The Churches and the Labour Movement, London 1967, S. 339.
148 W.W. Knox, Religion and the Scottish Labour Movement, c. 1900-1939, in: Journal of Contemporary History 23, 1988, S. 626.
149 Fox, The Emergence, S. 11.
150 C.B. Turner, Conflicts of Faith? Religion and Labour in Wales 1890-1914, in: Class, Community and the Labour Movement, hrsg. v. D.R. Hopkin und G.S. Kealey, o.O. 1989, S. 81 f.
151 Jowitt, Late Victorian and Edwardian Bradford, in: Bradford, 1890-1914, hrsg. v. Taylor und Jowitt, S. 14.
152 Brief der Stockport Labour Party an den Parteivorstand vom 26. Nov. 1908, in: LP/EL/08/1/156, Stockport Labour Party, in: Origins, hrsg. v. Clark.

ein Großteil der Wähler identifizierte. Unterstützten die Katholiken/-innen weitgehend die irischen Nationalisten (erst nach 1923 wandten sich die Katholiken der Stadt langsam der Labour Party zu), so wählten die Protestanten/-innen in der Regel konservativ.[153] Bestimmte religiöse Gruppen wie z.B. die Heilsarmee, die ihre Aktivitäten gerade auf die sozial Benachteiligten konzentrierten, betrachteten sich von Anfang an als Gegner der Arbeiterbewegung.[154]

Blieben demnach weite Teile der Kirchen der Arbeiterbewegung abgeneigt, so betrachtete umgekehrt der säkulare Flügel der Arbeiterbewegung Christentum und Sozialismus als inkompatible Ideologien.[155] Sozialistische Theaterstücke wie G.B. Shaws „Major Barbara" und ein Teil der sozialistischen Literatur des Landes blieben auf Distanz zu den Kirchen und ihrem Credo: „It is difficult to imagine how any great human good can come from a source that is so chaotic and respectable."[156] Eine der bedeutendsten und traditionsreichsten Arbeiterzeitungen des Landes, „Reynolds' Newspaper", verkörperte den Skeptizismus weiter Teile der britischen Arbeiterbewegung gegenüber den Kirchen und der organisierten Religiosität.[157] Einer der beliebtesten Theoretiker des Sozialismus, Robert Blatchford, erging sich in wilden publizistischen Attacken gegen den angeblichen Aberglauben, die Ignoranz, die Selbstgerechtigkeit und die Grausamkeit der christlichen Kirchen. Bereits 1903 erklärte er sich stolz zum Ungläubigen: „I oppose Christianity because it is not true [...]"[158] Drei Jahre später schrieb er: „the religions of the world are childish dreams or nightmares [...] [and] our most cherished and venerable ideas of our relations with God and to each other are illogical and savage."[159] In den Augen Blatchfords existierte Gott nur als unzulängliche menschliche Erfindung.

Wie bereits E.P. Thompson bemerkte, sollte man die religiöse Phraseologie der Arbeiterpartei in Großbritannien nicht mit einem unproblematischen Verhältnis zwischen Labour Party und den Kirchen des Landes verwechseln: „the Biblical echoes, the references to the Sermon of the Mount [...] [are] not a question of creed, belief, or church, but a question of language, a question of moral texture. It was as much a revolt against organized Christianity as a form of Christian expression."[160] Selbiges galt mit Sicherheit für Keir Hardie, dessen Christentum hochgradig flexibel war: „a religion of humanity with little doctrinal content, utopian, romantic [...]"[161] Allerdings spalteten die lange anhaltenden und intensiv geführten Debatten um Sozialismus und Christentum viele Solidarge-

---

153 Baxter, The Liverpool Labour Party, S. 16-28; Miller, Electoral Dynamics, S. 227, kommt landesweit zu dem Schluß, daß eine klare Korrelation existierte zwischen hoher Religiosität und niedrigem Stimmenanteil für die Labour Party.
154 Victor Bailey, „In Darkest England and the Way Out": The Salvation Army, Social Reform and the Labour Movement, 1885-1910, in: IRSH 29, 1984, S. 133-71.
155 Eric Hobsbawm, Primitive Rebels: Studies in Archaic Forms of Social Movement in the Nineteenth and Twentieth Centuries, Manchester 1959, S. 128.
156 Dan Griffiths, Socialism and Religion, in: ders., The Real Enemy and Other Socialist Essays, S. 77.
157 V.S. Berridge, Popular Journalism and Working-Class Attitudes 1859-1886: A Study of Reynolds' Newspaper, Lloyd's Weekly Newspaper, and the Weekly Times, phil. diss., Universität London 1976, S. 353-55.
158 Robert Blatchford, God and My Neighbour, London 1903, S. vii, 7.
159 Robert Blatchford, Not Guilty: A Defence of the Bottom Dog, London 1906, S. 8 f.
160 E.P. Thompson, Homage to Tom Maguire, in: Essays, hrsg. v. Briggs und Saville, S. 290.
161 Morgan, Keir Hardie, S. 9.

meinschaften der Labour Party tief und nachhaltig. So wurden z.B. in den Versammlungen der Colne Valley Labour Party regelmäßig auch christliche Choräle gesungen, und viele abendliche Vorträge beschäftigten sich mit der christlichen Botschaft und ihrer Bedeutung für die soziale Frage. Nach der Veröffentlichung von Blatchfords „God and My Neighbour" waren die Spalten des „Slaithwaite Guardian" auf Jahre hinaus gefüllt mit Artikeln und Leserbriefen, die sich für oder gegen Blatchford aussprachen, und die Diskussionen in den Parteiversammlungen spiegelten ebenso die tiefen Gräben, die sich innerhalb der Partei auftaten, sobald es um die Haltung zu den Kirchen und zum Christentum allgemein ging.[162]

Die wenigen Geistlichen, die in Deutschland öffentlich ihre Sympathien für die Sozialdemokratie bekannten, wurden innerhalb der Partei schnell zu Symbolen einer möglichen Allianz zwischen Christentum und SPD.[163] Gerade Paul Göhres „Wie ein Pfarrer Sozialdemokrat wurde" entwickelte sich zu einem sehr wirksamen Instrument der Propaganda, welche sich um eine Verbindung zwischen Christentum und Sozialismus in Deutschland bemühte.[164] In Städten wie Düsseldorf, wo das Zentrum der schärfste Konkurrent der Sozialdemokratie war, wurden solche Ideen genutzt, um eine Brücke zu den katholischen Arbeitern/-innen zu bauen.[165] Gerade für ländliche Gegenden rekrutierte die Partei aus eben diesem Grund gern Agitatoren, die theologisch geschult waren.[166] In der revisionistischen Zeitschrift „Sozialistische Monatshefte" gab es bereits 1910/11 eine Artikelserie, die für eine Allianz zwischen den Kirchen und dem Sozialismus plädierte. Lucian Hölscher, der zum ersten Mal die zahlreichen Parallelen sozialdemokratischer und christlicher Eschatologien im Kaiserreich systematisch untersucht hat, stellt zum Verhältnis zwischen SPD und Religion fest: „Die Ablösung religiöser durch säkulare Erwartungen war in der Arbeiterschaft, selbst in deren sozialdemokratischen Teil, weder allgemein noch radikal, noch irreversibel."[167] Die SPD hütete sich aus gutem Grund, trotz zahlreicher persönlicher Stellungnahmen auch prominenter Mitglieder, offiziell zum Kirchenaustritt aufzurufen, und erklärte Religion ganz bewußt zur Privatsache. Selbst der areligiöse Bebel betonte, daß unter dem Sozialismus die Religion nicht einfach abgeschafft würde: „Hat jemand noch religiöse Bedürfnisse, so mag er sie mit seines Gleichen befriedigen."[168]

---

162 Clark, Colne Valley, S. 50, 146-49. Zu ähnlichen Auseinandersetzungen zwischen einem säkularen und einem christlichen Flügel der Arbeiterbewegung in anderen Städten siehe Smith, Labour Tradition, S. 36 f.
163 Zu Christoph Blumhardt siehe Maja Christ-Gmelin, Die württembergische Sozialdemokratie, 1890-1914, in: Die SPD in Baden-Württemberg, hrsg. v. Schadt und Schmierer, S. 113 f.; zu Paul Göhre siehe Ernst Heilmann, Geschichte der Arbeiterbewegung in Chemnitz, S. 283-6; vgl. auch Klaus Kreppel, Entscheidung für den Sozialismus. Die politische Biographie Pastor Wilhelm Hohoffs 1848-1923, Bonn-Bad Godesberg 1974.
164 Paul Göhre, Wie ein Pfarrer Sozialdemokrat wurde, Berlin 1909. Siehe ebenfalls, von einem anonymen Autor verfaßt, das sozialdemokratische Pamphlet: Ein katholischer Pfarrer als Sozialdemokrat, hrsg. v. Vorwärts, Berlin 1906.
165 Mary Nolan, Social Democracy and Society, S. 164 f.
166 Paul Kampffmeyer, Bauer und Sozialdemokratie, in: SM 33, 1927, S. 276-80; Ditt, Industrialisierung, S. 267 f.
167 Hölscher, Weltgericht, S. 139.
168 Bebel, Die Frau, S. 315.

Solch indifferenter Toleranz Bebels standen auf britischer Seite allerdings die zutiefst empfundenen christlichen Überzeugungen vieler britischer Arbeiterführer entgegen. In einer Publikation aus dem Jahre 1924, in der über hundert mit der Arbeiterbewegung verbundene Persönlichkeiten nach einer kurzen Definition von Sozialismus gefragt wurden, gab der Labour-Abgeordnete des Unterhauses Charles Ammon zu Protokoll: „Socialism is the practical expression of Christ's teachings."[169] Katherine Bruce Glasier antwortete: „International Socialism is the only possible political and economic expression of the aspirations of the Lord's Prayer."[170] Nun finden sich jedoch ähnliche Aussagen auch bei der SPD. So hieß es etwa in einer von der Partei herausgegebenen Schrift zum Verhältnis zwischen ihr und dem katholischen Zentrum: „die gesamte Tätigkeit der Sozialdemokratie entspricht dem Geiste wahren Christentums."[171] Auf dem Internationalen Sozialistenkongreß in Basel im Jahre 1912 war es ausgerechnet Bebel, der ausrief: „Ich bin freilich der Überzeugung, daß wenn heute der christliche Heiland wiederkäme und diese vielen christlichen Gemeinden, diese Hunderte von Millionen sähe, die sich heute Christen nennen, es aber nur dem Namen nach sind, daß er dann nicht in ihren Reihen, sondern in unserem Heer stehen würde."[172] Eine gegen den Reichsverband gerichtete sozialdemokratische Flugschrift mit dem Titel „War Christus Sozialdemokrat?" argumentierte: „Wer aber bessere, gerechtere, christlichere Zustände erkämpfen will, der schließe sich der Partei an, die allein die Erringung solcher besseren Zustände auf ihre Fahnen geschrieben hat [...] und [...] bei der, lebte er heute, auch Christus im Vordertreffen stehen würde. Diese Partei ist die Sozialdemokratie."[173] Auf dem Parteitag des Jahres 1912 in Chemnitz beschrieb Bernstein Jesus Christus als „größten Sozialreformer aller Zeiten."[174] Im folgenden Jahr wurde eine Sozialdemokratin zu einem Monat Gefängnis verurteilt, weil sie auf einem Maskenball als Jesus erschienen war, der ein Schild mit der Aufschrift trug: „Der erste Sozialdemokrat".[175] Die marxistische „Neue Zeit" hatte bereits 1905/06 zwei Artikel abgedruckt, in denen „Jesus als erster Sozialist" gefeiert und zugleich die Möglichkeiten erörtert wurden, daß christliche Arbeiter/-innen die Sozialdemokratie in Zukunft stärker unterstützen würden.[176] Es gab wohl so manche in der SPD, die wie der religiöse Sozialist Johannes Kleinspehn aus Nordhausen in Sachsen, argumentierten, daß das „Proletarierkind" aus Bethlehem mitsamt seiner Botschaft gerade für den modernen Sozialismus von Bedeutung sei.[177] Die allegorische Darstellung der Sozialdemokratie, etwa in den Maizeitungen der Partei, ähnelte der Marien- oder Jesusdar-

---

169 What is Socialism? A Symposium, hrsg. v. Dan Griffiths, London 1924, S. 13.
170 Ebd., S. 35.
171 Christentum, Zentrum und Sozialdemokratie, o.O. und o.J., S. 5.
172 Außerordentlicher Internationaler Sozialisten-Kongreß zu Basel am 24. und 25. Nov. 1912, Berlin 1912, S. 40 f.
173 War Christus Sozialdemokrat? Nr. 2 der Sozialdemokratischen Antworten auf Flugblätter des Reichsverbandes, hrsg. v. dem Parteivorstand, o.O. und o.J. Siehe auch die gleichen Argumentationsmuster in Nr. 6: Sozialdemokratie und Christentum sowie Nr. 10: Wie Geistliche über die Sozialdemokratie urteilen.
174 Protokoll des SPD Parteitags 1912, S. 421.
175 ZStA Potsdam, 07.01, Nr. 1395/8/230-4.
176 W. v. Schnehen, Jesus und der Sozialismus, in: NZ 24, 1905/06, S. 108-16; E.S. [Edmund Scheuer?], Sozialismus und Christentum, in: NZ 24, 1905/06, S. 369-71.
177 Walter, Dürr und Schmidtke, Die SPD in Sachsen und Thüringen, S. 244.

stellung im religiösen Kultus. Im sozialdemokratischen Milieu verglich man auch gern die Zeit der Verfolgungen unter dem Sozialistengesetz mit den Christenverfolgungen im antiken Rom. Immer wieder finden sich in sozialdemokratischen Texten Bezüge zum „heiligen" Banner der Partei, und oft ist die Rede von der „Erlösung" und der „Wiederauferstehung" des Proletariats. Bereits eine der beiden Vorläufer der SPD, Ferdinand Lassalles Allgemeiner Deutscher Arbeiterverein (ADAV), stellte die eigene Partei gern als „Kirche" dar, wobei ihre unumstrittene Führungsgestalt Lassalle als zweiter „Messias" und die Funktionäre der Partei als seine „Jünger" tituliert wurden.[178] In Adolf Levensteins Sammlung proletarischer Biographien finden sich christliche Glaubenssätze Seite an Seite mit sozialistischen Überzeugungen. Ein sozialdemokratischer Bergarbeiter gab sogar seinem Glauben an eine christliche Mission der SPD Ausdruck: „Meine so wie meiner Frau Ihre Eltern waren fromme Leute, auch ich mit meiner Frau und Kinder sind fromm. Wir haben niemals Leute betrieben. Im Jahre 1892 wurde ich Sozialdemokrat, weil die meisten Menschen nicht wissen, daß Sie Ihren Neben Menschen verfolgen und schätigen. Ihm ausbeuten usw. daher möchte ich auch wünschen, das unsere Genossen besser einschreiten gegen der Weltgeschichte. damit nicht ein Ungerechtes Gericht über die Ergeht, die treu und redlich handeln."[179] Die Mitglieder der SPD – mehr noch die Männer als die Frauen – mochten die christlichen Kirchen als anti-sozialistische Institutionen kritisieren und ablehnen, aber dies war keineswegs gleichbedeutend mit einer Zurückweisung christlicher Werte.

Selbst die Parteilinke, so z.B. Rosa Luxemburg oder Anton Pannekoek, hüteten sich, das anti-religiöse Sentiment innerhalb der Partei allzu stark zu betonen. So bekannte sich Rosa Luxemburg ausdrücklich zur Gewissens- und Glaubensfreiheit und bestand darauf, daß die Grundsätze eines wahren Christentums mit denen der Sozialdemokratie konvergierten.[180] Pannekoek argumentierte, daß das Christentum letztendlich durch den Sozialismus überwunden werden würde, betonte aber zugleich, daß dies nicht durch eventuelle Repressalien der mit historischer Notwendigkeit in der Zukunft an die Macht gekommenen Sozialdemokratie geschehen werde.[181] Es sollte auch zu denken geben, daß die explizit kirchenfeindliche Bewegung der Freidenker auf Entscheidungen der SPD nie einen direkten Einfluß nehmen konnte. Obwohl die Freidenker ein ums andere Mal ihren Sozialismus demonstrativ bekräftigten und ihre Mitglieder auch weitgehend aus der Sozialdemokratie rekrutierten, weigerte sich die SPD-Führung, ihre Grundsätze als für die Gesamtpartei verbindlich anzuerkennen. Das Freidenkertum blieb eine von zahlreichen

---

178 Paetau, Cultures and Mentalities, in: Language, hrsg. v. Stråth, S. 450; Wilfried Spohn, Piety, Secularism, Socialism. On Religion and Working Class Formation in Imperial Germany, 1871 - 1914, in: Language, hrsg. v. Stråth, S. 504-9; siehe zur frühen Arbeiterbewegung besonders auch Heiner Grote, Sozialdemokratie und Religion. Eine Dokumentation für die Jahre 1863-1875, Tübingen 1968.
179 Proletariers Jugendjahre, hrsg. v. Adolf Levenstein, Berlin 1909, S. 62. Daß die Bekehrung zum Sozialismus für viele Sozialdemokraten/-innen eine religiöse Dimension besaß, bestätigt auch Mary Jo Maynes, Taking the Hard Road: Life Course in French and German Workers' Autobiographies in the Era of Industrialization, Chapel Hill 1995.
180 Rosa Luxemburg, Die Kirche und der Sozialismus, in: SAPMO, NL Rosa Luxemburg, 2/6, 90-137.
181 Anton Pannekoek, Religion und der Sozialismus, Bremen 1906.

möglichen persönlichen Orientierungen innerhalb der Partei.[182] Der christliche Sozialismus etwa eines Paul Tillich oder der „Neuen Blätter für den Sozialismus" markierte besonders in der Zeit der Weimarer Republik eine andere.[183]

Nach 1918 kam es dann zu einem weiteren Abflauen der Spannungen zwischen Sozialdemokratie und Christentum. Nach dem ersten Weltkrieg galt es für sozialdemokratische Funktionäre/-innen nicht länger als anrüchig, einer der christlichen Kirchen anzugehören. Ein sozialdemokratisches Flugblatt zu den Wahlen von 1919 erklärte ausdrücklich: „Wir wollen, daß jeder seinen Glauben, seine religiöse Überzeugung behalten und frei bekennen darf."[184] Im Gegensatz zu seinem Genossen und Ko-Minister Adolph Hoffmann von der USPD, der 1918 vergeblich versuchte, den Religionsunterricht an staatlichen Schulen abzuschaffen, betonte Konrad Haenisch von der MSPD als Kultusminister von Preußen, wie wichtig eine tolerante Haltung in allen religiösen Fragen sei und bemühte sich redlich, jede Konfrontation mit den Kirchen zu vermeiden.[185] Eine religiöse Ethik, so argumentierte er, verbinde sich leicht mit einer sozialistischen Ethik, da beide viele Gemeinsamkeiten aufwiesen.[186] Innerhalb der Weimarer SPD bemühte sich vor allem Wilhelm Sollmann, die alten Gräben zwischen Katholiken/-innen und Sozialisten/-innen zuzuschütten. So hieß es etwa in einem seiner Artikel aus dem Jahre 1927: „Katholiken und Sozialisten lagen sich ein Menschenalter feindlich in Schützengräben gegenüber. Mindestens die Proletarier in beiden Heeren erheben allmählich die Köpfe über die Wälle und Drahtverhaue, senken die Waffen und suchen den Blick der Brüder. Die gläubigsten Sozialisten und die gläubigsten Katholiken ahnen [...] Gemeinsames im Ewigkeitszuge des Menschengeschlechts."[187] Georg Beyer befand zwei Jahre später, daß eine christliche Begründung des Sozialismus durchaus möglich sei, und sah umgekehrt gerade auch im katholischen Lager „Annäherungen an den Sozialismus und ein vertieftes Verständnis für ihn."[188] In der Weimarer Republik wurde deutlich, daß gerade die in der SPD verbliebenen Sozialisten/-innen nur in seltenen Fällen radikal mit den Kirchen und der christlichen Religion gebrochen hatten.[189]

Was säkulare und religiöse Sozialisten/-innen in beiden Ländern miteinander verband, war der Glaube, daß der Sozialismus eine neue Religion verkörperte. Bebel glich in vielem einem Prediger, dessen Sozialismus zahlreiche Parallelen zu den Glaubenssätzen des frühen Christentums aufwies, vor allem das Bemühen um Gleichheit, allgemeine

---

182 Jochen-Christoph Kaiser, Arbeiterbewegung und organisierte Religionskritik: Proletarische Freidenkerverbände in Kaiserreich und Weimarer Republik, Stuttgart 1981, S. 35-37, 86-89, 115-18, 338-40.
183 Ulrich Peter, Der „Bund der religiösen Sozialisten" in Berlin von 1919 bis 1933: Geschichte – Struktur – Theologie und Politik, Frankfurt am Main 1995. Vgl. auch die Studien von Karl Kupisch, Das Jahrhundert der Sozialdemokratie und die Kirche, Berlin 1958, sowie Eckehard Lorenz, Kirchliche Reaktionen auf die Arbeiterbewegung in Mannheim 1890-1933. Ein Beitrag zur Sozialgeschichte der evangelischen Landeskirche in Baden, Sigmaringen 1987.
184 SAPMO, Flugblattsammlung DF/VI/34,1.
185 Winkler, Von der Revolution, S. 92 f.
186 Haenisch, Neue Bahnen der Kulturpolitik, S. 166-82.
187 Wilhelm Sollmann, Katholizismus und Sozialismus: Ein Versuch zur Klärung, in: Vorwärts, 28. Dez. 1927.
188 Georg Beyer, Die Probleme zwischen Katholizismus und Sozialismus, in: SM 35, 1929, S. 289 f.
189 Winkler, Der Schein der Normalität, S. 158.

Brüderlichkeit und gegenseitige Unterstützung.[190] Christliche Werte und Normen wurden von der Parteiliteratur propagiert[191], und es war der Parteiphilosoph Joseph Dietzgen, der die Idee vom Sozialismus als neuer Religion popularisierte: „Die Tendenzen der Sozialdemokratie enthalten den Stoff zu einer neuen Religion [...] Jetzt [...] fängt die Sache des Proletariats an, religiös zu werden, d.h. eine Sache, welche die Gläubigen mit ganzem Herzen, mit ganzer Seele und mit ganzem Gemüth ergreift."[192] In den parteioffiziellen Zeitungen und Zeitschriften fanden solche Auffassungen ein vielfaches Echo: „Für den Proletarier bedeutet die Partei etwas anderes als für den Bürger. Für den Proletarier ist sie mehr. Seinen Menschenglauben, seine Religion bringt er der Partei."[193] Gerade für die Genossen/-innen an der Basis war die quasi-religiöse Identifikation mit der Partei wichtig, gab sie ihnen doch Hoffnung und zugleich Orientierung.[194]

Für Großbritannien hat Stephen Yeo überzeugend dargelegt, daß der Sozialismus der 1880er und 1890er Jahre getränkt war von religiöser Symbolik und Metaphorik.[195] Brockway schrieb über die Stimmung in der frühen ILP in Bermondsey: „The whole membership entered on their task as a great crusade, visualising it as a work of social salvation. To Alfred Salter and his friends socialism was a religion."[196] Die ILP in Leicester unternahm vor 1914 zahlreiche Mitgliederkampagnen, die sie in Anlehnung an die christliche Missionsarbeit als „mission drives" bezeichnete.[197] Im Jahre 1907 hatte R.J. Campbell, dessen „New Theology" das wohl beste Beispiel für das erstarkende soziale Gewissen vieler Geistlicher um die Jahrhundertwende war, bereits von der Labour Party als neuer Kirche gesprochen: „In the primitive sense of the word, the Labour Party is itself a Church, because it is bent upon the realisation of a moral ideal and had become the instrument of the cosmic purpose towards this end."[198] Blatchford rechtfertigte seine rüden Attacken auf die etablierten Religionen der Welt mit Hinweis darauf, daß er keineswegs die Religiosität als solche zu bekämpfen gedachte. Im Gegenteil zielte sein Engagement auf den Aufbau einer besseren Religion als es das Christentum darstellte.[199] Bruce Glasier schrieb: „Political Socialism in our own day inevitably assumes a religious complexion in the minds of its more earnest advocates."[200] H.G. Wells konnte einer solchen Beurteilung nur zustimmen: „to me it [socialism] is a religion, in the sense, that it gives a work to do that is not self-seeking, [...] that it supplies that imperative craving of so many human souls, a devotion."[201] Keir Hardies Charakterisierung des

---

190 Vernon Lidtke, Bebel, Social Democracy and the Churches, in: Journal of the History of Ideas 27, 1966, S. 262 und 264.
191 Siehe, z.B. Edmund Scheuer, Die Religion und der Sozialismus, Berlin 1921, S. 5 f.
192 Die Religion der Sozialdemokratie: Kanzelreden von Joseph Dietzgen, Berlin 1903, S. 3.
193 Die Genossin, 1/5, 1. Nov. 1924, S. 135.
194 Arbeiterfamilien im Kaiserreich: Materialien zur Sozialgeschichte in Deutschland 1871-1914, hrsg. v. Klaus Saul, Jens Flemming, Dirk Stegmann, Peter Christian Witt, Königstein im Taunus 1982, S. 256, 268.
195 Yeo, A New Life, S. 17-19.
196 Brockway, Bermondsey Story, S. 33.
197 Cox, The Labour Party in Leicester, S. 203-05.
198 R.J. Campbell, The Labour Movement and Religion, in: Labour Leader, 25. Jan. 1907.
199 Fincher, The Clarion Movement, S. 289.
200 Glasier, The Meaning of Socialism, S. 149.
201 Wells, New Worlds for Old, S. 138.

Sozialismus aus dem Jahre 1907 mutet einem wie die Antizipation der Worte Bebels auf dem Internationalen Sozialistenkongreß vom Jahre 1912 an: „There is in the Socialist movement more of that asceticism, that simplicity of life and love of the natural, which characterised the early Christian movement than there is in the churches."[202]

Das vielleicht interessanteste Phänomen innerhalb der Bewegung, die den Sozialismus gern als neue Religion betrachtete, waren die britischen Arbeiterkirchen, die Labour Churches. Sie entstanden vor allem am Ende des neunzehnten Jahrhunderts in den Industriestädten des Nordens. John Trevor, der im Jahre 1891 die erste Arbeiterkirche in Manchester gründete, war Pfarrer der Unitarischen Kirche gewesen, verließ diese aber – enttäuscht von ihrem mangelnden sozialen Engagement. In der von ihm herausgegebenen Zeitschrift „Labour Prophet", die im Jahre 1892 immerhin eine Auflage von 4.500 Exemplaren monatlich erzielte, schrieb er: „The historic churches mostly declare that God was on this earth nearly nineteenth centuries back. The Labour Church was founded for the distinct purpose of declaring that God is at work, here and now, in the heart of the Labour Movement; and that the religion of today consists in cooperating with the divine energy which is still operating on our planet."[203] Zwischen 1891 und 1914 wurden mindestens 121 Arbeiterkirchen gegründet, aber unmittelbar vor Ausbruch des ersten Weltkriegs existierten nurmehr dreizehn dieser Kirchen, und in den frühen 1930er Jahren waren nur noch die Ableger in Stockport und Hyde aktiv. Selbst auf ihrem organisatorischen Höhepunkt dürfte die Bewegung nicht mehr als 2.000 eingeschriebene Mitglieder gezählt haben, wobei allerdings zu berücksichtigen ist, daß die Gottesdienste der Labour Churches durchaus nicht nur von eingeschriebenen Mitgliedern besucht wurden. Die Aktivitäten der Arbeiterkirchen strahlten bis weit in die Solidargemeinschaften der lokalen Parteien hinein aus.[204] Eine der am längsten existierenden Arbeiterkirchen Großbritanniens, die in Stockport, wurde im Jahre 1904 aus der Erkenntnis heraus gegründet „that the labour movement was something more, something deeper than mere politics [...] [the Labour Church should] devote itself to the development of the idea that the Labour movement was, in the truest sense, a religious movement. [...] [Its members looked forward to] the time when all our children will be inspired by the wonderful vision of a New World whose foundation shall be love. [...] [For them] Socialism is the future hope of England and [...] of the whole world. Co-operation in all means of life, and a world-wide brotherhood, are our ultimate aims."[205] Zahlreiche der Arbeiterkirchen gründeten sozialistische Sonntagsschulen, in denen den Kindern der Genossen/-innen die „Sozialistischen Zehn Gebote" beigebracht wurden. Die Ethik der sozialistischen Zukunftsgesellschaft sollte hier ausgearbeitet und eingeübt werden, wobei die Religion des Sozialismus in Großbritannien ebensowenig wie in Deutschland notwendigerweise christlich geprägt

---

202 Keir Hardie, Socialism and the Churches, in: Labour Leader, 18. Jan. 1907.
203 Labour Prophet, Sept. 1894, S. 120.
204 McLeod, Religion and the Working Class, S. 48 f. Umfassender zu den Arbeiterkirchen bereits K.S. Inglis, Churches and the Working Classes in Victorian England, London 1963, S. 215-49.
205 C. Glithero, The Stockport Labour Church, in: Official Handbook, hrsg. v. der Stockport Labour Church, Stockport 1907, S. 15, 19, 21.

sein mußte: „That the religion of the Labour Movement is not necessarily theological, but respects each individual's personal convictions upon this question."[206]

Wie die obige Diskussion des Verhältnisses zwischen Arbeiterparteien und Religion in Großbritannien und Deutschland gezeigt haben dürfte, fällt es schwer, zu eindeutigen Aussagen und Schlußfolgerungen zu gelangen. Die Kirchen in Deutschland bildeten zwar eine geschlossenere Abwehrfront gegenüber der Arbeiterpartei, als das in Großbritannien der Fall war, selbst wenn sich auch auf der Insel zu so manchen Zeiten und an so manchen Orten ein kirchlicher Antisozialismus energisch zu Wort meldete. Auch dürfte die deutsche Sozialdemokratie, die sich nicht nur in dieser Hinsicht als Erbin des Liberalismus betrachtete, von größerer Areligiosität gekennzeichnet gewesen sein als die Labour Party, unter deren führenden Genossen/-innen das Bekenntnis zur christlichen Religion durchaus verbreitet war und blieb, selbst wenn es wohl eher ethisch-utopischer als theologischer Natur war. Aber andererseits existierte auch in der britischen Arbeiterpartei eine starke Tradition des Säkularismus, während die SPD sich schwer tat, allzusehr die anti-religiöse Werbetrommel zu rühren, blieb ihr doch bewußt, wie bedeutsam es für das erfolgreiche Abschneiden der Partei an der Wahlurne war, die religiösen Teile der Arbeiterschaft nicht vor den Kopf zu stoßen. Selbst da, wo die Genossen/-innen die konkreten Formen des organisierten Christentums heftig kritisierten, legten sie in der Regel Wert auf die Unterscheidung zwischen der Kirche und den Werten des Christentums, die sie durchweg positiver einschätzten als die, welche diese Werte angeblich vertraten. Zudem glaubten viele Mitglieder beider Arbeiterparteien an den Sozialismus als eine Art neuer Religion, die gerade durch ihre Rationalität die Menschen in ihren Bann schlagen werde. Religiöse Bilder und Symbole prägten die Sprache der Arbeiterbewegung und vermischten sich mit den ihr ohnehin eigentümlichen Utopievorstellungen zu einem durchaus vagen, aber um so wirkungsmächtigeren Glaubenskonglomerat, das gerade die Genossen/-innen an der Basis in die Solidargemeinschaft einzubinden vermochte. Im Mittelpunkt sozialistischer Symbolik stand die zu schaffende „neue Gesellschaft" – auch oft das „neue Jerusalem" genannt –, de facto ein Synonym für die perfekte sozialistische Weltordnung. Edwin Muirs Erinnerungen reflektieren die emotionale Bedeutung sozialistischer symbolischer Praktiken für die Bekehrung der noch Ungläubigen zur Religion des Sozialismus: „my conversion to socialism [...] was not [...] the result of an intellectual process, but rather a sort of emotional transmutation [...] I read books on socialism, because they delighted me and were an escape from the world I had known with such painful precision. Having discovered a future in which everything, including myself, was transfigured, I flung myself into it, lived in it, though every day I still worked in the office of the beer bottling factory [...]"[207]

Die Unterschiede zwischen der britischen und der deutschen Arbeiterpartei in ihrer Haltung zur Religion scheinen nach obiger Diskussion also eher gradueller als substantieller Art. Somit wären sich Labour Party und SPD nicht nur in Organisation und Struktur ähnlicher gewesen, als das ein Großteil der bisherigen vergleichenden Literatur annahm, sondern auch in ihrer jeweiligen ideologischen Ausrichtung lassen sich deutliche Paral-

---

206 Official Handbook, S. 77.
207 Muir, An Autobiography, S. 113.

lelen erkennen: Die angeblich so marxistische SPD und die vordergründig so labouristische Labour Party waren einander letztendlich näher, als dies die Aufschriften auf den Schubladen der Ideologiegeschichte zu erkennen geben.

6 Die Beziehungen zwischen den Arbeiterbewegungen Großbritanniens und Deutschlands ca. 1890-1933

In der Geschichtsschreibung zur europäischen Arbeiterbewegung gibt es eine verbreitete Ansicht, nach der die britische Labour Party provinziellen Zuschnitts war, kaum Kontakte zu sozialistischen Parteien des Auslands unterhielt und sich schon gar nicht für ihre Schwesterparteien auf dem europäischen Festland interessierte. Nach Douglas J. Newton waren gerade die britischen Gewerkschaften dem Gedanken der Internationale gegenüber geradezu feindselig eingestellt, während die Labour Party es wenigstens versuchte, mit dem kontinentalen Sozialismus der Zeit in Tuchfühlung zu kommen, allerdings ohne allzuviel Energie zu investieren und letztendlich eben auch ohne großen Erfolg: „the British Labour Party bosses failed to establish close and friendly relations with the German socialists. This persistence of cool relations arose principally from the ideological distance which separated the two parties [...]"[1] Auch Chris Wrigley, der immerhin das große Interesse britischer Arbeiterführer an der Zweiten Internationale deutlich herausgestellt hat, kommt zu dem Schluß, daß sich die widersprüchliche Haltung der Briten zur Internationale vor allem aus den ideologischen Differenzen eines kontinentalen und insularen Sozialismus erklärt: „[...] while ILP socialism was of a very different kind to the predominant socialism of most continental European countries, the early ILP was undoubtedly attracted to the international socialist movement."[2] Friedrich Weckerlein, der die Haltung der britischen Linken zu Deutschland in den Jahren 1914-1918 einer intensiven Analyse unterzogen hat, kommt schließlich ebenfalls zu dem Schluß, daß es die Andersartigkeit der britischen Labour Party war, die ein ums andere Mal zu einem schrägen Deutschlandbild führte. Die „strukturellen Eigenheiten und Eigentümlichkeiten der britischen Labour Movement im Vergleich zu kontinentalen Versionen der Arbeiterbewegung" müssen weitgehend als Erklärung für die deutschlandpolitischen Positionen der Partei herhalten.[3] In diesem Kapitel wird es darum gehen, solche Annahmen noch einmal auf ihre Richtigkeit hin abzuklopfen. Bereits in den vorangegangenen Kapiteln wurde ja argumentiert, daß die allzu einseitige Aufmerksamkeit, die Historiker/-innen bislang den Unterschieden zwischen Labour Party und SPD haben zu teil werden lassen, den Blick auf den zugrundeliegenden Konsens und die zahlreichen Parallelen und Ähnlichkeiten verstellt hat. Falls diese Annahme richtig ist, dann wäre es doch höchst merk-

---

1 Douglas J. Newton, British Labour, European Socialism and the Struggle for Peace, 1889-1914, Oxford 1985, S. 228 f.
2 Chris Wrigley, The ILP and the Second International: the Early Years, 1893-1905, in: The Centennial History, hrsg. v. James, Jowitt and Laybourn, S. 303; siehe auch ebd., S. 309: „[...] before 1905 the ILP brand of socialism remained something apart from much of the contemporary continental socialism." Vgl. zu demselben Thema Chris Wrigley, Widening Horizons? British Labour and the Second International 1893-1905, in: LHR 58, 1993, S. 8-13.
3 Friedrich Weckerlein, Streitfall Deutschland. Die britische Linke und die „Demokratisierung" des Deutschen Reiches 1900-1918, Göttingen 1994, S. 17. Vgl. auch ebd., S. 28, 39, 115, 253.

würdig, hätte es nicht auch engere Kontakte zwischen der britischen und der deutschen Arbeiterbewegung gegeben.

6.1 Persönliche Beziehungen

Karl Marx und Friedrich Engels verbrachten den Großteil ihres Lebens auf der kleinen Insel am Rande des europäischen Kontinents. Innerhalb der britischen Arbeiterbewegung war Ernest Belfort Bax ein enger Freund und Weggefährte von Engels.[4] Kautsky schrieb später über das Verhältnis zwischen Bax und Engels, die beiden „saßen fast ständig in London beisammen."[5] Als Gustav Mayer Mitte der 1920er Jahre eine Biographie über Engels schreiben wollte und sich zu diesem Zweck an Bax wandte, schrieb der ihm: „Als ich Engels kannte, stand er dem englischen Sozialismus und der speziell englischen Arbeiterbewegung etwas ferne, trotzdem er einige Persönlichkeiten dieser Richtung oberflächlich kannte."[6] Unter denen, die er kannte, befanden sich John Burns, Tom Mann, Keir Hardie, Maltman Barry, H.H. Champion, Margaret Harkness, Edward Aveling und Eleanor Marx. Engels' eigene Briefe verraten im Gegensatz zu dem, was Bax schrieb, ein reges Interesse an der Entwicklung der britischen Arbeiterbewegung. 1889 versuchte er energisch, wenn letztendlich auch vergeblich, die britischen Sozialisten/-innen zur Teilnahme am Gründungskongreß der Zweiten Internationale zu bewegen. Ein Jahr später, in einem Brief an Laura Lafargue, betonte er eigens, wie wichtig es sei, gerade die britischen Gewerkschaften für die eigene Sache zu gewinnen, trotz deren bestenfalls wackliger sozialistischer Gesinnung. Nach seiner Einschätzung, die die ILP-Führung teilen sollte, würde sich eine starke sozialistische Arbeiterpartei in Großbritannien nur über die aktive Unterstützung der etablierten Gewerkschaftsbewegung entwickeln können.[7] Ebenso enthusiastisch wie regelmäßig berichtete Engels über Streikbewegungen und Maifeierlichkeiten auf der Insel. So schrieb er etwa 1895 an Edouard Vaillant: „Hier bei uns entwickelt sich das sozialistische Gefühl in den Massen weiter ..."[8] Ein Veteran der SDF in Battersea erinnerte sich in den 1920er Jahren an Friedrich Engels als einen Sozialisten, der sich beständig darum bemühte, britische Genossen/-innen in Kontakt mit der Internationale zu bringen.[9] Über seine Kontakte zu William Morris spielte Engels selbst bei der Gründung der Socialist League eine Rolle.[10] Auf seine Bemühungen

---

4 Eduard Bernstein, Aus den Jahren meines Exils: Erinnerungen eines Sozialisten, Berlin 1918, S. 216 f. Bax selbst liefert in seiner Autobiographie einen Bericht über seine Freundschaft mit nahezu dem gesamten Führungskader der frühen SPD, u.a. Engels, Bebel, Motteler, Wilhelm Liebknecht, Singer und Kautsky. Siehe Ernest Belfort Bax, Reminiscences and Reflections of a Mid and Late Victorian, London 1918, S. 139-43.
5 SAPMO, SPD, PV, II, 145/49, Nr. 58: Brief von Kautsky an Gustav Mayer v. 19. Sept. 1925.
6 SAPMO, SPD, PV, II, 145/49, Nr. 1: Brief von Bax an Gustav Mayer v. 11. Nov. 1925.
7 Friedrich Engels: Die Zweite Internationale und der Erste Mai, hrsg. v. Waltraud Opitz und Uwe de la Motte, Berlin 1989, S. 157-61.
8 Ebd., S. 193.
9 Ushering in the Dawn. Stray Reminiscences of a Propagandist, in: Labour Magazine 4, 1925/26, S. 163-65.
10 A.L. Morton und G. Tate, The British Labour Movement, London 1956, S. 176 f.

war schließlich auch die Übersetzung von Bebels Buch „Die Frau und der Sozialismus" ins Englische zurückzuführen, die von H.B. Adams-Walther angefertigt, im Jahre 1885 als erster Band der International Library of Social Sciences erschien.[11] Insgesamt sollte man also Bax' Aussage über Engels' Desinteresse an der britischen Arbeiterbewegung nur mit Vorsicht zur Kenntnis nehmen.

Eine weitere wichtige Verbindungsperson zwischen der britischen und der deutschen Arbeiterbewegung war Eleanor Marx. Sie arbeitete in London als Sekretärin und Übersetzerin für die Internationale Bergarbeiter-Föderation und die Zweite Internationale. Auf der Londoner Konferenz der Zweiten Internationale im Jahre 1896 fungierten sie und ihr Lebensgefährte Edward Aveling als persönliches Scharnier, über das die Kontakte des Organisationskomitees zu den Sozialisten/-innen des europäischen Festlands und besonders zu den deutschen Genossen/-innen liefen. 1892 bereits hatte Eleanor Marx erfolgreich in einem Konflikt schottischer und deutscher Bergarbeiter in den Kohlefeldern von Cumnock in Ayrshire vermittelt, wo die Deutschen als Lohndrücker galten. Besonders ihre Verbindung zu Wilhelm Liebknecht war ausgezeichnet. So war sie es auch, die den deutschen Parteiführer 1896 dazu überredete, eine Vortragsreise durch Großbritannien zu unternehmen. Zusammen mit Aveling bereisten die drei das Land, und Liebknecht sprach in Glasgow, Edinburgh, Bradford, Manchester, Liverpool und im East End von London. Eleanor Marx bemühte sich zeit ihres allzu kurzen Lebens darum, den britischen Genossen/-innen das zu vermitteln, was sie als die organisatorischen und ideologischen Errungenschaften der deutschen Sozialdemokratie betrachtete, über die sie jede Woche in ihrer Kolumne „International Notes" berichtete, die die Parteizeitung der SDF, „Justice", abdruckte.[12] Nachdem das Sozialistengesetz im Jahre 1890 nicht verlängert worden war, half sie der deutschen Partei durch Spendenaufrufe an die organisierten britischen Arbeiter/-innen.[13]

Ein wichtiger Treffpunkt für britische und deutsche Sozialisten/-innen in London war der bereits am 7. Febr. 1840 gegründete Communistische Arbeiter-Bildungs-Verein am Fitzroy Square (später Tottenham Street), über den bislang nur wenige Historker/-innen geschrieben haben.[14] In einem nach dem Abschluß der Konferenz der Internationale im Jahre 1889 verfaßten Aufsatz bezeichnete Bernstein den Verein als hervorragendes Beispiel für die internationalistische Gesinnung unter den britischen und deutschen Soziali-

---

11 Hölscher, Weltgericht, S. 318. Zu den Kontakten von Marx und Engels in Großbritannien siehe auch Rosemary Ashton, Little Germany: Exile and Asylum in Victorian England, Oxford 1986, S. 56-71, 97-138.
12 Chushichi Tsuzuki, The Life of Eleanor Marx, 1855-1898: a Socialist Tragedy, Oxford 1967, S. 192, 219-21, 236, 282 f.
13 Brief von Eleanor Marx im Archiv der Labour Party, PIC/1.
14 Einige grundlegende Informationen finden sich in Henry Collins und Chimen Abramsky, Karl Marx and the British Labour Movement, London 1965, sowie in Max Nettlau, Londoner deutsche kommunistische Diskussionen 1845. Nach dem Protokollbuch des CABV, in: Archiv für die Geschichte des Sozialismus und der Arbeiterbewegung 10, 1922, S. 362-91. Der weitgehende Verlust von Bibliothek und Archiv des CABV macht weitere Nachforschungen nahezu unmöglich. Siehe Thomas Kuczysnski, Archivmitteilung zum Restbestand „Communistischer Arbeiter-Bildungs-Verein" sowie zu anderen „abseitigen" Beständen im ehemaligen Hauptarchiv der NSDAP, in: BZG 35, 1993, S. 100-04.

sten/-innen Londons.[15] Der Verein gab zwischen 1909 und 1914 nicht nur wöchentlich eine deutsche sozialistische Zeitschrift heraus, er beteiligte sich auch besonders aktiv an den Maiumzügen in der britischen Hauptstadt.[16] Julius Motteler, der langjährige Sekretär des Vereins, tauchte oft auf den Rednerlisten der Londoner Maifestlichkeiten auf. Sein Amt brachte es unausweichlich mit sich, daß er viele britische Genossen/-innen kennenlernte. So stand er vor allem in Kontakt mit Herbert Burrows, Harry Quelch, Theodore Rothstein und J.B. Askew. Als der Verein sein sechzigjähriges Bestehen feierte, sprach ein Delegierter der SDF von der allgemeinen Bewunderung, die britische Sozialisten/-innen für die deutsche SPD empfanden, und Bernstein erinnerte sich in seiner Rede explizit an das Engagement des Vereins für die Entwicklung und Stärkung der britischen Schwesterpartei.

Die meisten britischen Genossen/-innen, die die SPD aus eigener Anschauung kannten, bewunderten die effektive Organisation der Partei. So sah Keir Hardie etwa in der deutschen SPD ein Modell, dem die Labour Party nach Möglichkeit nacheifern sollte. Wie die Sozialisten/-innen in ganz Europa, so vertraute auch Keir Hardie darauf, daß ein Bündnis zwischen der britischen und der deutschen Arbeiterbewegung den Frieden in Europa sichern werde.[17] Mit Engels traf er erstmals 1887 zusammen, und mit Bebel verband ihn eine Freundschaft, die anscheinend auch nicht dadurch getrübt wurde, daß Hardie in seinen eigenen Schriften eher die revisionistischen Positionen Bernsteins unterstützte. In einem Brief an Lily Braun erklärte er sein persönliches Unverständnis angesichts der ebenso bitteren wie doktrinären ideologischen Grabenkämpfe, die die Vorkriegssozialdemokratie bereits verwüsteten.[18] Seine eigene Begründung des Sozialismus unterschied sich z.T. von der seiner deutschen Genossen/-innen erheblich. Das allerdings hinderte ihn nicht daran, mit selbigen enge Kontakte zu knüpfen, da er immer überzeugt war, daß letztendlich die Ziele und Motive der beiden Arbeiterparteien sich ausgesprochen ähnelten.

Bertrand Russell beschäftigte sich ausführlich mit der deutschen Sozialdemokratie in sechs Vorlesungen, die er zwischen Februar und März 1896 an der LSE in London hielt und die auch in Buchform veröffentlicht wurden. Wie Hardie, so war auch er besonders vom organisatorischen Geschick der deutschen Partei angetan: „The new organization was a masterpiece of ingenuity and efficiency."[19] In seinem Tagebuch, das er während seines Berlinaufenthaltes vom 5. November bis zum 21. Dezember 1895 führte, notierte er sorgfältig alle Treffen, die er mit wichtigen und weniger wichtigen Funktionären/-innen der Partei und der Freien Gewerkschaften absolvierte. Seine hauptsächlichen Kontaktpersonen in Berlin waren Lily und Heinrich Braun. Er redete aber auch mit Wilhelm Liebknecht, Bebel und Legien ebenso wie mit zahlreichen ehrenamtlichen Funktionären/-innen, Vertrauensmännern, einfachen Parteimitgliedern und Arbeitern/-innen. Besonders

---

15 Friedrich Engels, hrsg. v. Opitz und de la Motte, S. 54-67.
16 Ein auf deutsch verfaßter Aufruf zum Londoner Maiumzug aus dem Jahre 1899 findet sich in SAPMO, Flugblattsammlung, V DF/III/61, Nr. 9.
17 Morgan, Keir Hardie, S. 181 f.
18 Abgedruckt in Frankfurter Volksstimme; siehe Robert Michels, Die deutsche Sozialdemokratie im internationalen Verbande, in: AfSWP 25, 1907, S. 312.
19 Bertrand Russell, German Social Democracy: Six Lectures, London 1896, S. 116.

beeindruckt zeigte er sich von dem politischen Interesse und dem Bildungshunger, den er im sozialdemokratischen Milieu ein ums andere Mal antraf. So findet sich unter dem 15. November 1895 etwa der folgende Eintrag: „Called on Frl. Ottilie Baaden [Baader?], a seamstress. We found her having tea with her old father and two little nephews in a small stuffy room with two beds and a sewing machine. Everything was very clean and there were books and paper about [...] Frl. B. told us that she had a little leisure that afternoon because she had not been able to get any sewing to do, and she was reading ‚Vorwärts' and ‚Breslauer Protokoll' while her father read ‚Die neue Zeit' and the children worked at their lessons. We talked about Liebknecht's trial [...]"[20]

Fred Jowett, der sechzehn Jahre lang als Labour-Abgeordneter für Bradford im britischen Unterhaus saß und zu den Gründungsmitgliedern der ILP in Bradford gehörte, bewunderte nicht nur die Organisation der SPD, er glaubte auch fest an ein besonderes Verhältnis zwischen britischen und deutschen Sozialisten/-innen: „He gained an impression, which lived with him during the long series of international conferences which followed, that ‚for self-possession, patience and tenacity of purpose', the British and German delegations were most alike."[21] Seine Sympatien für die deutschen Genossen/-innen wurden durch seine persönliche Freundschaft zu dem deutschen Sozialisten Robert Pohl noch verstärkt. Pohl war Dozent am Bradford Technical College und ein glühender Verfechter der Ideen der internationalen Brüderlichkeit und Solidarität der Arbeiterklasse. Während des ersten Weltkrieges interniert, wurde er schließlich bei Kriegsende nach Deutschland deportiert, wo er eine Organisation der Kriegsdienstverweigerer ins Leben rief, die sich eng an die NCF anlehnte, die er in Bradford kennen und schätzen gelernt hatte.[22]

Herbert Morrisons Besuch in Hamburg, Berlin, Leipzig, Frankfurt am Main und Köln aus dem Jahre 1910 dürfte ihm so manche Anregung beschert haben, die er dann bei seiner schon legendären Reorganisation der Londoner Labour Party nach 1918 in die Realität umzusetzen sich bemühte. Beeindruckt vom organisatorischen Talent der deutschen Partei, versuchte er sich an einer Übertragung deutscher Verhältnisse auf die Londoner Zustände.[23] Im Jahre 1931 war John Paton, einer der fähigsten Organisatoren innerhalb der ILP[24], ebenso beeindruckt von der Effizienz der Sozialdemokratischen Partei und ihrer Untergliederungen. „The long desire to see something of the organisation of the German party"[25] führte schließlich zu einem sechswöchigen Urlaub in Deutschland – unmittelbar bevor Paton als Delegierter der ILP zum Internationalen Kongreß in Wien weiterreiste. Er besuchte die SPD-Hochburgen in Berlin, Dresden und Hamburg, wo Umfang und Ausmaß der Parteiorganisationen einen bleibenden Eindruck hinterließen. Solche Erfahrungen, die immer wieder mit dem Ausdruck von Bewunderung und dem

---

20 Bertrand Russell, Diary of a Winter Spent in Berlin, in: LSE, Coll. Misc. 296, 15. Nov. 1895.
21 Fenner Brockway, Socialism over Sixty Years: The Life of Jowett of Bradford, London 1946, S. 63. Bradford war im neunzehnten Jahrhundert ein Zentrum der deutsch-jüdischen Immigration. Unter den Immigranten befanden sich auch zahlreiche Sozialisten/-innen.
22 Ebd., S. 136.
23 Donoughue und Jones, Herbert Morrison, S. 32-34.
24 Diese Einschätzung in Dowse, Left in the Centre, S. 84.
25 Paton, Left Turn, S. 342-48.

Bemühen um eine Übertragung auf die britischen Verhältnisse einhergingen, widersprechen bereits der gängigen Auffassung von dem Unverständnis und der Entfremdung zwischen britischem und deutschem Sozialismus. Gerade die Versuche der Labour Party nach 1918, eine effektive Parteimaschine aufzubauen und zu einem Selbstverständnis als Solidargemeinschaft vorzudringen, dürften nicht zuletzt in den Erfahrungen britischer Genossen/-innen mit den deutschen Vorkriegsverhältnissen wurzeln.[26]

Allerdings wurde der SPD in der britischen Arbeiterbewegung nicht nur Bewunderung entgegengebracht. H.M. Hyndman, der britische Marxist, der über seine Tätigkeit im Internationalen Sozialistischen Büro lange vor 1914 die gesamte Führungsriege der SPD persönlich kannte, sah in den deutschen Genossen/-innen generell Despoten und Nationalisten. Sein Haß ging sogar so weit, daß er seine Attacken auf die SPD in konservativen Blättern wie der „Morning Post" und der „Times" veröffentlichte, da ihm der Großteil der Arbeiterpresse für diese Art von Artikeln nicht offenstand. Mit ironischem Unterton schrieb ein anderes führendes SDF-Mitglied, J.B. Askew, im Jahre 1902 an Kautsky: „Hyndman was very cross with the German party – you are entirely bad and also wholly insignificant and ignorant people who live with the same illusions as William II."[27] Die zeitweilig kompromißlose Feindschaft Hyndmans muß vordergründig um so mehr verwundern, als die von ihm geführte SDF die orthodoxeste marxistische Partei Großbritanniens war. Allerdings erklären sich Hyndmans Ausfälle auch nicht aus ideologischen, sondern aus persönlichen Animositäten. Marx und Engels mochten ihn nicht, da sie ihm unterstellten, in seinen eigenen Schriften nur „Das Kapital" zu paraphrasieren, allerdings ohne in seinen Plagiaten die Quelle seiner Weisheiten zu benennen.[28] Selbst nach Engels' Tod gab es zwischen Hyndman und den Führungspersönlichkeiten der SPD kein wirkliches Einvernehmen. Die Sprache des Marxismus beherrschte Hyndman zwar besser als die führenden Genossen/-innen der Labour Party, aber das Bemühen der letzteren, von der deutschen Partei zu lernen, blieb bei ihm nur gering ausgeprägt. Statt dessen gestattete er es sich häufig, seinen Antipathien publizistisch freien Lauf zu lassen.

Auch der einflußreiche Robert Blatchford schrieb vor dem ersten Weltkrieg eine ganze Serie von antideutschen Artikeln in der „Daily Mail", und in seiner Autobiographie reservierte er gar ein eigenständiges Kapitel für die Abrechnung mit dem deutschen Wesen im allgemeinen und dem deutschen Sozialismus im besonderen.[29] Seine Haltung zur SPD war ursprünglich eher von Desinteresse gekennzeichnet. Allerdings bezweifelte er, und darin sollte ihm der Verlauf der Ereignisse ja schließlich auch recht geben, daß die SPD die Macht und den Willen besaß, die deutsche Militärmaschine zu stoppen und den Ausbruch eines europäischen Krieges zu verhindern: „the Socialist theory of joint action by the British and German socialists for the prevention of war [...] is one of those

---

26 Siehe dazu auch systematischer Stefan Berger, „Organising Talent and Disciplined Steadiness": the German SPD as a Model for the British Labour Party in the 1920?, in: Contemporary European History 5, 1996, S. 171-90.
27 IISG, NL Kautsky, Brief Askews an Kautsky v. 15. Jan. 1902.
28 Chushichi Tsuzuki, H.M. Hyndman and British Socialism, London 1961, S. 32-66.
29 Robert Blatchford, My Eighty Years, London 1931, S. 223 sowie das Kapitel „Who caused the war?", dort besonders S. 248.

harmless games with which some Labour statesmen amuse themselves on dull days."[30] Insgesamt dürfte das Attribut des „little Englander" unter den britischen Sozialisten/-innen wohl am ehesten auf Blatchford zutreffen, der zu keinem Zeitpunkt über internationale Kontakte verfügte und sich darum auch kaum weiter Gedanken machte.[31] Hyndmans wie Blatchfords Ansichten blieben allerdings innerhalb der britischen Arbeiterbewegung minoritär.[32] Im Jahre 1910 wurde Hyndman gar von der britischen Delegation (die allerdings auch von der ILP dominiert wurde) auf der Internationalen Konferenz nicht mehr in das ISB gewählt, da er angeblich zu weit von dem von der Labour Party sanktionierten Kurs abgewichen war. Bruce Glasier berichtete in einem Brief an seine Frau von der Isolation Hyndmans auf der Konferenz. Er selbst habe ‚declared that the re-election of Hyndman after his Jingo utterances would be an outrage upon International Socialist sentiment. Anderson and Hardie spoke strongly on the same side. Quelch, Irving and others defended Hyndman while not approving his views."[33] In diesem Licht betrachtet, kann Hyndmans „German Menace"-Kampagne allzu leicht überbewertet werden. Sicher war sie nicht, wie Newton behauptet, Zeichen eines getrübten Verhältnisses zwischen britischer Labour Party und deutscher SPD.[34]

Der parteioffizielle Standpunkt innerhalb der Labour Party wurde nicht von Genossen wie Hyndman oder Blatchford, sondern von Ramsay MacDonald repräsentiert. Dessen intellektuelle Vaterfigur war kein anderer als Eduard Bernstein. Die beiden verband eine enge und anhaltende Freundschaft.[35] Bernstein war nicht nur ein gern gesehener und häufiger Besucher in MacDonalds Haus an den Lincoln's Inn Fields in London, wo der britische Arbeiterführer sich nach seiner Heirat niederließ[36], die beiden arbeiteten auch gemeinsam für den Erhalt des Friedens und ein besseres Verhältnis ihrer beiden Nationen zueinander. So übersetzte Bernstein einen Artikel MacDonalds zu den Beziehungen der beiden Länder ins Deutsche, der dann im Jahre 1908 in den „Sozialistischen Monatsheften" veröffentlicht wurde. Darin distanzierte sich MacDonald ausdrücklich von „den Lärmenden", die einen unausweichlichen Krieg zwischen Deutschland und Großbritannien vorhersagten: „Und leider hat sich auch ein kleiner Teil von englischen Sozialisten zu den Lärmenden geschlagen: glücklicherweise gehört er nicht zu Organisationen von irgendwelcher politischer Bedeutung. Indessen sollten unsere deutschen Freunde nicht vergessen, dass zum Beispiel Hyndman niemals die letzte Spur jenes antideutschen

---

30 Robert Blatchford, Germany and England: Articles Reprinted from the Daily Mail, London 1909, S. 15.
31 Seine Obsession gegen Englands angebliche Abhängigkeit von Ausländern führte auch dazu, daß Blatchford in seinem Buch: Merrie England, London 1895, S. 34, ein Programm ökonomischer Autarkie für England entwarf.
32 Kenneth E. Miller, Socialism and Foreign Policy: Theory and Practice in Britain to 1931, The Hague 1967, S. 42-45.
33 Liverpool University Library, NL Glasier 1910/32: Brief Glasiers an seine Frau v. 30. Aug. 1910.
34 Insgesamt überschätzt Newton, British Labour, S. 139-78 und 212-27, den Einfluß von Hyndman und anderen antideutschen Genossen/-innen der britischen Arbeiterbewegung.
35 Helmut Hirsch, Der Fabier Eduard Bernstein, Bonn 1977, S. 81; Marquand, Ramsay MacDonald, S. 56 f., 164.
36 In seinen Memoiren gedachte Bernstein ausdrücklich der herzlichen Atomsphäre im Haus der MacDonalds. Als Bernstein im Jahre 1901 sein britisches Exil verließ, arrangierten die MacDonalds eine Abschiedsparty für ihn. Siehe Bernstein, Aus den Jahren meines Exils, S. 268 f.

Chauvinismus abgelegt hat, der seine früheren Ansichten kennzeichnete [...]"[37] Die britische und deutsche Arbeiterbewegung, so MacDonald weiter, solle ihren Völkern ein Beispiel geben, um das noch herrschende gegenseitige Mißtrauen abzubauen.[38] Im Gegenzug schrieb Bernstein ein kleines Büchlein mit dem Titel „Die englische Gefahr und das deutsche Volk", in dem er die historische Entwicklung der anglo-deutschen Rivalität analysierte und zugleich „die kurzsichtigste, unsinnigste Politik" verurteilte, die „uns die große englische Nation zum Feinde zu machen" gedachte.[39] Die meisten von Bernsteins regelmäßigen Beiträgen zu der linksliberalen Wochenschrift „The Nation" bemühten sich um ein besseres Verständnis zwischen Großbritannien und Deutschland.[40] Mit MacDonald hielt er selbst in den schwierigen Zeiten des ersten Weltkriegs Kontakt. Im September 1917 schrieb er ihm aus Dänemark von seinen Hoffnungen auf baldigen Frieden und einen Wiederaufbau der sozialistischen Internationale.[41]

Einmal abgesehen von seiner Freundschaft zu MacDonald kannte Bernstein nahezu alle prominenten Fabier und war besonders vertraut mit Sidney und Beatrice Webb, Hubert Bland, E.R. Pease sowie G.B. Shaw, der in Bernsteins Memoiren unter allen britischen Sozialisten/-innen den ersten Platz einnimmt. Aber Bernstein bewegte sich durchaus nicht nur unter den Fabiern, auch Hyndman, William Morris, John Burns und Will Thorne zählten zu seinen Bekannten in London. Beatrice und Sidney Webb beschrieb er primär als Gelehrte und Wissenschaftler, und über Sidney heißt es in seinen Exilerinnerungen: „Er ist geradezu eine wandelnde Enzyklopädie, was sich namentlich dann zeigt, wenn er in Debatten auf Anfragen oder Angriffe zu antworten hat. [...] Er ist offenbar der stärkste Kopf der Fabianer und macht heute völlig den Eindruck des Wissenschaftlers, der er ist."[42] Das herzliche Verhältnis mit den Webbs blieb sein ganzes Leben über bestehen. Nach dem ersten Weltkrieg lud ihn Sidney Webb zu einem Vortrag auf eine der fabischen Sommerschulen ein, und in einem persönlich gehaltenen Schreiben, das der offiziellen Einladung beilag, bemerkte der britische Sozialist: „How many times in the last six calamitous years have we not spoken about you in this house, and wished that we could have the opportunity of talking this over with you? [...] I need hardly say what pleasure it would give to your English friends if you could accept this invitation [...]"[43] Zehn Jahre später schrieb Webb an Bernstein: „we have finally quit our home at 41 Grosvenor Road, Westminster, where we have lived since 1893, and where

---

37 Ramsay MacDonald, England und Deutschland, in: SM 17, 1908, S. 1033.
38 Ebd., S. 1035.
39 Eduard Bernstein, Die englische Gefahr und das deutsche Volk, Berlin 1911, S. 47.
40 F.L. Carsten, Eduard Bernstein 1850-1932: Eine politische Biographie, München 1993, S. 109.
41 Marquand, Ramsay MacDonald, S. 260. 1916 veröffentlichte Bernstein auch den letzten Brief, den er von Keir Hardie vor dessen Tod im Jahre 1914 erhalten hatte. In diesem Schreiben vom 17. Mai 1914 gab der britische Sozialist noch einmal seiner Überzeugung Ausdruck, daß die Internationale stark genug sein werde, einen europäischen Krieg zu verhindern. Siehe Eduard Bernstein, Ein Brief Keir Hardies: Zum Gedächtnis seines Todes, in: Vorwärts, 26. Sept. 1916. Zu den Kontakten Bernsteins zu britischen Pazifisten während des Krieges siehe auch Manfred B. Steger, The Quest for Evolutionary Socialism. Eduard Bernstein and Social Democracy, Cambridge 1997, S. 220. Zum Einfluß britischen politischen Denkens auf Bernstein siehe ebd., S. 66-71.
42 Bernstein, Aus den Jahren meines Exils, S. 263.
43 IISG, NL Bernstein, D 816: Brief Sidney Webbs an Eduard Bernstein v. 19. April 1920.

we have had the pleasure of receiving you, and so many other German friends and comrades [...] With kindest regards and best wishes from us both, I am, to you as to other friends, still yours sincerely Sidney Webb (though officially Lord Passfield)."[44] Die Webbs hatten von jeher ein großes Interesse an der Geschichte und Entwicklung der deutschen Arbeiterbewegung. In der Einleitung zu dem von W.S. Sanders in wohlwollendem Ton verfaßten Buch über die Freien Gewerkschaften, betonte Sidney Webb, daß die deutschen Gewerkschaften der Gegenwart in vielerlei Hinsicht ein Modell für die britischen Verbände sein könnten: „The German workmen learnt their Trade Unionism from this country, but in many points they have known how to improve on their instructors [...] There are many lessons in this book for British Trade Unions. The wonderful development of the central Trade Union offices, with their expert staff; the skill and wisdom with which they obtain and utilize their own statistical information; their really remarkable efforts for the education of their members; their training schools for Trade Union officials – all this is in striking contrast with the haphazard methods of British wage-earning Democracy."[45]

Bernstein war neben Marx und Engels zweifelsohne der prominenteste deutsche Sozialdemokrat, der über einen langen Zeitraum, wenn auch gezwungenermaßen, in Großbritannien weilte. Seine Vertrautheit mit dem Land und seinen Institutionen zeigte sich u.a. auch darin, daß die „Encyclopedia Britannica" ihn bat, den geplanten Artikel zu Karl Marx zu verfassen, während das deutsche Auswärtige Amt sich seiner britischen Kontakte zu bedienen suchte.[46] Vor und nach dem ersten Weltkrieg war er ein gefragter Redner auf der Insel, so z.B. beim Cobden Club im Jahre 1913 oder bei der League of Nations Union im Jahre 1923.[47] Als Bernstein schließlich im Jahre 1901 aus seinem britischen Exil wieder nach Deutschland heimkehren durfte, erreichten ihn zahlreiche Glückwunschschreiben britischer Arbeiterorganisationen. Eine von vielen war vom Sekretär der ILP Edinburghs, John Davidson: „We rejoice that your sphere of usefulness should have been so extended and trust you may be long spared to work on behalf of our common cause."[48] Bernstein kam auch nach seiner Übersiedlung nach Deutschland gern und häufig zurück auf die Insel. So unternahm er z.B. im Jahre 1909 eine ausgedehnte Vortragsreise durch Großbritannien, die ihn u.a. nach Edinburgh, Glasgow und Manchester führte.[49] Der Wunsch, engere Verbindungen zwischen der britischen und der deutschen Arbeiterpartei herzustellen, blieb allerdings nicht auf Bernstein beschränkt. So entschloß sich Lothar Erdmann, der in den Jahren von 1923 bis 1933 das theoretische Organ des ADGB, „Die Arbeit", herausgab, bereits vor dem ersten Weltkrieg (um ca. 1910) eine Zeitlang in Großbritannien zu leben. Er trat der Fabian Society bei und wurde ein glühender Anhänger G.B. Shaws.[50] Der in den Jahren von 1922 bis 1930 als Sekretär

---

44 Ebd., Brief Sidney Webbs an Eduard Bernstein v. 5. April 1930.
45 W.S. Sanders, Trade Unionism in Germany, Westminster 1916, S. 3 f.
46 IISG, NL Bernstein, D 148 und D 24.
47 Ebd., D 396 und D 660.
48 Ebd., D. 127: Brief Davidsons an Bernstein v. 23. Jan. 1901.
49 Labour Leader, 26. März 1909, S. 201.
50 Gerhard Beier, Schulter an Schulter. Schritt für Schritt: Lebensläufe deutscher Gewerkschaftler, Köln 1983, S. 42.

und späterer Generalsekretär der IFTU in Amsterdam tätige Johann Sassenbach kam erstmals im Juni 1909 mit Ramsay MacDonald und anderen Führungspersönlichkeiten der Labour Party in Kontakt, als eine Delegation der Labour Party Köln und andere deutsche Städte besuchte. Im Frühjahr 1914 verbrachte Sassenbach zwei Monate am Ruskin College in Oxford, wo er zahlreiche Kontakte zur britischen Arbeiterbewegung knüpfte und besonders mit W.A. Appleton, dem Generalsekretär der General Federation of Trade Unions, Freundschaft schloß. Auf Einladung Sassenbachs besuchten Appleton und Ben Tillett im Juni 1914 den alljährlichen Kongreß der Freien Gewerkschaften in München. Vor Kongreßbeginn verbrachten Appleton und Sassenbach gemeinsam einen einwöchigen Urlaub in den bayerischen Alpen.[51] Auch in der Zwischenkriegszeit lebten und arbeiteten prominente Sozialdemokraten/-innen in Großbritannien, unter ihnen die Journalisten Egon Wertheimer und Viktor Schiff, der beim „Daily Herald" Karriere machte, Julius Braunthal, der Historiker der Internationale, sowie Hermann Badt, der Berater Albert Grzesinskis im preußischen Innenministerium.[52]

In Großbritannien blieb MacDonald auch über den ersten Weltkrieg hinaus in regem Kontakt mit deutschen Sozialdemokraten/-innen. Sein alter Mentor Bernstein schrieb ihm zu seinem achtzigsten Geburtstag im Jahre 1930: „The feeling that only possesses me is thankfulness, undescribable thankfulness to the party where I have got so much happiness, and to the comrades who have presented me with so many proofs of benevolent amity. The feeling you have, dear friend, to a high degree contributed to create in me."[53] MacDonald korrespondierte auch mit Eugen Diederichs, der sein Buch „Socialism and Government" auf deutsch herausbrachte, mit Joseph Bloch, für dessen „Sozialistische Monatshefte" er gelegentlich schrieb, und mit Albert Südekum, den er wahrscheinlich zum ersten Mal auf dessen Vortragsreisen durch Großbritannien in den Jahren 1906 bis 1908 kennengelernt hatte.[54] Bereits vor dem ersten Weltkrieg war er mehrfach nach Deutschland gereist, um die deutsche Arbeiterbewegung und die sozialen Verhältnisse im Lande intensiv zu studieren. Die meisten Führungspersönlichkeiten der SPD kannte er persönlich. Als Ebert im Jahre 1925 starb, schrieb er dessen Witwe: „Grieved beyond words at death of my old friend [...] Not only Germany but Europe has lost a wise and patient servant."[55]

Nach einem weiteren Besuch im Juli 1920[56] reiste MacDonald 1928 erneut nach Berlin, um dort mit dem sozialdemokratischen Kanzler Hermann Müller und anderen

---

51 Otto Scheugenpflug, Johann Sassenbach: ein Beitrag zur Geschichte der deutschen und internationalen Arbeiterbewegung nach Aufzeichnungen Sassenbachs, Hannover 1959, S. 44 f., 54 f., 118.
52 Siehe auch die Liste von in Großbritannien lebenden Sozialdemokraten/-innen in Anthony Glees, Exile Politics during the Second World War: the German Social Democrats in Britain, Oxford 1982, S. 29. Glees Buch ist die erschöpfendste Darstellung der Beziehungen von Labour Party und SPD in der Zeit von 1933 bis 1945.
53 PRO, NL MacDonald, 30/69, 752/12-13.
54 BA, NL Südekum, NL 91.
55 PRO, NL MacDonald 30/69, 1170/1/394. Zu MacDonalds Korrespondenz mit Südekum, Bloch und Diederichs siehe ebd., 992/7, 1150/15, 988/6-10 und 992/49.
56 Marquand, Ramsay MacDonald, S. 260.

führenden Sozialdemokraten/-innen zusammenzutreffen.[57] Nachdem im darauffolgenden Jahr die Labour Party die Unterhauswahlen gewonnen hatte und MacDonald zum zweiten Mal innerhalb weniger Jahre Premierminister einer Labour-Minderheitsregierung geworden war, gratulierte ihm Müller: „I know that we are in perfect harmony, that all must be done, to save the peace of Europe, which guarantees the welfare of all nations."[58] MacDonald erwiderte: „As you know, one of my greatest desires is to help to have peace behind me as the contribution which this generation makes to civilisation [...] I too rejoice that at this moment we should both hold the positions we do."[59] Insgesamt schienen die Bande persönlicher Beziehungen zu Vertretern/-innen der Labour Party am stärksten unter deutschen Reformisten/-innen bzw. Revisionisten/-innen. Schreibt Georges Haupt über die sozialistischen Parteien Südosteuropas, daß sie vor allem an Kontakten mit deutschen Marxisten/-innen wie Kautsky und Luxemburg Interesse hatten[60], so gilt für die Labour Party, daß sie stärker an die andere Tradition innerhalb der deutschen Sozialdemokratie anknüpfte: die reformistische.

Einmal abgesehen von persönlichen Beziehungen, waren die internationalen Sommerschulen, die von den Fabiern, der ILP, der SPD, den Gewerkschaften und internationalen Arbeiterorganisationen regelmäßig abgehalten wurden, wichtige Treffpunkte für die Genossen/-innen beider Parteien. Da hier leider meist kein detailliertes Archivmaterial mehr vorhanden ist, kann man nur selten einmal einen Einblick in den Ablauf solcher Sommerschulen bekommen. So berichtet Beatrice Webb über den Auftriff von Adolf Braun auf der fabischen Sommerschule im September 1920 in Priorsfield, Godalming: „in an address of one and a half hours [...] [he] achieved his purpose of harrowing the feelings and rousing the sympathies of the audience by a vivid account of the desperate material and moral condition of the German people."[61] Maria Hodann, die 1933 aus NS-Deutschland entkommen konnte und schließlich unter dem Namen Mary Saran britische Staatsbürgerin wurde, nahm an einer Sommerschule des Ruskin College teil. Über ihren anschließenden Aufenthalt bei einer Arbeiterfamilie in Kentish Town, London schrieb sie rückblickend: „I could not have had a better introduction to the London of the Cockneys, their humour and warm hospitality."[62] Die IFTU veranstaltete nach 1918 internationale Sommerschulen in Berlin (1930), Oxford (1924, 1926 und 1931) und verschiedenen anderen europäischen Städten. Normalerweise gab es auf diesen ein- bis zweiwöchigen Veranstaltungen eine Reihe von Vorlesungen zur internationalen Gewerkschaftsbewegung, wobei der wahre Gewinn solcher Versammlungen wohl vor allem in der Gelegenheit bestand, einmal über den nationalen Tellerrand der eigenen Bewegung hinauszusehen. Allerdings blieben die meisten deutschen Gewerkschaften skeptisch gegenüber dem praktischen Nutzen solcher Treffen, die ihrer Meinung nach in keinem Verhältnis zum vergleichsweise hohen Kostenaufwand standen. Natürlich gab es auch immer wieder

---

57 FES, Archiv der sozialen Demokratie, NL H. Müller, Kassette 1, 56: Brief MacDonalds an Müller v. 9. Juli 1928; Kassette 4, 284, Brief Müllers an MacDonald v. 26. Sept. 1928.
58 Ebd., Kassette 4, 285, Brief Müllers an MacDonald v. 8. Juni 1929.
59 Ebd., Kassette 1, 59, Brief MacDonalds an Müller v. 13. Juni 1929.
60 Georges Haupt, Aspects of International Socialism 1871-1914, Cambridge 1986, S. 63.
61 The Diaries of Beatrice Webb 1912-1924, hrsg. v. Margaret Cole, London 1952, S. 189.
62 Mary Saran, Never Give Up, London 1976, S. 30.

Probleme der sprachlichen Verständigung, da die wenigsten Gewerkschaftsfunktionäre/-innen gleich in mehreren europäischen Sprachen parlieren konnten.[63] Aber der Vorstand des ADGB ließ sich dadurch nicht beirren und betonte, daß solche Sommerschulen gerade die internationalistische Gesinnung der national konstituierten Gewerkschaftsbewegungen stärken sollten.[64]

Das Abhalten internationaler Sommerschulen war auch eine der Hauptaufgaben des International People's College in Dänemark. Eine dänische Gründung mit starken Verbindungen zur dänischen Arbeiterbewegung, fand es Unterstützung vor allem unter britischen und deutschen Genossen/-innen, deren Delegationen in Helsingfør regelmäßig die größten waren. Eduard Bernstein und George Lansbury standen den jeweiligen Komitees in Deutschland und Großbritannien vor, deren Aufgabe es war, für das dänische College und seine Ziele zu werben.[65] Auch die britischen und deutschen sozialistischen Freizeit- und Touristikvereine arbeiteten darauf hin, daß die Arbeiter/-innen über nationale Grenzen hinweg in Verbindung mit Arbeitern/-innen anderer Länder kamen. Somit sollte die Idee der internationalen Solidarität der Arbeiterklasse eine Basis in der Realität erhalten.[66] Selbst fünfzig Jahre nachdem Harry Grey, Labour-Party Mitglied aus Nuneaton, Deutschland mit der No More War Movement besucht hatte, war er noch immer beeindruckt von der Effektivität und Gründlichkeit, mit der die deutschen Genossen/-innen ihre verschiedenen Aufgaben erledigten. Aus einem zweiwöchigen Aufenthalt in einer deutschen sozialdemokratischen Arbeiterfamilie entwickelten sich Kontakte, die sogar über den zweiten Weltkrieg hinweg Bestand hatten.[67] Auch die Sozialistische Jugend-Internationale bemühte sich darum, Kontakte über die nationalen Grenzen hinaus zu vermitteln. So bereisten z.B. 1923 fünfzehn deutsche und österreichische Jugendliche zwei Wochen lang Großbritannien.[68] Das Büro der Jugend-Internationale vermittelte außerdem internationale Brieffreundschaften. Einer der zahlreich anfragenden Jungsozialisten/-innen aus Deutschland beschrieb seine Erfahrungen mit dem brieflichen Austausch mit britischen, belgischen, dänischen und holländischen Genossen/-innen wie folgt: „Als Teilnehmer an dem internationalen Briefwechsel möchte ich einmal kurz schreiben, was nun draus geworden ist. Ferner nun auch zu zeigen, daß die Mühe der Wechselstelle nicht vergeblich war. [...] nicht nur Briefe werden getauscht sondern auch Zeitungen, Zeitschriften, Liederbücher, Arbeitsprogramme und vor allen Dingen Photos. [...] Neben dem allgemeinen Gedankenaustausch über Arbeiter- und Jugendbewegung entwickelte sich aber auch durch den Briefeaustausch ein freundschaftliches, kamerad-

---

63 Siehe die skeptisch gehaltenen Antwortschreiben der Einzelgewerkschaften auf einen Aufruf des ADGB, verstärkt Repräsentanten/-innen auf die internationalen Sommerschulen der IFTU zu entsenden in: FES, Archiv der sozialen Demokratie, ehemals: Historische Kommission, NB 78, 29-48.
64 Ebd., NB 78, Nr. 36: Brief des ADGB-Vorstands an die Gewerkschaft der Textilarbeiter v. 22. Nov. 1924.
65 W.H. Marwick, The International People's College in Denmark, in: Labour Magazine 3, 1924/25, S. 300 f.
66 Siehe Flugblatt des Reichsausschusses für sozialistische Bildungsarbeit in: SAPMO, SPD, PV, II, 145/27, Nr. 4. Siehe ebd. zu einer Konferenz der Internationale über Arbeiterurlaube und zur Korrespondenz zwischen Reichsausschuß und WTA anläßlich eines Besuches deutscher Sozialdemokraten/-innen in Großbritannien im Jahre 1929. Bei diesem Besuch wurden die Dockanlagen in Woolwich und Betriebe in Birmingham ebenso besichtigt wie das Parlament und der Tower of London.
67 Interview mit Harry und Kitty Grey v. 30. April 1990.
68 IISG, SJI, Nr. 37 a: Brief Ollenhauers an Pendry v. 19. April 1923.

schaftliches Verhältnis. Wenn es diesen Sommer auch noch nicht zu gegenseitigen Besuchen kam, so lag das in der wirtschaftlichen Lage begründet. Im nächsten Jahr aber werden wir durch gegenseitige Hilfe (Unterkunftgewährung) unsere Wünsche wahr machen."[69] Heutzutage ist es nahezu unmöglich, die Bedeutung und das Ausmaß solcher Kontakte zu bemessen, aber es scheint doch, als hätten sie es vermocht, den abstrakten Bekundungen der Internationale über die internationale Solidarität der Arbeiterklasse ein wenig Leben einzuhauchen. Sie multiplizierten und spiegelten zugleich die zahlreichen Kontakte und freundschaftlichen Verbindungen, die die Führungskader der Labour Party und SPD miteinander verbanden. Besonders die zahlreichen persönlichen Kontakte zwischen Arbeiterführern in Großbritannien und Deutschland scheinen dabei bereits der These Newtons zu widersprechen, daß die britische Labour Party innerhalb des europäischen Sozialismus isoliert dastand, entfremdet von und zugleich ganz anders als die kontinentalen Arbeiterparteien.

6.2 Institutionalisierte Beziehungen

Persönliche Freundschaften und Kontakte beschreiben nur die eine Seite der Beziehungen zwischen Labour Party und SPD. Die andere Seite stellen die offiziellen Besuche und Delegationen beider Parteien dar. Sie bereisten das jeweils andere Land aus vielerlei unterschiedlichen Gründen. Offizielle Missionen ergaben sich nicht selten aus den oben beschriebenen persönlichen Kontakten. Wohl keine andere Institution formte dabei das jeweilige Bild, das man sich von der anderen Partei machte, so sehr wie die Arbeiterpresse beider Länder.

Robert Dell, seit 1889 Mitglied der Fabian Society, war in der Zwischenkriegszeit Auslandskorrespondent des „Manchester Guardian" und zahlreicher anderer Blätter, darunter auch des „New Statesman", und zwar in Genf (1920-21; 1932-39), Berlin (1922-24) und Paris (1925-32). In seinen Briefen an seine Tochter Sylvia und nicht zuletzt in seinen Zeitungsartikeln spiegelt sich die positive und großzügige Haltung der Labour Party gegenüber dem besiegten und demokratischen Nachkriegsdeutschland.[70] Wie Dell für den „New Statesman", so berichteten zahlreiche Parteijournalisten/-innen für die Arbeiterpresse beider Länder. Sie erlebten und kannten die jeweilige Schwesterpartei wie nur wenige innerhalb der eigenen Partei und fungierten deshalb auch häufig als Drehscheibe für gegenseitige Kontakte. Bei ihnen handelte es sich um die wahren Ingenieure eines sozialistischen Internationalismus. Zwei Arbeiterjournalisten, Max Beer und William John, sollen hier stellvertretend für viele stehen.

Nachdem Beer im Juni 1894 aus Preußen nach London geflohen war, begann seine internationale journalistische Karriere. Er schrieb regelmäßig für deutsche, britische und amerikanische Zeitungen und hielt sich von 1898 bis 1901 auch in den USA auf. Nach seiner Rückkehr nach London war er zehn Jahre lang, bis 1911, offizieller Auslandskor-

---

69 Ebd., Nr. 357/5: Brief Felix Kyoras an das Büro der SJI v. 22. August 1931.
70 LSE, NL Dell, 1/9 und 5/11.

respondent des „Vorwärts" in Großbritannien. Über seine journalistische Tätigkeit vor dem ersten Weltkrieg schrieb er in seiner Autobiographie: „all my journalistic work for „Vorwärts" and „Neue Zeit", so far as it dealt with foreign affairs, was mainly guided by the desire to apprise my readers [...] of the growing antagonism between Britain and Germany and the possibility of a European war."[71] Er nahm allerdings auch aktiv an den Grabenkämpfen innerhalb des britischen Sozialismus teil. So versicherte er Glasier im Jahre 1909, daß er bei den ideologischen Auseinandersetzungen zwischen ILP und SDP (vormals SDF) auf seiten von Glasiers ILP stehe: „you will always find me on your side. I am determined to contribute my share in this fight."[72] Seine Artikel im „Vorwärts" nahmen deutlich für die ILP Stellung, was zu Protesten gerade von seiten der anderen sozialistischen Gruppen führte. Als Beer z.B. im Jahre 1906 anläßlich der Wahlen zum britischen Unterhaus von einem „großen Triumph" der ILP und einem „Mißerfolg" der SDF schrieb, entgegnete ihm Theodore Rothstein, daß einzig die SDF zur „Erweckung und Ausbreitung des sozialistischen Bewußtseins" in Großbritannien beitrage.[73] Zwei Jahre später, im September 1908, kam es erneut zu einem verbissenen Schlagabtausch zwischen dem SDP-Vertreter J.B. Askew und Beer. Askew warf der Labour Party vor, „nur ein Schwanz der Liberalen Partei" zu sein. Sie habe, so Askew weiter, durch die Aufgabe jedes eigenständigen Profils im Unterhaus die Arbeitermassen enttäuscht und als Oppositionspartei total versagt. In seiner Erwiderung betonte Beer, daß die Arbeiterfraktion im britischen Unterhaus aus „tüchtigen, klugen und gewissenhaften Männern besteht", die die politische Situation im Lande realistischer einschätzten als die Utopisten von der SDP.[74] Als einer der ersten Studenten an der London School of Economics vor dem ersten Weltkrieg freundete er sich mit einigen der führenden Köpfe der Fabian Society an. Als Beer bei Ausbruch des ersten Weltkrieges in London zu stranden drohte, halfen ihm u.a. Graham Wallas, Sidney Webb und R.H. Tawney, nach Berlin zurückzukehren.[75] Während des Krieges arbeitete Beer als Übersetzer für einen speziellen Ausschuß der Freien Gewerkschaften, der für die internationalen Beziehungen zuständig war. Nach dem Krieg brach Beer mit der SPD und wurde Kommunist, aber seine Beziehungen zu führenden Politikern der Labour Party, etwa G.D.H. Cole, Harold J. Laski, Arthur J. Penty, Marion Philipps, R.H. Tawney, Sidney Webb und H.G. Wells, hielt er aufrecht.[76] Als Beer im Juli 1933 erneut aus Deutschland fliehen mußte und abermals im britischen Exil landete, schrieb ihm Laski: „It was good to know [...] that you escaped from that cursed tyranny [...] we shall want you to come to dinner and have a long talk [...] Please assume that I belong unchangeably to those (not a few) who hold you in warm esteem

---

71 Max Beer, Fifty Years of International Socialism, London 1935, S. 121.
72 Universitätsbibliothek Liverpool, NL Glasier, 1909/6 und 1909/24: Briefe Beers an Glasier v. 31. März und 19. April 1909.
73 Theodore Rothstein, Aus der Partei. Die Sozialdemokratische Föderation, die Independent Labour Party und die sozialistische Einheit in England, in: Vorwärts, Nr. 107 v. 10. Mai 1906.
74 J.B. Askew, Eine sozialistische Krise in England, in: Vorwärts, Nr. 288 v. 9. Sept. 1908; Max Beer, Die britische Arbeiterpartei und der Sozialismus, in: Vorwärts, Nr. 304 v. 30. Sept. 1908; J.B. Askew, Nochmals die britische Arbeiterpartei und der Sozialismus, in: Vorwärts, Nr. 7 v. 9. Jan. 1909.
75 LSE, NL Wallas, Koresp., 1/48; LSE, NL Tawney, Nr. 26/2: Brief Beers an Tawney v. 3. Sept. 1919.
76 IISG, NL Beer.

and regard."[77] Und Tawney schrieb ihm 1941: „Your friendship has meant a great deal for me – more than I can express. I feel the deepest gratitude to you for it. I will not say more."[78] Tawney, zusammen mit Page-Arnot, ermöglichte nach dem ersten Weltkrieg auch die Veröffentlichung von Beers bahnbrechendem Werk über die frühe britische Arbeiterbewegung.[79]

Ein Beispiel eines britischen Sozialisten, der als Journalist und Auslandskorrespondent zu einer wichtigen Drehscheibe der Beziehungen zwischen Labour Party und SPD wurde, war das ILP-Mitglied William John. John lebte von 1904 bis 1918 als offizieller Repräsentant der britischen Arbeiterpresse in Hamburg und schrieb vor allem für den „Labour Leader" und den „Daily Citizen". Anders als Beer gelang ihm allerdings bei Kriegsausbruch nicht mehr die rechtzeitige Übersiedlung nach Großbritannien, so daß er die vier Kriegsjahre in einem deutschen Internierungslager verbrachte. Nach seiner Entlassung blieb seine Gesundheit schwer angeschlagen, und er kehrte nach Großbritannien zurück. Seine Kontakte zu den deutschen Genossen/-innen versuchte er nie wiederzubeleben. Zu tief saß die Enttäuschung über viele seiner sozialistischen Freunde aus der Vorkriegszeit, die im August 1914 scheinbar problemlos die Fronten gewechselt hatten und deren Internationalismus hinter dem nationalistischen Burgfriedensgeschrei nahezu gänzlich verschwunden schien.[80]

Wie anders präsentierten sich ihm die Dinge, als er Jahre vor dem Krieg zum ersten Mal nach Deutschland reiste, in der Tasche einen Brief Keir Hardies an Bernstein, der ihm Zugang verschaffen sollte zu den Kreisen der von ihm bewunderten Sozialdemokratischen Partei Deutschlands. Besonders engen Kontakt hielt er in den Folgejahren mit einem der SPD-Funktionäre Hamburgs, Oskar Petersson. Wie Beer bemühte sich John vor dem ersten Weltkrieg vor allem um eine Verbesserung der deutsch-britischen Beziehungen. Seine Idee, eine offizielle Delegation der Labour Party nach Hamburg zu holen, wurde von Bruce Glasier, dem Herausgeber des „Labour Leader", sofort aufgegriffen. Am 20. Nov. 1909 schrieb ihm Glasier: „The idea which you mention of having a deputation of the Labour Party to Hamburg is excellent, and I hope it will be realised. There ought to be a constant exchange of speakers from different countries."[81] John versorgte MacDonald regelmäßig mit Informationen, die über den Stand der sozialistischen Bewegung in Deutschland Aufschluß gaben oder auf deutsch über die britische Arbeiterbewegung veröffentlicht wurden. Für zahlreiche Labour-Politiker fungierte er als Scharnier zur deutschen Arbeiterbewegung. So machte er z.B. Keir Hardie den Vorschlag, Gelder der SPD zu akzeptieren, um in Großbritannien endlich eine Tageszeitung der Labour Party gründen zu können. Hardie lehnte schließlich ab, aus „Stolz", wie er John am 5.

---

77 Ebd., Brief Laskis an Beer v. 14. Juli 1933.
78 Ebd., Brief Tawneys an Beer v. 14. Sept. 1941.
79 LSE, NL Tawney, Nr. 26/2: Brief Beers an Tawney v. 3. Sept. 1919. Siehe Max Beer, History of British Socialism, 2 Bde., London 1921 (dt.: Geschichte des Sozialismus in England 1750-1912, 3 Bde. Stuttgart 1913).
80 LSE, Brief Peterssons an John aus dem Jahre 1919 (ohne genaue Datumsangabe).
81 Ebd., Brief Glasiers an John v. 20. Nov. 1909. Glasier hatte bereits auf einem Treffen des Büros der Sozialistischen Internationale im Jahre 1908 einen solchen Austausch von Rednern angeregt. Siehe Universitätsbibliothek Liverpool, NL Glasier, 1909/85: Brief Glasiers an Johnson v. 27. Febr. 1909.

November 1910 schrieb: „Thanks for your suggestion re finance. I do not, however, propose to approach the German party except as a very last resort."[82] Harry Elvin, der Generalsekretär der National Union of Clerks, verständigte John im Juni 1910 von seinen Plänen, nach Deutschland zu reisen, und bat ihn, ein Treffen mit Vertretern der deutschen Gewerkschaft der Handlungsgehilfen zu arrangieren.[83]

Durch ihre journalistische und parteipolitische Tätigkeit waren Männer wie Dell, John und Beer maßgeblich an der Herstellung enger Verbindungen zwischen Labour Party und SPD beteiligt. Die sozialistische Presse beider Länder und ganz besonders ihre Auslandskorrespondenten/-innen formten zu einem großen Teil die Wahrnehmung der ausländischen Schwesterpartei im Inland. In der deutschen Arbeiterpresse fanden sich regelmäßig Berichte über die soziale Lage in Großbritannien, die Situation der Arbeiterpartei und der Gewerkschaften und besonders die Auseinandersetzungen innerhalb der verschiedenen sozialistischen Gruppierungen des Landes.[84] Über antisozialistische Organisationen und Tendenzen wurde ebenso berichtet wie über Versuche der Internationale, zwischen den verschiedenen sozialistischen Gruppen des Inselreiches zu vermitteln.[85] Nachrufe auf britische Sozialisten wie Harry Quelch standen neben Berichten über Jubiläen oder andere Festlichkeiten britischer Arbeitervereine.[86]

Orthodoxe deutsche Marxisten tendierten dazu, die Labour Party als sozialistische Partei in ihren Kinderschuhen zu bewerten. So schrieb etwa Kautsky bereits 1886 an Bernstein: „Der Sozialismus soll sich hier [in Großbritannien] erst eine Literatur schaffen, dann kann man von ihm reden. Vorläufig ist er hier sentimentale Philanthropie, sonst nichts."[87] Im „Vorwärts" wurde im Jahre 1910 das schlechte Abschneiden der Labour Party bei den Unterhauswahlen auf das Fehlen eines sozialistischen Parteiprogramms zurückgeführt. Großbritannien, so tönte das Zentralorgan der SPD, biete das beste Beispiel dafür, wie wichtig ein striktes Parteiprogramm und rigide ideologische Richtlinien für den Erfolg von Arbeiterparteien seien.[88] Steckte die Labour Party also noch in den Kinderschuhen, so nahm die Schuhgröße doch beständig zu. Victor Graysons Wahlsieg in Colne Valley im Jahre 1907 galt den deutschen Genossen/-innen als entscheidender Schritt in Richtung Sozialismus.[89] Die Londoner Konferenz der Internationale von 1896 ebenso wie der große Bergarbeiterstreik aus dem Jahre 1912 waren nach Clara Zetkin untrügliche Anzeichen, daß die britische Arbeiterbewegung den Abstand zu ihren kontinentalsozialistischen Genossen/-innen aufzuholen im Begriff war.[90] Auch die Reorgani-

---

82 Ebd., Brief Hardies an John v. 5. Nov. 1910.
83 Ebd., Brief Elvins an John v. 3. Juni 1910.
84 ZStA Merseburg, CBS, Nr. 140, 307/11, 86/11-V, wo sich Presseausschnittssammlungen aus SPD-Blättern zur Labour Party finden.
85 Vorwärts 244 v. 18. Okt. 1907; LVZ 255 v. 2. Nov. 1907; Vorwärts 214 v. 20. Aug. 1913.
86 Vorwärts 245 v. 20. Sept. 1913; Vorwärts 138 v. 23. Mai 1914.
87 SAPMO, NL Bernstein, NL 23/8, Nr. 104: Brief Kautskys an Bernstein v. 18. Jan. 1886.
88 Vorwärts 30 v. 5. Febr. 1910.
89 Vorwärts 170 v. 24. Juli 1907.
90 Clara Zetkin, Der internationale sozialistische Arbeiter- und Gewerkschaftskongreß in London, in: Die Gleichheit v. 5. Aug. 1896, S. 121; zum Bergarbeiterstreik von 1912 siehe Die Gleichheit v. 1. April 1912, S. 209 f.

sation der Labour Party nach 1918 wurde von Beer begrüßt als ein richtiger Schritt in Richtung Zentralisierung und homogenere, d.h. effektivere Organisation der Partei.[91]

Ganz im Gegensatz zum marxistischen Bild stand die Auffassung der Reformisten/-innen und Revisionisten/-innen, die oftmals Bewunderung empfanden für eine ihrer Meinung nach tolerante und pragmatische Labour Party, die als wohltuende Alternative zum Dogmatismus und zur Realitätsferne der eigenen Partei erschien. Wiederum war es Kautsky, der bereits 1900 erkannte, daß der deutsche Revisionismus einem „englischen Modell" folgte.[92] In der Zwischenkriegszeit befand dann Egon Wertheimer sehnsüchtig: „[it is] characteristic of this British Socialist movement that [...] there were [...] individuals, all with their own particular style, not, as with us, one traditional party style, which the officials of the party, under penalty of the loss of their authority, dare not depart from. Here, even within the domain of a workers' party [...] was Liberty Hall."[93] Wertheimer empfahl der eigenen Partei, möglichst viel von dem zu übernehmen, was er als undogmatischen, pluralistischen britischen Sozialismus verstand, der allein auch in der Lage sein würde, die Mittelschichten in die SPD zu integrieren.[94]

Auch britische Sozialisten/-innen schrieben häufig Artikel über die eigene Bewegung für die deutsche Arbeiterpresse. MacDonald, Snowden, Glasier, Shaw, Hardie und Barnes waren allesamt Autoren der „Sozialistischen Monatshefte". Rothstein, Askew und Brockle schrieben regelmäßig für die „Neue Zeit", und nach dem Krieg waren es Delisle Burns, Brailsford und Cole, die in „Die Gesellschaft" über die britischen Verhältnisse berichteten. Die revisionistischen „Sozialistischen Monatshefte" und ihr Herausgeber Joseph Bloch widmeten sich gern und ausführlich dem britischen Sozialismus, da sie in ihm ein Gegengewicht zum Marxismus in der eigenen Partei erblickten. In Kautskys „Neuer Zeit" dagegen schrieben nur Marxisten/-innen über Großbritannien. Die ideologische Lagerbildung in der Vorkriegssozialdemokratie bestimmte auch die Haltung zur Labour Party. Revisionisten/-innen äußerten sich positiv über deren Errungenschaften, Marxisten/-innen beäugten sie eher kritisch und erwarteten weiterhin ihre Umbildung zu einer wahrhaft sozialistischen, d.h. vor allem marxistisch ausgerichteten Partei. Newtons Vermutung allerdings, daß man unter den deutschen Sozialisten/-innen wenig über die Labour Party und die britischen Verhältnisse im allgemeinen gewußt habe[95], ist unrealistisch, bedenkt man, wie regelmäßig und umfassend die Arbeiterpresse Deutschlands die Verhältnisse auf der Insel kommentierte.

Betrachtet man umgekehrt die britische Arbeiterpresse und deren Berichterstattung zur deutschen Arbeiterbewegung, so wird ebenso deutlich, wie unbegründet die Annahmen von der angeblich ausgeprägten Insularität der britischen Arbeiterpartei sind.[96] Zwar

---

91 Max Beer, Der 21. Parteitag der britischen Arbeiter, in: NZ 1920/21, S. 368-71.
92 Karl Kautsky, Akademiker und Proletarier, in: NZ 19, 1900/01, S. 89-91.
93 Wertheimer, Portrait of the Labour Party, S. xi.
94 Egon Wertheimer, Sozialismus für unsere Generation, in: Die Gesellschaft 3, 1926, S. 444-57.
95 Newton, British Labour, S. 250.
96 Neben Newton siehe z.B. auch Stephen Yeo, Socialism, the State and some Oppositional Englishness, in: Englishness: Politics and Culture, 1880-1920, hrsg. v. R. Colls und P. Dodd, London 1986, S. 312: „there was a lot of [...] ‚Englishness' about in labour and socialist circles during the late nineteenth and early twentieth centuries."

ist richtig, daß die Auslandsberichterstattung des offiziellen Organs der Vorkriegs-Labour-Party, des „Daily Citizen", weder besonders ausgedehnt noch besonders detailliert war, aber dies lag vor allem an der ausgesprochen dünnen Finanzdecke der Zeitung. Trotzdem druckte sie bis zum Januar 1913 eine tägliche Kolumne unter dem Titel „Labour Abroad".[97] Pelling hat bereits darauf verwiesen, daß in den 1880er Jahren ein Großteil des Interesses am Sozialismus in Großbritannien von den Erfolgen der deutschen Sozialdemokratie herrührte.[98] Und H.N. Brailsford erinnerte sich, daß Sozialisten/-innen seines Jahrgangs der SPD große Achtung zollten ob deren angeblich so perfekter Organisation: „I shared the respect which all who knew them felt for the organizing talent and disciplined steadiness of the Germans."[99] Sowohl vor als auch nach dem ersten Weltkrieg verfolgten viele britische Sozialisten/-innen den Weg der deutschen Sozialdemokratie voller Aufmerksamkeit. Als der deutsche Reichstag im Jahre 1895 die Umsturzvorlage debattierte, veröffentlichte der „Vorwärts" zahlreiche Solidaritätsbekundungen aus der ganzen Welt, darunter auch mehrere Briefe aus Großbritannien.[100] Als die SPD bei den Reichstagswahlen 1898 so hervorragend abschnitt, sandten alle sozialistischen Gruppen Großbritanniens Glückwünsche, wobei sogar viele lokale Parteien und Gruppierungen Briefe und Telegramme nach Deutschland schickten.[101] Die britische Linke erwartete viel von der SPD. So schrieb z.B. J.B. Askew im Jahre 1906: „The struggle of the Social Democratic Party in Germany is the struggle of the best organised section of the international army of the proletariat against the meanest and most despicable, but at the same time the most powerful and intellectually the best equipped and organised section of the bourgeoisie. The German proletariat will, with their victory, remove the heaviest of the remaining millstones from the neck of Europe. It will open the way to the emancipation, not only of the proletariat, but mankind, from the barbarism of capitalism."[102] Nicht nur Lenin und Trotzki erwarteten 1918 sehnsüchtig den Beginn der Weltrevolution in Deutschland, auch britische Sozialistinnen wie Beatrice Webb schauten nach Deutschland. Nach der Selbstversenkung der deutschen Flotte bei Scapa Flow vertraute sie ihrem Tagebuch am 24. Juni 1919 an: „The Germans will sink other things besides their fleet before the Allies repent this use of victory: the capitalist system for instance. The Germans have a great game to play with Western civilisation if they choose to play it, if they have the originality and the collective determination to carry it through [...]"[103]

Auch in der britischen Arbeiterpresse finden sich leicht zahlreiche Hinweise auf die SPD. Besonders das organisatorische Geschick der deutschen Partei war ein ums andere Mal Anlaß zu Lob und Bewunderung. So hieß es etwa im „Labour Leader" 1907: „Our German comrades are perfect demons of organisation."[104] Zwei Jahre später veröffent-

---

97 Ichikawa, The Daily Citizen, S. 63-66.
98 Henry Pelling, The Origins of the Labour Party, 1880-1900, London 1954, S. 13-22 und 219.
99 H.N. Brailsford, Introduction, in: Braunthal, In Search of the Millenium, S. 8.
100 Vorwärts 217 v. 17. August 1895.
101 ZStA Merseburg, CBS, Rep. 77, Nr. 466, Bd. I, Nr. 31, 33, 35-37.
102 J.B. Askew, Socialism in Switzerland and Germany, in: The Social Democrat 10, 1906, S. 664.
103 The Diaries of Beatrice Webb 1905-1924, hrsg. v. Jeanne and Norman MacKenzie, London 1984, Bd. 3, S. 345.
104 Labour Leader v. 11. Januar 1907, S. 534.

lichte W. John eine ganze Serie von Aufsätzen über die deutsche SPD, in denen er die Partei über den Klee lobte. Außerdem erschienen in der Arbeiterpresse beider Länder mit schöner Regelmäßigkeit die Botschaften internationaler Solidarität und die Friedensaufrufe, die man sich bei jeder neuen Kriegsdrohung aufs Neue zusandte bzw. telegraphierte.[105] Auch besuchten Genossen/-innen der SPD regelmäßig die Schwesterpartei, was wiederum Anlaß war für Zeitungsberichte.[106] Wie britische Sozialisten/-innen für die SPD-Presse schrieben, so liehen auch deutsche Genossen/-innen der Arbeiterpresse Großbritanniens ihre Feder. Bernsteins Aufsätze finden sich in nahezu jedem Publikationsorgan der britischen Arbeiterbewegung. Das parteioffizielle „Labour Magazine" druckte in den 1920er Jahren Aufsätze von Viktor Schiff, Max Beer, Rudolf Breitscheid, Friedrich Stampfer, Karl Kautsky, Max Westphal, Theodor Cassau, Richard Seidel, Siegfried Aufhäuser, Hermann Schlimme, Paul Hertz, Max Fechner und Fritz Naphtali. Der „Labour Organizer" hob im Jahre 1922 noch einmal die hervorragende Vorbereitung der SPD auf ihre Wahlkämpfe hervor, die den eigenen Genossen/-innen als Vorbild präsentiert wurde.[107] Im „Socialist Review" erschienen nach 1918 eine Anzahl von Aufsätzen über Deutschland, die allesamt für das Land Partei ergriffen und bittere Klage führten über die ungerechte Behandlung des demokratischen Deutschland durch die Siegermächte des ersten Weltkrieges. Sowohl Karl Kautsky als auch Eduard Bernstein lieferten Beiträge für den „Socialist Review".

Einmal abgesehen von der Arbeiterpresse und den Parteijournalisten als wichtigen Brückenbauern zwischen den beiden Arbeiterbewegungen, sollte auch auf die Parteidelegationen hingewiesen werden, die beide Parteien in das jeweilige andere Land schickten, z.B. zu den jährlich stattfindenden Parteitagen. Newton hebt hervor, daß die Labour Party vor 1914 keine einzige Delegation zu einem SPD-Parteitag entsandte.[108] Allerdings erwähnt er nicht, daß britische Sozialisten/-innen durchaus auf SPD-Parteitagen anwesend waren. So besuchte z.B. Keir Hardie die SPD-Parteitage in den Jahren 1910, 1912 und 1913. Auch Bruce Glasier war in den Jahren 1910 und 1913 dort anwesend und berichtete am 15. Sept. 1913 seiner Frau von einem langen Gespräch mit „my good friend Eduard Bernstein, Dr. Frank and Dr. Südekum."[109] Newton erwähnt auch nicht, daß deutsche Sozialisten/-innen Parteitage der Labour Party wie der ILP besuchten. So war etwa Bernstein beim Gründungskongreß der ILP im Januar 1893 in Bradford zugegen, und noch 21 Jahre später schrieb ihm Keir Hardie: „Sie vergegenwärtigen sich, glaube ich, nicht völlig den Wert, den Ihre Anwesenheit bei unserer ersten Versammlung hatte. Er war für sie eine Art Vervollständigung und gab uns eine Legitimation, die merkbar zu unserem Erfolg beitrug. Mit gleicher Post sende ich Ihnen ein Gedenkblatt, das wir be-

---

105 Siehe z.B. Labour Leader v. 2. April 1909, S. 217 sowie Vorwärts 107 v. 4. Mai 1913.
106 Labour Leader v. 2. und 9. März 1906, S. 586 und 601; Kenneth Richardson, Twentieth Century Coventry, London 1972, S. 190; Edmund und Ruth Frow, To Make That Future - Now!, S. 37 f.
107 Der Tag, in: Labour Organizer, Nov. 1922, S. 3.
108 Newton, British Labour, S. 250.
109 Universitätsbibliothek Liverpool, NL Glasier 1913/12, Brief Glasiers an seine Frau v. 15. Sept. 1913. Zum SPD Parteitag 1910 siehe auch ebd., 1910/35, Brief Glasiers an seine Frau v. 7. Sept. 1910. Zur Anwesenheit Hardies auf dem SPD-Parteitag 1912 siehe John Eichmanis, The British Labour Movement and the Second International 1889-1914, M.Phil., Universität London 1982, S. 323.

sonders haben zeichnen lassen und auf dem die Tatsache Ihrer Anwesenheit im Jahre 1893 vermerkt ist."[110] Es sollte nicht das letzte Mal gewesen sein, daß Bernstein eine ILP-Konferenz besuchte. Im Jahre 1909 wurde er beispielsweise von dem in Edinburgh abgehaltenen Parteitag der ILP enthusiastisch gefeiert. Hermann Molkenbuhr besuchte den zwölften Parteitag der Labour Party im Jahre 1912, und Hermann Müller war auf dem ILP-Parteitag des Jahres 1913 zugegen. Molkenbuhr rief den britischen Genossen/-innen zu: „The workers of Germany have always looked to the English working class for example and inspiration, and we hope that our teachers are now satisfied with their pupils."[111] Im Jahre 1929 weilte Fritz Heine zusammen mit Max Westphal und Heinrich Braune im Auftrag des SPD-Parteivorstandes auf Einladung der Labour Party in Großbritannien, um dort die ganz anderen Wahlkampfmethoden der britischen Schwesterpartei zu studieren. Für Heine war dies von besonderem Interesse, da er zum damaligen Zeitpunkt eine Werbeabteilung des SPD-Vorstands in Berlin einrichtete, die die Aufgabe hatte, die Werbe- und Wahlkampagnen der Partei, die vorher von den SPD-Bezirken in eigener Regie durchgeführt wurden, zu ko-ordinieren und zentralisieren. Nach einem kurzen Besuch der Labour-Party Zentrale in London begab sich die Delegation in die Provinz, wo sie v.a. in Bergarbeitersiedlungen die Wahlarbeit der Labour Party begleitete. Aus dem Rückblick, nach fast 70 Jahren, erinnert sich Heine: „Sie [die Wahlarbeit] wich ja in sehr erheblichem Maße von unserer Art der Wahlwerbung ab und konzentrierte sich in viel stärkerem Maße auf die persönliche Werbung durch den Kandidaten von Haus zu Haus, durch die direkte Begegnung mit dem einzelnen Wähler – etwas, was uns neu war." Insgesamt war es „für uns, die 3 Beteiligten, eine höchst eindrucksvolle und nützliche Reise".[112]

Nach dem ersten Weltkrieg gab es außerdem britische Delegationen zu den SPD-Parteitagen der Jahre 1922 und 1924. Auf dem Vereinigungsparteitag von MSPD und Rest-USPD am 24. Sept. 1922 in Nürnberg wurden die britischen Genossen Ammon und Davies von Wels begrüßt als „Vertreter der englischen Arbeiterklasse, die sich in immer steigendem Maße der deutschen Arbeiterklasse zur Seite gestellt hat."[113] Wels würdigte damit auch die Versailles-kritische Position, die die Labour Party nach 1918 eingenommen hatte, sowie deren Führungsrolle beim Wiederaufbau der Internationale: „seit die englische Arbeiterbewegung die große Aufgabe übernahm, die internationale Einigung des Proletariats herbeizuführen, sind die internationalen Beziehungen [...] immer inniger und herzlicher geworden."[114] Ammon und Davies berichteten dem Labour-Party-Parteitag des Folgejahres von ihrem Besuch in Deutschland: „it is obvious that the German working classes are expecting release from their intolerable economic conditions through the help of the British Labour Party [...]"[115] Im Jahre 1924 nahm die Genossin Bell von der Labour Party an dem Berliner Parteitag der SPD teil und vernahm, wie Crispien der

---

110 Brief Keir Hardies an Bernstein v. 17. Mai 1914; in Übersetzung abgedruckt in Vorwärts v. 26. Sept. 1916.
111 Zitiert in W.S. Sanders, The Socialist Movement in Germany, London 1913, S. 2.
112 Brief Heines an den Autor v. 22. April 1997.
113 Protokoll des SPD-Einheitsparteitages 1922, Berlin 1922, S. 193.
114 Ebd., S. 54.
115 Report of the Annual Conference of the Labour Party 1923, London 1923, S. 28.

britischen Schwesterpartei dankte für deren Unterstützung im Ruhrkampf: „Wenn wir nach England blicken, können wir mit Genugtuung feststellen, daß auch Genosse MacDonald einer der eifrigsten Mitarbeiter auf unseren internationalen Konferenzen gewesen ist, daß er auch in England mit den übrigen Genossen immer wieder versuchte, die Waffen gegen die Politik Poincarés mobil zu machen."[116]

Abgesehen von Delegationen zu Parteitagen gab es Delegationen, die spezifische Aufgaben erledigen sollten. So reisten etwa George Barnes, J.R. Clynes und Arthur Henderson im Jahre 1908 nach Düsseldorf, Köln, Berlin, Frankfurt und Straßburg, um die sozialen und wirtschaftlichen Verhältnisse im Lande näher zu studieren. Unter den deutschen Sozialisten/-innen, mit denen sie zusammentrafen, fanden besonders Eduard Bernstein und Johann Sassenbach Erwähnung.[117] Im Mai 1910 besuchte eine andere Labour-Party-Delegation, in der sich u.a. George Barnes, G.H. Roberts, G. Wardle, Arthur Henderson und J. Parker befanden, die SPD, diesmal, um die Auswirkungen von Zolltarifen auf den Lebensstandard der deutschen Arbeiterklasse zu erkunden. In ihrem abschließenden Bericht hielten sie fest: „The great economic boom in Germany resulted from the German talent of organization [sic] and not from tariffs [...]"[118] 1908 und 1912 besuchten Friedensdelegationen britischer Sozialisten/-innen die SPD, und 1908 sprachen Kautsky und Ledebour auf Einladung der ILP auf Friedenskundgebungen der britischen Arbeiterbewegung. Südekum unternahm über mehrere Jahre hinweg Vortragsreisen durch ganz Großbritannien.[119] Im Jahre 1909 sorgte eine weitere Labour-Party-Delegation für Unruhe unter den deutschen Sozialdemokraten/-innen. Ihre Mitglieder waren hochrangige Arbeiterführer, u.a. MacDonald, Barnes, Henderson, Crooks, Jowett, Clynes, Middleton und Appleton. Sie reisten allerdings nicht auf Einladung der SPD, sondern eines sogenannten Deutsch-Englischen Verständigungskomitees, einer bürgerlichen Gruppierung, die sich die Aussöhnung Großbritanniens und Deutschlands zum Ziel gesetzt hatte, und den liberalen Hirsch-Dunckerschen Gewerkvereinen nahestand.[120] Der Vorsitzende des Empfangskomitees war der ehemalige Staatsminister Freiherr von Berlepsch, der sogar ein Treffen der englischen Arbeiterführer mit dem Staatssekretär von Bethmann-Hollweg organisierte. Entsetzt ob solcher Kontakte mit dem Klassenfeind weigerte sich die SPD, offiziell mit der Labour-Party-Delegation zusammenzutreffen, und es kam zu einem Eklat.

Die Vorgeschichte dieses Ereignisses zeigt deutlich, daß die britischen Genossen/-innen darauf drängten, nach Berlin zu reisen, um gemeinsam mit den deutschen Sozialdemokraten/-innen eine eindrucksvolle Demonstration für den Frieden und die Verständi-

---
116 Protokoll des SPD-Parteitages 1924, Berlin 1924, S. 47 f.
117 G.N. Barnes und Arthur Henderson, Unemployment in Germany, Westminster 1908. Zu Clynes' separatem Besuch in Deutschland im selben Jahr siehe J.R. Clynes, Memoirs 1869-1924, Bd. 1, London 1937, S. 156.
118 ZStA Potsdam, Reichsarbeitsministerium, 39.01, Nr. 10/6550, Bd. ii, Folio 3, Nr. 80 und 88.
119 Vorwärts 179 v. 2. Aug. 1908; SAPMO, SPD, PV, II, 145/3, Nr. 1-2 zur Delegation des Jahres 1912. Zum Besuch von Kautsky und Ledebour in Großbritannien 1908 siehe Universitätsbibliothek Liverpool, NL Glasier, 1909/85: Brief Glasiers an Johnson v. 27. Febr. 1909. Zu Südekums Besuchen und Vorträgen siehe BA Koblenz, NL Südekum 190, 91/41.
120 Newton, British Labour, S. 229 ff. Auch ZStA Potsdam, 39.01: Reichsarbeitsministerium, Nr. 6550 und 6561, sowie Vorwärts, 8. Juni 1909 and 13. Juni 1909; Volksstimme (Magdeburg), 10. Juni 1909.

gung unter den Völkern zu leisten. Kein geringerer als Bebel allerdings teilte ihnen mit, daß sie die deutsche Partei mit einem Besuch verschonen sollten. Wie er in einem Brief an Molkenbuhr vom 20. August 1908 bemerkte: „Ich habe den Engländern in der nachdrücklichsten Weise abgeraten, uns mit Deputationen zu beehren. Die ganze Geschichte ist lächerlich; wenn in einem Moment ein Krieg unmöglich ist, so jetzt."[121] MacDonald andererseits zeigte sich von Bebels Affront wenig amüsiert. An John schrieb er: „They [the SPD] were asked last September, if they would arrange for a visit from us. The letter making the request was written to Bebel, couched in terms which makes it simply dishonest for him or anybody else to say he did not understand it was an offical communication [...] The question therefore came up: Were we to be kept out of Germany simply because the Executive of the German Social Democratic Party thought we ought to remain away?"[122] Schließlich entschied sich die SPD, die britische Sektion der Internationale zu einer Friedensdelegation nach Deutschland einzuladen. Dies wiederum war für die Labour Party unakzeptabel, da eine solche Delegation auch Mitglieder der SDF umfaßt hätte. Erst jetzt entschloß sich die Labour Party, eine Einladung anzunehmen, hinter der die Hirsch-Dunckerschen Gewerkvereine mit Anton Erkelenz an der Spitze standen.[123]

Allerdings kam es am Rande dieser auf Bebels Faux-pas zurückgehenden Reise dennoch zu einem Treffen zwischen britischen und deutschen Arbeiterführern. Sie trafen sich, laut Margaret MacDonald, „in a private and most friendly conference"[124], und der der Delegation nicht angehörende Bruce Glasier reiste zur gleichen Zeit nach Deutschland, um den Sturm im Wasserglas wieder etwas zu beruhigen. In Berlin traf er sich u.a. mit Südekum, Sassenbach, Bernstein, Legien, Molkenbuhr, Hermann Müller und Ebert, der ihm die Stadt, das Parlamentsgebäude und die Parteizentrale zeigte.[125] Trotzdem hinterließ die ganze Angelegenheit einen bitteren Nachgeschmack bei Vertretern/-innen beider Arbeiterparteien. Der britische Sozialist Theodore Rothstein drückte mit Sicherheit das aus, was viele deutsche Sozialdemokraten dachten, als er im darauffolgenden Jahr rückblickend schrieb: „The Labour Party distinguished itself in a somewhat foolish fahion by its visit to Germany, where it ignored the Social Democrats and hob-nobbed with their enemies [...]"[126] Und der „Vorwärts" konnte nur Wochen, nachdem MacDonald auf derselben Veranstaltung Seite an Seite mit Bethmann-Hollweg gesprochen hatte, nicht ohne Genugtuung feststellen, daß es von seiten der deutschen Regierung dem britischen Sozialistenführer verwehrt worden war, auf einer Veranstaltung der SPD zu sprechen.[127]

Insgesamt jedoch wirft diese Episode in der Beziehungsgeschichte beider Parteien nicht so sehr ein bezeichnendes Licht auf das tatsächliche Verhältnis der beiden, sondern

---

121 SAPMO, NL Bebel 22/132, Nr. 23.
122 LSE, Coll. Misc. 686: Brief MacDonalds an John v. 17. Juni 1909.
123 Zu den Ereignissen, die zu dem Besuch des Jahres 1909 führten, siehe auch Eichmanis, The British Labour Movement, S. 294-97.
124 Margaret MacDonald, The Labour MPs visit to Germany, in: Labour Leader v. 11. Juni 1909.
125 Bruce Glasier, Peace Pilgrimage to Berlin, in: Labour Leader v. 4. Juni 1909 und idem, With the Socialists in Berlin, in: Labour Leader v. 11. Juni 1909.
126 Theodore Rothstein, The Socialist Annual 1910, London 1910, S. 46.
127 Vorwärts 192 v. 19. August 1909.

eher auf die Haltung Bebels, dessen Unnachgiebigkeit die ganze Geschichte überhaupt erst möglich gemacht hatte. Sie scheint Peter Nettls Einschätzung Bebels als eines den Versuchungen des Nationalismus zum Teil erlegenen Sozialisten zu bekräftigen.[128] Mit Sicherheit war Bebel davon überzeugt, daß der erste Platz unter den sozialistischen Parteien der Welt den deutschen Genossen/-innen gehörte. So heißt es folgerichtig auch in „Die Frau": „So hat Deutschland in dem großen Riesenkampfe der Zukunft die Führerrolle übernommen, zu der es durch seine ganze Entwicklung und auch durch seine geographische Lage als das ‚Herz Europas' prädestiniert erscheint. Es ist kein Zufall, daß es Deutsche waren, die die Bewegungsgesetze der modernen Gesellschaft entdeckten und den Sozialismus als die Gesellschaftsform der Zukunft wissenschaftlich begründeten. [...] Es ist auch nicht Zufall, daß die deutsche sozialistische Bewegung die wichtigste und bedeutendste der Welt ist, die die Bewegung anderer Nationen [...] überflügelte; daß ferner deutsche Sozialisten die Pioniere sind, welche den sozialistischen Gedanken unter die Arbeiter der verschiedensten Völker verbreiten."[129] Solche Ansichten sind auch eine Erklärung für die autoritäre Art, mit der Bebel ausländische Genossen/-innen abkanzelte, wenn es ihm so gefiel. Daß dies nicht notwendigerweise einem anti-englischen Impuls entsprang und auch nicht Zeichen von Bebels mangelnder Bereitschaft war, für den Frieden zu arbeiten, wird deutlich, wenn man beachtet, daß Bebel oftmals wichige und vertrauliche bzw. sogar geheime Informationen an das britische Außenministerium weiterleitete. Er selbst hatte dem britischen Außenminister Grey ja angeboten, alles in seine Reden mit aufzunehmen, was nach Ansicht der Briten das Verhältnis zwischen den beiden Ländern entkrampfen könne.[130]

Nach 1918 gab es vor allem drei Fragen, zu denen die Labour Party Delegationen nach Deutschland entsandte. Da waren erst einmal die Situation unmittelbar nach dem Krieg und die Auswirkungen des Versailler Vertrages, zweitens gab es viel Aufmerksamkeit angesichts der Ruhrbesetzung durch französisches Militär, und schließlich schaute man auch besorgt auf den Aufstieg der Nationalsozialisten in Deutschland. Zwischen Januar und Juli 1919 druckte der „Labour Leader" beinahe jede Woche spezielle Artikel zur Situation in Deutschland, in denen ausführlich über das Schicksal der deutschen Revolution, die Politik der sozialdemokratischen Parteien und den Kampf um ein neues demokratisches politisches System berichtet wurde. Da die Arbeiterpartei frühzeitig den Standpunkt des amerikanischen Präsidenten Wilson in der Friedensfrage aufgegriffen hatte, war sie um so empörter angesichts der den Wilsonschen Forderungen so eklatant widersprechenden Paragraphen des Versailler Vertrags. Die Labour Party verabschiedete ein Manifest gegen den Vertrag und seine Auswirkungen, das prompt von der deutschen Partei übersetzt und veröffentlicht wurde. Im Jahre 1921 erschien es in der Buchhandlung Vorwärts unter dem Titel „Die englischen Arbeiter gegen die Ententeforderungen: ein Manifest der Labour Party über Arbeitslosigkeit, Frieden und Entschädigungsfrage".

Noch im selben Jahr reisten Ben Riley und Emanuel Shinwell von der ILP nach München, um auf einem Treffen der USPD unmißverständlich die Gegnerschaft ihrer

---
128 Nettl, The German Social Democratic Party, S. 81.
129 Bebel, Die Frau und der Sozialismus, S. 379.
130 R.J. Crampton, August Bebel and the British Foreign Office, in: History 58, 1973, S. 218-32.

Partei zum Versailler Vertrag zum Ausdruck zu bringen.[131] Tom Shaw, der von 1911 bis 1929 als Sekretär der Internationalen Föderation der Textilarbeiter und von 1923 bs 1925 als Sekretär der Sozialistischen Internationale tätig war, gab dem „Vorwärts" im Jahre 1922 ein Interview, in dem er der deutschen Schwesterpartei die volle Unterstützung der Labour Party zusagte bei dem gemeinsamen Bemühen um eine Revision des Versailler Vertrages.[132] In den 1920er Jahren gab die SPD auch bereitwillig zu, daß die britische Arbeiterbewegung eine wichtige Rolle gespielt hatte bei dem Versuch, die Alliierten zu mehr Konzilianz in der Reparationsfrage zu bewegen. Crispien drückte diesen Sachverhalt auf dem Parteitag von 1929 unumwunden aus: „Daß das [eine Wandlung zum Besseren bei den Reparationszahlungen] möglich gewesen ist, verdanken wir der Existenz der englischen Arbeiterregierung, die trotz ihres kurzen Wirkens einen Umschwung herbeiführen konnte [...]"[133]

Auf dem Advisory Council for International Questions (ACIQ) der Labour Party dominierten die eindeutig pro-deutschen Kräfte, u.a. E.N. Bennett, Dorothy F. und Charles Roden Buxton, R. Beazley, G. Young und E.D. Morel. Sie ließen nichts unversucht, um nach 1918 auf die Ungerechtigkeiten hinzuweisen, mit denen das Nachkriegsdeutschland ihrer Meinung nach konfrontiert war. Zu diesem Zweck waren sie selbst bereit, einen Keil zwischen Großbritannien und dessem Verbündeten aus dem ersten Weltkrieg, Frankreich, zu treiben. Insgesamt herrschte in der britischen Arbeiterbewegung viel Mißtrauen gegenüber den politischen Zielen Frankreichs und Sympathie für das demokratische Deutschland, das ungerechterweise für die Sünden des kaiserlichen Vorkriegsdeutschland zu büßen habe.[134] Charles Roden Buxtons Ansichten waren in vielerlei Hinsicht für die Labour Party exemplarisch. Seine Biographin bezeichnete die anglo-deutschen Beziehungen als „the major concern of his political life."[135] 1921 ging er nach Essen und lebte eine Woche lang als Gast bei einer deutschen Bergarbeiterfamilie. Anschließend schrieb er die ILP-Broschüre „In a German Miner's Home", deren Hauptziel es war zu demonstrieren, welch katastrophale Auswirkungen der Versailler Vertrag auf die deutschen Arbeiter/-innen hatte. Damit, so hoffte er, konnte man bei den britischen Arbeitern/-innen Solidarität mit ihren deutschen Klassengenossen/-innen einfordern: „By the end of our stay we had come to be very familiar with one another. Heinz became more talkative, and behind his rather stiff exterior, his warm, human feelings came to sight. It became more difficult to remember that we belonged to two different nations. There seemed to be no particular reason, why we should."[136]

Ernest Bevin ist ein weiteres Beispiel eines bedeutenden Arbeiterführers, der sich nach 1918 für Fragen des internationalen Sozialismus stark interessierte. Ein einflußrei-

---

131 Francis L. Carsten, Britain and the Weimar Republic, London 1984, S. 66.
132 Die Stimmung in England: Unterredung mit dem Genossen Tom Shaw, in: Vorwärts v. 28. August 1922.
133 Protokoll des SPD-Parteitags 1929, Berlin 1929, S. 218.
134 Robert E. Dowse, The ILP and Foreign Politics 1918-1923, in: IRSH 7, 1962, S. 33-46. Zur prodeutschen Haltung der Labour Party nach 1918 siehe auch Wolfgang Krieger, Labour Party und Weimarer Republik. Ein Beitrag zur Außenpolitik der britischen Arbeiterbewegung zwischen Programmatik und Parteitaktik (1918 bis 1924), Bonn 1978.
135 Victoria de Bunsen, Charles Roden Buxton: A Memoir, London 1948, S. 151.
136 Dorothy F. und Charles Roden Buxton, In a German Miner's Home, London 1921, S. 14.

ches Mitglied des Joint International Department von Labour Party und TUC, dem u.a. die Aufgabe zufiel, die Zweite Internationale nach 1918 zu reorganisieren, besuchte er Zentraleuropa zum ersten Mal im Jahre 1922: „he was highly interested by what he observed of the leaders of European socialism."[137] MacDonald war einer der wichtigsten Vertreter der Theorie von den zwei Deutschlands innerhalb der Labour Party. Danach konnte das neue Deutschland schon deshalb nicht schuldig am Kriegsausbruch sein, weil die Revolution von 1918 eben diejenigen Kräfte, die bis dato in Berlin das Sagen gehabt hatten, weggefegt hatte. Das neue Deutschland konnte nicht verantwortlich gemacht werden für die Fehler des alten. Die Weimarer Republik verkörperte das „bessere Deutschland", und es war die moralische Pflicht der westlichen Demokratien, dem demokratischen Deutschland zu helfen.[138] George Young, Mitglied des ACIQ, trug dieselbe Argumentation in seinem Augenzeugenbericht über die deutsche Revolution von 1918 vor.[139] Die Haltung der Labour Party zur deutschen Revolution 1918 war insgesamt ausgesprochen positiv, und die Partei betrachtete es als ihre Pflicht, alles zu unternehmen, was den Erfolg der deutschen Revolution garantiere. Die Begeisterung war so groß, da man sich von einer erfolgreichen Revolution in Deutschland nichts Geringeres als den Anbruch eines sozialdemokratischen Zeitalters in Europa versprach.[140]

Während der Ruhrbesetzung besuchten wenigstens drei britische Labour-Delegationen Deutschland. Im Februar 1923 kamen vier führende Mitglieder der ILP, John Wheatley, Jimmy Maxton, Davie Kirkwood und C. Stephen ins Ruhrgebiet. In einem nach ihrem Besuch veröffentlichten Flugblatt plädierten sie dafür, Frankreich zu unterstützen, da die deutschen Kapitalisten, die keine Reparationen zahlen wollten, hinter der ganzen Angelegenheit stünden.[141] Innerhalb der Labour Party blieb dies allerdings der Standpunkt einer kleinen Minderheit. Die Delegation der Transport and General Workers' Union, die aus Ben Tillett, A. Creech-Jones und Samuel Warren bestand, gelangte auf ihrer Reise durchs Ruhrgebiet zu einer anderen Einschätzung der Dinge. Verarmung, Inflation, wachsende Lebenshaltungskosten und ein pro Kopf immer geringerer Lebensmittelverbrauch seien die unmittelbaren Folgen der französischen Ruhrbesetzung, so die drei in ihrem offiziellen Bericht.[142] Der Sekretär der Sozialistischen Internationale, Tom Shaw, bereiste Deutschland im August 1923 mit einer Delegation der PLP und berichtete dem General Council des TUC im Dezember desselben Jahres in der gleichen Weise wie

---

137 Bullock, Ernest Bevin, Bd. 1, S. 232. Siehe ebd., S. 509 zu einem zweiten Besuch Bevins bei der SPD im Jahre 1929.
138 D. Aigner, Das Ringen um England: das deutsch-britische Verhältnis. Die öffentliche Meinung, 1933-1939. Tragödie zweier Völker, München 1969, S. 27. Zur Außenpolitik der Labour Party in den 1920er Jahren siehe Henry R. Winkler, Paths Not Taken: British Labour and International Policy in the 1920s, Chapel Hill 1994.
139 George Young, The New Germany, London 1920, S. 4.
140 Weckerlein, Streitfall, S. 355-76.
141 Why Labour Should Stand by France, hrsg. v. der ILP, London 1923. Ein Teil der Forschungen zur Ruhrbesetzung scheint den vieren heute Recht zu geben. Siehe J. Bariéty, Les Rélations Franco-Allemandes après la Première Guerre Mondiale, Paris 1977 und J. Jacobson, Strategies of French Foreign Policy after World War One, in: Journal of Modern History 55, 1983, S. 78-95.
142 Ben Tillett, A. Creech-Jones und Samuel Warren, The Ruhr: The Report of the Deputation of the TGWU, London 1923, S. 18.

das die TGWU-Delegation getan hatte.[143] Auf einer Sitzung des Joint International Department vom Dezember 1923 beschrieb er die Auswirkungen der Inflation auf die SPD und die Gewerkschaften und endete mit einem Appell an die finanzielle Großzügigkeit des TUC: „I therefore earnestly appeal to you to do what you can to help the two central organisations (the SPD and the ADGB) in this period of exceptional, even fantastic difficulty."[144] Bereits vor seinem Besuch in Deutschland, der von der SPD koordiniert wurde, hatte Shaw brieflichen Kontakt zu Wels und über ihn zum sozialdemokratischen Parteivorstand.[145] Letzterer beschwor Shaw, die britische Regierung über die wirklichen Verhältnisse in Deutschland zu unterrichten, so daß diese dann gegebenenfalls Druck auf die französische und belgische Regierung ausüben konnte.[146] In den Folgemonaten startete die Labour Party eine regelrechte Kampagne gegen die Ruhrbesetzung. Das Joint International Department verabschiedete eine Resolution mit dem Titel „The International Situation", in der die britische Regierung aufgefordert wurde, ihren Druck auf Frankreich zu vergrößern und nichts unversucht zu lassen, die Besetzung des Ruhrgebiets unverzüglich zu beenden. Der französischen Regierung wurde unterstellt, mit der Besetzung der Ruhr endgültig ihr wahres Interesse enthüllt zu haben, das angeblich einzig darin lag, zur neuen kontinentalen Hegemonialmacht aufzusteigen.[147] Auch das ACIQ verabschiedete eine Resolution zur Ruhrbesetzung, die allerdings Frankreich in noch viel kräftigeren Farben zum Aggressor und Kriegstreiber stempelte.[148] Brailsford und Angell, zwei führende Außenpolitiker der Labour Party, forderten im „New Leader" als Antwort auf die Ruhrbesetzung eine anti-französische Allianz Großbritanniens, Deutschlands und der Sowjetunion. Morels Frankophobie dagegen fand ein Ventil in einer Artikelserie in der angesehenen Zeitschrift „Foreign Affairs".[149]

Gerade in Krisensituationen konnte die SPD sich auf die Solidarität der Labour Party verlassen: Das war 1918 und 1923 ebenso wie 1932. Als Friedrich Voigt durch Zufall erfuhr, daß die Labour-Politikerin Ellen Wilkinson einen vierzehntägigen Urlaub in Deutschland plante, schrieb er ihr einen siebenseitigen Brief, in dem er die hoffnungslose Lage der SPD drastisch ausmalte und sie um Unterstützung bat: „I wonder if you could give part of it [her holiday] to the German elections [...] Some recognition, some sign of solidarity coming from the British labour movement would have the most heartening effect here. It would reach the remotest industrial villages, and would do something to relieve the isolation so great that I can hardly understand how they [his German comrades] endure it."[150] Wilkinson willigte ein, und nahezu gleichzeitig kabelten Hilferding und Breitscheid, wie erfreut sie ob dieser Entscheidung seien.[151] Die Labour Party sandte

---

143 TUC Library, Akten zu Deutschland enthalten Shaws schriftlichen Bericht.
144 Labour Party Archiv, LSI-Akten 14/15/1.
145 IISG, LSI-Akten, Nr. 1408: Brief von Shaws Sekretär an Braun v. 26. Juni 1923.
146 Ebd., Nr. 1408/3: Brief des Parteivorstands an Shaw v. 8. Juni 1923, S. 2 f.
147 Ebd., Nr. 1408: The International Situation, hrsg v. Joint International Department von TUC und Labour Party.
148 Ebd.
149 Krieger, Labour Party und Weimarer Republik, S. 264 ff.
150 Labour Party Archiv, Akten des International Department, ID/GER/7: Brief Voigts an Wilkinson v. 1932 (keine genaue Datumsangabe).
151 Ebd. Telegramme von Hilferding und Breitscheid an Wilkinson v. 27. bzw. 28. Juni 1932.

tatsächlich, wie von Voigt vorgeschlagen, eine Grußbotschaft, in der sie ihre Solidarität mit der SPD bekundete. Sie war gleichzeitig von Citrine für den General Council des TUC, von George Latham für den Parteivorstand der Labour Party und von George Lansbury für die PLP unterzeichnet und wurde in allen größeren und kleineren ADGB- und SPD-Zeitungen auf der ersten Seite veröffentlicht. Auf ihrer Deutschlandtour übergab Wilkinson den deutschen Sozialdemokraten/-innen außerdem eine „Fahne der Solidarität", die die britischen Genossen/-innen ihr mitgegeben hatten. Sie sprach in zahlreichen Städten auf Wahlversammlungen der SPD.[152]

Nimmt man diese drei Beispiele internationaler proletarischer Solidarität, so scheint es, daß die britische Arbeiterbewegung nach 1918 sich gleich mehrfach in selbstloser Manier für die deutschen Genossen/-innen eingesetzt hatte. Nun sollte der Idealismus eines sozialistischen Internationalismus durchaus nicht gering veranschlagt werden, aber dennoch beeinflußte die Position der Labour Party auch ökonomisches Eigeninteresse. Frühzeitig realisierte die Führung der Labour Party, daß eine schwache Mark schlecht für die britischen Exporte war und indirekt außerdem das heimische Problem der Arbeitslosigkeit eher noch verschärfte. Zudem führte das niedrige Lohnniveau in Deutschland zu anhaltenden Forderungen der britischen Unternehmer, auch die Löhne im Königreich zu senken, da ansonsten die britische Wirtschaft angeblich nicht wettbewerbsfähig sei.[153] Aber nicht nur wirtschaftspolitische, sondern auch genuin außenpolitische Maximen und Interessen bestimmten die Haltung der Labour Party zu Deutschland und speziell zur deutschen Sozialdemokratie. Die Labour-Party-Führung fürchtete, daß die französische Vergeltungspolitik gegenüber dem besiegten Deutschland mittelfristig zu einem neuen Krieg führen werde, den es unter allen Umständen zu vermeiden galt. Die Ablehnung der traditionellen Geheimdiplomatie ging einher mit einer konzeptionell neuen britischen Außenpolitik, wie sie MacDonalds sogenannte „New Diplomacy" verkörperte.[154]

Internationale proletarische Solidarität bedeutete traditionell innerhalb der Ersten wie der Zweiten Internationale auch immer finanzielle Hilfeleistung für nationale Arbeiterbewegungen, die in Not gerieten. So unterstützte auch die britische Arbeiterbewegung die deutsche Partei gerade in der Zeit ihrer Verfolgung unter dem Sozialistengesetz.[155] Im Gegenzug half die deutsche Bewegung der ASE während der Aussperrung des Jahres 1897, als die britischen Gewerkschafter dringend Geld benötigten, um ihren Mitgliedern weiterhin Unterstützung zahlen zu können.[156] Die SPD und die Freien Gewerkschaften sammelten insgesamt 120.000 Mark für ihre Genossen/-innen in Großbritannien.[157] Barnes dankte den deutschen Sozialdemokraten/-innen: „It is more important than ever that

---

152 Modern Records Centre, Universität Warwick, Coventry, MSS 209: Presseausschnitte von Ellen Wilkinson zu ihrer Deutschlandreise.
153 Krieger, Labour Party und Weimarer Republik, S. 196 ff.
154 Elaine Windrich, British Labour's Foreign Policy, London 1952, S. 31-47, Kap. 5: The New Diplomacy.
155 Jutta Seidel, Internationale Solidaritätsaktionen für den Kampf der deutschen Arbeiterpartei während des Sozialistengesetzes, in: Jahrbuch für Geschichte 22, Berlin 1981, S. 143.
156 Hugh A. Clegg, A. Fox und A.F. Thompson, A History of British Trade Unionism since 1889, Bd. 1: 1889-1910, Oxford 1964, S. 161-66.
157 Protokoll der 10. Sitzung des Gewerkschaftsausschusses der Gewerkschaften Deutschlands v. 7. Juli 1898.

we have the hearty support of our fellow workers. I am glad to say that the stream of support increases in volume, especially from Germany."[158]

Im Jahre 1910 kam es auf der Konferenz der Zweiten Internationale zum Eklat. Die britische Arbeiterbewegung wurde bezichtigt, ihre schwedischen Genossen/-innen, die einen bitteren Generalstreik ausfochten, finanziell nicht ausreichend unterstützt zu haben. Eine von der SPD eingebrachte Resolution verurteilte das Verhalten der Briten. In einem Artikel für die „Volkswacht" faßte Carl Severing zusammen, was wohl viele Delegierte in Kopenhagen gefühlt haben mögen: „Es ist auch den Engländern zuzugeben, daß ihre Statuten die rasche Hilfeleistung sehr erschweren. Unsere Resolution soll den englischen Delegierten ganz gewiß keine Rüge erteilen, sie soll nur sie auffordern, ihren heimischen Arbeitern vorzustellen, daß der internationale Kongreß die laue Hilfeleistung an die schwer ringenden schwedischen Brüder nicht verstehen kann. Die Haltung der Engländer ist um so unverständlicher, als z.B. beim großen Streik der englischen Maschinenbauer ganz Europa sich angestrengt hat, ihnen zu helfen. Die Engländer müssen die Pflicht der internationalen Solidarität den anderen Nationen gegenüber im gleichen Maße erfüllen."[159]

Nach dem ersten Weltkrieg ließ die britische Arbeiterbewegung sich dann gegenüber den deutschen Genossen/-innen aber nicht lumpen. Unmittelbar nach dem Krieg, als gerade die Arbeiter/-innen besonders arg unter der alliierten Blockade litten, leistete sie dringend benötigte Hilfe. Auch während des Ruhrkampfes und der Hyperinflation sandte sie noch einmal £23.047 nach Deutschland. Ein Großteil des Geldes kam von den kapitalkräftigen Gewerkschaften des Landes, aber auch die sozialistischen Organisationen schickten nicht nur Solidaritätsbriefe und -telegramme, sondern sammelten auch eifrig für die streikenden Arbeiter/-innen an der Ruhr. Von Februar bis Oktober 1923 sandte z.B. Margaret M. Green im Auftrag der ILP £310 an Hermann Kube vom ADGB.[160] Im Gegenzug unterstützte der ADGB die britischen Gewerkschaften bei ihrem Generalstreik im Jahre 1926. Er entschied sich nicht nur dafür, Geld zu sammeln, sondern finanzierte die Zahlungen an den TUC über Kredite vor. Insgesamt schickte er 900.000 Mark nach Großbritannien.[161] Solidaritätsumzüge und -demonstrationen für die britischen Bergarbeiter fanden in nahezu allen Städten Deutschlands statt, und überall wurde nicht nur Geld, sondern auch Kleidung und Nahrungsmittel für die britischen Kumpels gesammelt.[162] SPD und ADGB zahlten, auch wenn sie den Streik als taktischen Fehler ablehnten. Auf dem SPD-Parteitag 1929 beschrieb Crispien in seinem Bericht zur internationalen sozialistischen Bewegung den britischen Generalstreik als Beispiel eines äußerst

---

158 IISG, Kleine Korrespondenz der SPD, Brief von Barnes an Karpeles v. 15. Nov. 1897.
159 Volkswacht, 6. Sept. 1910.
160 FES, Archiv der sozialen Demokratie, vormals: Historische Kommission, ADGB Akten, NB 163, Nr. 43 ff., 68, und NB 169, Nr. 13.
161 Protokoll der Sitzung des Gewerkschaftsausschusses v. 11. Nov. 1926, S. 779.
162 B.M. Zabarko, Die internationale Solidarität mit dem Bergarbeiterstreik in Großbritannien, in: BZG 28, 1986, S. 630-34. Zu einem Bericht über eine Solidaritätsveranstaltung in Solingen, an der auch ein siebzehnköpfiger Bergarbeiterchor aus Großbritannien teilnahm, siehe BA Berlin, Abt. Reich, St. 12/103, Nr. 209 f.

kurzsichtigen bolschewistischen Radikalismus.[163] Auch auf der Sitzung des Ausschusses des ADGB am 7. Mai 1926 hatte es herbe Kritik für die britischen Gewerkschaften gegeben. Tarnow hielt der Gewerkschaftsführung Mangel an Disziplin vor, und Müntner gab gar der Hoffnung Ausdruck, der Streik möge bald abgeblasen werden.[164]

In diesem Unterkapitel wurde versucht nachzuweisen, daß die Beziehungen zwischen Labour Party und SPD nicht nur auf einzelnen persönlichen Freundschaften aufbauten. Sie beruhten auf gegenseitiger finanzieller Hilfe in Notsituationen wie Streiks oder politischer Verfolgung, auf dem regelmäßigen Austausch von Delegationen zu Parteitagen und/oder zu speziellen Anlässen und auf der Berichterstattung in der Arbeiterpresse beider Länder. Gerade den Auslandskorrespondenten/-innen der Arbeiterpresse kam häufig eine Brückenfunktion bei den Beziehungen zwischen Labour Party und SPD zu. Nach 1918 verbesserten sich die Beziehungen zwischen den beiden Arbeiterparteien noch – nicht zuletzt wegen der gemeinsamen Feindschaft gegenüber der im Versailler Vertrag festgelegten Nachkriegsordnung. Z.T. aus sozialistischem Internationalismus und humanitärer Verpflichtung, z.T. aus nationalem wirtschaftlichem Eigeninteresse versuchte die Labour Party, der SPD in Notsituationen, wie z.B. der Ruhrbesetzung des Jahres 1923 oder dem Aufstieg der Nationalsozialisten Anfang der 1930er Jahre, zu helfen. Allerdings zeigte sich nicht nur anhand der bilateralen Kontakte zwischen den beiden Parteien, welch starke Verbindungen es gab. Eines der wichtigsten Foren für ihre Kooperation war die Sozialistische Internationale.

6.3 Beziehungen innerhalb der Internationale

Zwischen 1889 und 1933 waren sowohl die britische als auch die deutsche Arbeiterpartei zu verschiedenen Zeitpunkten von zentraler Bedeutung für den Bestand und den Charakter der Sozialistischen Internationale. Die SPD erreichte den Höhepunkt ihres internationalen Einflusses vor 1914, während die Labour Party besonders nach 1918 eine wichtige Rolle beim Wiederaufbau der Zweiten Internationale spielte.[165] Deutsche Sozialisten/-innen bemühten sich bereits ganz zu Beginn der Zweiten Internationale um die Unterstützung der britischen Arbeiterbewegung. Engels' Bemühungen in diese Richtung fanden weiter oben bereits Erwähnung. Auf der Londoner Konferenz der Internationale im Jahre 1896 rief Bebel den Vertretern der britischen Arbeiterbewegung zu, sie sollten endlich eine große, vereinigte Arbeiterpartei bilden, die dann auch in der Lage wäre, eine

---

163 Protokoll des SPD-Parteitags 1929, Berlin 1929, S. 214 f. Siehe auch Max Schippel, Die Tragödie des englischen Generalstreiks, in: SM 32, 1926, S. 368-72.
164 Die Gewerkschaften von der Stabilisierung bis zur Weltwirtschaftskrise 1924-1930, hrsg. v. Horst A. Kuckuck und Dieter Schiffmann, Köln 1986, S. 666-72.
165 Generell zur Sozialistischen Internationale des Untersuchungszeitraums siehe James Joll, The Second International, 1889-1914, 2. Aufl., London 1974; Robert Sigel, Die Geschichte der Zweiten Internationale 1918-1923, Frankfurt am Main 1986; Werner Kowalski, Geschichte der Sozialistischen Arbeiter-Internationale (1923-1940), Berlin 1985.

führende Rolle innerhalb der Internationale zu spielen.[166] Bebel war sich demnach nicht nur sehr bewußt, daß die ILP just zu diesem Zeitpunkt versuchte, die Gewerkschaften für die Idee einer unabhängigen Arbeiterpartei zu gewinnen, sein Ausruf zeigt auch, welche Bedeutung er der Bildung einer starken Arbeiterpartei in Großbritannien zumaß. Allerdings hat Newton recht, wenn er darauf verweist, daß gerade der Londoner Kongreß 1896 den Rückzug der britischen Gewerkschaften aus der Internationale markierte. Der TUC zeigte bis zum Jahr 1918 kein weiteres Interesse an den Aktivitäten der Sozialistischen Internationale. Die Hoffnungen Bebels auf ein stärkeres internationalistisches Engagement der britischen Gewerkschaften erfüllten sich nicht.

Dies bedeutete jedoch durchaus nicht, daß sich die gesamte britische Arbeiterbewegung von der internationalen Bühne verabschiedete. Die britische Sektion war innerhalb der Zweiten Internationale bereits vor 1914 äußerst aktiv.[167] Hatte die SPD immer Schwierigkeiten, ausreichend Delegierte für die internationalen Konferenzen zu finden, so war die britische Delegation meist zahlreich vertreten. In Amsterdam im Jahre 1904 stellte sie gar die stärkste Delegation. Drei Jahre später, in Stuttgart, kamen 130 britische Arbeiterdelegierte, darunter Gewerkschaftler, Fabier, Mitglieder der ILP wie der SDF. Nach der einheimischen deutschen Delegation stellte die britische damit das zweitstärkste Kontingent. Die führenden Köpfe des britischen Sozialismus, nicht nur Hyndman und Quelch, sondern auch Keir Hardie, MacDonald und Glasier nahmen lange vor 1914 an den regelmäßigen Treffen des Internationalen Sozialistischen Büros teil, wo sie mit Auer, Singer, Bebel, Molkenbuhr, Kautsky und anderen deutschen Sozialisten eng zusammenarbeiteten. Gerade Hardie und MacDonald avancierten lange vor 1914 zu international anerkannten Führungspersönlichkeiten des Sozialismus, die auch innerhalb des eigenen Landes viel dazu beitrugen, daß die britische Arbeiterbewegung über den Tellerrand des Inselreiches hinausblickte. Douglas J. Newton übertreibt die Isolation der britischen Genossen/-innen innerhalb der Internationale, wenn er behauptet: „the struggle for full recognition of the ILP and the Labour Party [in the International] was to be long and difficult."[168] Ein deutlicher Hinweis darauf, wie interessiert gerade die SPD daran war, die britische Arbeiterpartei in die Internationale zu integrieren, war der im Jahre 1908 von Kautsky formulierte Kompromiß, der es der Labour Party trotz lautstarker Proteste der marxistischen SDF erlaubte, Mitglied der Internationale zu werden. Nach den Statuten mußte jede beitretende Partei auf dem Standpunkt des Klassenkampfes stehen. Gerade die Ablehnung der Theorie vom Klassenkampf durch die Labour Party hatte aber bereits einige Jahre zuvor zum Bruch der marxistischen SDF mit der Labour Party geführt, weshalb die SDF nun folgerichtig argumentierte, eine solche Partei könne nicht Mitglied der Internationale werden. Doch Kautsky fand eine spitzfindige Lösung des Problems: „Die englische Labour Party ist zu den internationalen sozialistischen Kongressen zuzulassen, weil sie, ohne ausdrücklich den proletarischen Klassenkampf anzu-

---

166 Vorwärts 178 v. 1. Aug. 1896.
167 Eichmanis, The British Labour Movement, Kap. II.2, IV.1, IV.2, VIII.4; Chris Wrigley, Widening Horizons?
168 Newton, British Labour, S. 43.

erkennen, ihn doch tatsächlich führt und sich durch ihre Organisation selbst, die unabhängig von den bürgerlichen Parteien ist, auf seinen Boden stellt."[169]

Die Internationale fungierte häufig als Forum für Kontakte zwischen britischen und deutschen Genossen/-innen. So kam das Mitglied der SDF wie der fabischen Gesellschaft, W.S. Sanders, der von 1913 bis 1915 sogar Mitglied des Parteivorstands der Labour Party war, auf dem Brüsseler Kongreß der Internationale zum ersten Mal mit Vertretern der deutschen Arbeiterbewegung in Kontakt: „At Brussels I had the privilege of being one of a little company who, with Liebknecht, Bebel and Singer, met every evening after the Congress at the café Les Trois Suisses, to discuss, over a glass of lager or a cup of coffee, the situation of the Socialist movement and general political and social matters. I thus came in direct contact with the German Socialist movement through its chief men, and this created an interest for me which has never lapsed."[170] Unter dem Eindruck solcher Gespräche entschied sich Sanders schließlich, nach Deutschland zu reisen, um die deutsche Arbeiterbewegung näher kennenzulernen. In Großbritannien schrieb er dann ausführlich über seine Erfahrungen, wobei er voll des Lobes war über das sozialistische Klassenbewußtsein der deutschen Arbeiter/-innen einerseits und das Organisationstalent der SPD und der Freien Gewerkschaften andererseits. Die SPD war für ihn „the most efficiently organized political party in the whole world. [...] The secret of the extraordinary achievements of the German Socialists lies in their remarkable combination of idealism and practicality [...] So multifarious are the ways in which they are equipping themselves for the conquest of political power, and so intent are they on the making of their organisation equal to the great mission which Lassalle declared destiny had laid upon the working classes, that to many thousand, as to Eduard Bernstein, ‚the movement is everything, the ultimate aim is nothing.' And the training and discipline induced by the ceaseless battling with opponents and obstacles of all kinds is producing a self-respecting, self-confident and purposeful democracy, which, when it does attain political power, will have learned to use it soberly and with judgement in the tremendous task of changing the German Empire into the German Co-operative Commonwealth."[171] Organisation, Disziplin und Klassenbewußtsein – das empfahl Sanders den britischen Arbeitern/-innen zur Nachahmung. Aber er, wie viele andere, die vor 1914 die deutsche Sozialdemokratie aufrichtig bewunderten, zeigte sich enttäuscht vom Burgfrieden, den die deutsche Arbeiterbewegung bei Kriegsausbruch mit der Regierung und den Unternehmern vereinbarte. In einer Broschüre aus dem Jahre 1918 hielt Sanders der SPD vor, sie habe im Krieg versucht, die Ziele der Alldeutschen mit denen des Sozialismus zu verbinden: „The party which formerly prided itself upon its intense international spirit is now equally proud of its intense national spirit [...] By giving wholehearted support to the war-policy of the government, and making peace without terms with the Kaiser, the great majority of the German Social-Democrats voluntarily joined forces with those who, they had declared, were not only the enemies of the German working-class, but a menace to

---

169 Vorwärts 242 v. 15. Okt. 1908. Siehe auch Labour Party Archiv, NEC-Protokoll der Sitzung v. 15. Dez. 1908, sowie Vorwärts 194 v. 21. Aug. 1908.
170 W.S. Sanders, Early Socialist Days, London 1927, S. 92.
171 W.S. Sanders, The Socialist Movement in Germany, London 1913, S. 2, 14.

the whole world [...] The great movement built up by August Bebel and Wilhelm Liebknecht [...] has become the willing captive of the power that it set out to conquer ... the revolutionaries have been revolutionised into apostles of the gospel of Junkerdom."[172] Solche Einschätzungen warfen einen langen Schatten auf die Versuche der SPD nach 1918, etwas von der Anerkennung wiederzuerlangen, die sie vor dem ersten Weltkrieg in der internationalen sozialistischen Bewegung genossen hatte.

Als der Krieg kam, erwies sich der Nationalismus in beinahe jedem europäischen Land als eine stärkere Macht als der sozialistische Internationalismus. Jedoch versuchte eine Minderheit europäischer Sozialisten/-innen den Gedanken der internationalen Solidarität der Arbeiterklasse aufrechtzuerhalten. Auch die Antikriegsfraktionen der beiden Arbeiterparteien Deutschlands und Großbritanniens versuchten, miteinander in Verbindung zu treten, und schätzten die Existenz gleichgesinnter Menschen in Organisationen mit ähnlichen Zielen in dem jeweilig anderen Land. In Großbritannien standen Clifford Allen und Fenner Brockway an der Spitze der Antikriegsbewegung. Brockway, Vorsitzender der Organisation der Kriegsdienstverweigerer (No Conscription Fellowship, NCF) und Mitbegründer der Internationale der Kriegsdienstverweigerer (War Resisters' International), kannte die meisten führenden deutschen Sozialisten/-innen von den internationalen Kongressen der Vorkriegszeit ebenso wie von zahlreichen Besuchen in Deutschland. Bei Kriegsausbruch erhielt er von Karl Liebknecht, Rosa Luxemburg und Clara Zetkin Briefe, die allesamt geprägt waren von dem Bemühen, den Geist des sozialistischen Internationalismus aufrechtzuerhalten. Ihre Briefe, zusammen mit einem weiteren von Franz Mehring, wurden allesamt im Dezember 1914 im „Labour Leader" veröffentlicht.[173]

Auch der „Vorwärts" berichtete im Jahre 1915 enthusiastisch über die Antikriegshaltung MacDonalds und der ILP.[174] Auf dem Parteitag der ILP 1916 wurde eine Resolution angenommen, nach der die Delegierten erklärten: „[The ILP takes a] sympathetic attitude [...] towards bona fide peace sentiment in the German socialist movement [...] the ILP has signified its warm appreciation of the courageous stand for peace and international principles taken up by our comrades Clara Zetkin, Liebknecht, Haase, Ledebour, Bernstein and other members of the party."[175] Als die Nachricht vom Tode Ludwig Franks Bruce Glasier erreichte, schrieb der in sein Tagebuch: „A great loss this. He was a splendid fellow and fully in sympathy with our Labour Party."[176] Glasier versuchte während des Krieges vergeblich, Camille Huysmans davon zu überzeugen, daß eine Sitzung des ISB einberufen werden müsse, zu der auch die Vertreter der SPD einzuladen seien.[177] Als Glasier im Jahre 1916 ein kleines Büchlein mit dem Titel „German Socialists and the War: A Record and a Contract" veröffentlichte, so geschah das vor allem, um in der Öffentlichkeit dazu beizutragen, das Mißtrauen und die Ablehnung gegenüber der deutschen Sozialdemokatie abzubauen.[178] Bereits 1915 hatte Glasier zusammen mit Francis

---

172 W.S. Sanders, Pan-German Socialism, London 1918, S. 3, 22, 24.
173 Brockway, Inside the Left, S. 50 ff. und 134.
174 Vorwärts 49 v. 18. Febr. 1915.
175 Report of the Annual Conference of the ILP in 1916, S. 12.
176 Zitiert nach Thompson, The Enthusiasts, S. 208.
177 Ebd., S. 212 f.
178 Universitätsbibliothek Liverpool, NL Glasier, 1916/61: Brief Glasiers an Johnson v. 15. Sept. 1916.

Johnson und Fred Jowett als Delegierte der ILP die Zimmerwalder Konferenz besuchen wollen, doch erhielten sie von der britischen Regierung keine Ausreisegenehmigung. Es gelang ihnen nur, ein Friedensmanifest aus dem Lande zu schmuggeln, das von den Schweizer Genossen/-innen dann auf der Zimmerwalder Konferenz verlesen wurde.[179] Auch zum zweiten Treffen der Zimmerwalder erhielten Delegierte der ILP keine Ausreisegenehmigung, aber diesmal konnte ein in der Schweiz lebender Genosse im Auftrag der Partei an dem Treffen teilnehmen.[180] Gleichfalls im Jahre 1915 organisierte Clara Zetkin eine Internationale Sozialistische Frauenkonferenz in Bern. Wiederum erhielten Delegierte der ILP keine Reisepässe. Die Partei war nur durch in der Schweiz lebende Genossinnen vertreten. Während des Krieges stand Zetkin über die holländische Sozialistin Helen Ankersmit in Verbindung mit Marion Philipps von der ILP. Bevor die Partei sie ihres Amtes als verantwortliche Chefredakteurin der „Gleichheit" enthob, veröffentlichte Zetkin die Friedensbotschaften der britischen Genossin.[181] Zetkin, von 1907 bis 1917 Sekretärin der Sozialistischen Fraueninternationale, verband außerdem eine enge Freundschaft mit Dora Montefiore von der SDF. Anläßlich eines Besuches in Großbritannien knüpfte sie zahlreiche Verbindungen zu britischen Genossinnen.[182]

Auch unter denjenigen Arbeiterführern in beiden Ländern, die den Krieg aktiv befürworteten, gab es Vertreter, die dennoch frühzeitig auf eine Wiederbelebung der Internationale hinarbeiteten und sogar an Kontakten mit der Arbeiterbewegung der Feindmächte interessiert blieben. So beschäftigte sich etwa der Vorsitzende der SPD, Friedrich Ebert, auch während des Krieges intensiv mit der Frage, wie die internationalen Kontakte der Sozialdemokratie genutzt werden konnten, um auf einen baldigen Friedensschluß hinzuwirken, und er beteiligte sich ebenfalls an Verhandlungen mit diversen Vertretern der Internationale.[183] Auf britischer Seite war Arthur Henderson besonders aktiv. Henderson, der sogar im Kriegskabinett der britischen Regierung saß, hatte im Jahre 1915 angeblich einen direkten Draht zu Hugo Haase, der in einer sozialdemokratischen Versammlung in Berlin seiner Hoffnung Ausdruck gab, es möge bald zu einem Treffen zwischen ihm und Henderson kommen.[184] Hendersons Bemühungen um Friedensverhandlungen im Jahre 1918 wurden vom sozialdemokratischen Pressebüro in Berlin sehr positiv aufgenommen.[185]

---

179 BA Berlin, Abt. Reich, St. 10, 229, Nr. 12: Bericht an das preußische Innenministerium über die Zimmerwalder Konferenz [ohne Datum]. Siehe auch die umfangreiche Dokumentation: Die Zimmerwalder Bewegung: Protokolle und Korrespondenz, hrsg. v. Horst Lademacher, 2 Bde., Amsterdam 1967.
180 Ebd., Nr. 63-5. Zur Unterstützung der ILP für die Zimmerwalder siehe auch Vorwärts 280 v. 10. Okt. 1915.
181 IGA/ZPA, NL Zetkin, 5/107, Nr. 10-14; 5/85, Nr. 4-10; 5/69, Nr. 7, 19, 23-7, 48, 54. Siehe auch Gleichheit 10 v. 5. Febr. 1915. Seit 1907 war die „Gleichheit" zugleich die Zeitschrift der Sozialistischen Fraueninternationale. Unter der geistigen Führung Zetkins war diese auf dem Stuttgarter Kongreß der Zweiten Internationale im Jahre 1907 gegründet worden. Zetkin wurde nach 1918 prominentes Mitglied der KPD, doch die Sozialistische Fraueninternationale wurde 1927 v.a. auf Initiative von Marion Philipps, Toni Sender und Gertrud Hanna wiedergegründet. Siehe Marion Philipps, Socialist Women Meet in Switzerland, in: Labour Magazine 8, 1929/30, S. 54 f.
182 Karen Hunt, British Women and the Second International, in: Labour History Review 58, 1993, S. 25-9.
183 Agnes Blänsdorf, Friedrich Ebert und die Internationale, in: AfS 9, 1969, S. 321-428.
184 ZStA Potsdam, NL Heine 90 He 1, Nr. 6, Nr. 80 f.: Brief Heines an Scheidemann v. 7. Juli 1915, in dem die Kontakte zwischen Haase und Henderson erwähnt werden.
185 SAPMO, SPD, PV, II/145/13: Notiz des sozialdemokratischen Pressebüros an alle Redakteure v. 13. Sept. 1918.

Sein internationales Engagement vergrößerte sich nach 1918 noch, da er den undankbaren Posten des Vorsitzenden der bei Kriegsausbruch zusammengebrochenen Zweiten Internationale übernahm. Selbst als er nach erfolgreichem Wiederaufbau der Internationale im Jahre 1929 von diesem Amt zurücktrat, betonte er ausdrücklich seine tiefe Verbundenheit mit der Idee des sozialistischen Internationalismus.[186] Henderson beschäftigte sich in zwei Broschüren auch publizistisch mit der Außenpolitik der Labour Party. In beiden, 1922 und 1933 veröffentlicht, legte er besonderen Wert auf die internationalen Anstrengungen zur Abrüstung und zum Erhalt des Friedens.[187] Hatte Kautsky sich vor dem Krieg um Vermittlung zwischen den ideologischen Richtungen innerhalb der britischen Arbeiterbewegung bemüht, so legte sich gerade Henderson nach dem Krieg ins Zeug, um zwischen den Nationalitäten zu vermitteln. Bereits die erste internationale Konferenz der Sozialisten in Bern vom Februar 1919 war überschattet von hitzigen Debatten zum Verhalten der deutschen Mehrheitssozialdemokratie während des ersten Weltkriegs. Immer wieder, in Bern und danach, sah sich Henderson gezwungen zu intervenieren, um ein völliges Zerbrechen der Internationale zu verhindern.[188] Besonders seine Vermittlungsversuche zwischen den französischen und deutschen Sozialisten/-innen trugen wesentlich zum Erfolg der Nachkriegskonferenzen bei und sicherten schließlich den Wiederaufbau der Internationale nach dem Weltkrieg.[189]

Die britische Delegation in Bern, die die Konferenz einberief, organisierte und ihre Tagesordnung weitgehend bestimmte, stellte sich einstimmig hinter die deutsche Forderung, die Diskussionen über Kriegsschuld und Verhalten im Weltkrieg zurückzustellen: „We are of the opinion that this question of responsibilities will have to be discussed at some time, but we are also of the opinion that this is not the time [...] We are here to carry out the mandate of Labour and Socialism all over the world and we shall not be carrying out that if we waste time in useless and mischievous discussions."[190] Daß die SPD in Bern wieder zur Zweiten Internationale zugelassen wurde, verdankte sie weitgehend dem Verständnis und den Vermittlungsbemühungen der britischen Labour Party. Ein eindrucksvoller Konsens der britischen und der deutschen Delegation in nahezu allen Fragen, die auf der Tagesordnung standen, charakterisierte die Debatten sowohl in Bern als auch im darauffolgenden Jahr in Genf. Beatrice Webb kommentierte in ihrem Tagebuch: „There was, in fact more comradeship between the Germans and the British than between any other nationalities."[191] Wie Adolf Braun in seinem Rechenschaftsbericht über die Genfer Konferenz schrieb, hinterließ besonders MacDonalds Ansprache zu den

---

186 SAPMO, SAI-Akten, I, 6/2/31, Nr. 19: Brief Hendersons an Adler v. 1929.
187 Arthur Henderson, Labour and Foreign Affairs, London 1922 und ders., Labour's Foreign Policy, London 1933. Hendersons Bedeutung für die außenpolitischen Konzeptionen der Labour Party hat Henry R. Winkler, The Emergence of a Labour Foreign Policy in Great Britain 1918-1929, in: Journal of Modern History 28, 1956, S. 255, betont.
188 Report of the Conference of the International Permanent Commission at Luzerne, 2.-9. August 1919, abgedruckt in: Die Zweite Internationale 1918-1919, hrsg. v. Gerhard A. Ritter, Berlin 1980, S. 645.
189 Mary Agnes Hamilton, Arthur Henderson. A Biography, London 1938, S. 194 f. Siehe auch Konrad von Zwehl, Zur Zerspaltenheit der Internationalen Arbeiterbewegung (ca. 1917-1921), in: Internationale Tagung der Historiker der Arbeiterbewegung, 15. Linzer Konferenz 1979, Wien, 1981, S. 172.
190 Report of the Berne Conference in 1919, abgedruckt in: Die Zweite Internationale, hrsg. v. Ritter, S. 264.
191 The Diaries of Beatrice Webb, hrsg. v. Cole, S. 186.

Problemen in Zentraleuropa bei den deutschen Delegierten einen tiefen Eindruck. MacDonald hatte nachdrücklich britische Hilfe für Deutschland eingefordert und argumentiert, daß nur eine Politik der wirtschaftlichen Zusammenarbeit langfristig den Frieden sichern könne.[192] Immer wieder intervenierten die britischen Delegierten auf den Nachkriegskonferenzen der Internationale, um der SPD den Wiedereintritt in die Gemeinschaft sozialistischer Parteien zu erleichtern.

Es verwundert daher auch nicht, daß Otto Wels sehr gute Beziehungen zu den britischen Genossen/-innen unterhielt. Besonders seinen Vorstandskollegen in der Internationale MacDonald, der im Jahre 1925 Tom Shaw als Sekretär der Internationale ablöste, schätzte er ungemein.[193] Die beiden arbeiteten in einer Reihe von Fragen eng zusammen, so z.B. bei der Wiedervereinigung der Zweiten Internationale mit der sog. ‚Wiener' Internationale und bei der Frage der nationalen Zugehörigkeit Oberschlesiens.[194] Als Wels von den Absichten Macdonalds erfuhr, vom Vorstand der Internationale zurückzutreten, beschwor er ihn, diese Entscheidung noch einmal zu überdenken: „I am really alarmed at the news that you want to give up your work for the International. That would be the severest blow that we could receive. Your moral authority through your attitude during the war is such a strong factor in favour of our contact with the Vienna Union, that we must keep you in the Second International under any circumstances [...] You have purified the air and prepared the ground; and only those who think it is possible to reap before the seed is sown and the harvest time has come can misjudge the real effects of your labours [...] I beg you earnestly, if my advice carries any weight with you, do not leave us in the lurch, but help us cover the next few years [...]"[195] Daß die Labour Party sich nach 1918 sehr um die schnelle Reintegration der SPD in die Internationale bemüht hatte, wurde von zahlreichen Sozialdemokraten/-innen dankenswert zur Kenntnis genommen.[196] MacDonald schrieb selbst von der Dankbarkeit deutscher Sozialdemokraten/-innen gegenüber der Labour Party: „[they] cordially paid tribute in many a conversation and interview to the help rendered to them by us [...]"[197]

Auf den Parteitagen von MSPD, USPD und Labour Party des Jahres 1919 wurden die Ergebnisse der Berner Konferenz und besonders die herausragende Rolle der britischen Labour Party ausgiebig diskutiert. Eduard Bernstein berichtete den Delegierten der MSPD von dem brüderlichen Geist von Bern.[198] In der anschließenden Debatte wurde deutlich, daß sich innerhalb der MSPD zwei Fraktionen mit unterschiedlichen außenpolitischen Konzeptionen gebildet hatten: die einen, zu denen auch Bernstein gehörte, die auf ein enges Bündnis mit Großbritannien hofften, und die anderen, die eher eine Allianz mit anderen kontinentalen Mächten, insbesondere Frankreich, suchten. Bernstein wandte sich in scharfen Tönen gegen die „Aktivisten in der SPD, die eine kontinentale Politik gegen

---

192 Adolf Braun, Der Internationale Kongreß zu Genf 1920, Berlin 1920, S. 30 f.
193 H.J. Adolph, Otto Wels und die Politik der deutschen Sozialdemokratie 1894-1934, Berlin 1971, S. 195.
194 IISG, LSI-Akten, Nr. 88/35, Nr. 88/50, Nr. 86/8; Nr. 85/11.
195 IISG, LSI-Akten, Nr. 102/16, Brief Wels' an MacDonald v. 28. Juni 1922.
196 Siehe z.B. die Bemerkungen im Brief Adolf Brauns an Paul Löbe v. 29. Juli 1922, in: SAPMO, NL Löbe 110/97, Nr. 25.
197 Ramsay MacDonald, Outlook, in: SR 16, 1919, S. 114.
198 Protokoll des MSPD-Parteitags 1919, S. 240-49.

die angelsächsische Welt fordern."[199] Obwohl sich die Debatte um Kontinentalpolitik auf dem Parteitag 1920 fortsetzte, blieb der Einfluß anti-britischen Denkens in der Sozialdemokratie gering.[200] Auf dem USPD-Parteitag des Jahres 1919 betonte Kautsky die Bedeutung der britischen Labour Party für die Sozialdemokratie. Deutschland, so argumentierte er, sei nach 1918 auf „Hilfe von einem sozialistischen England" angewiesen, und weiter heißt es: „Der englische Sozialismus wird mehr leisten, er wird auf die ganze Welt anziehend wirken."[201]

Nahezu die gesamte Riege bedeutender Außenpolitiker/-innen und Internationalisten/-innen der SPD sprach sich für enge Beziehungen zu Großbritannien aus – Breitscheid, H. Müller, Löbe, Carl Severing. Besonders Breitscheid, der in den 1920er Jahren zum führenden Außenpolitiker der SPD avancierte, waren gute Verbindungen zur britischen Labour Party wichtig. Im August 1924 nahm er als Beobachter an der Londoner Konferenz bei, die den Dawes-Plan verabschiedete und das Ende der französischen Ruhrbesetzung beschloß. Zusammen mit MacDonald trug er wesentlich zum Erfolg der Konferenz bei.[202] In den späten 1920ern wurde er innerhalb der sozialistischen Internationale sehr aktiv und arbeitete gerade mit den britischen Sozialisten/-innen gut zusammen. Der internationale Sekretär der Labour Party, William Gillies, versuchte im Jahre 1933 vergeblich, Breitscheid nach Großbritannien zu holen. Die britische Arbeiterpartei sammelte Geld für ihn und bot ihm an, in London eine Exilzeitung herauszugeben, die von der Labour Party finanziert werden würde.[203]

Die Parteitage der Labour Party in den Jahren 1918 und 1919 beschäftigten sich ebenfalls mit den Versuchen der Partei, der sozialistischen Internationale neuen Odem einzuhauchen. In Southport 1919 waren die ausführlichen Berichte von den Konferenzen in Bern und Amsterdam begleitet von zahlreichen Aufrufen und Mahnungen, die deutschen Arbeiter für die Fehler der alten kaiserlichen Regierung nicht zu bestrafen. Pläne zur Zerstückelung Deutschlands wurden unter Verweis auf das Selbstbestimmungsrecht aller Völker energisch zurückgewiesen.[204] Auf Antrag Margaret Bondfields verabschiedete der Parteitag der ILP im Jahre 1919 eine Resolution, die die Berner Konferenz als ersten Schritt zum Wiederaufbau der alten sozialistischen Internationale begrüßte. Wall-

---

199 Protokoll des MSPD-Parteitags 1919, S. 248. Die Befürworter einer Kontinentalpolitik, die sich um die „Sozialistischen Monatshefte" gruppierten, strebten ein Bündnis kontinentaleuropäischer Mächte an, das als Gegengewicht zum britischen Weltreich in der internationalen Politik ein stabilisierendes Element darstellen sollte. Siehe R. Klinkhammer, Die Außenpolitik der SPD in der Zeit der Weimarer Republik, phil. diss., Universität Freiburg im Breisgau 1955, S. 51; siehe auch J.F.P. Wrynn, The Socialist International and the Politics of European Reconstruction 1919-1930, Amsterdam 1976, S. 170.
200 Protokoll des MSPD-Parteitags 1920, S. 56, 81.
201 Protokoll des USPD-Parteitags 1919, Berlin 1919, S. 127.
202 Kenneth E. Miller, Socialism and Foreign Policy, The Hague 1967, S. 118 f. Zu Breitscheids Anglophilie und seinen außenpolitischen Aktivitäten insgesamt siehe Peter Pistorius, Rudolf Breitscheid 1874-1944: Ein biographischer Beitrag zur deutschen Parteiengeschichte, Köln 1970, besonders S. 22, 94 f., 211-29.
203 Labour Party Archiv, Breitscheid-Akte. Als internationaler Sekretär war Gillies ohne Frage die falsche Wahl. Seine Sturheit, Engstirnigkeit und mangelnde Expertise in internationalen Angelegenheiten ist am detailliertesten untersucht worden von Christine Collette, British Labour Attitudes to Europe, 1918-1939, with Special Reference to the Role of the Labour Party International Secretary, M.Litt., Universität Oxford 1992; siehe auch Glees, Exile Politics, S. 121, 125 ff.
204 Report of the Annual Conference of the Labour Party in 1919, besonders S. 196-204.

head erinnerte die Delegierten ausdrücklich an das Beispiel, das Bebel und Liebknecht der Welt im Jahre 1871 gegeben hatten, als sie gegen die Annexion von Elsaß-Lothringen votierten: „The mantle of Liebknecht and Bebel had fallen upon the socialists of 1919."[205]

Die Wiedervereinigung der Zweiten Internationale mit der Wiener Union im Jahre 1923 war auf seiten ersterer weitgehend das Werk von Otto Wels, Ramsay MacDonald und Tom Shaw. Am 9. Juli 1922 lud die IFTU die Vorstände beider Internationalen zu einem Treffen ein, auf dem gemeinsame Aktionen zur Unterstützung der deutschen Arbeiter/-innen gegen die politische Reaktion auf der Tagesordnung standen. Wels sah sofort das politische Potential eines solchen Treffens. Er schrieb an MacDonald, um sicherzustellen, daß auch britische Delegierte bei einer solchen Zusammenkunft anwesend waren: „I beg you urgently that you, Tom Shaw and Henderson come to Amsterdam on the 20th of this month: it could after all mean that the whole work which London has so far invested, finds its culmination."[206] Auf den nun folgenden Konferenzen der Vorstände machten dann sowohl Shaw als auch Wels deutlich, was sie anstrebten. So hieß es bei Shaw z.B., daß die Not der Umstände in Deutschland die MSPD und die USPD wieder zusammengebracht habe und daß hoffentlich selbiges auch für die Internationale bewerkstelligt werden könne. Immer wieder plädierten sie für die Einheit, und ihre Bemühungen wurden schließlich auch belohnt, als am 12. und 13. August 1922 die Vorstände beider Internationalen entschieden, im Mai 1923 einen Vereinigungskongreß in Hamburg abzuhalten.[207] In Hamburg dankte Wels dann besonders Henderson, der wegen Krankheit selbst nicht anwesend sein konnte, für dessen Bemühungen um den Wiederaufbau des sozialistischen Internationalismus nach 1918.[208]

In der zweiten Hälfte der 1920er Jahre setzte die Sozialistische Arbeiter-Internationale (manchmal gemeinsam mit der IFTU[209]) gleich mehrere Kommissionen ein, so z.B. im April 1926 eine Abrüstungskommission, unter deren Mitgliedern auch Cramp und Müller waren (die später von Gillies und von Wels ersetzt wurden, für den nach 1928 Breitscheid einsprang). Sie arbeitete eine Resolution aus, die auf dem Kongreß der Internationale 1928 angenommen und daraufhin der Abrüstungskonferenz in Genf vorgelegt wurde. Im Februar 1927 wurde eine Kommission eingesetzt, die sich mit den Bedingungen politischer Gefangener in verschiedenen Staaten der Welt beschäftigen sollte. Ihre wichtigste Aufgabe wurde es, international für die Abschaffung der Todesstrafe zu werben. Crispien, Wels, Cramp, Gillies und Brockway repräsentierten die deutsche und die britische Arbeiterbewegung in diesem Komitee. In den gemeinsamen Kommissionen mit der IFTU zu Fragen der Abrüstung und der Weltwirtschaft trafen Breitscheid, Leipart, Gillies

---

205 Report of the Annual Conference of the ILP in 1919, S. 66-68.
206 IISG, LSI-Akten: Brief Wels' an MacDonald v. 13. Juli 1922.
207 Zu allen Entwicklungen, die schließlich zur Vereinigung der beiden Internationalen führte siehe Sigel, Die Geschichte der Zweiten Internationale, S. 79-85.
208 Protokoll des Ersten Internationalen Sozialistischen Arbeiterkongresses in Hamburg, 21. bis 25. Mai 1923, Berlin 1923, S. 88.
209 Die SAI entwickelte starke Verbindungen zur IFTU. Besonders gegen Ende der 1920er und zu Beginn der 1930er Jahre kam es regelmäßig zu gemeinsamen Sitzungen ihrer führenden Funktionäre. Siehe Kowalski, Geschichte der SAI, S. 54.

und Citrine zusammen. Nach 1928 gab es eine weitere Kommission zur Frage der Demokratisierung des Völkerbundes, in der wiederum u.a. Breitscheid und Gillies zusammenarbeiteten.

Die britische ILP unterhielt in der Zwischenkriegszeit besonders enge Kontakte erst zur USPD, dann zum linken Flügel der wiedervereinigten SPD und schließlich, nach 1931, zur SAP. Der Verlust des USPD-Archivs macht es allerdings sehr schwierig, das Ausmaß und die Art der Kontakte zu ermessen.[210] Auf dem Marseiller Kongreß der SAI im Jahre 1925 gab es zum ersten Mal informelle Kontakte zwischen Jowett und Brockway von der ILP und den SPD-Dissidenten um Max Seydewitz, Kurt Rosenfeld und Paul Levi.[211] Von diesem Zeitpunkt an war es das Ziel der ILP, den linken Flügel der europäischen Sozialdemokratie innerhalb der SAI zu einer Gruppierung zu vereinen. Gegen Ende der 1920er Jahre wurden die Beziehungen zwischen SPD bzw. Labour Party und deren jeweiligen linken Flügeln immer schlechter. Auch innerhalb der Internationale bemühten sich die Parteien, die aus den eigenen Reihen kommende Herausforderung der Parteilinken unter Kontrolle zu bekommen. Als beispielsweise der Delegierte der ILP der SPD in Wien 1931 vorwarf, durch die Tolerierung Brünings die Arbeiter/-innen zu verraten, erklärte sich der Delegationsleiter der Labour-Party-Abordnung George Latham postwendend solidarisch mit den deutschen Genossen/-innen: „Their [the ILP's] attempt to lecture and instruct the great German Socialist movement is regarded by us as an impertinence. The British Labour Party has confidence in the German Socialists. We extend to them all the sympathy and confidence which they need. We declare our solidarity with them at the moment when they are endeavouring to protect European democracy."[212] Im Mai 1930 kam es dann zum ersten Treffen europäischer Linkssozialisten in den Niederlanden. Die von der ILP einberufene Zusammenkunft endete mit der Gründung einer linken Gruppierung innerhalb der bestehenden SAI. Im August 1930, als Dora Fabian und Kurt Rosenfeld eine ILP Sommerschule in Letchworth besuchten, nahm die deutsche Klassenkampfgruppe näheren Kontakt zu diesen internationalistischen Linkssozialisten/-innen auf. John Paton von der ILP wurde Sekretär der Gruppierung, und in Wien stießen von deutscher Seite Max Seydewitz, Ernst Eckstein, Karl Böchel und Toni Sender zu ihr. Die Grundvoraussetzungen für die spätere Gründung des Sozialistischen Büros in London wurden also bereits Ende der 1920er Jahre gelegt.[213]

---

210 Robert F. Wheeler, USPD und Internationale: Sozialistischer Internationalismus in der Zeit der Revolution, Frankfurt am Main 1975, S. 130. Wheeler war in über 80 Archiven in acht Ländern, um etwas über die internationalen Kontakte zwischen ILP, BSP und USPD herauszufinden – ohne Erfolg. Alles, was sich mit Sicherheit ermitteln läßt, ist, daß es solche Verbindungen noch in den frühen 1920er Jahren gab.
211 Willy Buschak, Das Londoner Büro: Europäische Linkssozialisten in der Zwischenkriegszeit, Amsterdam 1985, S. 9, 30-65.
212 LSI. Fourth Congress of the LSI at Vienna, 25 July to 1 August 1932, London 1931, S. 130 f.
213 Siehe auch zu Willy Brandts Beziehungen zu Brockway und Maxton in den 1930er Jahren, die über das Londoner Sozialistische Büro liefen, sowie zu Brandts Besuch einer ILP-Sommerschule im Jahr 1935: Brandt, Links und Frei, S. 164 f.

6.4 Schlußfolgerungen

Obwohl es in der bisherigen Literatur einen Trend gibt, von der relativen Isolation der Labour Party innerhalb des europäischen Sozialismus auszugehen, konnte in diesem Kapitel gezeigt werden, daß es zahlreiche Kontakte zwischen den beiden größten und wichtigsten Arbeiterbewegungen Westeuropas im 20. Jahrhundert gab. Oftmals war das sich entwickelnde Beziehungsgeflecht abhängig vom Engagement und der Initiative einzelner (z.B. Roden-Buxton) oder bedingt durch Exilerfahrungen (z.B. Bernstein). Immer wieder gab es auch Delegationen und Untersuchungskommissionen, die die andere Partei und das andere Land besuchten (z.B. die Ruhrkommissionen der Labour Party). So manches Mal führten persönliche Bekanntschaften oder gar Freundschaften zu offiziellen Besuchen (z.B. Ellen Wilkinsons Wahlhilfe 1932). Besonders die Internationale fungierte als wichtiger Treffpunkt für europäische Sozialisten/-innen aller Couleur, und sie war auch für die Beziehungen zwischen Labour Party und SPD von zentraler Bedeutung. Hier konnten Meinungen ausgetauscht, gemeinsame Aktionen geplant und lebenslange Freundschaften geschlossen werden. Zahlreiche Kontakte zwischen hochrangigen Funktionären/-innen von Labour Party und SPD hatten in der Arbeit der Internationale bzw. deren Kommissionen ihre Ursprünge (z.B. die Verbindungen zwischen Gillies und Breitscheid) oder gingen zurück auf die Brückenbauer internationalistischer Gesinnung: die Auslandskorrespondenten der Arbeiterpresse wie z.B. Max Beer und William John. Ferner sollte man auch die vielen Kontakte nicht gering achten, die auf den unteren Ebenen der Parteien die Genossen/-innen Großbritanniens und Deutschlands verbanden. Nicht nur Arbeiterführer wie Otto Wels, Hermann Müller, Ramsay MacDonald und Arthur Henderson waren mit der jeweiligen Schwesterpartei eng verbunden, dasselbe galt auch für viele Mitglieder an der Basis der Parteien (z.B. Harry Grey oder Mary Saran). In vielerlei Hinsicht wurden britische Sozialisten wie Herbert Morrison und Keir Hardie von ihrer Kenntnis der deutschen SPD und besonders von deren angeblich überlegenen organisatorischen Talenten beeinflußt. Wie besonders auch in Kapitel 3 und 4 gezeigt wurde, versuchten sie, so manches von dem „Modell SPD" auf die heimischen Verhältnisse zu übertragen. Auf der anderen Seite zeigten sich auch viele deutsche Genossen/-innen, besonders Reformisten/-innen und Revisionisten/-innen wie Bernstein und Wertheimer, vom angeblich so konstruktiven, toleranten und undogmatischen Charakter des britischen Sozialismus beeindruckt.

Vergleicht man die Beziehungen zwischen Labour Party und SPD in den ersten drei Jahrzehnten dieses Jahrhunderts mit dem Umgang, den Vertreter liberaler oder konservativer Parteien in Deutschland und Großbritannien miteinander pflegten, so wird der Eindruck recht starker Beziehungsgeflechte unter den Genossen/-innen eher noch verstärkt. Da es bislang sehr wenig Sekundärliteratur über die Beziehungen liberaler und konservativer Parteien in Europa gibt, läßt sich Definitives nur unter Vorbehalt sagen. Aber insgesamt scheinen solche Kontakte doch eher die Ausnahme gewesen zu sein. Einige anglophile deutsche Liberale der Vorkriegszeit, wie z.B. Brentano, Weber und Barth, waren wohl wenig repräsentativ. Brentano verbrachte die Jahre 1868/69 z.T. in Großbritannien, und er fand wohl besonders am wirtschaftlichen Liberalismus und dem parlamentarischen System Gefallen.[214] Unter seinen zahlreichen britischen Bekannten, mit denen er z.T. auch über lange Jahre in brieflichem Austausch stand, befanden sich Applegarth, die Buxtons, John Burns, John Malcolm Ludlow, Sir Alfred Mond, E.D. Morel, Lord Parmoor, Lord Ponsonby, die Webbs und G.B. Shaw.[215] In einem Brief an die Familie Brentanos nach dessen Ableben gab Sidney Webb seiner „Dankbarkeit und Bewunderung" für den Toten beredten Ausdruck.[216] Der Ehrendoktor der Universität München, der den Webbs im Jahre 1926 verliehen wurde, ging auch auf einen Vorschlag Brentanos zurück.[217] Doch sollte man sich hüten, Brentanos Anglophilie als repräsentativ für deutsche Liberale zu halten. Werner Sombart z.B. war eher anglophob, wie auch die meisten deutschen Konservativen, die wohl allesamt Hegels bekannte Abneigung gegenüber Großbritannien teilten. Menschen mit nationalistischen Überzeugungen fanden es überhaupt schwierig, über die Grenzen der eigenen Nation hinaus freundschaftliche Kontakte zu knüpfen. In den Debatten der britischen Rechten zu Fragen des Internationalismus wird dies überdeutlich. So heißt es etwa in der Zeitschrift der ASU im Jahre 1909: „the difficulties in the way of an international Anti-Socialist movement are considerable [...] Anti-Socialists, as we are proud to acknowledge, are intensely patriotic, and to look outside their country for sympathy and help would be more or less distasteful to most of them [...]"[218] Seit den 1890er Jahren war der Nationalismus in Großbritannien aufs engste mit einer weit verbreiteten germanophoben Haltung verbunden, die gerade auch die deutschen Immigranten auf der Insel zu spüren bekamen.[219] Ist also auf der politischen Rechten wohl nichts zu holen, so könnte sich die intensivere Beschäftigung mit den Kontakten, die der Liberal Party nahestehende Perönlichkeiten nach Deutschland hatten, durchaus lohnen. So sind etwa David Lloyd George und William Harbutt Dawson zwei eindrucksvolle Beispiele liberaler Politiker und Intellektueller, die sich ihr ganzes Leben lang intensiv mit Deutschland befaßten und dabei von einer besonderen Affinität zwischen Großbritannien und Deutschland ausgingen.[220] Aber auf der Basis der begrenzten Informationen, die bislang zugänglich sind, wird man insgesamt doch sagen dürfen, daß solche Verbindungen rar und in der Regel auf Fälle individueller Anglophilie bzw. Germanophilie begrenzt blieben.

---

214 Sheehan, The Career of Lujo Brentano, S. 22-25; E.P. Hennock, Lessons from England: Lujo Brentano on British Trade Unionism, in: German History 11, 1993, S. 141-60. Die markanten Unterschiede zwischen dem sozialen Liberalismus Großbritanniens und Deutschlands sind herausgearbeitet bei Karl Rohe, Sozialer Liberalismus in Großbritannien in komparativer Perspektive, in: Sozialer Liberalismus, hrsg. v. Karl Holl, Günter Trautmann und Hans Vorländer, Göttingen 1986, S. 110-25.
215 Die komplette Korrespondenz Brentanos befindet sich im BA Koblenz. Auch in seiner Autobiographie betont Brentano eigens die vielen Freundschaften, die ihn v.a. mit britischen Linksliberalen verbanden. Siehe Lujo Brentano, Mein Leben im Kampf um die soziale Entwicklung Deutschlands, Jena 1931, S. 45.
216 BA Koblenz, NL Brentano, Briefe Sidney Webbs an die Brentanos v. 14. Juli 1929 und v. 4. Nov. 1931.
217 BA Koblenz, NL Brentano, Brief Sidney Webbs an Brentano v. 27. Nov. 1926.
218 Should Anti-Socialists be International?, in: The Anti-Socialist v. 6. Juli 1909, S. 66.
219 Panikos Panayi, German Immigrants in Britain During the Nineteenth Century, 1815-1914, Oxford 1995.
220 Zu Lloyd George siehe Kenneth O. Morgan, Lloyd George and Germany, in: Historical Journal 39, 1996, S. 755-66; zu Dawson siehe Jörg Filthaut, Dawson und Deutschland. Das deutsche Vorbild und die Reformen im Bildungswesen, in der Stadtverwaltung und in der Sozialversicherung Großbritanniens 1880-1914, Frankfurt am Main 1993.

Die Arbeiterparteien beider Länder dagegen machten den Internationalismus zu einer ihrer grundsätzlichsten Überzeugungen. Selbst wenn die Mehrzahl der Genossen/-innen in entscheidenden Situationen, wie dem ersten Weltkrieg, daran scheiterte, ihre Ideale auch in die Tat umzusetzen, so gab es doch, wie oben gezeigt, zahlreiche Beispiele internationaler Solidarität und Freundschaft auf allen Ebenen der Bewegung. In den 1870er und 1880er Jahren waren wohl die Beziehungen der SPD zu französischen und österreichischen Arbeiterparteien wichtiger als die Verbindungen nach Großbritannien, doch letztere spielten dann ab den 1890er Jahren eine zunehmend wichtigere Rolle. In dem Jahrzehnt von 1890 bis 1900 veröffentlichte die „Neue Zeit" 363 Berichte über ausländische Arbeiterbewegungen in 27 Ländern. Insgesamt wurde mit 66 Artikeln über keine Arbeiterbewegung mehr berichtet als über die britische.[221] Weiterhin hat Jürgen Rojahn einige berechtigte Zweifel an der Annahme geäußert, die SPD wäre für zahlreiche kontinentale Arbeiterbewegungen ein Modell gewesen. Nach seiner Ansicht sollten also die Beziehungen der deutschen Sozialdemokratie zu anderen kontinentaleuropäischen Sozialisten/-innen nicht überbewertet werden.[222] Nach Analyse der Beziehungen der SPD zur Labour Party wäre dem nur hinzuzufügen, daß man diese nicht unterbewerten sollte. Natürlich waren gerade die kulturellen Kontakte der deutschen Sozialdemokratie mit ihren österreichischen oder auch skandinavischen Genossen/-innen ein starkes Band, und es soll hier auch durchaus nicht behauptet werden, daß die Labour Party für die SPD eine herausragende oder besondere Rolle gespielt habe. Aber wenn man ein recht langes Kapitel zu den Parteibeziehungen von SPD und Labour Party schreiben kann, so deutet das doch darauf hin, daß der Graben zwischen den beiden wohl nicht so tief gewesen sein kann, wie es ein Gutteil der bisherigen Literatur immer behauptet hat.

---

221 Zur Haltung der SPD zu verschiedenen anderen europäischen Arbeiterbewegungen im letzten Drittel des neunzehnten Jahrhunderts siehe Jutta Seidel, Internationale Stellung und internationale Beziehungen der deutschen Sozialdemokratie 1871-1895/96, Berlin 1982. Zu britischer Arbeiterbewegung und SPD siehe besonders ebd., S. 46-54, 229-32, 245.
222 Jürgen Rojahn, War die deutsche Sozialdemokratie ein Modell für die Parteien der Zweiten Internationale, in: IWK 27, 1991, S. 291-302. Vgl. die ältere, orthodoxere Ansicht zum Vorbildcharakter der SPD z.B. bei Geary, European Labour Politics, S. 2.

7 Schlußfolgerungen

Im Untersuchungszeitraum dieser Studie von ca. 1900 bis 1933 waren Labour Party und SPD zwei sich in mehr als einer Hinsicht sehr ähnliche Arbeiterparteien. Die in der Sekundärliteratur häufig anzutreffende Annahme, die Labour Party sei einem anderen Typus von Arbeiterpartei zuzurechnen als die SPD, ist durch den hier vorgenommenen detaillierten Vergleich nicht bestätigt worden. Eine solche These mitsamt ihren möglichen Varianten gründet in der Regel auf der Annahme historischer Sonderwege einzelner Nationen. Zahlreiche implizit oder explizit vergleichende Studien zur europäischen Arbeiterbewegung sind dabei davon ausgegangen, daß entweder die deutsche oder die britische Arbeiterbewegung ihre besonderen, mehr oder weniger einzigartigen Charakteristika hatte, da das eine oder andere Land eine angeblich vom „Normalweg" europäischer Nationalstaaten abweichende Entwicklung ihrer politischen, ökonomischen, sozialen und kulturellen Institutionen, d.h. einen Sonderweg, genommen hatte.[1]

Einmal abgesehen von den verschiedenen Sonderwegs-Theorien, auf deren Bedeutung für die vergleichende Arbeiterbewegungsgeschichte weiter unten noch näher einzugehen sein wird, haben wir in Robert Michels' These vom ‚eisernen Gesetz der Oligarchie' eine weitere, die historische Parteienforschung lange Jahre ungeheuer beeinflussende Theorie zur Verfügung. Michels vernachlässigte oft die Bedeutung der unterschiedlichen Nationalstaaten und deren Entwicklung für die Ausprägung einzelner nationaler Arbeiterbewegungen. Statt dessen argumentierte er, daß bestimmte Entwicklungen unabhängig von den gesellschaftlichen Kontexten allen Parteistrukturen eigen seien: Mit der zunehmenden Bedeutung der Organisation politischer Parteien wuchs die Macht der Parteiführung, während sich der Grad innerparteilicher Demokratie verringerte. Die verschiedenen Kontrollmechanismen der Basis über das Führungspersonal der Parteien wurden zunehmend unterminiert. Die wachsende Bürokratisierung und Zentralisierung der Parteien führte, laut Michels, notwendig zur Herausbildung einer festen Parteioligarchie, deren Autorität nicht zuletzt auf der Implementierung einer strikten Parteidisziplin beruhte. Langsam aber sicher schloß sich die Parteiführung nach unten hin ab und entfremdete sich zunehmend dem Willen der Parteimitglieder an der Basis.[2]

In mancher Hinsicht bestätigen die Ergebnisse der hier vorgelegten Untersuchung die Thesen von Michels. So wurde z.B. in Kapitel 3 gezeigt, wie sich beide Arbeiterparteien um eine effektive Zentralisierung und Bürokratisierung ihrer organisatorischen Apparate bemühten. Der starke Widerstand, den die Führung der Labour Party nach 1918 jedweden Forderungen nach Regionalisierung der innerparteilichen Macht entgegenbrachte, ebenso wie das wachsende Heer der bezahlten, weitgehend für die Organisation des

---

[1] Zur Annahme eines deutschen Sonderwegs siehe besonders Tenfelde, Geschichte der deutschen Arbeiter und Arbeiterbewegung, S. 469-83. Zur Annahme eines britischen Sonderwegs siehe dagegen Geary, Introduction, in: Labour and Socialist Movements, hrsg. v. Geary, S. 4.; Breuilly, Labour and Liberalism, bes. Kap. 4, 6 und 7; Bernd Weisbrod, Der englische „Sonderweg" in der neueren Geschichte, in: GG 16, 1990, S. 243 f.
[2] Michels, Zur Soziologie, S. 33-53.

Parteiapparates zuständigen Sekretäre/-innen unterstrichen diesen Trend eindrucksvoll. Die reale Macht innerhalb beider Parteien konzentrierte sich zunehmend bei der Parteiführung, die oft über Jahrzehnte hinweg dieselbe blieb und in ihren Entscheidungen immer autonomer agierte. Die Parteitage fanden es immer schwieriger, die ihnen nach den Statuten zukommende Kontrolle über die Parteiführung effektiv auszuüben. Auch war der Instinkt der Parteibasis in beiden Parteien, sich der Parteidisziplin zu unterwerfen und den einmal getroffenen Entscheidungen der bewunderten und geliebten Parteiführer zu folgen, oftmals stärker ausgeprägt als ihre Bereitschaft, die Handlungen der eigenen Parteiführung zu kritisieren. Schließlich nahm auch der Einfluß der Gewerkschaftsführungen beider Länder auf die Entscheidungen der Arbeiterparteien merklich zu. Ihm kam oftmals eine entscheidende Funktion zu.

Letztendlich war die Labour Party bei ihren Bürokratisierungs- und Zentralisierungsversuchen nicht so erfolgreich wie die SPD. Auch war die Parteidisziplin innerhalb der SPD-Fraktion wohl stärker ausgeprägt als innerhalb der PLP. Solche Unterschiede dürften allerdings kaum Hinweise auf eine bewußte Ablehnung von Bürokratisierung, Zentralisierung und Hierarchisierung durch die Führungskader der Labour Party sein. Eher spiegelt sich darin ein Mangel an Gelegenheit, effektiv solche Maßnahmen zu ergreifen. Dabei spielte neben dem ausgeprägten Mißtrauen der Parteiführung gegenüber regionalen Strukturen und Entscheidungsfindungen besonders die anhaltende finanzielle Abhängigkeit von den Gewerkschaftsgeldern eine zentrale Rolle. Zentralisierte und bürokratisierte die SPD ihre Strukturen am effektivsten in den Regionen, so bestand die Labour Party darauf, selbiges auf nationaler Ebene zu bewerkstelligen. Dies allerdings erschwerte den Kontakt mit den Ortsparteien und verhinderte eine wirklich durchschlagende Kontrolle derselben. Daher behaupteten die lokalen Organisationen auch erfolgreich ihre relative Unabhängigkeit von der Londoner Zentrale. Diese Zentrale besaß zudem niemals die Mittel, um schwächere Ortsparteien finanziell zu stützen und zu fördern. Damit begab sie sich des vielleicht wichtigsten Steuerungsinstruments der sozialdemokratischen Regionalparteien. Mehrere Anläufe der Labour Party, die Finanzmacht bei den nationalen Parteiinstitutionen zu zentralisieren, scheiterten an dem Unwillen der Gewerkschaften, die finanzielle Kontrolle über „ihre" Partei aufzugeben. Die Parteien vor Ort blieben weithin abhängig von lokaler Finanzierung ihrer Funktionäre/-innen und Wahlkämpfe. Dies geschah meist über die lokalen Gewerkschaftsorganisationen oder über die sozialistischen Parteien. Dort, wo die Gewerkschaftsbewegung schwach und die sozialistischen Gruppierungen nicht existent waren, bildete sich auch keine Arbeiterpartei. Obwohl sich die Labour-Party-Führung ständig darum bemühte, die Organisation zu stärken und dabei, wie gezeigt, häufig auf die SPD als Modell rekurrierte, war ihr relatives Scheitern eben vor allem darin begründet, daß sie keine effektive Kontrolle über die innerparteilichen Finanzen hatte und auch nicht die Vorteile einer effektiven Regionalisierung der innerparteilichen Strukturen realisierte. Gerade auf Grund der sehr viel effektiveren Bürokratisierung und Zentralisierung der SPD auf regionaler Ebene bleibt Michels' Theorie auf die SPD besser anwendbar als auf die Labour Party, deren Bemühen um eine Zentralisierung auf nationaler Ebene paradoxerweise die Autonomie der Ortsparteien stärkte.

Bleiben Teile der Michelsschen Theorie also nach wie vor als Interpretationsrahmen für die historische Parteienforschung attraktiv, so liegt dies wohl vor allem an den reichen Erfahrungen des Autors mit dem Funktionieren des innerparteilichen Getriebes der SPD. Ein Großteil seines faszinierenden parteisoziologischen Materials basiert auf empirischen Beobachtungen und der eigenen scharfen Wahrnehmung organisatorischer Trends innerhalb zahlreicher europäischer Arbeiterparteien der Vorkriegszeit. Die aus diesen Beobachtungen gezogenen autoritären Schlußfolgerungen allerdings, die wohl weitgehend von den Elitetheorien Moscas und Paretos abgeleitet sind, lassen sein Buch für den heutigen Leser überholt erscheinen und erklären wohl auch seine spätere Faszination für Mussolini und den italienischen Faschismus. So argumentiert Michels z.B., daß es zu den autoritären, oligarchischen Strukturen einer allmächtigen Parteibürokratie keine Alternative gab, erstens, weil diese Form der Organisation für den Erfolg einer Massenpartei notwendig war, und zweitens, weil es ein „natürliches Bedürfnis" der Massen gab, sich der Führung charismatischer Persönlichkeiten anzuvertrauen. Statt solchen anthropologischen Spekulationen nachzuhängen, wäre es wohl sinnvoller, einfach auf die größere Effektivität einer durchorganisierten Partei zu verweisen. Wie Mary Nolan für Düsseldorf gezeigt hat, beruhte der Erfolg der SPD maßgeblich auf einer zentralisierten und bürokratisierten Parteistruktur auch auf der lokalen Ebene. Dabei blieb gerade Düsseldorf trotz dieser Prozesse eine Hochburg der innerparteilichen Linken, bei der sich kein gesteigertes Bedürfnis nach Autoritätshörigkeit gegenüber den regionalen und nationalen Parteigrößen einstellte.[3] Bereits Eduard Bernstein hat die Michelsschen Thesen von den oligarchischen Tendenzen in den sozialdemokratischen Parteien kritisiert und statt dessen auf die funktionale Nützlichkeit von Parteibürokratien verwiesen.[4] In der Auseinandersetzung mit den Michelsschen Thesen betonte auch Paul Kampffmeyer einerseits die Opferbereitschaft der sozialdemokratischen Arbeiterführer und andererseits die schiere Notwendigkeit eines professionellen und starken Funktionärskaders, der den komplexen ökonomischen, politischen und sozialen Fragen der Zeit kompetent und selbstbewußt gegenübertreten konnte.[5] Auch sollte weiterhin der Graben zwischen Arbeiterführern und Parteibasis nicht überschätzt werden. Viele Parteimitglieder unterstützten ihre demokratisch gewählten Funktionäre/-innen und Vertreter/-innen, weil letztere sich auf ihren Posten oft vielfach bewährt hatten und eben nicht aus einem sozusagen natürlichen Unterbewerfungsbewußtsein der Massen heraus. Letztendlich sollte man Michels' „eisernes Gesetz der Oligarchie" als die zutiefst pessimistische Flucht eines von der Arbeiterbewegung enttäuschten Intellektuellen in die um die Jahrhundertwende gerade en vogue werdende Massenpsychologie sehen, die dem einstigen Syndikalisten, der an die revolutionären Instinkte der Arbeiterklasse geglaubt hatte, erklären sollte, warum letztere denn so oft versagten.

Bestätigen einige der hier vorgelegten Ergebnisse zumindest Teile der Michelsschen Argumentation, so bleibt die Erklärungskraft seiner Theorie dennoch relativ gering,

---

3 Nolan, Social Democracy, S. 118.
4 Eduard Bernstein, Die Demokratie in der Sozialdemokratie, in: SM 12/3, 1908, S. 1106-14; ders., Zur Reorganisation der Partei, in: SM 16/2, 1912, S. 910-14.
5 Paul Kampffmeyer, Masse und Führer – Historisches zu einem aktuellen Problem, in: SM 38, 1932, S. 3-9.

gerade weil sie ja die jeweiligen nationalen gesellschaftlichen Kontexte, in denen sich die europäische Arbeiterbewegung entwickelte, weitgehend ausblendet. Statt dessen nimmt sie Zuflucht zu psychologisierenden und letztendlich unbeweisbaren anthropologischen Annahmen über die Natur des Menschen. Deshalb kehren wir im folgenden auch zurück zu denjenigen Versuchen von Historikern/-innen, den Charakter europäischer Arbeiterparteien zu erklären aus den spezifischen Entwicklungsbedingungen unterschiedlicher europäischer Nationalstaaten in die Moderne. Dick Geary hat versucht, vier generelle Prinzipien zu den Beziehungen zwischen nationalstaatlich verfaßter Gesellschaft und Entwicklung der Arbeiterbewegung zu formulieren. Erstens: Je liberaler ein Staat auf die sich entwickelnden Arbeiterorganisationen reagierte, desto ideologisch moderater und in die Gesellschaft integrierter erschien später die Arbeiterpartei des Landes. Zweitens: Je reicher eine Nation und je mehr darum bemüht, der Arbeiterklasse einen annehmbaren Lebensstandard zu sichern, desto stärker ausgeprägt war der Wille der Arbeiterbewegung zu politischen Kompromissen. Drittens: Je mehr die Arbeitgeberorganisationen Gewerkschaften und Arbeitervereine akzeptierten, z.B. indem sie bereit waren, Tarifverträge auszuhandeln oder auch nur die Arbeitnehmervertretungen anzuerkennen, desto weniger fühlte sich die Arbeiterbewegung befleißigt, radikale Alternativen zum bestehenden Wirtschafts- und Gesellschaftssystem zu entwickeln. Viertens: Je stärker die konfessionellen Gegensätze in einem Nationalstaat ausgeprägt waren, desto schwieriger war es für die nicht-religiöse Arbeiterbewegung, die Arbeiter zu mobilisieren.[6] Generell widersprechen diese Thesen nicht den Ergebnissen der hier vorgelegten Untersuchung. Wo vergleichende Historiker/-innen wie Geary, Hans Mommsen oder Mitchell zu vorschnell schlußfolgerten, geschah dies in der spezifischen Unterscheidung, die sie zwischen den Arbeiterbewegungen Großbritanniens und Deutschlands im Lichte solcher genereller Aussagen trafen.[7]

Die ökonomische Entwicklung Großbritanniens und Deutschlands, gerade wenn man sie mit der anderer europäischer Nationalstaaten vergleicht, war doch recht ähnlich. Die Situation der Arbeiterklasse in beiden Ländern stach in vielem sehr vorteilhaft von der anderer Arbeiterklassen in anderen Ländern ab.[8] Doch hat u.a. Geary zu Recht betont, daß auch durchaus andere als ökonomische Faktoren für die Entwicklung und den sich ausprägenden Charakter der Arbeiterbewegung von Bedeutung waren. Besonders der Staat als historischer Akteur wäre hier zu nennen. Ein starker, oft illiberaler deutscher Staat, der aktiv auch die wirtschaftliche Entwicklung des Landes mitbestimmte und die reinen Marktmechanismen mit einem guten Schuß staatlicher Planung anreicherte, ist in

---

6 Geary, Introduction, in: Labour and Socialist Movements, hrsg. v. Geary, S. 4. Vgl. auch das detailliertere und komplexere Modell, das wesentlich mehr Variablen zu berücksichtigen trachtet, um den Charakter von Arbeiterbewegungen zu bestimmen, in: Seymour Martin Lipset, Radicalism or Reformism: the Source of Working-Class Politics, in: APSR 77, 1983, S. 1-18.
7 Vgl. die Argumentation der drei und anderer vergleichender Historiker/-innen in Kapitel 1.
8 Wladimir Woytinsky, Industrielle Entwicklung Großbritanniens und Deutschlands, in: Die Gesellschaft 5, 1928, S. 509-32. Die etablierte Argumentation Gerschenkrons, der noch von der relativen Rückständigkeit der deutschen wirtschaftlichen Entwicklung ausging und daraus allerlei Schlußfolgerungen für die politische Entwicklung des Landes inkl. seiner Arbeiterbewegung ableitete, scheint inzwischen doch sehr durchlöchert. Siehe P. K. O'Brien, Do We Have a Typology for the Study of European Industrialization in the Nineteenth Century?, in: Journal of European Economic History 15, 1986, S. 291-333.

dieser Hinsicht häufig einem schwachen, liberalen britischen Staat gegenübergestellt worden, der in der Regel von einer direkten Intervention in wirtschaftliche Prozesse absah.[9] Natürlich kann kein ernsthafter Zweifel daran bestehen, daß mächtige Bürokratien auf eine lange Tradition in Deutschland zurückblicken konnten zu einer Zeit, zu der sich in Großbritannien die Expansion der bürokratischen Apparate gerade erst abzuzeichnen begann. Der Staat war also durchaus ein größerer Faktor in Deutschland als in Großbritannien. Peter Lösche hat in diesem Zusammenhang auch zu Recht darauf verwiesen, daß in der bürokratischen, hierarchisierten Struktur der SPD im Kaiserreich das Modell des deutschen Obrigkeitsstaates deutlich hervortrat.[10] Doch, wie in Kapitel 2 bereits angesprochen, markierte der Aufstieg der Labour Party im politischen System Großbritanniens zugleich den Niedergang der britischen Tradition, sich jedweder Form der staatlichen Intervention in wirtschaftliche und gesellschaftliche Prozesse zu enthalten. Indem sie sich z.T. auf britische Denker, wie z.B. Ruskin, die schon seit längerem eine verstärkte staatliche Aktivität gefordert hatten, und z.T. auf das „deutsche Modell" berief, begann die britische Arbeiterpartei, den Aufbau eines starken Staates zu propagieren, der u.a. auch einen besseren Lebensstandard seiner Bürger garantieren sollte. Die eigene bürokratische Veranlagung der Labour Party wurde hier sowohl hinsichtlich ihrer ideologischen Grundlage (Kapitel 5) als auch im Blick auf die Vorstellungen von effektiver Parteiorganisation (Kapitel 3) analysiert.

Die Tendenz der deutschen Sozialdemokratie, sich politisch, kulturell, sozial und ideologisch in ein selbstgestaltetes Ghetto zurückzuziehen, wird in der Literatur häufig auf die strikte Verfolgung der Partei unter dem Bismarckschen Sozialistengesetz zurückgeführt. Dagegen steht dann die Annahme einer frühzeitig akzeptierten und allseits geachteten Arbeiterbewegung in Großbritannien, die im Gegenzug viel besser in das politische und gesellschaftliche System des Landes integriert war. Wie besonders in Kapitel 2 argumentiert wurde, sind solche Gegenüberstellungen mit Vorsicht zu genießen. Immerhin erfuhr die britische Arbeiterbewegung in der ersten Hälfte des neunzehnten Jahrhunderts eine ebenso lang anhaltende wie nachwirkende Periode politischer Verfolgung und Nichtakzeptanz, und auch später gab es, gerade auf Grund der in Großbritannien herrschenden, vergleichsweise großen Rechtsunsicherheit immer wieder Versuche, die Arbeiterbewegung zu marginalisieren oder entscheidend zu schwächen. Die Entwicklung der Labour Party war, genau wie in Deutschland, begleitet von der Gründung antisozialistischer Organisationen, von paternalistischen Arbeitgebern und der direkten Feindseligkeit der Justiz. Beide Arbeiterparteien fanden unter den Mittelschichten ihres Landes keine entscheidende Unterstützung und blieben lange Zeit in ihrem Arbeiterghetto befangen. In groben Linien der Argumentation von Blackbourn und Eley folgend, wurde hier argumentiert, daß die soziale, kulturelle und politische Entwicklung Großbritanniens und Deutschlands nicht so unterschiedlich war, wie dies Sonderwegs-Historiker/-innen immer wieder betont haben. Auch der Vergleich von Organisationsstrukturen und Ideologie in

---

9 Organisierter Kapitalismus: Voraussetzungen und Anfänge, hrsg. v. Heinrich August Winkler, Göttingen 1974.
10 Peter Lösche, Arbeiterbewegung und Wilhelminismus: Sozialdemokratie zwischen Anpassung und Spaltung, in: GWU 20, 1969, S. 519-33.

Kapiteln drei bis fünf hat gezeigt, daß es sich bei Labour Party und SPD um recht ähnliche Gebilde handelte, deren Zuordnung zu verschiedenen Typen von Arbeiterparteien nicht gerechtfertigt erscheint. Diejenigen Einschätzungen, die sich in der Vergangenheit allzu bereitwillig auf die Annahme von Sonderwegen der deutschen oder britischen Gesellschaft verlassen haben, müssen demnach von neuem überdacht werden. Die Labour Party ist von vielen Historikern/-innen als Modell politischer und ideologischer Mäßigung betrachtet worden. Sie galt lange Jahre als im engen Sinn politische Partei, d.h. vor allem eine Wahlmaschine ohne dazugehörige Subkultur. Sie konnte in dieser Hinsicht der SPD als politischer Bewegung, die ihre Mitglieder in allen Lebensbereichen „von der Wiege bis zur Bahre" durchorganisierte, geradezu diametral gegenübergestellt werden. Diese sozialdemokratische Subkultur, so die traditionelle Sonderwegs-Argumentation, mit ihren Debatten über marxistische Theorie und revolutionäre Strategie habe eine pragmatische, machtorientierte Politik ebenso wie eine weitergehende gesellschaftliche Integration der Partei verhindert. Die hier vorgenommene kritische Überprüfung solcher Argumentationsmuster kommt dagegen zu anderen Ergebnissen.

Stimmt die in Kapitel 2 aufgestellte These, daß auch die britische Arbeiterbewegung zu unterschiedlichen Zeiten und in verschiedenem Ausmaß z.T. heftigen Anfeindungen von Staat und Gesellschaft ausgesetzt war, so kann es auch nicht verwundern, daß in Kapitel 4 der Vergleich von britischer und deutscher Arbeiterbewegungskultur z.T. erstaunliche qualitative Ähnlichkeiten zutage gefördert hat. Weit davon entfernt, ein bloßer Appendix der Gewerkschaften ohne eigenes Innenleben zu sein, stellte die Labour Party an vielen Orten eine Form von „Solidargemeinschaft" auf die Beine, die Historiker/-innen der Arbeiterbewegung weithin mit der SPD verbinden. Beide Parteien sahen sich gern als Arbeiterbildungsbewegungen, und beide betrachteten eine starke Arbeiterpresse als die beste Voraussetzung, um die Arbeiter des Landes von der Botschaft der Partei zu überzeugen. Im Arbeiterbewegungsmilieu beider Länder gab es zahlreiche Theater-, Musik- und Sportvereine, die die Freizeitaktivitäten der Mitglieder und Sympathisanten/-innen organisierten. Frauen- und Jugendverbände spielten gerade auf lokaler Ebene häufig eine wichtige Rolle im Parteileben, und auch die Festkultur beider Arbeiterparteien sah in vielem recht ähnlich aus. Quantitativ war die Arbeiterbewegungskultur in Großbritannien allerdings wesentlich kleiner. Betrachtet man die Mitgliederzahlen in den Freizeit- und Kulturorganisationen der SPD, so will es einem in der Tat oft scheinen, als hätte sich die deutsche Arbeiterpartei in anderen Stratosphären als die Labour Party bewegt. Und doch erreichten die Arbeiterbewegungen beider Länder insgesamt nur eine kleine Minderheit von Arbeitern/-innen. Für den deutschen Kontext haben gerade die Arbeiten Alf Lüdtkes immer wieder darauf hingewiesen, wie peripher Parteien und Gewerkschaftsorganisationen für das alltägliche Leben der meisten Arbeiter/-innen waren.[11] Angesichts ihres minoritären Status' innerhalb der britischen wie deutschen Arbeiterkultur, kommt den qualitativen Gemeinsamkeiten der gesamten geistigen Ausrichtung der beiden Arbeiterbewegungskulturen ein solches Gewicht zu, daß man doch wieder Zweifel hat, ob denn wirklich hier bereits ein Sprung von der Quantität zur Qualität stattge-

---

11 Siehe besonders Alf Lüdtke, Eigen-Sinn, Fabrikalltag, Arbeitererfahrungen und Politik vom Kaiserreich bis in den Faschismus, Hamburg 1993, S. 171.

funden hatte. Auf dem Gebiet der Arbeiterbewegungskultur wie insgesamt auf dem der Organisation wurde überdies immer wieder deutlich, wie sehr die Labour Party danach strebte, das, was sie an der SPD als vorbildlich anerkannte, für das eigene Parteileben fruchtbar zu machen.

Bislang haben vergleichende Historiker/-innen allerdings nicht nur die subkulturellen Aspekte der britischen Arbeiterpartei vernachlässigt, sie haben außerdem auch die Vorstellung von der Labour Party als parlamentarischer Interessenvertretung der Gewerkschaften allzusehr überanstrengt. Ihnen ist der unmittelbare und offensichtliche Einfluß der Gewerkschaften auf die britische Arbeiterpartei weiterer Beweis für den qualitativen Unterschied zur SPD, die auf den ersten Blick weniger vergewerkschaftet schien. Doch, wie der detaillierte Vergleich in Kapitel 3 gezeigt hat, läßt sich auch eine solch klare Unterscheidung zwischen Gewerkschaftspartei hie und unabhängiger sozialistischer Partei da nicht durchhalten. Während die Gewerkschaften in Deutschland spätestens seit der Jahrhundertwende die SPD massiv in Richtung Reformismus und pragmatischer politischer Zielsetzung beeinflußten, mischten sich die mächtigen Gewerkschaftsführer Großbritanniens nur selten direkt in die Belange der Labour Party ein. Das Politische überließen sie der Partei, und das, obwohl die Gewerkschaften in formeller Hinsicht sowohl innerhalb des Vorstands als auch in den Parteistrukturen insgesamt erhebliche Machtbefugnisse hatten. In vieler Hinsicht waren die Gewerkschaften geradezu die Partei. Doch, anders als in Deutschland, betrachteten die führenden Köpfe der Gewerkschaftsbewegung ein Amt als Gewerkschaftsfunktionär oftmals als inkompatibel mit einem Sitz im Parlament oder einem hohen Parteiamt. In Deutschland dagegen waren zahlreiche Gewerkschaftsführer zugleich parlamentarische Abgeordnete der SPD. Eine interessante Parallele ergibt sich aus dem Sturz der Regierungen Müller und MacDonald in den Jahren 1930 bzw. 1931. Beide scheiterten letztendlich an einem Veto der Gewerkschaften, die es nicht hinnahmen, daß eine Arbeiterpartei Kürzungen in der Arbeitslosenversicherung mittragen bzw. beschließen sollte. Insgesamt scheint also auch in der Frage der Vergewerkschaftung der Arbeiterparteien der Unterschied zwischen Labour Party und SPD wesentlich geringer, als dies bislang angenommen wurde.

War nun die britische Labour Party weniger gut in die britische Gesellschaft und die SPD etwas besser in die deutsche Gesellschaft integriert, als dies viele Sonderwegs-Historiker/-innen bislang vermutet haben, so kann es auch nicht verwundern, daß die Analyse der jeweiligen Parteiideologeme in Kapitel 5 z.T. erhebliche Parallelen und Ähnlichkeiten zu Tage förderte. Ideologisch kann man die Bedeutung des Marxismus für die SPD und ihre historische Entwicklung leicht überbewerten. Beide Parteien hatten ihre Ursprünge in Protestbewegungen gegen eine Gesellschaft, die allzu offensichtlich auf sozialer Ungerechtigkeit und Amoralität aufbaute. Beide blieben gegenüber den Aufforderungen, innerhalb einer solchen Gesellschaft konstruktiv am politischen Prozeß mitzuarbeiten, zutiefst mißtrauisch. Gerade in der Frage der Regierungsbeteiligung der SPD an Koalitionsregierungen der Weimarer Republik bzw. der Bildung von Minderheitsregierungen der Labour Party in der Zwischenkriegszeit zeigte sich die ganze Ambivalenz beider Arbeiterparteien gegenüber einer solchen Teilnahme am politischen Geschäft. Die Mehrheit innerhalb beider Parteien überwand schließlich ihre Hemmungen, auch wenn z.T. erhebliche Minderheiten an den alten Zielen der Überwindung der bestehenden

Gesellschaft festhielten. Die daraus resultierenden Spannungen innerhalb beider Arbeiterparteien führten immer wieder zu Abspaltungen, so in den Jahren 1917 bis 1920 zur Gründung von USPD (wobei natürlich die Kriegsproblematik eine entscheidende Rolle spielte), KPD und CPGB oder zu Beginn der 1930er Jahre zum endgültigen Bruch der ILP mit der Labour Party bzw. zur Gründung der SAP. Sind also auf der Ebene der offiziellen Parteiideologie die Unterschiede zwischen Marxismus und Labourismus nicht überzubewerten, so ergeben sich auf der Ebene der ‚Ideologie von unten' wiederum interessante Parallelen. In einem Vergleich der Schlüsselwörter und -konzepte populärer Parteiliteratur wurde in Kapitel 5 darauf verwiesen, daß sich in beiden Parteien ein tiefer Glaube an die historische Notwendigkeit eines Sieges der Arbeiterpartei ebenso offenbarte wie die Obsession mit der wissenschaftlichen Begründbarkeit des Sozialismus. Der Sozialismus wurde innerhalb beider Parteien weithin als „neue Religion" begriffen, die die traditionellen Formen der Religiösität abzulösen im Begriff war.

Daß Labour Party und SPD nicht durch tiefe Gräben einer unterschiedlichen Organisationskultur und inkompatibler Ideologien voneinander getrennt waren, wurde auch in Kapitel 6 bestätigt, wo es um den Nachweis zahlreicher, z.T. enger Beziehungen zwischen Vertretern/-innen der beiden Arbeiterparteien ging. Bewunderte die Labour Party oftmals die Organisation der SPD (während sie deren Dogmatismus häufig ablehnte), so fand gerade der reformistische und revisionistische Flügel der SPD Gefallen an der pragmatischen Art, mit der die Labour Party Politik machte. Persönliche Freundschaften, Parteidelegationen und bilaterale Kontakte zu solchen Fragen wie der Erhaltung des Friedens vor 1914 oder den Auswirkungen des Versailler Vertrages nach 1918 führten oft zu enger, vertrauensvoller Zusammenarbeit zwischen Vertretern/-innen von Labour Party und SPD. Gerade auch im Vergleich der Beziehungen der SPD zu anderen Parteien der Internationale und trotz einer etablierten, entgegengesetzten historiographischen Sicht auf diese Beziehungsgeschichte konnte hier festgestellt werden, daß die Verbindungen zwischen Labour Party und SPD weder besonders schwach noch besonders schlecht waren.

Abschließend bleibt festzuhalten, daß der hier vorgelegte Vergleich von Labour Party und SPD es nahezu unmöglich macht, die bestehende Typologie von Arbeiterbewegungen aufrechtzuerhalten, nach der zu unterscheiden wäre zwischen einem marxistisch-deutsch dominierten kontinentaleuropäischen Typus, einem syndikalistisch-romanisch dominierten kontinentaleuropäischen Typus und einem angelsächsischen Typus. Ohne weiterführende Vergleiche kann die hier vorgelegte Arbeit leider nur als negative Überprüfung dieser etablierten Typologie dienen. Die eventuelle Korrektur dieser Typologie könnte u.U. dahingehend erfolgen, daß man in Zukunft von mehreren, aber wohl nicht einseitig ideologisch festgelegten, europäischen Typen ausgeht, bei denen Labour Party und SPD wohl eher zu ein und demselben Typus zu rechnen sind. In einem weiteren Schritt ist dann zu überlegen, ob europäische von nicht-europäischen Arbeiterbewegungen, wie etwa der amerikanischen, differenziert werden können. Schließlich ist gerade der „American exceptionalism" ein seit langem etablierter Topos der vergleichenden Arbeiterbewegungsgeschichte.[12] Solch eine Typologie würde auch mit den Überlegungen

---

12 Ira Katznelson, Working-Class Formation and the State: Nineteenth Century England in American Perspective, in: Bringing the State Back in, hrsg. v. Peter B. Evans, Dietrich Rueschemeyer und Theda Skoc-

derjenigen Historiker/-innen einhergehen, die sich nun bereits seit vielen Jahren darum bemühen, gerade auch die vielen Ähnlichkeiten in der sozialen und politischen Entwicklung westeuropäischer Nationalstaaten sichtbar zu machen.[13] Allerdings würde einem angesichts des von Neville Kirk vorgelegten Vergleichs der amerikanischen mit der britischen Arbeiterbewegung eine gewisse Vorsicht bei der allzu vorschnellen Annahme von einem amerikanischen Sonderweg gut anstehen.[14] Auch Thomas Welskopp stieß ja bei seinem detaillierten Vergleich der Arbeits- und industriellen Beziehungen in den Hüttenwerken Deutschlands und der USA auf „erstaunliche Ähnlichkeiten [...] besonders [...] in den Interaktionsmustern im betrieblichen und außerbetrieblichen (privaten) Handlungsfeld."[15] Insgesamt scheint das Denken in Sonderwegen, wie ja auch David Blackbourn und Geoff Eley in allgemeinerem Kontext mehrfach betont haben, nicht gerade der fruchtbarste Ansatz in der vergleichenden Arbeiterbewegungs-Geschichtsschreibung zu sein.[16] Sicher gibt es für jedes Land spezifische Charakteristika. Dazu gehörte in Deutschland z.B. das frühe und erstaunlich hohe Maß an Bürokratisierung und, damit verbunden, eine stärkere Tradition staatlicher Intervention in wirtschaftliche und gesellschaftliche Prozesse. Insgesamt sollte jedoch auch nicht unterschätzt werden, wie ähnlich viele der Problemstellungen und Fragen waren, die in allen industrialisierten Nationen zur Lösung und Beantwortung anstanden. Deshalb haben die Historiker/-innen in Zukunft nicht nur diejenigen Fragen zu beantworten, die sich primär mit den spezifischen Charakteristika unterschiedlicher Nationalstaaten in Europa befassen (obwohl solche natürlich gleichwohl von Bedeutung bleiben werden), sondern sie sollten sich in vergleichender Perspektive verstärkt auch mit der gemeinsamen Geschichte dieser Nationalstaaten auseinandersetzen.

---

pol, Cambridge/Mass. 1985, S. 257-84. Siehe im Zusammenhang des sicher erstrebenswerten globalen Vergleichsrahmens auch die hochinteressanten Überlegungen von Jürgen Osterhammel, Sozialgeschichte im Zivilisationsvergleich. Zu künftigen Möglichkeiten komparativer Geschichtswissenschaft, in: GG 22, 1996, S. 143-64.

13 Siehe etwa Hartmut Kaelble, Auf dem Weg zu einer Europäischen Gesellschaft: eine Sozialgeschichte Westeuropas 1880-1980, München 1987, oder spezifischer, für das Feld der Arbeiterbewegungs- und Arbeitergeschichte, siehe auch: ders., Eine europäische Geschichte des Streiks, in: Von der Arbeiterbewegung, hrsg. v. Kocka, Puhle und Tenfelde, S. 44-70; detaillierter zu europäischen Gemeinsamkeiten und ebenso zu vielfältigen Unterschieden in der europäischen Streikgeschichte in den 1880er und 1890er Jahren siehe: Boll, Arbeitskämpfe; vgl. auch Stefan Berger, European Labour Movements and the European Working Class in Comparative Perspective, in: The Force of Labour. The Western European Labour Movement and the Working Class in the Twentieth Century, hrsg. v. Stefan Berger und David Broughton, Oxford 1995, S. 245-61.

14 Neville Kirk, Labour and Society in Britain and the USA, 2 Bde., Aldershot 1994, betont gerade die Schwächen einer Argumentation, die sich allzu sehr auf den „American exceptionalism" beruft. Siehe dazu auch meine Rezension in EHR 111, 1996, S. 1222-1225.

15 Thomas Welskopp, Arbeit und Macht im Hüttenwerk. Arbeits- und industrielle Beziehungen in der deutschen und amerikanischen Eisen- und Stahlindustrie von den 1860er bis zu den 1930er Jahren, Bonn 1994, S. 711. Siehe dazu auch meine Rezension in: Journal of Social History 29, 1995, S. 428-30.

16 Siehe auch die explizite Ablehnung des Sonderwegs-Gedankens für die vergleichende Arbeiterbewegungs-Geschichtsschreibung in James E. Cronin, Neither Exceptional nor Peculiar. Towards the Comparative Study of Labor in Advanced Society, in: IRSH 38, 1993, S. 59-74.

Archivalien und Literatur

Das Literaturverzeichnis enthält nur die wichtigsten Titel, die für die Argumentation des hier vorgelegten Buches größere Bedeutung hatten. Artikel in Sammelbänden wurden nicht eigens aufgenommen, es sei denn, daß nur ein spezifischer Aufsatz in einem bestimmten Band von ganz besonderem Interesse war. Die „Internationale Wissenschaftliche Korrespondenz zur Geschichte der deutschen Arbeiterbewegung" (IWK) publiziert regelmäßig wertvolle Informationen zu laufenden Forschungsvorhaben zur Geschichte der deutschen und internationalen Arbeiterbewegung. Weitere nützliche Bibliographien sind: Hans-Ulrich Wehler, Bibliographie zur neueren deutschen Sozialgeschichte, München 1993, bes. S. 3709-84, Gerhard A. Ritter und Klaus Tenfelde, Bibliographie zur Geschichte der deutschen Arbeiterschaft und Arbeiterbewegung 1863-1914: Berichtszeitraum 1945-1975, Bonn 1981, und Kurt Klotzbach, Bibliographie zur Geschichte der deutschen Arbeiterbewegung, 1914-1945: Sozialdemokratie. Freie Gewerkschaften. Christlich-soziale Bewegungen. Kommunistische und linke Splittergruppen, 3., erweiterte Auflage, Bonn 1981. Diese abgeschlossenen Bibliographien werden seit 1975 fortgesetzt durch die von der Bibliothek der Friedrich-Ebert-Stiftung kontinuierlich herausgegebene „Bibliographie zur Geschichte der Arbeiterbewegung". Ein ausgesprochen nützlicher Überblick zum Forschungsstand international vergleichender Arbeiten zu Arbeitern/-innen und Arbeiterbewegung findet sich in: Arbeiter und Arbeiterbewegung im Vergleich: Berichte zur internationalen historischen Forschung, hrsg. v. Klaus Tenfelde, München 1986. Zur britischen Arbeiter und Arbeiterbewegungsgeschichte veröffentlicht der „Labour History Review" (vormals „Bulletin of the Society for the Study of Labour History") regelmäßig Bibliographien, die auch die auf englisch verfaßten Dissertationen erfassen. Siehe weiterhin die nützlichen Literaturhinweise in: Harold Smith, The British Labour Movement to 1970: A Bibliography, London 1981 sowie Cambridge Social History of Britain, hrsg. v. F.L.M. Thompson, 3 Bde., Cambridge 1990.

Archivmaterialien

Amsterdam: Internationales Institut für Sozialgeschichte

Akten der Sozialistischen Jugendinternationale,
Kleine Korrespondenz der SPD,
Akten der Sozialistischen Arbeiter-Internationale,
Nachlässe von Max Beer, Eduard Bernstein, Rudolf Breitscheid, G.D.H. Cole, Wolfgang Heine, Karl
    Kautsky, James S. Middleton, Wilhelm Sollmann.

Berlin: Bundesarchiv

Abt. Reich.: Akten der Reichsministerien: St. 10/228, St. 10/229, St. 12/101, St. 12/103, St. 22/6, St. 22/16, St. 22/28, St. 22/37, St. 22/38, St. 22/75.

Berlin: Geheimes Staatsarchiv

Reichs- und Staatsministerium des Innern: Überwachung der SPD.

Berlin: Stiftung Archiv der Parteien und Massenorganisationen der DDR im Bundearchiv (SAPMO)

Flugblattsammlung,
Nachlässe von August Bebel, Eduard Bernstein, Karl Liebknecht, Paul Löbe, Rosa Luxemburg, Clara Zetkin,
Akten der Sozialistischen Arbeiter-Internationale,
Akten des SPD-Parteivorstands: PV II 145.

Bonn: Friedrich-Ebert Stiftung, Archiv der sozialen Demokratie

Emigrationsarchiv der SPD
Nachlässe von August Bebel, Wilhelm Dittmann, Wolfgang Heine, Hermann Molkenbuhr, Julius Motteler, Hermann Müller, Carl Severing, Otto Wels.
Akten der Sozialistischen Arbeiterjugend.
ADGB-Restakten (vormals: Berlin, Historische Kommission)

Cambridge: Churchill College

Nachlässe von Ernest Bevin, Philip Noel-Baker.

Koblenz: Bundesarchiv

Nachlässe von Lujo Brentano, Wolfgang Heine, Albert Südekum.
Zeitgeschichtliche Sammlungen 1 and 2.

London: Labour Party Archiv

Advisory Council of International Questions, Protokolle, Breitscheid Akten,
Darlington Labour Party, Protokolle, 1926 - 1932,
Allgemeine Korrespondenz,
Gillies, W., Korrespondenz,
Akten des International Department,
International Sub-Committee, Protokolle und Dokumente,
Akten zu den lokalen Parteien,
Akten zur Sozialistischen Arbeiter-Internationale
Middleton Nachlaß,
National Joint Council of Labour, Protokolle,
NEC Protokolle,
Organization Sub-Committee, Protokolle 1932/33,
PIC/1: Brief von Eleanor Marx betr. deutsche Wahlen.

London: London School of Economics, British Library of Political and Economic Science

Coll. Misc. 296: Bertrand Russell, „Diary of a Winter Spent in Berlin",
Coll. Misc. 686: Nachlaß W. John,
Nachlässe von Robert Dell, George Lansbury, R.H. Tawney,
Graham Wallas.

London: Public Record Office

MacDonald-Nachlaß.

London: Trades Union Congress Library, Transport House

Akten zu Deutschland 1927 - 1939,
Meetings of the International Committee of the TUC General Council, Protokolle 1923 - 1933.

Merseburg: Zentrales Staatsarchiv (jetzt Teil des Geheimen Staatsarchivs Preußischer Kulturbesitz)

CBS, Rep. 77: Zeitungsausschnittsammlung zur Arbeiterbewegung,
CBP, Rep. 77: Zeitungsausschnittsammlung zur sozialistischen Bewegung,
Nachlässe von: August Bebel (no. 28), Eduard Bernstein (no. 108), Philipp Scheidemann (no. 291).

Oxford: Nuffield College Library

Fabian Society,
Nachlässe von G.D.H. Cole, Stafford Cripps, Herbert Morrison.

Potsdam: Zentrales Staatsarchiv (jetzt: Bundesarchiv, Abteilungen Potsdam)

Nachlässe von Theodor Barth, Konrad Haenisch, Wolfgang Heine, Carl Legien, Hermann Müller.
01.01.: Reichstag,
07.01.: Reichskanzlei,
09.01.: Auswärtiges Amt,
15.01.: Reichsministerium des Inneren,
15.07.: Reichskommissar für die Überwachung der öffentlichen Ordnung,
39.01.: Reichsarbeitsministerium.

Warwick, University of: Modern Records Centre

Zeitungsausschnittsammlung Ellen Wilkinson.

Interviews:

Harry and Kitty Grey, Genosse und Genossin der Labour Party in den 1920er und 1930er Jahren aus Nuneaton; interviewt am 30. April 1990.
Herbert Rogers, Sekretär der Labour Party für den Wahlkreis Bristol East in den 1920er und 1930er Jahren; interviewt am 30. März 1990.

Zeitungen und Zeitschriften

The Anti-Socialist, 1909/1910.
Die Arbeit, 1924 - 1933.
Daily Herald, 1912 - 1933 (ausgewählte Jahrgänge).
Dresdner Volkszeitung, 1908 - 1912, 1919 - 1923.
Elberfelder Freie Presse, 1925 - 1928.
Die Genossin. Informationsblätter der weiblichen Funktionäre der SPD, Juli 1924 - März 1932.
Die Gesellschaft, 1924 - 1932.
Die Gleichheit, 1896, 1912, 1915.
Hamburger Echo, 1914 - 1919.
Labour Leader, 1905 - 1910.
The Labour Magazine, 1918 - 1933.
Labour Organizer. The Official Journal of the National Association of Labour Registration and Election Agents, hrsg. v. Herbert Drinkwater, 1920 - 1933.
Labour Party Bulletin, 1920 und 1925 - 1933.

Labour Prophet, 1892.
League of Youth Bulletins, 1930 - 1932.
Leipziger Volkszeitung, 1900 - 1932 (ausgewählte Jahrgänge)
Liberty, 1910/1912.
London Labour Chronicle, September 1918 - Oktober 1924.
The London News, November 1924 - Dezember 1932.
Mitteilungen des Vereins Arbeiterpresse, 1900 - 1933.
Mitteilungsblatt der VSPD, 1924 - 1928.
Die Neue Zeit, 1887 - 1923.
The Social Democrat, 1900 - 1908.
Socialist Review, 1917 - 1924.
Sozialistische Lebensgestaltung, 1921 - 1923.
Sozialistische Monatshefte, 1897 - 1933.
SPD Nachrichten für die Funktionäre, 1921/22.
Vorwärts, 1891 - 1933 (ausgewählte Jahrgänge).
Der Weg, 1927 - 1933.

Zeitgenössische Literatur

Allen, Clifford, Is Germany Right and Britain Wrong?, London 1914.
Altenberger, Erich (Hrsg.), Arbeiters Weihnachten. Ein Haus- und Handbuch für freie Menschen, Waldenburg i.Schl. 1927.
Altenberger, Erich (Hrsg.), Herbst- und Jahreswende, Waldenburg i.Schl. 1929.
Altenberger, Erich (Hrsg.), Revolution und Nie Wieder Krieg, Waldenburg i.Schl. 1929.
Annual Report Presented by the GMC to the Individual Members of the Westminster Labour Party 1925, Westminster 1925.
Annual Report of the Sheerness Trades Council and Labour Party, 1926, Sheerness 1926.
Annual Reports of the EC of the LLP, 1924/25 - 1932/33.
Annual Reports of the London Labour Party, 1918 - 1933.
Arbeiterführer für Leipzig und Umgebung. Nachschlagewerk, vol. 11, hrsg. v. Richard Lipinski, Leipzig 1909.
Außerordentlicher Internationaler Sozialistenkongreß zu Basel am 24. und 25. November 1912, Berlin 1912.

Bailey, W. Milne (Hrsg.), Trade Union Documents, London 1929.
Bailey, W. Milne, Trade Unions and the State, London 1934.
Ballod, Karl, Der Zukunftsstaat. Produktion und Konsumtion im Sozialstaat, 2. Auflage, Stuttgart 1919.
Barnes, G.N. und Henderson, Arthur, Unemployment in Germany, Westminster 1908.
Barnes, G.N., Karl Marx, London 1909.
Barnes, G.N., From Workshop to War Cabinet, London 1924.
Bax, Ernest Belfort, Reminiscences and Reflections of a Mid and Late Victorian, London 1918.
Bebel, August, Die Frau und der Sozialismus, 10. Auflage, Berlin 1891.
Bebel, August, Gewerkschaftsbewegung und politische Parteien, Stuttgart 1900.
Beer, Max, Der britische Sozialismus der Gegenwart, Stuttgart 1920.
Beer, Max, The Life and Teaching of Karl Marx, London 1921.
Beer, Max, Fifty Years of International Socialism, London 1935.
Beer, Max, History of British Socialism, 2 Bde, London 1953; Erstveröffentlichung 1921 (dt.: Geschichte des Sozialismus in England, 3 Bde, Stuttgart 1913).
Bellamy, Edward, Ein Rückblick aus dem Jahr 2000 auf das Jahr 1887, hrsg. und übersetzt von Klara Zetkin, Stuttgart 1914.

Bericht über die Tätigkeit des Bezirksvorstandes der sozialdemokratischen Partei Leipzigs, 1913/14, Leipzig 1914.
Bernstein, Eduard, Parlamentarismus und Sozialdemokratie, Berlin 1906.
Bernstein, Eduard, Evolutionary Socialism: a Criticism and Affirmation, London 1909.
Bernstein, Eduard, Die englische Gefahr und das deutsche Volk, Berlin 1911.
Bernstein, Eduard, Die Internationale der Arbeiterklasse und der europäische Krieg, Tübingen 1915.
Bernstein, Eduard, Aus den Jahren meines Exils: Erinnerungen eines Sozialisten, Berlin 1918.
Bernstein, Eduard, Die Voraussetzungen des Sozialismus und die Aufgaben der Sozialdemokratie, Neuauflage der Ausgabe v. 1921, Bonn 1977.
Bernstein, Eduard, Das Görlitzer Programm der Sozialdemokratischen Partei Deutschlands, eingeleitet und allgemein verständlich erläutert, Berlin 1922.
Bevin, Ernest, The Britain I Want to See, London o.J..
Bieligk, Franz (Hrsg.), Die Organisation im Klassenkampf. Die Probleme der politischen Organisation der Arbeiterklasse, Berlin 1931.
Blank, R., „Die soziale Zusammensetzung der sozialdemokratischen Wählerschaft Deutschlands", in: AfSWP 20, 1905, S. 513 - 524.
Blatchford, Robert, Merrie England, 8. Auflage, London 1895.
Blatchford, Robert, Britain for the British, London 1902.
Blatchford, Robert, God and My Neighbour, London 1903.
Blatchford, Robert, Not Guilty: a Defence of the Bottom Dog, London 1906.
Blatchford, Robert, Germany and England. Articles Reprinted from the Daily Mail, London 1909.
Blatchford, Robert, My Eighty Years, London 1931.
Braun, Adolf, Gewerkschaften und Sozialdemokratie, Berlin 1914.
Braun, Adolf, Gewerkschaftliche Betrachtungen und Überlegungen während des Weltkrieges, Leipzig 1915.
Braun, Adolf, Der internationale Kongreß zu Genf, 1920, Berlin 1920.
Braun, Adolf (Hrsg.), Das Programm der Sozialdemokratie. Vorschläge für seine Erneuerung, Berlin 1920.
Braun, Adolf (Hrsg.), Programmentwurf der Sozialdemokratischen Partei. Ein Kommentar, Berlin 1921.
Brentano, Lujo, Mein Leben im Kampf um die soziale Entwicklung Deutschlands, Jena 1931.
Bromme, Moritz, Lebensgeschichte eines modernen Fabrikarbeiters, Jena 1905.
Buddeberg, Theodor, „Das soziologische Problem der Sozialdemokratie", in: AfSWP 49, 1922, S. 108 - 132.
The Burston School Strike, hrsg. v. der ILP, London 1915.
Buxton, Charles R. und Dorothy F., In a German Miner's Home, London 1921.

Cant, Katherine, Die Bergarbeiterfrauen Englands im Kampf, hrsg. v. Klara Zetkin, Hamburg, Berlin 1927.
Carpenter, Edward (Hrsg.), Forecasts of the Coming Century, London 1897.
Christentum und Sozialismus. Eine religiöse Polemik zwischen Herrn Kaplan Hohoff in Hüsse und dem Verfasser der Schrift ‚Die parlamentarische Tätigkeit des deutschen Reichstages', Leipzig 1874.
Christentum, Zentrum und Sozialdemokratie, o.O. und o.J..
Citrine, Walter, The Labour Chairman and Speaker's Companion, London 1921.
Collison, W., The Apostle of Free Labour, London 1913.
Cripps, Stafford, Can Socialism Come By Constitutional Methods, London 1932.

Darf ein Katholik Sozialdemokrat sein?, Breslau, o.J..
Dell, Robert, Socialism and Personal Liberty, London 1921.
The Diaries of Beatrice Webb, 1912 - 1924, hrsg. v. Margaret Cole, London 1952.
The Diaries of Beatrice Webb, 1924 - 1932, hrsg. v. Margaret Cole, London 1956.
The Diaries of Beatrice Webb, hrsg. v. Jeanne und Norman MacKenzie, 3 Bde, London 1984.

The Diary of Fred Knee, hrsg. v. David Englander, SSLH Bulletin Supplement no. 3, Warwick 1977.
Dokumente aus geheimen Archiven. Übersichten der Berliner politischen Polizei über die allgemeine Lage der sozialdemokratischen und anarchistischen Bewegung, Bd. 1: 1878 - 1889, hrsg. v. Dieter Fricke und R. Knaack, Köln und Wien 1982, Bd. 2: 1890 - 1906, hrsg. v. F. Beck, Weimar und Köln 1989, Bd. 4: 1914 - 1918, Weimar und Köln 1987.
Dückershoff, Ernst, How the English Workman Lives, London 1899.
Dutt, Rajani Palme, The Labour International Handbook, London 1921.

Engels, Friedrich: Die zweite Internationale und der 1. Mai, hrsg. v. Waltraud Opitz und Uwe de la Motte, Berlin 1989.
Die englischen Arbeiter gegen die Ententeforderungen. Ein Manifest der Labour Party über Arbeitslosigkeit, Frieden und Entschädigungsfrage, Berlin 1921.
Exposure of the Socialist Conspiracy. The Socialist Secret Plan of Campaign, hrsg. v. der Anti-Socialist Union, London 1911.
The Failures of Socialism, hrsg. v. der ASU, London 1909.
Fifty Years History of the Woolwich Labour Party, Woolwich 1953.
Fricke, Fritz, Zehn Jahre gewerkschaftlicher Bildungsarbeit in Berlin. Die Berliner Gewerkschaftsschule, Berlin 1932.

Gammage, Robert: Reminiscences of a Chartist, hrsg. v. William H. Maehl, SSLH Bulletin Supplement no. 4, Warwick 1983.
Geiger, Theodor, Die soziale Schichtung des deutschen Volkes. Soziographischer Versuch auf statistischer Grundlage, Stuttgart 1932.
Geiger, Theodor, „Die Mittelschichten und die Sozialdemokratie", in: DA 13, 1931, S. 619 - 635.
Die Gewerkschaften von der Stabilisierung bis zur Weltwirtschaftskrise, 1924 - 1930, bearbeitet von Horst A. Kuckuck und Dieter Schiffmann, Köln 1986.
Die Gewerkschaften in der Endphase der Republik, 1930 - 1933, bearbeitet von Peter Jahr unter Mitarbeit von Detlev Brunner, Köln 1988.
Glasier, Bruce, The Meaning of Socialism, Manchester 1919.
Göhre, Paul, Drei Monate Fabrikarbeiter und Handwerksbursche, Leipzig 1891.
Griffiths, Dan, The Real Enemy and Other Socialist Essays, mit einem Vorwort v. Ramsay MacDonald, London 1923.
Griffiths, Dan (Hrsg.), What is Socialism? A Symposium, London 1924.

Haenisch, Konrad, Neue Bahnen der Kulturpolitik. Aus der Regierungspraxis der deutschen Republik, Berlin 1921.
Handbuch für die Ortsvereine. Eine Anweisung für die Erledigung der Aufgaben der Ortsvereine, Berlin 1930.
Hardie, Keir, From Serfdom to Socialism, London 1907.
Heilmann, Ernst, Geschichte der Arbeiterbewegung in Chemnitz und dem Erzgebirge, Chemnitz 1912.
Henderson, Arthur, Prussian Militarism, London 1917.
Henderson, Arthur, The Aims of Labour, London 1918.
Henderson, Arthur, „The Outlook for Labour", in: Contemporary Review 113, Febr. 1918, S. 121-130.
Henderson, Arthur, Labour and Foreign Affairs, London 1922.
Henderson, Arthur, Labour in Action, London 1932.
Henderson, Arthur, Labour's Foreign Policy, London 1933.
Henderson, Arthur und MacDonald, James Ramsay, Notes on Organization and the Law of Registration and Elections, London, o.J.
Hertzka, Theodor, Freiland. Ein soziales Zukunftsbild, 10. Auflage, Dresden, Leipzig, Wien 1896.
Hilferding, Rudolf, Für die soziale Republik, Berlin 1924.
Hilferding, Rudolf, Die Aufgaben der Sozialdemokratie in der Republik, Berlin 1927.
History of the Colne Valley Labour Party, 1891 - 1941. Jubilee Souvenir, Colne Valley 1941.

Hodges, Frank, My Adventures as a Labour Leader, London 1925.

Internationale Arbeitsgemeinschaft sozialistischer Parteien (Hrsg.), Beschlüsse der internationalen sozialistischen Konferenz, Wien 1921, Nachdruck Berlin und Bonn 1980.
Internationale Arbeitsgemeinschaft sozialistischer Parteien. Neunerkomitee (Hrsg.), Protokoll der Konferenz der drei internationalen Exekutivkomitees vom 2.4. - 5.4.1922 in Berlin, Berlin 1922, Nachdruck Berlin und Bonn 1980.

Jahrbuch der SPD, 1927 - 1933.
Jahresbericht des Bezirksverbands der SPD Berlin, 1925 - 1931.
Jowett, Frederick William, What Made me a Socialist, London [1925?].

Ein katholischer Pfarrer als Sozialdemokrat, hrsg. v. Vorwärts, Berlin 1906.
Kautsky, Karl, Patriotismus und Sozialdemokratie, Leipzig 1907.
Kautsky, Karl, Der Weg zur Macht. Politische Betrachtungen über das Hineinwachsen in die Revolution, Berlin 1909.
Kongreßprotokolle der Zweiten Internationale, Nachdrucke, Berlin und Bonn 1977 ff.:
-Amsterdam 1904
-Stuttgart 1907
-Kopenhagen 1910
-Basel 1912
Kongreßprotokolle des ADGB, 1918 - 1931.

Labour and the Nation, London 1928.
Labour and the New Social Order. A Report on Reconstruction, London 1918.
Labour and the Peace Treaty, London 1919.
Labour and the Ruhr. Report of the British Labour Party Delegation Appointed by the Parliamentary Labour Party to Visit the Ruhr District to Investigate Conditions There Under French Military Occupation, London 1923.
Labour and Socialist International. Second Congress of the Labour and Socialist International at Marseilles, 22 - 27 August 1925, London 1925.
Labour and Socialist International. Third Congress of the Labour and Socialist International at Brussel, 5 - 11 August 1928, London 1928.
Labour and Socialist International. Fourth Congress of the Labour and Socialist International at Vienna, 25 July to 1 August 1931, London 1931.
Labour and Socialist International. Fifth Congress of the Labour and Socialist International at Paris, 21 - 25 August 1933, London 1933.
The Labour Party Constitution, London 1918.
Labour Party Propaganda and Education in London. A Memorandum for the Consideration of Local Labour Parties, London 1932.
Lansbury, George, Miracle of Fleet Street, London 1925.
Lansbury, George, My Life, London 1928.
Laski, Harold, The Crisis and the Constitution: 1931 and After, London 1932.
Legien, Carl, Die Organisationsfrage, Hamburg 1891.
Legien, Carl und Thimme, Friedrich (Hrsg.), Die Arbeiterschaft im neuen Deutschland, Leipzig 1915.
Leipart, Theodor, Die kulturelle und volkswirtschaftliche Bedeutung der Gewerkschaften, Berlin 1926.
Leipart, Theodor, Auf dem Weg zur Wirtschaftsdemokratie, Berlin 1928.
Levenstein, Adolf (Hrsg.), Proletariers Jugendjahre, Berlin 1909.
Liebknecht, Karl, Rechtsstaat und Klassenjustiz. Vortrag, gehalten zu Stuttgart am 23. August 1907, Stuttgart 1907.
Liebknecht, Wilhelm, Kein Kompromiß, kein Wahlbündnis, Berlin 1899.

Lipinski, Richard, Bericht des Bezirksvorstandes der sozialdemokratischen Partei Leipzigs im Jahr 1913/14, Leipzig 1914.
Llewelyn, Thomas (Hrsg.), The Truth about the German People, Manchester 1916.

MacDonald, James Ramsay, Labour and Empire, London 1907.
MacDonald, James Ramsay, The Socialist Movement, London 1911.
MacDonald, James Ramsay, Socialism: Critical and Constructive, London 1921.
MacDonald, James Ramsay, The Foreign Policy of the Labour Party, London 1923.
MacDonald, James Ramsay, Die auswärtige Politik der englischen Arbeiterpartei, hrsg. und übersetzt v. Egon Wertheimer, Hamburg 1924.
MacDonald, James Ramsay, Why Socialism must Come, London 1924.
Man, Hendrik de, Die Intellektuellen und der Sozialismus, Jena 1926.
Man, Hendrik de, Der Sozialismus als Kulturbewegung, Berlin 1929.
Man, Hendrik de, Die sozialistische Idee, Jena 1933.
Maurenbrecher, Max, Die Gebildeten und die Sozialdemokratie, Leipzig 1904.
Maxton, James und Cook, A.J., Our Case for a Socialist Revival, London 1928.
The Meaning of May Day, hrsg. v. Labour Research Department, Labour White Papers, no. 42, London 1929.
Michels, Robert, Die deutsche Sozialdemokratie I. Parteimitgliedschaft und soziale Zusammensetzung, in: AfSWP 23, N.F. 5, 1906, S. 471-556.
Michels, Robert, Die deutsche Sozialdemokratie II. Die deutsche Sozialdemokratie im internationalen Verband., in: AfSWP 25, N.F. 7, 1907, S. 148-231.
Michels, Robert, Zur Soziologie des Parteiwesens in der modernen Demokratie. Untersuchungen über die oligarchischen Tendenzen des Gruppenlebens, erste Auflage 1911, Nachdruck der zweiten Auflage, Stuttgart 1957.
Morris, William, News from Nowhere and Selected Writings and Designs, Harmondsworth 1962.
Morrison, Herbert, Organization Points, London 1918 ff..
Morrison, Herbert, London Labour Party, Organization in London, London 1921.
Morrison, Herbert, Labour Party Organization in London, London 1930.
Müller, Hermann, Geschichte der Arbeiterbewegung in Sachsen Altenburg, Jena 1923.
Müller, Hermann, Sozialdemokratie und Staat, Berlin, o.J..
Müller, Hermann, Der Werdegang des sozialdemokratischen Programms, Berlin, o.J..

Der nationalliberale Parteitag und die Sozialdemokratie. Rede des Reichstagsabgeordneten August Bebel in der Volksversammlung vom 16. Oktober 1907 in ‚Kellers Festsälen' in Berlin, Berlin 1907.

Official Report of the Conference between the Executives, Held at Berlin, 2 April 1922 and Following Days, London 1922.
Official Handbook, hrsg. v. der Stockport Labour Church, Stockport 1907.
Origins and Developments of the Labour Party, hrsg. v. D.G. Clark, E.P. Microfilm, Wakefield 1980.
Our Struggle for Socialism in Barrow. Fifty Years Anniversary, hrsg. v. der Barrow Labour Party, Barrow 1950.

Pannekoek, Anton, Religion und Sozialismus, Bremen 1906.
Programmatische Dokumente der deutschen Sozialdemokratie, hrsg. v. Dieter Dowe and Kurt Klotzbach, 3., überarbeitete und aktualisierte Auflage, Berlin und Bonn 1990.
Programme of the Great Victory Demonstration to Celebrate Labour's Municipal Election and By-Election Victories, London 1934.
Protokoll des Ersten Internationalen Sozialistischen Arbeiterkongresses in Hamburg vom 21. - 25. Mai 1923, Berlin 1923.

Protokoll der Internationalen Sozialistischen Konferenz in Wien vom 22. - 27. Februar 1921, Neudruck, zweite Auflage, Bonn 1978.
Protokolle der Sitzungen des Gewerkschaftsausschusses der Gewerkschaften Deutschlands, 1896 - 1932.
Protokolle der Sitzungen des Parteiausschusses der SPD 1912-1921, Nachdrucke, hrsg. v. Dieter Dowe, 2 Bde, Berlin, Bonn 1980.
Protokolle der SPD Parteitage, 1891 - 1931.
Protokolle der USPD Parteitage, 1918 - 1922.
Quellen zur Geschichte der deutschen Gewerkschaftsbewegung im 20. Jahrhundert, begründet von Erich Mathias, hrsg. von Hermann Weber, Klaus Schönhoven und Klaus Tenfelde, 6 Bde, Köln 1985 - 1988.

Radbruch, Gustav, Kulturlehre des Sozialismus, Berlin 1922.
Radlof, Ludwig, Vaterland und Sozialdemokratie, München und Leipzig 1915.
Report and Balance Sheet of Barrow-in-Furness LRC, 1905-06, Barrow-in-Furness 1906.
Report on Membership Organization, hrsg. v. der Southampton Labour Party, Southampton 1936.
Reports of the Annual Conferences of the ILP, 1893 - 1933.
Reports of the Annual Conferences of the LRC, 1900 - 1905.
Reports of the Annual Conferences of the Labour Party, 1906 - 1933.
Reports of the Annual Conferences of the TUC, 1890 - 1933.
Rexhäuser, Ludwig, Gewerkschaftliche Neutralität, Leipzig 1908.
Reynolds, Stephen und Woolley, Bob and Tom, Seems So! A Working-Class View of Politics, London 1913.
Rosenberg, Arthur, Die Entstehung der Deutschen Republik: 1871-1918, Berlin 1928.
Rothstein, Theodore (Hrsg.), The Socialist Annual 1910, London 1910.
Ruskin, John, Unto this Last. Four Essays on the First Principles of Political Economy, 7. Auflage, London 1890.
Russell, Bertrand, German Social Democracy. Six Lectures, London, New York und Bombay 1896.

Sanders, W.S., The Socialist Movement in Germany, London 1913.
Sanders, W.S., Trade Unionism in Germany, London 1916.
Sanders, W.S., Pan-German Socialism, London 1918.
Sanders, W.S., Early Socialist Days, London 1927.
Sassenbach, Johann, 25 Years of International Trade Unionism, Amsterdam 1926 (dt.: 25 Jahre Internationale Gewerkschaftsbewegung, Amsterdam 1926).
Scheidemann, Philipp, Memoiren eines Sozialdemokraten, Dresden 1928.
Scheuer, Edmund, Die Religion und der Sozialismus, Berlin 1921.
Das Schuldkonto der deutschen Sozialreform, Flugblatt Nr. 1 des Reichsverbands, veröffentlicht am 5. Januar 1906.
Schwarz, Salomon, Handbuch der deutschen Gewerkschaftskongresse, Berlin 1928.
Shaw, G.B. (Hrsg.), Fabian Essays in Socialism, London 1889, und 3. Auflage, London 1920.
Shaw, G.B., Die englischen Fabier und die deutsche Sozialdemokratie, in: Deutsche Worte 24, 1904, S. 367-78.
Shaw, G.B., Socialism and the Labour Party. A Lecture Delivered on January 29th 1920, London 1920.
Shaw, G.B., Socialism: Principles and Outlook and Fabianism, London 1930.
Socialism and Religion, hrsg. v. S.D. Headlam, P. Dearmer, J. Clifford, und J. Woolman, London 1908.
Socialism Exposed, hrsg. v. der ASU, London 1914.
Socialism in Our Time, London 1926.
Socialist Educational International, 1922 - 1939, o.O., 1939.
Socialist Youth International. Objects, Structure and Activity, Berlin, o.J..
Sombart, Werner, Der proletarische Sozialismus, Jena 1924.

Die Sozialdemokratie im Urteile ihrer Gegner, Berlin 1911.
Sozialdemokratische Antworten auf Flugblätter des Reichsverbandes gegen die Sozialdemokratie, hrsg. v. Parteivorstand, o.O. und o.J..
Sozialdemokratische Parteikorrespondenz, 1923 - 1928. Ergänzungsband, Berlin 1928.
Der sozialdemokratische Zukunftsstaat. Verhandlungen des deutschen Reichstags am 31. Januar, 3., 4., 6., und 7. Februar 1893, Berlin 1893.
Sozialistische Kulturarbeit. Bericht über das Jahr 1928, hrsg. v. Reichsausschuß für sozialistische Bildungsarbeit, o.O. und o.J..
Spengler, Oswald, Preußentum und Sozialismus, München 1922.

Tawney, R.H., The Choice Before the Labour Party, in: The Political Quarterly 3, Juli/Sept. 1932, S. 323-45.
Teistler, Hermann, Der Parlamentarismus und die Arbeiterklasse, Berlin 1892.
Thorne, Will, My Life's Battles, London 1926.
Tillett, Ben, Trades Unionism and Socialism, London 1897.
Tillett, Ben, Is the Parliamentary Labour Party a Failure?, London 1908.
Tillett, Ben, Creech-Jones, A. und Warren, Samuel, The Ruhr.The Report of a Deputation from the Transport and General Workers Union, London 1923.
Trade Unionists and Politics, Fabian Tract no. 65, London 1895.
Tressell, Robert, The Ragged Trousered Philanthropists, erste Auflage 1914, Neudruck London 1965.
Troeltsch, Walter und Hirschfeld, P., Die deutschen sozialdemokratischen Gewerkschaften. Untersuchungen und Materialien über ihre geographische Verbreitung, Berlin 1905.
Twenty-Five Years History of the Woolwich Labour Party, 1903 - 1928, Woolwich 1928.

Umbreit, Paul, Die Bedeutung und Aufgaben der Gewerkschaftskartelle, Berlin 1903.

Vierteljahrhundertfeier der internationalen Gewerkschaftsbewegung, hrsg. v. der IFTU, Berlin 1926.

Wallhead, Richard, The International: the Link to Join the Workers of the World, London 1925.
War Resistance. A Practical Policy. An Account of the Movement which Extends into Fifty-Six Countries and Has Organized Sections in Twenty-Four, New York 1931.
Was ist, was will der Sozialismus?, hrsg. v. Parteivorstand der SPD, Berlin 1919.
Webb, Sidney, The New Constitution of the Labour Party. A Party of Handworkers and Brainworkers. The Labour Programme and Prospects, London 1918.
Webb, Sidney und Beatrice, The Principles of the Labour Party, London 1919.
Webb, Sidney und Beatrice, A Constitution for the Socialist Commonwealth of Great Britain, Neudruck der Auflage v. 1920, Cambridge 1975.
Der Weg des Sozialismus. Quellen und Dokumente vom Erfurter Programm 1891 bis zur Erklärung von Havanna 1962, hrsg. v. Konrad Farmer and Theodor Pinkus, Reinbek 1964.
Wells, H.G., New Worlds for Old, London 1908.
Wells, H.G., The Outline of History, revidierte Auflage, London 1923.
Wells, H.G., The Discovery of the Future, revidierte Auflage, London 1924.
Wendel, Hermann, Sozialdemokratie und anti-kirchliche Propaganda, Leipzig 1907.
Wertheimer, Egon, Portrait of the Labour Party, 2. Auflage, London 1930.
Who Pays for the Attacks on Labour? An Exposure of the Blackleg Organisations and Propaganda Agencies of Big Capital, London 1920.
Why Labour Should Stand By France, hrsg. v. der ILP, London 1923.
Wilkinson, Ellen, Clash, London 1929, Neudruck 1989.
Woltmann, Ludwig, Die Stellung der Sozialdemokratie zur Religion, Leipzig und Coburg 1901.

Yearbook of the International Federation of Trade Unions, London 1922, 1923/24, 1925, 1926, 1927 und 1930.

Young, George, The New Germany, London 1920.

Zehn Jahre Reichsverband. Festgabe der Hauptstelle des Reichsverbandes gegen die Sozialdemokratie in Berlin zum 9. Mai 1914, Berlin 1914.
Die Zweite Internationale 1918 - 1919, hrsg. v. Gerhard A. Ritter, Berlin, Bonn 1980.

Sekundärliteratur

Abelshauser, Werner, Lebensstandard im Industrialisierungsprozeß. Britische Debatte und deutsche Verhältnisse, in: Scripta Mercaturae 16, 1982, S. 71-92.
Abendroth, Wolfgang, Sozialgeschichte der europäischen Arbeiterbewegung, 8. Auflage, Frankfurt a.M. 1972.
Abrams, Lynn, Workers' Culture in Imperial Germany. Leisure and Recreation in the Rhineland and Westphalia, London, New York 1992.
Abramsky, Chimen und Collins, Henry, Karl Marx and the British Labour Movement, London 1965.
Achten, Udo, Illustrierte Geschichte des Ersten Mai, Oberhausen, 1979.
Achten, Udo, Mein Vaterland ist international. Internationale Geschichte des Ersten Mai, Oberhausen 1986.
Adams, A. J., Working-Class Organization, Industrial Relations and the Labour Unrest, 1914 - 1921, phil. diss., Universität Leicester 1988.
Adolph, H.J., Otto Wels und die Politik der deutschen SPD, 1894 - 1939, Berlin 1971.
Anderson, Perry, The Figures of Descent, in: NLR 161, 1987, S. 20 - 77.
Ashplant, T. G., The Working Mens' Club and Institute Union and the ILP: Working Class Organization, Politics and Culture, 1880 - 1914, phil.diss., Universität Sussex 1983.
Ashton, Rosemary, Little Germany. Exile and Asylum in Victorian England, Oxford 1986.

Bain, G.S. und Price, Robert, Profiles of Union Growth: a Comparative Statistical Portrait of Eight Countries, Oxford 1980.
Bajohr, Stefan, Vom bitteren Los der kleinen Leute. Protokolle über den Alltag Braunschweiger Arbeiterinnen und Arbeiter 1900 - 1933, Köln 1984.
Barker, Bernard, The Anatomy of Reformism: The Social and Political Ideas of the Labour Leadership in Yorkshire, in: IRSH 18, 1973, S. 1-27.
Baumann, Zygmunt, Between Class and Elite. The Evolution of the British Labour Movement. A Sociological Study, Manchester 1972.
Baumann, Zygmunt, Socialism – the Active Utopia, London 1976.
Baxter, R., The Liverpool Labour Party, 1918 - 1963, phil. diss., Universität Oxford 1969.
Bealey, Frank und Pelling, Henry, Labour and Politics, 1900 - 1906. A History of the LRC, London 1958.
Bealey, Frank, The Social and Political Thought of the Labour Party, London 1970.
Beier, Gerhard, Geschichte und Gewerkschaft. Politisch-historische Beiträge zur Geschichte sozialer Bewegungen, Köln 1981.
Belchem, John, Industrialization and the Working Class, London 1990.
Benson, John, The Working Class in Britain, 1850-1939, London 1989.
Beradt, Charlotte, Paul Levi. Ein demokratischer Sozialist in der Weimarer Republik, Frankfurt am Main 1969.
Berg, Werner, Wirtschaft und Gesellschaft in Deutschland und Großbritannien im Übergang zum ‚Organisierten Kapitalismus'. Unternehmer, Angestellte, Arbeiter und Staat im Steinkohlebergbau des Ruhrgebietes und von Süd-Wales, 1850-1914, Bielefeld 1980.
Berger, Stefan, The British and German Labour Movements Before the Second World War, in: Twentieth Century British History 3, 1992, S. 219-48.
Berger, Stefan, Nationalism and the Left in Germany, in: NLR 206, 1994, S. 55-70.

Berger, Stefan und Broughton David (Hrsg.), The Force of Labour. The Western European Labour Movement and the Working Class in the Twentieth Century, Oxford 1995.

Berger, Stefan, ‚Organising Talent and Disciplined Steadiness': the German SPD as a Model for the British Labour Party in the 1920s?, in: Contemporary European History 5, 1996, S. 171-90.

Berger, Stefan, The Rise and Fall of ‚Critical' Historiography? Some Reflections on the Historiographical Agenda of the Left in Britain, France and Germany at the End of the Twentieth Century, in: Europa. European Review of History 3, 1996, S. 213-32.

Berger, Stefan, The Belated Party. Influences on the British Labour Party in its Formative Years, 1900-1931, in: Mitteilungsblatt des Instituts zur Geschichte der europäischen Arbeiterbewegung 18, 1997, S. 83-111.

Berger, Stefan und Smith, Angel (Hrsg.), Labour, Nationalism and Ethnicity, 1870 - 1939, Manchester 1998. [in Vorbereitung]

Berlanstein, George L., Liberalism and the Progressive Alliance in the Constituencies, 1900 - 1914: Three Case Studies, The Historical Journal 26, 1983, S. 617-40.

Berlanstein, L.R. (Hrsg.), Rethinking Labor History: Essays on Discourse and Class Analysis, Urbana 1993.

Berridge, V. S., Popular Journalism and Working Class Attitudes 1859 - 1886: a Study of Reynolds' Newspaper, Lloyd's Weekly Newspaper, and the Weekly Times, phil.diss., Universität London 1976.

Bevir, Mark, Fabianism, Permeation and Independent Labour, in: Historical Journal 39, 1996, S. 179-96.

Biagini, E. F. und Reid, Alastair (Hrsg.), Currents of Radicalism. Popular Radicalism, Organized Labour and Party Politics in Britain 1850 - 1914, Cambridge 1991.

Biernacki, Richard, The Fabrication of Labor. Germany and Britain, 1650 - 1914, Berkeley 1995.

Bird, Stephen, History of the BWSA, in: SSLH 50, 1985, S. 7-9.

Birke, Adolf M., Kettenacker, Lothar (Hrsg.), Wettlauf in die Moderne. England und Deutschland seit der Industriellen Revolution, München 1988.

Birke, Adolf M. und Kluxen, Kurt (Hrsg.), Viktorianisches England in deutscher Perspektive, München 1983.

Blackbourn, David und Eley, Geoff, Mythen deutscher Geschichtsschreibung: die gescheiterte bürgerliche Revolution von 1848, Frankfurt am Main 1980.

Blackbourn, David und Eley, Geoff, The Peculiarities of German History. Bourgeois Society and Politics in Nineteenth-Century Germany, Oxford 1984.

Blänsdorf, Agnes, Friedrich Ebert und die Internationale, in: AfS 9, 1969, S. 321-428.

Blaxland, Gregory, J. H. Thomas. A Life for Unity, London 1964.

Blewett, Neil, The Peers and the People: The General Election of 1910, London 1972.

Bloch, Marc, Toward a Comparative History of European Societies, übersetzt v. Jelle C. Riemersma, in: Jelle C. Riemersma und Frederic C. Lane (Hrsg.), Enterprise and Secular Change. Readings in Economic History, London 1953, S. 494-521 [Erstveröffentlichung 1928 in: Revue de Synthèse Historique 46, S. 15 - 50].

Boll, Friedhelm, Massenbewegungen in Niedersachsen, 1906-1920: Eine sozialgeschichtliche Untersuchung zu den unterschiedlichen Entwicklungstypen Braunschweig und Hannover, Bonn 1981.

Boll, Friedhelm (Hrsg.), Arbeiterkulturen zwischen Alltag und Politik. Beiträge zum europäischen Vergleich in der Zwischenkriegszeit, Wien 1986.

Boll, Friedhelm, Arbeitskämpfe und Gewerkschaften in Deutschland, England und Frankreich. Ihre Entwicklung vom 19. zum 20. Jahrhundert, Bonn 1992.

Bondfield, Margaret, A Life's Work, London 1950.

Bonnell, Andrew, Between Internationalism, Nationalism and Particularism: German Social Democrats and the War of 1870-71, in: Australian Journal of Politics and History 38, 1992, S. 375-85.

Borsdorf, Ulrich, Deutsche Gewerkschaftsführer – biographische Muster, in: Ulrich Borsdorf, O. Hemmer, Gerhard Leminsky and Heinz Markmann (Hrsg.), Gewerkschaftliche Politik: Reform aus Solidarität. Zum 60. Geburtstag von Heinz Oskar Vetter, Köln 1977, S. 11-41.

Borsdorf, Ulrich, Hans Böckler. Arbeit und Leben eines Gewerkschaftlers von 1875 - 1945, Köln 1982.
Boughton, J., Working-Class Politics in Birmingham and Sheffield, 1918-1931, phil.diss., Universität Warwick 1985.
Bourke, Joanna, Working Class Cultures in Britain 1890-1960, London 1994.
Brandt, Peter, und Rürup, Reinhard, Volksbewegung und demokratische Neuordnung in Baden 1918/19: Zur Vorgeschichte und Geschichte der Revolution, Sigmaringen 1991.
Brandt, Willy, Links und Frei. Mein Weg, 1930-1950, Hamburg 1982.
Braunthal, Gerald, Socialist Labor and Politics in Weimar Germany. The General Federation of German Trade Unions, Hamden/Conn. 1978.
Braunthal, Julius, In Search of the Millenium, mit einer Einleitung von H.N. Brailsford, London 1945 (dt.: Auf der Suche nach dem Millenium, Nürnberg 1948).
Braunthal, Julius, Geschichte der Internationale, Bd. 2: 1914-1943, Hannover 1963.
Breitman, Richard, German Socialism and Weimar Democracy, Chapel Hill 1981.
Breuilly, John, Labour and Liberalism in Nineteenth Century Europe. Essays in Comparative History, Manchester 1992.
Briggs, Asa und Saville, John (Hrsg.), Essays in Labour History, London 1960.
Brockway, Fenner, Inside the Left, London 1942.
Brockway, Fenner, Socialism over Sixty Years: The Life of Jowett of Bradford, London 1946.
Brockway, Fenner, Bermondsey Story, London 1949.
Bronder, D., Organisation und Führung der sozialdemokratischen Arbeiterbewegung im Deutschen Reich, 1890-1914, phil.diss., Universität Göttingen 1952.
Brown, K.D. (Hrsg.), Essays in Anti-Labour History, London 1974.
Brown, K.D. (Hrsg.), The First Labour Party, London 1985.
Brüggemeier, F.J., Leben vor Ort. Ruhrbergleute und Ruhrbergbau, 1889-1919, München 1983.
Buchwitz, Otto, 50 Jahre Funktionär der deutschen Arbeiterbewegung, Düsseldorf 1949.
Bullock, Alan, The Life and Times of Ernest Bevin, vol. 1: Trade Union Leader, 1881 - 1940, London 1960.
Bullock, Ian, Socialists and Democratic Form in Britain, 1880-1914, phil.diss., Universität Sussex 1981.
Bunsen, Victoria de, Charles Roden Buxton. A Memoir, London 1948.
Burgess, Keith, The Challenge of Labour, Shaping British Society, 1850-1930, London 1980.
Burke, Catherine, Working Class Politics in Sheffield, 1900 - 1920: a Regional Study in the Origins and Early Growth of the Labour Party, phil. diss., Sheffield City Polytechnic 1983.
Burns, Rob und Will, Wilfried van der, Arbeiterkulturbewegung in der Weimarer Republik, Frankfurt am Main 1982.
Buschak, Willy, Das Londoner Büro. Europäische Linkssozialisten in der Zwischenkriegszeit, Amsterdam 1985.
Buse, D.K. (Hrsg.), Parteiagitation und Wahlkreisvertretung. Eine Dokumentation über Friedrich Ebert und seinen Reichstagswahlkreis Elberfeld/Barmen, 1910-1918, Bonn 1975.
Buse, D. K., Party Leadership and the Mechanisms of Unity: the Crisis of German Social Democracy Reconsidered, 1910-1914, in: Journal of Modern History 62, 1990, S. 477-502.

Calkins, K.R., The Uses of Utopianism. The Millenarian Dream in Central European Social Democracy Before 1914, in: Central European History 15, 1982, S. 124-48.
Callcott, M., and Challinor, R. (Hrsg.), Working-Class Politics in North-East England, Newcastle upon Tyne, 1983.
Canning, Kathleen, Gender and the Politics of Class Formation: Rethinking German Labor History, in: AHR 97, 1992, S. 736-68.
Canning, Kathleen, Languages of Labor and Gender: Female Factory Work in Germany, 1850 - 1914, Ithaca 1996.
Carpenter, L. P., G.D.H. Cole. An Intellectual Biography, Cambridge 1973.

Carsten, Francis L., War against War. British and German Radical Movements in the First World War, London 1982.
Carsten, Francis L., Eduard Bernstein 1850 - 1932. Eine politische Biographie, München 1993.
Catterall, Peter, Morality and Politics: the Free Churches and the Labour Party Between the Wars, in: Historical Journal 36, 1993, S. 667-85.
Chappius, Charles W., Anglo-German Relations, 1929 - 1933: A Study of the Role of Great Britain in the Achieving of the Aims of German Foreign Policy, phil. diss., Universität v. Notre Dame 1966.
Childs, Michael, Labour Grows Up: the Electoral System, Political Generations, and British Politics, 1890 - 1929, in: Twentieth Century British History 6, 1995, S. 123-44.
Citrine, Walter, Men at Work. An Autobiography, London 1964.
Clark, David, Colne Valley. Radicalism to Socialism, 1890-1910, London 1981.
Clark, David, Labour's Lost Leader. Victor Grayson, London 1985.
Clarke, P. F., Lancashire and the New Liberalism, Cambridge 1971.
Clarke, P. F., Liberals, Labour and the Franchise, in: EHR 92, 1977, S. 582-90.
Clarke, P. F., Liberals and Social Democrats, Cambridge 1978.
Clegg, H.A., Fox, A. und Thompson, A.F., A History of British Trade Unionism since 1889, Bd. 1, Oxford 1964.
Clegg, H.A., A History of British Trade Unionism Since 1911, Bd. 2, Oxford 1985.
Clinton, Alan, The Trade Union Rank and File: Trades Councils in Britain, 1900 - 1940, Manchester 1977.
Clynes, J.R., Memoirs 1869-1924, 2 Bde, London 1937.
Cole, G.D.H., A History of the Labour Party from 1914, London 1948.
Cole, G.D.H., A History of Social Thought 1789 - 1939, 5 Bde, 2. Auflage, London 1967-1969.
Cole, Margaret, Growing Up into Revolution, London 1949.
Collette, Christine, For Labour and for Women: The Women's Labour League, 1906-1918, Manchester 1989.
Collette, Christine, British Labour Attitudes to Europe, 1918-1939, with Special Reference to the Role of the Labour Party International Secretary, M. Litt., Universität Oxford 1992.
Cox, David, The Labour Party in Leicester, in: IRSH 6, 1961, S. 197-211.
Crew, D. F., Town in the Ruhr. A Social History of Bochum, 1860 - 1914, New York 1979.
Crick, Martin, The History of the Social Democratic Federation, Halifax 1994.
Cronin, James, Labour and Society in Britain, 1918-1979, London 1984.
Cronin, James, Neither Exceptional nor Peculiar. Towards the Comparative Study of Labor in Advanced Society, in: IRSH 38, 1993, S. 59-74.
Crossick, Geoff und Haupt, Heinz-Gerhard (Hrsg.), Shopkeepers and Master Artisans in Nineteenth Century Europe, London 1986.
Cunningham, Hugh, Leisure in the Industrial Revolution, c. 1780 - 1880, London 1980.

Dahrendorf, Ralf, Gesellschaft und Demokratie in Deutschland, München 1965.
Dalton, Hugh, Call Back Yesterday, Memoirs 1887-1931, London 1953.
Dennis, N., Henriques, F., Slaughter, C., Coal is Our Life, London 1969.
Ditt, Karl, Industrialisierung, Arbeiterschaft und Arbeiterbewegung in Bielefeld, 1850 - 1914, Dortmund 1982.
Donoughue, B., and Jones, G. W., Herbert Morrison, London 1973.
Dowse, R.E., Left in the Centre. The Independent Labour Party 1893-1940, London 1966.
Drucker, H.M., Doctrine and Ethos in the Labour Party, London 1979.
Drummond, D. K., Crewe: Society and Culture of a Railway Town, 1842-1914, phil.diss., Universität London 1986.
Durbin, Elizabeth, New Jerusalems. The Labour Party and the Economics of Democratic Socialism, London 1985.
Duverger, Maurice, Political Parties. Their Organization and Activity in the Modern State, 2. Auflage, London 1959.

Eberlein, Alfred (Hrsg.), Die Presse der Arbeiterklasse und der sozialen Bewegungen, Frankfurt am Main 1968.
Eichmanis, John, The British Labour Movement and the Second International, 1889 - 1914, M.Phil., Universität London 1982.
Eisenberg, Christiane, Deutsche und englische Gewerkschaften. Entstehung und Entwicklung bis 1878 im Vergleich, Göttingen 1986.
Eisenberg, Christiane, Comparing the English and the German Labour Movements Before 1914, in: IRSH 34, 1989, S. 403-32.
Eksteins, Modris, The German Democratic Press and the Collapse of Weimar Democracy, phil. diss., Universität Oxford 1970 (veröffentlicht als: The Limits of Reason: The German Democratic Press and the Collapse of Weimar Democracy, Oxford 1975).
Eley, Geoff und Nield, Keith, Starting Over: the Present, the Post-Modern and the Moment of Social History, in: Social History 20, 1995, S. 355-64.
Eley, Geoff, Intellectuals and the German Labor Movement, in: Leon Fink, Stephen T. Leonard and Donald M. Reid (Hrsg.), Intellectuals and Public Life. Between Radicalism and Reform, Ithaca 1996, S. 74-96.
Emig, Brigitte, Die Veredelung des Arbeiters. Sozialdemokratie als Kulturbewegung, Frankfurt am Main 1980.
Engelhardt, Ulrich, ‚Nur vereinigt sind wir stark': die Anfänge der deutschen Gewerkschaftsbewegung 1862/63-1869/70, Stuttgart 1977.
Engelsberger, R. M., Gewerkschaften – gestern und heute. Entwicklung und Gegenüberstellung der Erfolge in England, Deutschland und Österreich, phil. diss., Universität Graz 1958.
Eppe, Heinrich und Uellenberg van Dawen, Wolfgang, Kleine Chronik der deutschen und internationalen sozialistischen Kinder- und Jugendorganisationen 1900-1940, Bonn 1982.
Euchner, Walter, Sozialdemokratie und Demokratie. Zum Demokratieverständnis der SPD in der Weimarer Republik, in: AfS, Bd. 26, 1986, S. 125-78.
Evans, Richard J. (Hrsg.), The German Working Class, 1888 - 1933. The Politics of Everyday Life, London 1982.
Evans, Richard J., Comrades and Sisters. Feminism, Socialism and Pacifism in Europe, 1870 - 1945, Sussex 1987.
Evans, Richard J., Proletarians and Politics. Socialism, Protest and the Working Class in Germany Before the First World War, London 1990.

Farrar, E., The British Labour Party and International Organisation: a Study of the Party's Policy towards the League of Nations, the United Nations and Western Union, phil. diss., Universität London 1952.
Faulenbach, Bernd und Högl, Günther (Hrsg.), Eine Partei in ihrer Region. Zur Geschichte der SPD im westlichen Westfalen, Essen 1988.
Feldman, Gerald D. und Steinisch, Irmgard, Notwendigkeit und Grenzen sozialstaatlicher Intervention. Eine vergleichende Fallstudie des Ruhreisenstreits in Deutschland und des Generalstreiks in England, in: AfS 20, 1980, S. 57-118
Fincher, J. A., The Clarion Movement. A Study of a Socialist Attempt to Implement the Co-operative Commonwealth, M.A., Universität Manchester 1971.
Fischer, Benno, Theoriediskussionen der SPD in der Weimarer Republik, Frankfurt am Main 1987.
Fischer, Conan, The German Communists and the Rise of Nazism, London 1991.
Fletcher, Roger, Revisionism and Empire. Socialist Imperialism in Germany 1897-1914, London 1984.
Fletcher, Roger (Hrsg.), Bernstein to Brandt. A Short History of German Social Democracy, London 1987.
Flügel, Siegfried, Die Entwicklung des Arbeitergesangs im Raum Halle, Weißenfels und Zeitz zwischen 1890 und 1933, phil. diss., Universität Halle 1965.
Foote, Geoffrey, The Labour Party's Political Thought. A History, 2. Auflage, Beckenham 1986.
Fowkes, Ben, Communism in Germany under the Weimar Republic, London 1984.

Fox, K.O., The Emergence of the Political Labour Movement in the Eastern Section of the South Wales Coalfield 1894-1910, M.A., Universität von Wales 1965.
Francis, Hywel and Smith, David, The Fed. A History of the South Wales Miners in the Twentieth Century, London 1980.
Francis, Pat, The Labour Publishing Company, 1920 - 1929, in: HWJ, Nr. 18, 1984, S. 115-29.
Franzen, Hans Joachim, Auf der Suche nach politischen Handlungsspielräumen. Die Diskussion um die Strategie der Partei in den regionalen und lokalen Organisationen der badischen Sozialdemokratie zwischen 1890-1914, 2 Bde, Frankfurt am Main 1983.
Freeden, Michael, The New Liberalism, 1880-1914, Oxford 1978.
Freeden, Michael, Liberalism Divided. A Study in British Political Thought 1914 - 1939, Oxford 1986.
Fricke, Dieter, Der Reichsverband gegen die Sozialdemokratie von seiner Gründung bis zu den Reichstagswahlen von 1907, in: ZfG 7, 1959, S. 237-80.
Fricke, Dieter, Bismarcks Prätorianer. Die Berliner politische Polizei im Kampf gegen die deutsche Arbeiterbewegung ,1871-1898, Berlin 1962.
Fricke, Dieter, Die deutsche Arbeiterbewegung 1869-1914. Ein Handbuch über ihre Organisation und Tätigkeit im Klassenkampf, Berlin 1976.
Fricke, Dieter, Kleine Geschichte des Ersten Mai. Die Maifeier in der deutschen und in der internationalen Arbeiterbewegung, Frankfurt am Main 1980.
Fricke, Dieter, Handbuch zur Geschichte der deutschen Arbeiterbewegung 1869-1917, 2 Bde, Berlin 1987.
Frow, Edmund und Ruth, ,To Make that Future Now': A History of the Manchester and Salford Trades Council, Manchester, 1976.
Fyfe, Hamilton, Sixty Years of Fleet Street, London 1949.

Gay, Peter, The Dilemma of Democratic Socialism, New York 1952.
Geary, Dick, Labour Protest in Europe, 1848-1939, London 1981.
Geary, Dick, Karl Kautsky, Manchester 1987.
Geary, Dick (Hrsg.), Labour and Socialist Movements in Europe Before 1914, Oxford 1989.
Geary, Dick, Employers, Workers and the Collapse of the Weimar Republic, in: Ian Kershaw (Hrsg.), Weimar: why did German Democracy Fail?, London 1990, S. 92-120.
Geary, Dick, European Labour Politics From 1900 to the Depression, London 1991.
Gerschenkron, Alexander, Economic Backwardness in Historical Perspective, Cambridge, Mass. 1966.
Gewerkschaftsbewegung im 20. Jahrhundert im Vergleich. Forschungskolloquium Wintersemester 1984/1985, hrsg. v. Institut zur Geschichte der Arbeiterbewegung an der Ruhr-Universität Bochum, Bochum 1985.
Gillespie, J. A., Economic and Political Change in the East End of London During the 1920s, phil. diss., Universität Cambridge 1984.
Glees, Anthony, Exile Politics during the Second World War. The German Social Democrats in Britain, Oxford 1982.
Goch, Stefan, Sozialdemokratische Arbeiterbewegung und Arbeiterkultur im Ruhrgebiet: Eine Untersuchung am Beispiel Gelsenkirchen, 1848 - 1975, Düsseldorf 1975.
Goldstein, R. J., Political Repression in Nineteenth Century Europe, London 1983.
Gorman, John, Images of Labour. Selected Memorabilia from the National Museum of Labour History, London 1985.
Gospel, H. F., Employers' Organizations: Their Growth and Function in the British System of Industrial Relations in the Period 1918-1939, phil. diss., Universität London 1974.
Goss, Sue, Local Labour and Local Government, Southark 1919 - 1982, London 1988.
Graves, Pamela M., Labour Women. Women in British Working-Class Politics 1918-1939, Cambridge 1994.
Grebing, Helga, Der ,deutsche Sonderweg' in Europa, 1806 - 1945. Eine Kritik, Stuttgart 1986.
Grebing, Helga, Arbeiterbewegung und sozialer Wandel im industriellen Kapitalismus – zu Versuchen einer europäischen Vergleichsperspektive, in: TAJB 16, 1987, S. 82-95.

Grew, Raymond, The Case for Comparing Histories, in: AHR 85, 1980, S. 763-78.
Groh, Dieter, Negative Integration und Revolutionärer Attentismus. Die deutsche Sozialdemokratie am Vorabend des 1. Weltkrieges, Frankfurt am Main 1973.
Groh, Dieter und Brandt, Peter, ‚Vaterlandslose Gesellen': Sozialdemokratie und Nation 1860-1990, Munich, 1992.
Groschopp, Horst, Zwischen Bierabend und Bildungsverein. Zur Kulturarbeit in der deutschen Arbeiterbewegung vor 1914, 2. Auflage, Berlin 1987.
Guttsman, Willi L., The German Social Democratic Party 1875-1933. From Ghetto to Government, London 1981.
Guttsman, Willi L., Workers' Culture in Weimar Germany. Between Tradition and Commitment, Oxford 1990.

Haffert, Claus, Die katholischen Arbeitervereine Westdeutschlands in der Weimarer Republik, Essen 1994.
Hagemann, Karen, Frauenalltag und Männerpolitik. Alltagsleben und gesellschaftliches Handeln von Arbeiterfrauen in der Weimarer Republik, Bonn 1990.
Haimson, Leopold and Tilly, Charles (Hrsg.), Strikes, Wars, and Revolutions in an International Perspective. Strike Waves in the Late Nineteenth and Early Twentieth Centuries, Cambridge 1989.
Hall, Alex, By Other Means: The Legal Struggle Against the SPD in Wilhelmine Germany, 1890 - 1900, in: Historical Journal 17, 1974, S. 365-86.
Hall, Alex, Scandal, Sensation and Social Democracy. The SPD Press and Wilhelmine Germany, 1890 - 1914, Cambridge 1977.
Hamilton, M.A., Arthur Henderson, London 1938.
Hanson, A.H., The Labour Party and the House of Commons Reform, in: Parliamentary Affairs 10, 1956/57, S. 454-68 and 11, 1957/58, S. 39-56.
Harrison, Brian, Peacable Kingdom, Oxford 1982.
Harrison, Brian, Class and Gender in Modern British Labour History, in: PP 124, 1989, S. 121-58.
Harsch, Donna, German Social Democracy and the Rise of Nazism, Chapel Hill 1993.
Haupt, Georges, Aspects of International Socialism, 1871 - 1914, Cambridge 1986.
Haupt, Heinz-Gerhard (Hrsg.), „Bourgeois und Volk zugleich?": Zur Geschichte des Kleinbürgertums im 19. und 20. Jahrhundert, Frankfurt am Main 1978.
Haupt, Heinz-Gerhard (Hrsg.), Die radikale Mitte: Lebensweise und Politik von Handwerkern und Kleinhändlern in Deutschland seit 1848, München 1985.
Haupt, Heinz-Gerhard, Zur gesellschaftlichen Bedeutung des Kleinbürgertums in westeuropäischen Gesellschaften des 19. Jahrhunderts, in: GG 16, 1990, S. 296-317.
Haupt, Heinz-Gerhard und Kocka, Jürgen (Hrsg.), Geschichte und Vergleich. Ansätze und Ergebnisse international vergleichender Geschichtsschreibung, Frankfurt am Main 1996.
Heckart, Beverly, From Bassermann to Bebel. The Grand Bloc's Quest for Reform in the Kaiserreich, 1900 - 1914, London 1974.
Heidenreich, Frank, Arbeiterkulturbewegung und Sozialdemokratie in Sachsen vor 1933, Weimar 1995.
Herkunft und Mandat: Beiträge zur Führungsproblematik in der Arbeiterbewegung, Frankfurt am Main 1976.
Herzig, Arno und Trautmann, Günter (Hrsg.), ‚Der kühnen Bahn nur folgen wir ...' Ursprünge, Erfolge und Grenzen der Arbeiterbewegung in Deutschland, 2 Bde, Hamburg 1989.
Hinton, James, Labour and Socialism. A History of the British Labour Movement 1867-1974, Brighton 1983.
Hirschfelder, Helmut, Die bayrische Sozialdemokratie 1864-1914, 2 Bde, Erlangen 1979.
Höber, Johannnes, Die Nachkriegsentwicklung der englischen Arbeiterbewegung, phil. diss., Universität Heidelberg 1930.
Hobsbawm, Eric J., Labouring Men, London 1964.
Hobsbawm, Eric J., Worlds of Labour. Further Studies in the History of Labour, London 1984.
Hobsbawm, Eric J., Labour in the Great City, NLR 166 (Nov. - Dez. 1987).

Hodge, Carl Cavanagh, The Trammels of Tradition: Social Democratic Parties in Britain, France and Germany 1863-1937, phil. diss., Universität London 1987.

Hodge, Carl Cavanagh, The Trammels of Tradition: Social Democracy in Britain, France and Germany, New York 1994.

Hodgkinson, George, Sent to Coventry, London 1970.

Hoggart, Richard, The Uses of Literacy, London 1957.

Holford, John, Reshaping Labour: Organization, Work and Politics – Edinburgh in the Great War and After, London 1988.

Hölscher, Lucian, Weltgericht oder Revolution. Protestantische und sozialistische Zukunftsvorstellungen im deutschen Kaiserreich, Stuttgart 1989.

Hombach, Bodo und Niethammer, Lutz (Hrsg.), ‚Die Menschen machen ihre Geschichte nicht aus freien Stücken, aber sie machen sie selbst.' Einladung zu einer Geschichte des Volkes in Nordrhein Westfalen, Berlin, Bonn 1984.

Horne, John N., Labour at War. France and Britain 1914-1918, Oxford 1991.

Howard, Christopher, Expectations Born to Death: Local Labour Party Expansion in the 1920s, in: J. Winter (Hrsg.), The Working Class in Modern British History, Cambridge 1983, S. 65-81.

Howell, David, British Workers and the ILP, 1888-1906, Manchester 1983.

Howell, David, A Lost Left. Three Studies in Socialism and Nationalism, Manchester 1986.

Howell, David, ‚I Loved My Union and My Country': Jimmy Thomas and the Politics of Railway Trade Unionism, in: Twentieth Century British History 6, 1995, S. 145-74.

Howkins, Alun, Edwardian Liberalism and Industrial Unrest: a Class View of the Decline of Liberalism, in: HWJ 4, 1977, S. 143-61.

Hüllbüsch, Ursula, Gewerkschaften und Staat. Ein Beitrag zur Geschichte der Gewerkschaften zu Anfang und zu Ende der Weimarer Republik, phil. diss., Universität Heidelberg 1958.

Hunt, Richard N., German Social Democracy, 1919 - 1933, New Haven/Conn. 1964.

Ichikawa, T., The Daily Citizen, 1912-1915: a Study of the First Labour Daily Newspaper in Britain, M.A., Universität von Wales 1985.

Inglis, K. S., Churches and the Working Classes in Victorian England, London 1963.

James, David, Jowitt, Tony und Laybourn, Keith (Hrsg.), The Centennial History of the Independent Labour Party, Halifax 1992.

James, David, Class and Politics in a Northern Industrial Town: Keighley 1880 - 1914, Halifax 1994.

Jemnitz, Janos, A Comparative Historical Sketch of the Early European May 1 Celebrations, in: Andrea Panaccione (Hrsg.), May Day Celebration, Venetia 1988, S. 191-206.

John, Michael, The Peculiarities of the German State: Bourgeois Law and Society in the Imperial Era, in: PP 119, 1988, S. 105-31.

John, Michael, Politics and the Law in Late 19th Century Germany: the Origins of the Civil Code, Oxford 1989.

Joll, James, The Second International, 1889 - 1914, 2. Auflage, London 1974.

Jones, Barry and Keating, Michael, Labour and the British State, Oxford 1985.

Jones, Gareth Stedman, Languages of Class. Studies in English Working-Class History 1832-1982, Cambridge 1983.

Jones, Jack, A Liverpool Socialist Education, in: HWJ 18, 1983, S. 93-101.

Jones, G. W., Borough Politics: A Study of the Wolverhampton Town Council 1888-1964, London 1969.

Jones, S. G., The British Labour Movement and Working Class Leisure, 1918 - 1939, phil. diss., Universität Manchester 1983.

Jones, S.G., Workers at Play. A Social and Economic History of Leisure 1918-1939, London 1986.

Jones, S.G., The British Labour Movement and Film, London 1987.

Jones, S.G., The Survival of Industrial Paternalism in the Cotton Districts: a View from the 1920s, in: Journal of Regional and Local Studies 7, 1987, S. 1-13.

Jones, S.G., The European Workers' Sport Movement and Organized Labour in Britain Between the Wars, in: EHQ 18, 1988, S. 3-32.
Jones, S. G., Sport, Politics and the Working Class. Organized Labour and Sport in Interwar Britain, Manchester 1988.
Joyce, Patrick, Visions of the People: Industrial England and the Question of Class 1840-1914, Cambridge 1991.
Joyce, Patrick, Democratic Subjects, Cambridge 1994.
Joyce, Patrick, The End of Social History?, in: Social History 20, 1995, S. 173-91.

Kaelble, Hartmut, Der Mythos von der rapiden Industrialisierung in Deutschland, in: GG 9, 1983, S. 106-18.
Kaelble, Hartmut, Wie feudal waren die deutschen Unternehmer im Kaiserreich? Ein Zwischenbericht, in: R. H. Tilly (Hrsg.), Beiträge zur quantitativen vergleichenden Unternehmensgeschichte, Stuttgart 1985, S. 148-74.
Kaelble, Hartmut, Auf dem Weg zu einer europäischen Gesellschaft: eine Sozialgeschichte Westeuropas 1880-1980, München 1987.
Kaelble, Hartmut, Vergleichende Sozialgeschichte des 19. und 20. Jahrhunderts: Forschungen europäischer Historiker, in: Jahrbuch für Wirtschaftsgeschichte 1993, S. 173-200.
Kaminsky, Thomas, Grundzüge der internationalen Beziehungen der deutschen Sozialdemokratie in der Zeit nach dem Stuttgarter bis zum Kopenhagener Kongress der II. Internationale (1907 - 1910), phil. diss., Universität Leipzig 1987.
Kandler, Robert, The Effects of Economic and Social Conditions on the Development of the Free Trade Unions in Upper Franconia, 1890 - 1914, phil. diss., Universität Oxford 1986.
Katznelson, Ira und Zolberg, A. R. (Hrsg.), Working Class Formation. Nineteenth-Century Patterns in Europe and the U.S., Princeton 1986.
Katznelson, Ira, Working Class Formation and the State: 19th Century England in American Perspective, in: Peter B. Evans, Dietrich Rueschemeyer und Theda Skocpol (Hrsg.), Bringing the State Back In, Cambridge/Mass. 1985, S. 257-84.
Keil, Wilhelm, Erlebnisse eines Sozialdemokraten, 2 Bde, Stuttgart 1947 und 1948.
Kendall, Walter, The Revolutionary Movement in Britain 1900-1921, London 1969.
Kendall, Walter, The Labour Movement in Europe, London 1975.
Kennedy, P.M., Idealists and Realists: British Views of Germany 1864-1939, in: Transactions of the Royal Historical Society, 5th series, 25, 1975, S. 137-56.
Kift, Dagmar (Hrsg.), Kirmes – Kneipe – Kino. Arbeiterkultur im Ruhrgebiet zwischen Kommerz und Kontrolle (1850 - 1914), Paderborn 1992.
Kirby, David, War, Peace and Revolution, Aldershot 1986.
Kirk, Neville, ‚Traditional' Working-Class Culture and ‚the Rise of Labour': some Preliminary Questions and Observations, in: Social History 16, 1991, S. 203-16.
Kirk, Neville, Labour and Society in Britain and the USA, Bd. 1: Capitalism, Custom and Protest, 1780-1850, Bd. 2: Challenge and Accommodation, 1850 - 1939, Aldershot 1994.
Klarman, Michael J., The Osborne Judgement: A Legal/Historical Analysis, phil. diss., Universität Oxford 1987.
Klaus, H. G. (Hrsg.), The Rise of Socialist Fiction 1880-1914, Sussex 1987.
Klenke, Dietmar, Lilje, Peter und Walter, Franz, Arbeitersänger und Volksbühnen in der Weimarer Republik, Bonn 1992.
Klinkhammer, Reimund, Die Außenpolitik der SPD in der Zeit der Weimarer Republik, phil. diss., Universität Freiburg im Breisgau 1955.
Knox, W.W., Religion and the Scottish Labour Movement, c. 1900-1939, in: Journal of Contemporary History 23, 1988, S. 609-30.
Kocka, Jürgen (Hrsg.), Europäische Arbeiterbewegungen im 19. Jahrhundert. Deutschland, Österreich, England und Frankreich im Vergleich, Göttingen 1983.

Kocka, Jürgen, Klassengesellschaft im Krieg. Deutsche Gesellschaftsgeschichte 1914-1918, Göttingen 1983.
Kocka, Jürgen, Lohnarbeit und Klassenbildung. Arbeiter und Arbeiterbewegung in Deutschland 1800-1875, Bonn 1983.
Kocka, Jürgen (Hrsg.), Arbeiter und Bürger im 19. Jahrhundert. Varianten ihres Verhältnisses im europäischen Vergleich, München 1986.
Kocka, Jürgen (Hrsg.), Bürgertum im 19. Jahrhundert. Deutschland im europäischen Vergleich, 3 Bde, München 1988.
Kocka, Jürgen, Geschichte und Aufklärung, Göttingen 1989.
Kocka, Jürgen, Weder Stand noch Klasse. Unterschichten um 1800 – Arbeiterverhältnisse und Arbeiterexistenzen. Grundlagen der Klassenbildung im 19. Jahrhundert, 2 Bde, Bonn 1990.
Kocka, Jürgen, Comparative Historical Research: German Examples, in: IRSH 38, 1993, S. 369-79.
Kocka, Jürgen, Puhle, Hans-Jürgen und Tenfelde, Klaus (Hrsg.), Von der Arbeiterbewegung zum modernen Sozialstaat. Festschrift für Gerhard A. Ritter zum 65. Geburtstag, München 1994.
Kocka, Jürgen, Arbeiterbewegung in der Bürgergesellschaft. Überlegungen zum deutschen Fall, in: GG 20, 1994, S. 487-96.
Konflikt und Kooperation. Strategien europäischer Gewerkschaften im 20. Jahrhundert, hrsg. v. Institut zur Erforschung der europäischen Arbeiterbewegung, Essen 1988.
Koszyk, Kurt, Die Presse der deutschen Sozialdemokratie. Eine Bibliographie, Hannover 1966.
Kotowski, Georg, Friedrich Ebert. Eine politische Biographie, Wiesbaden 1963.
Kowalski, Werner, Geschichte der SAI (1923-1940), Berlin 1985.
Krieger, Wolfgang, Labour Party und Weimarer Republik: Ein Beitrag zur Außenpolitik der britischen Arbeiterbewegung zwischen Programmatik und Parteitaktik 1918-1924, Bonn 1978.
Kuczynski, Jürgen, Studien zur Geschichte des deutschen Imperialismus, Bd. 2: Propagandaorganisationen des Monopolkapitals, Berlin 1950.
Kulczycki, John J., The Foreign Worker and the German Labor Movement. Xenophobia and Solidarity in the Coal Fields of the Ruhr, 1871-1914, Oxford 1994.

Lademacher, Horst (Hrsg.), Die Zimmerwalder Bewegung: Protokolle und Korrespondenz, 2 Bde, Amsterdam 1967.
Lancaster, Bill, Radicalism, Co-operation and Socialism. Leicester Working Class Politics 1860-1906, Leicester 1987.
Langewiesche, Dieter und Schönhoven, Klaus, Arbeiterbibliotheken und Arbeiterlektüre im Wilhelminischen Deutschland, in: AfS 16, 1976, S. 135-204.
Langewiesche, Dieter, Arbeiterbildung in Deutschland und Österreich: Konzeption, Praxis und Funktionen, in: Werner Conze and Ulrich Engelhardt (Hrsg.), Arbeiter im Industrialisierungsprozeß. Herkunft, Lage und Verhalten, Stuttgart 1979, S. 439-64.
Langewiesche, Dieter, Freizeit und Massenbildung. Zur Ideologie und Praxis der Volksbildung in der Weimarer Republik, in: Gerhard Huck (Hrsg.), Sozialgeschichte der Freizeit, Wuppertal 1980, pp. 223-48.
Langewiesche, Dieter und Schönhoven, Klaus (Hrsg.), Arbeiter in Deutschland. Studien zur Lebensweise der Arbeiterschaft im Zeitalter der Industrialisierung, Paderborn 1981.
Laybourn, K. und Reynolds, J., Liberalism and the Rise of Labour, London 1984.
Laybourn, Keith, The Rise of Labour and the Decline of Liberalism: The State of the Debate, in: History 80, 1995, S. 207-26.
Laybourn, Keith, The Rise of Socialism in Britain, Stroud 1997.
Lehnert, Detlef, Reform und Revolution in den Strategiediskussionen der klassischen Sozialdemokratie, Bonn 1977.
Lehnert, Detlef, Sozialdemokratie und Novemberrevolution. Die Neuordnungsdebatte 1918/1919 in der politischen Publizistik von SPD und USPD, Frankfurt am Main 1983.
Lewis, Richard, The Central Labor College: Its Decline and Fall, in: Welsh History Review 12, 1984, S. 225-45.

Lidtke, Vernon, The Outlawed Party, Princeton 1966.
Lidtke, Vernon, The Alternative Culture. Socialist Labor in Imperial Germany, Oxford 1985.
Lindemann, Albert S., A History of European Socialism, New Haven 1983.
Linden, Marcel van der, The National Integration of European Working Classes (1871 - 1914), in: IRSH 33, 1988, S. 285-311.
Linden, Marcel van der und Rojahn, Jürgen (Hrsg.), The Formation of Labour Movements 1870 - 1914. An International Perspective, 2 Bde, Leiden 1990.
Linder, Marc, European Labor Aristocracies. Trade Unionism, the Hierarchy of Skill and the Stratification of the Manual Working Class Before the First World War, Frankfurt am Main 1985.
Lipset, Seymour Martin, Radicalism or Reformism. The Source of Working-Class Politics, in: APSR 77, 1983, S. 1-18.
Loreck, Jochen, Wie man früher Sozialdemokrat wurde: Das Kommunikationsverhalten und die Konzeption der sozialistischen Parteipublizistik durch August Bebel, Bonn 1977.
Lösche, Peter, Arbeiterbewegung und Wilhelminismus. Sozialdemokratie zwischen Anpassung und Spaltung, in: GWU 20, 1969, S. 519-33.
Lösche, Peter und Walter, Franz, Zur Organisationskultur der sozialdemokratischen Arbeiterbewegung in der Weimarer Republik. Niedergang der Klassenkultur oder solidargemeinschaftlicher Höhepunkt?, in: GG 15, 1989, S. 511-536.
Lösche, Peter und Walter, Franz, Auf dem Weg zur Volkspartei? Die Weimarer Sozialdemokratie, in: AfS 29, 1989, S. 75-136.
Lösche, Peter und Walter, Franz, Die SPD. Klassenpartei – Volkspartei – Quotenpartei, Darmstadt 1992.
Lucas, Erhard, Zwei Formen von Radikalismus in der deutschen Arbeiterbewegung, Frankfurt am Main 1976.
Luebbert, G. M., Liberalism, Fascism or Social Democracy. Social Classes and the Political Origins of Regimes in Interwar Europe, New York 1991.
Luedtke, Alf, Eigen-Sinn. Fabrikalltag, Arbeitererfahrungen und Politik vom Kaiserreich bis in den Faschismus, Hamburg 1993.
Luthardt, Wolfgang (Hrsg.), Sozialdemokratische Arbeiterbewegung und Weimarer Republik. Materialien zur gesellschaftlichen Entwicklung 1927-1933, 2 Bde, Frankfurt am Main 1978.
Luthardt, Wolfgang, Sozialdemokratische Verfassungstheorie in der Weimarer Republik, Opladen 1986.

Macintyre, Stuart, A Proletarian Science: Marxism in Britain, 1917-1933, Cambridge 1980.
Macnair, John, James Maxton. The Beloved Rebel, London 1955.
Maehl, W.H., August Bebel. Shadow Emperor of the German Workers, Philadelphia 1980.
Maehl, W.H., The German Socialist Party. Champion of the First Republic 1918-1933, Philadelphia 1986.
Mallmann, Klaus-Michael, Milieu, Radikalismus und lokale Gesellschaft. Zur Sozialgeschichte des Kommunismus in der Weimarer Republik, in: GG 21, 1995, S. 5-31.
Mann, Michael, Sources of Variation in Working-Class Movements in Twentieth-Century Europe, in: NLR 212, 1995, S. 14-51.
Marks, G.W., Trade Unions in Politics. Trade Union Political Activity and its Development in Britain, Germany and the United States in the 19th and early 20th Centuries, phil. diss., Universität Stanford 1982.
Marquand, David, Ramsay MacDonald, London 1977.
Martin, D.E. und Rubinstein, David (Hrsg.), Ideology and the Labour Movement. Essays Presented to John Saville, London 1979.
Martin, R.M., TUC: the Growth of a Pressure Group 1868-1976, Oxford 1980.
Martin, Kingsley, Harold Laski. A Biographical Memoir, London 1953.
Martiny, Martin, Integration oder Konfrontation? Studien zur Geschichte der sozialdemokratischen Rechts- und Verfassungspolitik, Bonn 1976.
Marwick, Arthur, Clifford Allen, the Open Conspirator, London 1962.

Mathias, Erich und Pikart, Eberhardt, Die Reichstagsfraktion der deutschen Sozialdemokratie 1898 bis 1918, Düsseldorf 1966.
Mathias, Erich und Schönhoven, Klaus (Hrsg.), Solidarität und Menschenwürde. Etappen der deutschen Gewerkschaftsgeschichte von den Anfängen bis zur Gegenwart, Bonn 1984.
Matthiesen, Helge, Zwei Radikalisierungen – Bürgertum und Arbeiterschaft in Gotha 1918-1923, in: GG 21, 1995, S. 32-62.
Mayer, Gustav, Erinnerungen. Vom Journalisten zum Historiker der deutschen Arbeiterbewegung, München 1949.
Maynes, Mary Jo, Taking the Hard Road: Life Course in French and German Workers' Autobiographies in the Era of Industrialisation, Chapel Hill 1995.
McCarran, Margaret, Fabianism in the Political Life of Britain, 1919 - 1931, phil. diss., Catholic University of America, Washington 1952.
McKenzie, R.T., British Political Parties, The Distribution of Power within the Conservative and the Labour Party, 2. Auflage, London 1963.
McKibbin, Ross, James Ramsay MacDonald and the Problem of the Independence of the Labour Party, 1910 - 1914, in: Journal of Modern History 42, 1970, S. 216-35.
McKibbin, Ross, The Evolution of the Labour Party, 1910-1924, Oxford 1974.
McKibbin, Ross, The Economic Policy of the Second Labour Government 1929-1931, in: PP 68, 1975, S. 95-123.
McKibbin, Ross and Kay, J.A. and Matthew, H.C.G., The Franchise Factor in the Rise of the Labour Party, in: EHR 91, 1976, S. 723-52.
McKibbin, Ross, Arthur Henderson as a Labour Leader, in: IRSH 23, 1978, S. 79-101.
McKibbin, Ross, Why was there no Marxism in Great Britain?, in: EHR 99, 1984, S. 297-331.
McKibbin, Ross, The Ideologies of Class. Social Relations inBritain 1880 - 1950, Oxford 1990.
McLean, Iain, The Legend of Red Clydeside, New York 1983.
McLeod, Hugh, Religion and the Working Class in 19th Century Britain, London 1984.
McLeod, Hugh, Religion in the British and German Labour Movements, c. 1890 - 1914: a Comparison, in: SSLH, Nr. 55, 1986, S. 25-35.
Meacham, Standish, A Life Apart. The English Working Class 1890-1914, Cambridge, Mass. 1977.
Meyer, Thomas und Heimann, Horst (Hrsg.), Reformsozialismus und Sozialdemokratie. Zur Theoriediskussion des Demokratischen Sozialismus in der Weimarer Republik, Bonn 1982.
Meynell, Hildamarie, The Second International, 1914 - 1923, B. Litt., Universität Oxford 1956.
Miliband, Ralph, Parliamentary Socialism, London 1961.
Millar, J.P.M., The Labour College Movement, London 1979.
Miller, Susanne, Das Problem der Freiheit im Sozialismus. Freiheit, Staat und Revolution in der Programmatik der Sozialdemokratie von Lasalle bis zum Revisionismusstreit, Frankfurt am Main 1964.
Miller, Susanne, Burgfrieden und Klassenkampf, Düsseldorf 1974.
Miller, Susanne, Grundwerte in der Geschichte der deutschen Sozialdemokratie, in: aus politik und zeitgeschichte, Nr. 11, 1976, S. 16-31.
Miller, Susanne, Die Bürde der Macht. Die deutsche Sozialdemokratie 1918-1920, Düsseldorf 1978.
Miller, Susanne and Potthoff, Heinrich, Kleine Geschichte der SPD. Darstellung und Dokumentation 1848-1983, 5., überarb. und erw. Aufl., Bonn 1983.
Minkin, Lewis, The Labour Party Conference. A Study in the Politics of Intra-Party Democracy, London 1978.
Minkin, Lewis, The Contentious Alliance: Trade Unions and the Labour Party, Edinburgh 1991.
Mitchell, H. and Stearns, P., The European Labor Movement and the Origins of Social Democracy, 1890 - 1914, Ithaca/Illinois 1971.
Mommsen, Hans, Arbeiterbewegung, in: Sowjetsystem und demokratische Gesellschaft. Eine vergleichende Enzyklopädie, hrsg. v. C. D. Kernig, Bd. 1, Freiburg 1966, S. 274-311.
Mommsen, Hans (Hrsg.), Industrielles System und politische Entwicklung in der Weimarer Republik, Düsseldorf 1974.

Mommsen, Hans (Hrsg.), Sozialdemokratie zwischen Klassenbewegung und Volkspartei, Frankfurt am Main 1974.
Mommsen, Hans und Borsdorf, Ulrich (Hrsg.), Glück Auf, Kameraden, Köln 1976.
Mommsen, Hans, Zum Problem der vergleichenden Behandlung nationaler Arbeiterbewegungen am Beispiel Ost- und Südostmitteleuropas, in: IWK 15, 1979, S. 31-34.
Mommsen, Hans (Hrsg.), Arbeiterbewegung und industrieller Wandel. Studien zu gewerkschaftlichen Organisationsproblemen im Reich und an der Ruhr, Wuppertal 1980.
Mommsen, Wolfgang J. und Mock, Wolfgang (Hrsg.), The Emergence of the Welfare State in Britain and Germany 1850-1950, London 1981.
Mommsen, Wolfgang J. und Husung, Hans Gerhardt (Hrsg.), Auf dem Wege zur Massengewerkschaft. Die Entwicklung der Gewerkschaften in Deutschland und Großbritannien 1880-1914, Stuttgart 1984.
Mommsen, Wolfgang J., Britain and Germany 1800-1914. Two Developmental Paths Towards Industrial Society, London 1986.
Morgan, Jane, Conflict and Order. The Police and Labour Disputes in England and Wales, 1900 - 1939, Oxford 1987.
Morgan, Kenneth O., Keir Hardie, London 1975.
Morgan, Kenneth O., Labour People. Leaders and Lieutenants: Hardie to Kinnock, Oxford 1987.
Morrison, Herbert, An Autobiography, London 1960.
Moses, John A., Trade Unionism in Germany from Bismarck to Hitler, 2 Bde, London 1982.
Müller, Andreas, Die groß-hannoversche Sozialdemokratie vom Vorabend des 1. Weltkrieges bis zur Novemberrevolution, in: Hannoversche Geschichtsblätter, NS 33 (1979).
Müller, Dirk H., Arbeiter, Katholizismus, Staat: der Volksverein für das katholische Deutschland und die katholischen Arbeiterorganisationen in der Weimarer Republik, Bonn 1996.
Muir, Edwin, An Autobiography, London 1964.

Na'aman, Shlomo, Die Konstituierung der deutschen Arbeiterbewegung 1862/1863. Darstellung und Dokumentation, Assen 1975.
Nairn, Tom, The Nature of the Labour Party, in: New Left Review, Sept./Okt. 1964, S. 38-65 und Nov./Dez. 1964, S. 33-62.
Naßmacher, Karl Heinz (Hrsg.), Kommunalpolitik und Sozialdemokratie. Der Beitrag des Demokratischen Sozialismus zur kommunalen Selbstverwaltung, Bonn 1977.
Nelles, Dieter, Syndikalismus und Unionismus – Neuere Ergebnisse und Perspektiven der Forschung, in: IWK 31, 1995, S. 348-56.
Nettl, Peter, The German Social Democratic Party 1890-1914 as a Political Model, in: PP 30, 1965, S. 65-95.
Nettl, Peter, Rosa Luxemburg, gekürzte Fassung, Oxford 1969 (dt. ungekürzt: Rosa Luxemburg, Köln 1967).
Neumann, Siegmund, Die Parteien der Weimarer Republik, Stuttgart 1965.
Newton, Douglas J., British Labour, European Socialism and the Struggle for Peace 1889-1914, Oxford 1985.
Nipperdey, Thomas, Die Organisation der deutschen Parteien vor 1918, Düsseldorf 1961.
Nipperdey, Thomas, Sozialdemokratie und Geschichte, in: H. Horn, A. Schwan, T. Weingartner (Hrsg.), Sozialismus in Theorie und Praxis: Festschrift für Richard Löwenthal, Berlin 1978, S. 493-517.
Nolan, Mary, Social Democracy and Society: Working Class Radicalism in Düsseldorf 1890-1920, Cambridge 1981.
Nonn, Christoph, Putting Radicalism to the Test: German Social Democracy and the 1905 Suffrage Demonstrations in Dresden, in: IRSH 41, 1996, S. 183-208.

O'Brien, P.K., Do we Have a Typology for the Study of European Industrialization in the 19th Century?, in: Journal of European Economic History 15, 1986, S. 291-333.
Opitz, Waltraud und de la Motte, Uwe (Hrsg.), Friedrich Engels: Die Zweite Internationale und der 1. Mai, Berlin 1989.

Osterhammel, Jürgen, Sozialgeschichte im Zivilisationsvergleich. Zu künftigen Möglichkeiten komparativer Geschichtswissenschaft, in: GG 22, 1996, S. 143-64.

Panayi, Panikos, German Immigrants in Britain During the Nineteenth Century 1815-1914, Oxford 1995.
Paton, John, Left Turn, London 1936.
Pelling, Henry, The Origins of the Labour Party 1880-1900, London 1954.
Pelling, Henry, Popular Politics and Society in Late Victorian Britain, London 1968.
Pelling, Henry, A Short History of the Labour Party, 8. Auflage, London 1986.
Peter, Ulrich, Der Bund der religiösen Sozialisten in Berlin von 1919 bis 1933: Geschichte – Struktur – Theologie und Politik, Frankfurt am Main 1995.
Peters, J. N., Anti-Socialism in British Politics, c. 1900-1923: The Emergence of a Counter-Ideology, phil. diss., Universität Oxford 1992.
Petzina, Dietmar (Hrsg.), Fahnen, Fäuste, Körper. Symbolik und Kultur der Arbeiterbewegung, Essen 1986.
Peukert, D. J., Zur Regionalgeschichtsschreibung der Arbeiterbewegung, in: Das Argument 110, 1978, S. 546-60.
Philipps, Gordon, The Rise of the Labour Party 1893-1931, London 1992.
Pierson, Stanley, Marxism and the Origins of British Socialism. The Struggle for a New Consciousness, New York 1973.
Pierson, Stanley, British Socialists. The Journey from Fantasy to Politics, Cambridge/Mass., London 1979.
Pierson, Stanley, Marxist Intellectuals and the Working-Class Mentality in Germany 1887 - 1912, Cambridge, Mass., 1993.
Pistorius, Peter, Rudolf Breitscheid, 1874 - 1944. Ein biographischer Beitrag zur deutschen Parteiengeschichte, Köln 1970.
Pore, R.E., The German Social Democratic Women's Movement, 1919 - 1933, phil. diss., Universität Morganstown 1977.
Postgate, R. W., The Life of George Lansbury, London 1951.
Potthoff, Heinrich, Freie Gewerkschaften und sozialistische Parteien in Deutschland, in: AfS 26, 1986, S. 49-85.
Potthoff, Heinrich, Freie Gewerkschaften 1918-1933. Der ADGB in der Weimarer Republik, Düsseldorf 1987.
Pracht, Elfi, Parlamentarismus und deutsche Sozialdemokratie, 1867-1914, Pfaffenweiler 1990.
Price, Richard, The Future of British Labour History, in: IRSH 36, 1991, S. 249-60.
Prinz, Michael, Wandel durch Beharrung. Sozialdemokratie und ‚neue Mittelschichten' in historischer Perspektive, in: AfS 29, 1989, S. 35-73.
Prinz, Michael, Brot und Dividende. Konsumvereine in Deutschland und England vor 1914, Göttingen 1996.
Prynn, D.L., The Socialist Sunday Schools, the Woodcraft Folk and Allied Movements, phil. diss., Universität Sheffield 1971.
Przeworski, Adam, Capitalism and Social Democracy, Cambridge 1985.
Pugh, Martin, The Tories and the People 1880-1935, Oxford 1985.
Pye, Denis, Fellowship is Life. The National Clarion Cycling Club 1895-1995, Bolton 1995.
Pye, Denis, Socialism, Fellowship and Food: Manchester's Clarion Café, 1908 - 1936, in: North-West Labour History 21, 1996/97, S. 30-38.

Quataert, J.H., The German Socialist Women's Movement 1890-1918: Issues, Internal Conflicts and the Main Personages, phil. diss., Universität Los Angeles 1974.

Rabe, Bernd, Der sozialdemokratische Charakter. Drei Generationen aktiver Parteimitglieder in einem Arbeiterviertel, Frankfurt am Main 1978.

Rabenschlag-Kräußlich, Jutta, Parität statt Klassenkampf? Zur Organisation des Arbeitsmarktes und Domestizierung des Arbeitskampfes in Deutschland und England 1900-1918, Frankfurt am Main 1983.
Radice, L., Beatrice and Sidney Webb, London 1984.
Rauh, Manfred, Föderalismus und Parlamentarismus im Wilhelminischen Reich, Düsseldorf 1973.
Rauh, Manfred, Die Parlamentarisierung des Deutschen Reiches, Düsseldorf 1977.
Reagin, Nancy Ruth, A German Women's Movement: Class and Gender in Hanover 1880-1933, Chapel Hill 1995.
Reid, Alastair, Class and Organization, in: HJ 30, 1987, S. 225-38.
Reid, Alastair, Social Classes and Social Relations in Britain 1850-1914, London 1992.
Reid, J. H. Steward, The Origins of the British Labour Party, Minneapolis 1955.
Remme, Irmgard, Die internationalen Beziehungen der deutschen Frauenbewegung vom Ausgang des 19. Jahrhunderts bis 1933, phil. diss., Universität Berlin 1955.
Renshaw, Patrick, Anti-Labour Politics in Britain 1918-1927, in: Journal of Contemporary History 12, 1977, S. 693-705.
Reulecke, Jürgen (Hrsg.), Arbeiterbewegung an Rhein und Ruhr, Wuppertal 1974.
Richards, Huw, The Ragged Man of Fleet Street: The Daily Herald in the 1920s, in: Contemporary Record 8, 1994, S. 242-57.
Rimlinger, G.V., Welfare Policy and Industrialization in Europe, America and Russia, New York 1971.
Ritter, Franz, Theorie und Praxis des Demokratischen Sozialismus in der Weimarer Republik, Frankfurt am Main 1981.
Ritter, Gerhard A., The British Labour Movement and its Policy Towards Russia from the First Russian Revolution Until the Treaty of Locarno, B. Litt., Universität Oxford 1958.
Ritter, Gerhard A., Zur Geschichte der britischen Labour Party, 1900 - 1918. Die Umbildung einer parlamentarischen Pressure Group in eine politische Partei, in: idem: Parlament und Demokratie in Großbritannien. Studien zur Entwicklung und Struktur des politischen Systems, Göttingen 1972, S. 125-181.
Ritter, Gerhard A., Arbeiterbewegung, Parteien und Parlamentarismus. Aufsätze zur deutschen Sozial- und Verfassungsgeschichte des 19. und 20. Jahrhunderts, Göttingen 1976.
Ritter, Gerhard A. (Hrsg.), Arbeiterkultur, Königstein im Taunus 1979.
Ritter, Gerhard A. (Hrsg.), Die Zweite Internationale 1918-1919, Berlin 1980.
Ritter, Gerhard A., Sozialversicherung in Deutschland und England. Entstehung und Grundzüge im Vergleich, München 1983.
Ritter, Gerhard A., Die Sozialdemokratie im deutschen Kaiserreich in sozialgeschichtlicher Perspektive, in: HZ 249, 1989, S. 259-362.
Ritter, Gerhard A. (Hrsg.), Der Aufstieg der deutschen Arbeiterbewegung. Sozialdemokratie und freie Gewerkschaften im Parteiensystem und Sozialmilieu des Kaiserreichs, München 1990.
Ritter, Gerhard A., Der Sozialstaat im internationalen Vergleich, 2. Auflage, München 1991.
Ritter, Gerhard A. und Tenfelde, Klaus, Arbeiter im deutschen Kaiserreich 1871-1914, Bonn 1992.
Ritter, Gerhard A., Arbeiter, Arbeiterbewegung und soziale Ideen in Deutschland. Beiträge zur Geschichte des 19. und 20. Jahrhunderts, München 1996.
Roberts, Robert, The Classic Slum. Salford Life in the First Quarter of the Century, Manchester 1971.
Roesler, Jörg, Arbeiterschaft und Unternehmer in den Industrieregionen Berlin und Chemnitz im 19. und dem ersten Drittel des 20. Jahrhunderts – ein Vergleich des Verhaltens in Konfliktsituationen, in: Jahrbuch für Wirtschaftsgeschichte 1994, S. 151-69.
Rojahn, Jürgen, War die deutsche Sozialdemokratie ein Modell für die Parteien der Zweiten Internationale?, in: IWK 27, 1991, S. 291-302.
Rose, G. C., Locality, Politics and Culture: Poplar in the 1920s, phil. diss., Universität London 1989.
Roth, Günther, The Social Democrats in Imperial Germany. A Study in Working-Class Isolation and National Integration, New York 1963.
Rowett, J. S., The Labour Party and Local Government: Theory and Practice in the Inter-War Years, phil. diss., Universität Oxford 1979.

Rowlinson, M.C., Cadbury's New Factory System, 1879 - 1919, phil. diss., Universität Aston 1988.
Rudolph, Karsten, Die sächsische Sozialdemokratie vom Kaiserreich zur Republik (1871-1923), Weimar 1995.
Ruppert, Wolfgang (Hrsg.), Die Arbeiter. Lebensformen, Alltag und Kultur von der Frühindustrialisierung bis zum Wirtschaftswunder, München 1986.

Saage, Richard (Hrsg.), Solidargemeinschaft und Klassenkampf. Politische Konzeptionen der Sozialdemokratie zwischen den Weltkriegen, Frankfurt am Main 1986.
Saldern, Adelheid von, Vom Einwohner zum Bürger. Zur Emanzipation der städtischen Unterschicht Göttingens, 1890 - 1920. Eine sozial- und kommunalhistorische Untersuchung, Berlin 1973.
Saldern, Adelheid von, Wilhelminische Gesellschaft und Arbeiterklasse: Emanzipations- und Integrationsprozesse im kulturellen und sozialen Bereich, in: IWK 13, 1977, S. 469-505.
Saldern, Adelheid von, Auf dem Wege zum Arbeiter-Reformismus. Parteialltag in sozialdemokratischer Provinz, Göttingen 1870-1920, Frankfurt am Main 1984.
Saldern, Adelheid von, Arbeiterradikalismus – Arbeiterreformismus. Zum politischen Profil der sozialdemokratischen Parteibasis im Deutschen Kaiserreich. Methodisch-inhaltliche Bemerkungen zu Vergleichsstudien, in: IWK 20, 1984, S. 483-97.
Saldern, Adelheid von, Häuserleben. Zur Geschichte städtischen Arbeiterwohnens vom Kaiserreich bis heute, Bonn 1995.
Salvadori, Massimo, Karl Kautsky and the Socialist Revolution 1880-1938, London 1979 (dt.: Sozialismus und Demokratie: Karl Kautsky 1880-1938, Stuttgart 1982).
Saran, Mary, Never Give Up, London 1976.
Sassoon, Donald, One Hundred Years of Socialism. The West European Left in the Twentieth Century, London 1996.
Saul, Klaus, Staat, Industrie und Arbeiterbewegung im Kaiserreich. Zur Innen- und Sozialpolitik des Wilhelminischen Deutschland 1903-1914, Düsseldorf 1974.
Saul, Klaus, Flemming, Jens, Stegmann, Dirk und Witt, P.-C. (Hrsg.), Arbeiterfamilien im Kaiserreich. Materialien zur Sozialgeschichte in Deutschland 1871-1914, Königstein im Taunus 1982.
Savage, Michael, The Social Bases of Working-Class Politics: the Labour Movement in Preston, 1890 - 1940, phil. diss., Universität Lancaster 1984.
Savage, Michael, The Dynamics of Working-Class Politics. The Labour Movement in Preston 1880-1940, Cambridge 1987.
Savage, Mike und Miles, Andrew, The Remaking of the British Working Class 1840-1940, London 1994.
Saville, John, 1848. The British State and the Chartist Movement, Cambridge 1987.
Schadt, Jörg und Schmierer, Wolfgang (Hrsg.), Die SPD in Baden-Württemberg und ihre Geschichte. Von den Anfängen der Arbeiterbewegung bis heute, Stuttgart 1979.
Schneer, Jonathan, George Lansbury, Manchester 1990.
Schneider, Gerhard, Politische Feste in Hannover 1866-1918, Bd. 1: Politische Feste der Arbeiter, Hannover 1995.
Schönhoven, Klaus, Expansion und Konzentration. Studien zur Entwicklung der Freien Gewerkschaften im Wilhelminischen Deutschland 1890 bis 1914, Stuttgart 1980.
Schönhoven, Klaus, Selbsthilfe als Form von Solidarität: Das gewerkschaftliche Unterstützungswesen im Deutschen Kaiserreich bis 1914, in: AfS 20, 1980, S. 147-93.
Schönhoven, Klaus, Reformismus und Radikalismus. Gespaltene Arbeiterbewegung im Weimarer Sozialstaat, München 1989.
Schönhoven, Klaus und Staritz, Dietrich (Hrsg.), Sozialismus und Kommunismus im Wandel: Hermann Weber zum 65. Geburtstag, Köln 1993.
Schorske, Carl E., German Social Democracy 1905-1917. The Development of the Great Schism, Cambridge/Mass. 1955.
Schröder, W.H., Arbeitergeschichte und Arbeiterbewegung. Industriearbeit und Organisationsverhalten im 19. und frühen 20. Jahrhundert, Frankfurt am Main 1978.

Schröder, W.H., Sozialdemokratische Reichstagsabgeordnete und Reichstagskandidaten 1898-1918. Biographisch-statistisches Handbuch, Düsseldorf 1986.
Schröder, W.H., Sozialdemokratische Parlamentarier in den deutschen Reichs- und Landtagen 1867-1933: Biographien – Chronik, Wahldokumentation. Ein Handbuch, Düsseldorf 1995.
Schult, Johannes, Geschichte der Hamburger Arbeiter 1890-1918, Hamburg 1967.
Schulze, Hagen, Otto Braun oder Preußens demokratische Sendung. Eine Biographie, Frankfurt am Main 1977.
Schulze, Rainer (Hrsg.), Industrieregionen im Umbruch: historische Voraussetzungen und Verlaufsmuster des regionalen Strukturwandels im europäischen Vergleich, Essen 1993.
Schustereit, H., Linksliberalismus und Sozialdemokratie in der Weimarer Republik, Düsseldorf 1975.
Schwarz, Max, MdR. Biographisches Handbuch der Reichstage, Hannover 1965.
Schwarzmantel, John, Socialism and the Idea of the Nation, London 1991.
Seabrook, Jeremy, What Went Wrong? Working People and the Ideals of the Labour Movement, London 1978.
Seebacher-Brandt, Brigitte, Erich Ollenhauer – Biedermann und Patriot, Berlin 1984.
Seebacher-Brandt, Brigitte, Bebel. Künder und Kärrner im Kaiserreich, Berlin 1988.
Seidel, Jutta, Internationale Stellung und internationale Beziehungen der deutschen Sozialdemokratie 1871-1895/96, Berlin 1982.
Severing, Carl, Mein Lebensweg, 2 Bde, Köln 1950.
Sheehan, James J., The Career of Lujo Brentano. A Study of Liberalism and Social Reform in Imperial Germany, Chicago 1966.
Shepherd, G. W., The Theory and Practice of Internationalism in the British Labour Party, with Special Reference to the Inter-War Period, phil. diss., Universität London 1952.
Siemann, Joachim, Die sozialdemokratischen Arbeiterführer in der Zeit der Weimarer Republik, phil. diss., Universität Göttingen 1955.
Sigel, Robert, Die Geschichte der II. Internationale, 1918 - 1923, Frankfurt am Main 1986.
Silkin, John, Changing Battlefields: The Challenge to the Labour Party 1923-1987, London 1987.
Simon, Dietmar, Arbeiterbewegung in der Provinz: soziale Konflikte und sozialistische Politik in Lüdenscheid im 19. und 20. Jahrhundert, Essen 1995.
Smith, Adrian, The New Statesman. Portrait of a Political Weekly 1913-1931, London 1995.
Smith, Joan, Labour Tradition in Glasgow and Liverpool, HWJ 17, 1984.
Smith, Leonard, Religion and the Rise of Labour. Nonconformity and the Independent Labour Movement in Lancashire and the West Riding 1880-1914, Keele 1993.
Snowden, Philip, An Autobiography, 2 Bde, London 1934.
Sondhaus, Lawrence, The Imperial German Navy and Social Democracy, 1878 - 1897, in: German Studies Review 18, 1995, S. 1-64.
Spooner, R.T., The Evolution of the Official Programme of the Labour Party, 1918 - 1939, M.A., Universität Birmingham 1949.
Springhall, John, Youth, Empire and Society, London 1977.
Stampfer, Friedrich, Erfahrungen und Erkenntnisse. Aufzeichnungen aus meinem Leben, Köln 1957.
Stargardt, Nicholas, The German Idea of Militarism. Radical and Socialist Critics 1866-1914, Cambridge 1994.
Stearns, Peter, Adaptation to Industrialization: German Workers as a Test Case, in: Central European History 3, 1970, S. 303-31.
Stearns, Peter, National Character and European Labor History, in: Journal of Social History 4, 1970/71, S. 95-124.
Steenson, Gary P., Karl Kautsky, 1854 - 1938. Marxism in the Classical Years, Pittsburgh 1978.
Steenson, Gary P., ‚Not one Man – Not one Penny'. German Social Democracy 1863-1914, Pittsburgh 1981.
Steenson, Gary P., After Marx, Before Lenin. Marxism and Socialist Working-Class Parties in Europe 1884-1914, Pittsburgh 1991.

Steger, Manfred B., The Quest for Evolutionary Socialism. Eduard Bernstein and Social Democracy, Cambridge 1997.
Steinbach, Peter, Sozialdemokratie und Verfassungsverständnis. Zur Ausbildung einer liberal-demokratischen Verfassungskonzeption in der Sozialdemokratie seit der Mitte des 19. Jahrhunderts, Opladen 1983.
Steinberg, H.J., Worker's Libraries in Germany Before 1914, in: HWJ, Nr. 1, 1976, S. 166-80.
Steinberg, H.J., Sozialismus und deutsche Sozialdemokratie. Zur Ideologie der Partei vor dem 1. Weltkrieg, 5. Auflage, Bonn 1979.
Stråth, Bo (Hrsg.), Language and the Construction of Class Identities. The Struggle for Discursive Power in Social Organisation: Scandinavia and Germany after 1800, Göteborg 1990.
Stübling, Rainer, Kultur und Massen: Das Kulturkartell der modernen Arbeiterbewegung in Frankfurt am Main 1925-1933, Offenbach 1983.

Tanner, Duncan, Political Change and the Labour Party 1900-1918, Cambridge 1990.
Taylor, R. K. S. und Jowitt, J. A. (Hrsg.), Bradford 1890-1914: the Cradle of the ILP, Bradford 1980.
Teanby, K., ‚Not Equal to the Demand': Major Concerns of the Doncaster Divisional Labour Party 1918-1939, M.Phil., Universität Sheffield 1985.
Tenfelde, Klaus, Geschichte der deutschen Arbeiter und Arbeiterbewegung – Ein Sonderweg, in: Der Aquädukt 1763 - 1988. Ein Almanach aus dem Verlag C.H. Beck im 225. Jahr seines Bestehens, München 1988, S. 469-83.
Tenfelde, Klaus, Großstadt und Industrieregion: Die Ausbreitung der deutschen Arbeiterbewegung in Grundzügen, in: Sabine Weiss (Hrsg.), Historische Blickpunkte: Festschrift für Johann Rainer, Innsbruck 1988.
Tenfelde, Klaus (Hrsg.), Arbeiter im 20. Jahrhundert, Stuttgart 1991.
Thane, Pat, The Foundation of the Welfare State, London 1982.
Thieringer, Rolf, Das Verhältnis der Gewerkschaften zu Staat und Parteien in der Weimarer Republik. Die ideologischen Verschiedenheiten und taktischen Gemeinsamkeiten der Richtungsgewerkschaften. Der Weg zur Einheitsgewerkschaft, phil. diss., Universität Tübingen 1954.
Thomas, J. H., My Story, London 1937.
Thomas, Tom, The WTM: Memoirs and Documents, introd. Raphael Samuel, in: HWJ 4, 1977, S. 102-42.
Thompson, C. P., The Remscheid Workers' Movement from 1914 to 1945, phil. diss., Universität Warwick 1983.
Thompson, E.P., The Peculiarities of the English, in: Socialist Register 1965, S. 311-62.
Thompson, James, After the Fall: Class and Political Language in Britain 1780-1900, in: Historical Journal 39, 1996, S. 785-806.
Thompson, L.V., Robert Blatchford: Portrait of an Englishman, London 1951.
Thompson, L.V., The Enthusiasts. A Biography of J. and K.B. Glasier, London 1971.
Thompson, Paul, London Working-Class Politics and the Formation of the London Labour Party 1885-1914, phil. diss., Universität Oxford 1963.
Thompson, Paul, Socialists, Liberals and Labour. The Struggle for London 1885-1914, London 1967.
Thorpe, Andrew, A History of the British Labour Party, London 1997.
Tilly, Charles, Big Structures, Large Processes, Huge Comparisons, New York 1985.
Tsuzuki, Chushichi, H.M. Hyndman and British Socialism, London 1961.
Tsuzuki, Chushichi, The Life of Eleanor Marx 1855-1898. A Socialist Tragedy, Oxford 1967.
Turner, John (Hrsg.), Businessmen and Politics: Studies of Business Activity in British Politics 1900-1945, London 1984.
Turner, Michael, A History of the Workers' Educational Association: Western District 1911-1986, Bristol 1986.

Überhorst, Horst, Frisch, Frei, Stark und Treu. Die Arbeitersportbewegung in Deutschland 1893-1933, Düsseldorf 1973.

Ulam, A.B., Philosophical Foundations of English Socialism, Cambridge/Mass. 1951.
Unger, David, The Roots of Red Clydeside: Economic and Social Relations and Working-Class Politics in the West of Scotland, 1900 - 1919, phil. diss., Universität Texas, Austin 1979.

Vernon, B.D., Ellen Wilkinson, London 1982.
Vernon, Raymond, Big Business and the State. Changing Relations in Western Europe, London 1974.

Wachenheim, Hedwig, Vom Großbürgertum zur Sozialdemokratie. Memoiren einer Reformistin, Berlin 1973.
Waites, Bernard, A Class Society at War. England 1914-1918, Leamington Spa 1987.
Walker, H. J., The Outdoor Movement in England and Wales 1900-1939, phil. diss., Universität Sussex 1987.
Waller, Robert J., The Dukeries Transformed. The Social and Political Development of a Twentieth Century Coalfield, Oxford 1983.
Walter, Franz, Sozialistische Akademiker- und Intellektuellenorganisationen in der Weimarer Republik, Bonn 1990.
Walter, Franz, Denecke, Viola und Regin, Cornelia, Sozialistische Gesundheits- und Lebensreformverbände, Bonn 1991.
Walter, Franz, Dürr, Tobias und Schmidtke, Klaus, Die SPD in Sachsen und Thüringen zwischen Hochburg und Diaspora. Untersuchungen auf lokaler Ebene vom Kaiserreich bis zur Gegenwart, Bonn 1993.
Ward, Paul Joseph, Englishness, Patriotism and the British Left 1881-1924, phil. diss., Universität London 1994.
Warde, Alan, Conditions of Dependence. Working Class Quiescence in Lancaster in the 20th Century, in: IRSH 35, 1990, S. 71-105.
Waters, Chris, British Socialists and the Politics of Popular Culture 1884-1914, Manchester 1990.
Wearmouth, R.F., The Social and Political Influence of Methodism in the 20th Century, London 1957.
Wedgwood, Josiah, Memoirs of a Fighting Life, London 1940.
Wehler, Hans-Ulrich, Sozialdemokratie und Nationalstaat. Die deutsche Sozialdemokratie und die Nationalitätenfragen in Deutschland von Karl Marx bis zum Ausbruch des ersten Weltkrieges, Würzburg 1962.
Wehler, Hans-Ulrich, Das deutsche Kaiserreich 1871-1918, Göttingen 1973.
Wehler, Hans-Ulrich (Hrsg.), Klassen in der europäischen Sozialgeschichte, Göttingen 1979.
Weinbren, Dan, Generating Socialism. Recollections of Life in the Labour Party, Stroud 1997.
Weinhauer, Klaus, Zwischen Betrieb und Strasse: Arbeit, Konflikt und Organisation der Hamburger Hafenarbeiter 1918-1933, in: IWK 31, 1995, S. 6-24.
Weisbrod, Bernd, Schwerindustrie in der Weimarer Republik: Interessenpolitik zwischen Stabilisierung und Krise, Wuppertal 1978.
Weisbrod, Bernd, Der englische „Sonderweg" in der neueren Geschichte, in: GG 16, 1990, S. 233-52.
Weitz, Eric D., Conflict in the Ruhr: Workers and Socialist Politics in Essen, 1910 - 1925, phil. diss., Universität Boston 1983.
Weitz, Eric D., Creating German Communism, 1890-1990. From Popular Protests to Socialist State, Princeton, N.J. 1997.
Wells, H. G., Experiment in Autobiography, 2 Bde., Cape 1969.
Welskopp, Thomas, Von der verhinderten Heldengeschichte des Proletariats zur vergleichenden Sozialgeschichte der Arbeiterschaft – Perspektiven der Arbeitergeschichtsschreibung in den 1990er Jahren, in: 1999 8, 1993, S. 34-53.
Welskopp, Thomas, Arbeit und Macht im Hüttenwerk. Arbeits- und industrielle Beziehungen in der deutschen und amerikanischen Eisen- und Stahlindustrie von den 1860er bis zu den 1930er Jahren, Bonn 1994.
Welskopp, Thomas, Stolpersteine auf dem Königsweg. Methodenkritische Anmerkungen zum internationalen Vergleich in der Gesellschaftsgeschichte, in: AfS 35, 1995, S. 339-67.

Wendt, Berndt-Jürgen, ‚Deutsche Revolution – Labour Unrest'. Systembedingungen der Streikbewegungen in Deutschland und England, 1918 - 1921, in: AfS 20, 1980, S. 1-55.

Wentzel, Lothar (Hrsg.), Die Bildungsarbeit des Deutschen Metallarbeiter-Verbandes 1891-1933: Eine Dokumentation, Köln 1995.

White, D. S., Reconsidering European Socialism in the 1920s, in: Journal of Contemporary History 16, 1981, S. 251-72.

Wickham, James, The Working-Class Movement in Frankfurt a.M. During the Weimar Republic, phil. diss., Universität Sussex 1979.

Wickham, James, Working-Class Movement and Working-Class Life, in: Social History 8, 1983, S. 315-43.

Williams, Chris M., Democratic Rhondda: Politics and Society, 1885-1951, Cardiff 1996.

Willis, Kirk, The Introduction and Critical Reception of Marxist Thought in Britain 1850-1900, in: Historical Journal 20, 1977, S. 417-59.

Winkler, Heinrich August, Klassenbewegung oder Volkspartei? Zur Programmdiskussion in der Weimarer Sozialdemokratie 1920-1925, in: GG 8, 1982, S. 9-54.

Winkler, Heinrich August, Von der Revolution zur Stabilisierung. Arbeiter und Arbeiterbewegung in der Weimarer Republik 1918-1924, Bonn 1984.

Winkler, Heinrich August, Der Schein der Normalität. Arbeiter- und Arbeiterbewegung in der Weimarer Republik 1924-1930, Bonn 1985.

Winkler, Heinrich August, Der Weg in die Katastrophe. Arbeiter und Arbeiterbewegung in der Weimarer Republik 1930-1933, Bonn 1987.

Winkler, Henry R., Paths Not Taken: British Labour and International Policy in the 1920s, Chapel Hill 1994.

Winkler, Jürgen, Die soziale Basis der sozialistischen Parteien in Deutschland 1912-1924, in: AfS 29, 1989, S. 137-71.

Winter, J.M., Socialism and the Challenge of War. Ideas and Politics in Britain 1912-1918, London 1974.

Wrigley, Chris (Hrsg.), A History of British Industrial Relations, Brighton 1982.

Wrigley, Chris, Widening Horizons? British Labour and the Second International 1893-1905, in: LHR 58, 1993, S. 8-13.

Wrynn, J.F.P., The Socialist International and the Politics of European Reconstruction 1919-1930, Amsterdam 1976.

Wunderer, Hartmut, Arbeitervereine und Arbeiterparteien. Kultur- und Massenorganisationen in der Arbeiterbewegung 1890-1933, Frankfurt am Main 1987.

Wunderer, Hartmut, Noch einmal: Niedergang der Klassenkultur oder solidargemeinschaftlicher Höhepunkt?, in: GG 18, 1992, S. 88-93.

Yeo, Eileen und Stephen (Hrsg.), Popular Culture and Class Conflict 1590-1914, Brighton 1981.

Yeo, Stephen, A New Life: the Religion of Socialism in Britain 1883-1896, in: HWJ 4, 1977, S. 5-56.

Yeo, Stephen, Socialism, the State and some Oppositional Englishness, in: Englishness. Politics and Culture, 1880 - 1920, hrsg. v. Robert Colls and Philip Dodd, London 1986, S. 308-69.

Young, J.D., Elitism, Authoritarianism and Western Socialism, in: SSLH, Nr. 25, 1972, S. 68-71.

Young, J.D., Socialism and the English Working Class: a History of English Labour 1883-1939, Hemel Hempstead 1989.

Young, Nigel, Prometheans or Troglodytes? The English Working Class and the Dialectics of Incorporation, in: Berkeley Journal of Sociology 12, 1967, S. 1-43.

Zeitz, Alfred, Zur Geschichte der Arbeiterbewegung der Stadt Brandenburg vor dem 1. Weltkrieg, Potsdam 1965.

Zwahr, Hartmut, Die Konstituierung des Proletariats als Klasse, Berlin 1978.

Zwahr, Hartmut, Die deutsche Arbeiterbewegung im Länder- und Territorialvergleich 1875, in: GG 13, 1987, S. 448-507.

Index

Abbé, Ernst 69
Abelshauser, Wolfgang 69
Aberavon 119
„The Acquisitive Society" 212
Adams-Walther, H. B. 235
Adderley, Father 221
„AEG Sender" 146
Afrika 217
„The Aims of Labour" 207 f.
Alldeutscher Verband 73
Allen, Clifford 264
Allgemeiner Deutscher Gewerkschaftsbund (ADGB) 95, 141, 148, 241, 244, 258-261
  siehe auch unter Gewerkschaften, Labour Party und Gewerkschaften, SPD und Gewerkschaften
Amalgamated Society of Engineers (ASE) 259
Amalgamated Society of Railway Servants 120
American Federation of Labour 172
American labour movement 281 f.
Ammon, Charles 225, 252
Amsterdam 241, 262, 268 f.
Anderson, Perry 30, 201
Angell, Norman 258
Ankersmit, Helen 265
„Anti-Socialist" 75
Anti-Socialist Union (ASU) 73-77, 272
„Anti-Sozialdemokratische Korrespondenz" 75 f.
Anti-Sozialismus 51 f., 67-77, 111, 206 f., 221 f., 231, 278
  siehe auch unter den einzelnen Organisationen
Antrick, Otto 123
Appleton, W. A. 242, 253
„Die Arbeit" 241
Arbeiterakademie 172
Arbeiteraristokratie 131-140
Arbeiterbewegung und
  Arbeiterbibliotheken 171 f.
  Arbeitgeber 21, 67-73
  Bildung 168-176
  Chöre 178 f.
  Entqualifizierung der Arbeiterschaft 20 f., 158
  Internationalismus 34-39, 234-236, 252, 261-271, 273
  Nationalstaat 33-53, 282
  Typologien 16, 32, 274, 277, 281 f.

Verbürgerlichung 78-88
  siehe auch unter Labour Party und Sozialdemokratische Partei Deutschlands (SPD)
Arbeiterbildungsschule 172
Arbeiterdichtung 85
Arbeitsgemeinschaft für praktische Aufklärung und Volksgesundung 73
Arbeitsnachweise 49, 71
Arnot, R. Page 247
Arons, Leo 199
Arts League of Service 177
Ashplant, T. G. 164
Askew, J. B. 236, 238, 246, 249 f.
Atkinson, Honley 119
Auer, Ignaz 99, 262
Aufhäuser, Siegfried 251
„Aufwärts" 210
Augsburg 157
Aveling, Edward 234 f.
Ayrshire 235

Baaden [Baader?], Ottilie 237
Baden 57, 103, 135
Badt, Hermann 242
Baldwin, Stanley 76
Ballod, Karl 206
Baptisten 222
Barmbeck 20
Barnard Castle 109
Barnes, George 249, 253, 259
Barnsley 72
Barrow-in-Furness 36, 143, 157, 185
Barry, Maltman 234
Barth, Theodor 65, 271
Basel 226
Bath 180
Battersea 19, 208, 234
Bauer, Gustav 147
Bax, Ernest Belfort 234 f.
Baxter, Robert 224
Bayern 57, 61, 103, 131
Bealey, Frank 207
Beasley, Ammon 69
Beazley, R. 256
Bebel, August 29, 57, 60, 65, 81, 92 f., 97, 99, 123, 133, 135-137, 146, 182, 197, 203, 205 f., 214 f., 220 f., 225 f., 228-230, 235 f., 254 f., 261-264, 269

313

Bedford 74, 143
Bedlinog 20
Beer, Max 197, 245-248, 251, 271
Bellamy, Edward 206
Bennett, E. N. 256
Bergarbeiter 35, 38, 69, 160 f., 175, 177, 179, 201, 227, 235, 248, 252, 256, 260
Berlepsch, Freiherr von 253
Berlin 48, 69, 100, 115, 137, 168, 170, 174, 176 f., 181, 190, 194, 236 f., 242 f., 245 f., 252-254, 265
Bermondsey 111, 117, 195, 229
Bern 265-270
Bernstein, Eduard 29, 40, 56 f., 65, 68, 135, 137 f., 140, 197, 199, 209, 226, 235 f., 239-242, 244, 247 f., 251-254, 263 f., 267, 271, 276
Bethmann-Hollweg, Theobald von 37, 60, 76, 253 f.
Bevan, Aneuran 23, 174
Bevin, Ernest 23, 132, 139, 256
Beyer, Georg 228
Biberach 108
Bieligk, Fritz 133
Biernacki, Richard 80
Birmingham 87, 177, 180, 188, 244
„Birmingham Town Crier" 127
Bismarck, Otto von 49, 55
Blackbourn, David 31, 278, 282
Bland, Hubert 240
Blatchford, Robert 36, 125, 134, 205, 214, 224 f., 229, 238
Bloch, Ernst 220
Bloch, Joseph 199, 242, 249
Bloch, Marc 15
Böchel, Karl 270
Boll, Friedhelm 68, 70 f., 142, 159
Bondfield, Margaret 172, 268
Bosch, Robert 69
Bradford 222, 223, 235-237, 251
Bradford Technical College 237
Brailsford, H. N. 249 f., 258
Bramah, Ernest 207
Brandt, Willy 213, 270
Braun, Adolf 137, 243, 266
Braun, Georg 189
Braun, Heinrich 236
Braun, Julie 81
Braun, Lily 236
Braun, Otto 133, 136, 147, 199
Braune, Heinrich 252
Braunthal, Julius 28 f., 242

Breitmann, Richard 40
Breitscheid, Rudolf 251, 258, 268-271
Bremen 123
Brentano, Lujo 24, 65, 70, 75, 271 f.
Breuilly, John 12, 16, 43, 107
Briggs, Asa 13
Bristol 114, 165, 180
British Constitution Association 74, 77
British Socialist Party (BSP) 270
British Workers' Sports' Association (BWSA) 179 f.
Brockle, Fred 249
Brockway, Fenner 36, 202, 229, 264, 269 f.
Bromme, Moritz 162
Brüning, Heinrich 270
Brüssel 192, 263
Buchwitz, Otto 135
Bullock, Allan 132
Bund der Arbeiter-Theater-Vereine 176
Bund der Industriellen 67
Bund vaterländischer Arbeitervereine 73
Burnley 167
Burns, John 234, 240, 272
Burns, Robert 87
Burrows, Herbert 236
Buxton, Charles Roden 256, 271 f.
Buxton, Dorothy F. 256, 272

Cadbury, George 70, 75
Campbell, R. J. 221, 229
Canning, Kathleen 183
Carlyle, Thomas 136
Cassau, Theodor 251
Ceadel, Martin 42
Central Labour College (CLC) 174
Centralverband deutscher Industrieller 67
Chamberlain, Will 127
Champion, H. H. 234
Chartismus 160, 169
Chemnitz 69, 106, 157, 163, 226
Chester 126
„Christentum und Sozialismus" 220
Christian Socialist League 221
Church of England 221-223
Churchill, Randolph 60
Citrine, Walter 205, 259, 270
Clapperton, Jane Hume 206
„Clarion" 125-127
Clarion Cycling Clubs 180
Clarion Fellowships 190
Clarion movement 59, 125, 169, 178, 185, 187, 190

Clark, David 60
Clegg, Hugh 42
Clinton, Alan 143
Clitheroe 109
Club and Institute Union (CIU) 164
Clynes, J. R. 91, 253
Cobden Club 241
Cole, G. D. H. 59, 110, 139 f., 174, 196 f., 206, 213, 246, 249
Collette, Christine 268
Collison, W. 73, 77
Colne Valley 72, 136, 187, 225, 248
Communist Party of Great Britain (CPGB) 18-20, 41, 96, 135, 281
Communistischer Arbeiterbildungsverein 51, 235 f.
Congregational Church 222
Conservative Party 23, 43, 47, 60 f., 66, 75 f., 84, 168, 223, 271 f.
Cook, A. J. 20
Co-operative Party 162
„Correspondenzblatt" 141
Corvin 221
Coventry 72, 96, 169, 191, 195
Cox, David 164
Cramp, Concemore Thomas 269
Crane, Walter 188
Crawford, John 126
Creech-Jones, A. 257
Crew, David 153 f.
Cripps, Stafford 59
Crispien, Arthur 92, 252, 256, 269
Crooks, Will 253
Cumnock 235

Dänemark 240, 244
„Daily Citizen" 124, 222, 247, 250
„Daily Herald" 83, 88, 109, 124-127, 133, 191, 222, 242
„Daily Mail" 130, 238
Dalton, Hugh 23, 91
Darlington 113, 191
Darwin 178, 198
David, Eduard 213
Davidson, John 241
Davies, Andrew 166
Dawson, William Harbutt 272
Delisle Burns, C. 249
Dell, Robert 245, 248
Dell, Sylvia 245
Derby 187
Derbyshire Federation of Labour Parties 105

Deutsch-Englisches Verständigungskomitee 253
Deutsche Demokratische Partei (DDP) 62
Deutsche Liberale 24 f., 271 f.
 siehe auch unter Labour Party, Liberalism und Sozialdemokratische Partei Deutschlands (SPD)
Deutsche Volkspartei (DVP) 65
Deutscher Arbeiter-Theater-Bund 176
„Deutsches Volksblatt" 75
Diederichs, Eugen 65, 242
Dietz (Verlagshaus) 128, 171
Dietzgen, Joseph 201, 229
Dinslaken 20
„The Discovery of the Future" 213
Disraeli, Benjamin 36
Domansky, Elisabeth 187
Doncaster 143
Dortmund 134
Dresden 237
Drinkwater, Herbert 110
Dückershoff, Ernst 79
Düsseldorf 153, 157, 225, 253, 276
Durham 161

Easton Lodge 174 f.
Ebert, Friedrich 65, 92, 95, 99, 136, 147, 199, 242, 254, 265
Eckstein, Ernst 270
Ede, Chuter 136
Edinburgh 113, 235, 241, 252
Eichler, Willi 213
Eisenberg, Christiane 30, 63, 140, 158
Eisner, Kurt 65, 213
Elberfeld-Barmen 95
Eley, Geoff 31, 197, 278, 282
Elsaß-Lothringen 34, 269
Elvin, George H. 179 f., 248
Empire Day 47
„Encyclopedia Britannica" 241
Engelhardt, Ulrich 140
Engels, Friedrich 188, 197, 209, 234-236, 238, 241, 261
„Die englische Gefahr und das deutsche Volk" 240
Episcopal Church of Scotland 221
Erdmann, Lothar 35, 241
Erkelenz, Anton 254
Erster Mai 71, 87, 149, 159, 187-189, 216 f., 226, 234-236
Erster Weltkrieg 20-22, 37-39, 65, 124, 141, 144, 158, 161, 240, 247, 263, 273
Essen 256

315

Evans, Richard 55

Fabian, Dora 270
Fabianismus 49, 58, 125, 198 f., 201, 211, 240-243, 245 f., 262 f.
Fechner, Max 251
Federation of British Industries 68
Feldman, Gerald 37
Fellowship of the New Life 207
Fels, Joseph 127
Flürscheim, Michael 206
Foote, Geoffrey 196
Ford, Isabel 184
„Foreign Affairs" 258
„Forward" 191
Fox, Tom 152
Frank, Ludwig 199-201, 251, 264
Frankford, Philipp 206
Frankfurt am Main 157, 172, 217, 237, 253
Frankreich 149, 256-258, 267
Französische Sozialisten 273
„Die Frau und der Sozialismus" 206, 214, 235, 255
„Frauenstimme" 181
„Frauenwelt" 181
Free Labour Protection Association 73
Freie Gewerkschaften 73, 141, 187, 242, 246, 259, 263
Freie Volksbühne 176 f.
„Freiland" 217
Freital 163
Furniss, H. Sanderson 169
Fyfe, Hamilton 88, 124, 129

Gateshead 177
Geary, Dick 30, 43, 79, 277
‚Gelbe' Gewerkschaften 71
General Federation of Trade Unions 242
Generalstreik (1926) 46, 64, 175, 260 f.
Genf 245, 266, 269
Gerschenkron, Alexander 277
„Die Gesellschaft" 249
Gewerkschaften und
    Anerkennung durch Unternehmer 67-73, 277
    Arbeiterbildung 169
    Arbeiterparteien 140-150
    Arbeitgeberverbände 67-73
    Internationale Sommerschulen 243 f.
    Kommunistische Parteien 19
    Lohnentwicklungen 69
    Nationalismus/Internationalismus 34, 203, 255

Organisationsgrade 68
Staatsinterventionismus 49 f., 70
    siehe auch unter Labour Party und Gewerkschaften sowie unter Sozialdemokratische Partei Deutschlands (SPD) und Gewerkschaften, Trades Union Act und Trades Union Congress (TUC)
Gillies, William 38, 152, 185, 268 f., 271
Gladstone, Herbert 66, 96
Gladstone, William 43, 62, 64
Glasgow 157, 160, 175, 188, 191, 235, 241
Glasier, Bruce 84, 131, 133, 170, 198, 208, 211, 213, 216, 221, 229, 239, 246 f., 249, 251, 254, 262, 264
Glasier, Katherine Bruce 170, 226
Glees, Anthony 242
„Gleichheit" 181, 265
„God and my Neighbour" 225
Godalming 243
Göhre, Paul 137, 225
Goldstein, R. J. 42
Gollancz, Victor 128
Gosling, Harry 192
Gould, Barbara Ayrton 184
Grassmann, Peter 95, 148
Grayson, Victor 36, 72, 136, 248
Green, Margaret M. 260
Greenwood, Arthur 152
Grey, Edward 255
Grey, Harry 194, 244, 271
Grey, Kitty 194
Griffiths, Dan 47
Griffiths, James 174
Groschopp, Horst 87
Grzesinski, Albert 242
Guttsman, Willi 85, 107, 167

Haase, Hugo 92, 264 f.
Haenisch, Konrad 123, 228
„Halifax and District News" 217
Hamborn 163
Hamburg 95, 100, 107, 112, 157, 168, 172, 176, 180 f., 192, 194, 237, 247, 269
Hammerbrook 112
Hanna, Gertrud 265
Hannover 123
Harburg 82
Hardie, Keir 36 f., 54, 59, 99, 128, 131, 135 f., 142, 182 f., 193, 198, 205, 211 f., 216 f., 221, 224, 229, 234-236, 239 f., 247, 249, 251, 262, 271
Harkness, Margaret 234

Hatfield 42
Haupt, Georges 243
Heather, Owen 188
Heckart, Beverly 64
Hegel. G. W. F. 272
Heilmann, Ernst 136
Heine, Fritz 252
Heine, Wolfgang 34, 50, 65, 81, 209
Heller, Hermann 200
Helsingfør 244
Henderson, Arthur 23, 38, 59, 66, 91, 93 f., 99, 104 f., 109 f., 131, 136, 144, 152, 186, 205, 207, 222, 253, 265 f., 269, 271
Henderson, Will 126 f., 152
Herald League 191
Herbert, Edward 207
Hertz, Paul 251
Hertzka, Theodor 217
Hessen 57, 103, 108
Hilferding, Rudolf 40 f., 200, 203, 211, 258
Hirsch-Dunckersche Gewerkvereine 253 f.
Historischer Vergleich und
    Bedeutsamkeit kultureller Kontexte 14
    Begriffliche wie zeitliche Eingrenzung 18-25
    Diachronische oder synchronische Vergleiche 24 f.
    Homonyme 17
    Nationalcharakter 28
    Poststrukturalismus 17, 25 f.
    Regionale Studien 16 f.
    Studien zur Arbeiterbewegung 13 f., 27-31
    Theoretische Grundlegung 25 f.
    Verschiedene Typen des historischen Vergleichs 14-16
Hobsbawm, Eric 154, 167, 179
Hochschule der sozialistischen Arbeiterschaft 172
Hodann, Maria 243
Hoddesdon 186
Hodge, Carl Cavanagh 22, 30 f.
Hodges, Frank 222
Hodgkinson, George 72, 96, 132
Hoffmann, Adolph 228
Hoggart, Richard 166
Holford, John 113
Holiday Fellowship 192
Hölscher, Lucian 218, 225
Horne, John 38, 202
Howard, Christopher 111, 164
Howell, David 44
„Huddersfield Worker" 217
Hunt, Richard 107
Huysmans, Camille 264

Hyde 230
Hyndman, H. M. 36, 238-240, 262

Ichikawa, Tomoko 124
Imperial Sunday Alliance 74
„In a German Miner's Home" 256
Independent Labour Party (ILP) 21 f., 38, 58 f., 113, 134, 142, 144 f., 164, 169, 171 f., 177 f., 181, 183, 185, 190, 198, 202, 209, 223, 229, 233 f., 237-239, 241, 243, 246 f., 252 f., 255-257, 260, 262, 264 f., 268, 270, 281
ILP Guild of Youth 185
Institut zur Erforschung der europäischen Arbeiterbewegung, Bochum 28
Interfraktioneller Ausschuß 65
Internationaal Instituut voor Sociale Geschiedenis 27
International Federation of Trade Unions (IFTU) 241, 243 f., 269
International People's College 244
Internationale Bergarbeiter-Föderation 235
Internationale Föderation der Textilarbeiter 256
Internationale der Kriegsdienstverweigerer 264
Internationale Sommerschulen 243 f.
Internationales Sozialistisches Büro (ISB) 238 f., 262
Irland 35

John, Michael 50
John, William 245-248, 251, 254, 271
Johnson, Francis 265
Jones, Gareth Stedman 25, 83, 166
Jones, Jack 174
Jowett, Fred 222, 237 f., 253, 265, 270
Joyce, Patrick 25 f.
„Justice" 235

Kampffmeyer, Paul 199, 276
„Das Kapital" 238
Katholizismus 161, 221, 223 f., 228
Kautsky, Karl 35, 40, 56 f., 123, 137, 139 f., 197-200, 209, 215, 234, 238, 243, 248-253, 262, 266, 268
Kendall, Walter 30
Kentish Town 243
Kiel 108
Kinderfreunde 163, 185
Kirk, Neville 167, 282
Kirkwood, David 59, 257
Klarman, Michael J. 52
Klassenstruktur 63 f., 78-80
Kleinspehn, Johannes 226

Klenke, Dietmar 138
Knox, W. W. 223
Kocka, Jürgen 13, 20, 43
Köln 237, 242, 253
Kolb, Eberhard 131
Kolb, Wilhelm 199
Kommunistische Partei Deutschlands (KPD) 18-20, 41, 46, 58, 82, 141, 146, 157, 176, 193, 265, 281
Konsumvereine 125, 161 f., 181
Kopenhagen 192, 260
Kragenlinie 79
Krefeld 157
Krupp, Friedrich Karl 69
Kube, Hermann 260

Labour churches 164, 230
„Labour Leader" 125, 128, 133, 190, 247, 250, 255, 264
Labour League of Youth 113, 185 f., 194
  siehe auch unter Woodcraft Folk und Sozialistische Jugend-Internationale
„Labour Magazine" 251
„Labour Organizer" 99, 109 f., 111 f., 120, 139, 155, 172, 179, 185, 187, 193, 251
Labour Party und
  Advisory Council for International Questions (ACIQ) 256-258
  Alternative Solidargemeinschaften 158-162
  Arbeiterbewegungskultur 85-88, 129, 164-195, 279 f.
  Arbeiterbildung 169-176, 279
  Arbeitersänger 178 f.
  Auswahl der Parlamentskandidaten 96, 145
  Beitritt zur Zweiten Internationale 262 f.
  Bürokratisierung 93, 112, 132, 150-152, 274-276
  Conservative Party 60 f., 75, 168, 223
  Delegationen nach Deutschland 251-259, 281
  Doppelmandate 109
  Finanzen 118-121, 143, 275
  Finanzielle Hilfe für die SPD 259 f.
  Frauensektionen 110, 115, 181-184
    siehe auch unter Women's Labour League und unter Sozialistische Frauen-Internationale sowie unter einzelnen Städten
  Freizeit- und Bildungsvereine 165-192
  General Scheme of Organisation 104
  Gewerkschaften 90-92, 94, 99, 101 f., 118, 120, 140, 142-147, 149 f., 158 f., 161, 280
  Gildensozialismus 59, 216

grants-in-aid-scheme 109 f.
Gründung 22 f.
„Hände weg von Rußland" Kampagne 42
Haltung zu Frauen 54, 86, 182-184
Head Office (Parteizentrale) 93 f., 103-105, 116, 126 f., 172, 252, 275
Historischer Determinismus 207 f., 213, 218
Idee des ‚neuen Menschen' 211 f., 217
Individuelle Mitgliedschaft 94, 109, 114 f., 119 f., 182
Industrialisierung 155 - 158
Innerparteiliche Demokratie 101 f., 127 f., 130-136, 138-140, 150 f., 274
Institutionalisierte Beziehungen zur SPD 245-261
Intellektuelle 197 f.
Irische Arbeiter/-innen 161, 223
Joint International Department 257 f.
Jugendorganisationen 184-186
Keltische Randgebiete 37
Klubleben und sozialistische Festkultur 169, 172, 186-193, 216 f., 279
Labour-Regierungen 23 f.
Landarbeiter 61, 84, 155 f.
Liberal Party 21, 25, 61-66, 76, 82 f., 98, 142, 246
  siehe auch unter Liberal Party und Liberalismus
Lokalpolitik 47 f.
Massenkultur 160, 166
Mitgliedsbeiträge 120
Mittelschichten 78-88, 131 f., 159 f., 167 f.
Modell für die SPD 56, 146, 249, 268, 281
Munizipalsozialismus 47 f., 210 f.
Mythos eines goldenen Zeitalters 216
National Agent 104, 110
Organisationspatriotismus 94 f., 113, 116, 150-152
Ortsparteien 99, 105 f., 109-117, 120, 142 f., 150, 164 f., 181 f.
  siehe auch unter einzelnen Städten
Parlamentarisches System 54 f., 58-60, 88
Parlamentarismus 53-67
Parlamentsabgeordnete 95 f.
Parteiausschlüsse 134 f.
Parteidisziplin 138-140, 274
Parteioffizielle Ideologie 196-198, 201-204
Parteisekretär (national) 91 f.
Parteisekretäre (lokal/regional) 104 f., 109-113, 275
Parteitage 90 f., 98-102, 135, 138 f., 142, 144, 251 f., 268, 275

Parteivorstand (National Executive Council, NEC) 38, 90-94, 96, 99-102, 114, 125, 127, 134 f., 145 f., 259, 263
Pazifismus 42
Persönliche Beziehungen zur SPD 234 - 245
Polizei 46 f.
Presse 58, 121, 124-130, 152, 171, 245-251
siehe auch unter einzelnen Presseorganen
Rätebewegung 42
Recht 43 f., 50-52
Regionale Parteiorganisation 16-18, 102-105, 127, 275
Reintegration der SPD in die Internationale nach 1918 264, 266-269
Religion 197 f., 209, 220-226, 229-231, 277, 281
Respektabilität 86 f.
Revolution 39 f., 215 f.
Ruhrkonflikt 255, 257 f., 260, 271
Schwedischer Generalstreik 260
Solidargemeinschaft 153-195, 238, 279
Sozialisierung 210
Sozialpolitik 48 f.
Spiritualismus 217
Sportvereine 179 f.
Staat 33-53, 76, 211, 277 f.
Staatsauffassung 211
Theatergruppen 177 f.
Touristenverein 191-193, 244
Tradition radikaler Arbeiterpolitik 160
Unterdrückung 42-48, 72 f., 159, 278
Verbürgerlichung 85-88
Verlagswesen 128
Versailler Vertrag 229 f., 234, 255-257
Volkspartei 41
Wahlsystem 53-55, 95 f., 159
Wanderlehrer 170 f.
Wissenschaftlichkeit 207, 214
Zentralisierung 94, 103-105, 127, 132, 150-152, 274-276
Zukunftsstaat/-utopien 205-220
siehe auch unter Parliamentary Labour Party und Parteiorganisation
„Labour Prophet" 230
Labour Publishing Company 128
„Labour Woman" 181
Labourism 196, 198, 201 f., 211, 218, 232, 281
Lafargue, Laura 234
Lahr 168
Lancashire 161, 174, 222
Lang, Gordon 221
Lansbury, George 109, 125, 133, 139, 244, 259

„Lansbury's Labour Weekly" 125
Lansdowne, Lord 44
Laski, Harold 59, 139, 197, 246
Lassalle, Ferdinand 227
Latham, George 259, 270
League of Nations Union 241
League of Progressive Religious and Social Thought 221
Ledebour, Georg 253, 264
Leeds 46
Leeds Industrial Theatre 177
Left Book Club 128
Legien, Carl 37, 140 f., 236, 254
Lehnert, Detlef 37
Leicester 110, 167, 229
Leipart, Theodor 148, 269
Leipzig 64, 157, 168, 171, 180, 194, 237
Lenin, Wladimir Il'ich. 12, 130, 200, 250
Leonhard, Arthur 192
Letchworth 270
„Leuchtturm" 210
Levenstein, Adolf 227
Levi, Paul 270
Lewisham 172
Liberal Party 21, 43 f., 61-66, 168, 202, 207, 223, 271 f.
siehe auch unter Labour Party und SPD
Liberal Unionism 75 f.
Liberalismus 160, 231, 272
„Liberty" 74 f.
Liberty and Property Defence League 73, 77
Liberty Wheelers 74
Lidtke, Vernon 87
Liebert, von E. 77
Liebknecht, Karl 50, 190, 197, 264
Liebknecht, Wilhelm 81, 197, 234-237, 263 f., 269
Linden, Marcel van der 35
Linzer Konferenzen 28
Lipinski, Richard 108 f., 134, 170
Liverpool 111, 174, 187, 223, 235
Lloyd George, David 75, 272
Löbe, Paul 122, 199, 268
Loebel, Max von 76
London 96, 104 f., 113, 115, 120, 127, 135, 143, 160, 164 f., 169, 174, 177 f., 180, 187 f., 191 f., 235 f., 240, 243, 245 f., 248, 261, 268, 270, 275
London Labour Fair 191
London Labour Party Choral Union 165, 178 f.
London Labour Party Dramatic Federation 177
London Labour Party Sports Association 180

London Labour Party Women's Advisory Committee 182
London School of Economics (LSE) 236, 246
„Looking Backward – 2000" 206
Lorenz, Max 76
Lösche, Peter 32, 153, 218, 278
Lucas, Erhard 163
Ludlow, John Malcolm 272
Lüdtke, Alf 45, 279
Luxemburg, Rosa 12, 197, 227, 243, 264

MacDonald, Margaret 254
MacDonald, Ramsay 12, 21, 23, 36, 38, 55, 58, 64, 66, 86, 91, 93 f., 96-99, 101, 103, 109, 119, 131, 133, 136, 139, 144 f., 197, 207 f., 213 f., 239-243, 247, 249, 253-255, 257, 259, 262, 266-269, 271, 280
Maehl, William H. 107
Maerdy 20
Magdeburg 180
„Major Barbara" 224
Man, Hendrik de 212 f.
Manchester 118, 125, 127 f., 160, 180, 187 f., 230, 235, 241
„Manchester Guardian" 245
Mann, Heinrich 80
Mann, Tom 234
Mannheim 166
Mannheimer Abkommen 140
Mansbridge, Albert 173
Markert, Otto 166
Marseille 270
Marwick, Arthur 20
Marx, Eleanor 234 f.
Marx, Karl 198, 201, 206, 209, 234 f., 238, 241
Marxismus 29 f., 32, 80, 131, 151, 196, 198-203, 209, 211, 218 f., 232, 238, 248 f., 279-281
Maxton, James 134, 257, 270
Mayer, Gustav 22, 62, 234
Maynes, Mary Jo 227
McKibbin, Ross 22, 129, 166, 196
McLeod, Hugh 220
Meacham, Standish 166
„The Meaning of Socialism" 208, 216
Mehring, Franz 264
Meitlis, Patricia 190
Mennicke, Karl 189
„Merrie England" 205, 213
Merthyr Tydfil 37, 160, 221
Methodismus 222
Michels, Robert 85, 87, 130, 135, 274-276
Middle Class Defence League 73

Middle Class Unions 73
Middleton, James 93, 152, 175, 253
Midlands 127
Mierendorff, Carlo 107, 151
Miliband, Ralph 86
Miller, Susanne 37, 41, 131, 200 f., 203
Milne-Bailey, W. 41 f.
Minkin, Lewis 101
Mitchell, Harvey 30, 277
Molkenbuhr, Hermann 29, 97, 99, 252, 254, 262
Mommsen, Hans 29, 277
Mond, Alfred 69 f., 272
Mond-Turner talks 70
Montefiore, Dora 265
Morel, E. D. 84, 256, 258, 272
Morgan, Kenneth 79
„Morgenrot" 210
„Morning Post" 238
Morris, William 206, 209, 215 f., 234, 240
Morrison, Herbert 23, 91, 104, 114 f., 131, 133, 144, 152, 177, 182, 205, 237, 271
Morton, Arthur Leslie 128
Mosley, Oswald 84, 87
Motherwell 19
Motteler, Julius 51, 188, 234, 236
Muir, E. 188, 231
Müller, Hermann 92, 99, 199, 242 f., 252, 254, 268 f., 271, 280
München 82, 191, 242, 255, 272
Müntner, L. 261
Mussolini, Benito 276
Myers, Tom 171

Nairn, Tom 30, 201
Naphtali, Fritz 251
„The Nation" 240
National Association of Labour Teachers 170
National Confederation of Employers' Organizations 68
National Council of British Socialist Sunday School Unions 175
National Council of Labour 146
National Council of Labour Colleges (NCLC) 174
National Joint Council 145 f.
National Labour Club 96
National Unemployed Workers' Movement 19
National Union of Clerks 248
National Union of Railwaymen (NUR) 120
Naturfreunde 191 f.
Naumann, Friedrich 65, 197
Nettl, Peter 43, 255

„Neue Blätter für den Sozialismus" 228
„Neue Gesellschaft" 210
„Neue Welt" 210
„Neue Zeit" 210, 226, 237, 246, 249, 273
Neukölln 20
„New Leader" 125 f., 258
„New Nation" 185
„New Statesman" 125 f., 130, 245
New Unionism 44
„New Worlds for Old" 213
Newcastle upon Tyne 177
„News from Nowhere" 206, 215
Newton, Douglas J. 233, 239, 249, 251, 262
Niederlande 270
No Conscription Fellowship (NCF) 237, 264
No More War Movement 113, 244
Noel-Baker, Philip 96
Nolan, Mary 43, 153, 276
Nonconformist Anti-Socialist Union 74
Nordhausen 226
North Battersea 6
Nottingham 189
Nürnberg 252
Nuneaton 194, 244

Oberschlesien 161, 267
Odhams 125
Ollenhauer, Erich 185, 205
Orwell, George 128
Osborne judgement 52
Österreich 191, 273
Österreichische Sozialisten 273
„The Outline of History" 213
Oxford 54, 173, 242 f.

Paetau, Rainer 108
Pannekoek, Anton 227
Pareto, Vilfredo 276
Paris 192, 245
Parker, J. 253
Parliamentary Labour Party (PLP) 42, 58 f., 101, 127, 138, 142, 146, 184, 257, 259
Parteidelegationen 251-259, 281
Parteiorganisation 90 f.
    Lokal 64, 83, 99 f., 106-117, 120, 150, 153, 155, 163-165, 170-172
    National 91-102
    Regional 17 f., 57, 100, 102-105, 116, 151, 275
    siehe auch unter Labour Party und Sozialdemokratische Partei Deutschlands (SPD)

Parteischule 172
Paternalismus der Arbeitgeber 71-73
Paton, John 59, 193, 203, 237, 270
Peacock, W. A. 185
Pease, E. R. 240
Pelling, Henry 250
Penrhyn 69
Penty, A. J. 216, 246
People's Theatre Movement 157
Petersson, Oskar 247
Peus, Heinrich 171
„Pfaffenspiegel" 221
Philipps, Marion 181 f., 246, 265
Pierson, Stanley 218
„Plebs" 174
Plebs League 174
Plechanov, Georgii Valer'ianovich 137
Pohl, Robert 237
Pontypridd 29
Prag 243
Preston 113, 184
Preußen 57, 103, 131, 136, 184, 228
Price, Richard 13
Primrose League 74, 168
Prinz, Michael 161 f.
Protestantismus 220-222, 224
    siehe auch unter den einzelnen Protestantischen Kirchen

Quelch, Harry 236, 239, 248, 262

Radlof, Ludwig 209
Railway Clerks' Association 120
Rainbird, Olive 186
Ratepayers' Associations 74
Rauh, Manfred 55
Reading 180
Reichsverband zur Bekämpfung der Sozialdemokratie 50 f., 73-77, 226
Remscheid 134, 163
Reulecke, Jürgen 48 f.
Reynolds, G. W. M. 125
„Reynolds' Newspaper" 125 f., 224
Rheinland 115, 157
Rhondda 19, 143, 187
Richter, Eugen 207
Riley, Ben 255
Ritter, G. A. 51, 54, 79, 85, 154
Roberts, G. H. 253
Roberts, Robert 46
Rogers, Herbert 165
Rohe, Karl 272

Rojahn, Jürgen 273
Rosenfeld, Kurt 124, 270
Roth, Günther 34, 85, 137
Rothstein, Theodore 236, 246, 249, 254
Rowett, John 54, 111
Rowlinson, M. C. 70
Rülcker, Christoph 66
Rütten, Wilhelm 52
Ruhr 68, 161, 260, 271
Ruskin, John 211, 278
Ruskin College 72, 169, 173-175, 242 f.
Russell, Bertrand 197, 236

Saarland 68
Sachsen 103, 131, 157, 163, 226
Saldern, Adelheid von 156
Salford 100, 166
Salter, Alfred 131, 229
Salvation Army 224
Samuel, Raphael 86
Sanders, Stephen 115, 241, 263
Saran, Mary 243, 271
Sassenbach, Johann 186, 241 f., 253 f.
Savage, Michael 16, 113
Scheidemann, Philipp 57, 60, 99, 108, 136
Schiff, Victor 242, 251
Schifrin, Alexander 92, 107, 151
Schleicher, Kurt von 142
Schlimme, Hermann 251
Schloß Tinz 172
Schmidt, Robert 187
Schmölln 159
Schöttler, Peter 26
Schofer, Lawrence 140
Schorske, Carl 147
Schottland 103, 174, 223
Schröder, Wilhelm 37
Schwarzmantel, John 33 f.
Schweiz 192, 265
Scottish Advisory Council 104
Scottish Workers' Parliamentary Elections Committee 103
Seaham Harbour 119
Seidel, Richard 251
Sender, Toni 265, 270
Severing, Carl 147, 260, 268
Sexton, James 84
Seydewitz, Max 124, 270
Shaw, George Bernard 85, 177, 208, 224, 240 f., 249, 272
Shaw, Tom 256-258, 267, 269
Sheerness 172

Sheffield 48, 111, 157, 160
Sheffield Clarion Ramblers 192
Shinwell, Emanuel 255
Silkin, John 93, 110
Simmons, Jim 175
Singer, Paul 81, 92, 99, 234, 262 f.
Skidelsky, Robert 202
„Slaithwaite Guardian" 225
Slevogt, Max 188
Smith, Frank 209
Snowden, Philip 23, 99 f., 203, 249
Social Democratic Federation (SDF) 23, 44, 59, 169, 178, 190, 198, 234-236, 238, 246, 254, 262 f., 265
Social Democratic Party (SDP) 246
„Socialism and Government" 242
Socialist Bureau 270
Socialist League 234
„The Socialist Movement" 207
„Socialist Review" 251
Socialist Sunday Schools (SSS) 175, 230
Society of Labour Candidates 96
Sollmann, Wilhelm 228
Sombart, Werner 12, 28, 75, 196, 272
Sonderweg 27-34, 53, 67, 79, 88-90, 194-198, 201, 231 f., 245, 274, 278-282
South Shields 136
South Wales Miners' Industrial Union 69
Southampton 119
Southport 268
Sowjetunion 258
Sozialdemokratische Partei Deutschlands (SPD) und
    Agitationsbezirke 91, 103
    Alternative Solidargemeinschaften 158-162
    Apathie ihrer Mitglieder 108 f.
    Arbeiterbewegungskultur 85-88, 129, 164-195, 279 f.
    Arbeiterbibliotheken 171 f., 195, 204, 221
    Arbeiterbildung 168-173
    Arbeiterdichtung 85
    Arbeitersänger 178
    Armee 45
    Auswahl der Parlamentskandidaten 96 f.
    Berufsgruppen 157
    Betriebszellen 146
    Bezirksverbände 91, 96, 102, 106
    Bürgerliches Gesetzbuch 51
    Bürokratisierung 90, 94, 103, 106 f., 132, 150-152, 274-276
    Delegationen nach Großbritannien 251 f., 281
    Doppelmandate 108 f.

Einheitlichkeit der Parteizeitungen 122-124
siehe auch unter Sozialdemokratische Partei Deutschlands (SPD) und Presse
Erfurter Programm 57
Finanzen 117-121
Finanzielle Hilfe für die Labour Party 259-261
Fraktion 97-99, 138, 147
Frauenvereine 180-182
Freidenker 227
Freizeit- und Bildungsvereine 165-192
Generalstreik in Großbritannien (1926) 260 f.
siehe auch unter Generalstreik
Gewerkschaften 140-142, 146-150, 158 f., 280
Haltung zu Frauen 156, 182 f.
Historischer Determinismus 81, 209, 213 f., 218
Idee des ‚neuen Menschen' 189, 211 f., 217
Industrialisierung 155-158
Innerparteiliche Demokratie 101, 123 f., 130-138, 140, 150 f., 274
Inseraten Union 123, 126
Institutionalisierte Beziehungen zur Labour Party 245-261
Intellektuelle 197
Internationalismus 33-37, 261-271, 273
Jugendorganisationen 184-186
Jugendverbände 129, 184 f., 212 f.
Kaiserhoch 57
Klubleben und sozialistische Festkultur 103, 169, 172, 186-193, 216 f., 279
Konservative Parteien 60 f.
Kontinentalpolitik 267 f.
Kontrollkommission 91 f., 118
Konzentrations AG 123
Landarbeiter 155 f., 225
Landesparteien 91, 96, 102
Lebensreform 189 f.
Liberale Parteien 61-66
Lokalpolitik 47 f., 56 f., 109
Massenkultur 160, 166, 176 f.
Mitgliedsbeiträge 117 f.
Mittelschichten 78-88, 123, 159 f., 167 f.
Modell für andere Arbeiterparteien 273
Modell für die Labour Party 115, 120, 124, 152, 177, 179, 185 f., 188, 192, 236-238, 241, 250 f., 263, 271, 275, 278-281
Munizipalsozialismus 48
Nachbarschaftspartei 107, 156
Nationalsozialismus 23, 46, 157, 255, 258 f.

Organisationspatriotismus 90, 94 f., 106 f., 116, 150-152, 162 f.
Ortsparteien 100, 106-108, 112, 114-118, 149 f., 163 f., 170 f.
Parlamentarisches System 55-58, 199 f.
Parlamentarismus 53-67
Parlamentsabgeordnete 95-97
Parteiausschlüsse 134
Parteiausschuß 91 f., 103, 148
Parteidisziplin 137-140, 274
Parteieigene Unternehmen 117
Parteimitglieder 106, 117 f., 119 f., 148, 181 f.
Parteioffizielle Ideologie 29 f., 196-204
Parteitage 90 f., 98-102, 138, 200, 251 f., 275
Parteivorstand 90-97, 99, 118, 123, 136, 148, 183, 252, 254, 258
Persönliche Beziehungen zur Labour Party 234-245
Perzeption der Labour Party als Modell 56, 82, 146, 249, 271, 281
Polizei 45, 57
Polnische Arbeiter/-innen 35, 161
Presse 37, 58, 82, 103, 121-124, 129 f., 148, 156, 171, 210, 245-251
Recht 43 f., 50-52
Regionale Parteiorganisation 17 f., 57, 94, 100, 116-118, 122, 275
Religion 197, 220 f., 225-231, 277, 281
Respektabilität 86 f.
Revisionismus 34, 199, 209, 243, 249, 271
Revolution (1918) 39 f., 45, 255, 257
Revolution (Idee der) 44, 209, 215
Schillerfeiern 87
Solidargemeinschaft 41, 153-195, 279
Sozialisierung 210
Sozialpolitik 48-50
Sportvereine 179 f.
Sprechchöre 87
Staat 33-53, 76, 211, 277 f.
Staatsauffassung 211
Theatergruppen 176 f.
Touristenverein 191 f., 244
Tradition radikaler Arbeiterpolitik 160
Unterbezirkskonferenzen/-organisationen 91, 96, 106
Unterdrückung 42-48, 72 f., 159, 278
Verbürgerlichung 85-88
Verlagswesen 128
Versailler Vertrag 40
Vertrauensmänner 90, 106
Volkspartei 85

Vorsitzende 92 f.
Wagnerbegeisterung 87
Wahlkreisorganisationen 91, 96, 106
Wahlsystem 54 f., 95-97, 159
Wanderlehrer 170
Weimarer Republik 39-41, 80, 142, 200, 202 f., 280
Wissenschaftlichkeit 214 f.
Zentralisierung 90, 102 f., 116, 121, 123, 132, 148, 150-152, 274-276
Zukunftsstaat/-utopien 205-220
„Sozialdemokratische Parteikorrespondenz" 122 f., 127
„Sozialdemokratischer Parlamentsdienst" 122
„Der Sozialismus als Kulturbewegung" 212
Sozialistengesetz 41, 43, 98, 102, 198, 227, 235, 259, 278
Sozialistische Arbeiterpartei (SAP) 124, 202, 270, 281
Sozialistische Frauen-Internationale 265
Sozialistische Jugend-Internationale 185, 244 f.
„Sozialistische Lebensgestaltung" 189
„Sozialistische Monatshefte" 58, 87, 225, 239, 242, 249
Sozialistischer Kulturbund 173
Spengler, Oswald 28
Stampfer, Friedrich 122, 137, 139, 206, 251
Staudinger, Franz 213
Stead, W. T. 198
Stearns, Peter 28, 86
Stephen, C. 257
Stockholmer Friedenskonferenz (1917) 38
  siehe auch unter Zweite Internationale
Stockport 120, 177, 182, 223, 230
Stourbridge 191
Strachey, John 84
Straßburg 253
Streiks 42, 158 f.
  siehe auch unter Labour Party und Generalstreik, SPD und Generalstreik
Stürmer, Michael 40
Stumm-Halberg, Carl Ferdinand Freiherr von 69
Stuttgart 262, 265
Südekum, Albert 65, 100 f., 199, 209, 242, 251-254
Südwales 19 f., 38, 69, 127, 157, 161, 174, 187, 201, 222 f.
Swindon 180
Symonds, John Addington 208

Taff Vale 52, 69
Tanner, Duncan 16, 53, 201

Tarnow, Fritz 261
Tawney, R. H. 59, 173, 203, 212, 216, 246
Teistler, Hermann 56
Tenfelde, Klaus 30, 79, 85, 107, 154
Thomas, Jimmy 36
Thomas, Tom 177
Thompson, E. P. 201, 224
Thompson, Paul 115, 187
Thompson, William 206
Thorne, Will 240
Thorpe, Andrew 84
Tillett, Ben 36, 124, 222, 242, 257
Tillich, Paul 228
Tilly, Charles 14
„The Times" 75, 130, 238
Toller, Ernst 217
Tonypandy 201
Toynbe, W. F. 171
Trades Disputes Act 61
Trades Union Act (1927) 119, 143
Trades Union Congress (TUC) 19, 124 f., 143-145, 175, 257-260, 262
Transport and General Workers' Union 257 f.
„Travel Log" 192
Tressell, Robert 166, 219
Trevor, John 230
„Tribune" 125
Trotzki, Leon 250

Umbreit, Paul 141, 149
Unabhängige Sozialdemokratische Partei Deutschlands (USPD) 46, 58, 82, 93, 141, 200, 228, 252, 255, 267-269, 281
Unitarier 222, 230
United States of America 149, 245

Vaillant, Edouard 234
Vaterlandsverein 73
Vereinigung der Arbeiter der Faust und der Stirn 83
Voigt, Friedrich 258
Volkshochschule 195
„Volkswacht" 260
„Vorbote" 210
Vorländer, Karl 213
„Vorwärts" 51, 115, 122, 171, 210, 237, 245 f., 248, 250, 254, 256, 264

Wake, Egerton 185
Wallas, Graham 246
Wallhead, R. C. 269
Walter, Franz 153, 218

Wansbeck 133
Wardle, G. 253
Warren, Samuel 257
Warwick, Lady (Gräfin von) 84, 174
Wearmouth, R. F. 222
Webb, Beatrice 140, 197 f., 240 f., 243, 250, 266, 272
Webb, Sidney 197 f., 208, 214, 240 f., 246, 272
Weber, Max 15, 271
Weckerlein, Friedrich 233
Wehler, Hans-Ulrich 34 f.
Weinbren, Dan 112, 194
Wels, Otto 40, 92, 99, 136, 148, 199, 205, 252, 258, 267, 269, 271
Welskopp, Thomas 282
Wells, H. G. 201, 213 f., 229, 246
Wendel, Hermann 221
Wertheimer, Egon 108, 242, 249
West Riding 174, 222
Westphal, Max 251 f.
Wheatley, John 203, 257
Wheeler, Robert F. 270
White, Dan S. 22
„Wie ein Pfarrer Sozialdemokrat wurde" 225
Wien 192, 270
Wilkinson, Ellen 64, 132, 205, 258 f., 271
Will, Wilfried van der 87
Willis, Kirk 196
Wilson, Havelock 38
Wilson, Woodrow 255
Winkler, Heinrich August 40 f., 85, 203
Winkler, Henry R. 266
Wirtschaftlicher Schutzverband 73
Witt, Peter-Christian 82
Wolverhampton 54, 143
Women's Labour League 181

Woodcraft Folk 176
Woolwich 109, 111, 126 f., 143, 158, 187, 244
„Woolwich Labour Journal" 126
„Woolwich Labour Notes" 126
„Woolwich Pioneer" 126
Workers' Educational Association (WEA) 173
Workers' Educational Trade Union Committee (WETUC) 173
Workers' Poetry and Art Union 177
Workers' Travel Association (WTA) 192, 244
Working-class culture 112, 165-167
Workingmen's Clubs 142
Wrigley, Chris 76, 233

Yeo, Eileen 87
Yeo, Stephen 87, 134, 229, 249
Yorkshire 161
Young Communist League 185
Young, George 256 f.
„Young Labour" 185
„Young Socialist" 175

Zentralstelle für die arbeitende Jugend Deutschlands 184
Zentrum 57, 61 f., 168, 225 f.
Zetkin, Clara 206, 248, 264 f.
Zimmerwalder Konferenz 265
Zolberg, Aristide R. 43
„Zukunft" 210
Zwahr, Hartmut 155
Zweite Internationale 28, 34, 124, 226, 230, 233-235, 240, 242, 246, 252, 256 f., 259-270
siehe auch unter Arbeiterbewegung, Labour Party und Sozialdemokratische Partei Deutschlands (SPD)

Der Autor

Stefan Berger, geboren 1964, Dr. phil. (oxon), unterrichtet – nach dreijährigem Aufenthalt als Rhodes-Stipendiat an der Universität Oxford – seit 1991 deutsche Geschichte an der Universität Cardiff. Zuletzt veröffentlichte er „The Search for Normality. National Identity and Historical Consciousness in Germany since 1800" (Berghahn Books, 1997).